東洋古典譯註叢書 118

譯註 二程全書 6

著者 程顥·程頤

책임번역 崔錫起

공동번역 姜導顯

현토감수 鄭太鉉

전통문화연구회

飜譯委員

企劃編輯　東洋古典飜譯編輯委員會
飜譯研究管理　南賢熙
責任飜譯　崔錫起
共同飜譯　姜導顯
懸吐監修　鄭太鉉
潤　文　朴勝珠 李承俊
校　訂　李承俊
編輯出版　白俊哲
裝　幀　김진디자인

東洋古典譯註叢書를 발간하면서

우리의 古典國譯事業은 민족문화 진흥의 기초사업으로 1960년대부터 政府 支援으로 古文獻 現代化 작업을 추진하여 많은 成果를 거두었다. 당시 이 사업 추진의 先行課題로 東洋古典이라 일컬어지는 중국의 基本古典을 먼저 飜譯하여야 한다는 學界의 주장이 있었음에도 불구하고 우리 고전이 아니라는 일부의 偏狹한 視角과 財政 事情 등으로 인하여 배제되어 왔다.

전통적으로 중국의 기본고전은 우리 歷史와 함께 숨쉬며 각종 교육기관의 教科書로 활용됨은 물론이고 지식인들의 必讀書가 되어 왔으며, 우리 文化의 基底에 자리잡고 거의 모든 방면의 體系와 根幹을 형성하여 왔다. 그래서 학문연구의 기본서 역할을 해 왔을 뿐만 아니라 오늘날에도 우리의 國學徒 및 東洋學 研究者들에게 같은 역할을 하고 있음은 주지의 사실이다. 그럼에도 불구하고 中國古典은 우리 것이 아니라 하여 專門機關의 飜譯對象에 포함하지 않음으로써, 대부분 原典에서의 직접 번역이 아닌 重譯이나 拔萃譯의 방식이 주를 이루면서 教養水準으로 出版되어 왔다.

오늘날 東洋 三國 중에서 우리의 東洋學 연구가 가장 부진한 이유는, 東洋基本古典에 대한 폭넓은 이해의 부족과 漢文古典 讀解力의 저하에 기인함을 우리는 솔직히 인정하여야 한다. 따라서 이들 중국고전에 대한 신뢰할 만한 國譯이 이루어지는 것이 한국학 연구를 촉진시키는 시급한 先行課題라 할 수 있다.

이에 韓國學 및 東洋學의 연구와 古典現代化의 基盤構築을 위해서는, 전문기관으로 하여금 동양고전을 단기간에 각 분야의 專門 研究者와 漢學者가 상호 협동하여 연구번역하여 飜譯의 傳統性과 效率性, 研究의 專門性을 높일 수 있도록 政策的 配慮가 있어야 한다.

이에 本會에서는 元老 및 中堅 漢學者와 斯界의 專攻者로 하여금 協同硏究飜譯하여 공부하는 사람들이 믿고 引用하거나 깊이 있는 註釋 등을 활용할 수 있게 하고, 知識人들의 敎養을 증진시켜 줄 수 있는 東洋古典의 國譯書 간행을 지속적으로 추진해 왔다. 근래에 다행히 이 사업에 대하여 각계 지도층의 폭넓은 이해와 지원에 힘입어 2001년도부터 國庫補助를 받아 東洋古典譯註叢書를 간행하게 되었다. 이를 계기로 우리 先學의 註釋과 見解를 반영하는 등 국역사업의 內實을 기하게 되었음을 이 자리를 빌어 衷心으로 감사드리며, 아울러 國譯에 參與하신 관계자 여러분의 勞苦에 깊은 謝意를 표한다.

끝으로 우리의 이러한 작업은 오랜 역사 위에 축적된 先賢들의 業績과 現代學問을 이어주는 튼튼한 架橋와 礎石이 되어 진정한 韓國學과 東洋學 발전에 기여할 것을 굳게 믿으며, 21세기를 우리 文化의 世紀로 열어 가는 밑거름이 되도록 우리의 力量을 本 事業에 경주하고자 한다. 江湖諸賢의 부단한 관심과 지원을 기대해 마지않는다.

社團法人 傳統文化硏究會 理事長 李啓晃

凡 例

1. 본서는 ≪譯註 二程全書≫의 제6책이다.
2. 본서의 底本은 ≪二程全書≫(徐必達 校, 서울대 규장각 奎中 1470)이며, ≪二程全書≫(서울대 규장각 一簑古 181.1-j463i, 이하 '一簑古本'으로 약칭)와 ≪二程全書≫(국립중앙도서관 일산古3745-50, 이하 '國中本'으로 약칭)와 ≪二程集≫(王孝魚 點校, 中華書局, 1981, 이하 '中華書局本'으로 약칭) 등을 참고하였다.
3. 底本에서 校勘에 참고한 書目의 略稱은 初本・胡本・元本・陳本・時本・昭遠本・吳本・趙本・羅本으로, ≪遺書≫와 ≪外書≫의 目錄에 의하면 胡本은 胡安國(1074~1138)의 家本이고, 陳本은 陳淵(?~1145)의 기록이고, 時本은 時紫芝(?~?)의 기록이고, 羅本은 羅從彦(1072~1135)의 기록이며, 나머지는 자세하지 않다.
4. 본서는 원전의 傳統性과 번역의 現代性을 구현하기 위해 노력하였다.
5. 原文은 저본의 체제에 따라 단락을 구분하고, 각 단락마다 일련번호를 부여하였다.
6. 原文에는 우리나라 전통 방식으로 懸吐하고, 小註에는 標點하였다.
7. 번역은 原義에 충실하게 하되, 이해가 어려운 부분은 意譯 또는 補充譯을 하였다.
8. 번역문은 한글과 한자를 혼용하였으며, 맞춤법과 띄어쓰기는 한글 맞춤법과 표준어 규정을 따르는 것을 원칙으로 하였다.
9. 譯註는 인용문의 出典, 故事, 역사적 사건, 전문용어, 人物, 制度, 難解語, 校勘 등에 관한 사항을 밝혔다.
10. 校勘은 원문의 誤字, 脫字, 衍字, 倒文 등을 대상으로 하였으며, 校勘의 근거는 譯註에서 밝혔다.
11. 본서의 校勘에 사용된 符號는 다음과 같다.

    ( )〔 〕: (저본의 誤字)〔교감한 正字〕

〔 〕: 저본의 脫字 보충

( ): 저본의 衍字 삭제

12. 본서에 사용된 주요 符號와 略號는 다음과 같다.

“ ”: 引用, 對話

‘ ’: “ ” 안의 再引用, 對話, 强調

「 」: ‘ ’ 안의 再引用, 對話, 强調

( ): 원문에서는 讀音이 특수한 글자나 僻字의 音, 번역문에서는 간단한 譯註

〔 〕: 번역문과 뜻은 같으나 音이 다른 漢字 및 字句, 譯註에서 인용하여 번역한 原文

≪ ≫: 書名, 典據

〈 〉: 篇章名, 作品名, 補充譯

○ : 저본에 사용된 단락 구분 표시 遵用

13. 본서에 사용된 標點은 다음과 같다.

, : 한 문장 안에서 句나 節의 구분이 필요한 곳

. : 문장의 종결

· : 대등한 명사나 구절의 병렬

“ ”: 1차 인용, 대화

‘ ’: 2차 인용, 대화, 강조

「 」: 3차 인용, 대화, 강조

目 次

譯註 二程全書 6

二程全書 卷46

伊川經說 第1

明 後學 嘉興 徐必達 校正

역설 易說

계사 繫辭

1. "하늘은 높고 땅은 낮다."[1]라고 하였다. 尊・卑의 지위가 정해지니 乾・坤의 의리가 밝아지고, 高・卑가 이미 구별되니 貴・賤의 지위가 나누어진다. 陽이 動하고 陰이 靜하는 것에 각각 그 떳떳함이 있으니 剛・柔가 구별된다. 일에는 理가 있고 物에는 形이 있다. 일을 하면 유형이 있게 되고 형체가 생기면 무리가 있게 되니 善・惡이 나누어지고 吉・凶이 생겨난다. 象은 하늘에 드러나고 形은 땅에서 이루어져 變化의 자취가 나타난다. 陰・陽의 교차가 서로 마찰하고 밀쳐내며 八方[2]의 氣가 서로 밀치고 흔들려서 천둥과 번개가 쳐 요동시키고 비가 내리고 바람이 불어 적셔주며, 해와 달이 운행하고 추위와 더위가 서로 바뀌어 造化의 功을 이룬다.

乾을 얻은 것은 男이 되고, 坤을 얻은 것은 女가 된다. 乾은 物을 시작하는 것을 담당하고, 坤은 物을 이루어주는 것을 담당한다. 乾・坤의 道는 평이하고 간략할 따름이다. 乾이 物을 시작하는 道는 평이하고, 坤이 物을 이루어주는 능력은 간략하다. 평이하기 때문에 사람들이 알기 쉽고, 간략하고 정직하기 때문에 사람들이 따르기 쉽다. 알기 쉬우면 직접 나아가 받들어 따를 수 있고, 따르기 쉬우면 본받아 공을 이룰 수 있다. 친근하게 합하면 늘 오래도록 할 수 있고, 일을 이루면 광대해질 수 있으니, 聖賢의 德業이 오래도록 위대한 것은 평이하고 간략한 도를 얻었기 때문이다. 천하의 이치는 평이하고 간략할 따름이다. 이치가 있고난 뒤에 象이 있으니, 천지 가운데에 〈사람의〉 지위가 성립된다.

---

1) 하늘은……낮다 : ≪周易≫ 〈繫辭傳 上〉에 보인다.
2) 八方 : 乾方, 坎方, 艮方, 震方, 巽方, 離方, 坤方, 兌方의 여덟 방위를 가리킨다.

天尊地卑라 尊卑之位定하니 而乾坤之義明矣요 高卑旣別하니 貴賤之位分矣라 陽動陰靜에 各有其常하니 則剛柔判矣라 事有理①하고 物有形也라 事則有類하고 形則有群하니 善惡分而吉凶生矣라 象見(현)於天하고 形成於地하여 變化之跡이 見矣라 陰陽之交가 相摩軋(알)하며 八方之氣가 相推盪(탕)하여 雷霆以動之하고 風雨以潤之하며 日月運行하고 寒暑相推하여 而成造化之功이라 得乾者는 成男하고 得坤者는 成女라 乾當始物하고 坤當成物이라 乾坤之道는 易(이)簡而已라 乾始物之道는 易하고 坤成物之能은 簡이라 平易라 故로 人易知하고 簡直이라 故로 人易從이라 易知則可親就而奉順이요 易從則可取法而成功이라 親合則可以常久요 成事則可以廣大니 聖賢德業久大는 得易簡之道也일새라 天下之理는 易簡而已라 有理而後有象하니 成位乎其中也라

① 어떤 판본에는 "온갖 일에 理가 있다."라고 하였다.
一本作萬事理也.

2. 聖人은 이미 卦를 만들고서 卦의 象을 보고 辭를 달아 그 吉·凶의 이치를 밝히고, 剛·柔로써 서로 미루어 變化의 道를 알았다. 吉·凶이 생겨나는 것은 得·失을 말미암고, 후회〔悔〕와 부끄러움〔吝〕은 근심할 만한 것이다. 나아가고 물러나고 사라지고 생장함은 變化를 이루는 것이다. 剛·柔가 서로 교체되어 낮과 밤이 되니, 낮과 밤을 살펴보면 剛·柔의 道를 알 수 있다. 三極[3)]은 上·中·下[4)]이다. 極은 中을 의미하니, 모두 그때그때 中道에 맞게 하는 것이다. 三才[5)]는 物로써 말한 것이고, 三極은 위치로써 말한 것이다. 六爻의 움직임은 위치로써 의미를 삼으니, 곧 그 차례이다.[6)] 그 차례를 얻으면 편안해진다. 辭[7)]는 의미를 밝힌 것이니, 그 辭의 의미를 완미하면 그 즐거워할 만한 점을 알게 된다. 象을 관찰하고 辭를 완미하여 그 의미에 능히 통하고, 변화를 관찰하고 占을 완미하여 그 때를 능히 따르면 움직임이 天理에 어긋나지 않을 것이다.

3) 三極 : 《周易》 〈繫辭傳 上〉 "六爻의 움직임은 三極의 道이다.〔六爻之動 三極之道也〕"라는 구절의 三極으로, 朱熹의 《周易本義》에는 '天·地·人의 지극한 이치'라고 풀이하였다.
4) 上·中·下 : 上은 天, 中은 人, 下는 地를 가리킨다.
5) 三才 : 天·地·人을 가리킨다. 朱熹의 《周易本義》에는 "三才는 각각 하나의 태극이다.〔三才各一太極也〕"라고 하였다.
6) 六爻의……차례이다 : 朱熹의 《周易本義》에는 六爻 가운데 初爻·二爻는 地가 되고, 三爻·四爻는 人이 되고, 五爻·六爻는 天이 된다고 하였다.
7) 辭 : 爻의 辭를 가리킨다.

聖人旣設卦코서 觀卦之象而繫之以辭하여 明其吉凶之理하고 以剛柔相推하여 而知變化之道라 吉凶之生은 由失得也요 悔吝者는 可憂虞也라 進退消長은 所以成變化也라 剛柔相易而成晝夜하니 觀晝夜면 則知剛柔之道矣라 三極은 上中下也라 極은 中也니 皆其時中也라 三才는 以物言也요 三極은 以位言也라 六爻之動은 以位爲義니 乃其序也라 得其序면 則安矣라 辭는 所以明義니 翫其辭義면 則知其可樂也라 觀象翫辭而能通其意하고 觀變翫占而能順其時면 動不違於天矣리라

3. 彖[8]은 卦의 象을 말한 것이고, 爻[9]는 때에 따른 변화이니, 得·失에 따라 吉·凶이 있게 된다. 능히 이와 같이 하면 허물이 없을 수 있다. 〈六爻의〉 위치에는 貴·賤의 구분이 있고, 卦辭는 小·大[10]의 의미를 겸하며, 吉·凶의 道는 爻辭에서 볼 수 있다. 후회와 부끄러움으로써 방비를 삼으면 은미하고 작은 데에 생각을 보존한다. 놀라고 두려워하더라도 허물이 없을 수 있는 것은 능히 후회하기 때문이다. 卦에는 小·大[11]가 있으니, 그때그때 中道에 맞게 하는 것에도 크고 작음이 있다. 크고 작음이 있으면 卦辭의 험하고 평이함이 달라지니 卦辭가 그 일을 각각 따르기 때문이다.

彖(단)은 言卦之象이요 爻는 隨時之變이니 因失得而有吉凶이라 能如是면 則得無咎라 位有貴賤之分하고 卦兼小大之義하며 吉凶之道는 於辭에 可見이라 以悔吝爲防이면 則存意於微小라 震懼而得無咎者는 以能悔也일새라 卦有小大하니 於時之中에 有小大也라 有小大면 則辭之險易(이)가 殊矣니 辭各隨其事也일새라

4. 聖人이 易을 만들어서 天地의 道를 준칙으로 삼았으니, 易의 의리는 천지의 道이다. 그러므로 천지의 道를 능히 彌綸한다. 彌는 두루 미침이다. 綸은 다스리는 것이니, 일에 있어서는 倫이 되고 엉킨 실을 풀 적에는 綸이 된다. 彌綸은 두루 다스리는 것이다. 천지의 道를 두루 다스리며 다시 위로는 天文을 관찰하고 아래로는 地理를 살펴 드러난 자취에서 그것을 징험한다. 그러므로 능히 幽·明의 원인을 알 수 있다. 理에 있으

---

8) 彖 : 卦辭를 말한다.
9) 爻 : 爻辭를 말한다.
10) 小·大 : 朱熹의 ≪周易本義≫에는 小는 陰이고, 大는 陽이라 하였다.
11) 小·大 : ≪周易本義≫ 小註 朱熹의 설에는 小를 좋지 않은 괘로, 大를 좋은 괘를 의미하는 것으로 보았다.

면 幽가 되고 象을 이루면 明이 되니, "幽·明의 원인을 아는 것〔知幽明之故〕"은 理와 物이 그러한 까닭을 아는 것이다. 그 시작을 처음부터 궁구하고 그 끝을 찾아 고찰하면 死·生의 이치를 알 수 있다. 모여서 精氣가 되고 흩어져서 游魂이 되니, 모이면 物이 되고 흩어지면 變이 된다. 모이고 흩어지는 것을 관찰하면 鬼神의 情狀을 보게 된다. 만물의 시작과 끝은 모이고 흩어지는 것일 따름이며, 鬼神은 造化의 功이다. 幽·明의 원인과 死·生의 이치와 鬼神의 情狀으로 관찰해보면 天地의 道를 알 수 있다.

易의 의리는 天地의 道와 서로 같기 때문에 어긋남이 없으니 "서로 같다.〔相似〕"라는 것은 동일하다는 말이다. "지혜가 만물에 두루 미치고 道가 천하를 구제하기 때문에 지나치지 않다.〔知周乎萬物而道濟天下 故不過〕"라고 하였는데, 易의 의리에 포함된 것이 지혜이다. 그 의리가 만물의 이치를 두루 극진히 하고, 그 道는 천하를 충분히 구제할 수 있기 때문에 지나치거나 어긋남이 없는 것이다. "널리 행하되 흐르지 않는다.〔旁行而不流〕"라는 것은 널리 통하고 멀리까지 미치면서도 바른 이치를 유실하지 않는 것이다. 이치에 순응하는 것은 "天理를 즐거워하는 것〔樂天〕"이고, 자기 분수를 편안히 여기는 것은 "天命을 아는 것〔知命〕"이다. 이치에 순응하고 분수를 편안히 여기기 때문에 근심하는 바가 없는 것이다. "땅을 편안히 여기는 것〔安土〕"은 머무는 곳을 편안히 여기는 것이고, "仁을 돈독하게 하는 것〔敦乎仁〕"은 사람이 다 같이 가진 것을 보존하는 것이니, 이 때문에 남을 사랑할 수 있는 것이다.

'範圍'는 속어로 '模量(본받아 재량하다)'이라고 한다. 天地의 運化를 본받아 재량하여 지나치거나 어긋나지 않게 하며, 만물의 이치를 곡진히 성취시켜 빠뜨림이 없게 하며, 낮과 밤이 열리고 닫히고 굽히고 펴는 道에 통달하여 그것이 그러한 까닭을 안다. 이와 같이 하면 天地의 妙用을 얻어 道德의 本源을 알게 된다. 그러므로 지극한 神의 오묘함에는 일정한 방소가 없고, 易이 준칙으로 한 道에는 형체가 없음을 알게 된다.

道는 한 차례 陰하고 한 차례 陽하는 것이다. 動·靜은 단서가 없고 陰·陽은 시작이 없으니, 道를 아는 자가 아니면 누가 능히 그것을 알겠는가. 動·靜이 서로 원인이 되어 變化를 이루니, 이 道를 순응하여 계승하면 善이 되고, 이루어진 것이 사람에게 있으면 性이라 일컫는다. 그것이 일반인에게 있으면 능히 알지 못한다. 자기가 아는 바를 따르기 때문에 仁者는 이를 仁이라 말하고, 智者는 이를 智라 말하고, 백성은 이를 따르면서도 알지 못한다. 그러므로 君子의 道는 능히 아는 사람이 드물다.

運行의 자취와 生育의 공로가 "仁에 드러난다.〔顯諸仁〕"라는 것이며, 신묘하여 방소가 없고 변화하여 자취가 없음이 "用에 간직된다.〔藏諸用〕"라는 것이다. 天地는 聖人과 함께 근심하지 않으니, 天地는 주재함이 없고 聖人은 마음이 있기 때문이다. 天地는 마음이 없으나 조화를 이루고, 聖人은 마음이 있으나 人爲가 없으니, 天地와 聖人의 盛德과 大業이 지극하다 할 만하다. "풍부히 소유한다.〔富有〕"라는 것은 넓고 광활함이고, "날마다 새로워진다.〔日新〕"라는 것은 다함이 없는 것이니, 낳고 낳음이 서로 이어져 變易하여 다함이 없는 것이다. 乾은 物을 시작하여 象이 있고, 坤은 物을 이루어 형체가 갖추어져 法象이 드러난다. 數를 미루어나가면 미래의 다가오는 일을 알 수 있고, 變易에 통하여 다함이 없는 것이 일의 이치이다. 천하에 존재하는 것은 陰陽에서 벗어나지 않는다. 오직 神만은 그 향하는 바를 알 수 없고 그것이 剛·柔가 되고 動·靜이 됨을 헤아릴 수 없다.

聖人作易하여 以準則(칙)天地之道하니 易之義는 天地之道也라 故로 能彌綸天地之道라 彌는 徧也라 綸은 理也니 在事爲倫이요 治絲爲綸이라 彌綸은 徧理也라 徧理天地之道하며 而復仰觀天文하고 俯察地理하여 驗之著見之跡이라 故로 能知幽明之故라 在理爲幽요 成象爲明이니 知幽明之故는 知理與物之所以然也라 原究其始하고 要考其終하면 則可以見死生之理라 聚爲精氣요 散爲游魂하니 聚則爲物하고 散則爲變이라 觀聚散이면 則見鬼神之情狀이라 萬物始終은 聚散而已요 鬼神은 造化之功也라 以幽明之故와 死生之理와 鬼神之情狀으로 觀之하면 則可以見天地之道라 易之義는 與天地之道로 相似라 故로 無差違하니 相似는 謂同也라 知周乎萬物而道濟天下라 故不過라한대 義之所包가 知也라 其義周盡萬物之理하고 其道足以濟天下라 故로 無過差라 旁行而不流는 旁通遠及而不流失正理라 順乎理는 樂天也요 安其分은 知命也라 順理安分이라 故로 無所憂라 安土는 安所止也요 敦乎仁은 存乎同也니 是以能愛라 範圍는 俗語謂之模量이라 模量天地之運化而不過差하며 委曲成就萬物之理而無遺失하며 通晝夜闢闔(벽합)屈伸之道而知其所以然이라 如此면 則得天地之妙用하여 知道德之本源이라 所以見至神之妙엔 無有方所하고 而易之準道엔 無有形體라 道者는 一陰一陽也라 動靜無端하고 陰陽無始하니 非知道者면 孰能識之리오 動靜相因而成變化하니 順繼此道면 則爲善也요 成之在人이면 則謂之性也라 在衆人이면 則不能識이라 隨其所知라 故로 仁者는 謂之仁이요 知者는 謂之知요 百姓은 則由之而不知라 故로 君子之道는 人鮮克知也라 運行之跡과 生育之功은 顯諸仁也요 神妙無方하고 變化無跡이 藏諸用也라 天地不與聖人同憂하니 天地不宰요 聖人有心也일새라 天地는 無心而成化하고 聖人은 有心而無爲하니 天地聖人之盛德大業이 可謂至矣라 富有는 溥博也요 日新은 無窮也니 生生相續하여 變易而不窮也라 乾은 始物而有象하고 坤은 成物而體備하여 法

象著矣라 推數면 可以知來物이요 通變不窮이 事之理也라 天下之有는 不離乎陰陽이라 惟神也는 莫知其鄕이오 不測其爲剛柔動靜也라

5. 易의 道는 넓고 커서 멀리 미루어나가면 다함이 없고, 가까이 말하면 편안하고 고요하여 올바르다. 天地 사이에 만물의 이치는 같지 않음이 없다. 乾은 고요할 때에는 專하고 움직일 때에는 直하다. 專은 전일함이고 直은 곧고 평이함이다. 乾은 오직 고요할 때에는 전일하고 움직일 때에는 곧고 평이하기 때문에 物을 낳는 功이 크다. 坤은 고요할 때에는 합하고 움직일 때에는 열린다. 坤의 體는 動하면 열리니, 乾에 응하여 열리고 닫히며 널리 만물을 낳는다. '廣大'는 天地의 功이고, '變通'은 四時의 운행이다. "한 차례 陰하고 한 차례 陽함〔一陰一陽〕"이 日月의 운행이고, 乾의 평이함과 坤의 간략함의 功이 곧 至善의 德이다.

易道廣大하여 推遠則無窮이요 近言則安靜而正이라 天地之間에 萬物之理는 無有不同이라 乾은 靜也專하고 動也直하니 專은 專一이요 直은 直易(이)라 惟其專直이라 故로 其生物之功이 大하다 坤은 靜翕動闢이라 坤體動則開하니 應乾開闔而廣生萬物이라 廣大는 天地之功也요 變通은 四時之運也라 一陰一陽이 日月之行也요 乾坤易(이)簡之功이 乃至善之德也라

6. 易의 道는 지극하도다. 聖人이 易의 道로써 그 德業을 높이고 원대하게 하였다. 智는 높고 禮는 낮으니, 높고 낮은 것이 이치를 따르는 것은 天地의 道에 합치된다. 높고 낮은 것의 지위가 설정되면 易이 그 가운데 있다. 이 이치가 이루어진 것이 사람에게 있으면 性이 된다. 사람의 마음이 이 이치가 존재하는 것을 보존한 것이 곧 "道義가 나오는 門"이다.

易之道는 其至矣乎인저 聖人이 以易之道로 崇大其德業也라 知則崇高하고 禮則卑下하니 高卑順理는 合天地之道也라 高卑之位가 設하면 則易在其中矣라 斯理也가 成之在人則爲性이라① 人心存乎此理之所存이 乃道義之門也라

① 誠하게 하는 것이 性이다.
誠之者, 性也.

7. '賾'은 심원함이다. 聖人이 천하의 심원한 일을 보고서 그 形容을 비의하고 그 事類를

형상하였다. 그러므로 象이라 말한다. 천하의 動함은 다함이 없으니, 반드시 그 會通을 관찰해야 한다. '會通'은 핵심이니, 곧 "이로써 그 典禮를 행한다.〔以行其典禮〕"라는 것이다. '典禮'는 법도이니, 사물의 법칙이다. 辭를 달아서 그 吉·凶을 결단하는 것은 爻이다. 천하의 일은 심원하여 알기 어려우나 理가 있는 것은 싫어할 수 없음을 말한 것이고, 천하의 動함은 무궁하나 物에 방소가 있는 것은 어지럽힐 수 없음을 말한 것이다. 헤아려서 그 辭를 베풀고 의논하여 그 動함을 살피는 것이 "헤아리고 의논하여 그 變化를 이룬다.〔擬議 以成其變化〕"라는 것이다. '變化'는 爻의 그 시기에 맞는 의리이고, '擬議'는 의논하여 말하는 것이니, "우는 학이 그늘에 있다.〔鳴鶴在陰〕"[12] 이하 일곱 爻를 거론한 것은 헤아리고 의논하여 말한 것이다.[13] 나머지 爻도 모두 그러하다.

賾(색)은 深遠也라 聖人이 見天下深遠之事하여 而比擬其形容[14]하고 體象其事類라 故로 謂之象이라 天下之動은 無窮也니 必觀其會通이라 會通은 綱要也니 乃以行其典禮라 典禮는 法度也니 物之則(칙)也라 繫之辭하여 以斷其吉凶者는 爻也라 言天下之深遠難知也로되 而理之所有는 不可厭也요 言天下之動無窮也로되 而物有其方은 不可紊(문)也라 擬度(탁)而設其辭하고 商議以察其動이 擬議以成其變化也라 變化는 爻之時義요 擬議는 議而言之也니 擧鳴鶴在陰以下七爻는 擬議而言者也라 餘爻皆然也라

8. 理가 있으면 氣가 있고, 氣가 있으면 數가 있다. 鬼神을 행하는 것은 數이고, 數는 氣의 用이다. "大衍[15]의 數가 50이다.〔大衍之數五十〕"라는 것은 數는 1에서 시작하고 5에서 갖추어지는데 작게 推演하면 10이 되고 크게 推演하면 50이 되니,[16] 50은 數가 이루어진 것이다. 이루어지면 動하지 않는다. 그러므로 1을 덜어 用으로 삼는다. "天地의 數는 55이니, 變化를 이루고 鬼神을 행하는 것이다."라 하였는데, '變化'는 功을 말하고, '鬼神'은 用을 말한다.

---

12) 우는……있다 : ≪周易≫ 中孚卦 九二爻辭이다.
13) 우는……것이다. : ≪周易≫ 〈繫辭傳 上〉에서 中孚卦 九二爻, 同人卦 九五爻, 大過卦 初六爻, 謙卦 九三爻, 乾卦 上九爻, 節卦 初九爻, 解卦 六三爻의 뜻을 해석한 것을 말한다.
14) 賾……容 : 저본에는 "聖人見天下深遠之事 賾深遠也 而比擬其形容"으로 되어 있으나, 中華書局本에 의거하여 바로잡았다.
15) 大衍 : 衍은 演의 뜻으로, 推演 또는 演變을 의미한다.
16) 작게……되니 : '작게 推演하면 10이 된다.'는 것은 1부터 5까지 더하면 15가 되는데 河圖 중앙의 天5를 제외하면 10이 된다는 말이며, '크게 추연하면 50이 된다.'는 것은 1부터 10까지 더하면 55가 되는데 중앙의 天5를 제외하면 50이 된다는 말이다.

有理則有氣하고 有氣則有數하니 行鬼神者는 數也요 數는 氣之用也라 大衍之數五十은 數는 始於一하고 備於五한대 小衍之而成十하고 大衍之則爲五十하니 五十은 數之成也라 成則不動이라 故로 損一以爲用이라 天地之數는 五十有五니 成變化而行鬼神者也라한대 變化는 言功이요 鬼神은 言用이라

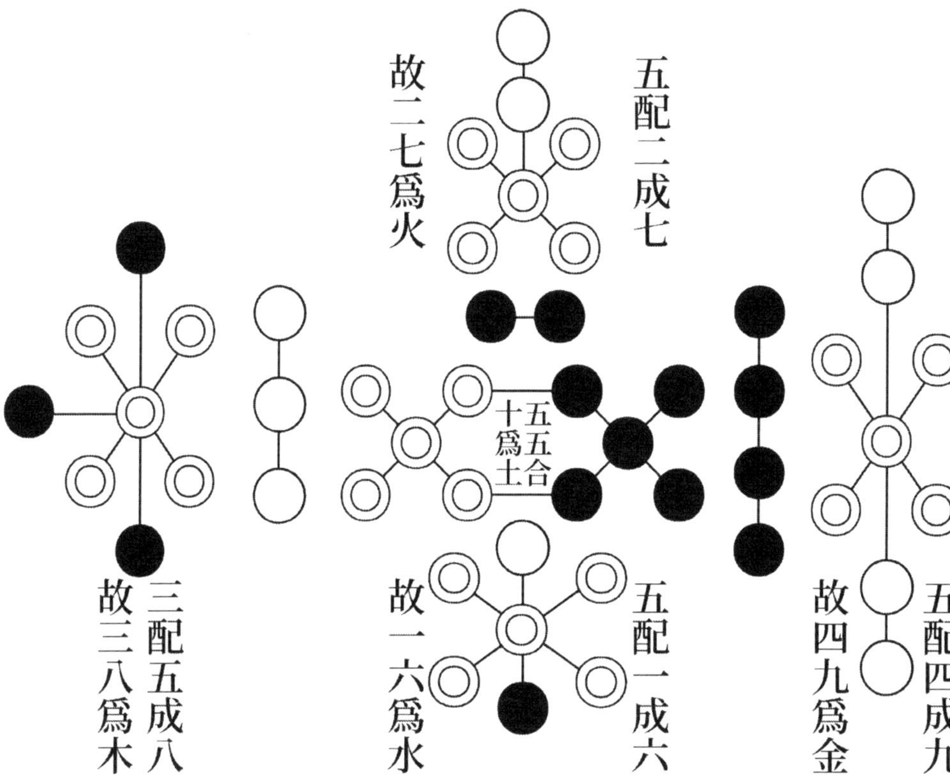

大衍之數

9. 道를 드러내 밝혀 그 功·用의 신묘함을 본다. 그러므로 온갖 변화에 더불어 응대할 수 있고 신묘한 道를 더불어 도울 수 있으니, 德에 합함을 말한 것이다. 사람이 오직 理에 순응하여 功을 이루는 것이 곧 天地의 化育을 돕는 것이다.

顯明於道하여 而見其功用之神이라 故로 可與應對萬變이요 可贊祐於神道矣니 謂合德也라 人惟順理以成功이 乃贊天地之化育也라

10. "變化의 道를 알면 神이 하는 바를 알게 된다."[17]라고 한 것은 위의 글과는 서로

이어지니 아래의 글과는 맞지 않는다. 말은 이치를 서술하는 것이다. "易으로써 말하는 자는 그 辭를 숭상한다.〔以言者 尙其辭〕"라는 것은 말에서 이치를 구하는 자는 辭에 의미를 보존한다는 말이고, "易으로써 動하는 자는 그 變을 숭상한다.〔以動者 尙其變〕"라는 것은 化하면 變하니 變에 순응하여 動함이 곧 道에 합한다는 말이다. 기물을 만들고 일을 하는 자는 마땅히 象을 체득해야 하고, 길흉을 점치는 자는 마땅히 그 占을 상고해야 한다. 그러니 "命을 받는 것이 메아리와 같다.〔其受命也如嚮〕"와 "마침내 다가올 일을 안다.〔遂知來物〕"라는 것은 神[18]이 아니겠는가. 그 뒤에 "감응하면 통한다."[19]라고 한 것은 구하여 얻은 것이니, 精[20]의 지극함이다.

知變化之道면 則知神之所爲也는 與上文相連하니 不合在下라 言은 所以述理라 以言者尙其辭는 謂於言求理者는 則存意於辭也요 以動者尙其變은 化則變也니 順變而動이 乃合道也라 制器作事는 當體乎象이요 卜筮吉凶은 當考其占이라 受命如響과 遂知來物은 非神乎아 曰感而通은 求而得이니 精之至也라

11. '天一'에서부터 '地十'까지는 마땅히 '天數五 地數五' 위에 있어야 하니, 簡編이 그 차례를 잃은 것이다. 天一은 生數이고 地六은 成數이다.[21] 위의 다섯이 있으면 바로 아래의 다섯이 있게 된다. 陰陽과 五行이 합하여 陰陽의 功을 이루니, 만물의 변화는 鬼神의 用이다.

自天一至地十은 合在天數五地數五上하니 簡編失其次也라 天一은 生數요 地六은 成數라 才有上五者면 便有下五者라 二五合而成陰陽之功하니 萬物變化는 鬼神之用也라

---

17) 變化의……된다 : ≪周易≫ 〈繫辭傳 上〉에는 "變化의 道를 아는 자는 神이 하는 바를 알 것이다.〔知變化之道者 其知神之所爲乎〕"라고 하였는데, 여기서는 글자를 약간 바꾸어 썼나.

18) 神 : 이 神은 ≪周易≫ 〈繫辭傳 上〉 "其知神之所爲乎"의 '神'을 가리킨다.

19) 감응하면 통한다 : ≪周易≫ 〈繫辭傳 上〉에 "감응하면 드디어 천하의 사리에 통한다.〔感而遂通天下之故〕"라고 한 것을 가리킨다.

20) 精 : ≪周易≫ 〈繫辭傳 上〉에 "마침내 다가올 일을 아니 천하의 지극히 정밀한 사람이 아니면 그 누가 능히 여기에 참여하겠는가.〔遂知來物 非天下之至精 其孰能與於此〕"라고 한 구절의 '精'을 말한다.

21) 天一은……成數이다 : ≪周易正義≫ 〈繫辭傳 上〉의 孔穎達 疏에 "天一生水 地二生火 天三生木 地四生金 天五生土 此其生數"라 하였으니, 天一부터 天五까지는 五行을 낳는 수로 본 것이다. 또 공영달은 이와 같으면 陰·陽에 짝이 없기 때문에 陰·陽이 각각 짝이 있어 만물이 이루어진다고 하면서 '地六成水 天七成火 地八成木 天九成金 地十成土'를 成數라고 하였다.

12. 혹자가 말하였다.

"'乾卦·坤卦는 ≪易≫으로 들어가는 문이다.'[22]라고 한 말은 그 의미를 알기가 어렵고, 나머지 卦는 알기 쉽습니다."

선생이 말하였다.

"乾卦·坤卦는 天·地이다. 만물 가운데 天·地 밖에서 나온 것이 어디 있겠는가. 道를 아는 사람이 통합하여 宗旨를 세운 것이 그러한 것이니, 卦에서 그 의미를 살펴보면 乾卦·坤卦의 道는 간략하고 평이하다. 그러므로 그 말이 평이하며 정직하지만, 나머지 괘는 때에 따라 변화에 응하여 취하고 버림에 일정함이 없으니 더욱 알기 어렵다. 乾卦·坤卦의 道를 아는 것은 쉽다고 생각하는 것이 옳다."

或曰 乾坤易之門은 其義難知하고 餘卦則易(이)知也라 曰 乾坤은 天地也라 萬物이 烏有出天地之外者乎아 知道者가 統之有宗則然也니 而在卦觀之면 乾坤之道는 簡易(이)라 故로 其辭平直이나 餘卦는 隨時應變하여 取舍無常하니 尤爲難知也라 知乾坤之道者는 以爲易(이)則可也라

---

22) 乾卦……문이다 : ≪周易≫ 〈繫辭傳 下〉에 "乾·坤은 易의 門일 것이다.〔乾坤 其易之門邪〕"라고 하였다.

※ ≪周易≫〈繫辭傳 上〉分節 비교(十三經注疏本을 기준으로 함)

	十三經汻疏 舊說	程頤	朱熹
제1절	① 天尊地卑 乾坤定矣 卑高以陳 貴賤位矣 動靜有常 剛柔斷矣 方以類聚 物以群分 吉凶生矣 在天成象 在地成形 變化見矣 是故 剛柔相摩 八卦相盪 鼓之以雷霆 潤之以風雨 日月運行 一寒一暑 乾道成男 坤道成女 乾知大始 坤作成物 乾以易知 坤以簡能 易則易知 簡則易從 易知則有親 易從則有功 有親則可久 有功則可大 可久則賢人之德 可大則賢人之業 易簡而天下之理得矣 天下之理得而成位乎其中矣	① 天尊地卑 乾坤定矣 卑高以陳 貴賤位矣 動靜有常 剛柔斷矣 方以類聚 物以群分 吉凶生矣 在天成象 在地成形 變化見矣 是故 剛柔相摩 八卦相盪 鼓之以雷霆 潤之以風雨 日月運行 一寒一暑 乾道成男 坤道成女 乾知大始 坤作成物 乾以易知 坤以簡能 易則易知 簡則易從 易知則有親 易從則有功 有親則可久 有功則可大 可久則賢人之德 可大則賢人之業 易簡而天下之理得矣 天下之理得而成位乎其中矣	① 天尊地卑 乾坤定矣 卑高以陳 貴賤位矣 動靜有常 剛柔斷矣 方以類聚 物以群分 吉凶生矣 在天成象 在地成形 變化見矣 是故 剛柔相摩 八卦相盪 鼓之以雷霆 潤之以風雨 日月運行 一寒一暑 乾道成男 坤道成女 乾知大始 坤作成物 乾以易知 坤以簡能 易則易知 簡則易從 易知則有親 易從則有功 有親則可久 有功則可大 可久則賢人之德 可大則賢人之業 易簡而天下之理得矣 天下之理得而成位乎其中矣
제2절	② 聖人設卦觀象 繫辭焉而明吉凶 剛柔相推而生變化 是故 吉凶者 失得之象也 悔吝者 憂虞之象也 變化者 進退之象也 剛柔者 晝夜之象也 六爻之動 三極之道也 是故 君子所居而安者 易之序也 所樂而玩者 爻之辭也 是故 君子居則觀其象而玩其辭 動則觀其變而玩其占 是以自天祐之 吉无不利	② 聖人設卦 觀象繫辭焉而明吉凶 剛柔相推而生變化 是故 吉凶者 失得之象也 悔吝者 憂虞之象也 變化者 進退之象也 剛柔者 晝夜之象也 六爻之動 三極之道也 是故 君子所居而安者 易之序也 所樂而玩者 爻之辭也 是故 君子居則觀其象而玩其辭 動則觀其變而玩其占 是以自天祐之 吉无不利	② 聖人設卦 觀象繫辭焉 而明吉凶 剛柔相推 而生變化 是故 吉凶者 失得之象也 悔吝者 憂虞之象也 變化者 進退之象也 剛柔者 晝夜之象也 六爻之動 三極之道也 是故 君子所居而安者 易之序也 所樂而玩者 爻之辭也 是故 君子居則觀其象而玩其辭 動則觀其變而玩其占 是以自天祐之 吉无不利
제3절	③-㉮ 彖者 言乎象者也 爻者 言乎變者也 吉凶者 言乎其失得也 悔吝者 言乎其小疵也 无咎者 善補過也 是故 列貴賤者 存乎位 齊小大者 存乎卦 辯吉凶者 存乎辭 憂悔吝者 存乎介 震无咎者 存乎悔 是故 卦有小大 辭有險易 辭也者 各指其所之 ③-㉯ 易與天地準 故能彌綸天地之道 仰以觀於天文 俯以察於地理 是故 知幽明之故 原始反終 故知死生之說	③-㉮ 彖者 言乎象者也 爻者 言乎變者也 吉凶者 言乎其失得也 悔吝者 言乎其小疵也 无咎者 善補過也 是故 列貴賤者 存乎位 齊小大者 存乎卦 辯吉凶者 存乎辭 憂悔吝者 存乎介 震无咎者 存乎悔 是故 卦有小大 辭有險易 辭也者 各指其所之	③-㉮ 彖者 言乎象者也 爻者 言乎變者也 吉凶者 言乎其失得也 悔吝者 言乎其小疵也 无咎者 善補過也 是故 列貴賤者 存乎位 齊小大者 存乎卦 辯吉凶者 存乎辭 憂悔吝者 存乎介 震无咎者 存乎悔 是故 卦有小大 辭有險易 辭也者 各指其所之

	十三經注疏 舊說	程頤	朱熹
제4절	④-㉮ 精氣爲物 遊魂爲變 是故知鬼神之情狀 與天地相似 故不違 知周乎萬物 而道濟天下 故不過 旁行而不流 樂天知命 故不憂 安土敦乎仁 故能愛 範圍天地之化而不過 曲成萬物而不遺 通乎晝夜之道而知 故神无方而易无體 ④-㉯ 一陰一陽之謂道 繼之者善也 成之者性也 仁者 見之謂之仁 知者 見之謂之知 百姓日用而不知 故君子之道鮮矣	③-㉯ 易與天地準 故能彌綸天地之道 仰以觀於天文 俯以察於地理 是故 知幽明之故 原始反終 故知死生之說 ④-㉮ 精氣爲物 遊魂爲變 是故知鬼神之情狀 與天地相似 故不違 知周乎萬物 而道濟天下 故不過 旁行而不流 樂天知命 故不憂 安土敦乎仁 故能愛 範圍天地之化而不過 曲成萬物而不遺 通乎晝夜之道而知 故神无方而易无體 ④-㉯ 一陰一陽之謂道 繼之者善也 成之者性也 仁者 見之謂之仁 知者 見之謂之知 百姓 日用而不知 故君子之道鮮矣 ⑤-㉮ 顯諸仁 藏諸用 鼓萬物而不與聖人同憂 盛德大業至矣哉 富有之謂大業 日新之謂盛德 生生之謂易 成象之謂乾 效法之爲坤 極數知來之謂占 通變之謂事 陰陽不測之謂神	③-㉯ 易與天地準 故能彌綸天地之道 仰以觀於天文 俯以察於地理 是故 知幽明之故 原始反終 故知死生之說 ④-㉮ 精氣爲物 遊魂爲變 是故知鬼神之情狀 與天地相似 故不違 知周乎萬物 而道濟天下 故不過 旁行而不流 樂天知命 故不憂 安土敦乎仁 故能愛 範圍天地之化而不過 曲成萬物而不遺 通乎晝夜之道而知 故神无方而易无體
제5절	⑤-㉮ 顯諸仁 藏諸用 鼓萬物而不與聖人同憂 盛德大業至矣哉 富有之謂大業 日新之謂盛德 生生之謂易 成象之謂乾 效法之爲坤 極數知來之謂占 通變之謂事 陰陽不測之謂神 ⑤-㉯ 夫易 廣矣大矣 以言乎遠則不禦 以言乎邇則靜而正 以言乎天地之間則備矣 夫乾 其靜也專 其動也直 是以大生焉 夫坤 其靜也翕 其動也闢 是以廣生焉 廣大 配天地 變通配四時 陰陽之義 配日月 易簡之善 配至德 ⑤-㉰ 子曰 易其至矣乎 夫易 聖人所以崇德而廣業也 知崇禮卑 崇效天 卑法地 天地設位 而易行乎其中矣 成性存存 道義之門	⑤-㉯ 夫易 廣矣大矣 以言乎遠則不禦 以言乎邇則靜而正 以言乎天地之間則備矣 夫乾 其靜也專 其動也直 是以大生焉 夫坤 其靜也翕 其動也闢 是以廣生焉 廣大 配天地 變通配四時 陰陽之義 配日月 易簡之善 配至德	④-㉯ 一陰一陽之謂道 繼之者善也 成之者性也 仁者 見之謂之仁 知者 見之謂之知 百姓 日用而不知 故君子之道鮮矣 ⑤-㉮ 顯諸仁 藏諸用 鼓萬物而不與聖人同憂 盛德大業至矣哉 富有之謂大業 日新之謂盛德 生生之謂易 成象之謂乾 效法之爲坤 極數知來之謂占 通變之謂事 陰陽不測之謂神

	十三經注疏 舊說	程頤	朱熹
제6절	⑥-㉮ 聖人有以見天下之賾 而擬諸其形容 象其物宜 是故謂之象 聖人有以見天下之動而觀其會通 以行其典禮 繫辭焉 以斷其吉凶 是故謂之爻 言天下之至賾 而不可惡也 言天下之至動 而不可亂也 擬之而後言 議之而後動擬議以成其變化 ⑥-㉯ 鳴鶴在陰 其子和之 我有好爵 吾與爾靡之 子曰 君子居其室 出其言善 則千里之外應之 況其邇者乎 居其室出其言不善 則千里之外違之況其邇者乎 言出乎身 加乎民 行發乎邇 見乎遠 言行君子之樞機 樞機之發 榮辱之主也 言行 君子之所以動天地也 可不愼乎 ⑥-㉰ 同人 先號咷而後笑 子曰君子之道 或出或處 或默或語 二人同心 其利斷金 同心之言 其臭如蘭	⑤-㉰ 子曰 易其至矣乎 夫易 聖人所以崇德而廣業也 知崇禮卑 崇效天 卑法地 天地設位而易行乎其中矣 成性存存 道義之門	⑤-㉯ 夫易 廣矣大矣 以言乎遠則不禦 以言乎邇則靜而正 以言乎天地之間則備矣 夫乾 其靜也專 其動也直 是以大生焉夫坤 其靜也翕 其動也闢 是以廣生焉 廣大 配天地 變通配四時 陰陽之義 配日月 易簡之善 配至德
제7절	⑦-㉮ 初六 藉用白茅 无咎 子曰 苟錯諸地而可矣 藉之用茅 何咎之有 愼之至也 夫茅之爲物薄 而用可重也 愼斯術也以往 其无所失矣 ⑦-㉯ 勞謙 君子有終 吉 子曰勞而不伐 有功而不德 厚之至也 語以其功下人者也 德言盛 禮言恭 謙也者 致恭以存其位者也 ⑦-㉰ 亢龍有悔 子曰 貴而无位高而无民 賢人在下位而无輔是以動而有悔也 ⑦-㉱ 不出戶庭 无咎 子曰 亂之所生也 則言語以爲階 君不密則失臣 臣不密則失身幾事不密則害成 是以君子愼密而不出也 ⑦-㉲ 子曰 作易者 其知盜乎 易曰 負且乘 致寇至 負也者 小人之事也 乘也者 君子之器也小人而乘君子之器 盜思奪之	⑥-㉮ 聖人有以見天下之賾 而擬諸其形容 象其物宜 是故謂之象 聖人有以見天下之動而觀其會通 以行其典禮 繫辭焉 以斷其吉凶 是故謂之爻 言天下之至賾 而不可惡也 言天下之至動 而不可亂也 擬之而後言 議之而後動擬議以成其變化 ⑥-㉯ 鳴鶴在陰 其子和之 我有好爵 吾與爾靡之 子曰 君子居其室 出其言善 則千里之外應之 況其邇者乎 居其室出其言不善 則千里之外違之況其邇者乎 言出乎身 加乎民 行發乎邇 見乎遠 言行君子之樞機 樞機之發 榮辱之主也 言行 君子之所以動天地也 可不愼乎 ⑥-㉰ 同人 先號咷而後笑 子曰君子之道 或出或處 或默或語 二人同心 其利斷金 同心	⑤-㉰ 子曰 易其至矣乎 夫易 聖人所以崇德而廣業也 知崇禮卑 崇效天 卑法地 天地設位而易行乎其中矣 成性存存 道義之門

	十三經注疏 舊說	程頤	朱熹
	矣 上慢下暴 盜思伐之矣 慢藏誨盜 冶容誨淫 易曰 負且乘 致寇至 盜之招也	之言 其臭如蘭 ⑦-㉮ 初六 藉用白茅 无咎 子曰 苟錯諸地而可矣 藉之用茅 何咎之有 愼之至也 夫茅之爲物薄 而用可重也 愼斯術也以往 其无所失矣 ⑦-㉯ 勞謙 君子有終 吉 子曰 勞而不伐 有功而不德 厚之至也 語以其功下人者也 德言盛 禮言恭 謙也者 致恭以存其位者也 ⑦-㉰ 亢龍有悔 子曰 貴而无位 高而无民 賢人在下位而无輔 是以動而有悔也 ⑦-㉱ 不出戶庭 无咎 子曰 亂之所生也 則言語以爲階 君不密則失臣 臣不密則失身 幾事不密則害成 是以君子愼密而不出也 ⑦-㉲ 子曰 作易者 其知盜乎 易曰 負且乘 致寇至 負也者 小人之事也 乘也者 君子之器也 小人而乘君子之器 盜思奪之矣 上慢下暴 盜思伐之矣 慢藏誨盜 冶容誨淫 易曰 負且乘 致寇至 盜之招也	
제8절	⑧-㉮ 大衍之數五十 其用四十有九 分而爲二以象兩 掛一以象三 揲之以四 以象四時 歸奇於扐以象閏 五歲再閏 故再扐而後掛 ⑧-㉯ 天數五 地數五 五位相得而各有合 天數二十有五 地數三十 凡天地之數五十有五 此所以成變化而行鬼神也 ⑧-㉰ 乾之策 二百一十有六 坤之策 百四十有四 凡三百有六十 當期之日 二篇之策 萬有一千五百二十 當萬物之數也 是故 四營而成易 十有八變而成卦 八卦而小成 引而伸之 觸類而長之 天下之能事畢矣 顯道 神德行 是故可與酬酢 可與祐神矣	⑧-㉮ 大衍之數五十 其用四十有九 分而爲二以象兩 掛一以象三 揲之以四 以象四時 歸奇於扐以象閏 五歲再閏 故再扐而後掛 ⑩-㉮ 天一 地二 天三 地四 天五 地六 天七 地八 天九地十 ⑧-㉯ 天數五 地數五 五位相得而各有合 天數二十有五 地數三十 凡天地之數五十有五 此所以成變化而行鬼神也	⑥-㉮ 聖人有以見天下之賾 而擬諸其形容 象其物宜 是故謂之象 聖人有以見天下之動 而觀其會通 以行其典禮 繫辭焉 以斷其吉凶 是故謂之爻 言天下之至賾 而不可惡也 言天下之至動 而不可亂也 擬之而後言 議之而後動 擬議以成其變化 ⑥-㉯ 鳴鶴在陰 其子和之 我有好爵 吾與爾靡之 子曰 君子居其室 出其言善 則千里之外應之 況其邇者乎 居其室 出其言不善 則千里之外違之 況其邇者乎 言出乎身 加乎民 行發乎邇 見乎遠 言行 君子之樞機 樞機之發 榮辱之主也 言行 君子之所以動天地也 可不愼乎

	十三經注疏 舊說	程頤	朱熹
			⑥-㉯ 同人 先號咷而後笑 子曰 君子之道 或出或處 或默或語 二人同心 其利斷金 同心之言 其臭如蘭 ⑦-㉮ 初六 藉用白茅 无咎 子曰 苟錯諸地而可矣 藉之用茅 何咎之有 愼之至也 夫茅之爲物薄 而用可重也 愼斯術也以往 其无所失矣 ⑦-㉯ 勞謙 君子有終 吉 子曰 勞而不伐 有功而不德 厚之至也 語以其功下人者也 德言盛 禮言恭 謙也者 致恭以存其位者也 ⑦-㉰ 亢龍有悔 子曰 貴而无位 高而无民 賢人在下位而无輔 是以動而有悔也 ⑦-㉱ 不出戶庭 无咎 子曰 亂之所生也 則言語以爲階 君不密則失臣 臣不密則失身 幾事不密則害成 是以君子愼密而不出也 ⑦-㉲ 子曰 作易者 其知盜乎 易曰 負且乘 致寇至 負也者 小人之事也 乘也者 君子之器也 小人而乘君子之器 盜思奪之矣 上慢下暴 盜思伐之矣 慢藏誨盜 冶容誨淫 易曰 負且乘 致寇至 盜之招也
제9절	⑨-㉮ 子曰 知變化之道者 其知神之所爲乎 ⑨-㉯ 易有聖人之道四焉 以言者 尙其辭 以動者 尙其變 以制器者 尙其象 以卜筮者 尙其占 是以 君子將有爲也 將有行也 問焉而以言 其受命也如嚮 无有遠近幽深 遂知來物 非天下之至精 其孰能與於此 參伍以變 錯綜其數 通其變 遂成天下之文 極其數 遂定天下之象 非天下之至變 其孰能與於此 易无思也 无爲也 寂然不動 感而遂通天下之故 非天下之至神 其孰能與於此 夫易 聖人之	⑧-㉰ 乾之策 二百一十有六 坤之策 百四十有四 凡三百有六十 當期之日 二篇之策 萬有一千五百二十 當萬物之數也 是故 四營而成易 十有八變而成卦 八卦而小成 引而伸之 觸類而長之 天下之能事畢矣 顯道 神德行 是故可與酬酢 可與祐神矣 ⑨-㉮ 子曰 知變化之道者 其知神之所爲乎	⑩-㉮ 天一 地二 天三 地四 天五 地六 天七 地八 天九地十 ⑧-㉯ 天數五 地數五 五位相得 而各有合 天數二十有五 地數三十 凡天地之數五十有五 此所以成變化而行鬼神也 ⑧-㉮ 大衍之數五十 其用四十有九 分而爲二以象兩 掛一以象三 揲之以四 以象四時 歸奇於扐以象閏 五歲再閏 故再扐而後掛 ⑧-㉰ 乾之策 二百一十有六 坤之策 百四十有四 凡三百有六十 當期之日 二篇之策 萬有一千五百二十 當萬物之數

	十三經注疏 舊說	程頤	朱熹
	所以極深而硏幾也 唯深也故 能通天下之志 唯幾也故 能成天下之務 唯神也故 不疾而速 不行而至 子曰 易有聖人之道四焉者 此之謂也		也 是故 四營而成易 十有八變而成卦 八卦而小成 引而伸之 觸類而長之 天下之能事畢矣 顯道 神德行 是故可與酬酢 可與祐神矣 ⑨-㉮ 子曰 知變化之道者 其知神之所爲乎
제10절	⑩-㉮ 天一 地二 天三 地四 天五 地六 天七 地八 天九地十 ⑩-㉯ 子曰 夫易 何爲者也 夫易 開物成務 冒天下之道 如斯而已者也 是故 聖人以通天下之志 以定天下之業 以斷天下之疑 是故 蓍之德 圓而神 卦之德 方以知 六爻之義 易以貢 聖人以此洗心 退藏於密 吉凶與民同患 神以知來 知以藏往 其孰能與此哉 古之聰明叡知神武而不殺者夫 是以 明於天之道 而察於民之故 是興神物以前民用 聖人以此齊戒 以神明其德夫 是故 闔戶 謂之坤 闢戶 謂之乾 一闔一闢 謂之變 往來不窮 謂之通 見乃謂之象 形乃謂之器 制而用之 謂之法 利用出入 民咸用之 謂之神	⑨-㉯ 易有聖人之道四焉 以言者 尙其辭 以動者 尙其變 以制器者 尙其象 以卜筮者 尙其占 是以 君子將有爲也 將有行也 問焉而以言 其受命也如響 无有遠近幽深 遂知來物 非天下之至精 其孰能與於此 參伍以變 錯綜其數 通其變 遂成天下之文 極其數 遂定天下之象 非天下之至變 其孰能與於此 易无思也 无爲也 寂然不動 感而遂通天下之故 非天下之至神 其孰能與於此 夫易 聖人之所以極深而硏幾也 唯深也故 能通天下之志 唯幾也故 能成天下之務 唯神也故 不疾而速 不行而至 子曰 易有聖人之道四焉者 此之謂也	⑨-㉯ 易有聖人之道四焉 以言者 尙其辭 以動者 尙其變 以制器者 尙其象 以卜筮者 尙其占 是以 君子將有爲也 將有行也 問焉而以言 其受命也如響 无有遠近幽深 遂知來物 非天下之至精 其孰能與於此 參伍以變 錯綜其數 通其變 遂成天下之文 極其數 遂定天下之象 非天下之至變 其孰能與於此 易无思也 无爲也 寂然不動 感而遂通天下之故 非天下之至神 其孰能與於此 夫易 聖人之所以極深而硏幾也 唯深也故 能通天下之志 唯幾也故 能成天下之務 唯神也故 不疾而速 不行而至 子曰 易有聖人之道四焉者 此之謂也
제11절	⑪-㉮ 是故 易有太極 是生兩儀 兩儀生四象 四象生八卦 八卦定吉凶 吉凶生大業 是故 法象 莫大乎天地 變通 莫大乎四時 縣象著明 莫大乎日月 崇高 莫大乎富貴 備物致用 立成器 以爲天下利 莫大乎聖人 探賾索隱 鉤深致遠 以定天下之吉凶 成天下之亹亹者 莫大乎蓍龜 是故 天生神物 聖人則之 天地變化 聖人效之 天垂象 見吉凶 聖人象之 河出圖 洛出書 聖人則之 易有四象 所以示也 繫辭焉 所以告也 定之以吉凶 所以斷也	불분명	⑩-㉯ 子曰 夫易 何爲者也 夫易 開物成務 冒天下之道 如斯而已者也 是故 聖人以通天下之志 以定天下之業 以斷天下之疑 是故 蓍之德 圓而神 卦之德 方以知 六爻之義 易以貢 聖人以此洗心 退藏於密 吉凶與民同患 神以知來 知以藏往 其孰能與此哉 古之聰明叡知神武而不殺者夫 是以 明於天之道 而察於民之故 是興神物以前民用 聖人以此齊戒 以神明其德夫 是故 闔戶 謂之坤 闢戶 謂之乾 一闔一闢 謂之變 往來不窮 謂之通 見乃謂之象 形

	十三經注疏 舊說	程頤	朱熹
	⑪-㉯ 易曰 自天祐之 吉无不利 子曰 祐者 助也 天之所助者 順也 人之所助者 信也 履信思乎順 又以尙賢也 是以自天祐之 吉无不利也		乃謂之器 制而用之 謂之法 利用出入 民咸用之 謂之神 ⑪-㉮ 是故 易有太極 是生兩儀 兩儀生四象 四象生八卦 八卦定吉凶 吉凶生大業 是故 法象 莫大乎天地 變通 莫大乎四時 縣象著明 莫大乎日月 崇高 莫大乎富貴 備物致用 立成器 以爲天下利 莫大乎聖人 探賾索隱 鉤深致遠 以定天下之吉凶 成天下之亹亹者 莫大乎蓍龜 是故 天生神物 聖人則之 天地變化 聖人效之 天垂象 見吉凶 聖人象之 河出圖 洛出書 聖人則之 易有四象 所以示也 繫辭焉 所以告也 定之以吉凶 所以斷也
제12절	⑫ 子曰 書不盡言 言不盡意 然則聖人之意 其不可見乎 子曰 聖人立象以盡意 設卦以盡情僞 繫辭焉以盡其言 變而通之以盡利 鼓之舞之以盡神 乾坤 其易之縕邪 乾坤成列 而易立乎其中矣 乾坤毁則无以見易 易不可見 則乾坤或幾乎息矣 是故 形而上者 謂之道 形而下者 謂之器 化而裁之 謂之變 推而行之 謂之通 擧而錯之天下之民 謂之事業 是故 夫象 聖人有以見天下之賾 而擬諸其形容 象其物宜 是故 謂之象 聖人有以見天下之動 而觀其會通 以行其典禮 繫辭焉以斷其吉凶 是故 謂之爻 極天下之賾者 存乎卦 鼓天下之動者 存乎辭 化而裁之 存乎變 推而行之 存乎通 神而明之 存乎其人 默而成之 不言而信 存乎德行	불분명	⑪-㉯ 易曰 自天祐之 吉无不利 子曰 祐者 助也 天之所助者 順也 人之所助者 信也 履信思乎順 又以尙賢也 是以自天祐之 吉无不利也 ⑫ 子曰 書不盡言 言不盡意 然則聖人之意 其不可見乎 子曰 聖人立象以盡意 設卦以盡情僞 繫辭焉以盡其言 變而通之以盡利 鼓之舞之以盡神 乾坤 其易之縕邪 乾坤成列 而易立乎其中矣 乾坤毁則无以見易 易不可見 則乾坤或幾乎息矣 是故 形而上者 謂之道 形而下者 謂之器 化而裁之 謂之變 推而行之 謂之通 擧而錯之天下之民 謂之事業 是故 夫象 聖人有以見天下之賾 而擬諸其形容 象其物宜 是故 謂之象 聖人有以見天下之動 而觀其會通 以行其典禮 繫辭焉以斷其吉凶 是故 謂之爻 極天下之賾者 存乎卦 鼓天下之動者 存乎辭 化而裁之 存乎變 推而行之 存乎通 神而明之 存乎其人 默而成之 不言而信 存乎德行

二程全書 卷47

伊川經說 第2

明 後學 嘉興 徐必達 校正

서해 書解

孔安國의 〈尙書序〉[1]에 "伏羲·神農·黃帝 시대의 글을 三墳이라 하니 大道를 말한 것이고, 少昊·顓頊·高辛·唐·虞 시대의 글을 五典이라 하니 常道를 말한 것이다."라고 하였고, 또 "孔子가 三墳·五典을 연구하되 唐·虞 시대로부터 끊어서 시작하였다."라고 하였다. 二典(堯典·舜典)의 말이 간결하고 심오한 것이 이와 같기 때문에 그 이전의 글도 알 수 있다.

孔安國

이른바 大道라고 하는 것은 비록 그것이 性과 天道에 관한 설이지만 참으로 聖人이 없앨 수 없는 것이다. 예컨대 陰陽·四時·七政·五行의 道를 말한 것[2]은 또한 반드시 지극히 중요한 말이니, 후대의 번다하게 부연한 말단적인 술수가 아니고 참으로 또한 떳떳한 道인지라 성인이 없애지 않은 것이다. 참으로 이른바 伏羲·神農 시대의 글이라고 하는 것이 있다 하더라도 곧 후세 사람이

---

1) 尙書序 : ≪尙書正義≫ 〈尙書序〉 注疏에 의하면, 〈尙書序〉는 漢나라 때 孔安國이 지은 것이라 하였다. 본래는 孔子가 지은 〈書序〉를 공안국이 각 편의 앞에 나누어 분속한 뒤 앞에 총괄하여 〈尙書序〉를 지은 것인데, 이를 〈書序〉의 大序라고 한다. 宋代 이후 학자들은 〈書序〉를 공자가 지었다는 설에 대해 의심하였다.

2) 陰陽……것 : ≪尙書≫에서 '陰陽'을 말한 것은 〈周官〉에 "燮理陰陽"이라 한 것이 보이고, '四時'를 말한 것은 〈堯典〉에 "以閏月 定四時成歲"라 한 것이 보이고, '七政'을 말한 것은 〈舜典〉에 "在璿璣玉衡 以齊七政"이라 한 것이 보이고, '五行'을 말한 것은 〈洪範〉에 "初一曰五行"이라 한 것이 보인다. '七政'에 대해 孔安國 傳과 孔穎達 疏에는 모두 日·月과 金·木·水·火·土 五星을 말하는 것이라 하였다.

당시의 일을 칭술하여 그 義理를 잃었으니, 許行[3)]이 이른바 神農의 말이라고 한 것과 陰陽家·醫方家들이 黃帝의 설이라고 일컫는 것과 같은 경우이다. 이것이 성인이 없앤 까닭이다. 혹자는 ≪陰符經≫의 부류가 그것이라 의심하니 매우 옳지 않다. ≪음부경≫은 戰國시대 임기응변의 술수에서 나온 것으로, 기미와 요점을 가만히 살펴 교묘하게 속이는 용도로 삼는 것이니, 어찌 上古시대의 지극히 순박한 道이겠는가.

또 五典이 이미 모두 常道라면 그 중 三典[4)]을 없앤 것은 어째서인가? 대개 옛날에 이미 문자가 있었다고 하더라도 법도를 만들어 세우고 정치를 하면서 자취를 남겨야 그것을 기재할 수 있으니, 史官의 직책을 두어 그 일을 기록할 수 있었던 것은 堯임금으로부터 시작되었다. 八卦의 설을 ≪八索≫이라 한 것은 前世에 ≪易≫을 해설한 글이다. ≪易≫은 八卦를 근본으로 삼기 때문에 '八'로써 책의 이름을 붙인 것이다. 夫子(孔子)께서 ≪易≫의 道를 드러내 밝히고서 이 책을 물리쳐 없앴으니, 이른바 "하늘이 나에게 몇 년의 수명을 더해주어 50세가 되어서 ≪周易≫을 배운다면 큰 허물이 없을 수 있을 것이다."[5)]라는 것이다. 옛 글의 잘못을 알 수 있으니 번잡한 것을 삭제하고 부화한 말을 잘라내어 그 큰 강령만을 거론하고 그 중요한 요점만을 취한 것이다.

사람들은 간혹 前代의 글을 聖人은 반드시 없애거나 고친 바가 없을 것이라고 의심하니, 이는 또한 그렇지 않다. 예컨대 上古시대 성인이 살던 세상에는 사관이 진실로 적임자인지라 그 말이 반드시 모두 훌륭하였지만, 후세의 사관 같은 경우는 반드시 모두 적임자로 합당하지는 않으니 그 말도 반드시 모두 훌륭한 것은 아니다. 설령 그 글이 모범이 되기에 충분하면 없앨 수 없지만, 그것이 혹여 의리를 해치는 점이 있다면 성인은 삭제하거나 바꾸지 않을 수 없었을 것이다. 바꿀 수 없는 것은 그 사실일 뿐이니, 굳이 삭제하거나 고쳐야 하는 것이 아니다. 다만 文辭에 만약 해로운 점이 있으면 삭제하거나 고칠 수 있는 이치가 있을 따름이다. 혹자는 "피가 흘러 절굿공이를 떠내려가게 하였다."[6)]라는 말을 어찌하여 고치지 않았는지 의심하니, 이는 의리를 해

3) 許行 : 전국시대 農家者로, 神農氏의 말을 실천하였다.(≪孟子≫ 〈滕文公 上〉)
4) 三典 : 少昊·顓頊·高辛 시대의 글을 가리킨다.
5) 하늘이……것이다 : ≪論語≫ 〈述而〉에 보인다.
6) 피가……하였다 : ≪書經≫ 〈周書 武成〉에 "戊午日에 군대가 孟津을 건너가, 癸亥日에 商나라 교외에 진을 치고서 하늘의 아름다운 命을 기다렸다. 甲子日 동틀 무렵에 商王 受가 숲처럼 많은 그의 군대를 거느리고 牧野에 모이니, 우리 周나라 군대에게 대적하는 자가 없었다. 앞에 있는 무리들이 창을 거꾸로 들어 뒤에 있는 군사들을 공격하여 패배하자 피가 흘러 절굿공이를 떠내려가게 하였다. 한 번 戎服을 입으니 천하가 안정되었다.〔旣戊午 師逾孟津 癸亥 陳于商郊 俟天休命 甲

치는 文辭가 아니기 때문이다.

〈堯典〉은 虞書이니 대개 虞나라 사관이 지었기 때문이고, 〈舜典〉 이하는 모두 夏書가 되어야 한다. 그러므로 ≪春秋左氏傳≫에서 〈大禹謨〉·〈皐陶謨〉·〈益稷〉 등을 인용할 적에 모두 夏書라고 일컬은 것이다. 만약 虞나라 때의 일이라 하여 虞書가 되어야 한다고 하면 〈堯典〉은 唐書가 되어야 한다. 대저 모두 후세의 사관이 지은 것이다. '典'은 典則이다.

상고시대는 순박하여 그 시대에 맞게 다스려 아직 法度와 典制가 확립되지 않았는데, 堯임금 때에 이르러 비로소 치적을 드러내어 정치의 도리를 확립함에 大綱이 있었고 일을 제정함에 법도가 있었다. 그러므로 그 정사를 기록할 만하였으므로, 글을 남겨 典이라 일컬은 것이다. 揚子(揚雄)가 말하기를 "法이 伏羲氏 때 시작되어 堯임금 때 완성되었다."[7]라고 하였으니, 대개 복희씨가 처음으로 八卦를 그리고 문자를 만들어 그 단서를 열었고, 요임금 때 이르러 세상 사람들과 더불어 법칙을 세우고 그 典常을 드러내어 그 治道를 완성한 것이다. 그러므로 '완성하였다.〔成〕'라고 말한 것이다. 〈書序〉는 夫子께서 지으신 것이니, 편마다 그 글을 지은 의도를 서술하였다.

孔序에 伏羲神農黃帝之書를 謂之三墳이니 言大道也요 少昊顓(전)頊高辛唐虞之書를 謂之五典이니 言常道也라하고 又曰 孔子討論墳典호되 斷自唐虞以下라하니라 以二典之言이 簡邃如此로 其上을 可知라 所謂大道는 雖性與天道之說이나 固聖人所不可得而去也라 如言陰陽四時七政五行之道는 亦必至之要語니 非後代之繁衍末術也요 固亦常道일새 聖人所不去也라 使誠有所謂羲農之書라도 乃後世稱述當時之事로 失其義理니 如許行所謂神農之言과 及陰陽醫方稱黃帝之說耳라 此聖人所以去之也라 或疑陰符之類是라하니 甚非也라 此는 出戰國權變之術로 竊窺機要하여 以爲變詐之用이니 豈上古至淳之道邪아 又五典이 旣皆常道면 去其三은 何也오 蓋古雖已有文字나 而制立法度하고 爲治有迹이라야 得以紀載니 有史官之職하여 以志其事는 自堯로 始라 其八卦之說을 謂之八索은 前世說易之書也라 易은 本八卦라 故以八名이라 夫子贊易道하여 以黜去是書하니 所謂加我數年하여 五十以學易이면 可以無大過矣라 舊書之過를 可見也니 芟(삼)夷繁亂하고 翦截(전절)浮辭하여 擧其宏綱하고 撮其機要라 人或疑前代之書를 聖人必無所刪改라하니 此亦不然이라 若上古聖人之世엔 史官固當其人이라 其辭必盡善이어니와 若後世之史는 未必盡當하니 其辭도 未必盡善이라 設如其書足以垂範이면 不可去之로되 而其

子昧爽 受率其旅若林 會于牧野 罔有敵于我師 前徒倒戈 攻于後以北 血流漂杵 一戎衣 天下大定〕"라고 하였다.

7) 法이……완성되었다 : ≪揚子法言≫ 〈問道篇〉에 보인다.

或有害義면 聖人不得不有芟除更易也라 其不可更易者는 其事耳니 未必須曾刪改라 但辭苟有害면 有可刪改之理耳라 或疑血流漂杵之辭를 何不改오하니 此乃非害義理之辭也라 堯典爲虞書니 蓋虞史所脩요 舜典已下는 皆當爲夏書라 故로 左氏傳引大禹皐陶(고요)謨益稷等에 皆謂之夏書也라 若以其虞時事라하여 當爲虞書면 則堯典은 當爲唐書也라 大抵皆是後世史所脩라 典은 典則(칙)也라 上古時淳朴하여 因時爲治하여 未立法度典制러니 至堯而始著治迹하여 立政有綱하고 制事有法이라 故로 其治可紀라 所以有書而稱典也라 楊子曰 法始乎伏羲하여 成乎堯라하니 蓋伏羲始畫卦하고 造書契하여 開其端矣요 至堯而與世立則(칙)하고 著其典常하여 成其治道라 故云成也라 書序는 夫子所爲니 逐篇序其作之之意也라

요전 堯典

1. "옛날 帝堯는 널리 듣고 멀리 보며 문채 나고 사려가 깊어 道가 빛나게 드러나 천하를 차지하였는데 장차 帝位를 물려주려 하여 虞舜에게 讓位하였다. 史官이 이에 〈堯典〉을 지었다."

昔在帝堯는 聰明文思하여 光宅天下러니 將遜於位하여 讓于虞舜이라 作堯典하다

'昔在'는 문장이 아래 문장과 이어지니, '光宅天下' 이하가 위의 문장과 서로 연결되려면 文勢 상 마땅히 '在昔'이라고 해야 한다. 널리 듣는 것을 '聰'이라 하고, 멀리 보는 것을 '明'이라 하니, 堯임금의 신묘한 지혜가 알고 비추는 것이 환히 통달하여 막힘 없이 통하지 않음이 없기 때문에 '聰明'이라 말한 것이다. '文'은 文章이니, 倫理가 밝고 순하여 문채를 이루었다는 말이다. '思'는 도모하고 사려하고 생각하고 사유하는 것이니, 이를 함축하여 말한 것이다. 堯임금의 신묘한 지혜가 총명하여 그가 움직이고 행하는 것이 條理와 文章이 있어 그가 계책을 내어 일을 조처할 적에 意思가 심원함을 말한 것이다. 이 聰明과 文思로써 천하에 임하여 다스렸기 때문에 그 道가 빛나게 드러났다. 그러므로 '光宅'이라 말한 것이니, 道가 빛나게 드러나 천하를 차지한 것이다. 이미 연로하여 장차 帝位를 물려주고 벗어나려 하여 虞舜에게 선양하였다. 그러므로 史官이 이 〈堯典〉의 글을 지어 그 일을 기록해 놓았다. 이는 孔子의 序이니, 한 편에 기록된 내용의 大要를 거론한 것이다.

昔在는 文連下文이니 光宅天下已(不)〔下〕[1]가 若與上文相連이면 則文勢當云在昔也라 聽廣曰聰이요 視遠曰明이니 堯之神智所知所照가 洞徹하여 無不流通이라 故로 謂之聰明이라 文은 文章也니 謂倫理明順成文也라 思는 謀慮意思也니 謂其含蓄이라 言堯之神智聰明하여 而其動作施爲가 有條理文章하여 其發謀措事에 意思深遠이라 以此聰明文思로 臨治天下라 故로 其道光顯이라 故云光宅이라하니 光顯居天下也라 旣老而將遜避帝位하여 因禪讓於虞舜이라 故로 史官作此堯典之書하여 以載其事라 此夫子之序니 擧一篇所紀之大要也라

1) (不)〔下〕: 저본에는 '不'로 되어 있으나, 中華書局本에 의거하여 '下'로 바로잡았다.

2. 〈堯典〉에 "옛 帝堯를 상고하다."라고 하였다.

史官이 前世의 일을 추급하여 기록해서 옛날의 帝堯를 상고한 것이니, 그 일은 曰放勳 이하가 그것이다. '堯典'자는 제목이 되고, 그 아래에 '曰'자를 더한 것은 '〈堯典〉의 글에 다음과 같이 말했다.'라는 뜻이다. '若'은 발어사이니, ≪尙書≫ 가운데 '王若曰(왕은 이르노라)'[2]이라고 하는 것과 같다. 옛날 역사를 기록하는 체제가 이와 같다. 아래에 '옛날의 帝舜을 상고하다.〔若稽古帝舜〕'[3], '옛날의 大禹를 상고하다.〔若稽古大禹〕'[4], '옛날의 皐陶를 상고하다.〔若稽古皐陶〕'[5]라고 한 것은 모두 '옛날의 某人을 상고하건대 그 일은 이와 같다.'라고 말한 것이다.

帝堯圖

堯典①曰 若稽古帝堯라 史氏가 追紀前世之事하여 若考古之帝堯니 其事는 云放勳以下가 是也라 堯典字는 爲題요 下加曰者는 謂堯典之辭曰也라 若은 發語辭니 如書中王若曰之類也라 古史之體가 如此라 下若稽古帝舜大禹皐陶는 皆謂考古之某人컨대 其事如此也라

① 이는 글의 제목이다.
此題書之目也.

3. '曰放勳'은 공적을 드러낸 것이다. '放'은 '따르다〔依〕'는 뜻이다. 上古시대는 순박하여 일에 따라 다스려서 법도가 확립되지 않았는데, 堯임금에 이르러 비로소 治道를

2) 王若曰 : ≪書經≫ 〈商書 盤庚〉, 〈周書 武成〉, 〈周書 大誥〉 등에 보인다.
3) 옛날의……상고하다 : ≪書經≫ 〈虞書 舜典〉 첫머리에 보인다.
4) 옛날의……상고하다 : ≪書經≫ 〈虞書 大禹謨〉 첫머리에 보인다.
5) 옛날의……상고하다 : ≪書經≫ 〈虞書 皐陶謨〉 첫머리에 보인다.

밝혀 일에 따라 법도를 세워 典常을 드러내 만들었다. 요임금이 정사를 베풀고 일을 제정한 것이 모두 法則에 따라 공적을 드러내어 典常이 될 수 있었다. 이는 聖人이 일에 따라 적절하게 한 것일 뿐만 아니라, 또한 후세를 근심하여 법도를 만든 것이다. '放勳' 위에 다시 '曰'자를 더한 것은 옛날의 帝堯를 상고하건대 그 일을 말하자면 이와 같다는 것이다. 이는 옛날 역사를 기록하는 체제이니, 의론을 펼치는 말투이다. 前儒들은 '放勳'이라 이른 것을 보고서 마침내 이를 요임금의 이름이라고 생각하였고, 이로 인해 또 '重華'[6]와 '文命'[7]을 舜임금과 禹임금의 이름으로 여겼다. 만약 그 문장이 동일한 점으로만 본다면 또한 마땅히 '允迪'[8]을 皐陶의 이름으로 삼아야 할 것인데 유독 그것만은 고요의 이름이라고 말하지 않았다. 그러므로 혹은 堯라고 칭하고 혹은 放勳으로 칭하여 번갈아 일컬으니, 孟子가 요임금의 일을 말하였는데 전해진 기록이 잘못되어 '放勳'이라 되어 있는 것과 같은 경우이다.[9] 이는 또한 전하는 기록 가운데 '仲尼'라고 말한 것을 혹은 '夫子'라고 하거나 혹은 '孔子'라고 하는 유형과 같아 다만 그 사람을 거론한 것일 뿐이니, 잘못이 괴이할 것은 없다.

曰放勳은 功迹之著也라 放은 依也라 上古淳朴하여 隨事爲治하여 未立法度러니 至堯始明治道하여 因事立法하여 著爲典常이라 其施政制事가 皆依循法則하여 著見功迹하여 可爲典常也라 不惟聖人隨事之宜요 亦憂患後世而有作也라 放勳上에 更加曰字者는 稽古之帝堯컨대 其事曰如此也라 古史之體니 發論之辭也라 前儒見云放勳하고 遂以爲堯之名하고 因而又以重華文命으로 爲舜禹之名이라 若以其文同이면 則亦當以允廸(적)으로 爲皐陶(고요)之名이로되 而獨不謂之名者라 故로 或稱堯하고 或稱放勳하여 互稱之하니 如孟子曰堯事어늘 而傳錄誤作放勳이라 亦如傳記中言仲尼를 或作夫子하고 或作孔子之類하여 但擧其人耳니 誤不足怪也라

---

6) 重華 : ≪書經≫ 〈虞書 堯典〉의 "옛날 帝舜을 상고하건대, 거듭 빛나게 하여 帝堯에 합치되었다.〔曰若稽古帝舜 曰重華協于帝〕"에서 나왔다.

7) 文命 : ≪書經≫ 〈虞書 大禹謨〉의 "옛날 大禹를 상고하건대, 그 문덕의 교화를 사해에 펼치었다.〔曰若稽古大禹 曰 文命 敷于四海〕"에서 나왔다.

8) 允迪 : ≪書經≫ 〈虞書 皐陶謨〉의 "옛날의 皐陶를 상고하건대, 진실로 그 덕을 행하면〔曰若稽古皐陶 曰 允迪厥德〕"에서 나왔다.

9) 孟子가……경우이다 : ≪孟子≫ 〈滕文公 上〉에 "放勳이 말씀하시기를 '노고하는 자는 위로하고, 오려 하는 자는 오게 하고, 사특한 자를 바로잡아주고 굽은 자를 곧게 해주며 도와서 세워주고 도와서 행하게 하여 스스로 本性을 터득하게 하고, 또 이어 진작시켜 은혜를 베풀어라.'라고 하셨다.〔放勳曰 勞之來之 匡之直之 輔之翼之 使自得之 又從而振德之〕"라고 한 것을 가리킨다.

4. "공경하고 총명하고 문채 나고 사려 깊어 이치의 편안한 데에 편안하였다.〔欽明文思安安〕"라는 것은 이 네 가지 德으로 放勳의 일을 행한 것이다. '欽'은 공경하고 삼가는 것이고, '明'은 총명함이고, '文'은 文章이고, '思'는 도모하고 사려하는 것이니, 이 네 가지가 있기 때문에 堯임금이 행한 바가 義理의 지극히 마땅함을 얻을 수 있었다. 위의 '安'자는 그가 처하는 바가 편안한 것이고, 아래의 '安'자는 그 이치를 얻은 것이니, 그 放勳의 일을 행하는 것이 모두 義理가 편안한 바에서 편안하였다는 말이다.

欽明文思安安은 以此四德으로 行放勳之事라 欽은 敬愼이요 明은 聰明이요 文은 文章이요 思는 謀慮니 有此四者라 故로 其所爲가 能得義理之至當이라 上安은 其所處也요 下安은 得其理也니 謂其所爲放勳之事가 皆安於義理之安①이라

① 王介甫(王安石)가 말하기를 "理가 편안할 만한 바라는 것은 聖人의 '편안히 여겨 그것을 행한다.〔安而行之〕'[10]라는 것이다."라고 하였다.
王介甫云 "理之所可安者, 聖人安而行之."

5. 〈書序〉는 堯임금의 德을 말하였기 때문에 '聰明文思'라고 한 것이고, 여기서는 그가 일을 수립한 것을 말하였기 때문에 '欽明文思'라고 한 것이니, 글을 쓴 것이 각각 마땅한 바가 있다. 일을 수립하는 것은 공경하고 삼가는 것이 중대하고, 덕을 거론하는 것은 총명함이 우선이니, 각각 그 마땅한 바를 인하였다. 明만 말하였으나 또한 聽을 포괄한다.

序言堯德이라 故로 云聰明文思요 此言其立事라 故로 云欽明文思하니 施各有所宜也라 立事는 則欽愼爲大요 擧德은 則聰明爲先이니 各因其宜라 單言明이나 則包聰이라

6. "행하는 것이 마땅하지만 공경하고 재주가 능하지만 겸양하시어 광채가 온 세상에 입혀지며 上下에 이르렀다.〔允恭克讓 光被四表 格于上下〕"라고 하였다. 앞에서 堯임금이 공경하고 총명하고 문채 나고 사려 깊은 덕이 있기 때문에 능히 일을 수립해 공을 이루어 義理가 편안한 바에서 편안하였음을 이미 말하였고, 또 행하는 것이 마땅하지만

10) 편안히……행한다 : ≪中庸≫에 "어떤 사람은 道를 편안히 여겨 행하기도 하며, 어떤 사람은 道를 이롭게 여겨 행하기도 하며, 어떤 사람은 억지로 애써서 道를 행하기도 하는데, 그들이 공적을 이룩한 데에 이르면 한가지입니다.〔或安而行之 或利而行之 或勉强而行之 及其成功 一也〕"라고 하였다.

공경하고 재주가 능하지만 겸양하기 때문에 광채가 온 세상에 입혀지며 上下에 이른 것을 말하였다. '允'은 마땅함이다. 前儒들은 '信'으로 풀이하였다. 신실한 것이 곧 마땅한 것이니, 실제로는 하나의 의미이다. '恭'은 공경하고 삼가는 것을 말하고, '克'은 능함이니, 禹임금이 말하기를 "저의 德은 능하지 못하여〔朕德罔克〕"[11]라고 한 것이 이것이다. '讓'은 겸양함을 말하니, 그 功을 차지하지 않음을 일컫는 것이다. 이는 堯임금이 행하는 바가 지극히 마땅하나 능히 공경하고 삼가며, 그의 재주가 지극히 능하나 그 능력을 자신의 것으로 여기지 않음을 말한 것이다.

대저 평범한 사람의 마음은 자처함이 이미 마땅하면 돌아보고 사려하는 바가 없고, 능력이 있으면 그 功을 자부한다. 오직 聖人만은 지극히 공정하고 사사로운 자의식이 없기 때문에 비록 功이 천하에 높더라도 자신의 것으로 여기지 않아 마음에 얽매이는 바가 없다. 대개 사소한 것이라도 마음에 담아두면 곧 사사로운 마음이니, 자랑하고 자만하는 기상이 있게 된다. 그러므로 舜임금이 禹의 功能을 칭찬할 적에 "천하에 더불어 다툴 자가 없으나 자랑하고 과시하지 않는다."라고 하였으니,[12] 이것이 곧 聖人의 마음이다. 그러므로 堯·舜은 마땅하되 공경하고 능하되 겸양하였다.

비록 마땅하고 능하더라도 족히 일을 수립하여 공을 이룰 수 있을 따름이고, 광채가 온 세상에 입혀져 上下에 이르기에는 충분하지 않다. 반드시 저기에서 일이 마땅하되 여기에서 공경하고 삼가야 하고, 능력이 자기 분수보다 높되 겸양하여 자신의 것으로 여기지 않아야 하니, 이것이 천하 사람들이 감격하여 기뻐하고 믿고 따르게 하는 방법이다.

≪孟子≫에 이르기를 "善으로써 남을 복종시키려는 자 중에서 남을 복종시킬 수 있는 자는 있지 않다."[13]라고 하였으니, 聖人은 평범한 사람과 다르다. 사람들이 〈임금의〉 마땅한 일이 자랑할 만한 것이 아닌지라 공손한 줄을 알고, 〈임금의〉 능력이 남

---

11) 저의……못하여 : ≪書經≫ 〈虞書 大禹謨〉에 보인다.
12) 舜임금이……하였으니 : ≪書經≫ 〈虞書 大禹謨〉에 帝舜이 말하기를 "너는 자랑하지 않으나 천하에 너와 더불어 능함을 다툴 자가 없으며, 네가 과시하지 않으나 천하에 너와 더불어 공을 다툴 자가 없으니, 내 너의 덕을 성대하게 여기며 너의 아름다운 공적을 가상하게 여기노라.〔汝惟不矜 天下莫與汝爭能 汝惟不伐 天下莫與汝爭功 予懋乃德 嘉乃丕績〕"라고 하였다.
13) 善으로써……않다 : ≪孟子≫ 〈離婁 下〉에 "善으로써 남을 복종시키려는 자 중에서 남을 복종시킬 수 있는 자는 있지 않다. 善으로써 남을 길러준 뒤에야 천하를 복종시킬 수 있다. 천하가 마음으로 복종하지 않는데도 왕 노릇하는 자는 있지 않다.〔以善服人者 未有能服人者也 以善養人然後 能服天下 天下不心服而王者 未之有也〕"라고 하였다.

에게 자랑할 만한 일이 아닌지라 겸양하는 줄을 알면 반드시 기뻐하여 진실로 복종할 것이다. 그러나 마음속에서 의식적으로 행하고 외면에서 거짓으로 꾸민다면 그 德을 떳떳하게 하고자 할지라도 또한 어려울 것인데, 하물며 남을 감동시킬 수 있겠는가. ≪孟子≫에 이르기를 "진실하지 않고서 남을 감동시킬 수 있는 자는 있지 않다."[14]라고 하였다. 聖人의 공정한 마음은 天地의 조화가 만물을 낳고 기르는 것과 같으니, 어찌 그 功을 자처하겠는가.

그러므로 事物에 응하여 저기에 마땅하게 하니, 다시 여기에 어찌 그 마음을 남겨두겠는가. 그러므로 공경하고 삼가는 신묘한 능력을 해치지 않으니, 또한 理를 말미암을 따름이다. 그러므로 그 공을 자처하는 사사로운 마음이 없다. 천하 사람들이 그의 지극히 마땅하면서도 공경하고 능력이 높으면서도 겸양함을 보기 때문에 마음속으로 기뻐하여 진실로 감복하는 것이다. 이는 대개 마음이 공정함과 진실함에서 한결같이 나오기 때문이다. 오직 그 지향이 지극히 진실하기 때문에 능히 광채가 드러나는 것이 사방 멀리까지 미치는 것이다. 先儒들은 '光'을 풀이하여 '充'이라고 하였다. 광채가 환히 빛나 이에 세상을 꽉 채운다는 뜻이니, 실제로는 하나의 의미이다. 천하 사람들이 그의 德에 모두 감복하면 그 德이 세상에 꽉 차서 天地에 이르게 된다.

允恭克讓하사 光被四表하며 格于上下라 旣言其有欽明文思之德이라 故로 所以能立事成勳하여 安於義理之安이요 又言其允恭克讓이라 所以光被四表하며 格于上下라 允은 當也라 前儒訓信이라 信然이 乃當也니 其實一義라 恭은 謂欽愼이요 克은 能也니 禹曰朕德罔克이 是也라 讓은 謂謙讓이니 不有其功之謂也라 言堯其所爲至當이로되 而能欽愼하며 其才至能이로되 而不自有其能이라 夫常人之情은 自處旣當이면 則無所顧慮하고 有能이면 則自居其功이라 惟聖人은 至公無我라 故로 雖功高天下나 而不自有하여 無所累於心이라 蓋一介存於心이면 乃私心也니 則有矜滿之氣矣라 故舜稱禹功能에 天下莫與爭而不矜伐이라하니 乃聖人之心也라 故로 堯舜은 允而恭이요 克而讓이리 夫雖允雖克이나 足以立事成功而已요 未足以光被四表而格上下也라 必事當於彼而欽愼於此하고 能高於己而讓弗自有니 此天下所以感悅信服也라 孟子曰 以善服人者는 未有能服人者也라하니 聖人은 與常人異라 人知允當不可矜也則爲恭巽이요 知能之不可眩也則是謙讓이면 必悅而誠服也라 然이나 作爲於中而假之於外면

14) 진실하지……않다 : ≪孟子≫ 〈離婁 上〉에 "지극히 진실하면서도 남을 감동시키지 못하는 자는 있지 않으니, 진실하지 않으면서 남을 감동시킬 수 있는 자는 있지 않다.〔至誠而不動者 未之有也 不誠 未有能動者也〕"라고 하였다.

欲常其德이라도 且難矣온 況足以感人乎아 孟子曰 不誠이면 未有能動者也라 聖人之公心은 如天地之造化가 生養萬物하니 而孰尸其功가 故로 應物而允於彼하니 復何存於此也리오 故로 不害欽愼之神能하니 亦由乎理而已라 故로 無居有之私라 天下見其至當而恭하고 能高而讓하니 所以中心悅而誠服也라 蓋一出於公誠而已라 惟其志至誠이라 故로 能光顯及於四遠이라 先儒訓光作充이라 光輝照耀하여 乃充塞也니 其實一義라 天下咸服其德이면 則是其德充塞하여 至於天地也라

7. "능히 俊德을 밝혀 九族[15]을 친목하게 하시니 九族이 이미 화목하거늘, 백성을 고루 밝히시니 백성이 덕을 밝히며, 萬邦을 합하여 고르게 하시니 黎民들이 아! 변하여 이에 화평하게 되었다.〔克明俊德 以親九族 九族旣睦 平章百姓 百姓昭明 協和萬邦 黎民 於變時雍〕"라고 하였다. 앞에서는 堯임금의 덕을 말하였고, 여기서는 요임금의 다스림을 말하였다. 그 일에는 차서가 있으니 俊德을 밝히는 것에서 시작한다. '俊德'은 俊賢의 덕이니, 요임금은 능히 그들을 분별하여 밝게 알고 가려서 임명하였다. 帝王의 道는 賢俊을 가려서 임명하는 것을 근본으로 삼으니, 인재를 얻은 뒤에 그와 더불어 천하를 함께 다스리는 것이다. 천하를 다스리는 것은 자신에게서 비롯하여 집안사람에게 미쳐나가면서 다스리는 것이다. 그러므로 九族을 화목하게 하는 것에서 시작된다.

注[16]에 "혹자는 '九族을 친목하게 하는 것이 어찌 俊德을 임명하기를 기다리겠는가?'라고 의심한다. 이는 대개 賢俊을 얻어서 정치를 하는 것을 말한 것이다. 다스림의 시작은 九族을 화목하게 하는 것으로부터 우선으로 삼기 때문에 그 차서로써 말한 것이다. 王者가 九族을 친목하게 하는 방도를 어찌 賢俊이 도모하는 것에 힘입지 않겠는가."라고 하였다.

克明俊德하사 以親九族하신대 九族旣睦이어늘 平章百姓하신대 百姓昭明하며 協和萬邦하신대 黎民이 於(오)變時雍하니라 前言堯之德이요 此言堯之治라 其事有次序하니 始於明俊德이라 俊德은 俊賢之德也니 堯能辨明而擇任之也라 帝王之道也는 以擇任賢俊爲本이니 得人而後에 與之同治天下라 天下之治는 由身及家而治라 故로 始於以睦九族也라 注云 或疑親睦九族이 豈待任俊德乎아하니 蓋言得賢俊而爲治라 治之始는 自睦九族爲先이라 故로 以次序言之也라 以王者親睦九族之道로 豈不賴賢俊之謀乎아

15) 九族 : 高祖로부터 玄孫까지의 친족을 말한다.
16) 注 : ≪伊川經說≫을 편찬할 적에 추가된 伊川의 注인 듯하다.

8. 九族이 이미 친목하여 고르게 다스려져 밝게 드러나는 데 이른 것이다. '百姓'은 庶民이다. 앞에서 말한 '明俊德'은 이미 밝게 알아서 그를 등용하는 것이니, 俊德을 임명하는 道가 그 가운데 포함되어 있다. 그러므로 곧장 庶民에 미치는 것이다. 王國의 백성이 이미 倫理를 환히 밝혀 다스림에 순응하면 사방의 온갖 나라에 이르기까지 모두 협동하여 화평하게 따를 것이다. 천하의 백성들이 이에 惡을 고쳐 善을 좇아 선량한 풍속으로 교화되어 이에 화평해질 것이다.

九族親睦圖

九族既已親睦하여 以至於平治章明이라 百姓은 庶民也라 前云明俊德은 既明而用之니 則任之之道가 包在其中矣라 故로 便及庶民이라 王國百姓이 既已昭明倫理而順治矣면 則至於四方萬國히 皆協同和從이라 天下黎庶가 於是에 變惡從善하여 化成善俗而時雍이라

9. "이에 羲氏·和氏에게 명하여 昊天을 공경히 따라서 해와 달과 뭇별의 운행을 관측하고 추산하여 人時[17]를 공경히 주게 하였다.〔乃命羲和 欽若昊天 曆象日月星辰 敬授人時〕"라고 하였다. 앞에서는 堯임금의 다스림이 俊德을 밝히는 데에서 시작한 뒤에 九族을 화목하게 하는 것을 말미암아 萬邦을 화합시켜 나쁜 풍속을 고쳐 이에 화평해지는 데에 이른 것을 말하였다. 여기서는 그 정치의 綱紀를 세우고 百官의 직책을 나누어 바르게 설치하여 많은 공적을 이루되 일 중에 가장 중대하고 가장 우선할 것이 天道를 미루어 헤아려서 曆象을 밝히고 공경히 時令을 따라서 人時를 주는 데 있다는

17) 人時 : 농사와 관련된 시기를 가리킨다. 唐나라 이전의 古本에는 '民時'로 되어 있다.

점을 다시 말하였다. 천하의 온갖 일이 여기에 근본하지 않음이 없기 때문에 그 일을 가장 먼저 상세히 실었다. 聖人이 천하를 다스리는 道는 오직 이 두 단서일 따름이다. 자신을 다스리고 집안사람들을 균평하게 대하여 천하를 平治하는 데 이르는 것이 다스리는 道이다. 정치의 기강을 세우고 백관의 직책을 나누어 바르게 설치하여 天時에 순응하여 할 일을 제정하고 制度를 창립하여 천하의 일을 극진히 하는 데 이르는 것이 다스리는 法이다. 〈堯典〉을 지은 자가 요임금의 정치를 서술한 것이 여기에 다 실려 있다. '堯曰疇咨'[18]로부터 이하는 모두 그 일을 기록하여 요임금의 성스러움을 밝힌 것이다.

乃命羲和하사 欽若昊天하여 曆象日月星辰하여 敬授人時라 前言堯之治가 始於明俊德하여 而後由睦九族하여 以至和萬邦하여 變時雍이라 此復言其立政綱紀하고 分正百官之職하여 以成庶績이로되 而事之最大最先이 在推測天道하여 明曆象하고 欽若時令以授人也라 天下萬事가 無不本於此라 故로 最先詳載其事라 聖人治天下之道는 惟此二端而已라 治身齊家하여 以至平天下者가 治之道也라 建立治綱하고 分正百職하여 順天時以制事하고 至於創制立度하여 盡天下之事者가 治之法也라 作典者述堯之治가 盡於此矣라 自堯曰疇咨已下는 皆紀其事하여 以明堯之聖耳라

10. 上古시대부터 이미 해가 뜨고 지는 것을 관찰하고 추산하였는데, 堯임금이 다시 별을 고찰해서 四時를 바르게 하니 그 法이 분명하고 준칙으로 삼기에 용이하여 곧 羲氏・和氏에게 명하여 天時를 공경히 따르게 하였다. 曆은 해와 달과 뭇별의 行次를 본뜬 것이다. 〈孔穎達의〉 疏에 이르기를 "어둠과 여명이 교체되는 시각의 별, 해와 달이 모이는 시각 등으로 四時의 節候를 정하여 제때에 맞게 하는 政事를 반포하여 人時를 주었다."[19]라고 하였다.

또 羲・和 두 氏에게 나누어 명하여 仲・叔이 각각 한 계절을 주관하게 하였다. 羲仲에게 나누어 명하여 東方의 관직에 있으면서 봄철의 정사를 주관하게 하였다. '嵎

18) 堯曰疇咨 : 《書經》 〈虞書 堯典〉의 "帝曰疇咨"를 가리킨다.
19) 어둠과……주었다 : 이 내용은 《尙書正義》 孔穎達 疏에 "그 날〔日〕의 甲乙, 달〔月〕의 大小, 어둠과 여명이 교체되는 시각의 별, 해와 달이 모이는 시각 등으로 그 운행의 도수를 정하여 한 해의 책력을 만들었다. 이에 이 책력에 의하여 백성들에게 天時의 早晩에 관한 절기를 공경히 알려주었다.〔其日之甲乙 月之大小 昏明遞中之星 日月所會之辰 定其所行之數 以爲一歲之曆 乃依此曆 敬授下人以天時之早晩〕"라고 한 것을 程頤가 간추려서 기록한 것이다.

夷'는 東方의 명칭이다. 東方은 陽이 생겨나는 곳이니 한 해가 일어나는 곳이다. 그러므로 '暘谷'이라 한 것이다. 솟아오르는 해를 경건히 인도하는 정사를 주관하는 것은 봄기운이 생겨날 적에 歲首의 일을 거론하여 봄에 밭 갈고 씨 뿌리는 일을 고르게 차례대로 하는 것과 같다. 또 낮과 밤의 길이가 같고 鳥宿[20)]가 남방에 나타나는 것을 관찰하여 仲春의 節候를 바르게 하여 天時에 어긋남이 없게 하였다. 이 시기에 백성은 흩어져서 田野에 거처하며 경작하고, 鳥獸는 교미하여 새끼를 낳아 기른다. 위에서는 바야흐로 그 시기를 관찰하고 바르게 하여 그 시기에 맞는 정사를 거론하였고, 여기서는 또 사람과 생물이 모두 天時를 따라 그러하다는 점을 말하였다.

命官授時圖

自上古之時로 固已迎日推策矣러니 堯復考星以正四時하니 其法明而易(이)準일새 乃命羲和하여 使敬順天時라 曆은 以象日月星辰之行次라 疏云 遞中之星과 日月所會之辰으로 定四時節候하여 以班隨時之政하여 授人時也라 又分命羲和二氏하여 仲叔各主一時라 分命羲仲하여 居東方之官하여 主春時之政이라 嵎夷는 東方之名이라 東方은 陽之所生出이니 歲所起也라 故云暘谷이라 主敬導出日之政은 猶春氣之生에 擧歲首之事하여 平均次序東作耕播之事라 又察晝夜之中과 鳥宿(수)之見하여 以正仲春之候하여 使無差天時라 當是時에 民析散處田野耕作하고 鳥獸則交接孕育이라 上方察正其時하여 擧其時政하고 又言民物皆隨天時而然也라

11. 羲氏가 두 계절을 주관하니, 또 羲叔에게 거듭 명하여 南方의 관직에 있으면서 여

20) 鳥宿 : 남방의 朱鳥七宿로, 춘분일 저녁에 남방에 모두 나타난다고 한다.

름철의 정사와 교화를 주관하게 하였다. 孔安國 傳에 말하기를 "'訛'는 化이다."[21]라고 하고, 이 문장[22]을 해석하여 "南方의 化育하는 일을 고루 차례대로 하되"라고 하였으니, 무릇 여름철에 베푸는 정사와 교화를 순리대로 하는 것이다. '厥民因'[23]은 봄에 씨를 뿌리며 田野에 거처하던 백성이 그대로 들판에 나아가 살면서 곡식을 수확한 후에 밭 갈고 씨 뿌리는 것을 말한다.

羲氏主二時하니 又重命羲叔하여 居南方之官하여 主夏時之政教라 孔云 訛는 化也라하고 釋文에 言平序南方化育之事라하니 凡順夏時所施政敎也라 厥民因은 謂春時播種在田이러니 民因就居於野하여 收斂而後耕播也라

12. "지는 해를 공경히 전송한다.〔寅餞納日〕"라고 하였다. '西'[24]는 해가 들어가는 방향이다. '秋'[25]는 수확하는 시기이다. 때가 변하는 것을 공경히 따라 한 해의 일을 마친다. '夷'[26]는 평온함이다. 가을 곡식이 점차 익어가서 한 해의 일이 끝나려 하니, 백성은 한 해 먹을 식량을 얻어 마음과 힘이 평온하고 편안하다. '毨'[27]은 윤택하고 좋은 것이다.

寅餞納日이라 西는 日入之方이라 秋는 收成之時라 敬隨時變하여 終歲之事라 夷는 平也라 秋稼將熟하여 歲功將畢하니 民獲卒歲之食하여 心力平夷安舒也라 毨(선)은 澤好也라

13. 北方을 '朔方'[28]이라고 한 것은 朔은 '처음'의 의미이고 陽이 子方에서 생겨나니 陽이 처음 생겨나는 방향이라는 말이다. '幽都'[29]는 어두운 곳이다. 위에서 '朔方'이라 말한 것은 단지 北方을 말한 것이므로 굳이 다시 '幽都라고 한다.'라고 한 것이다.[30] 北

---

21) 訛는 化이다 : ≪書經≫ 〈虞書 舜典〉에 "거듭 羲叔에게 命하여 南交에 머물게 하시니 〈明都라고 한다.〉 南訛를 고르게 차례대로 하여 공경히 맞이하니 해는 길고 별은 大火이다.〔申命羲叔 宅南交 平秩南訛 敬致 日永 成火〕"라고 한 문장의 '訛'자를 해석한 말이다.
22) 이 문장 : ≪書經≫ 〈虞書 堯典〉의 '平秩南訛'를 가리킨다.
23) 厥民因 : ≪書經≫ 〈虞書 堯典〉에 "이렇게 하여 바른 仲夏가 되면 그 백성들은 흩어져 살고 鳥獸는 털이 듬성듬성하여 가죽이 바뀐다.〔以正仲夏 厥民因鳥獸希革〕"라고 하였다.
24) 西 : ≪書經≫ 〈虞書 堯典〉의 "가을에 수확하는 일을 고르게 차례대로 하다.〔平秩西成〕"의 '西'를 가리킨다.
25) 秋 : ≪書經≫ 〈虞書 堯典〉의 "그렇게 하여 알맞은 仲秋가 되게 하면〔以殷仲秋〕"의 '秋'를 가리킨다.
26) 夷 : ≪書經≫ 〈虞書 堯典〉의 "그 백성들은 평온하고〔厥民夷〕"의 '夷'를 가리킨다.
27) 毨 : ≪書經≫ 〈虞書 堯典〉의 "조수는 털갈이를 하여 윤기가 난다.〔鳥獸毛毨〕"의 '毨'을 가리킨다.
28) 朔方 : ≪書經≫ 〈虞書 堯典〉의 "朔方에 머물게 하시니〔宅朔方〕"의 '朔方'을 가리킨다.
29) 幽都 : ≪書經≫ 〈虞書 堯典〉의 "幽都라고 한다.〔曰幽都〕"의 '幽都'를 가리킨다.

方의 관직에 있으면서 융성한 陰의 節候에 따르는 것을 주관하고 겨울의 정사를 편다. '平'은 고르다는 뜻이고, '在'는 살핀다는 뜻이니,[31] 끝마침을 고르게 살펴 마땅히 바꾸어야 할 일을 돌이켜 시작하는 것이다. 겨울에 한 해의 일이 끝나면 해가 바뀔 때 바꾸어야 할 일을 고르게 살피니, 올해의 끝마무리를 이루고 나서 또 이듬해의 시작을 생각하는 것이다. 저 北方은 陰을 마치고 陽을 다시 시작하는 곳이기 때문에 '朔易'[32]이라 한 것이다.

혹자는 "朔은 '처음'의 의미이니, 이듬해에 처음으로 바뀌는 일을 고르게 살피는 것이다."라고 말하니, 이와 같다면 그해 겨울이 올해의 처음이라는 뜻을 포괄하여 드러낼 수 없다. 혹자는 또 "朔易은 이듬해에 바뀌는 일이니, 원래 이는 春官의 직무이다."라고 말하니, 이 또한 옳지 않다. 옛날 功作하는 일은 모두 冬月의 한가한 틈에 하였으니, 집·농막·담장을 수리하는 일과 같은 것은 올해 사용하는 것이 아니라 모두 이듬해를 위해 계획하는 것이다. 모두 한 해의 일이 끝나면 다시 새해의 시작을 생각하는 것이다. 씨앗을 비축하고 쟁기를 수리하고 器用을 준비하는 것과 같은 일은 이듬해 봄에 농사가 이미 시작되기를 기다려서 春官이 급히 시행해서는 불가하다.

北方曰朔方者는 朔은 初也요 陽生於子하니 謂陽初始生之方也라 幽都는 幽陰之處也라 上云朔方은 (上)〔止〕[33]言北方也라 故로 須復云曰幽都라 居北方之官하여 主順隆陰之候하여 布冬時之政也라 平은 均也요 在는 察也니 平察終卒하여 而反始所當更易之事也라 冬에 一歲之事旣終이면 則平察改歲當更之事也니 旣成今歲之終하고 又慮來歲之始라 如彼北方은 終其陰而復始其陽이라 故云朔易이라 或以爲朔初也니 平在其來歲初始變易之事耳라하니 如此則不能包見其冬今歲之初也라 或又以爲來歲更易之事니 自是春官所職이라하니 此亦不然이라 古者에 功作之事는 皆於冬月閑隙之際하니 如脩完室廬墻垣之類는 非今歲之用이요 皆爲來歲計耳라 皆是一歲之事旣終이면 則復慮其始也라 若畜種實하고 脩耒耜(뇌사)하고 備器用은 不可俟來春農事旣興而春官遽爲之也라

30) 위에서……것이다. : ≪書經≫ 〈虞書 堯典〉에 "거듭 和叔에게 명하여 朔方에 머물게 하시니 幽都라고 한다.〔申命和叔 宅朔方 曰幽都〕"라고 하였다.

31) 平은……뜻이니 : "지난 것을 버리고 새것으로 바꾸는 일을 고르게 살피다.〔平在朔易〕"의 '平在'를 풀이한 것이다.

32) 朔易 : ≪書經≫ 〈虞書 堯典〉의 "지난 것을 버리고 새것으로 바꾸는 일을 고르게 살핀다.〔平在朔易〕"의 '朔易'을 가리킨다.

33) (上)〔止〕 : 저본에는 '上'으로 되어 있으나, 中華書局本에 의거하여 '止'로 바로잡았다.

14. '咨'[34]는 ≪爾雅≫ 〈釋詁〉에 '嗟'라고 하였으니, 더불어 말하는 사람에게 이르는 발어사이다.

咨는 釋詁云 嗟也니 告與語之辭라

15. "윤달로써 四時를 정하여 한 해의 책력을 완성하였다.〔以閏月 定四時成歲〕"라고 하였다. 그 法이 堯임금에 이르러 정밀하고 상세히 갖추어졌기 때문에 그 法을 들어 羲氏·和氏에게 신칙하여 직무로 삼게 한 것이다. 옛날에 직분을 나누는 것은 하늘의 운행을 관찰하여 四時를 바르게 하는 것을 주로 삼아 드디어 그 방위의 관직에 있으면서 그 시기의 정사를 주관하게 하였다. 요임금 때에는 그들을 四岳이라고 하였고, 周나라 때에는 卿의 임무였으니, 천하의 정치를 통괄하는 자이다. 후세에 그 法을 배우는 자들은 그 道를 알지 못하였기 때문에 천문역법을 기예의 일로 여겨 政事와 분리하였다.

以閏月定四時成歲라 其法이 至堯하여 而精密詳具라 故로 擧其法하여 以勑羲和하여 使職之라 古之時에 分職은 主察天運以正四時하여 遂居其方之官하여 主其時之政이라 在堯엔 謂之四岳이요 於周엔 乃卿之任이니 統天下之治者也라 後世學其法者는 不知其道라 故로 以星曆爲工技之事하여 而與政分矣라

16. "진실로 百官을 다스려서 모든 공적이 다 넓혀질 것이다.〔允釐百工 庶績咸熙〕"라고 하였다. 이 앞의 '乃命羲和'로부터 이하는 堯임금이 관직을 설치하여 직분을 나누고 紀綱을 세워서 바르게 하여 천하의 일을 이룬 것을 말한 것이다. 그 중대한 일을 첫머리에 거론한 것은 天道를 관찰하고 四時를 바르게 하여 사계절에 순응해 정사를 행하여 사람들로 하여금 天地가 낳아주고 길러주는 道를 이루게 한 것이다. 이것이 정치의 큰 근본이니, 온갖 일이 여기에 근본하지 않음이 없다. 천하의 일은 天時에 순응하고 陰陽을 본받지 않은 것이 없으니, 律·度·量·衡[35]이 모두 여기에서 나왔다. 그

34) 咨 : ≪書經≫ 〈虞書 堯典〉에 "帝堯가 말씀하기를 '아! 너희 羲氏와 和氏야.……'라고 하였다.〔帝曰咨汝羲曁和〕"의 '咨'를 가리킨다.

35) 律·度·量·衡 : 律은 音의 高低의 등급을 정하는 六律 六呂를 말하고, 度는 길이를 재는 자의 단위인 分·寸·尺·丈·引을 말하고, 量은 용량을 헤아리는 龠·合·升·斗·斛을 말하고, 衡은 무게를 다는 저울을 말한다.(≪書經≫ 〈虞書 舜典〉)

러므로 첫머리에 거론하여 상세히 기재한 것이고, 그 외의 여러 일은 갖추어 말하지 않음이 없었기 때문에 합쳐서 "진실로 백관을 다스린다."라고 말한 것이니, 백관의 직책을 각각 나누어 명한 것을 말한 것이다.

각자 그 직임을 주어 그들이 맡은 정치를 행하게 하니, 이는 진실로 그들로 하여금 다스리게 한 것이다. '允釐'는 진실로 다스린다는 의미이다. 백관이 각자 그 직무를 진실로 다스리기 때문에 모든 관원이 모두 조화로워진다. 史官이 요임금이 천하를 다스린 정치를 기재한 것이 여기에서 극진하다. "모든 공적이 다 넓혀질 것이다."라는 것은 다스림이 이루어지는 것이다. 맨 앞의 '放勳'으로부터 '格于上下'까지는 요임금의 德이다. 그 다음 '克明俊德'으로부터 '於變時雍'까지는 요임금이 천하를 다스린 道이다. 그 다음 '乃命羲和'로부터 '庶績咸熙'까지는 요임금이 정치를 세운 法이다. 그 다음 '帝曰疇咨' 아래로부터 이 篇의 끝까지는 요임금의 聖明이 능히 인재를 알아보았음을 말한 것이다.

允釐(리)百工하여 庶績咸熙라 自乃命羲和以下는 言堯設官分職하고 立正綱紀하여 以成天下之務라 首擧其大者는 是察天道하여 正四時하여 順時行政하여 使人遂其生養之道라 此大本也니 萬事無不本於此라 天下之事는 無不順天時法陰陽者니 律度量衡이 皆出於此라 故로 首擧而詳載之요 其他庶事는 無不備言이라 故로 統云允釐百工이라하니 言百工之職을 各分命之也라 各授其任하여 使行其治하니 是信使治也라 允釐는 信治也라 百工各信治其職이라 故로 庶工皆和라 史載堯治天下之治가 盡於此矣라 庶績咸熙는 治之成也라 自放勳으로 至格于上下는 堯之德也라 自克明俊德으로 至於變時雍은 堯治天下之道也라 自乃命羲和로 至庶績咸熙는 堯立治之法也라 自帝曰疇咨已下로 至篇終은 言堯之聖明能知人也라

17. "帝堯가 말하였다. '누구일까? 이 일을 순조롭게 해낼 사람이. 내 그를 등용할 것이다.'〔帝曰 疇咨若時 登庸〕"라고 하였다. '咨'는 탄식하는 말이니, 더불어 말하는 사람에게 이르는 발어사이다. 〈요임금이 신하들에게〉 '누구일까? 이 일을 순조롭게 해낼 사람이. 내 장차 그를 등용할 것이다.'라고 물은 것이다. '이 일을 순조롭게 하다.'라는 것은 나의 정치를 순조롭게 하는 것을 말한다. 말이 앞 단락과 서로 연결되지 않으니, 이는 요임금이 연로하여 장차 帝位를 물려주려 널리 賢聖한 자를 구하려는 의도이다. 그러므로 放齊가 "맏아들 丹朱가 啓明합니다."라고 대답한 것이다. 단주는 본래 남을 해치지 않았기 때문에 '밝게 계발되어 밝게 통하였다.'라고 말한 것이다. 〈요임금이〉

또 자문을 하며 묻기를 '누구일까? 나의 일을 순조롭게 할 수 있는 사람이.'라고 하였으니, 이는 또한 별도의 때에 인재를 구한 일이다. '方鳩僝功'[36]은 바야흐로 그 공적을 모아 구비했다는 말이다. '靜言庸違'[37]는 王介甫(王安石)가 말하기를 "고요할 때에는 능히 말하고, 등용되면 그 말을 위배하는 것이다."라고 하였다. '象恭滔天'[38]은 그 외모는 공손하나 마음속에 간사함과 거짓됨을 품고 있어 하늘까지 넘쳐흘러 헤아릴 수 없는 것을 말한다.

○ '蕩蕩'은 평평하게 펼쳐져 있는 모양이니, 산을 에워싸고 언덕을 넘기 때문에 蕩蕩한 것이다.

帝曰 疇咨若時오 登庸이라 咨는 嗟니 告與語之發辭라 問호되 誰乎能順於是者아 將登庸之라 順是는 謂順我之治也라 辭不與前相連하니 此堯老將遜帝位하여 博求賢聖之意라 故로 放齊對以胤子朱啓明이라 朱本不害라 故로 云明發而明通矣라 又訪問하여 誰能若順我事아하니 此又別一時求人之事也라 方鳩僝(잔)功은 言方集其功이라 靜言庸違는 王介甫云 靜則能言하고 用則違其言이라 象恭滔天은 言其外貌恭而中心懷藏姦僞하여 滔天莫測이라 ○ 蕩蕩乎는 平漫之狀이니 懷山襄陵이라 故로 蕩蕩然也라

18. '吁'는 의심하여 탄식하는 말이고, '方'은 따르지 않음이고, '命'은 바른 이치이니,[39] 그(鯀)가 바른 이치를 따르지 않아 族類를 무너뜨리니 남을 모함하여 함정에 빠뜨리고 남의 재능을 시기하여 그를 이기고자 하는 사람임을 말한 것이다. "너(四岳)는 나의 命을 능히 따르니 짐의 帝位를 선양하겠다.〔汝能庸命 巽朕位〕"라고 하였는데, '너는 나의 命을 능히 따른다.'는 것은 바른 이치를 말미암는 것이니, 帝位의 일을 순조롭게 행하는 것이다.

吁는 疑歎之辭요 方은 不順也요 命은 正理也니 謂其不循順正理而毀圮(비)族類하니 傾陷忌克之人也라 汝能庸命하니 遜朕位인저하니 汝能用命은 由正理也니 其順行帝位之事라

---

36) 方鳩僝功 : 《書經》 〈虞書 堯典〉에 "驩兜가 말하기를 '훌륭합니다. 共工이 바야흐로 모아서 그 공적을 드러냅니다.〔驩兜曰 都共工 方鳩僝功〕"라고 한 말을 가리킨다.

37) 靜言庸違 : 《書經》 〈虞書 堯典〉에 帝堯가 "그는 어떤 일을 도모하는 말을 했지만 등용된 뒤에는 그 말을 위배했다.〔靜言庸違〕"라고 한 말을 가리킨다.

38) 象恭滔天 : 《書經》 〈虞書 堯典〉에 帝堯가 "그는 외모는 공손하지만 마음은 오만하여 하늘에 가득하다.〔象恭滔天〕"라고 한 말을 가리킨다.

39) 吁는……이치이니 : 《書經》 〈虞書 堯典〉의 "帝曰 吁咈哉 方命圮族"을 해석한 말이다.

19. "미천한 신분의 현명한 자를 밝고 밝게 천거하라.〔明明揚側陋〕"라고 하였으니, 이는 미천한 賢者를 드러내어 천거하게 한 것이다.

明明揚側陋하라하니 使顯揚側陋之賢이라

20. 四岳[40]은 堯임금의 輔臣이니, 본래 賢者이다. 요임금이 帝位를 선양하려 할 적에 四岳을 우선하는 것이 참으로 마땅하고, 그가 감당할 수 없으면 다시 그로 하여금 아래에 있는 감당할 만한 자를 드러내어 천거하게 하니, 聖人을 얻는 것이 마땅하다. 후세에 많은 사람들이 四岳에게 줄 만하다고 여겼다면 어찌하여 그에게 제위를 주지 않았으며, 줄 수 없었면 어찌하여 그에게 命을 내린 것인지를 의심한다. 장차 천하의 公器를 남에게 줄 적에 요임금이 그 일을 홀로 결단하는 것이 어찌 마땅하겠는가? 그러므로 먼저 大臣・百官에게 명하여 천하 사람들에까지 이르렀으니 聖明함이 자기보다 나은 자가 있으면 반드시 천거하게 하였다. 서로 번갈아 추천하고 사양하여 마침내 가장 어진 자를 얻었으니, 일의 차례가 이치상 그러해야 한다.

四岳은 堯之輔臣이니 固賢者也라 堯將禪帝位에 固宜先四岳이요 不能當이면 復使之明揚在下之可當者하니 宜其得聖人也라 後世多疑以爲岳可授면 則盍授之며 不可授면 則何命之也오하니라 夫將以天下之公器授人에 堯其宜獨爲之乎아 故로 先命之大臣百官하여 以至天下하니 有聖過於己者면 必見推矣라 遞相推讓하여 卒當得最賢者矣니 事之次序가 理自當然이라

21. "소경의 아들이니, 아버지가 완악합니다.〔瞽子父頑〕"[41]라고 하였으니, 이는 四岳이 말하기를 "이른바 瞽瞍의 아들이니, 그 아버지는 완악하며 어머니는 어리석으며 아우 象은 오만합니다."라고 한 것이다. '烝'은 나아감이니, 〈釋詁〉에 이르기를 "烝烝은 힘써 향상하고 더욱 점차 나아간다는 뜻이다."라고 하였다.[42] 그의 어리석고 악함이 변화하기 어렵기 때문에 점차 더욱 나아가게 하여 스스로 다스리게 해서 姦凶한 죄에 이르지 않게 한 것이다.

---

40) 四岳 : 孔安國 傳에는 제후의 일을 나누어 관장한 羲仲・羲叔・和仲・和叔을 가리키는 것으로 보았는데, 蔡沈 註에는 한 사람이 四岳에 있는 제후의 일을 총괄하는 관직으로 보았다.
41) 소경의……완악합니다〔瞽子父頑〕: 四岳이 帝堯에게 아뢴 말이다.(≪書經≫ 〈虞書 堯典〉)
42) 釋詁에……하였다 : ≪爾雅≫ 〈釋詁〉와 ≪廣雅≫ 〈釋詁〉에 이 내용은 보이지 않는다.

四岳擧舜圖

앞의 '帝曰 疇咨若時 登庸'으로부터 이하는 堯임금이 인재를 구한 일을 기재하였으니, 그의 聖明이 능히 인재를 알아보았음을 밝힌 것이다. 지극히 친애한 사람으로는 〈아들인〉 丹朱만한 사람이 없으나 그의 惡을 알고서 제위를 물려주지 않았다. 共工[43]의 달변과 공손한 외모, 鯀[44]의 재주와 지혜는 천하의 크나큰 간사함과 아첨함이었다. 능히 그 惡을 숨기고서 그 직분을 맡았으니 四岳처럼 조정에 있는 賢者도 능히 분별하지 못하고 그 재주를 칭송하였는데, 하물며 百官・諸侯・下民이야 말할 것이 있겠는가. 온 세상 사람들이 그들을 어질게 여기지 않는 이가 없었는데, 요임금만은 홀로 천거하는 말을 듣고서 탄식하였다. 이윽고 共工은 마침내 악행으로 주벌을 받았고, 鯀은 공적을 이루지 못하였다.

舜은 미천한 신분으로 누추한 곳에 살아서 그의 德이 처음으로 조정에 알려졌는데, 여러 사람이 그를 천거하자 요임금이 그들의 말에 동의하여 드디어 제위를 물려주었으니, 大聖인 요임금의 독자적인 식견이 아니었다면 어찌 그러할 수 있었겠는가. 요임금이 말하기를 "내가 그를 시험해보겠다.〔我其試哉〕"라고 한 것은 시험 삼아 舜의 聖德을 관찰해 보고서 천하에 드러내려 한 것이다. 그러므로 두 딸을 그에게 시집보내고 존귀한 지위를 명하여 그로 하여금 五典[45]을 삼가 아름답게 빛내고 百揆[46]의 일을 적시에 펴게 하였으니, 본디 舜을 믿을 수 없어서 시험한 것이 아니다.

43) 共工 : 본래 工官에 해당하는 관직명인데, 여기서는 그 일을 맡은 인물을 가리킨다.
44) 鯀 : 堯임금 시대 崇伯의 이름으로, 禹의 아버지이다.
45) 五典 : 五常의 교화를 가리키는 말로 孔安國 傳에는 父義, 母慈, 兄友, 弟恭, 子孝를 가리킨다고 하였고, 蔡沈 註에는 父子有親, 君臣有義, 夫婦有別, 長幼有序, 朋友有信을 가리킨다고 하였다.
46) 百揆 : 여러 정사를 총괄하여 헤아리는 총재와 같은 직책을 가리킨다.

瞽子니 父頑이라하니 岳曰 所謂瞽叟(수)之子也니 其父頑하며 母嚚(은)하며 象傲라 烝은 進也니 釋詁云 烝烝은 勉益漸進之義라 其愚惡難化라 故로 漸益進之使治히여 不至於姦凶之罪라 自帝曰疇咨若時登庸已下는 載帝堯求人之事니 所以明其聖能知人也라 親愛之至는 莫如朱로되 知其惡而弗授라 共工之能言象恭과 鯀(곤)之才智는 天下之大姦佞也라 能隱其惡而任其職하니 充朝之賢如四岳도 且弗能辨而稱其才어든 況百官諸侯下民乎아 是擧世莫不賢之也로되 堯獨聞擧而吁라 旣而共工卒以惡誅하고 鯀績弗成이라 舜居微陋하여 其德始升聞한대 師擧則兪其言하여 遂授之位하니 非大聖獨見이면 其能然乎아 其曰 我其試哉는 將試觀其聖德하여 暴之天下也라 故女之以二女하고 命之尊位하여 使之愼徽五典하고 時敍百揆하니 固非未能信而試之也라

22. 혹자가 말하였다.

"共工과 鯀의 무리는 堯임금이 이미 그들의 惡을 알고 있었는데 어찌하여 물리치지 않았습니까?"

선생이 말하였다.

"저들은 이른바 크게 간사하다고 하는 자들로, 惡을 행할 수 없음을 알면 능히 그들의 惡을 숨겨 요임금의 조정에 서서 요임금의 정치를 도왔으니 무슨 명목으로 그들을 물리치겠는가. 바야흐로 천거되어 그 자리에 나아가게 되어서 요임금이 그들의 불가함을 알았으니, 대개 쓰임이 자기 분수에 지나치면 그 惡이 반드시 드러나기 때문이다. 예컨대 王莽[47]과 司馬懿[48]가 만약 평생 卿大夫의 지위에 있었다면 필시 찬탈하고 반역하는 모의를 일으키지 않고 종신토록 재주 있고 유능한 신하가 되었을 것이다.

鯀이 요임금의 조정에 있을 적에 비록 命을 어기고 族類를 무너뜨리는 마음을 품고 있었지만 善을 꾸며 용납되기를 취하였기 때문에 온 조정에서 그의 惡을 아는 이가 없었으니, 이는 그의 惡이 일찍이 행해지지 않았기 때문이다. 물을 다스리는 임무를 맡게 되어서는 그의 惡이 저절로 드러났다. 대개 물을 다스리는 것은 천하의 큰 임무이다. 지극히 공정한 마음으로 능히 자신을 버리고 남을 따라 천하 사람들의 의론을 극진히 하지 않으면 그 功을 이룰 수 없으니, 어찌 命을 어기고 族類를 무너뜨리는 자

47) 王莽 : B.C. 45~A.D. 23. 前漢 말 大司馬로서 정권을 독단하여 平帝를 죽이고 孺子 嬰을 세웠다가 천자의 자리를 찬탈하여 新나라를 세운 인물이다.

48) 司馬懿 : 179~251. 三國時代 魏나라 장수로 文帝 때 승상의 자리에 올라 권력을 독차지하였으며, 손자 司馬炎이 元帝를 폐위하고 황제의 자리에 올라 晉나라를 세웠다.

가 할 수 있는 일이겠는가. 그러므로 그 惡이 드러나서 舜임금이 그를 주벌할 수 있었던 것이다.

共工·驩兜의 무리는 모두 흉악한 사람이다. 순임금이 처음 등용되었을 적에 미천한 사람이 도리어 그들의 윗자리에 있고, 또 장차 그들을 신하로 부리려 하였으니, 이는 흉악하고 무도한 사람이 견딜 수 없는 것이다. 그러므로 그들의 惡이 드러나 순임금이 주벌할 수 있었다. 예컨대 管叔과 蔡叔[49]이 武王의 治世에 무슨 연고로 난을 일으키겠는가? 成王이 어려서 周公이 섭정할 적에 그 일의 기회를 타고서 그들의 흉악하고 사특한 마음을 드러냄이 있었던 것이다."

或曰 共工鯀(곤)之徒는 堯旣知其惡矣어늘 何不去也잇고 曰 彼所謂大姦者로 知惡之不可行也면 則能隱其惡하여 立堯之朝하여 以助堯之治니 何因而去之也리오 及將擧而進之하얀 則堯知其不可니 蓋用過其分이면 則其惡必見(현)일새라 如王莽司馬懿가 若使終身居卿大夫之位면 必不起簒逆之謀하여 而終身爲才能之臣矣라 鯀居堯朝에 雖藏方命圮(비)族之心이나 飾善以取容이라 故로 擧朝莫知其惡하니 是其惡未嘗行也일새라 及居治水之任하얀 則其惡自顯矣라 蓋治水는 天下之大任也라 非其至公之心으로 能舍己從人하여 盡天下之議면 則不能成其功이니 豈方命圮族者所能乎아 故로 其惡顯하여 而舜得以誅之矣라 共工驩兜(두)之徒는 皆凶惡之人也라 及舜登庸之始하여 側陋之人이 顧居其上하고 又將使之臣之하니 此凶亂之人所以不能堪也라 故로 其惡顯하여 而舜得以誅之라 如管蔡在武王之世에 何由作亂고 當成王少하여 周公攝政에 乘其事會하여 有以發其凶慝(특)之心也라

23. 혹자가 말하였다.

"堯임금은 鯀이 큰 임무를 맡을 수 없는 것을 알았는데 어찌하여 그를 시킨 것입니까?"

선생이 말하였다.

"舜과 禹가 아직 현달하지 않아서이다. 舜이 등용되었을 때 비로소 30세였으니, 禹가 어렸다는 것을 알 수 있다. 당시 사람들 중에 재주와 지혜가 그보다 나은 자가 없었다. 이런 까닭에 四岳이 그를 천거한 것이다. 비록 9년이 되어도 功을 이루지 못하

49) 管叔과 蔡叔 : 周 武王의 아우들이다. 무왕이 이들에게 殷나라 유민을 다스리게 하였는데, 무왕이 죽고 어린 成王이 즉위하여 周公이 섭정하자 殷 紂王의 아들 武庚을 받들어 모반을 꾀하였으므로 주공이 이들을 처형하였다.

試鯀治水圖

였으나 그가 물을 다스린 것은 참으로 다른 사람이 미칠 수 없는 바였다. 오직 그의 功이 펼쳐짐이 있었기 때문에 自任함이 더욱 강해지고 사람들과 어그러지고 族類를 무너뜨림이 더욱 심해져 公論이 막히고 人心이 이반되었다. 이런 까닭으로 惡이 더욱 드러나서 功을 끝내 이룰 수 없었던 것이다. 그러므로 그를 주벌한 것이다. 대신들이 그를 천거하고 천하 사람들이 그를 현명하게 여기며, 또 그의 재주와 힘이 실로 남들보다 뛰어났던 때에 요임금이 어찌 임무를 맡기지 않을 수 있었겠는가. 만약 그 때 조정의 대신 가운데 재주와 지혜가 鯀보다 뛰어난 자가 있었다면 요임금 또한 鯀에게 맡기지 않았을 것이다.”

或曰 堯知鯀不可大任이어늘 何爲使之잇고 曰 舜禹未顯이라 舜登庸時에 始三十矣니 禹幼可知라 當時之人에 才智無出其右者라 是以로 四岳擧之也라 雖九年而功不成이나 然其所治는 固非他人所及也라 惟其功有敍라 故로 其自任益强하고 咈戾圮類益甚하여 公議隔而人心離矣라 是以로 惡益顯而功卒不可成也라 故誅之라 當其大臣擧之하고 天下賢之하며 又其才力實過於人하여 堯安得不任也리오 若其時朝廷大臣才智有過鯀者면 則堯亦不任之矣라

순전 舜典

1.〈舜典〉은 夏나라 때 지은 것이다. 篇末에 舜임금의 죽음을 기재하였으니, 夏나라 때 지은 것을 알 수 있다. 그러므로 史官이 추급하여 기록하는 말을 한 것이니, 〈堯典〉과 동일하다.

舜典은 夏時所作이라 篇末載舜死하니 夏時所作을 可知라 故로 史爲追紀之辭니 與堯典同이라

2. 虞舜은 사는 곳이 누추하고 신분이 미천하였다. "거듭 빛나는 덕이 帝位에 합당하였다.〔重華協于帝〕"라는 것은 舜의 성대한 덕이 빛나고 빛남이 堯임금과 서로 이어받아 帝位에 합당하다는 것이다. 聖人으로서 聖人을 계승하여 천하에 마땅함을 말한 것이다. 그러므로 "거듭 빛나는 덕이 帝位에 합당하였다."라고 한 것이다. 이 구절은 舜의 일을 총괄하여 말한 것이니, '옛날의 帝舜을 상고하건대, 거듭 빛나는 덕이 帝位에 합당하였다.'라는 말이고, "깊고 명철하고 문채 나고 총명하여〔濬哲文明〕" 이하는 그 덕을 거듭 서술한 것이다. 이는 〈堯典〉에서 통괄하여 "공경하고 총명하고 문채 나고 사려 깊어 이치의 편안한 데에 편안하였다.〔欽明文思安安〕"라고 말하고서 다시 "행하는 것이 마땅하지만 공경하고 재주가 능하지만 겸양하시다.〔允恭克讓〕" 이하의 일을 말하여 그 덕을 거듭 서술한 것과 같다.

虞舜側微①라 重華協于帝는 盛德光華가 與堯相襲하니 協宜于帝位라 言以聖繼聖하여 宜於天下也라 故로 云重華協于帝라 此句는 總言舜事니 曰 若考古之帝舜컨대 重華協于帝요 自濬哲文明已下는 重敍其德也라 如堯典統言欽明文思安安已하고 復云允恭克讓以下事하여 重敍其德也라

① 사는 곳이 누추하고 신분이 낮은 것이다.
側陋微賤.

3. "깊고 명철하고 문채 나고 총명하시며, 온화하고 공손하고 성실하고 독실하시다.〔濬哲文明 溫恭允塞〕"라는 것은 여덟 가지 일이니 '濬'은 깊고 넓음이고, '哲'은 睿智이

고, '文'은 文章이고, '明'은 총명함이고, '溫'은 순수하고 온화함이고, '恭'은 공경함이고, '允'은 신실하고 적합함이고, '塞'은 꽉 찬 것이다. 이 여덟 가지는 舜의 성대한 덕을 형용한 것이다. 무릇 聖人을 일컬을 적에 그의 덕스럽고 아름다움이 환하게 드러나는 점을 취하여 일컬으니, 그 사람에 연계하여 취하는 바가 반드시 같은 것은 아니다. 예컨대 堯임금을 일컬을 적에는 "공경하고 총명하고 문채 나고 사려 깊어 이치의 편안한 데에 편안하였다.〔欽明文思安安〕"라고 하고, 仲尼를 일컬을 적에는 "온화하고 선량하고 공손하고 검소하고 겸양하시다.〔溫良恭儉讓〕"[1]라고 하였다.

요컨대 이는 모두 성인의 덕스럽고 아름다운 점이니, 그것을 일컫는 것으로도 그 성인을 알기에 충분하다. 비유하자면 玉의 아름다운 점을 말할 적에 혹 그 빛깔의 온화하고 윤택함을 아름답게 여기기도 하고, 혹 그 소리의 맑고 빼어남을 칭송하기도 하고, 혹 그 견고하고 정결함을 취하기도 하고, 혹 그 정미하고 순수함을 아름답게 여기기도 하니, 요컨대 한 가지를 들면 그 보배로움을 알기에 충분하다. 사람들이 일컫는 바를 따라 그 성인의 아름다움을 충분히 알 수 있으면 된다.

濬哲文明하시며 溫恭允塞은 八事니 濬는 淵弘이요 哲은 睿智요 文은 文章이요 明은 聰明이요 溫은 粹和요 恭은 恭敬이요 允은 信當①이요 塞은 充實이라 八者는 以形容其聖德이라 凡稱聖人에 取其德美之煥發者而稱之하니 繫其人所取가 不必同也라 如稱堯則曰欽明文思安安이요 稱仲尼則曰溫良恭儉讓이러라 要之皆聖人之德美니 稱之足以見其聖人耳라 譬夫言玉之美者에 或美其色之溫潤하고 或稱其聲之清越하고 或取其堅貞하고 或美其精粹하니 要之擧一則足以知其寶矣라 隨人之所稱하여 足以見其美면 則可也라

①〈'當'은〉 去聲(적합함)이다.
去聲.

4. "그윽한 德이 위로 올라가 알려졌다.〔玄德升聞〕"라고 하였다. '玄'은 그윽하고 아득함을 일컫는다. 舜임금은 그윽하고 아득한 가운데 덕을 숨겼고, 또한 그 덕이 심원하였다. 그러므로 '玄德'이라 한 것이다.

---

1) 온화하고……겸양하시다 : 子禽이 子貢에게 묻기를 "夫子께서 이 나라에 이르러서는 반드시 그 政事를 들으시니, 부자께서 듣기를 구하신 것입니까? 아니면 위정자가 그런 배려를 한 것입니까?"라고 하자, 자공이 말하기를 "부자께서는 온화하고 선량하고 공손하고 검소하고 겸양함으로써 그것을 얻으신 것이니, 부자가 그것을 구한 것은 다른 사람이 구한 것과 다르다.〔夫子溫良恭儉讓以得之 夫子之求之也 其諸異乎人之求之與〕"라고 하였다.(≪論語≫ 〈學而〉)

玄德(聲)〔升〕[2]聞이라 玄은 幽遠之稱①이라 舜潛德幽遠之中하고 又其德深遠이라 故로 云玄德也라

① '窅玄(아득하고 가물가물함)'이 이것이다.
窅玄, 是也.

5. "五典을 삼가 아름답게 하라 하시니, 五典을 능히 따랐다.〔愼徽五典 五典克從〕"라고 하였다. 堯임금이 舜에게 帝位를 명하니, 舜이 그 五常의 가르침을 공경하고 아름답게 하였다. 五典은 父子 사이에는 친함이 있으며, 君臣 사이에는 의리가 있으며, 夫婦 사이에는 분별이 있으며, 長幼 사이에는 차례가 있으며, 朋友 사이에는 믿음이 있는 것이다. 이 다섯 가지는 人倫이니, 長幼를 말하면 兄弟의 尊卑가 갖추어지고, 朋友를 말하면 鄕黨의 賓客이 갖추어진다. 孔氏(孔安國)가 "아버지는 의롭고, 어머니는 자애롭고, 형은 우애하고, 아우는 공손하고, 아들은 효도하는 것이다."라고 한 것이 어찌 人倫을 극진히 말한 것이겠는가. 夫婦는 인륜의 근본이다. 夫婦의 관계가 바르게 된 뒤에 父子 사이가 친하게 되니, 그것을 빠뜨리는 것이 옳겠는가. 孟子가 말하기를 "요임금이 契로 하여금 司徒를 삼아 人倫을 가르치게 하였다."[3]라고 하였으니, 이 다섯 가지는 人倫의 큰 법도이다. 어찌 舜이 그것을 바꾸는 일이 있었겠는가. "五典을 능히 따랐다."라는 것은 左氏(左丘明)가 이른바 "가르침을 어김이 없었다."[4]라는 것이다.

愼徽五典하시니 五典克從이라 堯旣命之以位하니 而舜敬美其五常之敎라 五典은 謂父子有親하며 君臣有義하며 夫婦有別하며 長幼有序하며 朋友有信也라 五者는 人倫也니 言長幼면 則兄弟尊卑備矣요 言朋友면 則鄕黨賓客備矣라 孔氏謂父義하고 母慈하고 兄友하고 弟恭하고 子孝가 烏能盡人倫哉리오 夫婦는 人倫之本이라 夫婦正而後父子親하니 而遺之可乎아 孟子云 堯使契爲司徒하여 敎以人倫이라하니 五者는 人倫大典이라 豈舜有以易之乎아 五典克從은 則左氏所謂無違敎也라

2) (聲)〔升〕: 저본에는 '聲'으로 되어 있으나, ≪尙書≫에 의거하여 '升'으로 바로잡았다.
3) 契로……하였다 : ≪孟子≫ 〈滕文公 上〉에 "이 때문에 聖人이 이를 근심하시어, 契로 하여금 司徒를 삼아 人倫을 가르치게 하였으니, 父子 사이에는 친함이 있으며, 君臣 사이에는 의리가 있으며, 夫婦 사이에는 분별이 있으며, 長幼 사이에는 차례가 있으며, 朋友 사이에는 믿음이 있는 것이다.〔聖人 有憂之 使契爲司徒 敎以人倫 父子有親 君臣有義 夫婦有別 長幼有序 朋友有信〕"라고 하였다.
4) 가르침을……없었다 : ≪春秋左氏傳≫ 文公 18년 조에 "그러므로 〈虞書〉에서 舜의 功을 열거하기를 '五典을 삼가 아름답게 하라 하시니 五典을 능히 따랐다.'라고 하였으니, 가르침을 어김이 없었던 것이다.〔故虞書數舜之功曰 愼徽五典 五典克從 無違敎也〕"라고 하였다.

6. "百揆에 들어가게 하셨다.〔納于百揆〕"라고 한 것은 온갖 일을 헤아리는 임무에 나아가게 하니 그가 헤아려 처리하는 바가 모두 때에 맞게 펼쳐졌다는 것을 말한다.

納于百揆는 謂進置之於揆度(탁)百事之任이니 而其所揆①가 皆時敍②라

① 헤아려 처리하는 것이다.
裁處也.
② 순조롭게 이루어지는 것이다.
順成也.

7. "四門에서 禮로써 손님을 맞이하게 하시니, 四門이 화목하였다.〔賓于四門 四門穆穆〕"라고 하였다. '賓'은 禮로써 대접하는 것이고, '門'은 안팎을 구분하는 것이다. 京師가 안이 되면 四方이 모두 밖이 되고, 중원의 나라가 안이 되면 夷狄이 밖이 된다. '穆穆'은 화평하고 바른 모습이다. 舜임금이 四方을 禮로써 대우하여 諸侯가 화합하여 화평하고 四夷가 귀의하여 찾아왔으니, 모두 그의 위무와 교화를 따른 것이다.

賓于四門하신대 四門穆穆이라 賓은 禮接也요 門은 內外之限也라 京師爲內면 則四方皆外也요 中國爲內면 則夷狄爲外也라 穆穆은 和正之貌라 舜禮待四方하여 而諸侯協和하고 四夷懷來하니 皆從其綏化也라

賓于四門圖

8. "大麓에 들어가게 하시니 맹렬한 바람과 우레와 비가 어지럽지 않았다.〔納于大麓 烈風雷雨 弗迷〕"라고 한 것은 大麓의 임무에 나아가게 한 것이니, 여러 정사를 총괄하여 거느리게 했다는 말이다. '麓'은 산의 언덕으로 草木과 온갖 생물이 모이는 곳이니, 그 뜻이

'聚'와 같다. 그러므로 孔氏(孔安國)가 '錄'이라 한 것이다. 앞에서 "百揆에 들어가게 하셨다."라고 하고, 또 "大麓에 들어가게 하셨다."라고 한 것은 어째서인가? 百揆는 온갖 일에 대한 모의를 헤아리는 자리이고, 大麓은 여러 정사를 총괄하여 모든 관직의 일을 거느리는 자리이니, 이는 여러 관직을 두루 거쳤다는 말이 아니고 각각 그 일을 들어서 말한 것이다. 즉 舜으로 하여금 五典을 공경하고 아름답게 하게 하니 五典을 능히 따르고, 일을 헤아리게 하니 때에 맞게 펼쳐지고, 四方을 禮로써 맞이하여 회유하게 하니 사방이 화목해지고, 여러 정사를 총괄하게 하니 陰과 陽이 조화로워졌다는 말이다.

혹자가 말하였다.

"〈舜典序〉에 '여러 어려움을 두루 시험하였다.'라고 하였으니, 여러 관직을 거쳤다는 것이 아님을 어찌 알 수 있습니까?"

선생이 말하였다.

"이는 위와 같이 여러 어려운 일을 두루 시험하였다는 말이지, 여러 관직을 두루 거쳤다는 말이 아니다. 堯임금이 舜을 얻고서 곧장 백관의 윗자리에 앉혔으니, '愼徽五典' 이하는 모두 한 관청의 일이 아니다. 大麓은 여러 정사를 총괄하는 명칭이다. 그러므로 그의 온전한 功을 극진히 거론하여 말한 것이니, 한 가지 일만을 거론할 수 없어서이다."

納于大麓하신대 烈風雷雨가 弗迷는 進置之大麓之任이니 謂總領庶政也라 麓은 山阜로 草木百物所聚也니 訓猶聚也라 故로 孔氏云錄也①라 前云納于百揆하고 又云納于大麓은 何也오 曰 百揆는 揆度(탁)百事謀議之任也요 大麓은 總錄庶政하여 統領百職事之任也니 非是歷遷數職也요 各擧其事言耳라 云使之敬美五典則克從하고 使之揆事則時敍하고 使之賓懷四方則穆穆하고 使之總庶政則陰陽和라 或曰 序云歷試諸難이라하니 安知非居數職也잇가 曰 謂歷試如上諸難事耳요 非歷居數官也라 堯得舜則置之上位니 自五典而下는 皆非一司之事也라 大麓者는 總錄庶政之稱이라 故로 極其全功而言이니 不可止擧一事也라

① '錄' 또한 '모두 모으다'라는 뜻이다.
錄, 亦總聚之義.

9. 온갖 공적이 다 넓혀지고, 백성들이 온화하고 화합하며, 陰·陽이 순조롭고, 비바람이 제때에 일어나서 맹렬한 바람이 불고 우레와 비가 어긋나고 어지럽게 일어남이 없었다.

혹자가 말하였다.

"'바람과 비가 어지럽지 않았다.'라고만 말하지 않고 '맹렬한 바람'이라고 한 것은 어째서입니까? 이미 '맹렬한 바람'이라고 말하고, 또 '어지럽지 않았다.'라고 하였으니, 말이 순조롭지 않은 듯합니다."

선생이 말하였다.

"맹렬한 바람이 불고 우레와 비가 어지럽고 어긋나는 일이 없었다는 말이다. 바람은 정해진 때가 없는 것이다. 그러므로 반드시 맹렬하다고 말해야 어지러움을 드러낸다. 우레나 비와 같은 경우는 반드시 때에 따라 일어난다. 만약 맑을 때 비가 내리고, 겨울에 우레가 치고 여름에는 우레가 치지 않는다면 굳이 세차고 사나워진 뒤에야 어지러워지는 것이 아니니, 그 때문에 바람만 맹렬하다고 말한 것이다."

庶績咸熙하고 黎民雍和하며 陰陽順序하고 風雨時若하여 無烈風雷雨之愆錯逆亂也라 或曰不止言風雨弗迷요 而云烈風은 何也잇가 旣曰烈風矣요 又曰弗迷라하니 辭似不順이니이다 曰 謂無烈風雷雨之迷錯也라 風은 無時之物이라 故로 必言烈이라야 乃見迷라 若雷雨는 必順時라 若當暘而降하고 冬發夏不震이면 則不必迅暴然後爲迷니 所以獨風言烈也라

10. "일을 살펴보고 말을 상고하건대, 너의 말이 공적을 이룰 수 있는 데 이른다.〔詢事考言 乃言 底可績〕"라고 한 것은 '네가 행한 일들을 살피고 헤아려서 네가 예전에 한 말을 상고해보건대 모두 功을 이룰 수 있다.'라는 말이다. 舜의 말을 들었을 적에는 堯임금이 그의 聖明함을 알았고, 일에 드러내어 3년이 지난 뒤에는 천하 사람들이 그의 聖明함을 알았다.

詢事考言한대 乃言이 底可績은 詢謀汝所行之事하여 以考汝之前言컨대 皆可致功實也라 聞其言엔 則堯知其聖矣요 見(현)於事하여 至於三年而後하얀 天下知其聖也라

11. "璿璣와 玉衡[5]을 살펴서 七政[6]을 가지런히 하였다.〔在璿璣玉衡 以齊七政〕"라고 하였다. '在'는 살핀다는 뜻이다. 堯임금의 뒤를 이어받아 帝位에 오르고 나서 곧 七政의 도

---

5) 璿璣와 玉衡 : 璿璣는 천체의 운행을 관측하는 옥으로 장식한 기구이고, 玉衡은 옥으로 만든 통을 가로로 설치하여 璣를 살피게 한 기구이다.
6) 七政 : 日·月과 金·木·水·火·土 五星을 살피는 정사를 말한다.

수에 어긋남이 없는지를 살펴 天意를 관찰한 것이니, 이는 대개 聖人이 昊天을 공경히 따르는 道이다. 天意가 순조로우니 이에 드디어 上帝에게 類祭[7]를 지내고, 六宗[8]에게 禋祭[9]를 지내고, 山川에 望祭[10]를 지내고, 여러 神에게 두루 제사하여 자신이 天命을 받아 대신 다스리게 된 것을 고한다. 六宗은 三昭와 三穆[11]이다. 앞서 이미 文祖[12]에서 요임금의 뒤를 이어받아 제위에 올랐기 때문에 다만 六廟에 禋祭를 지낸 것이니, 이는 요임금의 六廟이다.

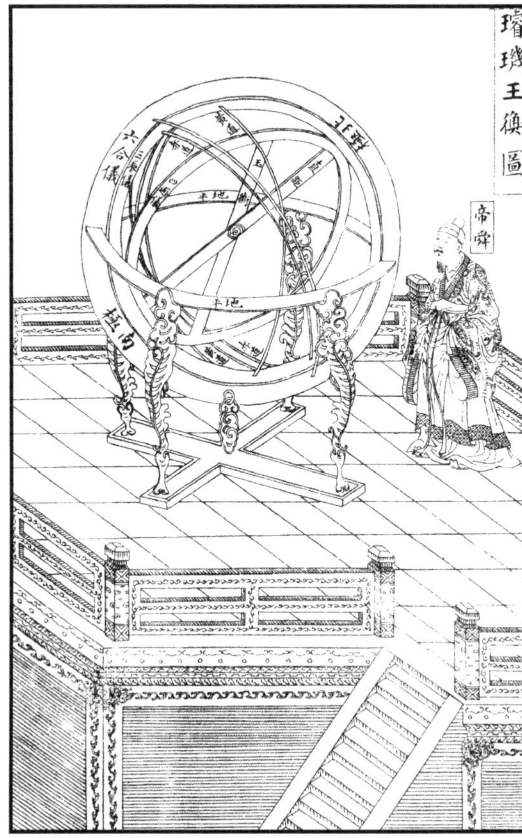

璿璣玉衡圖

혹자가 말하였다.

"舜이 요임금의 뒤를 이어받아 제위에 오르고 나서 맨 먼저 天意를 점친 것은 어째서입니까? 만약 七政에 어긋남이 있으면 어찌합니까?"

선생이 말하였다.

"아직 요임금의 뒤를 이어받아 제위에 오르지 않았다면 天意가 무슨 연유로 順逆이 있겠는가. 이치상 반드시 제위를 받은 뒤에 〈天意를〉 살핌이 있는 것이다. 만일 변고

---

7) 類祭 : 天神에게 지내는 제사로, 郊社와 절차가 같다고 하여 類祭라고 한다.
8) 六宗 : 여러 설이 있는데, 漢나라 때 伏勝과 馬融은 天·地·春·夏·秋·冬을 가리킨다고 하였고, 晉나라 때 王肅은 四時·寒暑·日·月·星·水旱을 가리킨다고 하였다. 程頤는 三昭·三穆으로 보았다.
9) 禋祭 : 연기를 피워 올리며 하늘에 지내는 제사로, 마음을 정성스럽게 하여 제향하는 뜻이라고 한다.
10) 望祭 : 멀리서 바라보면서 지내는 제사이다.
11) 三昭와 三穆 : 천자의 七廟 중에 太祖의 신주는 중앙에 위치하고, 그 왼쪽은 昭로 2·4·6세 황제의 신위가 차례로 안치되며, 그 오른쪽은 穆으로 3·5·7세 황제의 신위가 차례로 안치된다.
12) 文祖 : 文祖에 대해서는 여러 설이 있다. 孔安國 傳에는 堯의 文德의 祖廟라고 하였고, 司馬遷의 ≪史記≫에는 堯의 太祖라 하였고, 後漢 馬融은 '天'으로 보았고, 鄭玄은 周나라의 明堂처럼 五府의 大名으로 보았고, 蔡沈은 堯의 始祖의 廟로 보았다.

가 있다면 天時가 순조롭지 않아 사양하고 피할 따름이니, 어찌 의심하겠는가. 사람이 진실로 誠하면 天地에 감응하고 神明에 통하니, 어찌 두 聖人이 제위를 주고받는 즈음에 天意가 순조롭지 못함이 있겠는가."

注에 "혹자는 '이미 요임금의 뒤를 이어받아 제위에 올랐으면 昊天을 공경히 따르는 것이 마땅히 먼저 해야 할 바이기 때문에 七政을 살펴서 가지런히 한 것이니, 자기의 생각이 하늘에 합하는지 여부를 살피는 것을 말한 것이 아니다.'라고 하였으니, 이는 그렇지 않다. 요임금이 昊天을 공경히 따라 舜을 관직에 명한 뒤로부터 舜을 大麓에 들어가게 하였으니, 정사에 舜을 드러낸 것이 오래되었다. 舜이 이미 命을 받아 임금이 되었으니, 참으로 마땅히 天意를 살펴야 한다."라고 하였다.

在璿(선)璣玉衡하사 以齊七政이라 在는 察也라 既受終하고 則察七政之度不愆忒(건특)否하여 以觀天意하니 蓋聖人欽若昊天之道也라 天意既順하니 於是에 遂類上帝하고 禋(인)六宗하고 望山川하고 徧群神하여 告其受命攝治也라 六宗은 三昭三穆也라 先已受終文祖矣라 故로 止禋六廟也니 堯之六廟라 或曰 舜既受終에 始占天意는 何也잇가 如七政有愆이면 則如之何잇가 曰 未受終이면 則天意何緣而有順逆이리오 理必受而後有察也라 如其有變이면 則天時不順하여 遜避而已니 何疑焉이리오 人苟誠焉이면 則感於天地하고 通於神明이니 豈有二聖授受之際에 而有天意不順者乎아 注云 或以爲既受終이면 則欽若昊天이 乃所當先이라 故로 考齊七政이니 非謂察己之意合天否也라하니 此則不然이라 自堯之欽若命官으로 乃舜納於大麓하니 其見(현)之政이 久矣라 既受命而君하니 固宜察天意也라

12. "드디어 上帝에게 類祭를 지냈다.〔肆類于上帝〕"라고 하였다. '肆'는 '드디어'의 뜻이니, 후대에 글을 짓는 자가 '이에〔於是〕'라고 말하는 것과 같다.

肆類于上帝라 肆는 遂也니 猶後之屬文者言於是也라

13. 정월 초하루에 堯임금의 뒤를 이어받아 帝位에 오른 뒤로부터 上帝에게 類祭를 지내고, 六宗에게 禋祭를 지내고, 여러 神에게 두루 제사 지내는 것에 이르렀으며, 다섯 가지 瑞玉을 거두어 다섯 등급의 諸侯를 불렀다. 정월이 끝나는 때가 되면 四方의 제후가 이르니, 遠近이 똑같지 않아 오는 데 先後가 있었다. 그러므로 날마다 만나보는 것이니, 하루에 함께 모이는 다른 조회와는 같지 않았다. 이는 대개 소수의 인원을 접

견하고자 해서이니, 물어보고 살펴보는 것과 예우하는 마음을 극진히 할 수 있다. 만나본 뒤 그 瑞玉을 나누어 돌려주었다.

'歲二月'로부터 이하는 巡狩의 일을 말한 것인데, 그해 2월에 바로 간 것이 아니고, 또 한 해 안에 五岳을 두루 다닌 것도 아니다. 이르는 곳에서 四時를 맞추고 날짜를 바로잡으며, 度·量[13]을 동일하게 하며, 다섯 등급의 제후의 차례[14]와 制度의 等差를 바르게 하니, 이것이 五禮[15]를 닦는 것이다. 다섯 등급의 제도는 옛날에도 있었으니, 그 혼란을 방지하려 했기 때문에 巡狩하여 이르는 곳에서 반드시 닦아서 밝힌 것이다. 그 다섯 등급의 제도를 바르게 하고, 아울러 君臣이 잡는 珪玉과 폐백도 모두 禮에 합당하게 하였다.

類帝禋宗圖

自上日受終으로 而類上帝하고 禋六宗하고 至徧群神하고 輯斂五瑞하여 徵五等諸侯也라 至月終이면 則四方諸侯至矣니 遠近不同하여 來有先後라 故(曰)〔日〕[16]日見之니 不如他朝會之同期於一日也라 蓋欲以少接之니 則得盡其詢察禮意也라 既見이면 則頒還其瑞玉이라 自歲二月已下는 言巡狩之事니 非是當年二月便往이요 亦非一歲之中에 徧歷五岳也라 所至에 協正時日하고 同其度量하며 正五等諸侯之秩序와 制度之等差하니 是脩五禮也라 五等之制는 古有之矣하니 防其亂이라 故로 巡狩所至에 必脩明也라 正其五等制度하고 并其君臣所執珪幣하여 皆使合(理)〔禮〕[17]也라

13) 度量 : 度는 길이를 재는 자〔尺〕이고, 量은 분량을 헤아리는 되·말 등을 가리킨다.
14) 다섯……차례 : 公·侯·伯·子·男의 다섯 등급 제후의 爵位를 말한다.
15) 五禮 : 吉禮·凶禮·賓禮·軍禮·嘉禮를 가리킨다.
16) (曰)〔日〕 : 저본에는 '曰'로 되어 있으나, ≪書經大全≫에 인용된 程子의 설에 의거하여 '日'로 바로잡았다.

14. "五器 같은 것은 마치면 다시 돌려주었다.〔如五器卒乃復〕"라는 것은 제후는 존귀하고 폐백은 귀중하기 때문에 만나보고 나면 그 玉을 다시 돌려주고 나머지는 그렇게 하지 않은 것이니, 禮로써 제후들에게 답한 것이다. 五器는 다섯 가지 瑞玉이니, 물건으로써 말하면 玉이고, 보배로움으로써 말하면 瑞이고, 이루어진 형태로써 말하면 器이다.

如五器卒乃復者는 諸侯尊而贄(지)重이라 故로 已覲則復還其玉하고 餘則否니 所以禮答列辟也라 五器는 即五瑞니 以其物言則玉이요 以其寶言則瑞요 以成形言則器라

15. "돌아와 藝祖의 사당에 이르러서 한 마리의 소를 사용하여 제사 지냈다.〔歸格於藝祖 用特〕"라고 하였다. '歸格'은 조상의 사당에 돌아왔음을 고한 것이다. 이는 禮를 기록한 것이다. 단지 祖廟만을 말한 것은 높은 분을 거론한 것이니, 실제로는 모두에게 고한 것이다. 예컨대 초하룻날 太廟에 고하는 禮는 또한 조상의 사당에 고하는 것일 뿐만이 아니다. 四時의 제사에는 각각 희생이 있고, 초하룻날 태묘에 고하거나 돌아왔음을 사당에 고하는 경우는 제사가 아니므로 모두 한 마리의 희생을 쓸 따름이다. 그러므로 '用特'이라 한 것이다. 堯임금의 뒤를 이어받아 제위에 올라서 禋祭를 지낸 것과 같은 경우는 제사이다. 비록 古禮를 상세히 알 수는 없으나 아마도 薦新[18]의 부류는 또한 사당에 나아가기만 할 뿐이다. 오직 時祭에 신주를 설치하는 경우에는 각각 그 廟室에 나아가고, 제사가 아니면 신주를 굳이 설치하지 않는다.

歸格於藝祖하사 用特하시다 歸格은 告至於祖廟也니 此는 記禮也라 止言祖廟는 擧尊耳니 實皆告也라 如告(곡)朔太廟는 亦不止告祖也라 四時之祭는 則各有牲이요 如告朔告至之類는 非祭也라 共用一牲而已라 故로 云用特이라 若受終而禋은 則是祭也라 雖古禮不可詳知나 恐薦新之類는 亦止就廟耳라 惟時祭設主엔 則各就其室이요 非祭면 不必設主也라

16. 5년마다 한 번 巡狩하면 한 방면의 제후가 〈그 방면의〉 山岳 아래에서 조회한다. 그러므로 "네 곳에서 조회하니, 정사의 내용을 펼쳐서 아뢰게 하시며 공적으로써 밝게 시험하시며 수레와 의복으로 표창하셨다.〔四朝 敷奏以言 明試以功 車服以庸〕"라고 한 것이다. 巡狩는 여러 나라에 두루 이를 수 있는 것이 아니다. 한 방면의 山岳에 이르

---

17) (理)〔禮〕: 저본에는 '理'로 되어 있으나, 中華書局本에 의거하여 '禮'로 바로잡았다.
18) 薦新 : 그 계절에 처음 나오는 과일이나 곡식 등을 조상에게 올리는 것이다.

면 한 방면의 제후를 만나보고 각기 그가 다스리는 것에 대한 말을 아뢰게 하여 그 말이 선한 것은 따르고 그 功을 밝게 상고하여 功이 있으면 수레와 의복을 내려 그 공을 표창하였다.

注에 "'백성에게 功이 있는 것을 庸이라 한다.'[19]라고 하니, 그의 말이 선하면 상고하여 포상하고 그의 말이 선하지 못하면 그에게 타일러 경계함이 참으로 있는 것이다."라고 하였다.

每五載에 一巡狩면 則一方之諸侯가 朝于岳下라 故云 四朝하니 敷奏以言하며 明試以功하며 車服以庸이라 巡狩는 非能徧至諸國也라 至方岳하얀 則覲見一方之君하여 使各進陳其爲治之說하여 其言之善者則從之하고 而明考其功하여 有其功이면 則賜車服以旌其功也라 注曰 民功曰庸이니 其言善則考而褒之하고 其言不善則固有以告飭之矣라

17. "처음으로 12州[20]를 만들었다.〔肇十有二州〕"라고 하였다. 上古시대 9州[21]는 홍수를 다스린 뒤 禹가 9州의 封界를 나누어 바로잡은 것이고, 舜임금이 처음 12州로 나눈 것은 홍수가 평정된 뒤에 있었던 일이다. 이 〈舜典〉은 순임금의 사적을 차례로 서술한 것이므로 "처음으로 12州를 만들었다."라는 것이 四罪[22]의 앞에 있고, 鯀을 주살한 것이 형벌을 쓰는 것을 설명하는 가운데 있는 것이니, 먼저 12州를 나눈 뒤에 鯀을 주살했다는 말이니 〈禹貢序〉에 "禹가 9州를 나누었다.〔禹別九州〕"라고 한 것은 홍수를 다스릴 적에 9州의 구역을 정한 것이고, 나중에 처음으로 12州를 나눈 것이다.

肇(조)十有二州라 上古九州는 治水之後에 禹別正其九州之封界요 舜始分爲十二州는 在洪水旣平之後라 此歷敘舜事라 故로 肇十二州가 在四罪之前이요 言殛鯀(곤)이 在說用刑之中이니 非是先分十二州而後殛鯀也라 禹貢云別九州者는 洪水治平에 而定九州之域이요 在後에 始分十二州라

19) 백성에게……한다 : ≪周禮≫ 〈夏官 司馬〉에 보인다.
20) 12州 : 冀州·兗州·青州·徐州·荊州·揚州·豫州·梁州·雍州·幷州·幽州·營州이다.
21) 9州 : 冀州·兗州·青州·徐州·荊州·揚州·豫州·梁州·雍州이다.
22) 四罪 : ≪書經≫ 〈虞書 舜典〉에 "共工을 幽洲에 유배하고, 驩兜를 崇山으로 내쫓고, 三苗를 三危에 유찬하고, 鯀을 羽山에서 주살하여 네 사람을 죄주시니, 천하가 다 복종하였다.〔流共工于幽洲 放驩兜于崇山 竄三苗于三危 殛鯀于羽山 四罪而天下咸服〕"라고 한 것을 가리킨다.

18. "12州의 산을 鎭山으로 삼았다.〔封十有二山〕"라고 하였다. 孔安國 傳에 "封은 大이다."라고 하였는데, 필시 사람의 힘으로 그 산을 증축하여 크게 한 것이 아니라, 대개 그 산이 한 州의 鎭山이 되는 것을 表章한 것이다.

封十有二山이라 孔傳云 封은 大也라한대 必非以人力增大其山使大也요 蓋表其山爲一州之鎭耳라

19. "떳떳한 형벌로 보여주었다.〔象以典刑〕"라는 것은 罪의 輕重을 형상하여 일정한 형벌을 확립하여 만드는 것이다. "채찍으로 官府의 형벌을 만든다.〔鞭作官刑〕"라는 것은 관원을 다스리는 형벌이니, 작은 허물에는 正刑을 쓰지 않는다. "회초리로 학교의 형벌을 만든다.〔扑作教刑〕"라는 것은 모든 교육에 모두 사용하니 반드시 학교에 있을 때만을 가리키는 것은 아니다. "流刑으로 五刑[23]을 용서해준다.〔流宥五刑〕"라는 것은 인정상 불쌍히 여겨 용서해야 할 점이 있으면 먼 곳으로 유배 보내 그 형벌을 너그럽게 하는 것이다. 五刑은 그 遠近을 구분한다.[24]

"과실이나 재해로 인해 지은 죄는 관대하게 용서하고, 끝까지 간악해서 지은 죄는 사형에 처하였다.〔眚災肆赦 怙終賊刑〕"라고 하였다. '眚'은 과실이니, 과실로 죄에 빠진 것을 말한다. '災'는 재해이니, 사람이 초래한 것이 아닌데도 이르는 것을 말한다. '肆'는 너그럽다는 뜻이니, 요즘 말에 '너그러이 용서한다.〔縱肆寬緩〕'라는 의미이다. '赦'는 죄를 면제하여 석방하는 것이다. 과실로 죄를 지은 자는 너그럽게 용서하고, 재해로 죄를 지은 자는 석방한다. 비록 죄를 굳이 범한 것은 아니더라도 과실은 사람을 말미암기 때문에 반드시 법으로 다스리되 그 사정을 불쌍히 여겨 너그러이 용서하는 것이다. 재해는 사람을 말미암는 것이 아니니 더 가엾게 여겨야 한다. 그러므로 곧장 석방한 것이다. 그 惡을 믿고 끝까지 그 잘못을 고집하는 자는 흉악한 백성이다. 그러므로 형벌로써 처단하여 사람들에게 해가 될 수 없게 하니, 이것이 '賊刑'이다.

위에서 말한 것은 모두 舜임금이 형벌을 만들고 법을 확립한 것이 이와 같다는 말

23) 五刑 : 孔安國 傳에 墨刑・鼻刑・剕刑・宮刑・大辟이라 하였는데, 墨刑은 얼굴을 불로 지져 글자를 새기는 형이고, 鼻刑은 코를 베는 형이고, 剕刑은 발뒤꿈치를 베는 형이고, 宮刑은 생식기를 제거하는 형이고, 大辟은 사형에 처하는 형이다.

24) 五刑은……구분한다 : 蔡沈의 注에 "비록 五刑에 해당되지만, 인정상 애처로워할 만하거나 법리상 의심스럽거나 임금의 친족, 귀인, 국가에 공훈이 있는 경우처럼 소원하거나 친근함을 구분한다는 뜻이다.

이다. "공경하고 공경하여 형벌을 근심하셨다.〔欽哉欽哉 惟刑之恤哉〕"라고 한 것은 史官이 이미 순임금이 형벌을 만든 법도를 기재하고서 순임금의 마음을 거듭 밝혀 '순임금이 형벌에 대해 공경하고 공경하여 형벌을 사용하는 것을 근심하였다.'라고 한 것이니, 순임금이 지극히 공경하여 삼가고 애처롭고 불쌍히 여긴 것을 말한 것이다.

注에 "해설하는 자들은 모두 순임금의 말이라고 여기니, 이는 옳지 않다."라고 하였다.

象以典刑은 象罪之輕重하여 立爲常刑이라 鞭作官刑은 治官之刑也니 小過不用正刑이라 扑作敎刑은 凡教皆用하니 不必指在學校라 流宥五刑은 情之有宜矜貸면 則流於遠以寬宥其刑이라 五刑은 分其遠近이라 眚(생)災肆赦하고 怙(호)終賊刑이라 眚은 過也니 謂過失入于罪者라 災는 害也니 謂非人所致而至者라 肆는 緩也니 今語有縱肆寬緩之義라 赦는 除釋之也라 眚者肆之하고 災者赦之也라 雖罪非固犯이나 失由於人이라 故로 必致法하되 矜其情而緩之耳라 災非由人이니 宜加恤也라 故로 直赦之라 怙恃其惡하고 與終固其非者는 凶惡之民也라 故로 殘害之以刑하여 使不得爲人害也니 是賊刑也라 上云은 皆舜之制刑立法如此라 欽哉欽哉하사 惟刑之恤哉는 史官旣載舜制刑之法하고 而重明舜意하여 云舜之於刑에 欽哉欽哉하여 惟刑之爲憂恤哉라하니 言其敬愼哀矜之至也라 注云 說者皆以爲舜語라하나 非也라

四凶服罪圖

20. "共工을 幽州에 유배하고 驩兜를 崇山으로 내쫓고 三苗를 三危에 버려두고 鯀을 羽山에서 죽여 네 사람의 죄를 다스리니, 천하 사람들이 모두 복종하였다.〔流共工於幽州 放驩兜於崇山 竄三苗於三危 殛鯀於羽山 四罪 而天下咸服〕"라고 한 것은 舜임금이 형벌을 만든 것을 史官이 기재하여 서술하고 이어 순임금이 형벌을 시행한 것을 나열한 것이다. 네 사람을 죄를 다스린 것

은 대개 처음으로 12州를 만들기 전의 일이다. 대체로 流와 放을 통틀어 流라고 하기 때문에 "流刑으로 五刑을 용서해준다."라고 한 것인데, 流刑 가운데는 輕·重에 따른 명칭이 있다. '流'는 멀리 쫓아 보내는 것이니 물이 흘러가는 것과 같고, '放'은 내쫓는 것이고, '竄'은 버려두는 것이니, 죄의 輕·重과 지형의 善·惡·遠·近으로써 차등을 둔다. '殛'은 주살하는 것이다. 네 가지는 가벼운 형벌로부터 무거운 형벌에 이르기까지 말한 것이다. 鯀을 굳이 羽山에서 주살한 것은 그가 당시 마침 그곳에 있었기 때문이 아니라면, 惡이 환히 드러나서 혹 그곳에서 功을 무너뜨리고 일을 해칠 수도 있었기 때문이다.

流共工於幽州하고 放驩兜(두)於崇山하고 竄三苗於三危하고 殛鯀於羽山하사 四罪하신대 而天下咸服은 史官載述舜之制刑하고 因敍其所用刑也라 四罪는 蓋肇十有二州之前이라 大抵流放을 統謂之流라 故曰流宥五刑이로되 而於流之中에 有輕重之稱이라 流者는 去遠之也니 如水流去요 放者는 屛斥之요 竄者는 投置之니 以罪之輕重과 地之善惡遠邇爲差라 殛則誅死之也라 四者는 自輕及重而言이라 殛鯀을 必於羽山者는 非時適在彼면 則惡之彰著하여 或敗功害事於彼耳일새라

21. "百姓이 考妣의 喪을 당한 듯이 여겼다.〔百姓如喪考妣〕"라고 하였다. '百姓'은 庶民이다. 庶民을 말하였으니 君子도 알 수 있다. 正月 元日에 舜이 文祖의 사당에 나아가고, 삼년상을 마치자 조정의 公卿과 천하의 諸侯들이 모두 舜에게 천자의 지위에 오를 것을 청하였다. 그러므로 다시 文祖의 사당에 나아가 고하여 알현한 것이다. 孟子가 말한 舜이 丹朱를 피한 일[25]은 대개 삼년상이 끝나고도 帝位를 자처하지 않고 두려워하며 피한 것이다. 조정의 공경과 천하의 제후들이 청한 것은 천하 사람들이 그를 따르는 것이니, 그 일을 미루어 말한 것이다. 그러므로 사관이 그 일을 기재하지 않았다.

혹자가 말하였다.

25) 舜이……일 : ≪孟子≫ 〈萬章 上〉에 "堯가 붕어하시자, 삼년상을 마치고 舜이 요의 아들을 피하여 南河의 남쪽으로 가 계셨는데, 천하의 제후로서 조회하는 자들이 요의 아들에게 가지 않고 순에게 갔으며, 獄事를 송사하는 자들이 요의 아들에게 가지 않고 순에게 갔으며, 덕을 謳歌하는 자들이 요의 아들을 구가하지 않고 순을 구가하였다. 그러므로 '天運'이라고 말한 것이다.〔堯崩 三年之喪畢 舜避堯之子於南河之南 天下諸侯朝覲者 不之堯之子而之舜 訟獄者不之堯之子而之舜 謳歌者不謳歌堯之子而謳歌舜 故曰天也〕"라고 하였다.

“舜이 南河의 남쪽으로 가서 피한 것은 자취가 뚜렷한 것인데, ≪尙書≫에서 말하지 않은 것은 어째서입니까?”

선생이 말하였다.

“≪상서≫에서 일을 기록하는 것은 후대의 史書가 번잡하게 다 기록하는 것과 같지 않다. 예컨대 5년마다 한 번 巡狩하였다는 것은 舜임금이 재위할 적에 순수한 바가 많았으나 모두 기록하지는 않은 것이다.”

百姓如喪考妣라 百姓은 庶民也라 言庶民하니 則君子可知矣라 正月元日에 舜格于文祖하고 三年喪畢에 而朝廷公卿天下諸侯가 皆請舜正位라 故로 復至文祖之廟하여 以告見焉이라 孟子云其避丹朱之事는 蓋喪畢而不自有之하고 畏避也라 朝廷諸侯請之는 是天下從之也니 推其事而言耳라 故로 史官不載其事라 或曰 舜往避於南河之南은 迹之顯者어늘 書不云은 何也잇가 曰 書之紀事는 不如後史之繁悉也라 若五載一巡狩는 則舜之在位에 其所往多矣나 皆不記也라

개정무성 改正武成[1)]

武王이 殷나라를 정벌할 적에 가서 정벌하고 돌아와 馬・牛를 돌려보내고, 은나라 政教의 좋은 일을 기록하였다. 〈史官이 그 일을 기록하여〉〈武成〉을 지었다.[2)]

武功이 이루어졌다. 1월 초이틀 壬辰日의 다음날인 癸巳日에 왕께서 아침에 周나라 수도로부터 가서 商나라를 정벌하였다. 商나라의 죄를 지극히 하여 皇天과 后土와 지나가는 곳의 名山・大川에 고하기를 "道가 있는[3)] 曾孫[4)] 周王 發은 장차 商나라를 크게 바로잡으려고 합니다. 지금 商나라 왕 受는 無道하여 하늘이 내린 생물을 함부로 죽이고 사람들을 해치고 학대하며 천하의 도망친 자들의 주인이 되어, 마치 동굴에 벌레가 모이고 연못에 물고기가 모이고 수풀에 짐승이 모이듯이 모여들고 있습니다. 나 小子는 이미 仁人을 얻어 감히 上帝의 뜻을 공경히 받들어 혼란의 길목을 막으니, 華夏와 蠻貊이 따르지 않는 자가 없습니다. 하늘이 정한 命을 공경히 받드니, 그대 神들은 부디 나를 도와 억조창생을 구제하여 神으로서 부끄러운 일을 하지 마십시오." 라고 하였다.

戊午日이 되자 군대가 孟津을 넘었고, 癸亥日에 商나라 교외에 진을 치고서 하늘의 아름다운 命을 기다렸다. 甲子日 새벽에 受가 숲처럼 많은 군사를 이끌고 와서 牧 땅의 들판에 모였는데, 우리 군대에 대적하는 자는 없고, 앞에 있던 적의 무리들이 창을 거꾸로 돌려서 뒤에 있는 자기편을 공격하여 패주시키니, 피가 흘러 절굿공이를 떠내려가게 하였다. 왕께서 戎衣를 한 번 입자 천하가 크게 안정되었다. 갇혀있던 箕子[5)]를 풀어주고 比干[6)]의 무덤에 봉분을 만들어주고 商容[7)]이 사는 마을의 문에 경의를

1) 改正武成 :〈武成〉은 사관이 周 武王이 殷 紂王을 정벌하고 나서 군대를 해산하고 여러 신에게 제사를 지낸 뒤 제후들에게 고한 내용을 기록한 글인데, 程頤가 내용상 차례가 맞지 않는다고 생각하여 편차를 개정한 것이다. 개정한 편차는 뒤의 73~74쪽에 표로 정리하여 실었다.
2) 武王이……지었다 : 이는 〈書序〉에 보이는 내용이다.
3) 道가 있는 : 孔穎達 疏에 無道한 紂에 대비하여 일컬은 말이라고 하였다.
4) 曾孫 : 孔穎達 疏에 제후가 제사를 지낼 때 스스로를 일컫는 말이라고 하였다.
5) 箕子 : 紂王의 叔父로, 紂王의 무도함을 간언하였으나 들어주지 않자 거짓으로 미친 체하여 감옥에 유폐되었다.
6) 比干 : 紂王의 叔父로, 紂王의 무도한 정치를 보고서도 떠나가지 않고 간언하다 죽임을 당하였다.
7) 商容 : 商나라의 賢者로, 紂王 때 大夫로서 직간하다 폄직되었다.

표하였으며, 鹿臺[8]의 재물을 나누어주고 鉅橋[9]의 곡식을 풀어서 크게 四海 사람들에게 베풀어주니, 만백성이 기뻐하며 복종하였다.

4월 초사흘에 왕께서 商나라로부터 돌아와 豐 땅에 이르러 武力을 그치고 文敎를 닦아 華山의 남쪽으로 말을 돌려보내고 桃林의 들에 소를 풀어놓아, 천하에 무력을 쓰지 않을 것임을 보였다. 丁未日에 周나라 사당에 제사를 지낼 때 邦國인 甸服·侯服·衛服[10]의 제후들이 매우 분주하게 돌아다니며 祭器를 들었다. 3일이 지난 庚戌日에 柴祭와 望祭[11]를 지내어 武功이 이루어졌음을 크게 고하였다. 16일에 여러 나라의 冢君[12]과 여러 관리들이 周나라에서 命을 받았다.

筐篚迎師圖

왕께서 말씀하시기를 "아, 여러 제후들아! 先王께서 나라를 세워 국토를 열어 놓으셨는데 公劉께서 前人의 功烈을 능히 돈독히 하였고, 太王에

8) 鹿臺 : 紂王의 재물을 보관하던 창고의 이름이다.
9) 鉅橋 : 紂王의 곡식을 보관하던 창고의 이름이다.
10) 甸服……衛服 : ≪尙書≫ 〈益稷〉의 '五服'에 대해 孔安國 傳에는 사방 千里의 王畿 밖에 500리씩 구획하여 侯服·甸服·綏服·要服·荒服으로 구분한다고 하였다. 한편 ≪周禮≫ 〈秋官 大行人〉에 보이는 六服은 사방 千里의 王畿 밖에 500리씩 구획하여 侯服·甸服·男服·采服·衛服·要服으로 구분하였다. 그리고 ≪주례≫ 〈夏官 職方氏〉에는 九服이 있는데 사방 千里의 王畿 밖에 500리씩 구획하여 侯服·甸服·男服·采服·衛服·蠻服·夷服·鎭服·藩服으로 구분하였다. ≪尙書正義≫ 〈武成〉의 孔穎達 疏에는 "≪주례≫의 六服은 侯·甸·男·采·衛·要인데, 여기서는 諸侯服에 있는 邦國을 대략 거론하였기 때문에 甸·侯·衛라 한 것이다. 그 말이 차례대로 한 것은 아니다.〔周禮六服 侯甸男采衛要 此略擧邦國在諸侯服 故云甸侯衛 其言不次〕"라고 하였다.
11) 柴祭와 望祭 : 柴祭는 교외에서 땔나무에 불을 피워 天神에게 제사 지내며 天子가 이르렀음을 고하는 것이며, 望祭는 山川의 神에게 지내는 제사이다.
12) 冢君 : 列國의 제후를 말한다.

이르러 처음으로 王業의 터전을 닦으셨는데 王季께서 王家의 일에 힘쓰셨고 우리 文考이신 文王께서 그 공훈을 능히 이루시어 크게 天命에 응하여 四方의 中夏를 이루만지시니, 큰 나라는 그 힘을 두려워하고 작은 나라는 그 덕을 그리워한 지가 9년이나 되었다. 大統을 이루지 못하고 〈돌아가시어〉 나 小子가 그 뜻을 계승하였다. 내가 동쪽으로 정벌하여 그곳 남녀들을 편안하게 하니, 그곳 남녀들이 검은 비단과 누런 비단을 광주리에 담아서 우리 周나라 왕실의 덕을 밝혔다. 하늘의 아름다운 응답이 민심을 진동했기 때문에 우리 큰 邑인 周나라에 와서 복종한 것이다."라고 하였다.

이에 商나라 紂의 나쁜 정사를 되돌려 정사는 예전의 善政을 따랐다. 官爵을 나열하는 것은 다섯 가지[13]로 하되 토지를 나누어주는 것은 세 가지[14]로 하며, 관직을 세우되 賢者를 임명하고 일을 맡기되 유능한 자에게 맡기며, 중히 여긴 것은 人民과 五教[15]였는데 오직 음식·喪禮·祭禮를 특히 유념하였으며, 믿음을 돈독히 하고 의리를 밝히며 덕을 높이고 공로에 보답하니, 팔장을 끼고 가만히 있어도 천하가 저절로 다스려졌다.

武王伐殷에 往歸獸[16]하고 識(지)其政事라 作武成하니라 武成이라 惟一月壬辰旁死魄越翼日癸巳에 王이 朝步自周하사 于征伐商하시다 底(지)商之罪하사 告于皇天后土와 所過名山大川하사 曰 惟有道曾孫周王發은 將有大正于商하노라 今商王受無道하여 暴殄天物하며 害虐烝民하며 爲天下逋逃主하여 萃(췌)淵藪라 予小子既獲仁人하여 敢祗承上帝하여 以遏亂略하니 華夏蠻貊이 罔不率俾하나니다 恭天成命하니 惟爾有神은 尚克相予하여 以濟兆民하여 無作神羞하라 既戊午에 師逾孟津하여 癸亥에 陳于商郊하여 俟天休命하시다 甲子昧爽에 受率其旅하되 若林하여 會于牧野한대 罔有敵于我師요 前徒倒戈하여 攻于後以北(배)하니 血流漂杵라 一戎衣에 天下大定이라 釋箕子囚하시며 封比干墓하시며 式商容閭하시며 散鹿臺之財하시며 發鉅橋之粟하사 大賚(뢰)于四海하신대 而萬姓이 悅服하니라 厥四月哉生明에 王이 來自商하사 至于豐하사 乃偃武修文하사 歸馬于華山之陽하시며 放牛于桃林之野히사 示天下弗服하시다 丁未에 祀于周廟하실새 邦甸侯衛駿奔走하여 執豆籩하더니 越三日庚戌에 柴望하사 大告武成하시다 既生魄에 庶邦冢君과 暨百工이 受命于周하니라 王若曰 嗚呼群后아 惟先王이 建邦啓土하여시늘 公劉克篤前烈하시고 至于太王하여

13) 다섯 가지 : 公·侯·伯·子·男의 다섯 등급을 말한다.
14) 세 가지 : 公·侯는 사방 100리의 땅을, 伯은 사방 70리의 땅을, 子·男은 사방 50리의 땅을 봉해주는 것을 말한다.
15) 五教 : 五常의 가르침을 말한다.
16) 往歸獸 : ≪尚書注疏≫ 〈武成〉에는 '往伐歸獸'라고 되어 있다.

肇基王迹하여시늘 王季其勤王家하시고 我文考文王이 克成厥勳하사 誕膺天命하사 以撫方夏하신대 大邦은 畏其力하고 小邦은 懷其德이 惟九年이러라 大統을 未集이어시늘 予小子其承厥志라 肆予東征하여 綏厥士女하니 惟其士女가 篚厥玄黃하여 昭我周王이라 天休震動일새 用附我大邑周니라 乃反商政하여 政由舊하시다 列爵惟五에 分土惟三이며 建官惟賢하시고 位事惟能하시며 重民五教하시되 惟食喪祭하시며 惇信明義하시며 崇德報功하시니 垂拱而天下治하니라

※〈武成〉편차 개정(十三經注疏本을 기준으로 함)

十三經注疏 舊說	程頤 改正說	蔡沈 改正說
① 武王伐殷 往伐歸獸 識其政事 作武成	① 武王伐殷 往伐歸獸 識其政事 作武成	
② 武成	② 武成	
③ 惟一月壬辰旁死魄 越翼日癸巳 王朝步自周于征伐商	③ 惟一月壬辰旁死魄 越翼日癸巳 王朝步自周于征伐商	③ 惟一月壬辰旁死魄 越翼日癸巳 王朝步自周于征伐商
④ 厥四月哉生明 王來自商 至于豐 乃偃武修文 歸馬于華山之陽 放牛于桃林之野 示天下弗服	⑨ 厎商之罪 告于皇天后土 所過名山大川曰 惟有道曾孫周王發 將有大正于商 今商王受無道 暴殄天物 害虐烝民 爲天下逋逃主 萃淵藪 予小子旣獲仁人 敢祗承上帝 以遏亂略 華夏蠻貊 罔不率俾	⑨ 厎商之罪 告于皇天后土 所過名山大川曰 惟有道曾孫周王發 將有大正于商 今商王受無道 暴殄天物 害虐烝民 爲天下逋逃主 萃淵藪 予小子旣獲仁人 敢祗承上帝 以遏亂略 華夏蠻貊 罔不率俾
⑤ 丁未 祀于周廟 邦甸侯衛 駿奔走 執豆籩 越三日庚戌 柴望 大告武成	⑩ 恭天成命	⑫ 惟爾有神 尙克相予 以濟兆民 無作神羞
⑥ 旣生魄 庶邦冢君曁百工 受命于周	⑫ 惟爾有神 尙克相予 以濟兆民 無作神羞	⑬ 旣戊午 師渡孟津 癸亥 陳于商郊 俟天休命 甲子昧爽 受率其旅若林 會于牧野 罔有敵于我師 前徒倒戈 攻于後以北 血流漂杵 一戎衣 天下大定
⑦ 王若曰 嗚呼 群后 惟先王建邦啓土 公劉克篤前烈 至于大王 肇基王迹 王季其勤王家 我文考文王 克成厥勳 誕膺天命 以撫方夏 大邦畏其力 小邦懷其德 惟九年 大統未集	⑬ 旣戊午 師渡孟津 癸亥 陳于商郊 俟天休命 甲子昧爽 受率其旅若林 會于牧野 罔有敵于我師 前徒倒戈 攻于後以北 血流漂杵 一戎衣 天下大定	⑭ 乃反商政 政由舊
⑧ 予小子其承厥志	⑮ 釋箕子囚 封比干墓 式商容閭 散鹿臺之財 發鉅橋之粟 大賚于四海 而萬姓悅服	⑮ 釋箕子囚 封比干墓 式商容閭 散鹿臺之財 發鉅橋之粟 大賚于四海 而萬姓悅服
⑨ 厎商之罪 告于皇天后土 所過名山大川曰 惟有道曾孫周王發 將有大正于商 今商王受無道 暴殄天物 害虐烝民 爲天下逋逃主 萃淵藪 予小子旣獲仁人 敢祗承上帝 以遏亂略 華夏蠻貊 罔不率俾	④ 厥四月哉生明 王來自商 至于豐 乃偃武修文 歸馬于華山之陽 放牛于桃林之野 示天下弗服	④ 厥四月哉生明 王來自商 至于豐 乃偃武修文 歸馬于華山之陽 放牛于桃林之野 示天下弗服

十三經注疏 舊說	程頤 改正說	蔡沈 改正說
⑩ 恭天成命	⑤ 丁未 祀于周廟 邦甸侯衛 駿奔走 執豆籩 越三日庚戌 柴望 大告武成	⑥ 旣生魄 庶邦冢君曁百工 受命于周
⑪ 肆予東征 綏厥士女 惟其士女 篚厥玄黃 昭我周王 天休震動 用附我大邑周	⑥ 旣生魄 庶邦冢君曁百工 受命于周	⑤ 丁未 祀于周廟 邦甸侯衛 駿奔走 執豆籩 越三日庚戌 柴望 大告武成
⑫ 惟爾有神 尙克相予 以濟兆民 無作神羞	⑦ 王若曰 嗚呼 群后 惟先王建邦啓土 公劉克篤前烈 至于大王 肇基王迹 王季其勤王家 我文考文王 克成厥勳 誕膺天命 以撫方夏 大邦畏其力 小邦懷其德 惟九年 大統未集	⑦ 王若曰 嗚呼 群后 惟先王建邦啓土 公劉克篤前烈 至于大王 肇基王迹 王季其勤王家 我文考文王 克成厥勳 誕膺天命 以撫方夏 大邦畏其力 小邦懷其德 惟九年 大統未集
⑬ 旣戊午 師渡孟津 癸亥 陳于商郊 俟天休命 甲子昧爽 受率其旅若林 會于牧野 罔有敵于我師 前徒倒戈 攻于後以北 血流漂杵 一戎衣 天下大定	⑧ 予小子其承厥志	⑧ 予小子其承厥志
⑭ 乃反商政 政由舊	⑪ 肆予東征 綏厥士女 惟其士女 篚厥玄黃 昭我周王 天休震動 用附我大邑周	⑩ 恭天成命
⑮ 釋箕子囚 封比干墓 式商容閭 散鹿臺之財 發鉅橋之粟 大賚于四海 而萬姓悅服	⑭ 乃反商政 政由舊	⑪ 肆予東征 綏厥士女 惟其士女 篚厥玄黃 昭我周王 天休震動 用附我大邑周
⑯ 列爵惟五 分土惟三 建官惟賢 位事惟能 重民五敎 惟食喪祭 惇信明義 崇德報功 垂拱而天下治	⑯ 列爵惟五 分土惟三 建官惟賢 位事惟能 重民五敎 惟食喪祭 惇信明義 崇德報功 垂拱而天下治	⑯ 列爵惟五 分土惟三 建官惟賢 位事惟能 重民五敎 惟食喪祭 惇信明義 崇德報功 垂拱而天下治

二程全書 卷48

伊川經說 第3

明 後學 嘉興 徐必達 校正

시해 詩解

*세상에 전하는 胡氏本[1)]은 文辭가 대부분 동일하지 않아 후세 사람이 刪改하거나 潤色한 것으로 의심되니, 지금은 모두 舊本을 따른다.
世傳胡氏本은 辭多不同하여 疑後人刪潤하니 今悉從舊本也라

주남 周南

관저 關雎

詩는 말을 서술한 것이다. 말로 표현하는 것이 부족하여 길게 말하여 읊조리고 노래하여 시가 생겨난 것이다. 시는 진실로 감동한 깊은 마음에서 발하여 자기도 모르게 손으로 춤추고 발로 뛰는 데 이르기 때문에 사람의 마음에 파고드는 것이 또한 깊으며 심지어 天地를 움직이고 鬼神을 감동시킬 수 있다.

虞나라의 君臣이 서로 화답한 것이 처음으로 ≪尙書≫에 보인다.[2)] 夏나라·商나라 시

---

1) 胡氏本 : 胡安國(1074~1138)의 家本을 말한다.
2) 虞나라의……보인다 : ≪書經≫ 〈虞書 益稷〉에 帝舜이 노래를 지어 말씀하기를 "하늘의 명을 삼갈신댄 수시로 삼가고 기미가 있을 때마다 삼가야 한다.〔勅天之命 惟時惟幾〕"라고 하고, 이에 노래하기를 "股肱이 기쁘게 일하면 元首의 다스림이 흥기되어 百工이 기뻐할 것이다.〔股肱喜哉 元首起哉 百工熙哉〕"라고 하였다. 皐陶가 손을 모아 절하고 머리를 조아리고서 큰 소리로 말하기를 "유념하시어 신하들을 거느리고 일을 일으키시되 법도를 삼가 공경하시며 일이 이루어지는지를 자주 살펴 공경하소서.〔念哉 率作興事 愼乃憲 欽哉 屢省乃成 欽哉〕"라고 하고서 이에 노래를 이어 완성하여 "元首가 현명하시면 股肱이 어질어서 모든 일이 편안할 것입니다.〔元首明哉 股肱良哉 庶事康哉〕"라고 하고, 또 노래하기를 "元首가 자질구레하면 股肱이 태만해져서 만사가 폐해질 것입니다.〔元首叢脞哉 股肱惰哉 萬事墮哉〕"라고 하니, 帝舜이 절하며 "아, 너의 말이 옳다. 가서 임무를 공경히 수행하라.〔兪 往欽哉〕"라고 하였다.

대는 비록 시를 지은 것이 있었으나 전하는 것이 드물다. 周나라에 이르러 세상의 문명이 더욱 문채가 나서 사람들의 원망과 즐거움을 반드시 말에 드러내었고, 정사의 선함과 악함을 반드시 풍자와 찬미에 드러내었다. 孔子 시대에 이르러서는 전해진 시가 많았다. 공자가 그것을 산삭하여 3백 편을 얻었으니, 모두 禮義에 맞는 것이어서 후세에 전하여 가르침을 세울 수 있었다. 그러므로 "시에서 흥기한다."[3]라고 하였고, 또 "≪詩經≫ 3백 편을 외우면서도 정사를 맡겼을 적에 통달하지 못하며, 四方에 使臣을 가서 혼자 일을 처결하지 못한다면 비록 시를 많이 외운들 어디에 쓰겠는가?"[4]라고 한 것이다.

옛 사람은 어려서는 시를 노래하고 암송하는 소리를 듣고 장성해서는 시가 풍자하고 찬미하는 의미를 알았으니, 옛 사람의 학문은 ≪시경≫을 통해 흥기한 것이다. 후세에는 老師·宿儒도 오히려 ≪시경≫의 뜻을 알지 못하니, 후학들이 어찌 시에서 흥기할 수 있겠는가. 세상에 ≪시경≫ 3백 편을 능히 외는 자가 많으나 과연 정사에 통달하고 사신으로 나가서 혼자 일을 처결할 수 있겠는가? 이는 후세 사람들이 ≪시경≫을 제대로 안 적이 없는 것이다. 孔子는 후세 사람들이 ≪시경≫을 제대로 알지 못할 것을 염려하였다. 그러므로 〈關雎〉에 序를 지어 그 뜻을 보여준 것이다. ≪시경≫을 배우면서 詩序의 의미를 찾아보지 않는 것은 방으로 들어가고자 하면서 문을 통하지 않는 것과 같다.

천하를 다스리는 것은 집안을 바르게 하는 것이 우선이니, 천하의 집안들이 바르게 되면 천하가 다스려진다. 二南[5]은 집안을 바르게 하는 道이다. 〈二南의 시에〉 后妃·夫人·大夫妻의 德을 진술하였으니, 士·庶人의 집안에 미루어나가도 한결같다. 그러므로 邦國으로부터 鄕黨에 이르기까지 모두 이 시를 쓰게 하고, 朝廷으로부터 민간에 이르기까지 모두 노래하고 읊조리며 諷誦하지 않음이 없게 하였으니, 이것이 천하를 風化한 방법이다. 〈小雅 鹿鳴〉 이하의 시와 같은 경우는 각각 그 일에 따라 시를 사용한 것이다. 二南의 시를 지은 이는 周公일 것이다. 옛 사람 중에 이 道를 말미암은 사람은 文王이다. 그러므로 문왕 당시의 시를 그 뒤에 붙인 것이다. 그 風化가 이루어진 것은 〈麟之趾〉·〈騶虞〉와 같은 데 이르러서야 이에 效應이 나타난 것이다.

---

3) 시에서 흥기한다 : ≪論語≫ 〈泰伯〉에 孔子가 말하기를 "詩에서 마음을 흥기시키며, 禮에서 자세를 확립하며, 樂에서 덕성을 완성한다.[興於詩 立於禮 成於樂]"라고 하였다.

4) 詩經……쓰겠는가 : ≪論語≫ 〈子路〉에 孔子가 말하기를 "≪詩經≫ 3백 편을 외우면서도 정사를 맡겼을 적에 통달하지 못하며, 四方에 使臣을 가서 혼자 일을 처결하지 못한다면 비록 시를 많이 외운들 어디에 쓰겠는가?[誦詩三百 授之以政 不達 使於四方 不能專對 雖多 亦奚以爲]"라고 하였다.

5) 二南 : ≪詩經≫ 15國風 중 〈周南〉·〈召南〉을 말한다.

周公

천하의 정치가 이를 말미암아 시작되고 천하의 풍속이 이를 말미암아 이루어지니, 이것이 正風이다. 衛風으로부터 이하는 王道가 쇠퇴하고 禮義가 폐지된 시기의 시이니, 지금 正風은 얼마 되지 않는다. 윗사람을 풍자하여 그의 惡을 지적하여 꾸짖는 데에 이르렀으니, 어찌 다시 譎諫[6]의 뜻이 있겠는가. 대체로 이런 시는 人情이 원망하고 분개한 데서 발한 것이니, 聖人은 그들이 禮義로 돌아가 그치는 점을 취했을 따름이다. 雅 또한 그러하여 찬미한 것은 正雅이고 풍자한 것은 變雅이니, 바로잡고 가르치는 것은 점점 사라지고 풍자에는 이르지 못한 것이다.

시를 짓는 뜻에는 여섯 가지가 있으니, 風·賦·比·興·雅·頌이라 하는 것이다. 〈風은〉 바람을 일으켜 움직이게 하듯 윗사람이 아랫사람을 교화하고 아랫사람이 윗사람에게 풍간하는 것이니, 무릇 풍자하고 찬미하는 것이 모두 이것이다. 賦는 그 일을 읊조려 진술하는 것이니, "무성한 감당나무, 자르지 말고 베지 말라. 召伯이 초막을 지은 곳이다."[7]라는 것이 이것이다. 比는 사물로써 서로 비유하는 것이니, "이리가 앞으로 나아가면 턱살이 밟히고, 뒤로 물러나면 꼬리가 밟히도다. 公이 크고 아름다움을 겸양하시니, 신으신 붉은 신이 편안하고 장중하구나."[8]라는 것이 이것이다. 興은 그 뜻을 일으키는 것이니, "도꼬마리를 뜯고 뜯어도, 기울어진 광주리를 채우지 못하네. 아! 내 님 그리워하여, 저 큰 길가에 버려두었네."[9]라는 것이 이것이다. 雅는 그 바른 이치를 진술하는 것이니, "하늘이 많은 사람을 내시니, 사물이 있음에 법칙이 있도다. 사람들이 떳떳한 인륜의 도리를 갖고 있어, 이 아름다운 德을 좋아하도다."[10]라는 것이 이것이다. 頌은 그 일을 칭송하고 찬미하는 것이니, "아름답고 즐거운 군자여, 빛나고 빛나는 훌륭한 덕이로다. 백성에게 마땅하고 대신에게 마땅한지라, 하늘

6) 譎諫 : 완곡한 말로 간하는 것을 가리킨다.
7) 무성한……곳이다 : ≪詩經≫ 〈召南 甘棠〉에 보인다.
8) 이리가……장중하구나 : ≪詩經≫ 〈豳風 狼跋〉에 보인다.
9) 도꼬마리를……버려두었네 : ≪詩經≫ 〈周南 卷耳〉에 보인다.
10) 하늘이……좋아하도다 : ≪詩經≫ 〈大雅 烝民〉에 보인다.

에서 복록을 받았도다."[11]라는 것이 이것이다. ≪시경≫을 배우면서 六義를 분별하지 못하면 어찌 ≪시경≫의 체제를 알겠는가.

시의 갈래에는 네 가지가 있으니, 風·小雅·大雅·頌이라 하는 것이다. 한 나라의 일을 말한 것을 風이라 하고, 천하의 일을 말한 것을 雅라고 하니, 일에는 大·小가 있어 雅 또한 大雅·小雅로 나누어진다. 성대한 덕을 칭송하고 찬미한 것과 成功을 고한 것을 頌이라 한다. 이 四端이 있으니, 이른바 四始라는 것이다. 시는 이 네 가지 갈래를 벗어나지 않는다. 그러므로 "시의 지극함이다."[12]라고 한 것이다.

得·失의 자취와 풍자하고 찬미하는 의리는 國史가 밝혀놓았다. 史官이 시를 얻으면 반드시 그 일을 기재하였으니, 그런 뒤에 그 의미를 알 수 있었다. 지금 각 편 小序의 첫머리가 이것이다. 그 아래는 시를 해설한 자의 말이다. 〈關雎〉·〈麟之趾〉의 교화는 王者의 風이다. 그러므로 周南에 수록한 것이니, 교화가 周나라 수도로부터 남쪽으로 퍼져나간 것이다. 〈鵲巢〉·〈騶虞〉의 덕은 諸侯의 風이니, 國君 이하가 집안을 바르게 하는 道이자, 先王이 천하를 교화하던 방법이다. 그러므로 召南에 수록한 것이니, 교화가 召로부터 남쪽으로 퍼져나간 것이다. 召伯은 제후의 長이다. 그러므로 제후의 風은 召南을 종주로 한다.

二南은 집안을 바르게 하는 道이니, 王者의 교화가 이를 통해 일어난 것이다. 그러므로 〈關雎〉의 뜻은 淑女를 얻어 后妃로 삼아 君子에 짝함을 즐거워한 것이다. 그 근심하고 사려하는 바가 賢淑한 이를 진출시키는 데 있어 여색을 기뻐하지 않고, 窈窕淑女를 얻지 못해 서글퍼하여 사려함이 간절하고, 賢才를 생각하는 데 간절하여 여색에 빠지는 데 마음이 있지 않아 善을 해치는 마음이 없는 것이니, 이것이 〈關雎〉의 뜻이다.

詩者는 言之述也라 言之不足而長言之하고 詠歌之하여 所由興也라 其發於誠感之深하여 至於不知手之舞足之蹈라 故로 其入於人也亦深하며 至可以動天地感鬼神이라 虞之君臣이 迭相賡(갱)和가 始見於書라 夏商之世는 雖有作者나 其傳이 鮮矣라 至周而世益文하여 人之怨樂을 必形於言하고 政之善惡을 必見(현)刺美라 至夫子之時하얀 所傳者가 多矣라 夫子刪之하여 得三百篇하니 皆止於禮義하여 可以垂世立教라 故曰 興於詩라하고 又曰 誦詩三百호되 授之以政에 不達하며 使(시)於四方에 不能專對하면 雖多나 亦奚以爲리오하니라 古之人은 幼而聞歌誦之聲하고

11) 아름답고……받았도다 : ≪詩經≫ 〈大雅 假樂〉에 보인다.
12) 시의 지극함이다 : ≪詩經≫ 〈周南 關雎〉 大序에 風·小雅·大雅·頌에 대해 말하고서 "이것을 四始라 하니, 시의 지극함이다.〔是謂四始 詩之至也〕"라고 하였다.

長而識刺美之意하니 故人之學은 由詩而興이라 後世엔 老師宿儒도 尙不知詩義하니 後學이 豈能興起也리오 世之能誦三百篇者가 多矣나 果能達政專對乎아 是後之人未嘗知詩也라 大子慮後世之不知詩也라 故로 序關雎(저)以示之라 學詩而不求序는 猶欲入室而不由戶也라 天下之治는 正家爲先이니 天下之家正이면 則天下治矣라 二南은 正家之道也라 陳后妃夫人大夫妻之德하니 推之士庶人之家에도 一也라 故로 使邦國至於鄕黨히 皆用之하고 自朝廷으로 至於委巷히 莫不謳吟諷誦하니 所以風化天下라 如小雅鹿鳴而下는 各於其事而用之也라 爲此詩者는 其周公乎인저 古之人由是道者는 文王也라 故로 以當時之詩繫其後라 其化之之成은 至如① 麟趾騶虞하여 乃其應也라 天下之治가 由玆而始하고 天下之俗이 由此而成하니 風之正也라 自衛而下는 王道衰하고 禮義廢하니 今正風者가 無幾矣라 其刺上하여 至指訐其惡하니 豈復有譎諫之義也리오 蓋發於人情怨懟하니 聖人取其歸止於禮義而已라 惟雅亦然하여 所美者正也요 所刺者變也니 規誨者漸失而未至於刺也라 爲詩之義에 有六하니 曰風 曰賦 曰比 曰興 曰雅 曰頌이라 風以動之하여 上之化下하고 下之風上하니 凡所刺美가 皆是也라 賦者는 詠述其事니 蔽芾(불)甘棠을 勿翦勿伐하라 召伯所茇이 是也라 比者는 以物相比니 狼跋其胡요 載疐(치)其尾로다 公孫碩膚하시니 赤舄(석)几几가 是也라 興者는 興起其義니 采采卷耳하되 不盈傾筐이라 嗟我懷人이라 寘(치)彼周行이 是也라 雅者는 陳其正理니 天生烝民하시니 有物有則(칙)이로다 民之秉彝(이)라 好是懿(의)德이 是也라 頌者는 稱美其事니 假樂君子여 顯顯令德이로다 宜民宜人이라 受祿于天이 是也라 學詩而不分六義면 豈知詩之體也리오 詩之別에 有四니 曰風 曰小雅 曰大雅 曰頌이라 言一國之事를 謂之風이요 言天下之事를 謂之雅러니 事有大小하여 雅亦分焉이라 稱美盛德與告其成功을 謂之頌이라 有是四端하니 所謂四始也라 詩는 不出此四者라 故曰詩之至也라 得失之迹과 刺美之義는 則國史明之矣라 史氏得詩면 必載其事하니 然後其義可知라 今小序之首가 是也라 其下則說詩者之辭也라 關雎麟趾之化는 王者之風이라 故로 繫之周南이니 化自周而南也라 鵲(작)巢騶虞之德은 諸侯之風이니 國君而下正家之道요 先王之所以教天下也라 故로 繫之召南이니 化自召而南也②라 召伯은 爲諸侯長이라 故로 諸侯之風은 主之於召南이라 二南者는 正家之道니 王化之所由興也라 故로 關雎之義는 樂得淑女하여 以爲后妃하여 配君子也라 其所憂思가 在於進賢淑하여 非說(열)於色也요 哀窈窕(요조)하여 思之切也요 切於思賢才하여 而不在於淫色하여 無傷善之心也니 是則關雎之義也라

① 어떤 판본에는 '至於'로 되어 있다.
一作至於.

② 지금 판본에 '南'자가 모두 '公'자로 잘못되어 있다.[13]
今本南字, 皆誤作公.

한광 漢廣

"漢水가 넓다.〔漢之廣矣〕"라는 것은 漢水의 광대함을 말한 것이니, "강이 길다.〔江之永矣〕"라고 말한 것과 같다. 이는 본래 文王의 道가 남쪽으로 長江·漢水 지역을 덮었음을 말한 것이기 때문에 漢水를 취하여 興을 삼은 것이다. 물의 경계는 넘을 수 없으니, 이로써 禮義로 울타리를 삼은 것을 범할 수 없다는 뜻을 일으킨 것이다. 南國은 문왕의 교화를 입어 집안이 가지런해지고 풍속이 돈후하며, 婦人이 禮義를 지킬 줄 알았다. 이미 禮義로써 방비를 삼았으니 그릇되고 편벽된 생각이 저절로 끊어져, 비록 禮가 아닌 것으로써 구하는 자가 있더라도 또한 범할 수가 없다. 범할 수 없게 되면 범하기를 생각하지 않는다.

사람이 나무 아래에서 쉴 적에는 반드시 나뭇가지를 잡고 비스듬히 기대는데, 喬木은 나뭇가지를 잡을 수 없기 때문에 사람이 쉬고자 하는 생각을 단념하니,[14] 여자에게 고결한 행실이 있으면 禮가 아닌 것을 행하는 자가 그녀를 구하려는 생각이 저절로 없어진다는 뜻을 일으킨 것이다. 漢水가 넓어 헤엄쳐 건너가기를 생각할 수 없고, 長江이 길어 뗏목으로 건너가기를 생각할 수 없음을 거듭 일컬었다. 長江은 漢水보다 광대하여 뗏목으로도 오히려 건널 수 없어 건너가는 것이 헤엄치는 것보다 어려우니, 禮로써 스스로 울타리를 정하여 침범할 수 없다는 뜻을 일으킨 것이다.

여자가 놀러간다는 것[15]은 텅 비고 외져서 홀로 가서 활동할 수 있는 공간을 말하니, 閨門 안이나 姆傅의 곁에 있을 때와는 다르다. 잡목이 쑥쑥 뻗어 있으면 반드시 그 단정하고 곧은 가시나무를 골라서 자르니, 이와 같은 여자를 어찌 얻기를 바라지 않겠는가. 이 아가씨를 만약 얻어서 시집오게 한다면 그녀의 말에게 먹이를 줄 것이지만, 오직 그 禮法의 한계로 얻을 수가 없다. 이는 禮가 아닌 사사로운 생각이 없을

---

13) 지금……있다 : 今本 ≪詩經≫ 〈關雎〉 小序에 "然則關雎麟之趾之化 王者之風 故繫之周公", "鵲巢騶虞之德 諸侯之風也 先王之所以教 故繫之召公"이라고 하여, '周南'·'召南'이 아니라 "周公'·'召公'이라 되어 있는 것을 가리킨다.

14) 喬木은……단념하니 : ≪詩經≫ 〈周南 漢廣〉에 "남쪽에 교목이 있으니 가서 쉴 수가 없도다. 漢水에 놀러온 여인이 있으니 구할 수 없도다.〔南有喬木 不可休思 漢有遊女 不可求思〕"라고 한 구절의 뜻을 풀이한 것이다.

15) 여자가……것 : 원문의 "漢水에 놀러온 여인이 있다.〔漢有遊女〕"는 구를 가리킨다.

뿐만 아니라, 또 그 단정하고 곧은 것이 아름답다는 것을 알고서 사모하는 것이다.

漢廣은 言漢之廣大니 猶云江永也라 本言文王之道가 南被江漢之域일새라 因取漢水爲興이라 水之爲限은 不可踰也니 以興禮義之爲閑을 不可犯也라 南國은 被文王之化하여 家齊俗厚하며 婦人知守禮義라 旣以禮義爲防하니 則非僻之思가 自絶하여 雖有以非禮求之者라도 亦不可得而犯也라 不可得而犯이면 則不思犯矣라 夫人之休於木下에 必攀(반)枝跛(피)倚로되 喬木은 不可攀及也라 故로 人絶欲休之思니 興女有高潔之行이면 非禮者自無求之之思也라 重稱漢水之廣하여 不可思游泳以濟하고 江之長永하여 不可思方而渡也라 江大於漢하여 雖方이라도 尙不可하여 濟難於泳矣니 興以禮自閑하여 不可侵凌也라 女之游者는 謂曠僻獨行可動之地니 異乎閨門之內와 姆傅之側也라 錯薪翹翹(교교)然이면 必擇其端直者刈(예)之니 如是之女를 豈所不願得哉리오 之子者를 若得之以歸면 則言秣(말)其馬矣①나 惟其禮法之限으로 不可得也라 不止無非禮之私思요 又知其端直之美而願慕之也라

① 마음이 간절하다는 의미이다.
情切之意.

여분 汝墳

〈關雎〉의 교화가 행해지니, 천하의 집안이 가지런해지고 풍속이 돈후해지며 婦人은 모두 禮義를 말미암아 王道가 이루어졌다. 옛 사람 가운데 이 道가 있어 천하 사람들로 하여금 이 교화를 입게 한 사람은 文王이 그런 사람이다. 그러므로 文王의 시를 周南의 끝에 붙인 것이다. 또 周나라가 천하를 風化하여 자신을 바르게 하고 집안을 가지런하게 하는 道와 후손을 위해 남기는 계책이 文王으로부터 비롯되었다. 그러므로 그 功을 모두 근본을 미루어서 그에게 귀결한 것이다. 〈漢廣〉은 부인이 禮義에 능

文王

히 편안한 것이고, 〈汝墳〉은 또한 그 남편에게 正道로써 능히 권면한 것이다.

남편이 밖에서 부역에 종사할 적에 부인이 땔감을 마련하는 일을 하면서 남편의 수고로움을 생각한 것이 오래 굶주린 것과 같다. '調'[16]는 '輖'이니, '거듭'이라는 뜻이다. 제2장은 스스로 힘쓴다는 의미이다. "다시 돋아난 가지를 베었다.〔伐其條肄〕"라는 것은 한 해가 지났음을 나타내니, 장차 남편을 만나보면 자기를 멀리하여 버리지 않으리라는 것을 말한 것이다. 제3장은 남편에게 正道로써 권면한 것이니, 그의 수고로움이 魴魚의 붉은 꼬리와 같다는 말이다. 대개 왕실의 폭정이 불타는 듯하여 비록 이와 같지만 文王의 德이 부모와 같아서 그를 바라보면 매우 가까이 있어 문왕의 德化를 입고서 그 수고로움을 잊은 것이다.

關雎之化가 行하니 則天下之家齊俗厚하며 婦人皆由禮義하여 王道成矣라 古之人有是道하여 使天下蒙是化者는 文王이 是也라 故로 以文王之詩로 附於周南之末이라 又周家風天下하여 正身齊家之道와 貽謀가 自於文王이라 故로 其功皆推本而歸焉이라 漢廣은 婦人之能安於禮義也요 汝墳은 則又能勉其君子以正也라 君子從役於外에 婦人爲樵薪之事하며 思念君子之勤勞가 如久饑也라 調作輖니 重也라 二章은 自勉之意라 伐肄(이)는 見(현)踰年矣니 言將見君子면 不遠棄我也라 三章은 勉君子以正이니 言其勤勞가 猶魴魚之赬(정)尾라 蓋王室暴政如焚焰하여 雖則如是나 文王之德이 如父母하여 望之甚邇하여 被文王之德化하여 忘其勞苦也라

인지지 麟之趾

〈關雎〉 이하에는 집안을 가지런히 하는 道가 갖추어져 있다. 그러므로 〈麟之趾〉로써 그 效應을 말한 것이다. 〈관저〉의 교화가 행해지면 그 효응이 이와 같아 천하에 禮가 아닌 것을 범함이 없어진다. "쇠퇴한 세상의 公子〔衰世之公子〕"[17]로부터 이하는 小序의 오류이니, 시에 '公子'라는 글자가 있기 때문에 오인한 것이다. '麟趾之時'[18]는 말

16) 調 : ≪詩經≫ 〈周南 汝墳〉 제1장 '惄如調飢'의 '調'를 가리킨다.
17) 쇠퇴한……公子 : ≪詩經≫ 〈周南 麟之趾〉 小序에 "〈麟之趾〉는 〈關雎〉의 효응이다. 〈관저〉의 교화가 행해지면 천하에 禮가 아닌 것을 범함이 없어 비록 쇠퇴한 세상의 公子일지라도 모두 신실하고 인후함이 麟趾의 때와 같은 것이다.〔麟之趾 關雎之應也 關雎之化行 則天下無犯非禮 雖衰世之公子 皆信厚如麟趾之時也〕"라고 하였다.
18) 麟趾之時 : 위의 주 17) 참조.

이 되지 않는다. '麟趾'에 '之時'라고 말한 것은 잘못이다. 〈관저〉는 衽席[19]에서 시작하여 자손에게 미치고 종족에 이르고 천하에 미쳤기 때문에 가까운 것으로부터 말한 것이다. 기린은 그 仁厚함을 취하니, 발〔趾〕·뿔〔角〕·이마〔定〕는 모두 기린에게서 취한 것으로 모두 인후한 형상이 있다. 기린의 발은 살아있는 풀을 밟지 않고, 이마의 형상은 반드시 평범한 동물과 다름이 있고, 뿔 끝에는 살이 있으니, 公子의 인후함이 이와 같다. 이미 그 점을 말하고 다시 탄미하기를 "아! 기린이여."라고 한 것이다.

麟(기린)

關雎而下는 齊家之道가 備矣라 故로 以麟趾로 言其應이라 關雎之化가 行이면 則其應如此하여 天下無犯非禮也라 自衰世公子已下는 序之誤也니 以詩有公子字라 故誤耳라 麟趾之時는 (麟趾 不成辭)〔不成辭라 麟趾에〕[20] 言之時는 謬矣라 關雎는 始於衽席하여 及於子孫하고 至於宗族하고 以被天下라 故로 自近而言之라 麟은 取其仁厚하니 趾角定은 皆於麟取之로 皆有仁厚之象也라 趾不踐生草하고 定之狀은 必有異常物하고 角端有肉하니 公子之仁厚가 如是也라 旣言之하고 又嘆美之曰 吁嗟麟兮라

소남 召南

강유사 江有汜

이는 또한 文王 때의 시이므로 인하여 여기에 붙인 것이다. 그 嫡妻가 嬪妾의 數를 채워 임금을 모시지 못하게 한 것이다. '汜'[21]는 물줄기가 나누어진 곳이고, '渚'[22]는

19) 衽席 : 부부가 동침하는 이부자리를 가리킨다.
20) (麟趾 不成辭)〔不成辭 麟趾〕: 저본에는 '麟趾 不成辭'로 되어 있으나, 中華書局本에 의거하여 '不成辭 麟趾'로 바로잡았다.
21) 汜 : ≪詩經≫ 〈召南 江有汜〉 제1장 "江有汜"의 '汜'를 가리킨다.

물줄기가 갈라진 곳이고, '沱'[23]는 물줄기가 달라지는 곳이다. '歸'[24]는 君子를 따르는 것을 말한다. 人君이 媵妾으로 하여금 그 은택을 고르게 받들게 해야 함을 찬미한 것이다. 그러므로 '歸'라고 말한 것이니, 시집온다는 의미의 '歸'를 말하는 것이 아니다. 氾는 물이 나누어지는 것이 작고, 모래섬에서 물줄기가 갈라지는 것은 크다. '沱'의 말뜻은 '別'이니, 氾·渚·沱는 뜻이 거의 서로 비슷하다. 물이 나누어져서 흘러가는 것을 말하여 夫人이 君子를 독차지 하지 않는다는 뜻을 일으킨 것이다. 앞의 두 장은 단지 嫡妻가 이 도리를 말미암지 않았으나 그 뒤 스스로 뉘우쳤음을 말하였고, 마지막 장에서는 임금이 자신에게 들르지 않아도 원망이 없어 웃으며 노래하여 命을 따르는 것을 말했으니, 대개 嫡妻가 스스로 뉘우치게 된 이유를 말한 것이다. '處'[25]는 그가 처할 바를 얻은 것이다. '過'[26]는 이르는 것이다. '笑'[27]는 기뻐하고 즐거워할 따름인 것이다. '노래했다는 것〔歌之〕'[28]은 즐거움이 마음속에서 발한 것이다.

此亦文王時詩일새 因附於此라 其嫡이 不使備嬪妾之數하여 以侍君也라 氾는 水之分이요 渚는 水之岐요 沱는 水之別이라 歸는 謂從君子也라 美人君當使妾媵(잉)均承其澤이라 故以歸言이니 非謂是嫁來之歸也라 氾는 分之小요 洲渚之岐는 則大矣라 沱之爲言은 別也니 幾相類矣라 言水之分流하여 興夫人之不專君子라 前二章은 止言嫡不由是道나 其後自悔하여 卒章則言不過我而無怨하여 笑歌順命하니 蓋言其所以致嫡之自悔也라 處는 得其所處也라 過는 及也라 笑는 喜樂而已라 歌之는 發於中也라

패풍 〔邶風〕[29]

곡풍 谷風

'習習'[30]은 온화한 바람이다. 陰·陽이 서로 만나면 陰氣에 감응하여 비가 된다. 夫

22) 渚 : ≪詩經≫〈召南 江有氾〉 제2장 "江有渚"의 '渚'를 가리킨다.
23) 沱 : ≪詩經≫〈召南 江有氾〉 제3장 "江有沱"의 '沱'를 가리킨다.
24) 歸 : ≪詩經≫〈召南 江有氾〉 제1장, 2장, 3장의 "之子歸"의 '歸'를 가리킨다.
25) 處 : ≪詩經≫〈召南 江有氾〉 제2장 "其後也處"의 '處'를 가리킨다.
26) 過 : ≪詩經≫〈召南 江有氾〉 제3장 "不我過"의 '過'를 가리킨다.
27) 笑 : ≪詩經≫〈召南 江有氾〉 제3장 "其嘯也歌"의 '嘯'를 '笑'로 본 것이다.
28) 노래했다는 것 : ≪詩經≫〈召南 江有氾〉 제3장 "其嘯也歌"의 '歌'를 가리킨다.
29) 〔邶風〕 : 저본에는 '邶風'이 없으나, 다른 風의 예에 의거하여 보충하였다.

婦의 도리도 이와 같아서 부지런히 힘써 화합해야지 원망하고 노여움이 있어서는 안 된다. 대개 화합하면 부부의 도리가 이루어지고 집안이 바르게 되니, 陰·陽이 회합하여 비가 되는 것과 같다. 순무와 무를 캐는 것은 뿌리가 있기 때문이다. '無以'[31]는 '以'의 뜻이다. 부부의 도리는 끝까지 가는 것을 귀하게 여긴다. '德音'[32]은 좋은 말이다. 마땅히 좋은 말을 어김이 없어 함께 늙어가게 되기를 기약해야 하니, 앞 단락의 뜻을 이은 것이다.

내가 길을 가는 것이 더디고 더딘 것은 마음속에 이와 어긋남이 있음을 생각하기 때문이다. "멀리 나오지 않고 가까이 와서〔不遠伊邇〕"[33]라는 것은 '이 도리가 멀지 않고 가까운데 어찌 나를 그 분수에 마땅한 곳에 두지 않는가?'라는 말이다. '送'[34]은 두는 것이고, '畿'[35]는 나누는 것이다. 경계 지어 나누는 것은 구획한 바의 경계 구분이다. '씀바귀〔荼〕'는 지극히 쓰지만 도리어 달게 느끼고, '새로 혼인하는 것〔新昏〕'은 지극히 禮가 아니지만 도리어 형제처럼 잘 지낸다는 것이다.

涇水는 흐리고 渭水는 맑으나, 지금 涇水는 도리어 渭水 때문에 흐려 보인다. '湜湜'[36]은 맑은 모양이다. 물이 얕은 곳에서 보면 맑게 보이니, 저들이 흐리다고 여겨도 그 물가는 절로 맑고 맑다. 이로써 그들이 미혹되어 그 바름을 얻지 못했음을 말한 것이니, 새로 혼인한 사람을 사랑하여 도리어 나를 달갑게 여기지 않는다는 뜻이다. 魚梁과 통발〔梁笱〕은 내가 다스리는 집안일을 비유한 것이니, 그것이 망가지는 것을 애석해한 것이다. 어량은 물살을 막은 것이니 철거해 버리지 말라고 한 것이다. 통발은 물고기를 잡는 것이니 들추어 없애지

魚梁

30) 習習 : ≪詩經≫ 〈邶風 谷風〉 제1장 "習習谷風"의 '習習'을 가리킨다.
31) 無以 : ≪詩經≫ 〈邶風 谷風〉 제1장 "無以下體"이 '無以'를 가리킨다.
32) 德音 : ≪詩經≫ 〈邶風 谷風〉 제1장 "德音莫違"의 '德音'을 가리킨다.
33) 멀리……와서 : ≪詩經≫ 〈邶風 谷風〉 제2장에 보인다.
34) 送 : ≪詩經≫ 〈邶風 谷風〉 제2장 "薄送我畿"의 '送'을 가리킨다.
35) 畿 : ≪詩經≫ 〈邶風 谷風〉 제2장 "薄送我畿"의 '畿'를 가리킨다.
36) 湜湜 : ≪詩經≫ 〈邶風 谷風〉 제3장 "湜湜其沚"의 '湜湜'을 가리킨다.

말라고 한 것이다. 나의 몸이 하는 것도 살필 수 없으니, 내가 떠난 뒤를 애석해할 겨를이 있겠는가.

"깊은 곳에 나아가다.〔就其深矣〕"[37] 이하는 그 몸이 집안을 다스리며 수고로운 일을 한 것을 진술한 것이다. 일마다 그 마음과 힘을 다해서 행하여, 깊은 곳에서는 뗏목과 배를 타고 얕은 곳에서는 헤엄을 치면서 재물이 있고 없음을 따질 수 없어 힘써 부지런히 그 일을 하기를 추구하였을 뿐이다. 이와 같이 그 집안을 다스렸을 뿐만 아니라, 또 그 이웃 및 고을 사람들과 두루 화목하여 그 도리를 극진히 하지 않음이 없었다.

내가 행한 바가 이와 같았으나 능히 마음으로 나를 알아주고 생각해주지 않고 도리어 나를 원수로 여긴 것이다. '慉'[38]은 마음으로 보살피는 것이다. 오직 그의 마음이 나의 善을 거절하기 때문에 나의 수고로움이 이와 같더라도 사랑을 받지 못하니, 장사꾼의 물건이 팔리지 않는 것과 같다. 무릇 사람이 나를 미워하여 나의 善을 알지 못하는 것은 그 마음이 나의 善을 거절하기 때문이다. 옛날에는 살아갈 방도가 곤궁하여 그대와 함께 顚覆될까 두려워하였는데, 이제 드디어 그 생활이 이미 넉넉해지자 이에 나를 毒에 비유하는 것이다.

맛있는 물품을 간직해 두는 까닭은 겨울을 대비하여 한 해를 보낼 준비를 하는 것이다. 이제는 나를 곤궁한 때를 대비하게만 하더니 끝내 버림을 받았다. '肄'[39]는 익히는 것이다. 나에게 무섭고 사납고 성내고 원망하는 마음만 끼치니 익숙해져서 예사로운 일이 되었다. '塈'[40]는 쉬는 것이다. 옛날 내 집안에서 편안히 쉬던 것을 생각하지 않으니, 마음이 돌아가 쉬고 싶은 것이다.

習習은 和風이라 陰陽交和면 則感陰而成雨①라 夫婦之道도 同하여 黽(민)勉和同이요 不宜有怨怒也라 蓋和則夫婦之道成而家室正하니 如陰陽和而成雨라 采葑菲者는 以其有下體也라 無以는 以也라 夫婦之道는 貴其有終이라 德音은 好音也라 當期好音無違하여 至於偕老하니 承上章意라 我行道而遲遲者는 中心念其有違乎此也일새라 不遠伊邇는 謂此道不遠而邇로되 何莫置我當其分乎아 送은 置也요 畿는 分也라 所以疆畿者는 所畫之界分耳라 荼는 至苦也나

37) 깊은……나아가다 : ≪詩經≫ 〈邶風 谷風〉 제4장에 보인다.
38) 慉 : ≪詩經≫ 〈邶風 谷風〉 제5장 "不我能慉"의 '慉'을 가리킨다.
39) 肄 : ≪詩經≫ 〈邶風 谷風〉 제6장 "旣詒我肄"의 '肄'를 가리킨다.
40) 塈 : ≪詩經≫ 〈邶風 谷風〉 제6장 "伊余來塈"의 '塈'를 가리킨다.

乃以爲甘이요 新昏은 非禮之至也나 反好之如弟라 涇濁而渭淸이어늘 今涇反以渭爲濁이라 湜湜(식식)은 淸貌라 視於淺處則見淸이니 彼以爲濁이나 而其沚自湜湜이라 以言其惑而不得其正也니 愛其新昏하여 而反不以我爲屑也라 梁笱는 喩己所治家事니 惜爲其毁敗라 梁은 所以壅蔽니 使毋撤而逝之라 笱는 所以在魚니 使毋發而去之라 我身之所爲도 且不能省閱이어니 暇惜我旣去之後乎아 就其深矣已下는 陳其躬所爲治家勤勞之事라 隨事盡其心力而爲之하여 深則方舟하고 淺則泳游하여 不可計其有與亡也요 强勉求爲之耳라 不特如是治其家而已요 又周睦其隣里鄕黨하여 莫不盡其道라 我所爲者가 如是로되 不能心知念我하고 而反以我爲讐惡이라 慉(휵)은 心所畜(휵)也라 惟其心이 旣阻絶我之善이라 故로 雖勤勞如是나 而不見取하니 如賈之不售(수)라 凡人所以憎而不知其善은 由心阻絶其善也라 昔惟恐養生之道窮困하여 及爾至於顚覆이러니 今旣遂其生旣饒息矣하얀 乃比我於毒이라 所以蓄藏美物者는 以禦冬爲卒歲之備也라 今乃止以我禦窮困之時러니 終乃見棄라 肄는 習也라 貽我以武暴憤怨하니 習而爲常矣라 塈는 息也라 不念昔之安息於我室家하니 心所歸息也라

① 감응하는 것은 陰이고, 이루어진 것은 비이다.
其感也陰, 其成也雨.

간혜 簡兮

어질고 재주 있는 사람은 왕의 신하로 삼을 수 있는데, 그런 사람을 簡擇해 취하여 바야흐로 萬舞[41]를 추게 한 것이다. "해가 바야흐로 중천에 떠 있다.〔日之方中〕"라는 것은 밝고 환한 때이고, 또 그가 앞줄의 윗자리에 있으니 그를 보고서 마땅히 분별할 수 있어야 하는데, 능히 그를 알아보지 못한 것이다.

큰 덕을 지닌 사람이 훤칠한 키에 넓은 마음과 편안한 자세로 公庭에서 萬舞를 추는 것이다. 다음 장은 또 그의 才藝의 아름다움을 말하였다. "힘 있는 것이 호랑이와 같다.〔有力如虎〕"라는 것은 才武이고, "고삐 잡는 것을 베를 짜듯 한다.〔執轡如組〕"라는 것은 藝이다. 이는 그의 才藝가 이와 같으니, 公庭에서 그 才藝를 드러낸 것이 아니라는 말이다.

'왼손으로는 피리를 잡고 오른손으로는 꿩 깃을 잡았다.〔左手執籥 右手秉翟〕'라는 것

41) 萬舞 : 고대의 춤 이름으로, 먼저 兵器를 들고 武舞를 춘 뒤 새 깃털과 악기를 들고 文舞를 춘다.

은 그의 재능이 갖추어져서 꿩 깃을 잡고 춤을 추며 피리를 연주하는 두 가지 일에 모두 능하다는 말이다. '그의 얼굴빛이 푹 젖은 붉은 색과 같다.〔赫如渥赭〕'라는 것은 분명 그의 얼굴빛이 충만하고 아름다운 것을 말하는 것이다. 그가 앞에 있기 때문에 그의 才藝와 容色이 이와 같음을 알아보기 쉬운데도 公은 그에게 술잔을 내려줄 따름이니, 이는 천한 자를 위로하는 도리이다.

'개암나무가 산에 있고 씀바귀가 습지에 있다.〔山有榛 隰有苓〕'라는 것은 바로 그 적절한 것이다. 賢者는 마땅히 왕의 조정에 있어야 한다. "누구를 그리워하는가.〔云誰之思〕"라는 것은 저 王國의 賢者를 그리워하는 것이니, 저 아름다운 덕을 가진 이가 왕의 조정의 신하가 되어야 비로소 제자리를 얻은 것임을 말한 것이다. 이를 말한 것은 이 사람이 제자리를 얻지 못함을 탄식한 것이다. 혹자는 말하기를 "'美人'[42]은 아마도 衛나라의 賢者를 말하는 듯하다."라고 하였으니, 글의 뜻이 그렇지 않다.

榛(개암나무)

賢才之人은 可以爲王臣이어늘 而簡擇取之하여 方將使之爲萬舞라 日之方中은 明朗之時요 又在前列而處上하니 見之宜可辨이어늘 而不能知之也라 碩德之人이 俁俁然心廣體胖으로 在公庭爲萬舞也라 次章은 又言其才藝之美라 有力如虎는 才武也요 執轡(비)如組는 藝也라 言其藝如此하니 非在公庭見(현)之也라 左執籥(약)而右秉翟은 言其能之備하여 羽籥二事에 皆能之也라 其顔色如渥丹然은 必言其顔色之充美者라 以其在前으로 易(이)見其才藝容色如是어늘 而公錫之以爵而已니 勞賤者之道也라 榛之在山하고 苓之在隰은 乃其宜也라 賢者는 宜在王朝也라 云誰之思는 思彼王國之賢者니 言彼美德之人이 爲王朝之臣이라야 乃得其所也라 言之는 所以嘆此之不得其所也라 或云 美人은 蓋謂衛之賢者라하니 文意不然이라

---

42) 美人 : ≪詩經≫ 〈邶風 簡兮〉 제4장 "西方美人"의 '美人'을 가리킨다.

북풍 北風

小序에 "모두 위세를 부리고 사나운 짓을 한다."[43]라는 것은 君臣 上下가 모두 그러하다는 말이다. 사계절의 바람이 봄에는 동쪽에서 불어오니 만물을 낳아주고, 여름에는 남쪽에서 불어오니 만물을 길러주고, 가을에는 서쪽에서 불어오니 만물을 이루어주고, 겨울에는 북쪽에서 불어오니 만물을 죽인다. 북풍이 만물을 죽이고 해치기 때문에 그것으로 虐政의 뜻을 일으킨 것이다. 小序에 "백성이 친근하게 여기지 않아 서로 손을 잡고 떠나간다."[44]라고 한 것은 곧 당시의 일을 서술한 것이다. 그러나 시의 말을 상고해보건대 君子가 기미를 보고 일어나 서로 불러 禍患에 미침이 없는 것이다.

바람이 이미 차가우니 반드시 진눈깨비가 내릴 것이고, 아직도 위세를 부리고 사나우니 반드시 사람을 잔인하고 포악하게 해칠 것이다. 은혜를 베풀어 서로 사이가 좋기 때문에 손을 잡고 떠나간 것이다. '虛'[45]는 너그러운 모양이고, '徐'[46]는 느긋함이니, 화락하고 조용한 형상이다. '亟'[47]은 급함이다. '只且'[48]는 어조사이다. '아직도 너그럽고 느긋할 수 있겠는가? 이미 급박하도다!'라는 말이다. 차가운 기운, 세찬 바람소리, 펄펄 내리는 눈은 모두 진눈깨비가 흩날리는 형상이다. '行'[49]은 떠나는 것이다. '歸'[50]는 편안한 곳을 가려서 가는 것이다. '同車'[51] 또한 함께 가는 것이다. 다만 마지막 장의 말뜻이 더욱 박절하니, '同車'는 이미 멍에를 매었다는 의미이다.

'붉지 않다고 여우가 아니겠으며, 검지 않다고 까마귀가 아니겠는가.'라고 하였는데, 그 색깔을 보면 그 물체를 알 수 있으니 어찌 분별하기 어렵겠는가. 그가 정사를 하는 방도를 보면 폭정과 환난이 장차 사람들에게 미칠 것을 알 수 있다. 군자가 몸을

---

43) 모두……한다 : ≪詩經≫ 〈邶風 北風〉 小序에 "〈北風〉은 사나움을 풍자한 시이다. 衛나라 사람들이 모두 위세를 부리고 사나운 짓을 하니, 백성들이 친근하게 여기지 않아 서로 손을 잡고 떠나가지 않는 이가 없었다.〔北風 刺虐也 衛國竝爲威虐 百姓不親 莫不相攜持而去焉〕"라고 하였다.
44) 백성이……떠나간다 : 위의 주 43) 참조.
45) 虛 : ≪詩經≫ 〈邶風 北風〉 "其虛其邪"의 '虛'를 가리킨다.
46) 徐 : ≪詩經≫ 〈邶風 北風〉 "其虛其邪"의 '邪'를 '徐'로 본 것이다.
47) 亟 : ≪詩經≫ 〈邶風 北風〉 "旣亟只且"의 '亟'을 가리킨다.
48) 只且 : ≪詩經≫ 〈邶風 北風〉 "旣亟只且"의 '只且'를 가리킨다.
49) 行 : ≪詩經≫ 〈邶風 北風〉 제1장 "攜手同行"의 '行'을 가리킨다.
50) 歸 : ≪詩經≫ 〈邶風 北風〉 제2장 "攜手同歸"의 '歸'를 가리킨다.
51) 同車 : ≪詩經≫ 〈邶風 北風〉 제3장 "攜手同車"의 '同車'를 가리킨다.

보전하여 해를 멀리할 적에는 오직 떠나가는 것이 빠르지 않은 것을 염려하기 때문에 그 말이 박절하니, "너그럽고 느긋할 수 있으랴. 이미 급박하도다.〔其虛其邪 旣亟只且〕"라고 한 것이 이것이다.

序云 竝爲威虐은 謂君臣上下皆然이라 四時之風이 春而自東하니 則生物也요 夏而自南하니 則養物也요 秋而自西하니 則成物也요 冬而自北하니 則殺物也라 以北風之殺害於物이라 故로 以興虐政이라 詩序에 謂百姓不親하여 相攜(휴)持而去는 乃述當時之事라 然이나 考詩之辭컨대 乃君子見幾而作하여 相招無及於禍患者也라 風旣涼冷하니 必將至於雨雪이요 旣尙威虐하니 必將殘暴於人也라 以恩惠相好일새 則攜持而去耳라 虛는 寬貌요 徐는 緩也니 雍容之狀이라 亟은 急也라 只且는 辭也라 言尙可寬容虛徐乎아 旣急也哉라 涼氣喈(개)聲雱霏(방비)는 皆雨散之狀이라 行은 去也라 歸는 擇所安而往也라 同車도 亦偕行耳라 但卒章辭意益迫切하니 同車는 已有駕之意라 莫赤者匪狐乎며 莫黑者匪烏乎아한대 以其色이면 則知其物矣니 豈難辨哉리오 觀其爲政之道면 則知暴虐禍難將及於人矣라 君子全身遠害엔 惟恐去之不速이라 故로 其辭迫切하니 其虛其邪아 旣亟只且가 是也라

용풍 〔鄘〕[52]風

군자해로 君子偕老

그 德이 깊고 두터움이 산과 같고 河水와 같아야 덕을 상징하는 의복에 걸맞는 것이다. 服章을 만든 것은 그 덕과 지위의 마땅함을 상징하니, 덕이 높고 지위가 높아야 성대한 복장에 걸맞는다. 지금 그대가 善하지 못한 것은 어째서인가? 제1장은 人君의 덕과 복식의 성대함이 의당 이와 같아야 하는데 어찌하여 도리어 걸맞지 않은가를 말한 것이다. 다음 장은 또 복장과 용모의 아름다움이 덕과 서로 걸맞으면 존경하여 우러러볼 수 있음을 말하였기 때문에 '어찌하여 하늘처럼 우러러보며, 어찌하여 임금으로 존경하겠는가?'라고 한 것이다. '帝'[53]는 임금이다. 帝는 그에게 덕이 있기 때문에 말한 것이다. 제3장은 의복과 덕스러운 용모의 아름다움을 거듭 말하였으니, 진실로

52)〔鄘〕: 저본에는 '鄘'이 없으나, 다른 風의 예에 의거하여 보충하였다.
53) 帝 : ≪詩經≫ 〈鄘風 君子偕老〉 제2장 "胡然而帝也"의 '帝'를 가리킨다.

이와 같은 사람이어야 나라 사람들의 아름다운 여인인 것이다.

其德之深厚가 如山如河라야 乃稱象德之服이리 服章之設은 象其德位之宜니 德尊位隆이라야 乃稱盛服이라 今子之不淑은 奈何오 一章은 言人君之德과 服飾之盛이 宜如是어늘 而奈何反不稱이라 次章은 又言服章容貌之美가 與德相稱이면 則可尊仰이라 故云 胡然而仰之如天乎며 胡然而尊之爲君乎아하니라 帝는 君也라 帝는 言以其有德也라 三章은 重陳衣服德容之美니 誠如此之人이라야 乃是邦人之媛也①라

① '媛'은 아름답고 덕이 있는 여자이다.
媛, 美德之女.

정방지중 定之方中

이 시는 나라를 세워 제때에 맞는 제도를 마련한 것을 찬미한 것이다. 제1장은 나라를 세운 일을 말하였고, 다음 장은 처음 국토를 정한 때를 말하였으니, 글을 지은 文勢가 그러하다. 요즘의 글에도 첫머리에 그 일을 말한 뒤에 그 시초를 밝히는 것이 많으니, 그 가능성을 헤아린 뒤에 점을 쳐서 결정하는 것이다. 洛邑을 점친 것[54] 또한 그러하다. 옛 사람이 한 것이 모두 이러하였다. 사람이 좋은 일을 도모하면 점괘가 따른다. 마지막 장은 부지런히 일하여 성대하고 부유함을 이룩한 일을 서술한 것이다. '塞'[55]은 감당함이다. '淵'[56]은 깊음이다. 그 깊은 마음가짐을 감당한 것이 그 부강하고 성대함을 이룬 까닭이다.

美建國之得其時制라 一章은 言建國之事요 次章은 言相土地之初니 屬(촉)文之勢가 然也라 今文首言其事하고 然後에 原其初者가 多矣니 旣度(탁)其可하고 然後에 卜以決之라 卜洛도 亦然이라 古人之爲가 皆是也라 人謀臧이면 則龜筮從矣라 卒章은 序其勤勞하여 以致殷富라 塞은 當也요 淵은 深也라 當其深이 所以成其富盛이라

54) 洛邑을……것 : ≪書經≫ 〈周書 洛誥〉에 "내가 乙卯日 아침에 洛邑 수도에 이르러 내 河朔과 黎水를 점쳐 보며 내 澗水의 동쪽과 瀍水의 서쪽을 점쳐보니 洛邑의 먹줄을 먹어 들어갔으며, 내 또 瀍水의 동쪽을 점쳐보니 또 洛邑을 먹어 들어갔다.〔予惟乙卯 朝至于洛師 我卜河朔黎水 我乃卜澗水東瀍水西 惟洛食 我又卜瀍水東 亦惟洛食〕"라고 한 것을 가리킨다.
55) 塞 : ≪詩經≫ 〈鄘風 定之方中〉 제3장 "秉心塞淵"의 '塞'을 가리킨다.
56) 淵 : ≪詩經≫ 〈鄘風 定之方中〉 제3장 "秉心塞淵"의 '淵'을 가리킨다.

체동 蝃蝀

'奔'이라고 말한 것[57]은 여자가 남자에게 나아가는 것이다. 衛나라는 文王의 道에 교화되어 淫奔을 사람들이 부끄럽게 여길 줄 알아서 미워하여 끊었으니, 詩人이 이러한 뜻을 말하여 그 일을 풍자하고 금지한 것이다. 무지개〔蝃蝀〕는 陰·陽의 기운이 만나 햇빛을 받아서 나타나기 때문에 아침에는 서쪽에 있고 저녁에는 동쪽에 있다. 동쪽에 있는 것은 陰方의 기운이 陽에 나아가 만난 것이니, ≪周易≫에서 "나의 서쪽 교외로부터 왔다.〔自我西郊〕"[58]라고 한 것과 같다. 대저 陽이 선창하면 陰이 화답하고 남자가 가면 여자가 따르는 것이 곧 바른 이치인데, 지금 陰이 와서 陽을 만나니 사람들이 미워하는 것이기 때문에 감히 동쪽 무지개를 가리키지 않는 것이다. 오늘날 세속에서 손으로 무지개를 가리키지 않는 것은 이 시의 문구 때문이다.

여자의 의리는 남을 따르는 것이니, 반드시 부모의 명과 형제의 논의와 중매인의 말을 기다려서 남자가 먼저 여자에게 낮춘 뒤에 따르는 것이다. 이를 말미암지 않고 남자에게 달려가는 것은 무지개가 동쪽에 있는 것과 같다. 그러므로 무지개로써 이 뜻을 일으킨 것이다. 이는 사람들이 미워하는 것이어서 감히 가리키며 볼 수도 없는 것인데, 어찌하여 여자가 시집가면서 부모·형제의 뜻을 어기겠는가. '違'[59]는 그 명을 어겨 따르지 않고 淫奔하는 것을 말한다. 아침에 무지개가 서쪽에 오르는 것은 곧 陽方의 기운이 와서 陰을 만나는 것이니, 이치가 순하기 때문에 조화로워 비가 온다. '崇朝'[60]는 해가 나지 않았다는 의미이다. 어찌하여 여자가 도리어 그 부모·형제의 뜻을 멀리한단 말인가. 이와 같은 사람은 다른 이유가 없으니 男女 간의 정욕을 생각할 뿐이다.

婚姻은 남녀가 만나는 것이다. 사람에게 비록 정욕이 있더라도 마땅히 신의를 지키고 의리를 알아야 한다. 그러므로 크게 신의가 없고 命을 알지 못하는 점이 미워할 만

57) 奔이라고……것 : ≪書經≫ 〈鄘風 蝃蝀〉 小序에 "〈蝃蝀〉은 奔을 금지한 것이다.〔蝃蝀止奔〕"라고 한 문구의 '奔'을 가리킨다.
58) 나의……왔다 : ≪周易≫ 小畜卦 卦辭에 "小畜은 형통하니 구름이 빽빽이 끼었으나 비가 내리지 않음은 나의 서쪽 교외로부터 왔기 때문이다.〔小畜 亨 密雲不雨 自我西郊〕"라고 하였다.
59) 違 : ≪書經≫ 〈鄘風 蝃蝀〉 제1장, 제2장 "遠兄弟父母"의 '遠'을 '違'의 뜻으로 본 것이다.
60) 崇朝 : ≪詩經≫ 〈鄘風 蝃蝀〉 제2장 "崇朝其雨"의 '崇朝'를 가리킨다.

한 것임을 말한 것이다. 만일 정욕만을 따르면 人道가 없어져 禽獸의 지경으로 들어갈 것이다. 여자는 지조를 잃지 않는 것을 신의로 삼으니, 이른바 곧고 신실한 교화[61]라는 것이다. 자기 부모의 명을 어기는 것은 신의가 없다고 말할 만하다. 命은 바른 이치이다. 道로써 人欲을 절제하면 命에 순응하게 되니, 이것이 風이 되는 까닭임을 말한 것이다.

言奔則女就男이라 衛國化文王之道하여 淫奔을 人知恥而惡(오)絶之하니 詩人道是意하여 以風止其事라 蝃蝀(체동)은 陰陽氣之交하여 映日而見(현)이라 故로 朝西而暮東이라 在東者는 陰方之氣가 就交於陽也니 猶易之自我西郊라 夫陽唱陰和하고 男行女隨가 乃理之正이어늘 今陰來交陽하니 人所醜惡(오)라 故로 莫敢指之라 今世俗不以手指者는 因詩之言이라 女子之義는 從於人也니 必待父母之命과 兄弟之議와 媒妁(작)之言하여 男先下之하고 然後從焉이라 不由是而奔就於男者는 猶蝃蝀之東이라 故로 以興이라 爲人所醜而不敢指視也어늘 奈何女子之行而違背父母兄弟乎아 違는 謂違背不由其命而奔也라 朝隮升於西者는 乃陽方之氣가 來交於陰이니 則理之順이라 故로 和而爲雨라 崇朝는 不日之義라 奈何女子反遠其父母兄弟乎아 如是之人은 無他也니 懷男女之欲耳라 婚姻은 男女之交也라 人雖有欲이라도 當有信而知義라 故로 言其太無信하고 不知命이 爲可惡也라 苟惟欲之從이면 則人道廢而入於禽獸矣라 女子는 以不自失爲信하니 所謂貞信之教라 違背其父母는 可謂無信矣라 命은 正理也라 以道制欲則順命이니 言此所以風也라

상서 相鼠

쥐라는 생물을 살펴보건대, 탐욕스러우면서도 사람을 두려워하며 행동거지는 놀라서 물건을 움켜쥐어 체통이 없다. 그러므로 쥐를 통해 사람에게 禮儀가 없는 뜻을 일으킨 것이다. 쥐가 가죽이 있어 그 몸을 이루고 이빨이 있어 그 형상을 완성하여 형체를 갖추어 생물이 되었으면서도 움직이는 것이 이와 같은 점을 보면, 사람의 형체와 기질이 있으면서도 예의와 몸가짐이 없어 죽느니만 못한 사람과 같다.

---

61) 곧고……교화 : ≪詩經≫ 〈召南 行露〉 小序에 "〈行露〉는 召伯이 송사를 다스린 것을 읊은 시이다. 衰亂한 풍속이 사라지고, 곧고 신실한 교화가 일어나 사나운 남자가 정숙한 여인을 침범하지 못한 것이다.〔行露 召伯聽訟也 衰亂之俗微 貞信之敎興 彊暴之男 不能侵陵貞女也〕"라고 하였다.

相鼠之爲物컨대 貪而畏人하며 擧止驚攫(확)하여 無體態라 故로 以興人之無禮儀라 視鼠之有皮革以成其身하고 有牙以完其形하여 具形體以成物호되 而動作如此면 猶有人之形質로도 而無禮儀容止하여 不若死也라

간모 干旄

卿·大夫·公子로서 善을 좋아하는 이가 많으니, 賢者가 그들의 두터운 예우를 받으면 마땅히 善道로써 그들에게 말해주어야 한다. 이 시는 그런 의도를 확충하여 기꺼이 善으로 말해줌을 아는 것이다. 干旄은 깃대 머리에 旄牛의 꼬리를 단 것이니, 九旗[62]가 모두 그러하다. 九旗라는 물건은 세우는 바가 각각 같지 않으니 왕은 太常을 세우고 제후는 旗를 세우는 것과 같은데, 〈衛君의 신하가〉 浚 땅 교외로 찾아와 禮로써 賢者에게 몸을 낮춘 것이다.

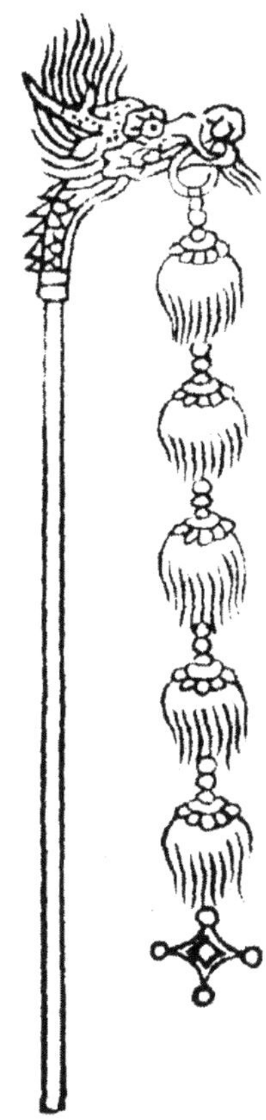
干旄

'素絲'[63]는 束帛이니, 束帛·乘馬로써 賢者에게 禮를 행한 것을 말한다. 저 아름다운 사람이 '아름다운 덕이 있는 사람이 그 예우를 받는 것이 이와 같으니 마땅히 무엇으로써 그에게 주어야 하는가.'라고 생각한 것이니, 반드시 善道로써 말해주어야 함을 안 것이다. '紕'는 성긴 베의 형상이고, '組'는 촘촘한 형상이고, '祝'은 '쓰'인 듯하니 두텁게 쌓였다는 의미이다. 말이 네 마리에서 대여섯 마리에 이르니[64] 말과 비단이 더욱 많아진 것은 그 禮가 더욱 더해진 것을 드러낸 것이다.

처음에 "무엇으로써 주려는가.〔何以畀之〕"라고 한 구절의 '畀'는 '주다〔與〕'라는 뜻이니, 보답하는 것을 말한 것이다. 중간에 "무엇

62) 九旗 : 尊卑와 貴賤의 표지로 삼았던 아홉 가지 깃발이다. 해와 달을 그린 常(王), 交龍을 그린 旂(諸侯), 純色으로 된 旜(孤卿), 雜色으로 된 物(大夫·士), 곰과 호랑이를 그린 旗(師·都), 새매를 그린 旟(州里), 거북과 뱀을 그린 旐(縣鄙), 새의 온 깃〔全羽〕을 단 旞(道車), 반 깃〔析羽〕을 단 旌(遊車)을 가리킨다.(≪周禮≫ 〈春官宗伯 司常〉)

63) 素絲 : ≪詩經≫ 〈鄘風 干旄〉 "素絲紕之", "素絲組之", "素絲祝之"의 '素絲'를 가리킨다.

64) 말이……이르니 : ≪詩經≫ 〈鄘風 干旄〉의 "良馬四之", "良馬五之", "良馬六之"를 가리킨다.

으로써 주려는가.〔何以與之〕"라고 한 것은 사귀어 친하게 여기는 것을 말한 것이다. 마지막에 "무엇으로써 말해주려는가.〔何以告之〕"라고 한 것은 충심으로 고하는 것을 말한 것이다. 賢者를 대우하는 것이 더욱 지극하고 그가 보답하는 것이 더욱 두터우니, 이것이 기꺼이 말해주는 것이다. '郊'[65]는 野外이고, '都'[66]는 邑이고, '城'[67]은 도성 안이다. 賢者를 좋아하는 것이 더욱 독실해지면 賢者가 더욱 많이 오고, 賢者를 좋아하지 않으면 士 또한 멀리 달아난다.

卿大夫公子多好善者하니 賢者가 受其禮意之厚면 當以善道告之라 詩는 推其意하여 知樂告也라 干旌(정)은 注旄(모)干首니 九旗皆然이라 九旗之物은 所建各不同이니 若王建太常하고 諸侯建旗어늘 而來就浚之郊하여 禮下賢者라 素絲는 束帛也니 謂以束帛乘馬로 行禮於賢者라 彼姝美之人이 謂有美德者受其禮意如是하니 當何以畀(비)之오하니 知其必告以善道也라 紕는 疎布之狀이요 組는 錯密之狀이요 祝은 疑爲竺(독)이니 厚積之意라 馬四가 至於五六하니 馬帛之益多는 見(현)其禮之益加也라 始畀之의 畀는 與也니 謂答之라 中與之는 謂交親之라 終告之는 謂忠告之라 待之益至하고 報之益厚하니 是爲樂告也라 郊는 野外요 都는 邑이요 城은 國中이라 好賢益篤이면 則賢者益至요 不好賢이면 則士亦遠遯(둔)也라

위풍 衛風

기오 淇澳

淇水 물굽이의 땅은 윤택하고 기름져서 푸른 대나무가 자란다. 대나무는 생물 가운데 아름다운 것이다. 이는 衛 武公의 아름다움이 안으로 충만하여 文章과 威儀가 밖으로 드러난 것을 일으킨 것이다. '有斐'[68]는 찬란하여 문채가 나는 모양이다. 君子에게 文章이 있는 것은 그가 학문을 하여 자신을 닦았기 때문이다. "자른 듯하고 갈아낸 듯하다.〔如切如磋〕"라는 것은 학문을 말한 것이고,[69] "쪼아낸 듯하고 다듬은 듯하다.〔如琢如磨〕"라는 것은 자신을 닦는 것을 말한 것이니,[70] 玉을 다스리는 것을 형상하여

65) 郊 : ≪詩經≫ 〈鄘風 干旄〉 제1장 "在浚之郊"의 '郊'를 가리킨다.
66) 都 : ≪詩經≫ 〈鄘風 干旄〉 제2장 "在浚之都"의 '都'를 가리킨다.
67) 城 : ≪詩經≫ 〈鄘風 干旄〉 제3장 "在浚之城"의 '城'을 가리킨다.
68) 有斐 : ≪詩經≫ 〈衛風 淇奧〉의 "有匪君子"의 '有匪'를 가리킨다.
69) 자른……것이고 : ≪大學章句≫ 傳3장에 "如切如磋者 道學也"라고 하였다.

사람이 학문을 익히고 자신을 닦는 것을 비유한 것이다. "엄숙하고 꿋꿋하다.〔瑟兮僩兮〕"라는 것은 삼가고 장엄한 모습이고,[71] "빛나고 성대하다.〔赫兮喧兮〕"라는 것은 성대한 德이 밖으로 드러나는 것이다. 그러므로 威儀를 말한 것이라고 한 것이다.[72] "문채 나는 군자여, 끝내 잊을 수 없네.〔有匪君子 終不可諠兮〕"라는 것은 문채 나는 군자의 성대한 덕이 지극히 선한 것을 사람들이 잊을 수 없다는 말이다.[73] 이 첫 장은 덕이 아름답고 威儀가 드러나는 것이 잘 배우고 자신을 다스리는 것을 통해 그렇게 되었다는 것을 말한 것이다.

제2장은 그 아름다운 威儀와 성대한 服飾을 말하였다. 제3장은 완성된 자질의 아름다움이 金・錫・圭・璧 같다는 말이다. '寬兮綽兮'의 '寬'은 너그러운 것이고, '綽'은 탁 트인 것이다. '重較'[74]는 큰 수레이니, 많이 포용하고 임무가 중대한 것이 큰 수레와 같다는 말이다. "戲謔을 잘한다.〔善戲謔兮〕"라는 것은 즐겁고 편안하되 禮로써 자신을 수식하며 방비하고 절제하여 지나친 데 이르지 않음을 말한 것이니, 이것이 "지나침이 되지 않는다.〔不爲虐兮〕"라는 것이다. '猗猗'[75]는 대나무의 자태를 말하고, '青青'[76]은 그 색깔을 말하고, '如簀'[77]은 그 성대함을 말하니 촘촘하게 엮어서 살평상을 만든다. '綠竹'은 대나무이니, 淇水 물굽이에 있는 것이다.

淇澳之地는 潤澤膏沃하여 而生綠竹이라 竹은 生物之美者라 興武公之美가 內充하여 而文章威儀가 著於外也라 有斐는 斐然文章貌라 君子有文章은 由其在學以自修일새라 如切如磋는 言學也요 如琢如磨는 自修也니 以象治玉하여 譬人之治學修身이라 瑟兮僩(한)兮는 恂謹莊栗貌요 赫兮喧兮는 成德顯著於外也라 故云威儀也라 有斐君子여 終不可諼(훤)兮는 言文章君子盛德之至善을 人不能忘也라 此首章은 言德美文章이 由善學自治而然이라 二章은 言其威儀之美와 服飾之盛이라 三章은 言其成質之美가 如金錫圭璧然이라 寬兮綽兮의 寬은 弘裕也요 綽은 開豁也라 重較는 大車니 言其多容而任重如大車也라 善戲謔은 言其樂易(이)而以禮自飾防節하여 不至於過니 是不爲虐也라 猗(의)猗는 言竹之態요 青青은 言其色이요 如簀(책)은 言

70) 쪼아낸……것이니 : ≪大學章句≫ 傳3장에 "如琢如磨者 自修也"라고 하였다.
71) 엄숙하고……모습이고 : ≪大學章句≫ 傳3장에 "瑟兮僩兮者 恂慄也"라고 하였다.
72) 빛나고……것이다 : ≪大學章句≫ 傳3장에 "赫兮喧兮者 威儀也"라고 하였다.
73) 문채……말이다 : ≪大學章句≫ 傳3장에 "道盛德至善 民之不能忘也"라고 하였다.
74) 重較 : ≪詩經≫ 〈衛風 淇奧〉 제3장 "猗重較兮"의 '重較'를 가리킨다.
75) 猗猗 : ≪詩經≫ 〈衛風 淇奧〉 제1장 "綠竹猗猗"의 '猗猗'를 가리킨다.
76) 青青 : ≪詩經≫ 〈衛風 淇奧〉 제2장 "綠竹青青"의 '青青'을 가리킨다.
77) 如簀 : ≪詩經≫ 〈衛風 淇奧〉 제3장 "綠竹如簀"의 '如簀'을 가리킨다.

其盛이니 密比爲簀이라 綠竹은 竹也니 淇澳所有라

고반 考槃

賢者가 물러나 궁벽하게 산골짜기 사이에 거처하니, 덕스러운 몸은 여유로울지라도 마음은 朝廷에 있어 자나 깨나 임금을 잊지 못하여 善道로써 임금에게 아뢸 수 없음을 깊이 생각한 것이다. 그러므로 그 연유를 진술한 것이다.

賢者之退하여 窮處澗谷間하니 雖德體寬裕나 而心在朝廷하여 寤寐不能忘懷하여 深念其不得以善道告君이라 故로 陳其由也라

석인 碩人

'碩人'은 大人이나 존귀한 賢人을 일컫는 말이다. '頎頎'는 용모와 재질이 훌륭하고 성대한 것이다. 그의 지위가 높고 복식이 아름다운 것을 말하고, 또 그 존귀하고 성대한 집안과 이와 같은 덕스러운 용모를 진술하였다. 그녀가 시집올 적에 禮數를 갖추어 近郊에 이르러 머물면서 다시 수레와 복식을 정돈한 뒤에 조정에 들어가니, 임금이 그녀를 위해 조정에서 일찍 물러나 夫人과 함께 편안하게 거처하여 중히 예우함을 보였다. "河水가 넘실넘실 흘러 북쪽으로 콸콸 흐른다.〔河水洋洋 北流活活〕"라고 하였으니, 부인의 존귀한 지위가 무겁다는 것을 모두 말한 뒤에 이를 인하여 河水로써 사람의 마음이 방종하여 제어하기 어려워서 嬖妾들이 참람하여 夫人에게 야박한 짓을 하게 된 까닭을 일으켰다. '洋洋'은 성대하게 흘러가는 것이고, '活活'은 흘러가는 것이 격한 모양이다. 河水가 이와 같기 때문에 그물을 치는 것이 안정되지 않아 힘세고 큰 물고기를 제압할 수 없고, 임금의 마음이 방종하기 때문에 禮法으로 절제할 수 없는 것이다. '葭菼'은 많다는 뜻을 일으킨 것이다. 여러 姜氏들이 많아 성대하게 꾸미고서 순종하지 않으니, 무성한 갈대와 같은 것이다. 賢士・大夫가 바로잡을 수 없으면 떠남이 있을 따름이다.

碩人은 大人尊賢之稱①이라 頎(기)頎는 容質之偉盛이라 言其位尊服飾之美요 又陳其家之貴

盛과 德容之如是라 其來也에 禮數之備하여 至近郊而說(세)止하여 復整車服而後入於朝하니 君爲之早退하여 以與夫人燕處하여 見(현)禮之之重이라 河水洋洋하여 北流活活이라하니 旣盡言夫人之尊位重하고 因以河水로 興人情放縱難制하여 所以致嬖妾上僭而薄於夫人이라 洋洋은 浩蕩이요 活活은 流激貌라 河水如是라 故로 施罛(고)不安하여 强大之魚不能制也요 君情放縱이라 故로 禮法不能制라 葭菼(가담)은 興衆多라 庶姜衆多하여 孼(얼)孼不順하니 如葭菼然이라 賢士大夫莫能正이면 有去而已라

① '賢'은 어떤 판본에는 '貴'로 되어 있다.
賢, 一作貴.

왕풍 〔王〕[78)]風

군자양양 君子陽陽

'簧'은 음악을 연주하는 악기이고, '房'은 편안히 쉬는 곳이다. 참으로 스스로 음악을 연주하며 또 그 무리를 부르는 것은 편안히 쉬는 곳을 따른 것이다. '깃대〔翿〕'는 춤출 적에 잡는 것이다. 스스로 노래하고 춤추며 또 그 짝을 부르는 것은 놀면서 즐거워하는 방도를 따른 것이다. '陽陽'은 스스로 만족해하는 것이고 '陶陶'는 스스로 즐거워하는 형상이니, 모두 중임을 맡지 않아 몸을 온전히 하여 스스로 즐거워하는 것일 따름이다. 君子가 亂世에 처할 적에는 이와 같이 할 따름이다.

簧은 爲樂(악)之器요 房은 安息之所라 苟自爲樂하고 又招其類는 由安息之所也라 翿(도)는 舞所持라 自爲歌舞하고 又招其侶는 由傲樂之道라 陽陽은 自得이요 陶陶는 自樂之狀이니 皆不任憂責하여 全身自樂而已라 君子居亂世엔 如是而已라

양지수 揚之水

이 시는 周나라 사람이 申나라에서 수자리 사는 것에 지쳐서 원망하고 그리워한 것

78) 〔王〕: 저본에는 '王'이 없으나, 다른 風의 예에 의거하여 보충하였다.

이다. 諸侯에게 환란이 있으면 天子가 命하여 보호하고 지켜주는 것이 또한 마땅하다. 平王은 오직 그 외가만을 사사로이 여길 뿐, 王者로서 천하 사람들을 보호하는 마음이 있지 않았으니, 사람들이 원망한 것이 마땅하다. 하물며 천자는 마땅히 方伯이나 이웃나라로 하여금 보호하고 돕게 해야 하니, 어찌 유독 畿內의 백성들만 수고롭게 해야 하겠는가. 그러므로 周나라 사람들은 제후국 사람들이 申나라에서 함께 수자리 살지 않는 것을 원망한 것이다. "저 그 사람이여〔彼其之子〕"라는 것은 제후국의 사람들을 말한다. '申'·'甫'·'許'는 모두 申나라의 地名이다. '揚之水'는 물결이 얕은 것이다. 그러므로 세차게 흘러도 땔나무〔薪〕를 흘려보낼 힘이 부족하니, 이는 힘이 부족한 뜻을 일으킨 것이다. 나뭇가지〔楚〕나 갯버들〔蒲〕은 더욱 가벼우니, 힘이 부족한 것이 갈수록 심함을 말한 것이다.

周人이 勞於戍申하여 而怨思라 諸侯有患이면 天子命保衛之가 亦宜也라 平王은 獨私其母家耳요 非有王者保天下之心也니 人怨이 宜也라 況天子當使方伯隣國保助之니 豈當獨勞畿內之民이리오 故로 周人怨諸侯之人不共戍申也라 彼其之子는 謂諸侯之人이라 申甫許는 皆申之地名이라 揚之水는 瀾也淺이라 故로 激力不足以流薪하니 興力不足也라 楚蒲益輕하니 言力不足愈深이라

중곡유퇴 中谷有蓷

'익모초〔蓷〕'는 골짜기 안에서 자라는 식물이니, 그늘지고 축축한 곳에서 잘 산다. 그러므로 건조해지면 마른다. 이는 夫婦가 풍년에는 서로 보호할 수 있으나 흉년에는 서로 버리는 데 이르는 것을 일으킨 것이다. 첫 장은 그들이 어려움을 만난 것을 탄식한 것이고, 다음 장은 그 사람이 善하지 않은 것을 탄식한 것이다. '歗'[79]는 길게 읊

蓷(익모초)

조리는 것이니, 슬퍼하고 원망하는 것이 '탄식〔歎〕'[80]보다 심한 것이다. 마지막 장은 그 은혜와 의리가 본디 야박한 것이지 이제 와서 그런 것이 아님을 자조한 것이다. 그러므로 "탄식한들 무슨 소용이랴.〔何嗟及矣〕"라고 하였으니, 그 원망이 더욱 심한 것이다. "습지에 있는 것도 말랐다.〔暵其濕矣〕"라는 것은 마땅히 "진펄에 있는 것도 말랐다.〔暵其隰矣〕"가 되어야 하니, 진펄에 있는 것도 마른 것이다.

蓷(퇴)는 谷中所生之物이니 待陰潤而後能生이라 故로 暵則乾矣라 興夫婦樂歲則能相保나 凶年則至相棄也라 始章은 歎其遇艱難이요 次章은 歎其人之不善이라 歗(소)는 長吟也니 悲恨深於歎矣라 卒章은 笑其恩義之素薄요 非由於今也라 故云何嗟及矣라하니 其怨益深也라 暵其濕矣는 當作隰矣니 亦乾也라

구중유마　丘中有麻

언덕 안은 굽이굽이 뻗은 평평하고 우묵한 곳이니, 지형이 아름다운 곳이다. 삼〔麻〕은 옷을 해 입을 수 있고 보리〔麥〕는 먹을 수 있으니 언덕 안에 심는 것이 마땅하다. 이는 賢者가 마땅히 朝廷에 있으면 사람들을 기를 수 있다는 뜻을 일으킨 것이다. '彼'[81]는 不賢者를 말하니, 그런 자가 朝廷에 머물러 있는 것이다. 그대의 어짊으로도 도리어 궁벽한 곳에 처하여 탄식을 하기 때문에 그가 천천히 오기를 생각하고 바라는 것이다. 다음 장은 저 사람이 조정에 머물러 있어 그대가 도리어 鄉國으로 돌아갔으니, 그가 조정에 와서 우리를 먹여주기를 생각하고 바란다는 말이다. 오얏〔李〕은 단지 사람의 입만 즐겁게 할 뿐, 사람을 길러줄 수 없는 물품이다. 언덕 안에 도리어 오얏이 있으니, 곧 어질지 못한 사람을 비유한 것이다. 패물은 외형을 꾸미는 것이고, 玖는 진짜 玉이 아니다. 저 조정에 머물러 있는 사람이 나에게 준 것은 한갓 장식품일 뿐이지, 실제로 나와 사람들에게 준 것은 없다.

丘中은 宛宛平窊(와)之處니 地之美者也라 麻는 可衣요 麥은 可食이니 宜植丘中이라 興賢者宜在朝면 則能養於人이라 彼는 謂不賢者니 乃留於朝라 子之賢으로 反窮處而咨嗟라 故로 思望

79) 歗 : ≪詩經≫ 〈王風 中谷有蓷〉 제2장 "條其歗矣"의 '歗'를 가리킨다.
80) 탄식〔歎〕 : ≪詩經≫ 〈王風 中谷有蓷〉 제1장 "嘅其嘆矣"의 '嘆'을 가리킨다.
81) 彼 : ≪詩經≫ 〈王風 丘中有麻〉 "彼留子嗟", "彼留子國", "彼留之子"의 '彼'를 가리킨다.

其施施而來라 次章云 彼乃留而子反歸鄉國하니 思望其來食於朝라 李者는 徒能甘人之口요 而不能養人之物이라 丘中反有李하니 乃比不賢之人也라 佩者는 外飾이요 玖는 非眞玉이리 彼留之人所貽我者는 徒文飾이요 而無實貽我及人者라

정풍 鄭風

치의 緇衣

鄭 武公 父子가 서로 이어 周王의 司徒가 되어 그 직책을 잘 수행하였으니, 그들이 제후가 되어 능히 善道를 좋아하여 服章·宮室·祿廩의 보답을 누린 것을 나라 사람들이 찬미한 것이다. 緇衣는 卿의 의복이다. '宜'[82]는 그것이 걸맞음을 말한 것이다. '해지면 다시 고쳐서 만든다.'라는 것은 그 직책을 오래 맡았음을 말한 것이다. '그 館舍에 간다.'라는 것은 그에게 宮室을 준 것이고, '음식을 준다.'라는 것은 祿廩을 내린 것이다. '予'는 왕의 朝廷을 말한다. '還'은 '다시'의 뜻이니, 요즘 사람들이 '還知'·'還解'·'若還'이라고 말할 때의 '還'은 모두 '다시'의 의미이다. '還予'는 왕의 조정에서 이미 준 거처를 다시 주고, 祿을 다시 하사하는 것과 같다. '蓆'[83]은 편안하다는 의미이다. 의복이 그 德에 걸맞으면 편안하게 이것을 누리니, 모두 善을 좋아한 功效이다.

武公父子가 相繼爲王司徒하여 善於其職하니 國人美其爲國君而能好善道하여 享服章宮室祿廩(름)之報也라 緇衣는 卿衣也라 宜는 言其稱이라 敝又改爲는 言久其職이라 適其館은 授之宮室이요 授之粲은 賜之祿廩이라 予는 謂王朝라 還은 更也니 今人言還知還解若還은 皆更義라 還予는 猶予還旣授之居하고 復賜之祿也라 蓆은 安舒之義라 服稱其德이면 則安舒享此니 皆善善之功也라

자금 子衿

옷깃이 푸른 것은 배우는 자의 복식이다. '青青'은 모든 가문을 가리킨 말이다. 세상

82) 宜 : ≪詩經≫ 〈鄭風 緇衣〉 제1장 "緇衣之宜兮"의 '宜'를 가리킨다.
83) 蓆 : ≪詩經≫ 〈鄭風 緇衣〉 제3장 "緇衣之蓆兮"의 '蓆'을 가리킨다.

이 혼란하여 학교 제도가 정비되지 않아 배우는 자들이 학업을 포기하니, 賢者가 그것을 염려하여 슬퍼한 것이다. 그러므로 "아득하고 아득한 나의 마음이여.〔悠悠我心〕"라고 한 것이다. '비록 내가 너를 돌이켜 구할 수 없다.'는 것은 가서 가르치며 억지로 떠드는 것을 말한다. 그대는 어찌하여 그대가 배운 바를 생각하여 그 소식을 계속 전하지 않고 끝내 善道를 버리고 끊는가.

세상이 잘 다스려지면 庠序(학교)의 가르침이 행해져 법도가 있어 그것을 따르고, 가르침을 따르지 않는 자는 내쫓아 참여하지 못하게 된다. 또 禮義·廉讓의 풍속에 의해 점점 도야되고 父兄·朋友의 의리로 독려되기 때문에 학문을 진전시키는 것에 힘쓰지 않는 사람이 없다. 그러나 혼란한 세상이 되면 윗사람이 그 교육을 다시 주관하지 않으니 따를 만한 법도가 없고 풍속은 난잡하고 경박해져, 父兄이 가르치는 것은 이익을 추구하는 것이고, 朋友간에 익히는 것은 時俗을 따르는 것이다. 그러므로 방자하고 나태하지 않은 사람이 없어 자신을 포기한 사람이 되니, 비록 賢者가 있어서 학문에 힘쓰게 하고자 하더라도 또한 어찌 가능하겠는가. 그러므로 슬퍼할 따름인 것이다.

佩玉은 푸른 끈에 다는 것이다. '挑'[84]는 가볍게 뛰는 것이고, '達'은 방자한 것이다. 학문을 일삼지 않으면 城闕에서 놀기만 할 따름이다. 賢者가 그것을 염려하여 하루 동안 그를 보지 않은 것이 석 달 동안 오래도록 보지 못한 것과 같은 것이다. 대개 士는 학문에 있어서 하루라도 잊거나 그만두어서는 안 되니, 하루라도 잊으면 그의 심지가 황폐해져서 방탕하고 편벽되고 간사하고 사치하는 마음이 학문하는 것을 이기게 된다.

衿靑은 學者之服이라 靑靑은 擧家之辭라 世亂하여 學校不修하여 學者棄業하니 賢者念之而悲傷이라 故曰悠悠我心이라 縱我不可以反求於汝는 謂往教强聒(괄)也라 子寧不思其所學而繼其音問하고 遂爾棄絶於善道乎아 世治면 則庠序之教가 行하여 有法以率之하고 不率教者는 有至於移屛不齒라 又禮義廉讓之風所漸陶하고 父兄朋友之義所勸督이라 故로 人莫不强於進學이라 及夫亂世하얀 上不復主其教하니 則無以率之하고 風俗雜亂浮偸하여 父兄所教者는 趨利요 朋友所習者는 從時라 故로 人莫不肆情廢惰하여 爲自棄之人하니 雖有賢者하여 欲强之於學이라도 亦豈能也리오 故로 悲傷之而已라 佩는 爲靑組綬라 挑는 輕躍이요 達은 放恣라 不事於學이면 則遨遊城闕而已라 賢者念之하여 一日不見이 如三月之久也라 蓋士之於學에 不可一日忘廢니 一日忘之면 則其志荒矣하여 放辟邪侈之心이 勝之矣라

84) 挑 : ≪詩經≫ 〈鄭風 子衿〉 제3장 "挑兮達兮"의 '挑'를 가리킨다.

제풍 齊風

동방지일 東方之日

齊나라는 정사가 쇠퇴하여 임금과 신하가 모두 道를 잃었다. 그러므로 풍속이 무너져서 남녀가 淫奔하였다. 해〔日〕는 임금을 일으킨 것이고, 달〔月〕은 신하를 일으킨 것이다. 해와 달이 밝게 비추면 은폐된 물건이 없어서 간특함이 용납되지 않는 것이 朝廷이 위에서 밝은 것과 같다. 지금 임금이 밝지 않기 때문에 淫奔의 풍속이 있는 것이다. 詩人은 東方의 해를 보고서 그것이 마땅히 밝아야 하는데도 어두운 것을 풍자한 것이다. 해가 뜨면 마땅히 밝아야 하는데 아름다운 사람이 내 방에 있으니, 내 방에 있는 까닭은 내가 가는 자취를 밟아서 따라온 것이다. '卽'[85]은 나아가는 것이니, 그의 행적이 나의 자취를 밟아서 달려온 것을 말한다. 달이 뜨면 또한 마땅히 밝게 비추어야 하는데 아름다운 사람이 나의 문 안에 있으니, 나의 문 안에 있는 까닭은 나의 행보를 밟아서 달려왔기 때문이다. '發'[86]은 行步이니, 그 행보를 밟아서 달려온 것이다. 윗자리에 있는 사람이 밝지 못하기 때문에 이런 간특함을 용납하는 것이다.

齊國政衰하여 君臣皆失道라 故로 風俗敗壞하여 男女淫奔이라 日興君이요 月興臣이라 日月明照면 則物無隱蔽하여 姦慝莫容이 如朝廷明於上也라 今君不明이라 故로 有淫奔之俗이라 詩人이 以東方之日로 刺其當明而昏也라 日出當明이어늘 而姝美之人在我室하니 所以在我室은 履我卽而來也라 卽은 就也니 謂行跡履我跡而來奔也라 月出亦當明照어늘 而姝美之人在我門內하니 所以在我門內는 履我發而來奔也라 發은 行步니 履其行步而來奔也라 由在上之人不明하여 容此姦慝(특)也라

동방미명 東方未明

政事가 어지럽고 절도가 없어 거동이 제때에 맞지 않으니, 혹은 일찍 부르고 혹은

85) 卽 : ≪詩經≫ 〈齊風 東方之日〉 제1장 "履我卽兮"의 '卽'을 가리킨다.
86) 發 : ≪詩經≫ 〈齊風 東方之日〉 제2장 "履我發兮"의 '發'을 가리킨다.

늦게 불러 일정한 법도가 없는 것이다. 挈壺氏[87)]가 물시계〔漏刻〕를 맡는데 朝廷의 일상적인 활동이 제때에 맞지 않으면 이는 그의 직무가 폐기된 것이다. 이는 그가 시각을 바로잡을 수 없는 것을 말한 것이니, 단지 이 관직만을 풍자한 것은 아니다. 버들가지를 꺾어 채소밭에 울타리를 친 것을 狂夫가 보고서 또한 놀라며 펄쩍 뛰는 것은 그것이 경계가 되는 것을 알기 때문이다. 버들가지는 부드러워 꺾기 쉬운 물건이니, 그것을 꺾어 울타리를 만드는 것은 견고하지 않은 것이다. 그러나 狂夫는 거기에 경계가 있음을 알기 때문에 그것을 보면 펄쩍 뛰며 놀라는 것이다. 낮과 밤의 경계가 분명하지 않은 것이 아닌데, 능히 알지 못하고서 이르지 않으면 늦는다는 것은 심히 절도가 없음을 말한 것이다. '樊'은 울타리이니, "앵앵거리는 파리여, 울타리에 앉았네.〔營營靑蠅 止于樊〕"[88)]라는 것이 이것이다.

政亂無節하여 動非其時하니 或早或暮하여 無常度也라 挈(설)壺氏가 司漏刻호되 而朝廷興居不時면 是其職廢也라 言其不能正時矣니 非特刺是官也라 折柳以樊(번)圃를 狂夫見之하고 且驚矍(확)은 知其爲限也일새라 柳는 柔脆易(이)折之物이니 折之以爲藩籬는 非堅固也라 狂夫는 以知其有限일새 見之則矍然而驚이라 晝夜之限이 非不明也로되 乃不能知하여 而不早則晏은 言無節之甚이라 樊은 籬也니 營營靑蠅(승)止於樊이 是也라

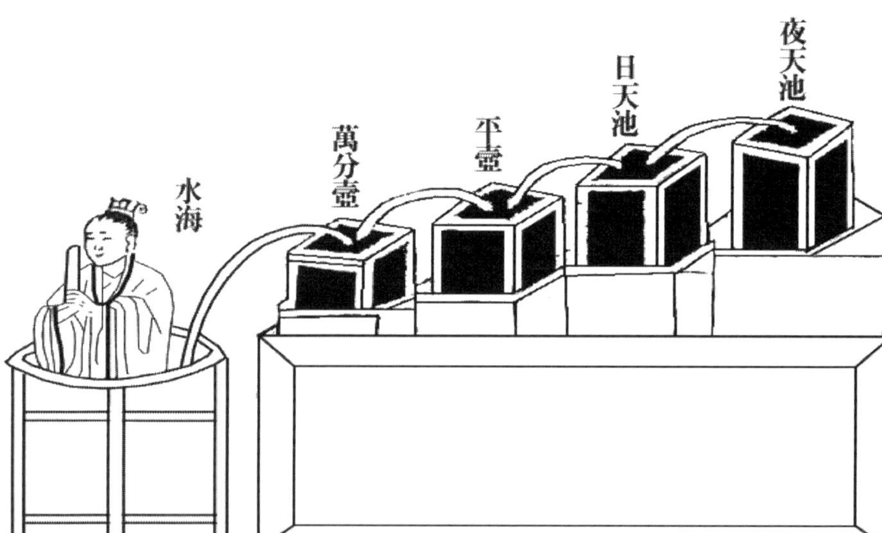

漏刻(물시계)

87) 挈壺氏 : ≪周禮≫ 〈夏官〉에 보이는 관직으로, 물시계의 시각을 담당한다.
88) 앵앵거리는……앉았네 : ≪詩經≫ 〈小雅 靑蠅〉에 보인다.

노령 盧令

임금이 사냥에 빠졌기 때문에 백성들이 괴로워하는 것이다. 옛날 賢君이 때에 맞게 사냥하여 백성들이 그 모습을 보면 善하게 여겨 찬미한 것을 詩人이 진술한 것이다.

君荒於田獵이라 故로 百姓苦之라 詩人陳古之賢君畋狩以時하여 百姓見則善而美之라

위풍 魏風

원유도 園有桃

이 시를 보면 작자의 근심이 깊고 사려가 원대한 것을 알 수 있다. 이 시가 풍자하는 바는 그 나라 백성을 제대로 쓰지 못하는 것이다. 자기 나라 백성을 제대로 쓰지 못하면 다스릴 수가 없으니, 어찌 다시 德教가 있겠는가. 侵削 당하리라는 것을 알 수 있다. 나라에 제대로 된 政事가 없으면 망한다. 그러므로 詩人이 깊이 근심하고 사려한 것이다. 복숭아〔桃〕는 값싼 과일이다. 동산에 복숭아가 있으면 또한 그 열매를 먹을 것으로 여길 줄 아니, 나라에 백성들이 비록 적더라도 제대로 쓰면 잘 다스려지리라는 것을 일으킨 것이다. 그런데 지금 그 나라 백성을 제대로 쓰지 못하기 때문에 마음으로 근심하여 노래 부르고 또 흥얼거리게 된 것이다.

詩歌를 외며 읊조리는 것이 '謠'[89]이다. 나를 알지 못하는 자들은 내가 교만하다고 말하며, '저 사람이 이와 같은데 그대는 어찌하여 그러는가.'라고 하니, 대개 나를 알지 못하기 때문이다. 그러므로 내 마음속 근심을 남들이 알지 못한다고 말하고, 남들이 나를 알지 못하는 것은 생각하지 않기 때문임을 거듭 말하였으니, 그 감정이 지극히 깊고 간절하다. 멧대추나무〔棘〕는 더욱 값싼 것이지만 식용으로 쓸 수 있다. '國中에 나가다.〔行國〕'라는 것은 '수레 타고 나가 노닐다.〔駕言出遊〕'[90]라는 것과 같으니, 근심을 푸는 것이다. '罔極'[91]은 절도에 맞지 않는 것이다.

89) 謠 : ≪詩經≫ 〈魏風 園有桃〉 제1장 "我歌且謠"의 '謠'를 가리킨다.

90) 수레……노닐다 : ≪詩經≫ 〈邶風 泉水〉, 〈衛風 竹竿〉에 "수레 타고 나가 노닐면서, 나의 근심 풀어볼까.〔駕言出遊 以寫我憂〕"라는 구절이 보인다.

觀此詩면 可見其憂深思遠矣라 所刺者는 不能用其民耳라 不能用其民이면 則不能治니 豈復有德敎리오 其致侵削을 可知也라 國無政事則亡이라 故로 詩人憂思之深也라 桃는 果之賤者라 園有桃면 亦知其實以爲殽(효)니 興國有民雖寡라도 能用則治라 今不能用其民이라 故로 心憂之하여 至歌且謠라 誦詠之爲謠라 不知我者는 謂我驕慢하며 彼人如是어늘 子曰何哉라하니 蓋未之知也일새라 故로 言我心之憂를 人莫知之하고 重言人不知者는 不思耳니 其情至深切也라 棘은 尤賤物이나 可用以食也라 行國은 猶駕言出游니 所以寫憂라 罔極은 不中也라

당풍 唐風

무의 無衣

晉 武公이 처음 晉나라를 소유하여 天子에게 命을 청할 수 있었다.[92] 그러므로 詩人이 그것을 찬미하였으니, 찬미할 만한 바를 찬미한 것이다. '六'·'七'[93]은 의복의 數이다. 혹자가 말하기를 "대를 이은 군주는 封함을 받은 군주에 비해 강등함이 있다. 그러나 六·七이라는 것이 무엇인지 모르겠다."라고 하였다. '燠'[94]은 따뜻함이니, 또한 편안함을 말한다.

武公始有晉國하여 而能請命天子라 故로 詩人美之니 美其所可美也라 六七은 衣之數라 或曰繼世之君은 比受封有降이라 然이나 不知六七者何物也라 燠(욱)은 煖이니 亦謂安耳라

갈생 葛生

이 시는 살아있는 사람을 생각한 것이지 죽은 사람을 애도한 것이 아니니, 小序는

91) 罔極 : ≪詩經≫ 〈魏風 園有桃〉 제2장 "謂我士也罔極"의 '罔極'을 가리킨다.
92) 晉……있었다 : 晉 昭侯가 숙부 成師를 曲沃에 봉하였는데, 成師의 손자 武公이 昭侯의 손자 哀侯를 멸망시키고 晉나라를 차지한 뒤 周王에게 뇌물을 바치자, 周王이 武公을 晉나라 임금으로 봉하였다.
93) 六 七 : ≪詩經≫ 〈唐風 無衣〉에 "어찌 六章의 옷이 없어서리오.〔豈曰無衣六兮〕"라고 한 것과 "어찌 七章의 옷이 없어서리오.〔豈曰無衣七兮〕"라고 한 것을 말한다.
94) 燠 : ≪詩經≫ 〈唐風 無衣〉 제2장 "安且燠兮"의 '燠'을 가리킨다.

잘못된 것이다.[95] 공격해 싸우기를 좋아하면 이별의 원한이 많아진다. 칡이 자라는 것은 외물에 의탁하고 덩굴이 자라는 것은 땅에 의지하니, 이는 婦人이 남편에게 의지함을 일으킨 것이다. '誰與獨處'는 '누구와 함께할 것인가? 홀로 거처할 따름이다.'라는 말이다. '獨旦'[96]은 홀로 거처하다 아침에 이른 것이다. 낮과 밤의 긴 시간 동안 그리워하는 마음이 더욱 간절하기 때문에 죽을 적에 한 무덤에 묻혀 서로 이별하지 않기를 기약한 것이다.

此詩는 思存者요 非悼亡者니 序爲誤矣라 好攻戰則多離闊之恨이라 葛之生託於物하고 蘞之生依於地니 興婦人依君子라 誰與獨處①는 誰與乎아 獨處而已라 獨旦은 獨處至旦也라 晝夜之永時에 思念之情이 尤切이라 故로 期於死而同穴하여 乃不相離也라

① 이는 두 구이다.
是兩句.

채령 采苓

首陽山에는 단단하고 신실한 생물이 자란다. 그러므로 그것으로 참소하고 무고하여 신실하지 못한 사람을 일으킨 것이다. 山은 생물이 생장하는 곳이다. 그러므로 채집은 반드시 산에서 한다. 감초〔苓〕는 산마루에서 자라고, 씀바귀〔苦〕는 산 아래에서 자라고, 순무〔葑〕는 산의 남쪽 평지에 심어 또한 각각 제자리가 있으니, 이는 말〔言〕을 채집하는 것은 반드시 誠實한 사람에게서 해야 함을 일으킨 것이다. 아래에서는 이를 인하여 참소를 믿는 사람에게 경계하여

甘草

95) 이……것이다 : ≪詩經≫ 〈唐風 葛生〉 小序에 "〈葛生〉은 晉 獻公을 풍자한 시이다. 헌공이 공격해 싸우기를 좋아하여 나라 사람 중에 죽은 자가 많았다.〔葛生 刺晉獻公也 獻公好攻戰 則國人多喪矣〕"라고 하였다.
96) 獨旦 : ≪詩經≫ 〈唐風 葛生〉 제3장 "誰與獨旦"의 '獨旦'을 가리킨다.

교묘한 말을 만드는 사람을 또한 쓰거나 믿지 말라고 하였다. 또 거듭 경계하기를 '내버려두라. 내버려두라. 또한 그렇게 여기지 마라. 사람들이 만들어낸 말은 모두 참소하고 무고하여 신실하지 못한 것이니, 어찌 받아들여지겠는가.'라고 하였으니, 실제의 일이 될 수 없음을 말한 것이다.

首陽山은 生堅實之物이라 故로 以興讒誣不實之人이라 山者는 物之所生이라 故로 采必於山이라 苓은 生於山顚이요 苦는 生於下요 葑은 蓺(예)山陽之平地하여 又各其所也니 興采言必於誠實之人이라 下因誡於信讒之人하여 造爲巧言을 且無用信之라하니라 又重誡曰 置之置之라 且無以爲然이라 人之造爲言者는 皆讒誣不實이니 何所得乎아 謂不得實事也라

진풍 秦風

겸가 蒹葭

蒹葭는 갈대가 많고 억센 것이니, 草類 중에 억센 것은 백성을 상징한다. 갈대는 서리를 기다린 뒤에 성숙하니, 백성이 禮를 기다린 뒤에 다스려지는 것과 같다. 그러므로 이로써 그 뜻을 일으킨 것이다. 갈대는 회백색이 되어 성숙하니 흰 이슬이 서리가 되는 시점이다. '伊人'은 '斯人'과 같으니, 人情이 있는 곳이다. 人情을 물가에 있는 식물에 비유하였으니, 순응하여 구하면 쉽고 가까우며, 거슬러 구하면 어렵고 멀다. '凄凄'[97]는 푸른색과 회백색의 중간이다. '未晞'[98]는 이슬이 아직 엉키지 않은 것이니, 禮敎가 아직 지극하지 않은 것과

蒹葭

97) 凄凄 : ≪詩經≫ 〈秦風 蒹葭〉 제2장 "蒹葭凄凄"의 '凄凄'를 가리킨다.
98) 未晞 : ≪詩經≫ 〈秦風 蒹葭〉 제2장 "白露未晞"의 '未晞'를 가리킨다.

같다. '采采'[99]는 무성하기 그지없어 바야흐로 짙은 상태이니, 禮敎가 아직 있지 않는 것이다. 禮敎가 확립되지 않으면 人心이 복종하지 않아 풍속이 어지러워지니, 나라가 어찌 편안하겠는가.

蒹葭는 蘆葦衆多而强이니 草類之强者는 民之象也라 葭는 待霜而後成하니 猶民待禮而後治라 故로 以興焉이라 蒼蒼而成하니 白露爲霜矣라 伊人은 猶斯人이니 謂人情所在라 人情을 譬諸在水之中하니 順而求之則易(이)且近이요 逆而求之則艱且遠이라 凄凄는 靑蒼之間也라 未晞는 未凝(응)也니 猶禮敎之未至라 采采는 茂盛未已하여 方濃之狀이니 未有禮敎也라 禮敎未立이면 則人心不服而俗亂하니 國何以安乎아

종남 終南

終南山은 높고 광대하니, 임금의 지위가 높은 것을 일으킨 것이다. 산이 높고 크면 반드시 아름다운 재목이 자라고, 임금의 지위가 높으면 반드시 아름다운 德이 있다. 개오동나무〔條〕와 매화나무〔梅〕는 아름다운 재목이다. 아름다운 덕이 있기 때문에 귀한 사람의 의복에 알맞고, 또 그 용모를 찬미한 것이 임금의 지위에 알맞은 것이다. '至止'[100]는 이곳에 있는 것이니, 반드시 외부로부터 이르는 것은 아니다. '紀'[101]는 모서리이고, '堂'은 평평하고 넓은 것이다. 紀는 禮法을 일으킨 것이고, 堂은 덕의 도량을 일으킨 것이다. 산에는 반드시 모서리〔紀〕와 평지〔堂〕가 있으니, 임금에게는 반드시 禮와 德이 있어야 한다. 그러므로 그 의복에 마땅하고 그 지위에 알맞은 것이니, 마땅히 그 몸을 닦고 그 덕을 닦아 그 지위를 보전해야 한다. 그러므로 "오래 살며 잊지 말라.〔壽考不忘〕"라고 한 것이다.

終南은 崇高厚大하니 以興君位之尊이라 山之高大면 必生美材하고 人君尊崇이면 必有令德이라 條梅는 美材也라 有令德이라 故로 宜稱顯服하고 又美其容貌가 稱人君之位라 至止는 在此耳니 不必自外至也라 紀는 稜角이요 堂은 平寬이라 紀興禮法이요 堂興德度라 山必有紀堂하니 君必有禮德이라 故로 宜其服하고 稱其位하니 當脩其身하고 脩其德하여 保其位라 故曰 壽考不忘也라

99) 采采 : ≪詩經≫ 〈秦風 蒹葭〉 제3장 "蒹葭采采"의 '采采'를 가리킨다.
100) 至止 : ≪詩經≫ 〈秦風 終南〉 "君子至止"의 '至止'를 가리킨다.
101) 紀 : ≪詩經≫ 〈秦風 終南〉 제2장 "有紀有堂"의 '紀'를 가리킨다.

신풍 晨風

小序에 "〈秦 康公이〉 비로소 그 어진 신하를 버렸다."[102]라고 하였는데, 시 가운데에도 賢者를 구하지 않은 뜻을 드러내었다. '鴥'[103]은 빠르게 나는 모양이다. 새매〔晨風〕로써 君子를 일으킨 것은 새매가 날아오는 것이 재빠름을 취한 것이다. 임금이 현자를 좋아하여 士를 대우하는 데 道가 있으면 현자가 그에게 귀의하지만, 예우하는 모습이 지극하지 못하면 훌쩍 떠나니 마치 새매가 빨리 날아가는 것과 같다. 수풀이 무성하면 나는 새들이 모이니, 朝廷에 道가 있으면 현자가 나아가는 것을 일으킨 것이다. 그러므로 임금이 군자를 만나지 못했을 적에는 근심하는 마음이 해이하지 않아 자기에게 아직 지극하지 못함이 있는 것을 염려해야 한다. 임금은 마땅히 이와 같아야 하는데 어찌하여 지금 나를 잊은 것이 많단 말인가. 이 시는 현자가 버림받은 뜻을 주로 하여 말한 것이다. 그러므로 '나를 잊었다.〔忘我〕'[104]라고 한 것이다. '欽欽'[105]은 해이하지 않는다는 의미이다. '如何如何'는 이와 같음을 탄식한 것이다.

上章은 조정에 도가 있으면 현자가 그 임금에게 귀의함을 말하였고, 下章은 임금은 아래에 어진 인재가 있음을 생각해야 한다는 것을 말하였다. 떡갈나무〔櫟〕는 산에서 자라는 나무인데 무성하여 수북하게 자라는 것이 있으니, 많은 사람 가운데 참으로 빼어나고 남다른 자가 있는 것이다. "진펄에 여섯 그루의 가래나무가 있네.〔隰有六駮〕"라는 것 또한 그러하다. '六'은 그것이 성대하고 많음을 나타내니, 그 뜻이 또한 우거져 모여 있는 유형이다. 만약 아래에 현자가 있으면 마땅히 그를 구해 등용해야 한다. 그러므로 아직 만나지 못했을 적에는 근심하여 즐겁지 않아야 하는데, 어찌하여 도리어 나를 잊는단 말인가. 아가위나무〔棣〕와 팥배나무〔檖〕도 그런 뜻이다. 나무를 말한 것은 대개 무성하고 성대한 것이어야 그 나무가 되기 때문이다. '해이하지 않다.〔欽欽〕', '즐겁지 않다.〔靡樂〕'[106], '술 취한 듯하다.〔如醉〕'[107]라는 것은 얕고 깊음의 차례이

102) 비로소……버렸다 : ≪詩經≫ 〈秦風 晨風〉 小序에 "〈晨風〉은 康公을 풍자한 시이니, 강공이 목공의 基業을 잊어버려 비로소 그 어진 신하를 버렸다.〔晨風 刺康公也 忘穆公之業 始棄其賢臣焉〕"라고 하였다.

103) 鴥 : ≪詩經≫ 〈秦風 晨風〉 제1장 "鴥彼晨風"의 '鴥'을 가리킨다.

104) 나를 잊었다 : ≪詩經≫ 〈秦風 晨風〉 "忘我實多"의 '忘我'를 가리킨다.

105) 欽欽 : ≪詩經≫ 〈秦風 晨風〉 제1장 "憂心欽欽"의 '欽欽'을 가리킨다.

니, 그 지극함을 점진적으로 말한 것이다.

序言始棄其賢臣이라하고 詩中에 又見(현)其不求賢之意가 鴥(율)은 飛疾貌라 以晨風興君子者는 取其來去之疾이라 人君好賢하여 待士有道면 則賢者歸之나 禮貌不至면 則浩然去矣니 如晨風之疾也라 林木茂盛이면 則飛鳥所集하니 興朝廷有道면 則賢者所就也라 故로 人君未見君子之時에 當憂心欽欽然하여 念恐己之有未至也라 人君當如此어늘 而如何今乃忘我之多乎아 此詩는 主賢者見棄之意而言이라 故云忘我라 欽欽은 不懈之意라 如何如何는 歎其如是也라 上章은 言朝廷有道면 則賢者歸之하고 下章은 言當念下之有賢才也라 櫟(력)은 山之所有也어늘 而有茂盛而苞者니 衆人之中에 固有秀異者矣라 隰有六駮도 亦然이라 六은 見其盛多也니 義亦苞聚之類라 如下之有賢이면 則當求而用之라 故로 於未見엔 則憂而靡樂이어늘 如何反忘我乎아 棣檖(체수)亦然이라 言樹는 蓋其茂大者라야 乃成樹耳일새라 欽欽靡樂如醉는 淺深之次니 漸言其至也라

무의 無衣

백성들과 함께 하고자 하지 않기 때문에 백성들이 윗사람이 하는 것을 미워하니, 詩人이 임금은 마땅히 백성들과 함께 하고자 해야 함을 말한 것이다. 함께 솜옷을 입을 수 있으면 비록 춥더라도 원망하지 않을 것이다. 만약 함께 솜옷을 입은 은혜를 미루어나가면 백성들 또한 윗사람이 하고자 하는 것을 함께 할 것이다. "王道로 군사를 일으킨다.〔王于興師〕"라는 것은 '만약 王道로써 군대를 일으킨다면 백성들이 모두 그들의 무기를 수리하여 그대와 더불어 한 편이 될 것이다.'라는 뜻이다. '澤'[108]은 오늘날 '汗衫'[109]이라고 말하는 유형과 같다.

不與民同欲이라 故로 民疾上之爲니 詩人言爲君當與民同欲也라 能同(胞)〔袍〕[110]면 則雖寒이라도 不怨矣라 若推同(胞)〔袍〕之恩이면 則民亦同上之欲이라 王于興師는 謂若以王道興兵이면 則百姓皆脩其戈(予)〔矛〕[111]하여 與之同仇矣라 澤은 猶今謂汗衫之類라

106) 즐겁지 않다 : ≪詩經≫ 〈秦風 晨風〉 제2장 "憂心靡樂"의 '靡樂'을 가리킨다.
107) 술……듯하다 : ≪詩經≫ 〈秦風 晨風〉 제3장 "憂心如醉"의 '如醉'를 가리킨다.
108) 澤 : ≪詩經≫ 〈秦風 無衣〉 제2장 "與子同澤"의 '澤'을 가리킨다.
109) 汗衫 : 몸에 닿는 홑옷을 말한다.
110) (胞)〔袍〕 : 저본에는 '胞'로 되어 있으나, ≪毛詩正義≫에 의거하여 '袍'로 바로잡았다. 아래도 같다.

진풍 〔陳〕[112]風

묘문 墓門

人情은 닦고 다스리지 않으면 간사함과 악함이 생겨나니, 도로를 수리하고 관리하지 않으면 가시덤불이 생겨나는 것과 같다. 그러므로 이로써 그 뜻을 일으킨 것이다. 墓門은 묘소로 가는 길의 문이다. 가시덤불이 있으면 마땅히 도끼로 베어 길을 내야 한다. 그의 재주가 不善하면 마땅히 賢良한 師傅를 얻어 道義로써 보좌하고 바로잡아야 한다. 지금 그 사람이 不良한 것을 많은 사람들이 모두 아는데도 그를 내치지 않으니, 예로부터 누가 이와 같았는가. 이는 그가 어려서부터 師傅를 선별하지 않아 그의 惡을 이루게 된 것을 추궁해 허물한 것이다. "누가 예로부터 그러했나.〔誰昔然矣〕"라는 것은 '지금까지 누가 이와 같았는가.'라고 말하는 것과 같다.

前章은 '〈墓門에〉 가시나무가 있다.'고 말했으니 그의 不善을 말한 것이고, 後章은 '〈墓門에〉 매화나무가 있다.'고 말했으니 師傅가 보좌하고 인도함이 그렇게 만들었다는 것을 깊이 허물한 것이다. 매화나무는 아름다운 나무이다. 비록 아름다운 나무라도 墓門의 가시덤불이 우거진 황량한 곳에서 자란다면 惡鳥가 모여들 것이다. 비록 良心・善性이 있더라도 불선한 사람과 더불어 처하면 惡이 모여들 것이다. "그 사람 불량하거늘〔夫也不良〕"이라는 것은 詩人이 시를 지어 그에게 알려주고 꾸짖은 것이니, 알려주고 꾸짖어도 자신을 돌아보지 않으면 반드시 顚沛하게 되어서야 나의 말을 생각할 것이다.

人情不脩治면 則邪惡生하니 猶道路不脩治면 則荊棘生이라 故로 以興焉이라 墓門은 墓道之門也라 有荊棘이면 則當以斧斤開析之라 他才不善하면 宜得賢師良傅하여 以道義輔正之라 今夫也不良을 衆皆知之로되 而不去之하니 自昔으로 誰如是乎아 此追咎自他幼小로 不擇師傅하여 致成其惡이라 誰昔然矣는 猶云從來誰如是乎아 前章은 言有棘하니 言他之不善이요 後章은 言有梅니 深咎輔道之使然이라 梅는 美木이라 雖美木이라도 生墓門荊棘荒蕪之處면 則惡鳥萃(췌)矣라 雖有良心善性이라도 與不善人處면 則惡歸矣라 夫也不良은 詩人作詩以告責之니 告責之而不我顧면 必待顚沛하여 當思我言이라

---

111) (予)〔矛〕: 저본에는 '予'로 되어 있으나, ≪毛詩正義≫에 의거하여 '矛'로 바로잡았다.
112) 〔陳〕: 저본에는 '陳'이 없으나, 다른 風의 예에 의거하여 보충하였다.

방유작소 防有鵲巢

흙을 쌓아 두둑을 만들어 강역의 경계로 삼을 적에 윗부분에 나무를 심었는데, 여기에 까치가 와서 둥지를 틀었다. 우거진 숲속에 가려진 곳이 있으면 까치가 둥지를 트니, 사람의 마음에 가려져 어두운 곳이 있으면 참소하고 무고하는 자가 이르는 것을 일으킨 것이다. '邛'[113]은 언덕으로, 언덕의 넓고 평평한 곳에는 완두콩 같은 아름다운 풀이 자란다는 말이니, 사람의 마음이 고명하고 평온하면 선한 말을 오게 한다는 것을 일으킨 것이다. '侜'[114]는 속이고 둘러대는 것을 말하니, 남을 속이는 자는 반드시 말을 이리저리 둘러대어 그 惡을 이룬다. '予美'는 마음이 현숙한 자이니, 현숙하고 선량한 사람을 참소하고 속이는 것을 근심한 것이다. '中唐'[115]은 우묵하고 낮은 땅으로, 기와조각이나 자갈을 모아놓은 곳이니, 더러운 곳에 처하면 不善한 자들이 그를 따른다는 것을 일으킨 것이다. '鷊'[116]은 무늬가 있는 풀이다. '旨'[117]는 아름답다는 말이다. '惕惕'[118]은 두려워함이다.

鷊

起土爲防壟(롱)하여 以爲疆埸之限할새 上植以木이러니 於是에 鵲往巢焉이라 有叢林之蔽翳(예)면 則鵲巢之하니 興人心有敝昏이면 則讒誣者至라 邛(공)은 丘也니 謂丘原廣平之處면 則有苕生之美草니 興人心高明平夷면 則來善言이라 侜는 謂譸(주)張迂迴니 誣罔人者必迂曲以致其惡이라 予美는 心所賢者니 憂讒誣賢善也라 中唐은 窊(와)下之地로 瓦礫(력)所聚也니 興處汙則不善者從焉이라 鷊(역)은 文草也라 旨는 言美也라 惕(척)惕은 懼也라

113) 邛 : ≪詩經≫ 〈陳風 防有鵲巢〉 "邛有旨苕", "邛有旨鷊"의 '邛'을 가리킨다.
114) 侜 : ≪詩經≫ 〈陳風 防有鵲巢〉 "誰侜予美"의 '侜'를 가리킨다.
115) 中唐 : ≪詩經≫ 〈陳風 防有鵲巢〉 제2장 "中唐有甓"의 '中唐'을 가리킨다.
116) 鷊 : ≪詩經≫ 〈陳風 防有鵲巢〉 제2장 "邛有旨鷊"의 '鷊'을 가리킨다.
117) 旨 : ≪詩經≫ 〈陳風 防有鵲巢〉 제1장 "邛有旨苕", 제2장 "邛有旨鷊"의 '旨'를 가리킨다.
118) 惕惕 : ≪詩經≫ 〈陳風 防有鵲巢〉 제2장 "心焉惕惕"의 '惕惕'을 가리킨다.

회풍 檜風

비풍 匪風

혼란함이 극에 이르면 잘 다스려지던 시절을 그리워하는 것은, 사람의 마음이 그러한 것이다. 바람은 하늘이 움직이는 것이니 이로써 윗사람의 정사를 일으킨 것이고, 수레는 사람이 만든 것이니 이로써 백성의 풍속을 일으킨 것이다. 天氣가 순조로우면 바람이 제때에 불고, 윗사람의 德이 닦여지면 정사가 잘 행해지고, 법과 제도가 갖추어지면 수레가 완성되고, 정사와 교화가 쇠퇴하면 백성이 편벽된다. 그러므로 이로써 上・下를 일으킨 것이다. '匪風'[119]은 고르지 않은 바람이고, '匪車'[120]는 법도가 없는 수레이다. '發'은 빠르고 세찬 것이다. '偈'는 수레 앞뒤의 높낮이가 일정하지 않은 것이다. '顧瞻'[121]은 돌아보는 것이니, 그리워하고 슬퍼하는 것이다. '飄'는 빙빙 도는 것이다. '嘌'는 가볍게 흔들리는 것이다. '弔'[122]는 근심하는 것이다. '魚'[123]는 맛이 좋은 생선으로 사람들이 원하는 것이니, 善政은 사람들이 그리워하는 것임을 일으킨 것이다. '누가 물고기를 삶아 사람들을 먹일 수 있을까. 사람들이 장차 기뻐하여 그를 도울 것이다. 누가 周나라의 道에 귀의하여 따를 수 있을까. 사람들이 장차 즐거워하여 그와 함께할 것이다.'라는 뜻이다. '懷'[124]는 서로 맺어지고자 하는 것이다. '好音'은 조화로운 소리이니, 기뻐하고 즐거워하여 서로 따르는 것이다.

亂極思治는 人情所然이라 風者는 天之動이니 以興上政이요 車者는 人所爲니 以興民俗이라 天氣順則風時하고 上德脩則政擧하고 法制備則車成하고 政敎衰則民僻이라 故로 以興上下焉이라 匪風은 不和之風이요 匪車는 無法之車라 發은 迅烈이라 偈는 軒輊不定이라 顧瞻은 盻(혜)니 戀思而傷怛(달)也라 飄는 回旋이라 嘌(표)는 輕搖라 弔는 傷憫이라 魚는 美好之物로 人所欲이니 興善政人所思라 誰能烹魚以食人이리오 人將喜而助之라 誰能歸從周之道리오 人

119) 匪風 : ≪詩經≫ 〈檜風 匪風〉 제1장 "匪風發兮", 제2장 "匪風飄兮"의 '匪風'을 가리킨다.
120) 匪車 : ≪詩經≫ 〈檜風 匪風〉 제1장 "匪車偈兮", 제2장 "匪車嘌兮"의 '匪車'를 가리킨다.
121) 顧瞻 : ≪詩經≫ 〈檜風 匪風〉 제1장, 제2장 "顧瞻周道"의 '顧瞻'을 가리킨다.
122) 弔 : ≪詩經≫ 〈檜風 匪風〉 제2장 "中心弔兮"의 '弔'를 가리킨다.
123) 魚 : ≪詩經≫ 〈檜風 匪風〉 제3장 "誰能亨魚"의 '魚'를 가리킨다.
124) 懷 : ≪詩經≫ 〈檜風 匪風〉 제3장 "懷之好音"의 '懷'를 가리킨다.

將樂而與之라 懷는 相要結也라 好音은 和聲이니 喜樂相從也라

조풍 曹風

부유 蜉蝣

하루살이〔蜉蝣〕는 아침에 태어나서 저녁에 죽으니, 이로써 나라가 장차 망하여 오래갈 수 없음을 일으킨 것이다. "하루살이의 날개여.〔蜉蝣之羽〕"라는 구절의 '羽'는 날개 끝이니, '曹나라 군주가 사치하여 衣裳이 산뜻하게 선명하고 아름다우니 어찌 오래갈 수 있겠는가.'라는 뜻과 같다. 그러므로 그가 어느 곳에 들어가 쉴까 걱정한 것이다. '翼'[125]은 날개〔翅〕이다. '采采'[126]는 화려하게 꾸민 것이다. '息'[127]은 머물러 쉬는 것이다. '掘閱'[128]은 날아오르며 날갯짓을 하는 형상이다. "눈과 같다.〔如雪〕"[129]라는 것은 깨끗하고 하얀 것이다. 經文에 '수레를 멈추다.〔說駕〕'라는 것에는 모두 '說'자를 썼으니, 쉰다는 뜻이다. '說'자에 또한 '기뻐하다〔悅〕'라는 의미가 있기 때문에 통용한 것이다.

蜉蝣는 朝生而暮死하니 以興國將亡하여 不能久也라 蜉蝣之羽의 羽는 翅稍니 猶曹君之奢靡하여 衣裳楚楚然鮮美하니 胡能久乎아 故로 憂其安所歸處也라 翼은 遂也라 采采는 華飾이라 息은 止息이라 掘閱은 升騰游翔之狀이라 如雪은 潔白이라 經文說(세)① 駕는 皆用說字니 憩(게)也라 亦有悅義라 故로 通用이라

蜉蝣(하루살이)

①'說'은 音이 '세'이다.
說, 稅也.[130]

125) 翼 : ≪詩經≫ 〈檜風 蜉蝣〉 제2장 "蜉蝣之翼"의 '翼'을 가리킨다.
126) 采采 : ≪詩經≫ 〈檜風 蜉蝣〉 제2장 "采采衣服"의 '采采'를 가리킨다.
127) 息 : ≪詩經≫ 〈檜風 蜉蝣〉 제2장 "於我歸息"의 '息'을 가리킨다.
128) 掘閱 : ≪詩經≫ 〈檜風 蜉蝣〉 제3장 "蜉蝣掘閱"의 '掘閱'을 가리킨다.
129) 눈과 같다 : ≪詩經≫ 〈檜風 蜉蝣〉 제3장 "麻衣如雪"을 가리킨다.
130) 說 稅也 : 저본에는 이 注가 '潔白' 뒤에 있으나, '說' 뒤에 있어야 마땅하므로 옮겨놓았다.

후인 候人

曹 共公이 君子를 멀리하고 小人을 가까이하기를 좋아하였으니, 등용한 사람 중에 小人이 많았다. 朝廷에 진출한 자는 한 부류가 아니지만 오직 候人[131]을 취하여 말한 것은 대개 당시 등용된 자들 중에 候人으로부터 승진한 자가 약간 있었기 때문이다. 그러므로 그 심한 것을 취하여 말한 것이다. 저 候人은 창을 메고 강역을 지키는 일을 하게 하는 것이 마땅하다. 저런 사람인데 大夫의 복장을 입게 하였고, 또 3백 명이나 되도록 많아지게 하였으니, 이런 까닭에 풍자한 것이다. '三百'은 그 수가 많음을 말하니, '三百廛'·'三百囷'[132]과 같은 것이다. 曹나라 같은 작은 나라에 어찌 3백 명이나 되는 많은 大夫를 용납하겠는가. ≪春秋左氏傳≫에 "大夫의 수레를 타는 자가 3백 명이다."[133]라고 한 것은 대개 이 시를 인한 것이다.

사다새〔鵜〕가 어량에 있으면서 날개를 적시지도 않고 먹이를 먹으니, 功이 없이 祿을 받아 그 복장의 아름다움과 대우하는 禮에 알맞지 않음을 일으킨 것이다. '遂'[134]는 알맞은 것이다. 卒章은 小人에게 취할 점이 없음을 일으킨 것이다. '薈蔚'[135]은 초목이 성대한 것이니, 울창하고 무성한 상태이다. '아침에 南山에 오른다.'라는 것은 초목이 성대하여 취할 바가 있다는 뜻이다. '소녀를 굶주리게 한다.'라는 것은 그에게 어리고 예쁜 용모가 있음을 말한 것이다. 지

鵜(사다새)

131) 候人 : 도로에서 賓客을 전송하고 맞이하는 하급관리이다.

132) 三百廛 三百囷 : ≪詩經≫ 〈魏風 伐檀〉에 보이는 말로, '廛'은 一夫가 거처하는 곳이며 '囷'은 둥근 창고를 가리킨다.

133) 大夫의……명이다 : ≪春秋左氏傳≫ 僖公 28년 조에 "3월 丙午日에 曹나라 국도로 쳐들어가서 僖負羈를 등용하지 않은 것과 大夫의 수레를 타는 자가 3백 명인 것을 꾸짖었다.〔三月丙午 入曹 數之以其不用僖負羈 而乘軒者三百人也〕"라고 하였다.

134) 遂 : ≪詩經≫ 〈曹風 候人〉 제3장 "不遂其媾"의 '遂'를 가리킨다.

135) 薈蔚 : ≪詩經≫ 〈曹風 候人〉 제3장 "薈兮蔚兮"를 가리킨다.

금 小人은 취할 만한 德과 義가 없는데, 무엇 때문에 가까이 한단 말인가.

共公이 遠君子而好近小人하니 則所用多小人이라 其進者가 非一也나 獨取候人而言者는 蓋時用者에 其微有自候人而升者일새라 故로 取其甚者而言耳라 彼候人者는 使荷戈(役)〔祋(대)〕[136] 以守疆埸이 乃其宜也라 如彼之人이어늘 乃使服大夫之服하고 又至於三百之多하니 所以刺也라 三百은 言其多爾니 如三百廛(전)三百囷(균)이라 曹國之小에 豈容有三百之多리오 左傳의 乘軒者三百人은 蓋因此詩也라 鵜(제)乃在梁하여 不濡而食하니 (與)〔興〕[137] 無功受祿하여 不稱其服章之美와 待遇之禮라 遂는 稱也라 卒章은 興小人之無所取라 薈蔚(울)은 草木之盛이니 鬱茂之狀이라 朝隮乎南山者는 以草木之盛有所取也라 饑渴乎季女者는 謂其有婉孌之容也라 今小人無德義可取어늘 何爲而近乎아

하천　下泉

샘물이 만물을 윤택하게 하는 것이 政令의 은택이 사람들에게 미치는 것과 같다. 샘물이 차가우면 만물을 윤택하게 할 수 없고, 아래에 있으면 만물에 미칠 수 없고, 물속에 잠기게 하면 만물을 해친다. '苞'[138]는 수북이 자라 무성한 것인데 도리어 해를 당하니, 이는 모든 생물이 제자리를 얻지 못한 것이다. '강아지풀〔稂〕'·'쑥〔蕭〕'·'시초〔蓍〕'는 모두 下澤에서 자라는 것이다. 강개한 마음으로 잠에서 깨어 周나라의 道가 쇠망한 것을 탄식하고 염려하니, 이른바 밝은 임금을 그리워한 시[139]라는 것이다. 마지막 장에 또 어진 方伯이 제후를 규합하여 인솔함이 없음을 슬퍼하였다. 그러므로 이와 같은 데 이른 것이다. 무성하여 성대한 기장 싹은 대개 장맛비의 은택이 그렇게 만드는 것이다. 四方의 제후들이 王의 일에 부지런할 수 있었던 것은 郇伯이 위로하고 권면하였기 때문이다. 郇伯은 옛 方伯 가운데 功이 있는 자이다.

泉之潤物이 猶政令膏澤之及人이라 泉寒冽이면 則不能潤物하고 在下則不能及物하고 浸

136) (役)〔祋(대)〕: 저본에는 '役'으로 되어 있으나, ≪詩經≫ 〈曹風 候人〉에 의거하여 '祋'로 바로잡았다.

137) (與)〔興〕: 저본에는 '與'로 되어 있으나, 문맥에 의거하여 '興'으로 바로잡았다.

138) 苞 : ≪詩經≫ 〈曹風 下泉〉 "浸彼苞稂", "浸彼苞蕭", "浸彼苞蓍"의 '苞'를 가리킨다.

139) 밝은……시 : ≪詩經≫ 〈曹風 下泉〉 小序에 "曹나라 사람들이 共公이 下民을 침해하여 그들이 제 살 곳을 얻지 못한 것을 미워하여 근심하면서 明王·賢伯을 그리워한 것이다.〔曹人 疾共公侵刻其下民 不得其所 憂而思明王賢伯也〕"라고 하였다.

漬(지)則害物이라 苞는 叢生之茂者어늘 乃反害之니 是皆不得其所也라 稂(낭)蕭蓍(시)는 皆下澤所生이라 愾然旣寤하여 而歎念周道之衰也니 所謂思明王之詩也라 其卒也에 又傷無賢伯以糾率之라 故로 致如是라 芃(봉)芃然盛之黍苗는 蓋陰雨膏澤使然이라 四方諸侯能勤王事는 由郇(순)伯勞免之故也라 郇伯은 古方伯之有功者라

빈풍 豳風

칠월 七月

周公이 이 시를 지은 것은 先公·先王이 王業을 이룩한 연유, 백성이 계절에 따라 애써 일하는 것, 농사를 짓는 어려움이 이와 같은 줄을 成王이 알기를 바란 것이다. 大火心星[140]이 내려가면 한 해가 중반을 지나 저물어가니, 마땅히 한 해를 마칠 도구와 겨울에 대비할 준비가 있어야 한다. 그러므로 "7월에 大火心星이 서쪽으로 내려간다.〔七月流火〕"라는 것으로 首章을 삼은 것이다. '一'[141]은 一陽의 달〔月〕이다. '一之日'은 '冬之日'·'夏之日'이라고 말하는 것과 같다.[142] "우리 처자식과 함께〔同我婦子〕"라는 것은 우리 처자식이 함께 와서 음식을 가져다 주는 것이다. 온 집안사람이 경작하는 데 종사하니 農官이 이르러 기뻐하는 것이다.

"봄날 해가 더디고 더딘데, 흰 쑥 캐기를 많이도 하니, 아가씨의 마음이 서글퍼함이여, 장차 公子와 함께 돌아가리라.〔春日遲遲 采蘩祈祈 女心傷悲 殆及公子同歸〕"라고 하였다. '봄날 해가 더디고 더디다.'라고 재차 말하였으니, 이는 사람의 마음이 시절에 감응한 것을 말한 것이다. 아가씨의 마음이 느낀 것은 □ 때문이 아니고 더디고 더디기 때문이다. 그러므로 거듭 말한 것이다. 흰 쑥의 용도는 누에를 기르는 것이라고 한다. ≪毛詩正義≫에 "지금도 그것을 쓴다."라고 하였으니,[143] 옳은 듯하다. '祈祈'[144]는 많은 것이다. 아가

140) 大火心星 : 心宿의 두 번째 별인 大火星을 가리킨다. 蔡沈 注에 의하면, 음력 6월 저녁에 남방에 뜨고 7월 저녁이 되면 아래로 내려가 서쪽으로 흐른다고 하였다.

141) 一 : ≪詩經≫ 〈豳風 七月〉 제1장 "一之日觱發"의 '一'을 가리킨다.

142) 一之日은……같다 : 一之日은 一陽이 처음 생기는 달이라는 뜻으로 음력 11월을 가리킨다. 冬之日은 겨울이 시작되는 동짓달(11월)을 말하고, 夏之日은 여름이 시작되는 5月을 말한다.

143) 毛詩正義에……하였으니 : ≪毛詩正義≫ 孔穎達 疏에 "흰 쑥은 누에를 기르는 것이니, 요즘 사람들도 여전히 그것을 사용한다.〔白蒿所以生蠶 今人猶用之〕"라고 하였다.

144) 祈祈 : ≪詩經≫ 〈豳風 七月〉에는 '祁祁'로 되어 있다.

씨가 누에치는 일에 부지런히 힘쓰니, 수고롭고 또 서글픈 것이다. 대개 衣裝을 준비하는 까닭은 부귀한 公子 같은 이를 만나 제때에 시집가기를 바라기 때문이다.

○ "8월에 갈대를 벤다.〔八月萑葦〕"라는 것도 누에치는 일을 준비하는 것이다. "누에치는 달에는 뽕나무 가지를 친다.〔蠶月條桑〕"라는 것은 누에가 자라는 달에 해당한다. 한 해 기후의 빠르고 늦음을 계산하는 것은 몇 월이라고 지정할 수 없기 때문이다. '누에가 자라는 달에는 마땅히 뽕나무 가지를 쳐야 하니, 도끼와 모난 도끼를 사용하는 것도 그 도구를 미리 준비해 두어야 한다.'는 말이다. 멀리 뻗은 가지를 베고 여린 뽕잎을 따는 것은 모두 모난 도끼와 도끼를 사용한다. "우리 붉은 색이 매우 빛난다.〔我朱孔陽〕"라는 것은 검고 누런 색깔로 물들일 적에 내가 특히 붉은 색에 공을 들여 선명하게 한 것을 말하니, 대개 公上(관청)에 바쳐 公子의 衣裳을 만들기 때문이다. "公子의 갖옷을 만든다.〔爲公子裘〕", "3년 된 돼지는 公所에 바친다.〔獻豣于公〕"라는 것이 모두 이런 의미이다. 백성들이 의리를 아는 것이 이와 같으니, 아름다운 풍속이 이루어진 것이다.

○ '其同'145)은 모여서 함께 일하는 것을 일컫는다. '纘'146)은 계속한다는 의미이니, 수련하고 익히는 것을 말한다. 뒤의 "우리 농사가 이미 모였다.〔我稼既同〕"라는 것은 거두어 모으는 것을 말한다. '斯螽'·'莎雞'·'蟋蟀'은 해설하는 자가 세 종류의 생물로 여겼으나,147) 시의 의미를 상고해보면 한 종류의 생물인 듯하니, 때에 따라 명칭을 달리한 것이다. "다리를 떤다.〔動股〕"라는 것은 처음으로 뛸 때이고, "날개를 떨친다.〔振羽〕"라는 것은 날개가 완성된 때이다. "구멍을 막다.〔穹窒〕"라고 하였다.

○ "아, 우리 妻子들아.〔嗟我婦子〕"라는 것은 그들이 부지런히 일하여 한 해의 일이 이미 끝났고, 또 다시 해가 바뀔 때의 일을 해서 한 해가 저물 때에 집으로 들어가서 지내는 것을 탄식한 것이다. "6월에는 아가위와 머루를 먹는다.〔六月食鬱及薁〕"라는 것으로부터 이하의 과일·채소·대추·술은 모두 노인을 봉양하는 음식이다. "7월에는 오이를 먹는다.〔七月食瓜〕"라는 것 이하는 모두 壯者의 음식이다. 그러므로 "우리 농부

145) 其同 : ≪詩經≫ 〈豳風 七月〉 제4장 "二之日其同"의 '其同'을 가리킨다.
146) 纘 : ≪詩經≫ 〈豳風 七月〉 제4장 "載纘武功"의 '纘'을 가리킨다.
147) 해설하는……여겼으나 : ≪毛詩正義≫ 鄭玄 箋에 "'7월에는 들에 있고'부터 '10월에는 나의 침상 밑으로 들어온다.'까지는 모두 蟋蟀을 말한 것이다. 이 세 종류의 생물이 이와 같은 점을 말하여 장차 추위가 갑자기 오지 않고 점차 이를 것을 드러낸 것이다.〔自七月在野 至十月入我牀下 皆謂蟋蟀也 言此三物之如此 著將寒有漸非卒來也〕"라고 하였다.

들을 먹인다.〔食我農夫〕"라고 말한 것이다.

○ 여러 씨앗을 모두 거두어들이면 농사일이 끝난다. 그러므로 우리 농부들이 부지런히 일하고 또 다시 가옥을 수리하는 일을 하는 것을 탄식한 것이다. '上入'[148]은 都邑의 거처로 옮겨서 들어가는 것이니, 지붕에 올라가 덮거나 수리하는 것이다. '새끼줄〔綯〕'은 지붕을 덮을 때 쓰는 것이다. 얼음을 캐는 것은 반드시 연말에 하고, 봄이 올 때까지 보관한다. 그러므로 "三陽의 날에 氷庫에 넣는다.〔三之日納于凌陰〕"라고 한 것이다. 얼음을 보관하는 것은 더위에 대비하는 것이고, 얼음을 꺼내는 것을 반드시 仲春에 하는 것은 계절의 기후를 따른 것이다. 四陽의 날〔二月〕 아침 염소를 바치고 부추로 제사 지낼 적에 제일 먼저 얼음을 쓰고, 계절이 여름이 되어 얼음을 나누어주는 것은 그 후에 사용하는 때이다.

"여럿이 모여 술로 연회를 한다.〔朋酒斯饗〕"라는 것은 한 해의 일이 끝난 뒤 여럿이 모여 그 즐거움을 누리는 것이다. "염소와 양을 잡는다.〔殺羔羊〕"라는 것은 성대한 禮를 말한다. '公堂'은 많은 사람이 모이는 곳을 공적으로 만든 것이니, 鄕校가 그곳이다. 뿔잔을 드는 것은 축배라는 말이니, 백성들이 서로 더불어 즐기면서 장수하기를 기원하는 것이다. 이 시에는 대부분 철에 따라 생산하는 물산을 나열하였으니, 큰 요점은 한 해 절기의 변천과 人事가 제때에 미쳐야 함을 말한 것이다. 말한 바가 간혹 ≪禮記≫ 〈月令〉과 다른 것은 〈월령〉은 대부분 그 처음을 거론하고 이 시에서는 단지 그 때가 있음을 말하였으니, 처음 있는 것을 말할 필요가 없기 때문이다.

兕觥(뿔잔)

周公爲此詩는 欲成王知先公先王致王業之由와 民之勞力趨時와 稼穡(색)之艱難如此라 大火流下면 歲過中而行暮矣니 當有卒歲之具와 禦冬之備라 故로 以七月流火로 爲首章也라 一은 一陽之月也라 一之日은 猶云冬之日夏之日也라 同我婦子는 我婦子同來致餉也라 盡室從事耕作하니 農官至而喜之也라 春日遲遲어든 采蘩祈(기)祈하나니 女心傷悲여 殆及公子同歸로다

148) 上入 : ≪詩經≫ 〈豳風 七月〉 제7장 "上入執宮功"의 '上入'을 가리킨다.

再云春日遲遲①하니 此道人情之感時也라 女心之感은 不由②而由遲遲라 故로 重言之라 蘩之用은 云生蠶이라 正義云 今亦用之하니 應是也라 祁祁는 衆多라 女勤力蠶事하니 勞且傷悲也라 蓋所以爲衣裝之備는 庶幾得如富貴之子하여 及時而行也③일새라 ○ 八月萑(환)葦도 亦蠶備也라 蠶月條(도)桑은 當蠶長之月也라 計歲氣之早晚은 不可指定幾月也일새라 言蠶長之月엔 當枝落桑하니 則用斧斨(장)도 亦預備其器具也라 伐遠揚以猗(의)女桑은 皆用斨斧라 我朱孔陽은 言染爲玄黃之色할새 我特致功於朱使鮮明이니 蓋所以供公上爲公子之衣裳故也라 爲公子裘와 獻豜(견)於公이 皆此義也라 民之知義如此니 則美俗成矣라 ○其同은 謂會聚共事也라 纘은 繼續之義니 謂修肄也라 後我稼既同은 謂收聚也라 斯螽(종)莎雞蟋蟀(실솔)은 說者雖爲三物이나 然考詩意면 恐是一物이니 隨時異名耳라 動股는 始躍이요 振羽는 翅(시)成이라 穹窒(질)④이라 ○ 嗟我婦子는 嘆其勤勞하여 歲事既終하고 又復爲改歲之事하여 歲暮入居室也라 自六月食鬱及薁(욱)已下의 果蔬棗酒는 皆爲養老之具라 七月食瓜已下는 皆爲壯者之食이라 故云食(사)我農夫라 ○ 諸種皆入이면 農事畢矣라 故로 嘆我農夫之勤勞하고 又復執宮功也라 上入은 遷入都邑之居也니 乘屋蓋治也라 綯는 所用蓋屋이라 鑿冰은 必在歲末하고 而藏之須待春至라 故云三之日納於凌陰이라 藏冰所以備暑요 而開冰必以仲春은 所以順時氣也라 其蚤用之於獻羔祭韭(구)요 時夏頒冰은 是其後用時也라 朋酒斯饗은 歲功既畢하여 朋聚以饗其樂이라 殺羔羊은 謂盛禮라 公堂은 公爲衆人會集之所니 鄉校是也라 稱兕觥(시굉)은 祝觴之辭니 民相與爲樂하여 祝以壽考也라 此詩는 多陳節物하니 大要는 言歲序之遷과 人事當及時耳라 所言이 或與月令異者는 月令多擧其始요 此但言其有時하여 不必始有也일새라

① 위에 이미 "봄날 해가 비로소 따뜻해졌다.[春日載陽]"라고 하였다.
上已云 春日載陽.

② 한 글자가 빠졌다.
缺一字.

③ "구름처럼 많도다."[149]라는 것이다.
祁祁如雲.

④ 〈東山〉에서 이미 풀이하였다.[150]
東山中已解.

---

149) 구름처럼 많도다 : ≪詩經≫ 〈大雅 韓奕〉의 "祁祁如雲"을 가리킨다.

150) 東山에서……풀이하였다 : 〈東山〉은 ≪詩經≫ 豳風의 편명으로, 伊川은 〈동산〉을 해설하면서 "'구멍을 막다.[穹窒]'라는 것은 쥐구멍을 막는 것이니, '穹'은 구멍이고 '窒'은 흙으로 막는 것이다.[穹窒 鼠穴穹空 窒 所塞土也]"라고 하였다.

치효 鴟鴞

管叔과 蔡叔[151]이 유언비어를 퍼뜨리고 반란을 일으켰으니, 이는 亂이다. 成王이 어려서 周公의 뜻을 알지 못하니, 주공이 이 시를 지어 王業의 어려움과 왕실이 무너지는 것을 차마 볼 수 없다는 생각을 고하여 왕의 마음을 깨우친 것이다. 이것이 주공이 정벌에 나서 난을 구제하고자 한 마음이요, 이 시를 지은 뜻이다. 이 시의 章句는 완전하지 않아 그 전체를 궁구할 수 없으니, 남아 있는 것에 의거하여 말하는 것이 옳다. '올빼미〔鴟鴞〕'는 나쁜 새이다. 올빼미를 불러 이르기를 '네가 이미 내 새끼를 잡아갔으니, 다시 내 집을 부수지 말지어다.'라고 하였다. 올빼미는 惡을 행하는 자를 비유한 것이고, 새끼〔子〕는 관숙·채숙을 비유한 것이고 집〔室〕은 왕실을 비유한 것이다. 관숙·채숙은 주공과 친형제 사이지만 〈武庚이〉 그들과 더불어 난을 일으켰으니, 이것이 '이미 내 새끼를 잡아갔다.'는 것이며, 다시 우리 왕실을 무너뜨리지 말라는 말이다.

鴟鴞(올빼미)

'恩斯'[152]는 애정을 말한 것이다. '勤斯'는 독실하고 도타움을 말한 것이다. 친형제간의 사랑하는 마음과 독실하고 도타운 생각으로 자식을 기르는 방도를 배양하였으니 불쌍히 여길 만한 일인데, 지금 자식을 잡아갔으니 그 해악이 심하다. 이는 모두 올빼미에게 이르는 말이지만, 그렇게 말하는 자가 무엇을 주체로 삼은 것인지는 모르겠다. "하늘에 아직 장맛비가 내리지 않을 때에 미쳐서〔迨天之未陰雨〕" 이하는 안전하고 견고하게 외부의 침입을 막는 방도를 스스로 만든 것이 이처럼 심원하고 지극한데도 오히려 간혹 그를 업신여기기도 한다는 점을 말하고서 새가 등장하여 '너희 下民들아.'라고 한 것을 일으켰으니, 의리상 편안하지 않다.

'拮据'[153]는 손으로 쥐는 모양이다. '捋荼'[154]는 쪼개고 꺾는 모양인데, 그 뜻이 그러

151) 본서 52쪽 주 49) 참조.
152) 恩斯 : ≪詩經≫ 〈豳風 鴟鴞〉 제1장 "恩斯勤斯"의 '恩斯'를 가리킨다.

한 것인지 의심된다. '蓄租'[155]는 쌓아서 모으는 것이다. '卒瘏'[156]는 병에 이른 것이다. 이처럼 수고로운 까닭은 아직 집이 없기 때문이니, 王業을 이루는 어려움을 일으킨 것이나. 나의 깃과 꼬리가 다 닳은 뒤에 집이 완성된다. '翹翹然'[157]은 높고 장대한 모양이다. 이미 그 성취하는 수고로움이 이와 같기 때문에 비바람에 흔들리면 그 소리가 근심스럽고 두려운 것이다. 이는 주공의 시이니, 그래서 말이 애절하고 의미가 간절하다.

管蔡流言及叛하니 是亂也라 成王幼而未知周公之志하니 公爲此詩하여 告以王業艱難과 不忍其毁壞之意하여 以悟王心이라 此周公出征救亂之心이요 作詩之志也라 此詩章句不完하여 莫可究其全體니 據所存而言之가 可也라 鴟鴞(치효)는 惡鳥라 呼而謂之하되 爾旣取我子矣어니 無更毁壞我室이어다 鴟鴞는 喩爲惡者요 子는 喩管蔡요 室은 喩王室이라 管蔡骨肉이로되 而與之爲亂하니 是旣取我子矣요 毋更毁壞我王室也라 恩斯는 謂情愛라 勤斯는 謂篤厚라 以骨肉情愛之心과 篤厚之意로 養鬻(육)①子之道하니 可憫惻也어늘 今乃取之하니 其毒이 甚矣라 此皆謂鴟鴞之言이나 不知謂之者主何物也라 迨天之未陰雨而下는 言自爲安固閑防之道가 深至如此로되 而尙或侮之하여 興禽出而謂曰汝下民하니 義不安이라 拮据는 持捋(랄)貌라 捋荼는 披折貌나 疑其義然이라 蓄租는 積取也라 卒瘏(도)는 致病也라 所以如是勞苦는 以未有室家也니 興成王業之難이라 予羽尾殘敝하고 然後成室이라 翹(교)翹然은 高壯貌라 旣其成就之勞如此라 故로 爲風雨漂搖면 則其聲憂懼라 此周公之詩니 所以辭哀而意切也라

①〈'鬻'은〉 '育'자와 통용된다.
育字通用.

동산 東山

〈小序의〉 '완전〔完〕'은 그가 군대를 온전히 하여 돌아와 사망할 근심이 없는 것을 말한다. '생각〔思〕'은 그들의 수고로움을 생각하고 그들의 집이 황폐해진 것을 생각한 것

---

153) 拮据 : ≪詩經≫ 〈豳風 鴟鴞〉 제3장 "予手拮据"의 '拮据'를 가리킨다.
154) 捋荼 : ≪詩經≫ 〈豳風 鴟鴞〉 제3장 "予所捋荼"의 '捋荼'를 가리킨다.
155) 蓄租 : ≪詩經≫ 〈豳風 鴟鴞〉 제3장 "予所蓄租"의 '蓄租'를 가리킨다.
156) 卒瘏 : ≪詩經≫ 〈豳風 鴟鴞〉 제3장 "予口卒瘏"의 '卒瘏'를 가리킨다.
157) 翹翹然 : ≪詩經≫ 〈豳風 鴟鴞〉 제4장 "予室翹翹"의 '翹翹'를 가리킨다.

을 이른다.[158] '東山'은 정벌한 지역이니, 淮夷[159]이다. '慆慆'[160]는 어지러워 끝이 없는 형상이니, 정벌이 오래되었음을 말한다. 장맛비가 내리면 行役이 더욱 고달프고, 가랑비가 내릴 때에는 나그네의 마음이 서글프다. 내가 동쪽에 있으면서 돌아갈 것을 생각하면 서쪽이 슬프다는 것은 서쪽을 생각하며 슬퍼한다는 말이다. "저 衣裳을 만든다.〔制彼裳衣〕"라는 것은 돌아갈 행장을 꾸리는 것이다. '士'[161]는 일삼음이고, '枚'는 '일일이'라는 뜻이다. '勿事行枚'[162]는 마땅히 돌아가야 한다는 말이다. 뽕나무벌레〔蠋〕는 몸을 말아 나뭇잎 속에서 사니, 士卒이 홀로 처하여 그 몸을 스스로 보호하여 우두커니 수레 아래에서 홀로 자는 것과 같다.

蠋(뽕나무벌레)

'烝'[163]은 위로 늘어선 것이니, '升'이라고 하는 것과 같다. 뽕나무벌레가 잎사귀 속에 있기 때문에 "위로 뽕나무 들판에 있도다.〔烝在桑野〕"라고 한 것이다. 군사들이 밖에 있는 것이 오래되고 왕래하는 것이 수고로운 것을 매 章마다 거듭 말하여 깊이 감동하고 생각함을 드러내었다. 丁夫가 軍役을 살아 농사일이 중단되고 집안이 마침내 황폐해졌으니, "果贏의 열매〔果贏之實〕" 이하가 이것이다. 저곳에 있으면서 이와 같은 것을 생각한 것이다. '町畽'[164]은 농막집 곁의 밭두둑이니, 사슴들의 마당이 되었다. 집안이 황폐해진 것을 두려워한 것으로 여겨서는 안 되고 마땅히 그리워한 것으로 여

158) 완전은……이른다 : ≪詩經≫ 〈豳風 東山〉 小序에 "〈東山〉은 周公이 東征한 것을 읊은 시이다. 주공이 東征하여 3년 만에 돌아오는데, 돌아오는 군사들을 위로하니, 대부가 이를 찬미하였다. 그러므로 이 시를 지은 것이다. 제1장은 그의 완전을 말한 것이고, 제2장은 그의 생각을 말한 것이고, 제3장은 그들의 室家가 자신을 기다리는 심정을 말한 것이고, 제4장은 男女의 혼인이 제때에 미침을 즐거워한 것이다.〔東山 周公東征也 周公東征 三年而歸 勞歸士 大夫美之 故作是詩也 一章 言其完也 二章 言其思也 三章言其室家之望女也 四章 樂男女之得及時也〕"라고 하였다.
159) 淮夷 : 淮水 가에 있는 이민족이다.
160) 慆慆 : ≪詩經≫ 〈豳風 東山〉 "慆慆不歸"의 '慆慆'를 가리킨다.
161) 士 : ≪詩經≫ 〈豳風 東山〉 제1장 "勿士行枚"의 '士'를 가리킨다.
162) 勿事行枚 : ≪詩經≫ 〈豳風 東山〉 제1장 "勿士行枚"를 가리킨다.
163) 烝 : ≪詩經≫ 〈豳風 東山〉 "烝在桑野", "烝在栗薪"의 '烝'을 가리킨다.
164) 町畽 : ≪詩經≫ 〈豳風 東山〉 제2장 "町畽鹿場"의 '町畽'을 가리킨다.

겨야 한다. 이 말과 '勿士行枚'는 모두 人情의 바르고 마땅한 것이지만, 스스로 힘쓴다는 의미가 있다.

'垤'[165]은 작은 언덕이다. 장맛비의 징후가 있으면 아내는 남편의 수고로움을 생각하며 슬프게 탄식하고, 또 그가 떠난 지 오래되었음을 계산하여 장차 돌아올 날을 생각한다. "나의 征役이 마침내 이르렀다.〔我征聿至〕"라는 것은 나의 행차가 드디어 이르렀다는 말이다. '穹窒'[166]은 쥐구멍을 막는 것이니, '穹'은 구멍이고, '窒'은 흙으로 막는 것이다. 이는 남편이 장차 이를 것을 생각하여 청소하다가 그가 오랫동안 行役에 얽매여 있음을 재차 한스러워하여 그리워하는 심정이 간절함을 드러낸 것이다.

'有敦'[167]은 둥글게 자란 형상이다. '瓜苦'는 오이 가운데 쓴 것으로, 밤나무 섶 위로 덩굴을 뻗는다. '밤나무 섶〔栗薪〕'은 단단한 나무이다. 오이가 쓰기 때문에 사람들이 따지 않아 항상 그곳에 달려 있다. 단단한 나무에서 자란다는 것은 매달린 것이 견고함을 말하니, 남편이 군역에 나가 오랫동안 머물러 돌아오지 않음을 비유하여 쓴 오이가 단단한 나무에 매달려 있는 것처럼 내가 남편을 보지 못한 것이 지금 3년이나 되었다고 말한 것이다.

제4장은 돌아와 제때에 미쳐 婚姻의 禮를 이룬 것을 말하였으니, 人情이 즐거워하는 바이다. 꾀꼬리〔倉庚〕의 깃이 선명한 것은 혼인할 때이다. 시집가는 여자가 시집갈 적에 그 말이 황백색에 얼룩무늬인 것은 문채가 있는 것이다. "친히 그 향주머니를 매었다.〔親結其縭〕"라는 것은 시집가는 여자가 직접 맨 것이다. "아홉 가지 열 가지 그 威儀로다.〔九十其儀〕"라는 것은 威儀가 많은 것이다. 돌아와 처음 혼인하는 것도 매우 기쁜데, 예전에 혼인한 사람들이 서로 만나는 기쁨은 마땅히 어떠하겠는가.

完은 言其完師而歸하여 無死亡之患也라 思는 謂念其勤勞하고 思其廬室荒廢也라 東山은 所征之地니 淮夷也라 (滔滔)〔慆慆〕[168]는 紛紛不窮之狀이니 言其久也라 陰雨則行役尤苦하고 濛濛之時엔 羈旅愁慘이라 我在東而念歸則西悲는 謂懷西而悲也라 制彼裳衣는 治歸裝也라 士는 事也①요 枚는 歷也②라 勿事行枚는 言當歸也라 蠋은 卷在葉中居하니 如士卒之獨處하여 自保其身하여 敦(퇴)然獨宿於車下也라 烝은 上比也니 猶云升也라 蠋在葉中이라 故로 云烝在桑野라

165) 垤 : ≪詩經≫ 〈豳風 東山〉 제3장 "鸛鳴于垤"의 '垤'을 가리킨다.
166) 穹窒 : ≪詩經≫ 〈豳風 東山〉 제3장 "洒埽穹窒"의 '穹窒'을 가리킨다.
167) 有敦 : ≪詩經≫ 〈豳風 東山〉 제3장 "有敦瓜苦"의 '有敦'을 가리킨다.
168) (滔滔)〔慆慆〕 : 저본에는 '滔滔'로 되어 있으나, ≪毛詩正義≫에 의거하여 '慆慆'로 바로잡았다.

其在外之久와 往來之勞를 每章重言하여 見(현)其感念之深이라 丁夫于役하여 田事廢하고 室廬遂荒하니 果蠃(라)已下가 是也라 在彼思念其如此라 町畽(전탄)은 廬傍畦壟(휴롱)이니 爲麋鹿之場也라 不可以荒毁爲畏요 當以爲懷也라 此言與勿士行枚는 皆人情之正當이나 然有自勉之意라 垤은 丘垤也라 有陰雨之候면 則婦思念其勞而悲嘆하고 又計其行之久하여 念其將至라 我征聿至는 謂我之行者其遂至也라 穹窒은 鼠穴이니 穹은 空也요 窒은 所壅土也라 念其將至而灑拚(쇄반)③이라가 復恨其留繫之久하여 見(현)其思望之情切也라 有敦(단)은 圓成之狀이라 瓜苦는 瓜之苦者로 延蔓栗薪之上이라 栗薪은 堅木이라 以其苦로 人所不取하여 常在其所라 施於堅木은 言繫之固니 以(此)[比][169]君子于役에 久留滯不還하여 言如苦瓜而繫堅木也하여 自我不見이 今三年矣라 四章言歸而及時成婚姻之禮니 人情之所樂也라 倉庚之羽鮮明은 婚姻之時也라 嫁女之歸에 其馬皇駁은 有文彩也라 親結其褵는 女之親結之라 九十其儀는 儀之多也라 其歸而成新昏도 且甚嘉이니 其舊昏相見之歡은 當如何也아

① 孔悝의 鼎銘에 "흥기하여 선한 일을 따랐다."라고 하였다.
孔悝(회)鼎銘曰 "作率慶士"
② 枚卜[170]이라고 할 때의 枚이다.
枚卜之枚.
③ 〈'拚'[171]은〉 甫와 問의 反切音으로 읽는다.
甫問切.

파부 破斧

이 시는 朝廷에서 周公을 알아주지 않는 것을 周나라 大夫가 풍자한 것인데, 小序에 "〈周나라 大夫가〉 네 나라를 미워한 것이다."[172]라고 하였으니, 네 나라가 亂을 일으켰는데 어찌 '미워한 것이다.'라고 말할 수 있겠는가. 斧[173]와 斨[174]부터 錡와 銶에 이

169) (此)[比] : 저본에는 '此'로 되어 있으나, 中華書局本에 의거하여 '比'로 바로잡았다.
170) 枚卜 : 일일이 점을 쳐 관원을 선발하는 것을 말한다.
171) 拚 : 拚은 拌의 속자로, '버리다' 또는 '치우다'의 의미이다.
172) 周나라……것이다 : ≪詩經≫ 〈豳風 破斧〉 小序에 "〈破斧〉는 周公을 찬미한 시이니, 周나라 대부가 네 나라를 미워한 것이다.[破斧 美周公也 周大夫以惡四國焉]"라고 하였다. 네 나라는 管나라·蔡나라·商나라·奄나라를 가리킨다.
173) 斧 : 자루를 박는 구멍이 타원형인 도끼이다.
174) 斨 : 자루를 박는 구멍이 네모인 도끼이다.

르기까지 모두 사람이 사용하는 도구이다. 나라를 세우고 친족을 봉하며, 典禮를 제정하고 政刑을 확립하는 것은 모두 천하의 쓰임이 되니, 사람에게 器用이 있는 것과 같다. 그러므로 도끼〔斧〕로써 그 뜻을 일으킨 것이다. '이미 내 斧를 부수고 또 장차 내 斯을 망가뜨리려 한다.'고 한 것이다.

商나라・奄나라는 처음에 管叔과 蔡叔을 따라 유언비어를 퍼뜨리고 마침내 반란을 일으켜 장차 천하를 더욱 동요시켜 王業을 손상시키려 하여 惡이 날로 불어나니 속히 주벌해야 했다. 주공이 동쪽을 정벌한 까닭은 네 나라를 바로잡으려 해서이다. 주공의 마음은 王家의 일에 부지런하여 이처럼 백성을 애처롭게 여길 수 있었으니, 그 德이 또한 매우 컸다. '將'[175]은 큰 것이다. '我人'[176]은 '我公'이라고 말한 것과 같다. '이 사람들을 애처롭게 여길 만하다.'라고 말한 것은 긴박하고 절실한 말이다.

'끌〔錡〕'은 도끼의 등속이니 더욱 해로움이 있을 것임을 말한 것이다. '訛'와 '吪'[177]는 같으니, 동요하는 것이다. 혹 잠잠하기도 하고 혹 동요하기도 하여 四國에서 진동하니, 이 네 나라의 혼란이 진동하기 때문인지라 그것이 천하를 더욱 혼란하게 할까 염려한 것이다. '嘉'[178]는 善한 것이다. '銶'[179]는 무슨 물건인지 모르겠지만, 요컨대 錡보다 더 큰 기물일 것이다. '遒'[180]는 당장 급한 것이니, 訛에 절실함을 더한 것이다. '休'[181]는 아름다움이다. 주공의 충성스럽고 근면함을 애처롭게 여겨 매우 아름답다고 말하였으니, 조정에서 그를 알아주지 않는 것을 풍자한 것이다.

豳風의 시에 〈七月〉은 王業을 진술한 것이고, 〈鴟鴞〉는 成王에게 준 것이고, 〈東山〉은 동쪽으로 정벌한 것을 말한 것이고, 〈破斧〉・〈伐柯〉・〈九罭〉은 모두 조정에서 주공을 알아주지 않는 것을 풍자한 것이다. 풍자에는 다시 얕고 깊은 차이가 있으니 시를 살펴보면 알 수 있다. 〈狼跋〉은 주공이 성스러움을 잃지 않은 것을 찬미한 것이다.

是詩也는 周大夫刺朝廷之不知周公也어늘 而云惡(오)四國이라하니 四國爲亂이어늘 何足云惡也리오 斧也斯也로 以及錡銶는 皆人之所用이라 建國封親하며 制典禮하고 立政刑은 皆爲天下

175) 將 : ≪詩經≫ 〈豳風 破斧〉 제1장 "亦孔之將"의 '將'을 가리킨다.
176) 我人 : ≪詩經≫ 〈豳風 破斧〉 "哀我人斯"의 '我人'을 가리킨다.
177) 吪 : ≪詩經≫ 〈豳風 破斧〉 제2장 "四國是吪"의 '吪'를 가리킨다.
178) 嘉 : ≪詩經≫ 〈豳風 破斧〉 제2장 "亦孔之嘉"의 '嘉'를 가리킨다.
179) 銶 : ≪詩經≫ 〈豳風 破斧〉 제3장 "又缺我銶"의 '銶'를 가리킨다.
180) 遒 : ≪詩經≫ 〈豳風 破斧〉 제3장 "四國是遒"의 '遒'를 가리킨다.
181) 休 : ≪詩經≫ 〈豳風 破斧〉 제3장 "亦孔之休"의 '休'를 가리킨다.

之用이니 猶人之有器用也라 故로 以斧爲興이라 言旣破毁我斧하고 又將缺我斨矣①라 商奄은 始率管蔡爲流言하고 遂以叛하여 將益動天下하여 以傷壞王業하여 惡日以滋하니 當速誅也라 周公所以東征은 四國是皇也②일새라 周公之心은 勤勞王家하여 如是可哀也하니 其德亦甚大矣라 將은 大也라 我人은 猶云我公也라 云斯人可哀는 迫切之辭라 錡는 斧屬이니 言益將有害라 訛與吪同이니 動也라 或寢或吪하여 振動於四國하니 爲是四國之亂振動이라 恐其益亂天下라 嘉는 善也라 銶는 不知何物이나 要之컨대 器之大於錡者라 遒(주)는 逕急也니 加切於訛라 休는 美也라 哀周公之忠勤하여 謂之甚美하니 所以刺朝廷之不知也라 豳詩에 七月은 陳王業하고 鴟鴞는 遺王하고 東山은 言東征하고 破斧伐柯九罭(역)은 皆刺朝廷之不知周公이라 於刺也에 復有淺深之異하니 觀詩면 可見이라 狼跋은 美不失其聖이라

① 斨은 자루 구멍을 네모로 낸 큰 도끼이다.
斨, 方孔而大者.
② 皇은 ≪爾雅≫〈釋言〉에 "바로잡는 것이다."라고 하였다.
皇, 釋言 "匡正也."

벌가 伐柯

〈破斧〉는 周公의 충성스럽고 근면함과 네 나라의 혼란을 근심한 것과 천하 사람들이 그들을 정벌하는 급박함이 이와 같음을 말한 것이다. 〈伐柯〉는 이미 죄인을 잡은 뒤에 주공이 천천히 머물며 돌아오지 않자 조정에서 주공을 돌아오게 할 방도를 알지 못하는 것을 士大夫가 풍자한 것이다. 도끼〔斧〕와 도끼자루〔柯〕는 두 물건이 합쳐진 뒤에 쓰임을 이룬다. 그러므로 이로써 君・臣과 夫・婦의 화합을 일으킨 것이다. 도끼자루를 베는 것은 도끼가 아니면 할 수 없고, 아내를 얻는 것은 중매가 아니면 이루어지지 않으니, 각각 그 방도가 있음을 말한 것이다. 지금 주공이 돌아오기를 바란다면 또한 반드시 그 방도가 있어야 한다.

제2장은 그 방도를 말한 것이다. 도끼자루를 베는 것은 그 법도를 취하는 것이 멀지 않아 잡고서 베는 것이 곧 도끼자루이니, 그것으로 법칙을 삼으면 옳다. 지금 주공을 돌아오게 하려면 주공에게서 법칙을 취하는 것이 옳다. 주공은 거동할 적에 반드시 禮로써 하는 사람이니, 또한 마땅히 禮로써 그를 부르면 주공을 만나볼 수 있을 것

이다. 그러므로 '우리가 그분을 만나보고자 하면 오직 禮로써 하는 것이 옳다.'라고 한 것이다. '籩豆'는 禮器이니, 禮를 행하는 도구이다. ≪論語≫에 "俎豆에 대한 일"[182]이라고 한 것과 "籩豆에 진열한 것이 있다.〔籩豆有踐〕"[183]라고 한 것은 禮儀에 이런 그릇을 쓰는 것을 말한 것이다.

破斧는 言周公之忠勤과 憂四國之亂과 天下征之之急如此라 伐柯는 乃既得罪人之後에 周公遲留未歸하니 士大夫刺朝廷之不知所以還周公之道라 斧也柯也는 二物合而後成用이라 故로 以興君臣夫婦之合이라 伐柯는 匪斧則不能하고 娶妻는 匪媒則不成하니 言各有其道라 今欲周公之歸어든 亦必有其道也라 二章은 言其道라 伐柯는 其取則(칙)不遠하여 所執而伐者가 乃柯也니 以之爲則(칙)이면 則是矣라 今欲反周公이어든 取則(칙)於周公이 可也라 周公者는 動必以禮者也니 亦當以禮致之면 則周公을 可得而覯見也라 故로 云我欲覯見之子면 惟以禮乃可라 籩豆는 禮器니 所以行禮라 語云俎豆之事와 籩豆有踐은 謂禮儀是用也라

豆

구역 九罭

周公이 시를 지어 成王에게 주었으나, 성왕이 주공의 뜻을 알지 못하였다. 그러므로 주공이 동쪽에 머물며 돌아오지 않자, 朝廷에서 주공을 돌아오게 할 방도를 알지 못하는 것을 士大夫가 비로소 풍자한 것이다. 또한 그리워하는 것이 간절하고 풍자하는 것이 깊으니, 조정에 있는 사람들이 주공을 빨리 돌아오게 하지 않는 것을 꾸짖은 것이다. '아홉 주머니가 달린 그물〔九罭〕'은 그물이 단단하고 촘촘한 것이다. '송어와 방어〔鱒魴〕'는 물고기 중에 맛있는 것이다. 아홉 주머니가 달린 그물이면 송어와 방어

182) 俎豆에……일 : 衛 靈公이 孔子에게 陣法을 묻자, 공자가 "俎豆에 대한 일은 일찍이 들었거니와, 군대에 관한 일은 배우지 못했습니다.〔俎豆之事 則嘗聞之矣 軍旅之事 未之學也〕"라고 하고, 다음날 드디어 떠나갔다.(≪論語≫ 〈衛靈公〉)
183) 籩豆에……있다 : ≪詩經≫ 〈豳風 伐柯〉에 보인다.

를 얻고, 융숭하고 후한 禮를 쓰면 聖賢을 얻는다. 내가 그분을 만나고자 하면 마땅히 上公의 禮服을 입고 그에게 가서 맞이해야 한다.

제2장은 주공이 제자리를 얻지 못한 것을 말한 것이다. "기러기가 날아간다.〔鴻飛〕"라는 것은 하늘에 떠 있는 것이니, 지금 물가를 따라 날아가는 것은 제자리를 얻지 못한 것을 말한다. 주공이 이미 정벌을 하고 돌아왔으니, 주공이 제자리를 얻지 못한 것은 대개 조정에서 師保의 중대한 禮로써 가서 맞이하지 않았기 때문이다. '주공으로 하여금 밖에서 제자리를 얻지 못하게 한다면 너에게서 이틀 밤을 편안히 머물 것이다.'라는 것은 조정에 있는 사람들을 깊이 꾸짖은 것이다. '宿'[184]은 편안히 쉬는 것이다. "돌아오지 못한다.〔不復〕"라는 것은 예전의 관직으로 돌아가지 못한 것을 이른다.

제4장은 주공을 돌아오게 하기를 바라는 진실하고 간절한 생각이다. '是以'[185]는 '所以'와 같으니, 조정에 袞衣[186]의 章服이 있는 이유는 聖賢을 존중하는 禮에 쓰기 때문이다. '無以'[187]의 '以'는 '用'이다. 이 袞衣를 사용하여 우리 주공이 돌아오는 것을 맞이하지 않으니, 士民의 마음으로 하여금 슬퍼하고 그리워하며 주공을 기다리게 하지 말라는 것이다.

周公이 爲詩遺王이나 王未知周公之志라 故로 公居東未反하니 士大夫始刺朝廷不知反周公之道①라 旣又思之切하고 刺之深하니 責在朝廷之人不速還公也라 九罭(역)은 網之固密者也라 鱒魴(준방)은 魚之美者②라 九罭之網이면 則得鱒魴之魚요 用隆厚之禮면 則得聖賢이라 我欲覯之子어든 當用上公之禮服으로 往逆之라 二章은 言公之不得其所也라 鴻飛는 戾天者也니 今乃遵渚(저)는 言不得其所라 公旣征而歸하니 則未得其所는 蓋朝廷未以師保重禮往逆也라 使公不得所於外어든 於汝信安處也矣는 深責在朝廷之人也라 宿은 安息也라 不復(복)은 謂未還舊職이라 四章은 祈反周公誠切之意라 是以는 猶所以니 朝廷所以有袞衣之章은 用尊禮聖賢이라 無以는 用也라 無以是服하여 逆我公歸來니 無使士民之心으로 悲思望公也라

① 〈伐柯〉가 이런 내용이다.
伐柯, 是也.

---

184) 宿 : ≪詩經≫ 〈豳風 九罭〉 제3장 "於女信宿"의 '宿'을 가리킨다.
185) 是以 : ≪詩經≫ 〈豳風 九罭〉 제4장 "是以有袞衣兮"의 '是以'를 가리킨다.
186) 袞衣 : 용 무늬를 새겨 넣은 帝王이나 上公이 입던 禮服을 말한다.
187) 無以 : ≪詩經≫ 〈豳風 九罭〉 제4장 "無以我公歸兮"이 '無以'를 가리킨다.

② ≪詩經≫에 "반드시 河水의 방어라야 하는가."[188]라고 하였다.
詩云 "必河之魴."

낭발 狼跋

周公이 섭정할 적에 위태롭고 의심받는 지위에 있어 비록 成王이 알아주지 않고 네 나라가 유언비어를 퍼뜨렸으나 끝내 그 聖德을 손상시킬 수 없었던 것은 그 忠誠이 王家에 있었고 탐욕스러운 사심이 없었기 때문이다. 이리[狼]는 짐승 중에 탐욕스러운 것으로 욕구를 추구하는 데 맹렬하기 때문에 함정에 빠지거나 그물에 걸려 앞으로 나아가면 턱살이 밟히고 뒤로 물러나면 꼬리에 걸려 넘어져 나아가고 물러나는 것이 곤란하고 험하다. 詩人이 그 점을 취하여 저 이리가 禍難과 危困을 불러온 바가 이와 같은 것은 그에게 탐욕스러움이 있기 때문이라는 것을 말한 것이다. 주공 같은 사람은 지극히 공정하고 사사로움이 없어서 나아가고 물러남을 道로써 하였으며, 利欲에 가려짐이 없고 겸손하게 물러나는 것으로써 처신하여 그 존귀함을 자처하지 않고 그 德을 자랑하지 않았다. 그러므로 비록 위태롭고 의심받는 지위에 있더라도 천천히 걷는 것이 편안하고 태연하여 붉은 신이 편안하였다.

'碩'[189]은 크다는 뜻이니, 높고 큰 지위를 말한다. '膚'는 아름답다는 뜻이니, 성대하고 아름다운 德을 말한다. '겸손[孫]'은 피하여 처하지 않는 것이다. 그의 겸손함이 숭고하고 성스럽고 지혜로움을 자처하지 않았으니, 이 때문에 천하 사람들이 성스러움을 칭송하고 위태로움에 처하여도 편안한 것이다. '几'[190]는 편안하다는 의미이니, 안석[几]이라고 이름을 붙인 것은 그런 의미를 취한 것이다. 이 절은 大舜이 이른바 "너는 자랑하지 않으나 천하에 너와 더불어 능함을 다툴 자가 없으며, 너는 과시하지 않으나 천하에 너와 더불어 공을 다툴 자가 없다."[191]라고 한 뜻이다. 만일 주공에게 탐

---

188) 반드시……하는가 : ≪詩經≫ 〈陳風 衡門〉에 "어찌 고기를 먹음에 반드시 河水의 방어라야 하는가. 어찌 아내를 얻음에 반드시 齊나라의 姜氏라야 하는가.[豈其食魚 必河之魴 豈其取妻 必齊之姜]"라고 하였다.

189) 碩 : ≪詩經≫ 〈豳風 狼跋〉 "公孫碩膚"의 '碩'을 가리킨다.

190) 几 : ≪詩經≫ 〈豳風 狼跋〉 제1장 "赤舃几几"의 '几'를 가리킨다.

191) 너는……없다 : ≪書經≫ 〈虞書 大禹謨〉에 帝舜이 禹에게 말하기를 "너는 자랑하지 않으나 천하에 너와 더불어 능함을 다툴 자가 없으며, 너는 과시하지 않으나 천하에 너와 더불어 공

욕스럽고 숭고함을 자처하고 명예를 얻으려는 마음이 있었다면 이처럼 천하 사람들의 인정을 얻을 수 있었겠는가. 오직 처신할 적에는 공손히 삼가는 태도로 공경하고 두려워하는 마음이 있었고, 誠心을 보존할 적에는 넓고 넓어 돌아보고 염려하는 생각이 없었으니, 이 때문에 그 성스러움을 잃지 않고 德音에 흠이 없었던 것이다.

先儒는 이리가 턱살을 밟히고 꼬리에 걸려 넘어져도 그 사나움을 잃지 않는다는 것으로써 주공이 그 성스러움을 잃지 않았다는 것을 일으킨 것으로 보았다. 이리가 그 사나움을 잃지 않는 것이 어찌 범과 표범만 하겠는가마는 어찌하여 유독 이리를 취한 것일까. 옛 시인은 비슷한 유형으로써 比하거나 興하였다. 이 때문에 香草로 君子를 비유하고 惡鳥로 小人을 비유하였으니, 어찌 승냥이와 이리로써 聖人을 일으킴이 있겠는가. 또한 위의 두 구절에서 턱살을 밟힌다고 말하고 꼬리에 걸려 넘어진다고 말한 것에는 실로 편안하고 진중하여 흠이 없다는 의미가 있다. 다만 이 시의 체제는 다른 시와 유사하지 않기 때문에 서로 통하지 않는다. 이 시는 六義[192]에 있어 比에 해당한다.

周公攝政할새 居危疑之地하여 雖成王不知하고 四國流言이나 終不能損其聖德者는 以其忠誠在於王家하고 無貪欲之私心也일새라 狼은 獸之貪者로 猛於求欲이라 故로 檻於機穽하고 羅縶(칩)하여 前跋後疐(치)하여 進退困險이라 詩人이 取之하여 以言夫狼之所以致禍難危困如是者는 以其有貪欲故也라 若周公者는 至公不私하여 進退以道하고 無利欲之蔽하며 以謙退自處하니 不有其尊하며 不矜其德이라 故로 雖在危疑之地라도 安步舒泰하여 赤舃(석)几几然也라 碩은 大也니 謂崇大之位라 膚는 美也니 謂盛美之德이라 遜者는 避而不居也라 其謙遜이 不以崇高聖智自處하여 所以天下稱聖하고 處危而安也라 几는 安義니 几之立名은 取其義也라 此大舜所謂汝惟不矜하나 天下莫與汝爭能하며 汝惟不伐하나 天下莫與汝爭功也라 使周公有貪欲崇高得名之心이면 其能得天下之與如是乎아 唯其處己也에 夔(기)夔然有恭畏之心하고 存誠也에 蕩蕩焉無顧慮之意하니 所以不失其聖하고 德音所以不瑕(하)也라 先儒는 以狼跋疐不失其猛으로 興周公不失其聖이라 不失其猛이 奚若虎豹완대 胡獨取狼也아 古之詩人은 比興以類也라 是以로 香草譬君子하고 惡鳥譬小人하니 豈有以豺(시)狼興聖人乎아 且上二句言跋言疐에 實有几几不瑕之義라 但此詩體는 與他詩不類라 故로 不通耳라 此詩는 在六義比라

을 다툴 자가 없으니, 내 너의 덕을 성대하게 여기며 너의 아름다운 공적을 가상하게 여기노라.〔汝惟不矜 天下莫與汝爭能 汝惟不伐 天下莫與汝爭功 予懋乃德 嘉乃丕績〕"라고 하였다.

192) 六義 : ≪周禮≫ 〈春官 太師〉와 ≪毛詩正義≫ 〈大序〉에 보이는 風·雅·頌·賦·比·興을 말한다. 후대에는 대체로 風·雅·頌은 체제로 보고, 賦·比·興은 수사법으로 본다.

소아 小雅

녹명 鹿鳴

〈鹿鳴〉으로부터 이하 22편은 각각 그 일을 읊어 그 일에 그 시를 쓴 것이니, 周公을 일컬은 것인 듯하다. 二南과 동일하다. 여러 신하들과 아름다운 손님에게 연향을 베풀 때에는 〈녹명〉을 쓴다. '사슴〔鹿〕'은 먹을 때면 무리를 서로 부른다. 그러므로 이로써 연향의 즐거움을 일으킨 것이다. '呦呦'[193]는 화락한 소리이니, 화락한 소리로 서로 불러 들판의 풀을 함께 먹으니 마음이 서로 즐거운 것이다. 君·臣과 賓·主가 서로 즐거워하는 것이 이와 같다. "내게 아름다운 손님이 있어, 비파를 타고 젓대를 부노라.〔我有嘉賓 鼓瑟吹笙〕"라는 것은 서로 즐거워하는 것을 말한 것이다. 또 폐백으로 그 誠意를 행하였기 때문에 "광주리를 받들어 폐백을 올린다.〔承筐是將〕"라고 하였으니, '承'은 폐백을 바치는 것이고 '筐'은 폐백을 담는 것이다. 이미 진실로 즐거워하는 厚意가 있으면 사람의 마음이 감격하고 기뻐하여 서로 좋아하니, 이로써 나의 손님들에게 보여주는 것이다. 그러므로 사람들이 권면하여 그 기뻐하는 마음을 다할 수 있는 것이다. 다음 장은 또 燕禮에 참석한 아름다운 손님이 명망이 밝고 밝아 백성들에게 그를 후하게 대우하는 마음을 보여주어 그 위의를 본받게 하는 것을 말한 것이다. 제3장은 그 즐거움이 장구하여 싫증남이 없음을 말한 것이다.

自鹿鳴以下二十二篇은 各賦其事하여 於其事而用之하니 其周公之謂乎인저 與二南으로 同也라 燕群臣嘉賓엔 則用鹿鳴이라 鹿은 食則相呼라 故로 以興燕樂이라 呦(유)呦는 和聲이니 和聲相呼하여 共食野之草物하니 情相樂也라 君臣賓主가 相樂如此라 云我有嘉賓하여 鼓瑟吹笙은 言其相樂이라 又以幣帛將其誠意라 故云承筐是將이라하니 承以藉之요 筐以貯之라 既有誠樂之厚意면 則人心感悅而相好하니 以此示我之列位라 故로 人勸而得盡其懽心이라 次章은 又言所燕禮嘉賓이 聞望昭明하여 示民以厚之之意하여 使儀法之라 三章은 言其樂之長久無斁(역)이라

193) 呦呦 : ≪詩經≫ 〈小雅 鹿鳴〉 제1장 "呦呦鹿鳴"의 '呦呦'를 가리킨다.

사모 四牡

〈四牡〉의 의미는 使臣의 수고로움을 가엾게 여긴 것이다. 그러므로 "功이 있어 인정을 받으면 기뻐한다."[194]라고 한 것이다. 윗사람이 아랫사람의 수고로움을 알지 못하면 아랫사람은 그 힘을 스스로 다하지 않는다. 그러므로 〈四牡〉의 의리가 없어지면 임금과 신하의 관계가 어긋나게 된다. '周道'[195]는 通途(큰 길)와 같고, '倭遲'는 길이 굽어서 먼 것이다. 어찌 돌아가기를 생각하지 않겠는가마는 王事를 폐할 수 없기 때문이니, 마음이 서글퍼도 이를 생각한 것이다. '騑騑'[196]는 그치지 않는 것이고, '嘽嘽'[197]은 빠른 것이다. '가리온〔駱馬〕'은 굳세어 먼 길을 견딜 수 있다. '비둘기〔鵻〕'는 훨훨 날 수 있는 생물이다. 대개 비둘기는 날기도 하고 편안한 곳에 내려앉아 모이기도 하니, 이로써 使臣이 부지런히 일하느라 사사로이 집에 이를 겨를이 없음을 일으킨 것이다. "아버지를 봉양할 겨를이 없노라.〔不遑將父〕"라고 하였으니, '將'은 섬기는 것이다. 마지막 장은 義로써 권면한 것이다. 멍에를 얹고 쉴 새 없이 달려가니 어찌 돌아가기를 생각하지 않겠는가마는 王事를 폐할 수 없기 때문이다. 이 때문에 이런 의리로써 노래를 지어 그의 어머니에게 고한 것이다. 아버지는 의리를 알고 어머니는 은혜를 주로 한다. 그러므로 의리로써 고한 것이다. "어찌 돌아갈 것을 생각하지 않겠는가.〔豈不懷歸〕"라는 것은 使臣의 마음을 말한 것이다. "이 때문에 노래를 지어 어머니를 봉양함을 와서 말하노라.〔是用作歌 將母來諗〕"라고 한 것은 이 노래를 지어 이런 의리로써 어머니에게 고하게 한 것이다.

四牡(모)之義는 憫使臣之勤勞라 故云有功而見知則說(열)矣라 上不知下之勞면 則下不自盡其力이라 故로 四牡之義가 廢하면 則君臣缺矣라 周道는 猶通途也요 倭遲는 回遠이라 豈不懷歸乎리오마는 以王事不可廢敗일새니 心傷悲나 念此也라 騑(비)騑는 不止요 嘽(탄)嘽은 迅疾이라 駱(락)馬는 強而耐遠이라 鵻(추)는 翩翩能飛之物이라 蓋或飛하고 或下集於所安之處하니 以興使臣之勤勞하여 乃不暇遂其私至라 不遑將父라하니 將은 事也라 卒章은 勸以義也라 駕而馳驟不息하니 豈不懷歸리오마는 以王事不可廢敗也일새라 是用以此義作歌하여 以告其母라 父則知

194) 功이……기뻐한다 : ≪詩經≫ 〈小雅 四牡〉 小序에 보인다.
195) 周道 : ≪詩經≫ 〈小雅 四牡〉 제1장 "周道倭遲"의 '周道'를 가리킨다.
196) 騑騑 : ≪詩經≫ 〈小雅 四牡〉 제2장 "四牡騑騑"의 '騑騑'를 가리킨다.
197) 嘽嘽 : ≪詩經≫ 〈小雅 四牡〉 제2장 "嘽嘽駱馬"의 '嘽嘽'을 가리킨다.

義요 母主恩이라 故로 以義告之라 豈不懷歸는 言使臣之心이라 是用作歌하여 將母來諗(심)은 作是歌하여 使以此義告其母라

황황자화 皇皇者華

天子가 사방에 使臣을 보내 풍속을 관찰하고 善惡을 가려서 살피고 병들고 힘든 사람을 찾아서 위문하여 천하에 道化를 펼쳐 下國이 聲教를 입으면 이에 光華가 있게 된다. '皇皇'[198]은 '煌煌'과 같으니, 광채가 나는 형상이다. 휘황한 꽃이 들판에서 빛나는 것이 왕의 은택이 널리 퍼져 천하에 빛나는 것과 같다. 그러므로 이로써 일으킨 것이다. "저 언덕과 습지에 있다.〔于彼原隰〕"라는 것은 高下가 모두 그 光華를 함께하는 것을 말한 것이다. '征夫'[199]는 使人이다. '駪駪'은 빼어나고 굳센 형상이다. 오직 아뢸 수 없을 것을 염려하여 이에 매양 미치지 못할 듯이 생각하는 것이다. '망아지〔駒〕'·'얼룩말〔騏〕'·'가리온〔駱〕'·'오총이〔駰〕'는 모두 빼어남으로써 말한 것이다. '濡'[200]는 곱고 윤택한 것이다. '絲'[201]는 條理이다. '沃若'[202]·'旣均'[203]은 모두 가지런하고 순한 형상이다. '諏'[204]·'謀'[205]·'詢'[206]·'度'[207]은 예전 기록에는 비록 각각 의미가 있었으나[208] 요약하면 묻는 것〔詢訪〕이다. 가려서 살피고 찾아서 묻는 것은 使臣의 큰 임무이다.

---

198) 皇皇 : ≪詩經≫ 〈小雅 皇皇者華〉 제1장 "皇皇者華"의 '皇皇'을 가리킨다.
199) 征夫 : ≪詩經≫ 〈小雅 皇皇者華〉 제1장 "駪駪征夫"의 '征夫'를 가리킨다.
200) 濡 : ≪詩經≫ 〈小雅 皇皇者華〉 제2장 "六轡如濡"의 '濡'를 가리킨다.
201) 絲 : ≪詩經≫ 〈小雅 皇皇者華〉 제3장 "六轡如絲"의 '絲'를 가리킨다.
202) 沃若 : ≪詩經≫ 〈小雅 皇皇者華〉 제4장 "六轡沃若"의 '沃若'을 가리킨다.
203) 旣均 : ≪詩經≫ 〈小雅 皇皇者華〉 제5장 "六轡旣均"의 '旣均'을 가리킨다.
204) 諏 : ≪詩經≫ 〈小雅 皇皇者華〉 제2장 "周爰咨諏"의 '諏'를 가리킨다.
205) 謀 : ≪詩經≫ 〈小雅 皇皇者華〉 제3장 "周爰咨謀"의 '謀'를 가리킨다.
206) 詢 : ≪詩經≫ 〈小雅 皇皇者華〉 제5장 "周爰咨詢"의 '詢'을 가리킨다.
207) 度 : ≪詩經≫ 〈小雅 皇皇者華〉 제4장 "周爰咨度"의 '度'을 가리킨다.
208) 예전……있었으나 : ≪春秋左氏傳≫ 襄公 4년 조에 "魯나라 穆叔(叔孫豹)이 晉나라 韓獻子에게 말하였다. '〈皇皇者華〉는 임금께서 사신인 저에게 「반드시 두루 자문하라.」고 가르쳐 주신 것입니다. 신이 듣건대 善人에게 묻는 것을 咨라 하고, 친척에게 의리를 묻는 것을 詢이라 하고, 禮義를 묻는 것을 度이라 하고, 政事를 묻는 것을 諏라 하고, 患難을 묻는 것을 謀라 한다고 하였습니다. 신이 이 다섯 가지 선한 일을 얻었으니, 어찌 감히 拜謝하지 않을 수 있겠습니까.'〔皇皇者華 君教使臣曰 必諮於周 臣聞之 訪問於善爲咨 咨親爲詢 咨禮爲度 咨事爲諏 咨難爲謀 臣獲五善 敢不重拜〕"라고 하였다.

天子가 遣使四方하여 以觀省風俗하고 采察善惡하고 訪問疾苦하여 宣道化於天下하여 下國이 蒙被聲教면 是有光華라 皇皇은 猶煌煌이니 光采之狀이라 皇華之光明於野가 猶王澤之流布하여 光華天下也라 故로 以爲興이라 於彼原隰은 言高下皆同其光華라 征夫는 使人이라 駪(선)駪은 俊健之狀이라 惟恐不能宣達하여 是每懷靡及也라 駒騏駱駰은 皆以俊言이라 濡는 鮮澤이라 絲는 條理라 沃若旣均은 皆整順之狀이라 諏(추)謀詢度(탁)은 前載에 雖各有義나 要之詢訪耳라 採察求訪은 使臣之大務라

상체 常棣

이는 兄弟와 연회를 베풀어 즐기고 宗族과 親睦하는 시이니, 管叔·蔡叔으로 인하여 지은 것이 아니다.[209] '常棣'는 지금의 이른바 玉李花라는 것이니, 꽃받침이 서로 떠받드는 것이 매우 힘이 있기 때문에 이로써 형제를 일으킨 것이다. '鄂不韡韡'의 '韡韡'는 곱고 화려하며 씩씩하고 성대한 모양이다. '不'은 마땅히 '柎'가 되어야 하지만, 또한 본래의 글자대로 볼 수도 있다.[210] 또한 꽃받침이 서로 의지할 수 있어 생장할 적에 서로 가깝고 힘써 서로 떠받드니, 사람에게 형제만한 이가 없음을 일으킨 것이다.

常棣

다음 장은 형제가 서로 의지하는 일을

209) 이는……아니다 : 《詩經》〈小雅 常棣〉小序에 "〈常棣〉는 형제와 燕樂한 시이니, 管叔·蔡叔이 도를 잃은 것을 민망히 여겼기 때문에 〈常棣〉를 지은 것이다.〔常棣 燕兄弟也 閔管蔡之失道故作常棣焉〕"라고 하였는데, 이와 다르게 해석한 것이다.

210) 不은……있다 : "鄂不韡韡"의 '不'자에 대해 鄭玄 箋에는 '柎'자의 뜻으로 보아 '꽃받침'으로 해석하였는데, 이 설을 따르면서도 한편으로는 본래의 글자대로 반어로 해석할 수도 있다고 한 것이다. 후대 朱熹의 《詩集傳》은 본래의 글자대로 해석하였다.

서술하였다. 사람이 死生·患難의 일을 당하여 두려워할 만하면 형제의 도움을 생각하고, 바야흐로 곤궁하여 뿔뿔이 흩어져 교외의 들판에 모여 있을 때에는 친한 사람을 찾아 서로 의지하고 믿는다.

제3장은 형제가 서로 필요로 하는 위급함이 할미새〔鶺鴒〕가 머리와 꼬리를 서로 대고 의지하는 것과 같음을 말한 것이다. 위급하고 어려운 일이 닥친 때에 서로 호응하는 것이 이와 같다. "매양 좋은 벗이 있다.〔每有良朋〕"라는 것은 "어찌 다른 사람이 없겠는가.〔豈無他人〕"[211]라는 말과 같다. '每有'는 '亦有'와 같다. "길게 탄식할 뿐이다.〔況也永歎〕"라는 것은 형제와 비교하면 길게 탄식할 만하다는 말이다. 친형제 간에 서로 위할 수 없어 다른 사람을 구하니, 이는 탄식할 만한 것이다.

제4장은 형제간의 친함은 의리상 잊을 수 없음을 거듭 밝혔으니, 비유하자면 형제가 담장 안에서 사납게 싸워 화목하지 않은 마음이 있더라도 오히려 밖으로는 남의 업신여김을 막으려 한다는 것이다. 만약 다른 사람이라면 여러 사람이 나뉘어 싸울 적에 싸움을 함께 할 의리가 없을 것이다. 제5장은 평소에는 모두 그 사사로운 생각을 따를 수 있지만 위급하고 어려운 상황에는 형제만한 이가 없음을 말한 것이다.

제6장은 형제가 서로 연회를 베풀어 즐기면서 恩義를 기르는 것을 권면한 것이다. 籩豆를 진열하여 먹고 마시는 것을 배부르게 하더라도 형제가 함께 와야 마땅히 화락하고 또 사모할 수 있다. 부모를 친애하고 사모하는 어린 아이를 孺子라고 한다. '孺'[212]는 친애하고 사모한다는 뜻이니, 화락하여 서로 친애하고 사모하는 것이다.

제7장은 형제가 서로 즐거워하면 처자식이 화합하니, 그 화합함이 琴瑟을 연주하는 것과 같음을 말한 것이다. 형제가 이미 지향과 생각이 합치하기 때문에 그들이 화락하여 오래되어도 싫어하지 않는 것이다.

마지막 장은 능히 이와 같이 그 종족과 친목하면 그 집안사람들과 和順하고 그 처자식을 화락하게 할 수 있음을 말한 것이다. '이 이치를 궁구하고 이 일을 도모하여 생각하면 그것이 그러함을 믿게 될 것이다.'라는 것은 진실로 그러함을 말한 것이다. 이 시는 句가 적고 章이 많으니, 章이 많은 것은 그 정중함을 극도로 했기 때문이고, 句가 적은 것은 각각 하나의 의리를 진술했기 때문이다.

此는 **燕樂兄弟**와 **親睦宗族之詩**니 **不因管蔡而作也**라 **常棣**는 **今所謂玉李花**니 **花萼**(악)**相承**

211) 어찌……없겠는가 : ≪詩經≫ 〈鄭風 褰裳〉, 〈唐風 杕杜〉, 〈唐風 羔裘〉에 보인다.
212) 孺 : ≪詩經≫ 〈小雅 常棣〉 제6장 "和樂且孺"의 '孺'를 가리킨다.

甚力이라 故로 以興兄弟라 鄂不韡(위)韡의 韡韡는 鮮華壯盛之貌라 不은 當作拊로되 亦可如字라 亦可以花萼相依하여 生相親하고 力相承하니 興人之莫如兄弟也라 次章은 敍兄弟相賴之事라 人當死生患難之事하여 可畏면 則思兄弟之助하고 方困窮離散하여 群聚於郊野之時엔 則求所親하여 以相依恃라 三章은 言兄弟相須之急이 猶鶺鴒(척령)首尾相應이라 急難之際에 其相應如是也라 每有良朋은 猶豈無他人이라 每有는 猶亦有也라 況也永嘆은 校之면 則可永歎也라 骨肉不能相爲하여 而求他人하니 是可歎也라 四章은 重明兄弟之親은 義不能忘하니 譬之컨대 兄弟狠鬩(한혁)於墻하여 雖有不睦之心이라도 猶將外禦其侮라 若他人이면 則衆人之分也에 無兵戎之爲之義라 五章은 言平時엔 則皆可遂其私意나 急難엔 則莫如兄弟也라 六章은 勸其相宴樂하여 養恩義라 陳爾籩豆하여 飮食飫(어)足이라도 兄弟既偕來라야 當和樂且孺也라 小兒親慕父母를 謂之孺子라 孺는 親慕之義니 和樂而相親慕也라 七章은 言兄弟相樂이면 則妻子好合하여 其和가 如鼓瑟琴이라 兄弟가 既志意翕(흡)合이라 故로 其和樂하여 久而不厭이라 卒章은 言能如是親睦其宗族이면 則能宜其室家하고 樂其妻孥(노)라 窮究是理하고 圖念是事면 信其然乎는 言信然이라 此詩는 句少而章多하니 章多는 所以極其鄭重이요 句少는 則各陳一義故也라

벌목 伐木[213)]

산 속에서 나무를 베는 것은 한 사람이 혼자 할 수 있는 일이 아니니, 반드시 동지와 더불어 함께 해야 한다. 이미 그 일을 함께 하면 서로 친근하고 사이가 좋아 朋友의 의리를 이루게 된다. 나무를 베는 사람도 오히려 이런 의리가 있는데, 하물며 士君子야 말할 것이 있겠는가. 그러므로 나무 베는 사람을 읊어 그 심정을 서술하고 그 의리를 미루어 朋友의 의리를 권면하였으니, 朋友·故舊에게 연향을 베풀 적에 이 시를 노래하는 것은 천하 사람들을 風化하는 것이다. 朋友·故舊가 돈독하면 民德이 돈후한 데로 돌아갈 것이다.

두 사람이 나무를 벨 적에 번갈아 도끼질을 하여 그 소리가 쩡쩡 서로 호응하니 서로 의지함으로써 그 일을 이룬다. 이것을 읊었으니 朋友의 의리를 볼 수 있다. 이어서

213) 伐木 : ≪詩經集傳≫에서는 劉氏의 설에 "이 詩는 매 章의 첫머리마다 '伐木'이라고 말했으니, 모두 '伐木'을 세 번 말하였다. 그러므로 마땅히 3章이 되어야 함을 알 수 있다. 옛날에는 6章으로 되어 있었으니, 이것은 잘못이다.〔此詩 每章首 輒云伐木 凡三云伐木 故知當爲三章 舊作六章 誤矣〕"라고 한 것을 따라 3장으로 바로잡았으나, 伊川은 6章으로 보았다.

"새 울음소리 꾀꼴꾀꼴〔鳥鳴嚶嚶〕"이라고 하였으니, 또한 物情으로 朋友의 우호를 일으킨 것이다. '嚶嚶'은 서로 응답하는 조화로운 소리이다. 새가 울음소리로 서로 부르고 화합하면서 깊은 골짜기로부터 높은 나무로 올라가 서로 좇으며 꾀꼴꾀꼴 그 울음소리를 내니, 대개 그 응답을 구하는 것이다. '友聲'[214]은 응하는 소리를 말하니, 사람으로 치면 朋友 간에 서로 따르는 것과 같다.

다음 장은 새를 통해 朋友의 의리를 일으켰다. 새를 보아도 이와 같은데, 어찌 사람으로서 벗을 구하지 않겠는가. 朋友의 믿음을 변치 않고 오래 지키면 鬼神에게 질정할 수 있다. '和'[215]는 서로 좋아하는 것을 말하고, '平'은 변하지 않는 것을 말한다.

제3장은 나무를 벨 적에 함께 힘을 쏟은 뒤 서로 모여 먹고 마시는 광경을 진술하여 즐거워하며 우의를 돈독히 하는 뜻을 드러낸 것이다. '許許'[216]는 여러 사람이 함께 힘을 쏟는 형상이니, 여러 사람을 모아 함께 힘을 쏟고서 술과 음식을 갖추어 서로 즐거워하는 것이다. 先儒는 '萸'[217]를 아름다운 모양으로 보았으니,[218] 옳은지 여부를 알 수 없다. 나무를 벨 즈음에도 오히려 거른 술로 서로 즐거워하였는데, 하물며 살진 양을 장만했으니 마땅히 諸父들을 불러야 한다. 차라리 그들이 오지 못할지언정 나의 은혜로운 마음을 지극하지 않게 할 수는 없다. '諸父'[219]·'諸舅'[220]는 朋友·故舊를 말한다.

제4장은 厚意로 음식을 갖추고 청소를 청결하게 하고 簋器를 성대하게 진열하였으며, 더구나 살진 소를 장만했으니 마땅히 諸舅들을 불러야 하며, 차라리 그들이 오지 못할지언정 나에게 후하게 대접하지 않은 죄가 있게 해서는 안 됨을 진술한 것이다.

簋

214) 友聲 : ≪詩經≫ 〈小雅 伐木〉 제1장 "求其友聲", "猶求友聲"의 '友聲'을 가리킨다.
215) 和 : ≪詩經≫ 〈小雅 伐木〉 제2장 "終和且平"의 '和'를 가리킨다.
216) 許許 : ≪詩經≫ 〈小雅 伐木〉 제3장 "伐木許許"의 '許許'를 가리킨다.
217) 萸 : ≪詩經≫ 〈小雅 伐木〉 제3장 "釃酒有萸"의 '萸'를 가리킨다.
218) 先儒는……보았으니 : ≪毛詩正義≫ 毛亨 傳에 "'萸'는 美貌이다."라고 하였다.
219) 諸父 : ≪詩經≫ 〈小雅 伐木〉 제3장 "以速諸父"의 '諸父'를 가리킨다.
220) 諸舅 : ≪詩經≫ 〈小雅 伐木〉 제3장 "以速諸舅"의 '諸舅'를 가리킨다.

제5장은 이 의리가 그러하지 않을 수 없음을 거듭 진술한 것이다. 높은 산비탈에서 나무를 베면 더욱 많은 사람들의 힘이 필요하기 때문에 거른 술이 많은데, 하물며 성대한 음식이 있고 籩豆가 진열되어 있으니 마땅히 형제와 연회를 베풀어 즐겨서 서로 소원함이 없게 해야 한다. '兄弟'[221]는 朋友이다. 백성이 德을 잃었기 때문에 親睦하는 道와 朋友·故舊에게 도탑게 하는 禮를 닦을 수 없어 마른 밥도 서로 미치지 못하니, 대개 사람이 德을 잃은 것이 어찌 당연한 것이겠는가.

마지막 장은 마땅히 그러해야 하는 바를 진술한 것이다. 술이 있으면 내가 술을 거르고 술이 없으면 내가 술을 사서 내가 북을 치고 춤을 추는 데에 이르렀으니, 내가 한가할 때가 되면 서로 더불어 술자리를 베풀어 은혜와 의리를 돈독히 하는 것이다.

山中伐木은 非一人能獨爲니 必與同志者로 共之라 旣同其事면 則相親好하여 成朋友之義라 伐木之人도 尙有此義어늘 況士君子乎아 故로 賦伐木之人하여 敍其情하고 推其義하여 以勸朋友之義니 燕朋友故舊則歌之는 所以風天下也라 朋友故舊篤이면 則民德이 歸厚矣리라 二人伐木에 更運斧斤하여 聲丁丁相應하니 相須以成其事라 賦此하니 可以見朋友之義라 繼言鳥鳴嚶(앵)嚶하니 又以物情으로 興朋友之好라 嚶嚶은 相應和之和聲이라 鳥鳴相應和하며 自幽谷으로 升喬木하여 相追隨하여 嚶嚶然其鳴하니 蓋求其應이라 友聲은 謂應聲이니 猶人之朋友相從也라 次章은 因鳥以興朋友之義라 相鳥如是니 豈人而不求友乎아 朋友之信을 常久不渝(투)면 可質於鬼神이라 和는 謂相好요 平은 謂不變이라 三章은 陳伐木共力하고 因相聚飮食하여 見(현)歡樂厚篤之意라 許許는 衆人共力之狀이니 因聚衆共力하고 而具酒食相樂也라 先儒는 以藇爲美로되 未喩是否라 伐木之際에 尙釃(시)酒相樂이어늘 況旣有肥羜(저)하니 當以召諸父也라 寧其不來언정 無使我恩意不至也라 諸父諸舅는 謂朋友故舊也라 四章은 陳厚意以具飮食하고 洒(쇄)掃精潔하고 盛陳簋(궤)器하며 況旣有肥牡하니 當以召諸舅也요 寧其不來언정 不可使我有不厚之罪라 五章은 重陳此義之不可不然이라 伐木于峻阪할새 尤須衆力이라 故로 釃酒之多어늘 況乎有盛具하고 籩豆成列하니 當以燕樂兄弟하여 無相疎遠이라 兄弟는 朋友也라 民之失德이라 故로 不能脩親睦之道와 厚朋友故舊之禮하여 乾餱不相及하니 蓋人之失德也가 豈當然乎리오 卒章은 陳所當然者라 有酒則我湑(서)之하고 無酒則我酤之하여 以至鼓舞我爲之니 我及暇時면 則相與宴飮하여 以篤恩義라

221) 兄弟 : ≪詩經≫ 〈小雅 伐木〉 제5장 "兄弟無遠"의 '兄弟'를 가리킨다.

천보 天保

은혜가 만물에 두루 미치는 것은 임금이 아랫사람에게 내리는 것이고, 임금에게 아름다움을 돌리는 것은 아랫사람이 윗사람에게 보답하는 것이다. 〈天保〉 시는 人君이 하늘의 도움을 받아 두터운 福祿이 臣民에게 입혀진 것은 君德의 소치를 말미암았음을 성대하게 진술한 것이다. "하늘이 그대를 保定함이〔天保定爾〕"라는 것은 임금의 지위가 매우 안정되고 견고한 것이다. "그대를 모두 후하게 하시니, 어느 복인들 다시 새롭지 않으리오.〔俾爾單厚 何福不除〕"라고 한 구절의 '除'는 다시 새롭게 하는 것이니, '날로 더하다〔日益〕'라는 의미이다. 그로 하여금 복록을 더욱 많아지게 하여 번성하지 않음이 없게 하는 것이다. 다음 장은 그 성대함을 거듭 진술한 것이다. 이미 그대를 保定하고 그대로 하여금 복을 누리게 하여 마땅하지 않은 바가 없어 하늘의 온갖 복록을 받는 데 이르렀는데, 많은 복에 또 장구한 복을 그대에게 내리니 오직 길이 누리기를 바라는 것이다.

제3장은 이미 하늘의 복록을 받아 번성하지 않음이 없는 것이며, 산・언덕・산등성이・구릉과 같고 냇물이 흘러서 모여든 것과 같아 더욱 성대하지 않음이 없음을 말한 것이다. 제4장은 풍성한 복을 누려 그 先祖에게 보답하는 제사를 지내 무궁한 수명을 얻었음을 말한 것이다. "임금께서 너를 점치시니〔君曰卜爾〕"라는 것은 임금이 점을 치게 하면서 하는 말이다.

제5장은 그가 얻은 바를 말한 것이다. "神이 이른다.〔神之弔矣〕"라는 것은 굽어 살펴서 그대에게 많은 복을 내린다는 말이다. "백성이 실제로 그 복을 소유하니 날마다 쓰며 마시고 먹는다.〔民之質矣 日用飮食〕"라는 것은 그 풍성하고 즐겁고 질박하고 진실함을 누리는 것을 말하니, 수많은 백성들이 모두 윗사람의 德에 교화된 것이다. 제6장은 그 德이 빛나게 드러나 이지러짐이 없어 生民을 비호해 줌을 말한 것이다. '恒'[222]은 또한 升과 같으니, 그 빛이 멀리까지 널리 비추어 南山처럼 무너짐이 없고 松柏처럼 무성하여 그 비호해 줌을 계승하지 않음이 없는 것을 말한 것이다.

恩惠周物은 君之下下也요 歸美於君은 下之報上也라 天保之詩는 盛陳人君受天之祐하여 福祿之厚가 蒙被臣民은 由君德之所致也라 天保定爾는 君位甚安固也라 俾爾單厚시니 何福不除의 除는 更新也니 日益之義라 俾之多增益하여 莫不繁庶라 次章은 重陳其盛이라 既保定

222) 恒 : ≪詩經≫ 〈小雅 天保〉 제6장 "如月之恒"의 '恒'을 가리킨다.

爾하고 俾爾享福하여 至無所不宜하여 受天之百祿이어늘 衆福에 又降爾以遐遠之福하니 惟欲其長이라 三章은 言旣受天之福祿하여 莫不繁庶가 如山阜崗陵하고 如川之流聚하여 莫不增盛이라 四章은 言旣享豐盛之福하여 用報祀其祖先하여 得無疆之壽라 君曰卜爾는 君使卜之設辭也라 五章은 言其所獲이라 神之至는 謂降鑒則錫爾多福이라 民所實有니 則日用飮食은 謂享其豐樂質實也니 群衆百族이 皆化上德이라 六章은 言其德이 光顯無虧(휴)하여 庇覆生民이라 恒은 亦猶升이니 言光照遠廣하여 如南山之無虧崩하고 如松柏之茂盛하여 無不承其庇覆이라

채미 采薇

文王 때에 昆夷[223] · 玁狁[224]의 환난이 있어 戍役을 보내 변경을 수비하게 할 때에 이 詩를 노래하여 그들을 보냈으니, 그 수고로움과 서글픈 심정을 서술하고 또 당시의 일을 의롭게 여기는 것으로써 風化한 것이다. 후세에는 이로 인하여 이 시를 써서 戍役을 보냈다. "고사리를 뜯고 고사리를 뜯음이여.〔采薇采薇〕"라는 것은 고사리로써 戍役를 보낼 때를 삼은 것이다. "돌아감이여, 돌아감이여.〔曰歸曰歸〕"라는 것은 돌아갈 때가 歲暮에 있음을 깊이 생각한 것이다. '作止'[225]는 땅에서 자라난다는 말이다. 가족을 버려두고 집안에서 거처할 겨를이 없는 것은 玁狁이 난을 일으켰기 때문이다. 백성에게 해독을 끼침이 윗사람 때문이 아니라면 사람들은 외적에게 적개심을 품는다.

薇(고사리)

고사리는 처음 자라날 때는 유약하니 戍役을 갈 때가 장차 이른 것이고, 돌아갈 기한이 먼 것을 생각하여 근심하는 것이다. 근심하는 마음이 열렬하여 굶주린 듯 목마른 듯한데 수자리 일이 아직 끝나지 않았으니, 돌아가 안부를 묻게 할 사람이 누구인

223) 昆夷 : 중국 서쪽의 이민족이다.
224) 玁狁 : 중국 북방의 이민족이다.
225) 作止 : ≪詩經≫ 〈小雅 采薇〉 제1장 "薇亦作止"의 '作止'를 가리킨다.

지를 생각하는 것이다. 고사리는 다 자라면 억세지니, 또한 길을 나설 때에 돌아갈 시기는 한 해의 陽月(음력 10월)을 기다려야 하는 것이다. 王事를 소홀히 할 수 없기 때문에 편안히 거처할 겨를이 없어 근심하는 마음이 비록 심히 병이 날 지경이지만 우리의 걸음을 되돌릴 수 없는 것이다.

첫 장은 일의 연유를 서술하였고, 제2장과 제3장은 수고하고 근심하는 마음을 지극하게 말하였다. 윗사람이 아랫사람의 마음을 능히 살피면 비록 수고롭더라도 원망하지 않고 비록 근심하더라도 능히 힘쓸 것이다. 제4장과 제5장은 義로써 권면한 것이다. '彼爾'[226]는 '於彼'라고 말한 것과 같으니, 또한 '彼路'와 같다. 常棣 꽃은 꽃과 꽃받침이 서로 가까우니, 아랫사람이 힘을 다해 윗사람을 섬기는 것을 일으켜서 마땅히 常棣와 같아야 함을 말한 것이다. '彼路'[227]는 무엇인가? 바로 君子가 타는 수레이다. 군자는 義를 아는 사람이다. 군자는 강성한 兵車와 兵甲을 총괄하니 어찌 편안히 거처할 수 있겠는가. 마땅히 빨리 功을 이루기를 기약해야 한다.

제5장은 이를 다시 말한 것이다. '騤騤'[228]는 강성한 모양이니, 부여한 바가 무거운 것이다. '依'[229]는 수레 위에 처한 곳에 의지하는 것이다. '腓'[230]는 따라서 움직인다는 의미니, 사람의 장딴지〔腓〕는 몸이 가면 따라서 움직인다. 腓는 장딴지이니, 군자와 소인이 그 처한 바를 따라서 움직이는 것을 말한 것이다. '翼翼'[231]은 行列이 정돈되고 잘 다스려진 형상이니, 많은 사람 앞에 임하면 그 兵車와 兵甲을 정돈하고 단련하며 그 器械를 수선해야 하니, 활〔弭〕과 화살통〔服〕이 이것이다. 날마다 경계하고 대비함은 玁狁의 변란이 매우 급박하기 때문이다. 먼저 수고롭고 근심하는 것을 말하여 그 마음을 지극히 하고, 다음으로 당시의 일에 義로써 대처함을 진술하여 그 심지를 굳건히 하였으니, 戍役에 관한 일이 여기에서 극진하다.

마지막 장은 돌아올 적에 그 수고로움을 가엾게 여긴 것을 말한 것이다. 봄에 戍役을 가서 겨울에 돌아오니 길이 멀고 시간이 오래된 것이다. "길을 감이 더디고 더디다.〔行道遲遲〕"라고 말한 것은 돌아가기를 생각하는 것이 간절하여 마음이 굶주린 듯

226) 彼爾 : ≪詩經≫ 〈小雅 采薇〉 제4장 "彼爾維何"의 '彼爾'를 가리킨다.
227) 彼路 : ≪詩經≫ 〈小雅 采薇〉 제4장 "彼路斯何"의 '彼路'를 가리킨다.
228) 騤騤 : ≪詩經≫ 〈小雅 采薇〉 제5장 "四牡騤騤"의 '騤騤'를 가리킨다.
229) 依 : ≪詩經≫ 〈小雅 采薇〉 제5장 "君子所依"의 '依'를 가리킨다.
230) 腓 : ≪詩經≫ 〈小雅 采薇〉 제5장 "小人所腓"의 '腓'를 가리킨다.
231) 翼翼 : ≪詩經≫ 〈小雅 采薇〉 제5장 "四牡翼翼"의 '翼翼'을 가리킨다.

목마른 듯하며 슬퍼하는 마음이 매우 애처로우나 남들은 알아주지 않음을 드러낸 것이다. 이는 小序에 의거하여 말한 것인데 의리를 해침이 없다. 그러나 〈魚麗〉[232]의 小序에 "文王과 武王은 〈天保〉 이상으로써 국내를 다스리고, 〈采薇〉 이하로써 국외를 다스렸다."라고 하였는데, 의리로 볼 때 그렇지 않으니 〈채미〉 등 2편은 혹시 文王 때 지은 것이 아니라면 武王·成王 때 지은 것이다. 南仲[233]은 어느 때 사람인지 모르겠다. 옛날 戍役은 2년 만에 돌아왔으니, 올해 暮春에 가서 이듬해 여름에 교대하는 자가 이르면 다시 머물며 가을을 대비하다가 11월이 지나면 돌아와 또 그 이듬해 仲春에 집에 이르고 暮春에 다음 防戍者를 보냈다. 매년 가을과 초겨울에는 兩番의 防戍者가 모두 변경에 있으니, 곧 지금의 防秋[234]이다.

文王之時에 有昆夷玁狁之事하여 遣戍役以守衛할새 歌此詩以遣之하니 敍其勤勞悲傷之情하고 且風以義當時之事也라 後世에 因用之하여 以遣戍役이라 采薇采薇는 以薇爲遣戍役之候也라 曰歸曰歸는 深念歸時在歲暮也라 作止는 生出地라 舍其室家하고 不遑暇起居는 以玁狁之故也라 毒民不由上이면 則人懷敵愾之心矣라 薇는 始長而柔矣니 行期將至也요 念歸期之遠而憂也라 憂心烈烈하여 如饑如渴한대 戍事未休已하니 念誰使歸問安否라 薇는 壯而剛矣니 且當行也에 歸期須歲之陽이라 王事不可盬(고)也라 故로 啓處不遑하여 憂心雖甚病이나 我行不可歸也라 首章은 述事之由요 次章三章은 極道勞苦憂傷之情이라 上能察其情이면 則雖勞而不怨이요 雖憂而能勵라 四章五章은 則勸以義라 彼爾는 猶云於彼니 亦與彼路로 同이라 常棣之華는 華萼相親하니 興下盡力以爲上하여 言當如常棣然也라 彼路는 何也오 乃君子所乘之車也라 君子則知義矣라 總强盛之車甲하니 豈敢安居리오 當期成功之速①이라 五章은 再言이라 騤(규)騤는 强盛貌니 付與之重이라 依는 依上所處也라 腓는 從動之義니 人之腓는 身行則從動也라 腓는 是足肚(두)也니 言君子小人從其所處而動也라 翼翼은 行列整治之狀이니 既臨其衆이면 則整練其車甲하고 修治其器械니 弭(미)服是也라 日爲戒備는 玁狁之事가 甚急故也라 先言勞苦憂傷하여 以盡其情하고 次陳之以義하여 以堅其志하니 戍事盡於此矣라 卒章은 言歸以憫其勞라 春而往하여 冬而旋하니 行遠而時久라 言行道遲遲는 則見(현)其思歸之切하여 心如饑渴이요 其傷悲甚哀나 人莫知也라 此據小序爲說이니 於義에 無害라 然이나 魚麗序云

---

232) 魚麗 : ≪詩經≫ 小雅의 편명이다.
233) 南仲 : ≪詩經≫ 〈小雅 出車〉 제3장에 보이는 南仲을 가리킨다.
234) 防秋 : 가을에 북방 오랑캐가 침입하는 것을 방비하는 것이다. 예로부터 가을이 되면 수확물을 약탈하기 위해 북쪽 유목민이 남침을 하였는데, 이를 막기 위해 특별히 병력을 늘여 변경의 수비를 강화하였다.

文武는 以天保以上으로 治內하고 采薇以下로 治外라한대 於義에 不然하니 則采薇等二篇은 或非文王時作이면 乃武王成王時作이라 南仲은 不知何時人이라 古者戍役은 再期而還하니 今年春暮에 行하여 明年夏에 代者至어든 復留備秋라가 至過十一月而歸하여 又明年中春至하고 春暮遣次戍者라 每秋與冬初에 兩番戍者가 皆在疆圉(어)하니 乃今之防秋也라

① 한 달에 세 번 싸워 세 번 승리할 것이라는 말[235]은 〈공을 세움이〉 빠를 것이라는 말이다.
一月而三捷, 言速.

출거 出車

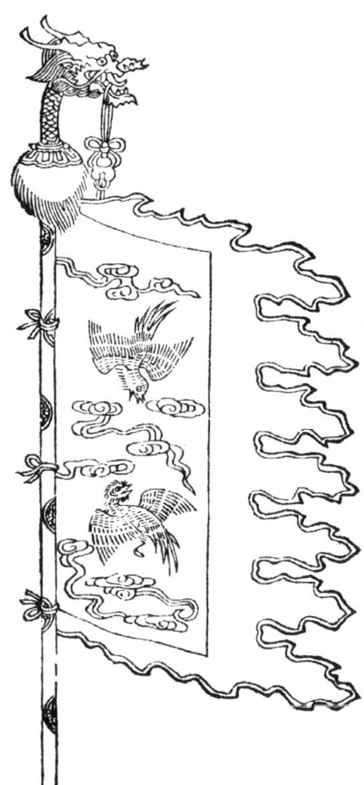
旗

이 시는 장수의 凱旋을 위로한 것이다. 이 시가 읊은 것은 命을 받은 때로부터 돌아오기까지 그 일을 서술한 것이니, 큰 요점은 功을 장수에게 돌린 데 있다. 첫 장은 교외에서 수레를 내어 王命으로 出征하니 王事에 나아가는 것이 급박하여 감히 편안할 수 없음을 진술한 것이다. '나에게 이르다.〔謂我〕'라는 것은 나에게 명한 것이다. 다음 장은 이미 명을 받아서 가는데 旗章의 성대함이 있으니, 부여받은 임무가 무거운 것을 알고 그 일을 근심한 것이다. '郊에서 하다.〔于郊〕'는 郊에서 출발한 것이다. '旟旐旆旆'[236]는 화려하고 성대한 것이다. '旆旆'[237]는 늘어뜨린 형상이다. '胡不'은 '莫不'과 같다. 그 근심하는 생각이 깊어 僕夫와 좌우의 사람들 또한 그 때문에 마음이 고달픈 것이다.

제3장은 元帥의 이름[238]을 지목하여 그 功이 혁혁한 것을 드러내었으니, 덕스러운 이름이 성대하게

235) 한……말 : ≪詩經≫ 〈小雅 采薇〉 제4장의 "一月三捷"을 가리킨다.
236) 旟旐旆旆 : ≪詩經≫ 〈小雅 出車〉 제2장 "彼旟旐斯 胡不旆旆"를 가리킨다.
237) 旆旆 : ≪詩經≫ 〈小雅 出車〉 제2장 "胡不旆旆"의 '旆旆'를 가리킨다.
238) 元帥의 이름 : ≪詩經≫ 〈小雅 出車〉 제3장에 보이는 南仲을 가리킨다.

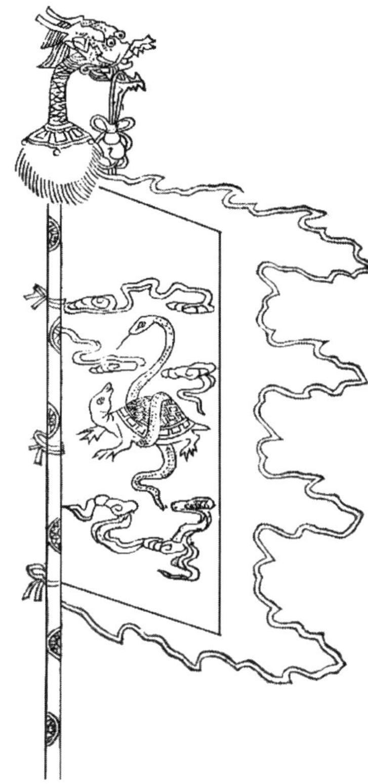
旐

드러났다. '襄'[239]은 오르는 것이니, 승리함을 이른다. '彭彭'[240]은 많은 것이고, '央央'[241]은 화려하고 성대한 것이니, 城을 쌓아 玁狁을 이긴 것을 주로 말한 것이다. 戎狄을 막는 방도는 守備가 근본이니, 공격을 우선으로 삼지 않으면 그 일이 끝난다. 제4장은 장수가 돌아오는 것을 말하였는데, 그가 오랫동안 변경을 지킨 것을 서술하였다. 어려움이 많은 까닭에 편안하게 거처할 겨를이 없으니 어찌 돌아가기를 생각하는 마음이 없겠는가마는 法令을 두려워하여 감히 마음대로 할 수 없는 것이다.

제5장은 出兵을 다시 말하였는데, 많은 사람이 화합하여 한 지방 사람들이 바라는 바가 되었으니 南仲의 功이 이에 더욱 성대해진 것이다. 풀벌레〔草蟲〕와 메뚜기〔阜螽〕는 그 종류별로 상응하니, 民心이 왕의 군대를 바라보는 것이 이와 같다는 것이다. 이는 南仲이 西戎을 정벌한 내용이다. 이 시의 의미를 살펴보건대, 당시 西戎은 무력을 쓰지 않고서 복종시키고 玁狁은 무력을 써서 복종시켜 혹 크고 작은 일에 맞게 대처한 것인 듯하나, 또한 알 수 없다. 마지막 장은 그가 돌아옴을 기뻐하여 돌아올 때의 景物이 화락하고 아름다운 것을 서술한 것이니, 그 기쁨과 즐거움을 볼 수 있다. '訊'[242]은 그 魁首이니, 마땅히 신문해야 할 자이다. '醜'는 무리〔徒衆〕이다.

勞將率(수)之旋也라 此詩所賦는 自受命으로 至還歸히 其事有敍하니 大要는 在歸功將率라 首章은 陳出車于牧하여 王命之征하니 赴事之急하여 不敢寧也라 謂我는 命我也라 次章은 旣受命而行에 有旗章之盛하니 見付與之重하고 憂勞其事也라 于郊는 行矣라 旟旐旆旆(여조패패)는 華盛이라 旆旆는 垂委之狀이라 胡不은 猶莫不이라 其憂念之深하여 僕夫左右之人도 亦爲之意

239) 襄 : ≪詩經≫ 〈小雅 出車〉 제3장 "玁狁于襄"의 '襄'을 가리킨다.
240) 彭彭 : ≪詩經≫ 〈小雅 出車〉 제3장 "出車彭彭"의 '彭彭'을 가리킨다.
241) 央央 : ≪詩經≫ 〈小雅 出車〉 제3장 "旂旐央央"의 '央央'을 가리킨다.
242) 訊 : ≪詩經≫ 〈小雅 出車〉 제6장 "執訊獲醜"의 '訊'을 가리킨다.

瘁(췌)라 三章은 指元帥之名하여 以顯其功赫赫하니 德名顯盛이라 襄은 上也니 謂勝이라 彭彭은 衆多요 央央은 華盛이니 主言城而勝玁狁이라 禦戎之道는 守備爲本이니 不以攻擊爲先이면 其事卒矣라 四章은 言其歸니 敍其久戍也라 以多難故로 不遑啓居하니 豈無思歸之心이리오마는 畏法令하여 不敢自遂라 五章은 復言出兵한대 而衆和爲一方所徯(혜)望하니 南仲之功이 於此에 尤盛이라 草蟲阜螽(부종)은 其類相應하니 民心之望王師도 猶是也라 此南仲之伐西戎也라 觀此詩意컨대 疑似當時西戎兵不加而服하고 玁狁兵加而服하여 或止於小大나 亦不可知라 卒章은 喜其歸하여 因敍歸時景物和姸(연)이니 其歡樂을 可見也라 訊은 其魁首니 當訊問者라 醜는 徒衆이라

어리 魚麗

이 시는 만물이 풍성하고 많아 능히 禮를 갖춘 것을 찬미한 것이다.[243] 태평한 시대에 만물이 번성하기 때문에 禮를 갖출 수 있는 것이다. 〈六月〉 小序에 "〈魚麗〉가 폐지되면 法令이 갖추어지지 않는다."라고 하였으니, 물건이 부족하면 법도를 갖출 수 없다. 〈이 시의 小序에〉 "文王과 武王은 〈天保〉 이상의 시를 가지고 국내를 다스렸다."라고 한 부분 이하는 詩를 전한 자의 말이니, 취할 만하지 않다. '罶'[244]는 물고기를 잡는 통발 중 간편하게 만든 것이다. 통발에 걸린 것은 또한 맛있고 큰 물고기이니, 물고기가 풍성하고 많음을 나타낸 것이다. 이는 물고기와 君子의 술이 모두 맛있고 많다는 말이다. "많고 또 맛있다.〔多且旨〕"라는 것은 "맛있고 또 많이 있다.〔旨且有〕"라는 것과 같다. '多'는 단지 술이 많은 것을 말한 것이다. '有'에는 풍부하게 가지고 있다는 의미가 있다. 만물이 많으면 기뻐할 만하고, 많이 있으면 禮를 갖출 수 있으니, 풍성하게 많아 제때에 미친 것이다. 밝은 왕이 윗자리에 있어 만물을 길러주어 풍성하고 많지 않음이 없기 때문에 그것을 찬미한 것이다.

美萬物盛多하여 能備禮也라 太平之時에 庶物繁盛이라 故로 能備禮라 六月序에 云호되 魚麗(리)廢則法令缺矣라하니 物不足이면 則不能備法度也라 文武以天保以上治內以下는 傳詩者之言也니 不可取라 罶(류)는 魚笱之易(이)作者라 麗於罶者는 亦美大之魚也니 見(현)其盛多라 魚與君子之

243) 이……것이다 : ≪詩經≫ 〈小雅 魚麗〉 小序에 "魚麗 美萬物盛多 能備禮也"라고 하였다.
244) 罶 : ≪詩經≫ 〈小雅 魚麗〉 "魚麗于罶"의 '罶'를 가리킨다.

酒가 皆美且多라 多且旨는 同旨且有라 多는 止云酒多라 有는 有富有之意라 物多면 可嘉也요 有而能備禮也니 盛有及時也라 明王在上하여 養育萬物하여 莫不盛多라 故로 美之也라

남산유대 南山有臺

이 시는 君臣이 모두 어질어 邦家(나라)가 영화롭고 성대하여 福이 되는 것이 장구함을 즐거워한 것이다. '南山'[245]은 임금을 일으킨 것이고, '北山'[246]은 신하를 일으킨 것이다. '잔디〔臺〕'와 '쑥〔萊〕'은 모두 풀이니, 산을 뒤덮는 풀이다. 풀이 번성하여 아름답고 성대함을 이루는 것이 君子가 邦家의 基本이 되는 것과 같다. "萬壽가 기한이 없다.〔萬壽無期〕"라는 것은 福이 되는 것이 장구함을 거듭 말한 것이다. '뽕나무〔桑〕'와 '버드나무〔楊〕'는 실용에 충당하는 식물이니, 산이 재화를 생산하여 실용에 이바지하는 점을 말하여 군자가 邦家의 光榮이 되는 것을 일으킨 것이다. '無疆'은 '無期'와 같다. '구기자〔杞〕'와 '오얏〔李〕'은 먹을 수 있는 식물이니, 군자가 사람들을 기르는 것이 부모와 같음을 일으킨 것이다. "德音이 그치지 않네.〔德音不已〕"라는 것은 아름다운 명성이 끝이 없음을 말한 것이다. '산가죽나무〔栲〕'와 '감탕나무〔杻〕'는 높은 나무로서 산을 더욱 높게 하니, 군자의 德音이 무성함을 일으킨 것이다. '遐不眉壽'는 '길이 장수하지 않겠는가.'라고 말한 것과 같다. '헛개나무〔枸〕'와 '광나무〔楰〕'는 더욱 높고 큰 나무이니, 군자의 덕과 은택이 길고 멀리 퍼져 후세까지 미치게 되는 것을 일으킨 것이다. 그러므로 "그대의 후세까지 편안하게 기르리라.〔保艾爾後〕"라고 한 것이다.

此詩는 樂君臣俱賢하여 邦家榮盛하여 爲福之長也라 南山은 興君이요 北山은 興臣이라 臺萊는 皆草니 草之衣被於山이라 成薈蔚之美盛이 猶君子爲邦家之基本이라 萬壽無期는 重言爲福長久라 桑楊은 充用之物이니 言山生財以濟用하여 興君子爲邦家之光榮이라 無疆은 猶無期라 杞李는 可食之物이니 興君子養人如父母라 德音不已는 言令聞無窮이라 栲杻(뉴)는 木之高者로 益山之高니 興君子德音茂盛이라 遐不眉壽는 猶云不遐遠眉壽乎라 枸楰(유)는 木之尤高大者니 興君子德澤長遠하여 至施(이)及後世라 故로 云保艾(예)爾後라

---

245) 南山 : ≪詩經≫ 〈小雅 南山有臺〉 제1장 "南山有臺"의 '南山'을 가리킨다.
246) 北山 : ≪詩經≫ 〈小雅 南山有臺〉 제1장 "北山有萊"의 '北山'을 가리킨다.

남로 湛露

'湛湛'[247]은 농후한 형상이다. 이슬이 농후하여 해가 뜨지 않으면 마르지 않으니, 燕樂과 恩惠를 두터이 베풀어 취하지 않으면 돌아가지 않음을 일으킨 것이다. '厭厭'[248]은 마음에 만족스럽다는 의미이다. '무성한 풀〔豐草〕'은 부드럽게 휩쓸리고 무성한 것이니, 이로써 同姓의 친족을 일으킨 것이다. '在宗載考'는 同族의 宗室에서 歡樂과 禮數를 이루는 것이다. '구기자나무〔杞〕'와 '가시나무〔棘〕'는 낮게 자라는 것이니, 小國의 諸侯를 일으킨 것이다. 여러 나라의 임금들이 모두 밝고 신실한 君子로서 天子의 혜택을 받들어 德을 닦아 윗사람을 받들지 않는 이가 없으니, 진실하고 온순한 마음과 온화하고 공손한 용모가 모두 아름답고 덕스러움을 말한 것이다. "오동나무와 가래나무여, 그 열매가 주렁주렁 열렸네.〔其桐其椅 其實離離〕"라고 하였다. 오동나무와 가래나무는 높고 큰 나무이니, 大國의 제후를 일으킨 것이다. 농후한 이슬이 오동나무와 가래나무 위에 맺혀 두 나무가 무성하고 그 열매는 주렁주렁 달렸으니, 대국의 임금이 천자의 혜택을 받들어 모두 그 아름답고 선한 威儀를 닦지 않는 이가 없음을 말한 것이다. 친족을 우선하고, 작은 나라를 그 다음으로 하고, 큰 나라를 뒤로 한 것은 德澤을 생각할 적에 그 차례가 그러한 것이다. '離離'는 '累累(열매가 주렁주렁 달림)'와 같다.

湛(담)湛은 厚濃之狀이라 露之濃厚하여 匪日出則不晞니 興燕樂恩惠之厚하여 不醉則不歸也라 厭厭은 足意之義라 豐草는 柔從而盛者니 以興同姓之親이라 在宗載考는 在同宗成歡樂禮數也라 杞棘은 卑下之物이니 興小國諸侯라 言諸國之君이 皆明信君子라 承王惠澤하여 莫不脩德以奉上하고 忠順之心과 溫克之容이 皆令德也라 其桐其(梓)〔椅〕[249]여 其實離離라 桐(梓)〔椅〕는 高大之木이니 興大國諸侯이라 湛露在桐(梓)〔椅〕之上하여 二物之茂盛하고 其實離離然하니 言大國之君이 承王惠澤하여 莫不皆修其令善之儀라 先親하고 次小하고 後大는 德澤所懷에 其序然也라 離離는 猶累累라

247) 湛湛 : ≪詩經≫ 〈小雅 湛露〉 "湛湛露斯"의 '湛湛'을 가리킨다.
248) 厭厭 : ≪詩經≫ 〈小雅 湛露〉 "厭厭夜飮"의 '厭厭'을 가리킨다.
249) (梓)〔椅〕 : 저본에는 '梓'로 되어 있으나, ≪毛詩正義≫에 의거하여 '椅'로 바로잡았다. 아래도 같다.

채기 采芑

'芑'는 맛있는 채소이다. 地力이 壯盛하면 맛있는 채소를 심을 수 있으니, 文武를 아우르고 甲兵이 강하면 성대한 功을 이룰 수 있음을 일으킨 것이다. '薄言'[250]은 발어사이다. 新田과 菑畝[251]에서 芑를 뜯는 것은 모두 地力이 한창 왕성한 곳이기 때문이다. 方叔[252]이 거느리고 임하는 군사는 전차〔乘〕 3천 대의 군중이다. '師干'[253]은 지금 '兵甲'이라고 말하는 것과 같다. '試'는 익히는 것이니, 군중이 장차 훈련하려는 것이다. '率止'[254]는 정벌하러 가는 것이다. 그 뒤는 네 필의 騏馬가 질서정연하고 씩씩하며, 路車의 법도와 장식이 성대함을 말한 것이다.

다음 장은 그것을 거듭 말한 것이다. '中鄕'[255]은 또한 기름진 밭이다. '旂旐央央'은 정돈되고 엄숙함을 말한 것이다. 첫 장에서는 훈련하는 것을 말하였고, 다음 장에서는 정돈되고 엄숙함을 말하였으니, 대개 그 차례인 것이다. 方叔이 정벌하러 떠날 적에 존귀하고 아름다운 服章을 받았으니, 부여받은 임무가 중대함을 말한 것이다.

제3장은 비록 장수가 재주 있으며 병사가 많고 용맹하더라도 나아가고 물러남에 마땅함을 얻고 취하고 버림에 절도가 있음을 말한 것이다. 새매가 급하고 빠르게 날더라도 또한 그쳐야 할 곳에 모이는 것을 말하여 병사가 비록 강하더라도 그들을 쓸 적에 절도가 있어 지나치지 않음을 일으킨 것이다. '鉦人'[256]은 징을 치는 자이고, '伐鼓'는 북을 치는 자이다. 方叔이 군대를 출동할 적에 징과 북을 쳐서 군대를 배치하고 군대를 그치게 하는 절도를 행함이 있었다. '鞠'[257]은 그치는 것이다. 드디어 그것을 찬미하여, 밝고 신실한 方叔이 북을 칠 적에 둥둥 울리니 평화로워 사납거나 급하지 않았고, 군대를 멈출 적에 북소리 둥둥 울리니 정돈하고 늦추는 형상이라는 것을 말하

250) 薄言 : ≪詩經≫ 〈小雅 采芑〉 제1장, 제2장 "薄言采芑"의 '薄言'을 가리킨다.
251) 新田과 菑畝 : 밭이 1년 된 것을 菑라 하고, 2년 된 것을 新田이라 한다.
252) 方叔 : 周 宣王의 卿士로, 북쪽의 玁狁과 남쪽의 荊楚를 정벌하는 등 많은 공을 세웠다.
253) 師干 : ≪詩經≫ 〈小雅 采芑〉 제1장 "師干之試"의 '師干'을 가리킨다.
254) 率止 : ≪詩經≫ 〈小雅 采芑〉 제1장 "方叔率止"의 '率止'를 가리킨다.
255) 中鄕 : ≪詩經≫ 〈小雅 采芑〉 제2장 "于此中鄕"의 '中鄕'을 가리킨다.
256) 鉦人 : ≪詩經≫ 〈小雅 采芑〉 제3장 "鉦人伐鼓"의 '鉦人'을 가리킨다.
257) 鞠 : ≪詩經≫ 〈小雅 采芑〉 제3장 "陳師鞠旅"의 '鞫'을 가리킨다.

였다. 군대의 행군을 그치게 할 적에는 또한 북을 쳐서 그치게 하고, 출발할 적에는 징을 친다.

마지막 장은 功을 이룬 것을 말하였고, 인하여 그 정벌을 하게 된 연유를 말하였다. '蠢'[258]은 움직이되 무지하다는 의미이다. 미련한 저 蠻族이 큰 나라와 원수가 되니, 方叔이 그 계책을 능히 씩씩하게 내었다. 그러므로 정벌하여 사로잡으니 戎車의 성대함이 우레와 같았다. 方叔의 밝고 신실함이 玁狁을 정벌할 때부터 사방에 알려졌다. 그러므로 荊蠻이 두려워하여 와서 복종하였다.

芑는 美菜라 地力壯盛하면 則可植美菜니 興文武之將하고 甲兵之强이면 則能成茂功이라 薄言은 發語辭라 采芑於新田菑(치)畝는 皆地力方盛處일새라 方叔所總臨이 三千乘之衆이라 師干은 猶今云兵甲이라 試는 肄(이)習也니 衆且練也라 率止는 往征也라 言四騏翼翼壯健하고 路車儀飾之盛이라 次章은 重言之라 中鄕도 亦美田이라 旂旐(기조)央央은 言整肅이라 首章은 言肄習하고 次章은 言整肅하니 蓋其敍也라 其行也에 受服章之尊美하니 言付之重이라 三章은 言雖將之才요 士之衆且勇이라도 進退得宜하고 趣舍有節이라 言隼(준)之急疾이라도 亦集於所止하여 以興兵雖强이라도 用之有節而不過也라 鉦(정)人은 擊鉦者요 伐鼓는 擊鼓者라 方叔行師에 有鉦鼓爲陳師鞠旅之節이라 鞠은 止也라 遂美之하여 言明信之方叔이 其伐鼓也淵淵하니 平和不暴急이요 其振旅也鼓聲闐(전)闐하니 整緩之狀이라 振旅之行에 亦以鼓止요 行則以鉦이라 卒章은 言成功하고 因言其致伐之由라 蠢(준)은 動而無知之義라 蠢爾之蠻이 乃與大邦爲仇하니 方叔이 克壯其猶라 故로 征而執獲하니 戎車之盛이 如雷霆이라 方叔之明信이 自伐玁狁時로 聞于四方이라 故로 荊蠻畏威來服이라

거공 車攻

文王이 사방을 점유하였는데 이때에 이르러 위축되었다. 그러므로 "文王·武王의 강토를 회복하였다."[259]라고 한 것이다. 이 시는 宣王이 政事를 닦고 車甲을 정비하

258) 蠢 : ≪詩經≫ 〈小雅 采芑〉 제4장 "蠢爾蠻荊"의 '蠢'을 가리킨다.

259) 文王·武王의……회복하였다 : ≪詩經≫ 〈小雅 車攻〉의 小序에 "宣王이 능히 안으로 정사를 닦고 밖으로 夷狄을 물리쳐 文王·武王의 국경을 수복하였으며, 車馬를 수선하고 器械를 구비하여 다시 제후들을 東都에 모으고 인하여 사냥을 하면서 車徒를 선발하였다.〔宣王能內修政事 外攘夷狄 復文武之竟土 修車馬 備器械 復會諸侯於東都 因田獵而選車徒焉〕"라고 하였다.

고서 사냥을 하면서 車徒를 간택하니, 諸侯들이 순종하고 軍法이 엄숙하게 다스려지는 것이 이 시의 내용과 같았기 때문에 中興의 功을 능히 이룬 것을 찬미한 것이다. 先王의 정사는 後嗣가 마땅히 지켜야 할 바이니, 지키지 못하는 것은 죄이다. 그러므로 ≪詩經≫과 ≪春秋≫에서는 옛 제도를 회복한 일에 대해 찬미하는 말을 더하지 않았다. 이 시는 단지 그 옛 제도를 회복한 것을 일컬었을 뿐이다.

'既攻'[260]은 견고하게 만든 것을 말하고, '既同'[261]은 조율하여 통일시킨 것을 말한다. '孔阜'[262]는 말이 살지고 건장한 것이다. '之子'[263]는 '二三子'라고 말하는 것과 같으니, 소임을 맡은 자를 가리킨다. '囂囂'[264]는 성대하고 많은 모양이다. '有繹'[265]은 연속하는 것이다. '決拾'[266]은 한 물건인지 두 물건인지 모르겠다.[267] '助'[268]는 射者가 힘을 기울여 돕는 것이다. '射夫'[269]는 여러 射者들이다. '同'은 힘을 함께하는 것이다.

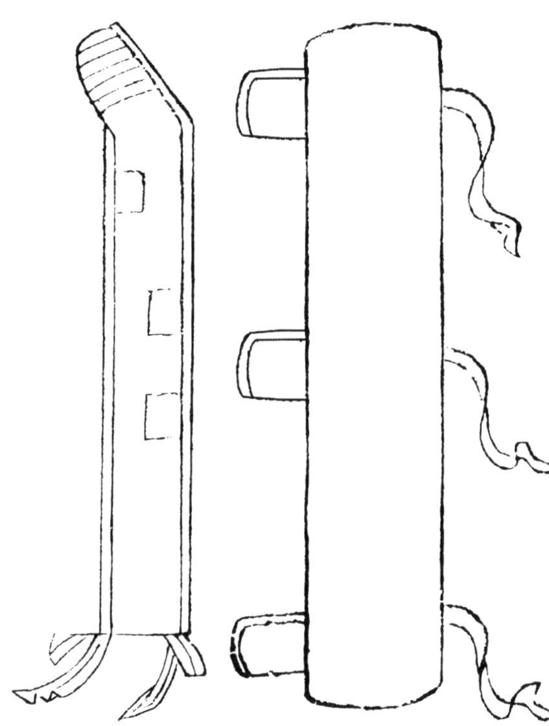

決　　拾

이와 같이 하기 때문에 짐승을 많이 잡은 것이다. '助我'는 잡은 새를 거두는 것을 돕는 것이며, '擧柴'는 여

260) 既攻 : ≪詩經≫ 〈小雅 車攻〉 제1장 "我車既攻"의 '既攻'을 가리킨다.
261) 既同 : ≪詩經≫ 〈小雅 車攻〉 제1장 "我馬既同"의 '既同'을 가리킨다.
262) 孔阜 : ≪詩經≫ 〈小雅 車攻〉 제2장 "四牡孔阜"의 '孔阜'를 가리킨다.
263) 之子 : ≪詩經≫ 〈小雅 車攻〉 제3장 "之子于苗"의 '之子'를 가리킨다.
264) 囂囂 : ≪詩經≫ 〈小雅 車攻〉 제3장 "選徒囂囂"의 '囂囂'를 가리킨다.
265) 有繹 : ≪詩經≫ 〈小雅 車攻〉 제4장 "會同有繹"의 '有繹'을 가리킨다.
266) 決拾 : ≪詩經≫ 〈小雅 車攻〉 제5장 "決拾既佽"의 '決拾'을 가리킨다.
267) 決拾은……모르겠다 : 孔穎達의 ≪毛詩正義≫에는 "'決'은 象骨로 만들어서 오른손 大指에 끼워 활시위를 당겨 활의 몸통을 여는 것이고, 拾은 가죽으로 만들어 왼팔에 차고서 활시위를 이루는 것이다.〔決 以象骨爲之 著於右手大指 所以鉤弦 開體 拾 以皮爲之 著於左臂以遂弦〕"라고 하였다.
268) 助 : ≪詩經≫ 〈小雅 車攻〉 제5장 "助我擧柴"의 '助'를 가리킨다.
269) 射夫 : ≪詩經≫ 〈小雅 車攻〉 제5장 "射夫既同"의 '射夫'를 가리킨다.

러 射夫가 드는 것을 돕는 것이니, 그 많은 사람들이 기울지 않고 치우치지 않아 中道의 規範을 유지함을 잃지 않은 것을 드러낸 것이다. "蕭蕭한 말 울음소리, 悠悠한 깃발〔蕭蕭馬鳴 悠悠旆旌〕"이라는 것은 엄숙하고 고요함이 이와 같음을 읊은 것이다. 그러니 수레를 모는 자는 경계하지 않겠으며, 푸줏간은 가득 차지 않았겠는가. '有聞無聲'[270]은 군대가 지나간다는 말을 들었는데 지나가는 소리를 듣지 못한 것이니, 지극히 엄숙함을 말한 것이다. 신실하구나, 君子가 군대를 다스림이여. 그가 이룬 것이 이와 같이 善하다.

文王이 撫有四方①이러니 至是에 蹙矣라 故로 云復(복)文武境土也라 此詩는 美其脩政事하고 治車甲하며 因田狩而簡車徒하니 諸侯順從하고 軍法肅治가 如此라 故로 能成中興之功이라 先王之政은 後嗣所當守니 失則罪也라 故로 詩春秋는 於復古之事에 不加美辭라 此詩는 但稱其復古也②라 旣攻은 謂堅治요 旣同은 謂調一이라 孔阜는 爲肥壯이라 之子는 猶云二三子니 指所任者라 嚻(효)嚻는 盛衆貌라 有繹은 聯屬이라 決拾은 不知是一物是二物이라 助는 射者傾助也라 射夫는 衆射者라 同은 謂同力이라 如此라 故로 獲多라 助我는 助斂禽者요 擧柴(사)③는 衆射夫助擧니 見(현)其多不倚不偏하여 不失持中範也라 蕭蕭馬鳴이며 悠悠旆旌(패정)은 詠肅靜如此라 徒御는 不其警戒乎며 庖廚는 不其充盈乎④아 有聞無聲은 聞師之行而不聞其聲이니 言至肅이라 信哉라 君子之治戎이여 其成이 如此之善이라

① '四方'은 어떤 판본에는 '西方'으로 되어 있다. '文王'은 어떤 판본에는 '武王'으로 되어 있다.
四方, 一作西. 文, 一作武.
② 〈吉日〉은 아름다움을 말한 것이다.
吉日則言美矣.
③ 〈'柴'는〉 士와 賣의 反切音으로 읽는다.
士賣切.
④ 이는 위의 말을 이어받은 것이다.
承上言.

길일 吉日

宣王이 사냥을 나가려고 吉日을 점쳐 그가 은미한 일을 신중히 하는 것을 드러내니,

270) 有聞無聲 : ≪詩經≫ 〈小雅 車攻〉 제8장에 보인다.

詩人이 인하여 그것을 찬미하고, 宣王이 아랫사람을 대접하여 여러 아랫사람들이 스스로의 힘을 다함을 얻은 것을 다시 칭찬하였으니, 이 시에서 노래한 내용이 이것이다. '戊'[271]는 剛日[272]인 吉日이다. '旣伯旣禱'[273]는 馬祖[274]에게 제사하여 기도하는 것이다. '伯'이 馬祖가 되는 것은 ≪爾雅≫의 글에 의거한 것이다.[275] 戊日에 제사 지내며 기도하고, 庚午日에 사냥을 나갔다. "漆沮에서 좇음이여, 天子께서 사냥하는 곳이로다.〔漆沮之從 天子之所〕"라는 것과 "左右를 모두 거느리고서, 천자를 즐겁게 하네.〔悉率左右 以燕天子〕"라는 것은 모두 여러 아랫사람들이 힘을 다해 윗사람을 받드는 것이다. "賓客에게 올리고, 또 단술을 떠서 올리네.〔以御賓客 且以酌醴〕"라는 것은 先王이 아랫사람을 대접하는 성의이다. "작은 멧돼지를 쏘아 맞히며, 큰 외뿔소를 쓰러뜨리네.〔發彼小豝 殪此大兕〕"라는 것은 잡은 짐승을 말한 것일 뿐이니, 많은 말을 할 필요가 없다. '큰 외뿔소〔大兕〕'는 소의 종류이니, 지금 서쪽 지방에 있는 것이다.

豝(멧돼지)

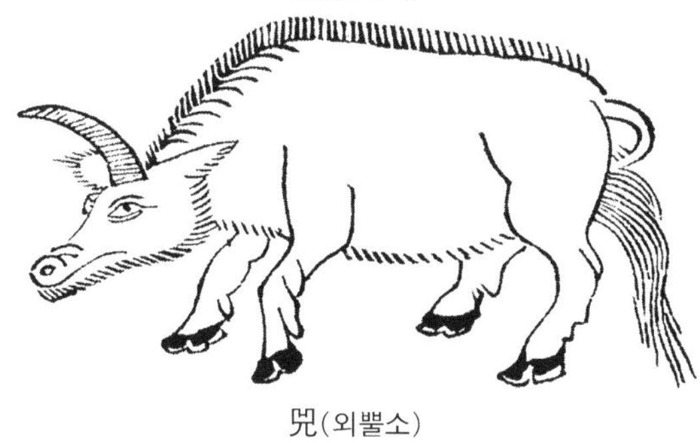

兕(외뿔소)

宣王이 將田而卜吉日하여 見(현)其愼微하니 詩人이 因美之하고 更稱其接下하여 得群下之自盡하니 詩中所陳이 是也라 戊는 剛日之吉이라 旣伯旣禱는 祭馬祖而禱之라 伯爲馬祖는 據爾雅之文이라 戊日祭禱하고 庚午于田이라 漆沮之從이여 天子之所와 悉率左右하여 以燕天子는 皆群下盡力奉上이라 以御賓客하고 且以酌醴는 先王接下之誠意라 發小豝(파)하며 殪(에)大兕(시)는 言所獲耳니 不須爲多說也라 大兕는 牛類니 今西方有之①라

271) 戊 : ≪詩經≫ 〈小雅 吉日〉 제1장 "吉日維戊"의 '戊'이다.
272) 剛日 : 奇數인 날(陽日)로, 日辰의 天干이 甲·丙·戊·庚·壬에 해당하는 날이다. ≪禮記≫ 〈曲禮 上〉·〈表記〉에 "外事는 剛日에 한다.〔外事以剛日〕"라고 하였다.
273) 旣伯旣禱 : ≪詩經≫ 〈小雅 吉日〉 제1장에 보인다.
274) 馬祖 : 二十八宿 중 車馬를 상징하는 房星을 가리킨다. 天駟라고도 한다.
275) 伯이……것이다 : ≪爾雅≫ 〈釋天〉에 "'旣伯旣禱'는 말에게 지내는 제사이다.〔旣伯旣禱 馬祭也〕"라고 하였다.

① 旄牛이다.
旄牛.

정료 庭燎

천하의 일은 中道를 얻어 항구적으로 할 수 있는 것을 귀하게 여기니, 이를 宜라 한다. 만일 생각이 하고자 하는 바를 따를 뿐이면 처음에는 부지런하나 마지막에는 태만하지 않음이 없을 것이다. 그러므로 나아가기를 빨리하는 자는 물러남이 빠르다.[276] 宣王이 처음 나라를 다스릴 적에 법도를 지키지 않고 다스렸으니, 그 힘을 다해 정사에 부지런하더라도 그가 마지막에 잘 하지 못할 것을 참으로 알 수 있다. 일찍 일어나서 정무를 보는 것은 참으로 일정한 절도가 있는데, '밤이 아직 한밤중이 되지 않았을〔夜未央〕' 때부터 정무를 보기 시작하였으니, 그 근면함을 소임으로 여겨 절도를 알지 못한 것이다. 절도가 없으면 아침저녁의 하루 일과가 일정할 수 없다. 그러므로 다음 절에 "밤이 아직 다하지 않았다.〔夜未艾〕", "밤이 새벽을 향한다.〔夜鄉晨〕"라고 한 것이다. 이는 일정한 절도가 없는 것을 나타낼 뿐만 아니라, 또한 그가 반드시 태만해질 것을 알 수 있다. 이 시는 宣王의 근면함을 바야흐로 아름답게 여기면서도 드디어 그 점으로써 경계한 것이다. 일에 대해 경계하는 것은 침으로 병든 곳을 찌르는 것과 같다. '央'은 가운데이다. '艾'는 다해가는 것이다. '晨'은 새벽이다. '將將'[277]은 鸞鈴[278] 소리이다. '噦噦'[279]는 수레가 모여드는 소리이다. '光'[280]은 밝음이 성대한 것이다. '晣晣'[281]는 밝은 것이다. '煇'[282]는 빛이 발산하는 것이다.

天下之事는 貴乎得中而可常이니 是之謂宜라 苟以意之所欲而已면 靡不勤於始而怠於終이라 故로 其進銳者는 其退速이라 宣王之於始也에 不守法以治하니 盡其力以勤於事나 固可知其不能於終也라 夙(숙)興視朝는 固有常節이어늘 始自於夜之未央하니 任其勤而不知節也라 無節이면 則

276) 나아가기를……빠르다 : ≪孟子≫ 〈盡心 上〉에 보인다.
277) 將將 : ≪詩經≫ 〈小雅 庭燎〉 제1장 "鸞聲將將"의 '將將'을 가리킨다.
278) 鸞鈴 : 임금이 타는 수레에 달던 방울이다.
279) 噦噦 : ≪詩經≫ 〈小雅 庭燎〉 제2장 "鸞聲噦噦"의 '噦噦'를 가리킨다.
280) 光 : ≪詩經≫ 〈小雅 庭燎〉 제1장 "庭燎之光"의 '光'을 가리킨다.
281) 晣晣 : ≪詩經≫ 〈小雅 庭燎〉 제2장 "庭燎晣晣"의 '晣晣'를 가리킨다.
282) 煇 : ≪詩經≫ 〈小雅 庭燎〉 제3장 "庭燎有煇"의 '煇'를 가리킨다.

早晩不能常也라 故로 次云未艾向晨也라 不惟見(현)無常節이요 且知其必將怠矣라 此所以方美其勤而遂以箴之也라 箴之於事는 如鍼砭(침폄)之刺病矣라 央은 中也라 艾는 向盡也라 晨은 曉也라 將將은 鸞(난)鈴聲이라 噦(홰)噦는 車軨會聚聲이라 光은 明之盛이라 晣(제)晣는 明也라 輝는 光之散也라

백구 白駒

이 시는 능히 賢者를 등용하지 않아 현자가 떠나가서 머물지 않는 것을 풍자한 것이다. '皎皎'[283]는 깨끗하고 흰 것이다. '駒'는 말 중에 준마이니, 옛글의 千里駒라는 것이며, 또 "白駒가 틈을 지나는 것과 같다."[284]라고 하였다. '白'은 색깔 중에 귀한 것이다. 귀한 색깔의 駿馬로써 賢德한 才士를 일으킨 것이다. 白駒가 채소밭에서 뜯어먹는 것은 평범한 싹이 아니니, 반드시 맛있는 채소일 것이다. 白駒는 마땅히 맛있는 것을 먹여야 하고, 賢才는 마땅히 남다른 禮로써 대우해야 한다. 白駒는 고삐를 매어 떠나가지 못하게 하면 머물러 즐기면서 하루해를 길게 보낸다. 唐風에 "또한 하루해를 길게 보내네.〔且以永日〕"[285]라고 하였다. 사람이 즐길 겨를이 있으면 하루해가 길다. "이른바 그분〔所謂伊人〕"은 마땅히 이곳에서 逍遙하게 해야지, 어찌 멀리 떠나게 해야 하겠는가. '藿'[286]은 채소의 잎이다. '夕'[287]은 '朝'[288]와 같은 맥락이니, 賢人・君子는 마땅히 이곳에서 嘉賓이 되게 해야 한다는 뜻이다.

'賁然'[289]은 광채가 나는 것이다. '來思'는 그가 광채를 내면서 오기를 생각하는 것이다. 위의 두 장은 賢者는 마땅히 朝廷에 있어야 함을 말한 것이고, 이 한 장은 그가 오기를 생각한 것을 말한 것이다. 그가 오기를 생각한 것은 그가 지위에 있지 않기 때문이다. '爾公爾侯'는 公卿으로서 지위에 있는 자를 말한 것이다. 그대들은 단지 편안

---

283) 皎皎 : ≪詩經≫ 〈小雅 白駒〉 제1장 "皎皎白駒"의 '皎皎'를 가리킨다.
284) 白駒가……같다 : ≪莊子≫ 〈知北遊〉에 "사람이 천지간에 살아가는 것은 흰 망아지가 틈을 지나가는 것과 같아서 잠깐일 뿐이다.〔人生天地之間 若白駒之過隙 忽然而已〕"라고 하였다.
285) 또한……보내네 : ≪詩經≫ 〈唐風 山有樞〉에 보인다.
286) 藿 : ≪詩經≫ 〈小雅 白駒〉 제2장 "食我場藿"의 '藿'을 가리킨다.
287) 夕 : ≪詩經≫ 〈小雅 白駒〉 제2장 "以永今夕"의 '夕'을 가리킨다.
288) 朝 : ≪詩經≫ 〈小雅 白駒〉 제1장 "以永今朝"의 '朝'를 가리킨다.
289) 賁然 : ≪詩經≫ 〈小雅 白駒〉 제3장 "賁然來思"의 '賁然'을 가리킨다.

히 즐기면서 법도가 없으니 賢者를 찾아 至治를 이룩하려는 방도를 생각하지 않는가. 그들로 하여금 한가로이 지내는 것을 삼가고 신중하게 하여 일삼는 바가 없을 때에 마땅히 천하에 은둔한 賢者가 있는 것을 생각하여 그들을 등용하는 데 부지런히 힘써야 함을 경계한 것이다. 제3장은 賢者가 오기를 생각한 것이니, 이는 賢者가 지위에 있지 않기 때문이다.

마지막 장은 그가 멀리 은둔하자 그를 그리워하는 마음을 말한 것이다. 멀리 빈 골짜기에 은둔해서 곤궁함에 처하여 담박함을 누리니, 비록 누리는 바가 생꼴 한 다발뿐이지만 그 사람의 아름다움은 玉과 같다. "그대의 음성을 金玉 같이 여겨, 나를 멀리하는 마음을 갖지 말라.〔毋金玉爾音 而有遐心〕"라는 것은 賢者가 이미 멀리 은둔하니 賢者를 좋아하는 나라 사람들은 오히려 서로 소식을 물어 단절되지 않기를 바라면서 '그 음성을 스스로 귀중하게 여겨 나를 멀리하고 저버리는 마음을 갖지 말라.'라고 말한 것이다.

刺不能用賢하여 賢者去而不留也라 皎皎는 潔白也라 駒는 馬之駿者니 古文千里駒요 又曰白駒過隙이라 白은 色之貴者라 以貴色之駿馬로 興賢德之才士라 場圃所食은 非常苗니 必美蔬也라 白駒는 當食以美物이요 賢才는 當待以殊禮라 白駒는 則維縶(칩)之하여 不使去면 留玩樂以永日이라 唐風云 且以永日이라 人暇樂이면 則日永也라 所謂伊人者를 宜使於此逍遙니 豈當使遠去也리오 藿(곽)은 蔬之葉이라 夕은 猶朝也니 賢人君子는 當使於此爲嘉賓이라 賁(비)然은 光彩라 來思는 思其賁然而來也라 上二章은 言賢者當在朝廷이요 此一章은 言思其來라 思其來는 是不在位也일새라 爾公爾侯는 謂公卿在位者라 但逸豫無期度하니 不思求賢致治之道乎아 戒使欽愼優游하여 無所事之際에 當勉强思天下之有潛遯(둔)之賢者而進用之也라 三章은 思賢者之來니 是不在位也일새라 卒章은 言其遠遯而思之之意라 遠遯空谷하여 處窮困而享淡薄하니 雖所享生芻一束而已나 然其人之美則如玉也라 毋金玉爾音하여 而有遐心은 賢者가 旣遠遯矣니 國之好賢者가 猶望其相聞問而不見絶也하여 曰毋自貴重其音聲하여 而有遠棄我之心이라

백화 白華

幽王이 褒姒를 총애하여 申后를 축출하자 周나라 사람이 이 때문에 이 시를 지어 幽王을 풍자한 것이다. 〈小序에〉 '王'자를 '后'자로 잘못 썼다.[290] 小序에 "下國이 이에 변

화되어〔下國化之〕"[291]로부터 이하는 당시의 일이 이와 같았음을 말한 것이니, 시에서 언급하지 않은 내용이다. 이 시의 大意는 왕이 총애를 오로지 하여 上下의 분별을 잃은 것을 풍자한 것이다. 白華는 물에 담그면 왕골〔菅〕이 되고, 白茅는 그것을 사용하여 싸고 묶는다. 물건의 美惡은 그 쓰임에 각각 제 역할이 있으니, 이로써 尊卑와 上下에 각각 그 분수가 있음을 일으킨 것이다.

지금 왕이 貴賤의 질서를 어지럽혀 나를 멀리하여 저버려서, 나로 하여금 곤궁하고 외롭게 하여 제자리를 잃게 하였다. '之子'[292]는 왕을 말한다. "뭉게뭉게 흰 구름〔英英白雲〕"이라는 것은 구름의 모양이다. 하늘의 道는 구름이 피어오르고 이슬이 내리면 왕골과 띠풀이 모두 그 은택을 입는다. 왕이 만일 道로써 하면 嫡后와 妾은 마땅히 그 총애를 균등하게 입어야 한다. 지금 天運이 어려운데 그대는 이 道와 같이 하지 않는다. '天步'[293]는 時運이다. '猶'[294]는 같다는 뜻이다.

"흐르는 못이 북쪽으로 흘러〔滮池北流〕"라는 것은 작은 물줄기가 미미하게 흐르지만 오히려 벼논을 적실 수 있는데, 왕의 숭고하고 존귀함으로 도리어 그 총애와 은택을 두루 미치게 할 수 없으니, 이를 생각하여 휘파람불고 노래하면서 서글퍼하는 것이다. '滮'는 못 이름이니, 근원이 없어 쉽게 마르는 물이다.

"저 뽕나무 섶을 채취하다.〔樵彼桑薪〕"의 '桑'은 섶 중에 좋은 것이다. 저 뽕나무 섶을 채취하여 요리하는 데에 쓰지 않고 내 화덕에 군불만 피우니, 이로써 왕이 존귀한 嫡后를 버리고 嬖人을 오로지 총애한 것을 일으킨 것이다. 저 왕이 숭고하고 존귀한데도 하는 바가 이와 같으니, 내 마음을 힘들고 슬프게 하는 까닭이다. '之子'라고 말한 것은 '이 사람'이라고 곧장 말한 것이고, '碩人'을 말한 것은 그가 존귀한 지위에 있으면서도 하는 바가 이와 같음을 말한 것이다.

---

290) 王자를……썼다 : ≪詩經≫ 〈小雅 白華〉 小序에 "〈白華〉는 周나라 사람이 幽后를 풍자한 것이다.〔白華 周人刺幽后也〕"라고 하였는데, '幽后'는 '幽王'을 잘못 쓴 것이라는 말이다.

291) 下國이……변화되어 : ≪詩經≫ 〈小雅 白華〉 小序에 "〈白華〉는 周나라 사람이 幽后를 풍자한 것이다. 幽王이 申나라의 여자를 취하여 后妃로 삼았는데, 또 褒姒를 얻어 申后를 축출하였다. 그러므로 下國이 이에 변화되어 첩을 아내로 삼고 庶孽로 宗子를 대신하였으나 王은 이를 능히 다스리지 못하였다. 周나라 사람이 이 때문에 이 시를 지은 것이다.〔白華 周人刺幽后也 幽王取申女以爲后 又得褒姒而黜申后 故下國化之 以妾爲妻 以孽代宗 而王弗能治 周人爲之作是詩也〕"라고 하였다.

292) 之子 : ≪詩經≫ 〈小雅 白華〉 제1장 "之子之遠"의 '之子'를 가리킨다.

293) 天步 : ≪詩經≫ 〈小雅 白華〉 제2장 "天步艱難"의 '天步'를 가리킨다.

294) 猶 : ≪詩經≫ 〈小雅 白華〉 제2장 "之子不猶"의 '猶'를 가리킨다.

"궁궐에서 鍾을 두드린다.〔鼓鍾于宮〕"라고 하였으니, 이 장은 그녀의 誠意가 왕을 감동시킬 수 없는 것을 스스로 슬퍼한 것이다. 궁중에서 종을 두드리면 소리가 밖에까지 들리건만, 지금 내 마음속으로 그대를 생각하여 애처롭게 근심하고 괴로워하나 일찍이 그대를 감동시키지 못하여 나를 보기를 건성으로 하여 떠나간다. '邁邁'[295]는 멀리 떠나가 돌아보지 않는다는 의미이다.

두루미가 魚梁에 있고 학이 수풀에 있는 것은 모두 제자리를 얻은 것이다. 지금 왕이 나로 하여금 제자리를 얻지 못하게 하니, 이 때문에 상심하는 것이다. 원앙새는 암컷은 오른쪽 날개로 왼쪽 날개를 가리니, 이것이 암컷의 常道이다. 지금 왕은 남편으로서의 도리가 일정하지 않아 그 德을 두셋으로 하니, 처음과 끝이 변덕스러움을 말한 것이다.

'扁'[296]은 밟고 오르는 돌의 형상이다. 밟고 오르는 돌을 두는 것은 높이기 위해서인데 도리어 밟는 돌이 낮으니, 이로써 왕이 존귀한 后妃를 버리고 미천한 사람을 총애함을 일으킨 것이다. 그대가 나를 보기를 멀리하여 나로 하여금 병들게 하였다. '疷'[297]는 병든 것이다. 이 시 8章은 次序가 있으니 다시 번거롭게 해설하지 않는다. 제4장 가운데 '卬'[298]은 글자의 뜻이 '나〔我〕'이니, 幽王을 이른다. '나는 도리어 화덕에 불을 땐다.'는 것은 지금 俗語도 이와 같다.

幽王이 寵褒姒(포사)而黜申后하니 周人이 爲之作詩하여 以刺王이라 王字誤作后字라 序自下國化之以下는 言當時事如此니 詩中所不及也라 詩大意는 刺王專寵하여 失上下之分이라 白華則漚以爲菅하고 白茅則用之裹(과)束이라 物之美惡은 其用에 各有其所니 興尊卑上下에 各有其分이라 今王亂貴賤之序하여 而遠棄我하여 俾我窮獨失所也라 之子는 謂王也라 英英白雲은 雲之貌라 天之道는 雲蒸露降이면 則菅茅皆被其澤이라 王如以道면 則嫡妾當均被其寵이라 今天運艱難이어늘 而之子不猶是道也라 天步는 時運也라 猶는 如也라 滮(표)池北流는 小水微流也로되 尙能浸漑稻田이어늘 王之崇高尊大로 而反不能通流其寵澤하니 念此하여 所以嘯歌而傷懷也라 滮는 池名이니 無源易(이)竭之水라 樵彼桑薪의 桑은 薪之善者라 樵彼桑薪不用하고 而我烘(홍)於煁竈(심조)니 興王之捨嫡后之尊하고 而專寵於嬖人也라 維彼王之崇大로 而所爲如此하니 所以勞傷我心이라 言之子者는 直謂是人也요 言碩人者는 言其居尊大之位

295) 邁邁 : ≪詩經≫ 〈小雅 白華〉 제5장 "視我邁邁"의 '邁邁'를 가리킨다.
296) 扁 : ≪詩經≫ 〈小雅 白華〉 제8장 "有扁斯石"의 '扁'을 가리킨다.
297) 疷 : ≪詩經≫ 〈小雅 白華〉 제8장 "俾我疷兮"의 '疷'를 가리킨다.
298) 卬 : ≪詩經≫ 〈小雅 白華〉 제4장 "卬烘于煁"의 '卬'을 가리킨다.

而所爲如是也라 鼓鍾于宮이라하니 此章은 自傷其誠意之不能動王也라 鼓鍾于宮中이면 而聲聞於外어늘 今我中心念子하여 慘慘然憂蹙이로되 而曾不感動하여 視我邁(매)邁而去라 邁邁는 去遠不顧之意라 鶖(추)之在梁하고 鶴之在林은 皆其所也라 今王이 使我不得其所하니 是以로 傷心이라 鴛鴦은 雌(자)者右翼掩左하니 是雌之常也라 今王은 爲夫之道乃不常하여 二三其德하니 謂初終改易也라 扁은 乘石之形이라 設乘石은 以爲高也로되 而反(覆)〔履〕[299)] 卑니 興王捨后之尊하고 而寵微賤之人也라 之子見遠하여 使我困病이라 (底)〔疷〕[300)] 는 病也라 此詩八章은 有次序하니 更不煩解라 第四章中에 卬(앙)은 字訓我也니 謂幽王이라 我却烘于煁은 今俗語如此라

대아 大雅

한록 旱麓

이 시는 周나라가 先祖의 王業을 이어받은 것을 말한 것이다. 后稷과 公劉[301)]가 처음에 德을 쌓았고, 대대로 그 王業을 닦아 太王과 王季[302)]에 이르러서는 百福을 거듭 닦아 天祿을 구하였으니, 사람들이 善을 행하여 福을 얻었다. 선을 닦아야 복을 받는다. 선을 행하여 복을 받는 것은 이른바 "스스로 많은 복을 구하는 길이네.〔自求多福〕"[303)]라는 것이니, 곧 祿을 구하는 것이다.

后稷

"저 旱山 기슭을 보건대〔瞻彼旱麓〕"라고 하였으니, '旱'은 산 이름이고, '麓'은 산기슭이

299) (覆)〔履〕: 저본에는 '覆'으로 되어 있으나, 中華書局本에 의거하여 '履'로 바로잡았다.
300) (底)〔疷〕: 저본에는 '底'로 되어 있으나, ≪毛詩正義≫에 의거하여 '疷'로 바로잡았다.
301) 后稷과 公劉 : 后稷은 周나라의 시조이고, 公劉는 后稷의 증손이다.
302) 太王과 王季 : 太王은 古公亶父로, 公劉의 9대손이다. 王季는 太王의 아들이자 文王의 아버지이다.
303) 스스로……길이네 : ≪詩經≫ 〈大雅 文王〉에 "너의 조상을 생각하지 않겠는가. 그 德을 닦을지어다. 길이 天命에 짝하는 것이, 스스로 많은 福을 구하는 길이네.〔無念爾祖 聿修厥德 永言配命 自求多福〕"라고 하였다.

다. 높고 험한 곳은 생물이 살 곳이 아니니, 산기슭이 곧 온갖 생물이 모여 사는 곳이다. 저 旱山 기슭의 개암나무〔榛〕와 싸리나무〔楛〕를 보건대 草木이 산기슭의 기운을 받아 많고 많아 무성하니, 이로써 이 周나라의 화락한 君子가 그 선조의 화락한 道를 이어받아 흥성하고 복을 받은 까닭을 일으킨 것이다.

"세밀한 저 玉瓚에〔瑟彼玉瓚〕"라고 하였으니, 이 장은 선조가 덕을 쌓으면 반드시 잘 계승하는 자손이 있음을 말한 것이다. '瑟'은 세밀하다는 의미이니, 세밀하고 부드럽고 윤이 나는 玉瓚에 그 안에 담긴 술은 반드시 黃流일 것이라는 말이다. 화락한 군자는 복록이 내리는 대상이니, 반드시 어진 자손이 있다는 말이다. '瓚'은 圭瓚[304]이니, 옥으로 만든 술잔이다. '黃流'[305]는 鬱鬯酒이다.

玉瓚

圭瓚

"솔개가 날아 하늘에 이른다.〔鳶飛戾天〕"라고 하였으니, 이 장은 선조의 덕이 후세 사람을 진작시킬 수 있음을 말한 것이다. 솔개가 날아 하늘에 이른 것은 위에서 그 道를 얻은 것을 일으킨 것이니 先祖를 말하고, 물고기가 연못에서 뛰노는 것은 아래에서 그 마땅함을 얻은 것을 일으킨 것이니 後嗣를 말한다. 후사의 어짊은 先世가 후손을 위해 남긴 계책을 말미암는다. 그러므로 "화락한 군자여, 멀리 後人을 진작시키지 않겠는가.〔豈弟君子 遐不作人〕"라고 한 것이다. '作'[306]은 善에 그를 흥기시키는 것이니, '멀리 善에 後人을 진작시키지 않겠는가.'라는 말이다.

304) 圭瓚 : 금옥으로 자루를 단, 구기 모양의 술그릇이다.
305) 黃流 : ≪詩經≫ 〈大雅 旱麓〉 제2장 "黃流在中"의 '黃流'를 가리킨다.
306) 作 : ≪詩經≫ 〈大雅 旱麓〉 제3장 "遐不作人"의 '作'을 가리킨다.

"淸酒를 이미 빚고〔淸酒旣載〕"라고 하였으니, 이 장은 자손이 그 王業을 이어받아 그 정성스러운 효성으로 보답을 극진히 하니 선조가 그 成功을 흠향하는 것을 말한 것이다. '載'는 일삼는 것이니, 만드는 것을 이른다. 후손이 술을 빚고 희생을 준비하여 그 先君에게 제사를 올리니, 선조가 보답을 누려 자손이 복을 받는 것이다. 그러므로 "큰 복을 이르게 하였다.〔以介景福〕"라고 한 것이다. '介'는 이르는 것이니, 큰 복을 오게 하는 것을 말한다.

"무성한 저 갈참나무와 떡갈나무〔瑟彼柞棫〕"라고 하였으니, '瑟然'은 빽빽하고 무성한 형상이다. 앞 장은 선조가 成功의 보답을 누린 것을 말하였고, 이 장은 成功이 선조의 힘을 말미암았음을 거듭 밝힌 것이다. 갈참나무와 떡갈나무가 빽빽하고 무성한 까닭은 先人이 주변의 잡초를 불태워서 그렇게 된 것이다. 지금 군자가 그 王業을 이룬 것은 또한 오히려 神(선조)이 옛날에 노력했기 때문이다. '神'[307]은 선조를 가리킨다. 지금 사람들이 느릅나무를 심을 적에도 주변의 잡초를 불태워 무성하게 한다.

"무성한 칡넝쿨이여.〔莫莫葛藟〕"라고 하였으니, 앞 장은 선조가 이룬 것을 말미암았음을 말하였고, 이 장은 선조의 道를 따랐음을 거듭 말한 것이다. '무성한 칡넝쿨'은 부드럽게 멀리 뻗어 무성한 형상이다. '施'[308]는 나무의 가지나 줄기에 의지하는 것을 말하니, 이로써 군자가 선조의 道를 따라 天祿을 구한 것을 일으킨 것이다. '不回'[309]는 간사하게 다른 道를 돌아봄이 없다는 말이다. 이 시에서 '화락한 군자〔豈弟君子〕'라고 일컬은 것은 혹은 선조를 지목하기도 하고 혹은 자손을 이르기도 하니, 글의 의미를 살펴보면 분별할 수 있다.

言周家承受先祖之業也라 后稷公劉가 積德於始하고 世脩其業하여 至大王王季하얀 重脩百福하여 以干天祿①하니 人爲善而獲福이라 脩善이라야 乃福也라 爲善而獲福은 所謂自求多福이니 乃干祿也라 瞻彼旱麓(록)이라하니 旱은 山名이요 麓은 山足이라 高峻은 非生物之所니 麓이 乃百物所聚生也라 瞻彼旱麓之榛楛(호)컨대 草木이 得麓之氣하여 濟濟茂盛하니 興此周家之愷悌君子가 承其祖先愷悌之道하여 所以興盛受福也②라 瑟彼玉瓚이라하니 此章은 言先祖積德이면 必有善承之子孫也라 瑟은 密義니 謂縝密溫潤之玉瓚에 其中所盛은 必黃流也라 愷悌君子는 則福祿所降이니 必有賢子孫也라 瓚은 圭瓚이니 玉器라 黃流는 鬱鬯(울창)也라 鳶(연)飛戾天이라하니

307) 神 : ≪詩經≫ 〈大雅 旱麓〉 제5장 "神所勞矣"의 '神'을 가리킨다.
308) 施 : ≪詩經≫ 〈大雅 旱麓〉 제6장 "施于條枚"의 '施'를 가리킨다.
309) 不回 : ≪詩經≫ 〈大雅 旱麓〉 제6장 "求福不回"의 '不回'를 가리킨다.

此章은 言先祖之德이 可以作後人也라 鳶飛至天은 興上得其道니 謂先祖요 魚躍于淵은 興下得其宜니 謂後嗣라 後嗣之賢은 自先世之貽謀라 故로 愷悌君子여 遐不作人이리오하니라 作은 興起之於善也니 言不遠作人於善乎아 淸酒旣載라하니 此章은 言子孫承受其業하여 致其誠孝之報하니 先祖饗其成功也라 載는 事니 謂造也라 後人이 載酒備牲하여 以享祀其先君하니 祖先이 享報而子孫受福也라 故로 云以介景福이라 介는 至也니 謂以來大福也라 瑟彼柞棫(작역)이라하니 瑟然은 密茂之狀이라 前章은 言先祖享成功之報요 此章은 重明成功由先祖之力이라 柞棫之所以密茂는 由人焚燎而然이라 今之君子가 成其王業은 亦猶神勞力於昔也일새라 神은 指先祖라 今人種檜에 亦焚之使茂라 莫莫葛藟(류)라하니 前章은 言由先祖之爲요 此章은 重言率循先祖之道라 莫莫葛藟는 柔曼茂盛之狀이라 施(이)者는 謂依緣木之條幹이니 興君子率循先祖之道하여 以干天祿이라 不回는 謂無邪回他道也라 此詩所稱愷悌君子는 或目先祖하고 或謂子孫하니 觀文意면 可辨이라

① 〈'重'은〉 거듭한 것이다.
申重也.
② 개암나무와 싸리나무는 旱山에 있는 나무이다.
榛楛, 旱山所有之木.

황의 皇矣

이 시는 周나라가 王業을 일으킨 까닭을 찬미한 것이다. 그러므로 "하늘이 殷나라를 대신할 나라를 살펴보니, 周나라만 한 나라가 없었다."[310]라고 말한 것이다. 이 시의 주된 의미는 王季를 찬미하는 데 있지만, 마지막에 王業이 이루어진 것을 말하면서 文王의 일을 성대하게 서술하였다. 小序는 그로 인해 "대대로 德을 닦은 분이 文王만 한 이가 없었다."라고 한 것이다.

"위대하신 上帝가, 아래를 굽어봄이 밝으시어〔皇矣上帝 臨下有赫〕"라고 한 구절의 '皇'은 위대한 것이고 천하에 임하여 바라볼 적에 혁혁한 위엄과 밝음이 있는 것이다. 아래 장에는 "왕이 赫然히 노하여〔王赫斯怒〕"[311]라고 하였다. "四方을 살펴보시어 백성의 안정을 구하시니〔監觀四方 求民之莫〕"라는 것은 백성이 안정될 바를 구하는 것이다. 이

310) 하늘이……없었다 : ≪詩經≫ 〈大雅 皇矣〉 小序에 보인다.
311) 왕이……노하여 : ≪詩經≫ 〈大雅 皇矣〉 제5장에 보인다.

는 하늘이 下民을 도와 그를 君長을 삼아 안정을 얻게 한 것을 범범하게 말한 것이다.

"오직 이 두 나라가, 그 정사가 道理에 맞지 않기에, 저 사방의 나라에서, 이에 찾고 이에 헤아리시니〔維此二國 其政不獲 維彼四國 爰究爰度〕"라는 것은 오직 백성이 안정될 바를 구한 것이다. 그러므로 임금이 不善하면 그를 멸망시키니, 저 夏·商 두 나라가 제대로 된 정사를 얻지 못하여 임금의 도리를 잃었다고 여겨질 적에는 사방의 나라에서 德이 있는 임금을 찾아서 도모하여 천하의 왕이 되게 한 것과 같다. '究'는 찾아서 살피는 것이고, '度'은 도모하여 헤아리는 것이다.

"上帝가 이루고자 하는 것은 그 규모를 증대시키는 것이로다.〔上帝耆之 憎其式廓〕"라고 한 구절의 '耆'는 이룬다는 뜻으로 頌에 "너의 功을 정함을 이룩하셨다.〔耆定爾功〕"[312]라고 하였다. '上帝耆之'는 天命이 돌아갈 바를 말한 것이다. '式廓'은 規限을 말하니, 規模의 範圍라고 말하는 것과 같다. 天命이 이르는 바이면 그 規限을 증대시켜 諸侯로부터 天子에 올라 사방 1백 里를 다스리다가 四海를 어루만지게 되니, 이것이 증대시키는 것이다. '憎'자는 '增'과 같다. '憎'은 마음에 일어난 바가 있는 것이니, 의미가 '增'과 통한다.

"이에 고개를 돌려 서쪽을 돌아보시어, 이곳을 주시어 거처하게 하셨도다.〔乃眷西顧 此維與宅〕"라고 하였으니, 위에서는 天道가 이와 같음을 범범히 말하였고, 위에서 말한 '德이 백성을 안정시킬 수 있는 자를 구한 것'을 증대시켜 왕으로 삼은 것이기 때문에 上帝가 고개를 돌려 서쪽을 돌아보시어 天命을 周나라로 돌린 것이다. '此維與宅'은 그로 하여금 서쪽 땅에 살면서 천하에 왕이 되게 한 것을 말한다.

"뽑아버리고 제거하니〔作之屛之〕"라고 하였으니, 윗 장의 말미에 天命이 周나라로 돌아간 것을 말하였고, 이 장[313]에서는 서쪽 땅에 살면서 일으킨 王業을 말하였다. 惡을 제거하고 善을 길러 그 人民을 살아가게 한 것을 모두 材木을 기르고 가꾼 것으로써 일으켰다. '作之'는 뽑는 것을 말하고, '屛之'는 제거하는 것을 말한다. 뽑고 제거한 것이 '其菑其翳'니, '菑'는 서 있는 채로 죽은 것이고 '翳'는 저절로 죽은 것이다. 아마도 서 있는 채로 죽으면 전체가 마르니 '翳'는 가지와 줄기가 죽은 것을 말하는 듯하다. 그러므로 '菑'는 위로 '作之'와 짝하고, '翳'는 위로 '屛之'와 짝한다. 대저 사람이 惡을 행하여 스스로 죽기 때문에 저절로 죽은 나무로써 일으킨 것이다.

---

312) 너의……이룩하셨다 : ≪詩經≫ 〈周頌 武〉에 보인다.
313) 이 장 : ≪詩經≫ 〈大雅 皇矣〉 제2장을 가리킨다.

"닦고 평평하게 하니〔修之平之〕"라는 것은 다듬고 정돈하는 것이다. 떨기로 나는 것을 '灌'[314]이라 하고, 줄지어 나는 것은 '栵'이라 하니, 떨기로 나고 줄지어 나는 것을 다듬고 정돈하여 성기고 조밀하고 바르고 곧게 하여 그 마땅함을 얻게 한 것을 말한다. 이는 民과 物을 平治하여 각각 그 마땅함을 얻게 한 것을 일으킨 것이다.

"개간하고 제거하니〔啓之辟之〕"라는 것은 베어서 제거하는 것을 말한다. '능수버들〔檉〕'과 '가물태나무〔椐〕'는 반드시 베어낸 뒤에 무성해지니, 이는 백성을 기르는 것을 일으킨 것이다. 위의 네 구는 단지 마땅히 제거해야 할 것과 배열을 말하였을 뿐이고, 이 구에 이르러 능수버들과 가물태나무를 말하여 이에 백성을 일으켰다. 두 나무는 평범한 나무로서 매우 많은 것이기 때문에 이로써 백성을 일으킨 것이다.

"제거하고 베어내니〔攘之剔之〕"라는 것은 뚫고 베어 그 번다하고 쓸모없는 것을 제거하여 성장하게 함을 말한 것이다. '꾸지뽕나무〔檿〕'와 '산뽕나무〔柘〕'는 쓰임을 기다리는 나무이니, 이로써 賢才를 기르는 것을 일으킨 것이다.

"上帝의 命이 德을 밝힌 君主에게로 옮겨간지라, 順平한 도리가 가득 찼네.〔帝遷明德串夷載路〕"라고 하였으니, 위에서는 그 다스림을 서술하였고, 이 구절에서는 하늘이 그 德을 밝히는 君主를 살펴보고 그에게 나아가니 그 다스림이 이와 같아서 順平한 도리가 가득 찼다고 말한 것이다. '串'은 좇아서 따른다는 의미이니, 물건을 꿰어 하나로 관통하는 것이 串이다. 글자의 형태 또한 그러하다. '夷'는 평평한 것이다. '載路'는 '滿路'와 같으니, 가득 찬 것을 말한다. 周나라의 다스림은 順平한 道로 가득 찼다는 말이다.

"하늘이 그 배필을 세우니, 天命을 받음이 이미 견고하도다.〔天立厥配 受命既固〕"라고 하였으니, 하늘이 그의 德이 하늘에 짝하였기 때문에 그를 세워 왕이 되게 하였으니, 그가 天命을 받은 것이 견고하여 바뀌지 않을 것임을 말한 것이며, 天命이 끝내 그에게 돌아가 반드시 王業을 이룰 것임을 말한 것이다.

"上帝가 그 산을 살펴보니〔帝省其山〕"라고 하였으니, 이 장[315]은 王季가 天命을 받아 하늘에 짝한 일을 말하려 한 것이다. 그러므로 上帝가 그 산을 살펴보았다는 것을 다시 말하여 그가 행한 바가 하늘에 짝할 만하였음을 드러낸 것이다. "上帝가 그 산을 살펴보니"라는 것은 하늘이 周나라의 다스림을 내려다 본 것을 말하니, 산으로써

314) 灌 : ≪詩經≫ 〈大雅 皇矣〉 제2장 "其灌其栵"의 '灌'을 가리킨다.
315) 이 장 : ≪詩經≫ 〈大雅 皇矣〉 제3장을 가리킨다.

일으킨 것이다. '갈참나무〔柞〕'와 '떡갈나무〔棫〕'는 평범한 나무이니 백성을 일으킨 것이고, '소나무〔松〕'와 '측백나무〔柏〕'는 좋은 재목이니 賢才를 일으킨 것이다. '拔'[316]은 자라서 무성해진 것이니 生民이 번성한 것을 일으킨 것이고, '兌'[317]는 윤택한 것이니 賢才가 제자리를 얻은 것을 일으킨 것이다. '帝作'[318]은 天道를 말하고, '邦作'은 人君의 행위를 말한다. 人君의 德이 하늘과 합치할 수 있었던 것은 太伯과 王季로부터이다.

○ 太伯은 비록 人君이 되지 못했으나 그가 행한 것이 王季와 서로 배합하니 모두 周나라의 일이다. 王季의 다스림이 하늘에 배합하고 太伯이 그에게 나라를 주었기 때문에 "태백과 왕계에서 비롯되었다.〔自大伯王季〕"라고 한 것이다. "이 王季가, 본심을 따라 우애하니〔維此王季 因心則友〕"라고 한 것은 또한 그 일을 서술한 것이다. 본심을 따랐다는 것은 그의 天性에서 나왔다는 것이니, 王季의 天性이 그 형을 우애한 것을 말한 것이다. 그러므로 그의 형이 그를 어질게 여기고서 나라를 양보하여 그가 마침내 天命을 받아 王業의 篤厚함과 周나라의 福慶을 일으키고, 또 그 형이 덕 있는 사람에게 양보한 영광을 이룩한 것이다. '載'[319]는 사양하는 것이고, '錫'은 주는 것이니, 그 형의 영광을 주어서 하늘의 福祿을 받아 보존하여 잃지 않아 곧 四方을 소유하게 되었음을 말한 것이다. '奄'[320]자의 의미는 忽(문득)과 遂(드디어)의 중간에 있다. 이 시의 本意는 王季를 찬미하는 데 있다. 그러므로 太伯의 양보가 모두 王季를 말미암았음을 말한 것이다. 아래에서 文王의 일을 말한 것 또한 王季에게 근본을 한 것으로 귀결된다.

"이 王季를, 上帝께서 그의 마음을 헤아리시고〔維此王季 帝度其心〕"라고 하였으니, 이 장[321]은 王季의 德을 서술한 것이다. "상제께서 그의 마음을 헤아리시고〔帝度其心〕"라는 것은 하늘이 그의 衷誠을 살핀 것을 말한다. "그 德音을 크게 하시니〔貊其德音〕"라고 하였으니, '貊'자의 의미는 아마도 크다는 뜻인 듯하다. '德音'은 덕스러운 소리이다. 그 덕스러운 소리가 이미 크고 그 실제의 德이 능히 밝으니, 능히 밝을 뿐만 아니

316) 拔 : ≪詩經≫ 〈大雅 皇矣〉 제3장 "柞棫斯拔"의 '拔'을 가리킨다.
317) 兌 : ≪詩經≫ 〈大雅 皇矣〉 제3장 "松柏斯兌"의 '兌'를 가리킨다.
318) 帝作 : ≪詩經≫ 〈大雅 皇矣〉 제3장 "帝作邦作對"의 '帝作'을 가리킨다.
319) 載 : ≪詩經≫ 〈大雅 皇矣〉 제3장 "載錫之光"의 '載'를 가리킨다.
320) 奄 : ≪詩經≫ 〈大雅 皇矣〉 제3장 "奄有四方"의 '奄'을 가리킨다.
321) 이 장 : ≪詩經≫ 〈大雅 皇矣〉 제4장을 가리킨다.

라 또한 〈상제와〉 능히 같아진 것이다. '類'[322]는 같다는 뜻이다. 지금 사람들이 능히 알면서도 능히 실천하는 자가 없는 것은 밝음은 옛사람에 미치지만 행동이 그와 같지 않기 때문이니, 이는 진실로 소유한 것이 아니다. 이는 王季의 덕이 이미 밝고 또 행실이 능히 같아진 것을 말하였으니, 至德이 된 까닭이다.

'長'[323]은 長上의 도리에 능히 처함을 말하고, '君'은 人民을 위무하는 임금 역할을 능히 한다는 말이다. 이는 이 大國에 왕이 되어 능히 도리를 따르고 또 능히 백성을 교화시킨 것을 일으킨 것이다. '順'[324]은 道를 따르는 것을 말하고, '比'는 백성을 교화하거나 후세에 전해주는 것이 모두 이것이다. 자신이 道를 행하지 않으면 道가 妻子에게 행해지지 않으니 자신이 능히 道를 따른 뒤에야 남을 부릴 수 있다. 이것이 王季가 능히 백성을 교화하고 풍속을 이루어 그의 자손에게 전해준 까닭이다. 그러므로 백성으로 하여금 善으로 옮겨가게 할 뿐만 아니라, 또한 그의 아들 文王으로 하여금 그 德을 지켜 잃지 않게 한 것이다. 그 때문에 후회가 없었던 것이다. '이미 하늘의 福祿을 받아 능히 자손에게 미쳤다.〔既受帝祉 施于孫子〕'라고 하였으니, 이 두 구로써 이 장의 끝을 맺고 아래 장에서 文王의 일을 서술하였다.

"上帝께서 文王에게 이르시되〔帝謂文王〕"라고 하였으니, 윗 장의 말미에 王季의 業이 자손에게 미친 것을 말하였고, 이 장[325]에서는 文王이 王季의 緖業을 받들어 다시 天命을 받아 끝내 王業을 이룬 것을 말하였다. 文王에 이르러 백성을 구원하여 정벌하는 일이 있었다. '畔援'[326]은 같은 무리끼리 가까이 하는 것이다. '畔'은 강기슭에 가까운 것이고, '援'은 잡아당기는 것이다. '歆'[327]은 욕심이 동한 것이고, '羨'은 사모하고 부러워함이다. '誕'[328]은 '但'과 같은 의미이니, 강기슭에 올랐다는 것은 이미 강을 건넜다는 의미이다.

하늘이 文王에게 이르기를 '같은 무리끼리 끌어당겨 강함으로 삼지 말며 탐욕으로써 움직이지 말아야 하니, 오직 먼저 해야 할 일은 험난함에서 천하 사람들을 구제하는 것이다.'라고 한 것이니, 이는 天命을 따라 정벌하는 道를 말한 것이다. 이때에 密

322) 類 : ≪詩經≫ 〈大雅 皇矣〉 제4장 "克明克類"의 '類'를 가리킨다.
323) 長 : ≪詩經≫ 〈大雅 皇矣〉 제4장 "克長克君"의 '長'을 가리킨다.
324) 順 : ≪詩經≫ 〈大雅 皇矣〉 제4장 "克順克比"의 '順'을 가리킨다.
325) 이 장 : ≪詩經≫ 〈大雅 皇矣〉 제5장을 가리킨다.
326) 畔援 : ≪詩經≫ 〈大雅 皇矣〉 제5장 "無然畔援"의 '畔援'을 가리킨다.
327) 歆 : ≪詩經≫ 〈大雅 皇矣〉 제5장 "無然歆羨"의 '歆'을 가리킨다.
328) 誕 : ≪詩經≫ 〈大雅 皇矣〉 제5장 "誕先登于岸"의 '誕'을 가리킨다.

나라 사람이 공손하지 않아 우리 큰 나라의 命에 항거하여 이미 阮나라를 침공하고 또 가서 共 땅을 침공하려 하니, 文王이 赫然히 노하여 그 군대를 정돈하여 共 땅으로 가는 密나라 사람의 군대를 막아 亂을 구원하고 人民들을 안정시켜 周나라의 福을 두터이 하여 周나라를 바라보는 천하 사람들의 마음에 답하였다. 이것이 文王이 정벌한 시작이다.

"그대로 京師에 계시거늘〔依其在京〕"이라는 구절의 '依'는 의지하는 것이고, '京'은 周나라의 國都이다. 文王은 본래 周 땅에 웅거하여 일어났으니, '침공하여 국경을 넓힌 것이 阮나라로부터 시작했다.'라는 것은 密나라가 阮나라를 침공하여 文王이 阮나라를 구원해 안정시키자 그들이 드디어 귀의하고 복종한 것을 말한다. 땅을 개척한 것이 더욱 넓어져 岐와 隴[329] 사이의 높은 산에 이르기까지 모두 소유하였다. '陟我'[330]는 '우리의 疆宇(영토)를 넓혔다.'라고 말하는 것과 같으니, 높은 언덕에 이르러 오른 것이다. '矢'[331]는 펼치는 것이니, 개간하는 것을 말한다. '우리 언덕을 경작하고 개간하는 사람이 없는가. 그 언덕은 모두 우리의 언덕이다. 우리의 샘물을 마시는 사람이 없는가. 그 샘물은 모두 우리의 못이다.'라고 말했으니, 모두 그의 소유에 속함을 말한 것이다. 그 땅이 이미 넓으니, 이에 높고 밝은 곳을 골라 편안히 거처하였다. '그 鮮原을 헤아려 본다.'고 하였으니, '鮮原'[332]은 높고 밝은 땅을 말한다. 岐山의 남쪽과 渭水의 곁에 그 땅을 얻은 것이다. '將'[333]은 '傍'과 같다. 이는 渭水의 곁에 都邑을 세워 그 德이 萬國이 귀의하여 향하는 곳이 되니, 이에 天下 萬民의 王이 된 것임을 말한 것이다.

"上帝께서 文王에게 이르시길, 나는 밝은 德을 생각하니〔帝謂文王 予懷明德〕"라고 하였으니, 윗 장은 文王이 국토를 개척하니 천하 사람들이 귀의하고 복종함을 말하였고, 이 장[334]은 곧 文王의 聖德이 사람들을 교화한 것이 이와 같음을 말한 것이다. 上帝가 文王에게 말하기를 '나는 너의 밝은 德을 생각하니, 그 말소리나 낯빛을 크게 하지 않아도 사람들이 교화되었다.'라고 한 것이다. 대저 聖人의 誠은 감응하여 통하지

329) 岐와 隴 : 현 甘肅省 일대를 가리킨다.
330) 陟我 : ≪詩經≫ 〈大雅 皇矣〉 제6장 "陟我高岡"의 '陟我'를 가리킨다.
331) 矢 : ≪詩經≫ 〈大雅 皇矣〉 제6장 "無矢我陵"의 '矢'를 가리킨다.
332) 鮮原 : ≪詩經≫ 〈大雅 皇矣〉 제6장 "度其鮮原"의 '鮮原'을 가리킨다.
333) 將 : ≪詩經≫ 〈大雅 皇矣〉 제6장 "在渭之將"의 '將'을 가리킨다.
334) 이 장 : ≪詩經≫ 〈大雅 皇矣〉 제7장을 가리킨다.

않음이 없다. 그러므로 그가 지나가는 곳은 사람들이 교화되며 그의 마음이 머무는 곳은 교화가 신묘해지니,[335] 어찌 행동거지에 드러내겠는가. 이는 그가 말소리나 낯빛을 크게 함을 드러내지 않은 것이다. 그러므로 聖人이 말씀하기를 "말소리나 낯빛은 백성을 교화하는 데에는 말단적이다."[336]라고 한 것이다.

그 교화가 사람을 감동시켜 비록 그 말소리나 낯빛을 크게 하지 않더라도 그들의 감응이 빨라서 사람의 惡이 자라고 커지기 전에 고치는 것이다. '夏'[337]는 크다는 뜻이니, 오랜 세월을 기다리지 않고 교화됨을 말한 것이다. 백성은 그것을 말미암으면서도 알지 못하며 날마다 善으로 옮겨가면서도 그렇게 해 주는 사람을 알지 못하니, 이것이 인식하지도 알지도 못하면서 天理에 순응하는 것이다. 이것이 聖人의 신묘한 교화이니, 文王이 아니면 누가 그렇게 하는 데에 미칠 수 있겠는가.

"上帝가 文王에게 이르시길, 너의 원수 나라를 도모하며〔帝謂文王 詢爾仇方〕"라고 하였으니, 이 장의 첫머리에 文王의 교화가 이와 같음을 말하였고, 이 장 말미에는 聖人의 교화가 이와 같으나 천하에 매우 혼미하고 악한 자들이 있으니 교화할 수 없는 자를 정벌하여 죽이면 천하 사람들이 모두 선해져서 王業이 이루어질 것임을 말한 것이다. 上帝가 文王에게 이르기를 '마땅히 너와 원수된 나라를 도모해야 한다.'라고 하였으니, '詢'은 도모하는 것이다. '너의 兄弟國과 함께 하여 네가 공격하여 정벌할 도구를 가지고서 원수인 崇나라를 정벌하라.'라고 하였으니, '鉤援'[338]은 城을 오르는 사다리이고 '臨·衝'[339]은 두 종류의 수레

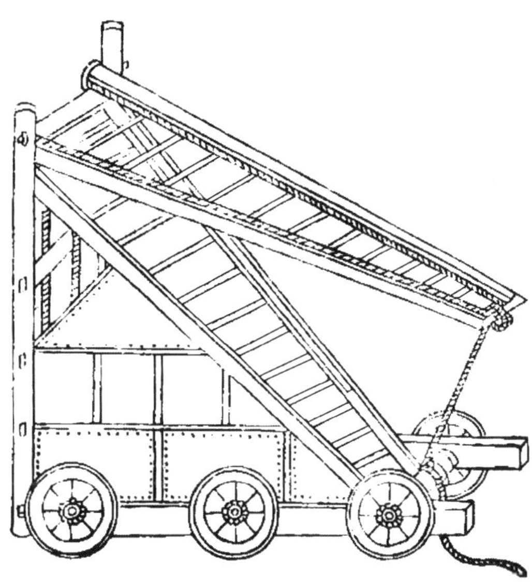

鉤援

335) 그가……신묘해지니 : ≪孟子≫ 〈盡心 上〉에 "君子는 지나가는 곳은 사람들이 교화되며, 마음이 머무는 곳은 교화가 신묘해진다. 그러므로 上下가 천지와 더불어 함께 흐르니, 어찌 조금 보탬이 있다고 말하겠는가.〔夫君子 所過者化 所存者神 上下與天地同流 豈曰小補之哉〕"라고 하였다.

336) 말소리나……말단적이다 : ≪中庸≫에 孔子가 말하기를 "말소리나 낯빛은 백성을 교화하는 데에는 말단적이다.〔聲色之於以化民 末也〕"라고 하였다.

337) 夏 : ≪詩經≫ 〈大雅 皇矣〉 제7장 "不長夏以革"의 '夏'를 가리킨다.

338) 鉤援 : ≪詩經≫ 〈大雅 皇矣〉 제7장 "以爾鉤援"의 '鉤援'을 가리킨다.

로 모두 兵車이다.

"臨車와 衝車가 느릿느릿 하니〔臨衝閑閑〕"라고 하였으니, 이 장[340]은 崇나라를 정벌하여 천하 사람들이 두려워하고 복종한 것을 서술한 것이다. '閑閑'은 느릿느릿한 형상이다. '言言'[341]은 '斷斷'과 같으니, 따지면서 복종하지 않는 형상이다. 무릇 聖人이 정벌할 적에 그가 마음을 고쳐 순순히 복종하기를 기다리지 않는 경우는 없으니, 복종하지 않은 뒤에야 공격한다. 崇나라 임금이 혼미하고 악하여 文王이 서서히 움직일 때에는 따지면서 복종하지 않았다. 그러므로 文王이 드디어 병사를 더 출동시켜 공격하여 포로로 잡는 자들이 계속하여 많았다. '連連'[342]은 이어지는 형상이고, '訊'은 산 채로 잡은 자이다.

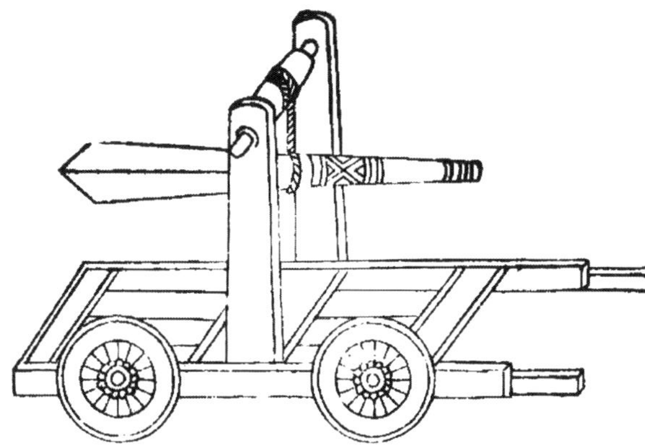

臨衝

'安安'[343]은 경솔하고 사납지 않은 것이고, '馘'은 참수하여 귀를 베는 것이다. 聖人이 정벌할 적에는 順理를 범한 자를 죽이지, 경솔하게 함부로 살육하지 않는다. 그러므로 참수하여 귀를 벨 적에 경솔하고 사납지 않게 잘 살피고 신중히 하며, 또 類祭[344]와 禡祭[345]를 지낸다. 옛날에는 정벌을 나갈 적에 上帝에게 類祭를 지내고, 정벌한 땅에서 禡祭를 지냈으니, 그 죄를 드러내어 神明에게 고하여 마땅히 誅伐했어야 함을 말하기 위해서였다. 정벌하고서 神明에게 고하는 것은 그 정벌이 神明의 道에 합당하기 때문이다. 또 그 죄악을 밝혀 逆順의 이치를 드러내니, 이는 복종하지 않는 자를 불러들여 그 사람에게 와서 歸附할 수 있게 한 것이다.

이에 四方이 두려워하고 복종하여 감히 업신여기는 자가 없었다. 정벌하여도 오히

339) 臨衝 : ≪詩經≫ 〈大雅 皇矣〉 제7장 "與爾臨衝"의 '臨衝'이다. 臨車는 위에 있으면서 아래로 임하는 것이고, 衝車는 곁에서 충돌하는 것이다.
340) 이 장 : ≪詩經≫ 〈大雅 皇矣〉 제8장을 가리킨다.
341) 言言 : ≪詩經≫ 〈大雅 皇矣〉 제8장 "崇墉言言"의 '言言'을 가리킨다.
342) 連連 : ≪詩經≫ 〈大雅 皇矣〉 제8장 "執訊連連"의 '連連'을 가리킨다.
343) 安安 : ≪詩經≫ 〈大雅 皇矣〉 제8장 "攸馘安安"의 '安安'을 가리킨다.
344) 類祭 : 출정하기 전에 하늘에 지내는 제사이다.
345) 禡祭 : 정벌하는 곳에 이르러서 軍法을 처음 만든 이에게 지내는 제사이다.

려 복종하지 않으면 이에 힘써 공격하였다. '茀茀'[346]은 성대하고 강한 형상이다. 이미 힘써 공격하였으나 崇나라는 굳세게 맞섰다. '仡仡'은 굳세고 용감한 형상이다. 崇나라가 굳게 저항하여 성을 지키니, 이는 그 惡을 끝내 고치지 않은 것이다. 이에 그들을 공격하여 정벌하였다. '肆'[347]는 군대를 풀어서 공격하는 것을 말한다. '絶'[348]은 멸망시키는 것이고, '忽'도 멸망시키는 것이다. 하늘의 주벌이 이미 행해져서 四方이 두려워하고 복종하여 감히 어기는 자가 없었다.

文王의 정벌이 密나라에서 시작하였으니 왕의 침공이 시작된 것이고, 崇나라에서 끝나 천하가 드디어 복종하지 않음이 없었으니 왕의 침공이 이루어진 것이다. 〈文王有聲〉에서는 豐 땅에 도읍을 만든 일을 말한 것이 崇나라를 정벌한 뒤에 있는데,[349] 이 시에는 살 곳을 헤아린 일을 말한 것이 바로 앞 장에 있으니,[350] 대개 이 장은 "침공하기를 阮의 국경으로부터 하였다.〔侵自阮疆〕"[351]로부터 文王이 국경을 넓힌 일을 말하여 먼 곳에 미쳐 도읍을 세운 데 이르기까지를 한꺼번에 모두 말한 것이지, 도읍을 정한 일이 崇나라를 정벌하기 전에 있었음을 말한 것은 아니다.

此詩는 美周家所以興王業이라 故로 言天監代殷하니 莫若周然이라 此詩主意는 在美王季로되 終言王業之成하여 而盛述文王之事라 序因云 世世脩德이 莫若文王也라하니라 皇矣上帝가 臨下有赫의 皇은 大也요 臨視天下에 有赫赫威明也라 下章云王赫斯怒라하니라 監觀四方하사 求民之莫은 求民所定也라 此泛言天祐下民하여 作之君長하여 使得安定也라 維此二國이 其政不獲일새 維彼四國에 爰究爰度(탁)은 惟求民所定이라 故로 君不善則絶之하니 如彼夏商二國이 不得其政하여 謂失君道也엔 則於四方之國에 求謀有德之君하여 使王天下라 究는 尋究也요 度은 謀度也라 上帝耆(지)之는 (增)〔憎〕[352]其式廓의 耆는 致也니 頌云耆定爾功이라 上帝耆之는 謂天命所歸라 式廓은 謂規限也니 猶云規模範圍也라 天命所致면 則增大其規限하여 自諸侯而升天子하고 由百里而撫四海하니 是增而大之也라 憎字는 與增同이라 憎은 心有所起也니 義與增通矣라 乃眷西顧하사 此惟與宅하시니라하니 上泛言天道如此하고 上所云求德可安民者를 大而王之라 故로 其眷西顧而歸於周라 此維與宅은 謂使其居西土以王天下也라 作之屛之라하니 上

346) 茀茀 : ≪詩經≫ 〈大雅 皇矣〉 제8장 "臨衝茀茀"의 '茀茀'을 가리킨다.
347) 肆 : ≪詩經≫ 〈大雅 皇矣〉 제8장 "是伐是肆"의 '肆'를 가리킨다.
348) 絶 : ≪詩經≫ 〈大雅 皇矣〉 제8장 "是絶是忽"의 '絶'을 가리킨다.
349) 文王有聲에서는……있는데 : ≪詩經≫ 〈大雅 文王有聲〉 제2장 "旣伐于崇 作邑于豐"을 가리킨다.
350) 이……있으니 : ≪詩經≫ 〈大雅 皇矣〉 제6장의 일을 가리킨다.
351) 침공하기를……하였다 : ≪詩經≫ 〈大雅 皇矣〉 제6장에 보인다.
352) (增)〔憎〕 : 저본에는 '增'으로 되어 있으나, ≪毛詩正義≫에 의거하여 '憎'으로 바로잡았다.

章之末에 言天命歸周하고 此言其居西土所興之業이라 其去惡養善하여 生息其人民을 皆以養治材木으로 爲興이라 作之는 謂拔之요 屛之는 謂去之라 作屛之者가 其菑(치)其翳(예)也니 菑는 立死요 翳는 自斃(폐)라 意者컨대 立死則全枯니 翳謂枝幹之死耳라 故로 菑는 上配作之하고 翳는 上配屛之①라 夫人之爲惡以自亡이라 故로 以自死之木으로 興之라 脩之平之는 脩治之也라 叢生曰灌이요 行生曰栵②이니 謂脩治其叢列하여 使疏密正直하여 得其宜라 此興平治民物하여 各得其宜也라 启之辟之는 謂芟(삼)除也라 檉(정)椐③는 必芟除而後에 茂盛이니 此興養民也라 上四句는 止言所當去者及行列이요 至此하여 言檉椐하여 乃興民也라 二木은 常木으로 衆多者라 故로 以興民이라 攘之剔(척)之는 謂穿剔去其繁冗하여 使成長也라 檿柘(염자)는 待用之木이니 以興養育賢才也라 帝遷明德이라 串(관)夷載路라하니 上述其治矣요 此云天監就其明德하니 其治如此하여 串夷載路也라 串은 循順之義니 穿物一貫爲串이라 字形도 亦然이라 夷는 平也라 載路는 猶滿路니 謂充塞也라 周家之治는 順平之道로 充塞也라 天立厥配하시니 受命旣固라하니 言天이 以其德之配天으로 而立之使王하니 則其受命堅固而不易也요 言天命終歸之하여 必成王業也라 帝省其山이라하니 此章은 將言王季受命配天之事라 故로 再言帝省其山하여 以見(현)其所爲之可以配天也라 帝省其山은 言天視周家之治니 以山爲興也라 柞棫(작역)은 常木이니 興民이요 松柏은 良材니 興賢才라 拔은 長盛이니 興生民繁庶요 兌는 潤澤이니 興賢才得其所라 帝作은 謂天道요 邦作은 謂人君之爲라 人君之德이 能與天對合者는 自太伯與王季也라 ○ 太伯은 雖不爲人君이나 然其爲가 與王季相須하니 皆周家之事라 王季之治가 能對天하고 而由太伯與之國이라 故로 云自太伯王季也라 維此王季가 因心則友는 又述其事也라 因心者는 出其天性也니 言王季天性友愛其兄이라 故로 其兄이 賢之而讓之國하여 卒受天命하여 興王業之篤厚와 周家之福慶하고 又成其兄讓德之光顯也라 載는 辭也요 錫은 與也니 謂與其兄之光顯하여 受天福祿하여 保而不失하여 以至奄有四方이라 奄字之義는 在忽遂之間이라 此詩本意는 在美王季라 故로 其言太伯之讓이 皆由王季라 下言文王之事도 亦歸本王季也라 維此王季를 帝度(탁)其心이라하니 此章은 述王季之德이라 帝度其心은 謂天鑒其衷誠也라 貊其德音이라하니 貊字之義는 疑是大也라 德音은 德聲也라 其德聲旣大하여 而其實德克明하니 非徒能明이라 又能類라 類는 肖也라 今人能知而弗克踐之者는 明及之而行弗類也라 是非誠有也라 言王季旣明하고 又能類하니 所以爲至德이라 長은 謂能居長上之道요 君은 謂能君撫人民이라 興王此大國하여 克順又克(俾)〔比〕[353]라 順은 謂順道요 (俾)〔比〕는 化民貽後가 皆是也라 夫身不行道면 不行於妻子니 已能順道然後에 能使人이라 王季所以能化民成俗하여 貽(이)厥子孫也라 故로 不特俾民遷善

353) (俾)〔比〕: 저본에는 '俾'로 되어 있으나, ≪毛詩正義≫에 의거하여 '比'로 바로잡았다. 아래도 같다.

而已요 又俾其子文王으로 守其德而不失이라 故로 無悔也라 既受天福祿하여 而能施(이)及於子孫이라하니 此二句結之하고 而下述文王之事也라 帝謂文王이라하니 上章之末에 言王季之業이 施(이)於子孫하고 此章은 言文王承王季之緖하여 復受天命하여 終成王業也라 至文王하여 而有救民征伐之事라 畔援은 黨比也라 畔은 近岸이요 援은 攀(반)援이라 歆은 欲之動也요 羨은 愛羨이라 誕은 與但同義니 登岸은 既濟之義라 天謂文王호되 無黨援以爲强하며 無以貪欲而動이니 惟是所先者는 濟天下於險難이라하니 此謂順天征伐之道라 於是에 密人이 不恭하여 拒我大邦之命하여 既侵阮하고 而又往將侵共하니 文王이 赫然而怒하여 整其師旅하여 以遏止密人徂共之師하여 救亂安人하여 以厚周家之福하여 以答天下望周之心也라 此文王征伐之始也라 依其在京의 依는 憑也요 京은 周國이라 文王은 本據周地以興하니 侵廣土疆이 自阮而始는 謂密侵阮하여 文王救安之하니 遂歸服也라 開地益廣하여 至於岐隴高山히 皆有之라 陟我는 猶云廣我疆宇니 至登高岡也라 矢는 陳也니 謂墾闢이라 言人無耕闢我陵阜乎아 陵阜는 皆我之阿也라 無飮我水泉乎아 水泉은 皆我之池也라하니 言皆屬其有也라 其地既廣하니 於是에 擇高明之處하여 而安居之라 度(탁)相其鮮原하니 鮮原은 謂高明之地라 得其地於岐山之南과 渭水之傍이라 將은 猶傍也라 謂其傍建其都邑하여 其德爲萬國所歸向하니 是天下萬民之王也라 帝謂文王하시되 予懷明德이라하니 上章은 言文王이 開拓(척)土宇하니 天下歸服하고 此章은 乃言其聖德所以化人如此라 帝謂文王호되 予懷爾之明德하니 不大其聲色而人化라 夫聖人之誠은 感無不通이라 故로 所過者化하며 所存者神하니 豈暴著於形迹也哉리오 是不發見(현)其大聲色也라 故로 聖人曰 聲色之於化民에 末也라하니라 其化之感人하여 雖不大其聲色이라도 而其應之疾하여 人之惡이 不及長大而革也라 夏는 大也니 言不待遲久而化也라 民由之而不知하며 日遷善而不知爲之者하니 是不識不知하여 而順夫天理也라 此聖人之神化니 非文王이면 孰能及之리오 帝謂文王하시되 詢爾仇方이라하니 此章首에 言文王之化如此하고 章末에 言聖人之化如此나 而天下有昏惡之甚하니 不能化者를 伐而誅之면 則天下皆善而王業成이라 帝謂文王호되 當謀與爾爲仇之方이라하니 詢은 謀也라 同爾兄弟之國하여 以爾攻伐之具로 以伐爲仇之崇이라하니 鉤援은 登城之梯요 臨衝은 二車로 皆兵車라 臨衝閑閑이라하니 此章은 述伐崇而天下畏服也라 閑閑은 徐緩之狀이라 言言은 猶斷斷也니 校訟不服之狀이라 凡聖人之伐에 未有不俟其革心順服者라 既不服然後에 攻之라 崇侯迷惡하여 當文王之徐緩之時하얀 則斷斷不服이라 故로 文王이 遂加之兵하여 執訊連連之多라 連連은 屬續之狀이요 訊은 生獲者也라 安安은 不輕暴也요 馘(괵)은 斬獲也라 聖人之伐은 殺其犯順者요 非輕肆殺戮也라 故로 於馘也에 安安然審重하며 又爲類禡之祭라 古者엔 出征에 類於上帝하고 禡於所征之地하니 所以暴明其罪하여 告之神明하여 言其當

誅伐이라 伐而告之神明은 其伐이 合神明之道也일새라 又明其罪惡하여 以著逆順之理하니 是可致所不服而來附其人也라 於是에 四方畏服하여 莫敢侮慢이라 伐而猶不服이면 於是에 力攻之라 茀茀은 盛强之狀이라 既力攻之나 崇乃仡(흘)仡然이라 仡仡은 壯勇之狀이라 堅拒守하니 是其惡之終不革者也라 於是에 攻伐之라 肆는 謂縱攻也라 絶은 滅之요 忽도 滅也라 天誅既行하여 四方畏服하여 無敢違拂者矣라 文王之征이 始於密하니 王功之始也요 終於崇하여 天下遂無不服하니 王功之成也라 文王有聲에 言作豐이 在伐崇之後로되 而此言度(탁)居가 乃在前章者하니 蓋此章은 自侵自阮疆으로 言其廣疆宇하여 以至於及遠建都邑히 一併盡言之耳요 非謂事在伐崇前也라

① 作은 뿌리까지 함께 뽑는 것이다. 屛은 베어서 제거하는 것일 뿐이다.
作, 幷根出之. 屛, 伐去而已.

② 그러므로 그 글자가 〈木部에〉 '列'자를 쓴 것이다.
故字以列.

③ 檉은 하천에서 자라는 버드나무이다. 椐는 가물태나무이다.
檉, 河柳也. 椐, 樻也.

二程全書 卷49

伊川經說 第4

明 後學 嘉興 徐必達 校正

춘추전서 春秋傳序

하늘이 낳은 사람 중에는 반드시 무리보다 뛰어난 인재가 있으니, 그를 일으켜 세워 君長으로 삼아 백성을 다스리면 爭奪이 그치고, 백성을 인도하면 生養이 이루어지고, 백성을 가르치면 倫理가 밝아진다. 그런 뒤에 人道가 서고 天道가 이루어지고 地道가 균평해진다.[1)]

二帝[2)] 이전에 聖賢이 대대로 나와서 때에 따라 문물을 만들었는데, 風氣의 마땅함에 순응하여 天道에 앞서 사람을 개도하지 않고 각각 때에 따라 政事를 세웠다. 三王[3)]이 번갈아 일어남에 이르러서는 三重[4)]이 이미 갖추어져서, 子月・丑月・寅月로 正朔을 세우고 忠・質・文을 번갈아 숭상하여[5)] 人道가 갖추어지고 天運이 두루 미치게 되었다. 聖王이 다시 나오지 않자, 천하를 소유한 자가 비록 옛날의 자취를 본받고자 하더라도 또한 사사로운 생각으로 망령되이 행할 따름이었다. 일이 잘못되어 秦나라는 심지어 亥月을 歲首로 세워 正朔으로 삼았고, 道가 어그러져 漢나라는 오로지 지혜와 힘으로써 세상을 유지하였으니, 어찌 다시 先王의 道를 알았겠는가.

夫子(孔子)께서 周나라 말에 태어나시어 聖人이 다시 나오지 않아 天道에 순응하고

---

1) 天道가……균평해진다 : ≪書經≫ 〈虞書 大禹謨〉에 "땅이 평평해지자 하늘이 이루어졌다.〔地平天成〕"라고 하였는데, 蔡沈의 ≪書經集傳≫에는 '水土를 다스리자 만물이 이루어졌다.'는 뜻으로 해석하였다.

2) 二帝 : 堯・舜을 가리킨다.

3) 三王 : 夏나라 禹임금, 殷나라 湯임금, 周 文王・武王을 가리킨다.

4) 三重 : ≪中庸≫에 보이는 儀禮・制度・考文을 가리킨다.

5) 子月……숭상하여 : 朱熹의 ≪論語集註≫ 〈爲政〉 제23장 주에 "夏나라는 忠을 숭상하고 商나라는 質을 숭상하고 周나라는 文을 숭상하였다.〔夏尙忠 商尙質 周尙文〕"라고 하였고, 또 "夏나라 正朔은 寅月을 歲首로 세우니 人統이 되고, 商나라 正朔은 丑月을 歲首로 세우니 地統이 되고, 周나라 正朔은 子月을 歲首로 세우니 天統이 된다.〔夏正建寅 爲人統 商正建丑 爲地統 周正建子 爲天統〕"라고 하였다.

때에 맞게 응하는 정치가 다시 이루어질 수 없다고 여겨, 이에 ≪春秋≫를 지어 百王의 바꿀 수 없는 大法으로 만들었으니, "三王에게 상고해도 그릇되지 않고, 天地에 세워도 어긋나지 않고, 鬼神에게 질정해도 의심이 없고, 百世 뒤에 聖人을 기다려도 의혹되지 않는다."[6]라는 것이다. 先儒의 의론에 "子游·子夏는 한 마디 말도 도울 수 없었다."[7]라고 하였으니, 말을 도울 필요가 없었다는 것은 이 일에 참여할 수 없었음을 말한다. 이 道는 오직 顔子만이 일찍이 들었으니, 〈孔子께서 그에게〉 "夏나라의 책력을 행하며, 殷나라의 수레를 타며, 周나라의 면류관을 쓰며, 음악은 韶舞를 쓴다."[8]라고 말씀하였다. 이것이 그 준칙이다.

후세에는 역사서의 측면으로만 ≪춘추≫를 보아 善을 포상하고 惡을 폄하했을 따름이라고 여기고, 세상을 다스리는 大法에 대해서는 알지 못하였다. ≪춘추≫의 大義는 수십 가지이니, 그 의리가 비록 크나 해와 별처럼 밝아서 보기가 쉽지만, 오직 은미한 말과 숨겨진 의리와 시의에 따라 적절하게 조처한 것은 알기가 어렵다. 혹은 억제하기도 하고 혹은 풀어주기도 하며, 혹은 주기도 하고 혹은 빼앗기도 하며, 혹은 칭찬하기도 하고 혹은 깎아내리기도 하며, 혹은 숨기기도 하고 혹은 드러내기도 하여 義理의 편안함과 文質의 알맞음과 寬猛의 마땅함과 是非의 공정함을 얻었으니, 곧 일을 제어하는 權衡이요, 道를 헤아리는 模範이다.

대저 온갖 물건을 본 뒤에야 조물주의 신묘함을 알고, 여러 재목을 모은 뒤에야 집을 짓는 용도를 알게 되니, 한 가지 일과 한 가지 의리에서 聖人이 마음을 쓴 것을 엿보고자 하는 것은 상등의 지혜로운 사람이 아니면 할 수가 없다. 그러므로 ≪춘추≫를 배우는 자는 반드시 차분하게 침잠하여 묵묵히 알고 마음으로 통한 뒤에야 그 은미함에 나아갈 수 있다. 후세의 임금들이 ≪춘추≫의 의리를 안다면 비록 德이 禹임금이나 湯임금과 같지 않더라도 오히려 三代의 정치를 본받을 수 있을 것이다.

---

6) 三王에게……않는다 : 子思의 말로, ≪中庸≫에 보인다.
7) 子游·子夏는……없었다 : ≪史記≫ 〈孔子世家〉에 "孔子가 ≪春秋≫를 지을 적에 기록할 것은 기록하고 삭제할 것은 삭제하였는데, 子夏의 무리는 한 마디 말도 도울 수 없었다.〔至於爲春秋 筆則筆 削則削 子夏之徒 不能贊一辭〕"라고 하였다.
8) 夏나라의……쓴다 : ≪論語≫ 〈衛靈公〉에 顔淵이 나라를 다스리는 것을 묻자, 孔子가 말하기를 "夏나라의 책력을 행하며, 殷나라의 수레를 타며, 周나라의 면류관을 쓰며, 음악은 韶舞를 쓰며, 鄭나라 음악을 추방하고 말 잘하는 사람을 멀리 해야 하니, 정나라 음악은 음탕하고 말 잘하는 사람은 위태롭기 때문이다.〔行夏之時 乘殷之輅 服周之冕 樂則韶舞 放鄭聲 遠佞人 鄭聲淫 佞人殆〕"라고 하였다.

秦나라 이후로는 그 학문이 전해지지 않았다. 나는 聖人의 뜻이 후세에 밝혀지지 못함을 슬퍼하였다. 그러므로 傳을 지어 그 의리를 밝혀 후세 사람들로 하여금 그 글을 통하여 그 의리를 구하고, 그 의미를 터득하여 그 효용을 본받게 하고자 하니, 그러면 三代의 정치를 회복할 수 있을 것이다. 이 傳은 비록 聖人의 심오한 뜻을 끝까지 궁구하지는 못했지만 배우는 자들이 거의 그 門을 얻어 들어갈 수는 있을 것이다.

有宋 崇寧 2년(1103) 4월 乙亥日에 伊川 程頤가 序하다.

天之生民에 必有出類之才하니 起而君長之하여 治之而爭奪息하고 導之而生養遂하고 敎之而倫理明이라 然後에 人道立하고 天道成하고 地道平이라 二帝而上은 聖賢世出하여 隨時有作하되 順乎風氣之宜하여 不先天[①]以開人하고 各因時而立政이라 曁(기)乎三王迭興하야는 三重既備하여 子丑寅之建正하고 忠質文之更尙하여 人道가 備矣요 天運이 周矣라 聖王이 既不復作하니 有天下者가 雖欲倣古之迹이라도 亦私意妄爲而已라 事之謬에 秦은 至以建亥爲正하고 道之悖에 漢은 專以智力持世하니 豈復知先王之道也리오 夫子當周之末하여 以聖人不復作也하여 順天應時之治不復有也라하여 於是에 作春秋하여 爲百王不易之大法하니 所以考諸三王而不謬하고 建諸天地而不悖하고 質諸鬼神而無疑하고 百世以俟聖人而不惑者也라 先儒之論曰 游夏不能贊一辭라하니 辭不待贊也는 言不能與於斯耳라 斯道也는 惟顔子嘗聞之矣니 行夏之時하며 乘殷之輅하며 服周之冕하며 樂則韶舞라하니 此其準的也라 後世에 以史視春秋하여 謂褒(포)善貶(폄)惡而已요 至於經世之大法하얀 則不知也라 春秋大義는 數十이니 其義가 雖大나 炳如日星하여 乃易(이)見也로되 惟其微辭隱義와 時措從宜者는 爲難知也라 或抑或縱하며 或與或奪하며 或進或退하며 或微或顯하여 而得乎義理之安과 文質之中과 寬猛之宜와 是非之公하니 乃制事之權衡이요 揆道之模範也라 夫觀百物然後에 識化工之神이요 聚衆材然後에 知作室之用이니 於一事一義而欲窺聖人之用心[②]은 非上智면 不能也라 故로 學春秋者는 必優游涵泳하여 默識心通然後에 能造其微也라 後王이 知春秋之義면 則雖德非禹湯이라도 尙可以法三代之治라 自秦而下로 其學不傳이라 予悼夫聖人之志不明於後世也라 故로 作傳以明之하여 俾後之人으로 通其文而求其義하고 得其意而法其用하니 則三代를 可復(복)也라 是傳也는 雖未能極聖人之蘊奧나 庶幾學者得其門而入矣리라 有宋崇寧二年四月乙亥에 伊川程頤가 序하다

①〈'天'은〉 어떤 판본에는 '時'로 되어 있다.

一作時.

② 어떤 판본에는 '心'자가 없다.

一本無心字.

춘추 春秋

≪春秋≫는 魯나라 역사 기록의 명칭이다. 夫子의 道가 이미 천하에 행해지지 않으니, 이에 노나라 ≪춘추≫를 인하여 百王의 바꿀 수 없는 大法을 세웠다. 周 平王이 동쪽으로 도읍을 옮겨[1] 51년 동안 재위하였으나, 끝내 先王의 王業을 다시 일으키지 못하여 王道가 끊어졌다. ≪孟子≫에 이르기를 "王者의 자취가 종식되어 詩가 없어졌으니, 詩가 없어진 뒤에 ≪춘추≫가 나왔다."[2]라고 하였다. 이때가 마침 魯 隱公 초기에 해당하기 때문에 隱公에서 시작한 것이다.

春秋는 魯史記之名也라 夫子之道가 旣不行於天下하니 於是에 因魯春秋하여 立百王不易之大法이라 平王이 東遷하여 在位五十一年이로되 卒不能復興先王之業하여 王道가 絶矣라 孟子曰 王者之跡이 熄而詩亡하니 詩亡然後에 春秋作이라 適當隱公之初라 故로 始於隱公이라

은공 隱公[3]

隱公은 이름이 息姑이니, 惠公의 아들이다. 혜공의 元妃는 孟子이고, 聲子를 繼室로 들여 은공을 낳았다. 謚法에 그 자리에 있으면서 그 지위를 자처하지 않은 것을 '隱'이라 한다.

隱公은 名息姑니 惠公子라 惠公元妃는 孟子요 繼室以聲子하여 生隱公이라 謚法에 不尸其位를 曰隱이라

○ 元年 봄 周王 正月이다.

元年春王正月이라

---

1) 周……옮겨 : 周 平王이 犬戎을 피해 鎬京에서 동쪽 洛邑으로 수도를 옮긴 것을 말한다. 이후를 東周시대라고 하며 이때부터 春秋시대로 구분한다.
2) 王者의……나왔다 : ≪孟子≫ 〈離婁 下〉에 보인다.
3) 隱公 : 저본에는 없으나, 독자의 편의를 위하여 보충하였다. 아래도 같다.

元年은 隱公의 즉위 첫 해이다. 봄은 天時이다. 正月은 周王의 정월이다. '春王正月'이라 기록한 것은 人君은 마땅히 위로는 天時를 받들고 아래로는 周王의 正朔을 받들어야 함을 보인 것이니, 이 의리에 밝으면 王이 하늘과 위대함을 함께 하는 줄 알아 人道가 확립된다. 周나라의 정월(음력 11월)은 봄이 아니나, 天時를 빌려 의리를 세운 것이다. 平王 때에 王道가 끊어졌으나, ≪春秋≫에서는 周나라를 빌려 王法을 바로잡은 것이다. 隱公은 卽位를 기록하지 않았으니 처음에 大法을 밝힌 것이다. 제후가 임금의 자리에 오르는 것은 반드시 周王의 命을 말미암아야 하는데, 隱公은 스스로 임금 자리에 올랐기 때문에 즉위를 기록하지 않았으니, 그가 임금이 된 것을 인정하지 않은 것이다.

法이 이미 확립되었는데 여러 公에 대해 즉위를 기록하기도 하고 기록하지 않기도 한 것은 의리가 각각 같지 않기 때문이다. 이미 天子에게 命을 받지 않았으나 先君의 命으로써 대를 이은 자는 그 시작을 바르게 여겼으니, 魯나라 文公·成公·襄公·昭公·哀公이 이런 경우이다. 대를 이은 자가 이미 王命을 받지 않고 또 先君의 命도 받지 않았으면 즉위를 기록하지 않아 그 시작을 바르지 않게 여겼으니, 노나라 莊公·閔公·僖公이 이런 경우이다. 노나라 桓公·宣公·定公의 즉위를 기록한 경우는 桓公은 임금을 시해하고서 즉위하였고, 宣公은 임금을 시해한 자가 세워주는 것을 받았고, 定公은 임금을 축출한 자가 세운 임금이라 모두 天子를 무시하고 先君을 무시하였으니 무슨 命을 받았겠는가. 그러므로 그가 스스로 즉위하였음을 기록한 것이다. 定公은 宣公에 비교하면 또 차이가 있다.

元年은 隱公之始年이라 春은 天時라 正月은 王正이라 書春王正月은 示人君當上奉天時하고 下承王正이라 明此義면 則知王與天同大하여 人道立矣라 周正月은 非春也나 假天時以立義爾라 平王之時에 王道絶矣나 春秋는 假周以正王法이라 隱不書卽位하니 明大法於始也라 諸侯之立은 必由王命이어늘 隱公自立이라 故로 不書卽位하니 不與其爲君也라 法旣立矣어늘 諸公에 或書或不書는 義各不同일새라 旣不受命於天子나 以先君之命而繼世者는 則正其始니 文成襄昭哀가 是也라 繼世者가 旣非王命이요 又非先君之命이면 不書卽位하여 不正其始也니 莊閔僖가 是也라 桓宣定之書卽位는 桓弑君而立하고 宣受弑賊之立하고 定爲逐君者所立이라 皆無王無君이어니 何命之受리오 故로 書其自卽位也라 定之比宣이면 則又有間矣라

○ 3월에 隱公이 邾儀父와 蔑에서 결맹하였다.

三月에 公이 及邾儀父로 盟于蔑하다

맹서하여 신의를 맺는 것은 人情에서 나오니 先王이 금지하지 않은 것이다. 후세에 자주 맹서하면서도 신뢰하지 않는 것은 죄이다. 제후들이 서로 맹서한 것은 亂世의 일이다. 무릇 맹서할 적에 중원의 나라가 주체가 되면 '及'이라고 일컫고, 중원 밖의 나라가 주체가 되면 '會'라고 일컫는다. 맹서하는 곳이 魯나라 땅이면 비록 外國이 주체가 되더라도 또한 '及'이라고 일컬으니, 저들이 와서 맹서에 참여한 것이다. 두 나라 이상이 맹서하는 것은 '會'라고 일컬으니, 저들이 맹서하고 가서 회합한 것이다. 邾나라는 附庸國이다. 邾子 克은 字가 儀父이다. 부용국의 임금은 字를 일컬어 周王의 신하와 동등하게 하였다. 夷狄의 임금은 이름을 일컬어 中國의 제후보다 낮추었다.

盟誓以結信은 出於人情이니 先王所不禁也라 後世에 屢盟而不信은 則辠(죄)也라 諸侯交相盟誓는 亂世之事也라 凡盟은 內爲主어든 稱及하고 外爲主어든 稱會라 在魯地어든 雖外爲主라도 亦稱及하니 彼來而及之也라 兩國已上은 則稱會니 彼盟而往會之也라 邾는 附庸國이라 邾子克은 字儀父라 附庸之君은 稱字하여 同王臣也라 夷狄은 則稱名하여 降中國也라

○ 여름 5월에 鄭伯이 段을 鄢에서 이겼다.

夏五月에 鄭伯이 克段于鄢하다

鄭 武公이 申나라에서 아내를 맞이하였으니, 武姜이다. 그녀는 莊公과 共叔段을 낳았는데, 段을 사랑하여 그를 〈세자로〉 세우려 자주 武公에게 청했으나 武公이 허락하지 않았다. 莊公이 즉위한 뒤에 段을 京城에 봉해주기를 청하니, 莊公이 그를 그곳에 살게 하고 京城大叔이라 칭하였다. 段이 도리를 잃었으나 莊公이 제지하지 않았고, 祭公이 간하였으나 莊公이 받아들이지 않았다. 그러므로 詩人이 그 작은 것을 참지 못하여 큰 환란을 불러왔다고 기롱한 것이다.[4] 段이 성곽을 견고히 하며 백성을 모으고, 갑옷과 무기를 수선하고, 군사와 兵車를 갖추어서 장차 鄭나라 수도를 습격하려 하니 夫人이 성문을 열어주기로 하였다. 莊公이 그 시기를 듣고 子封에게 명하여 京城

4) 詩人이……것이다 : ≪詩經≫ 〈鄭風 將仲子〉 小序에 "將仲子는 莊公을 풍자한 시이다. 그 어머니를 이기지 못하여 그 아우를 해쳤다. 아우인 共叔이 도리를 잃었는데 공이 제지하지 않았고, 祭仲이 간언하였으나 공이 받아들이지 않아, 작은 일을 참지 못하여 큰 환란을 불러왔다.〔將仲子 刺莊公也 不勝其母 以害其弟 弟叔失道而公弗制 祭仲諫而公弗聽 小不忍以致大亂焉〕"라고 하였다.

을 치게 하였는데, 京城 사람들이 段을 배반하니 段이 鄢으로 들어갔다. 莊公이 鄢을 정벌하자 大叔이 共나라로 出奔하였다. ≪春秋≫에 "鄭伯이 鄢에서 段을 이겼다."라고 기록하였으니, 鄭伯은 임금으로서의 道를 잃었고 형제로서의 義도 없었기 때문에 '鄭伯'이라 일컫고 '아우 段〔弟段〕'이라고 말하지 않은 것이다.[5] '克'은 이기는 것이니, 段의 강함을 이긴 것을 말한다. 그를 강하게 하여 그의 惡을 불러온 것이다. '奔'이라고 기록하지 않은 것은 의리상 '奔'에 관계되지 않기 때문이다.

鄭武公이 娶于申하니 曰武姜이라 生莊公及共叔段한대 愛段하여 欲立之하여 亟(기)請於武公이나 弗許라 及莊公卽位하여 請京하니 使居之하고 謂之京城大叔이라 段失道而公弗制하고 祭(채)公諫而公弗聽이라 故로 詩人이 譏其小不忍以致大亂也라 段이 完聚하고 繕甲兵하고 具卒乘하여 將襲鄭하니 夫人이 將啓之라 公이 聞其期하고 命子封伐京한대 京叛段하니 段入于鄢이라 公이 伐諸鄢하니 大叔이 出奔共이라 書曰 鄭伯克段于鄢이라하니 鄭伯은 失爲君之道요 無兄弟之義라 故로 稱伯而不言弟라 克은 勝也니 言勝段之彊이라 使之彊하여 所以致其惡也라 不書奔은 義不繫於奔也일새라

○ 가을 7월에 天王이 재상 咺을 보내 惠公과 仲子[6]의 賵[7]을 주었다.

秋七月에 天王이 使宰咺(훤)來하여 歸惠公仲子之賵(봉)하다

王者는 天道를 받들어 순히 따르기 때문에 天王이라 일컫고, 그 命을 天命이라 하고, 그 토벌을 天討라고 하는 것이다. 이 道를 극진히 하는 것이 王道이다. 후세에 지혜와 무력으로써 天下를 움켜쥐는 것은 霸道이다. ≪春秋≫는 王命을 인하여 王法을 바르게 하고 天王을 일컬어 天命을 받들었다. 夫婦는 人倫의 근본이기 때문에 마땅히 먼저 바르게 해야 한다. 춘추시대에는 嫡·妾의 구분이 僭亂하였으니, 聖人이 더욱 그 名分을 근엄하게 하였다. 男女의 혼인은 종신토록 변하지 않는 것이기 때문에 다시 혼인하는 禮가 없다. 大夫 이하는 집안에 주인이 없으면 家道가 서지 않기 때문에 어쩔 수 없이 再娶의 禮가 있다. 天子와 諸侯는 內職이 구비되어 后·夫人도 이미 섭정할 수 있으니 再娶의 禮가 없다. 춘추시대 초기에는 오히려 이 점을 의심하는 바가 있

5) 鄭伯이라……것이다 : 鄭 莊公이 형이고 段이 아우인데 형제간의 우의를 말하지 않고 남의 일처럼 기록했다는 말이다.

6) 仲子 : 仲子는 宋 武公의 딸로, 태어날 적에 손에 '爲魯夫人'이라 쓰여 있었다. 魯 惠公의 夫人 孟子가 죽자 중자를 繼室로 들여 桓公을 낳았다.

7) 賵 : 車馬 등을 보내 喪家를 돕는 것이다.

었기 때문에 仲子의 경우 羽數를 특별히 낮춘 것이다.[8] 僖公 이후로는 이에 대해 다시 변론이 없었다.

≪춘추≫는 그 호칭을 훔친 것 때문에 그 일을 써서 僭亂함을 기록하였다. 仲子는 惠公과 연관하여 말한 것이기 때문에 그 명칭을 바르게 하여 '夫人'이라 하지 않고 '惠公과 仲子'라고 한 것이니, '惠公과 仲子'라고 말한 것은 妾으로 일컬은 것이다. 夫人의 禮로써 남의 妾에게 賵을 주는 것은 天道를 부정하고 人倫을 어지럽힘이 심한 것이다. 그러나 춘추시대 초기에는 天王의 大義가 드러나지 않았기 때문에 '天'자를 없앨 수는 없어 대부의 이름 '晅'을 기록하여 그것이 天王답지 않음을 드러낸 것이다. 왕의 신하는 미천하더라도 이름으로 부르지 않는데, 하물며 宰相이야 말할 것이 있겠는가.

王者는 奉若天道라 故로 稱天王하고 其命曰天命이요 其討曰天討라 盡此道者가 王道也라 後世에 以智力把持天下者는 霸道也라 春秋는 因王命以正王法하고 稱天王以奉天命이라 夫婦는 人倫之本이라 故로 當先正이라 春秋之時에 嫡妾僭亂하니 聖人이 尤謹其名分이라 男女之配는 終身不變者也라 故로 無再配之禮라 大夫而下는 內無主면 則家道不立이라 故로 不得已而有再娶之禮라 天子諸侯는 內職具備하여 后夫人이 已可以攝治하니 無再娶之禮라 春秋之始에 尙有疑焉이라 故로 仲子는 羽數特降이라 僖公而後로 無復辯矣라 春秋는 因其竊號而書之하여 以志僭亂이라 仲子는 繫惠公而言이라 故로 正其名하여 不曰夫人하고 曰惠公仲子니 謂惠公仲子는 妾稱也라 以夫人禮로 賵人之妾은 不天亂倫之甚也라 然이나 春秋之始에 天王之義가 未見(현)이라 故로 不可去天而名晅하여 以見(현)其不王이라 王臣은 雖微不名이온 況於宰乎아

○ 9월에 宋人과 宿에서 결맹하였다.

九月에 及宋人으로 盟于宿하다

惠公 말년에 黃에서 宋나라 군대를 패배시켰는데, 隱公이 즉위하여 講和를 요구하여 宿에서 결맹하니, 魯나라의 뜻이었다. '及'이라 일컫고 '人'이라 일컬은 것은 모두 卿이 아니라는 말이다.

8) 仲子의……것이다 : ≪春秋左氏傳≫ 隱公 5년 조에 의하면, 仲子의 宮(사당)을 완성하고 제례를 올릴 적에 衆仲에게 자문하여 六佾舞를 올렸다고 하였다. 羽數는 제례의 樂舞에 깃을 들고 춤을 추는 대열의 수를 말한다.

惠公之季年에 敗宋師于黃이러니 公立而求成焉하여 盟于宿하니 魯志也라 稱及稱人은 皆非卿也라

○ 겨울 12월 祭伯이 왔다.

冬十有二月에 祭(채)伯이 來하다

祭伯은 畿內의 제후이니, 王의 卿士가 되어 魯나라에 와서 朝見한 것이다. 조현하였다고 말하지 않은 것은 조현을 인정하지 않은 것이다. 당시 제후들은 朝覲의 禮를 행하지 않아 人臣으로서의 의리를 잃었으니, 王이 마땅히 다스려야 할 바였다. 祭伯이 王의 신하가 되어 능히 王을 보좌하여 典刑을 바로잡지 않고 도리어 魯나라와 더불어 교제하고 또 와서 조현하였다. 그러므로 그의 조현을 인정하지 않아 그 죄를 밝힌 것이다. 先儒 중에 王의 신하는 제후와 사사로이 교제하는 법이 없다는 설이 있으니,[9] 매우 옳지 않다. 만약 천하에 道가 있어 제후들이 법도를 따르면 어찌 內外의 한계가 있겠는가. 그들이 서로 교제하고 우호하는 것이 곧 常禮이다. 그러나 관리로서의 직책을 맡겼는데 멀리 서로 조현하는 것은 이러한 道가 없는 것이다. ≪周禮≫에 이른바 "대대로 서로 조현한다."[10]라는 것은 이웃 나라의 경우를 말한 것이다.

祭伯은 畿內諸侯니 爲王卿士하여 來朝魯라 不言朝는 不與朝也라 當時諸侯는 不脩朝覲之禮하여 失人臣之義하니 王所當治也라 祭伯은 爲王臣하여 不能輔王正典刑하고 而反與之交하고 又來朝之라 故로 不與其朝하여 以明其罪라 先儒有王臣無外交之說하니 甚非也라 若天下有道하여 諸侯順軌면 豈有內外之限이리오 其相交好는 乃常禮也라 然이나 委官守而遠相朝는 無是道也라 周禮에 所謂世相朝는 謂隣國爾라

○ 公子 益師가 卒하였다.

公子益師가 卒하다

9) 先儒……있으니 : ≪春秋左氏傳注疏≫ 杜預 注에 "天子의 內臣은 外交할 수 없다.〔天子內臣 不得外交〕"라고 하였다.

10) 대대로……조현한다 : ≪周禮≫ 〈秋官司寇 大行人〉에 "무릇 諸侯의 나라가 교제할 적에 해마다 서로 방문하고, 중간에 서로 빙문하고, 대대로 서로 조현한다.〔凡諸侯之邦交 歲相問也 殷相聘也 世相朝也〕"라고 하였다.

諸侯의 卿은 반드시 天子에게 命을 받아야 하는데, 당시에는 더 이상 命을 청하지 않았다. 그러므로 제후의 卿은 모두 관직을 기록하지 않았으니 그가 卿이 된 것을 인정하지 않은 것이다. '公子'라고 일컬은 것은 그가 公子라는 이유로 그를 卿으로 삼았기 때문이다. 오직 宋나라는 王者의 후예[11]로서 天子의 命을 받아 관직에 세웠기 때문에 宋나라의 卿만은 관직을 기록하였다. 卿은 임금을 보좌하여 나라를 다스리니, 그의 죽음은 나라의 중대한 일이다. 그러므로 여기에 기록하여 君臣의 의리를 드러내었다. 혹 날짜를 기록하기도 하고 혹 날짜를 기록하지 않기도 한 것은 舊史를 따랐기 때문이다. 옛 史書는 일을 기록한 것이 간략하여 日月이 간혹 갖추어지지 않았다. ≪春秋≫는 舊史를 따랐기 때문에 줄일 수는 있었지만 더할 수는 없었다.

諸侯之卿은 必受命於天子로되 當時不復請命이라 故로 諸侯之卿은 皆不書官하니 不與其爲卿也라 稱公子는 以公子故로 使爲卿也라 惟宋은 王者後로 得命官이라 故로 獨宋卿書官이라 卿者는 佐君以治國하니 其卒은 國之大事라 故로 書於此하여 見(현)君臣之義矣라 或日하고 或不日은 因舊史也라 古之史는 記事簡略하여 日月或不備라 春秋는 因舊史하여 有可損而不能益也라

○ 2년 봄에 隱公이 戎과 潛에서 회합하였다.

(一)〔二〕[12]年春에 公이 會戎于潛하다

周나라가 쇠미해지자 蠻夷가 中夏를 침범하여 中國에 흩어져 사는 자들이 있었으니, 方伯과 大國이 大義를 밝혀 그들을 물리치는 것이 義이며, 그 나머지 여러 나라는 신중하고 굳세게 국경을 지키는 것이 옳다. 만약 그들과 강화하고 우호하여 침략을 면하는 것은 이른바 "戎狄을 이에 막는다.〔戎狄是膺〕"[13]라는 것이 아니니, 그들이 中華를 어지럽히는 것을 용납하는 것이다. 그러므로 ≪春秋≫에 華・夷의 분별이 더욱 근엄하였다. 그들이 자신의 땅에 살면서 中國을 가까이 하고 더불어 맹서하고 회합하는 것은 허여하였다. 隱公이 戎과 회합한 것은 義가 아니다.

---

11) 王者의 후예 : 宋나라는 商나라의 후손을 세워 제사를 받들고 遺民을 다스리기 위해 세운 나라이다.
12) (一)〔二〕 : 저본에는 '一'로 되어 있으나, ≪春秋左氏傳≫에 의거하여 '二'로 바로잡았다.
13) 戎狄을……막는다 : ≪詩經≫ 〈魯頌 閟宮〉에 "戎狄을 이에 막으며, 荊舒를 이에 징계한다.〔戎狄是膺 荊舒是懲〕"라고 하였다.

周室旣衰에 蠻夷猾(활)夏하여 有散居中國者하니 方伯大國이 明大義而攘斥之가 義也요 其餘列國은 愼固封守가 可也라 若與之和好하여 以免侵暴는 非所謂戎狄是膺이니 所以容其亂華也라 故로 春秋에 華夷之辨이 尤謹이라 居其地하여 而親中國하고 與盟會者는 則與之라 公之會戎은 非義也라

○ 여름 5월에 莒人이 向나라로 들어갔다.

夏五月에 **莒**(거)**人**이 **入向**(상)하다

莒子가 向나라에서 아내를 맞이하였는데 向姜이 莒나라를 편하게 여기지 않아 돌아가니, 莒人이 向나라로 들어가서 姜氏를 데리고 돌아왔다. 천하에 道가 있으면 禮樂과 征伐이 天子에게서 나온다. 춘추시대에는 제후들이 제멋대로 서로 侵伐하여 군사를 일으켜 남을 侵伐하니, 그 죄가 분명하다. ≪春秋≫는 그 일을 있는 그대로 기록하였는데 책임은 항상 侵伐을 당한 자에게 있었다. 대개 저들이 나에게 군대를 보내 침공하면 마땅히 허물을 자신에게 돌려 스스로 변론하거나 禮義로써 타이르되, 전쟁을 면할 수 없으면 그 封疆을 굳게 지키고서 天子와 方伯에게 고하며, 만약 분노하여 더불어 싸운다면 더불어 싸우는 자를 주체로 삼았으니, 이것이 자신을 처신하고 亂을 끝내는 방도이다.

'莒人'이라고 기록한 것은 미천한 자임을 나타낸다. 무릇 장수가 존귀하고 군사가 많으면 '某帥師'라 하고, 장수가 존귀하고 군사가 적으면 '某伐某'라 하고, 장수가 비천하고 군사가 많으면 '某師'라 하고, 장수가 비천하고 군사가 적으면 '某人'이라 하고, 군대의 많고 적음과 장수의 名氏를 알 수 없을 때에도 '某人'이라 한다. '入'이라 기록한 것은 그 國都에 들어간 것이다. 남의 국경을 침입하는 것도 참으로 난폭한 짓인데, 하물며 남의 국도에 들어가는 것이야 말할 것이 있겠는가.

莒子娶于向한대 向姜이 不安莒而歸하니 莒人入向하여 以姜氏還이라 天下有道면 禮樂征伐이 自天子出이라 春秋之時에 諸侯擅相侵伐하여 擧兵以侵伐人하니 其罪著矣라 春秋는 直書其事호되 而責常在被侵伐者라 蓋彼加兵於己면 則當引咎하여 或自辯하고 喩之以禮義호되 不得免焉이면 則固其封疆하여 告于天子方伯하며 若忿而與戰이면 則以與戰者爲主하니 處己絶亂之道也라 書莒人은 微者也라 凡將尊師衆이면 曰某帥(솔)師요 將尊師少면 曰某伐某요 將卑師衆이면 曰某師요 將卑師少면 曰某人이요 不知衆寡將帥名氏도 亦曰某人이라 書入은

入其國也라 侵人之境도 固爲暴이온 況入人之國乎아

○ 無駭가 군사를 거느리고 極나라로 쳐들어갔다.

無駭가 帥(솔)師入極하다

옛날에는 卿은 모두 天子에게 命을 받았는데, 춘추시대에는 諸侯들이 스스로 卿을 命하였다. 族(성씨)을 하사받은 자는 族을 기록하였으니, 族을 기록하지 않은 것은 〈無駭가〉 아직 族을 하사받지 못한 것이다.[14] 族을 하사받은 자는 모두 명하여 대대로 卿으로 삼았다.

古者에 卿皆受命於天子러니 春秋之時엔 諸侯自命也라 賜族者는 則書族하니 不書族者는 未賜也라 賜族者는 皆命之世爲卿也라

○ 가을 8월 庚辰日에 隱公이 戎과 唐에서 결맹하였다.

秋八月庚辰에 公이 及戎으로 盟于唐하다

戎이 中夏를 침범하였는데도 그와 더불어 결맹하는 것은 義가 아니다.

戎猾夏어늘 而與之盟은 非義也라

○ 9월에 紀나라 履緰[15]가 와서 여자를 맞이하였다.

九月에 紀履緰가 來逆女하다

命을 받은 卿이 아니면 모두 이름을 기록하니, 君命으로 와서 夫人을 맞이한 것이다. 魯나라에 있기 때문에 '女'라고 일컬은 것이다. 노나라 군주의 딸이 시집가서 諸侯의 부인이 되면 '逆'이라 기록하고 '歸'라 기록하니, 중대한 일임을 밝힌 것이다. 와서

14) 族을……것이다 : 魯나라 卿인 無駭가 族을 하사받지 못하여 이름인 무해를 그대로 썼다는 말이다. ≪春秋左氏傳≫ 隱公 8년 조에 무해가 卒하자 隱公이 字로써 명하여 展氏를 삼았다고 하였다.

15) 履緰 : ≪春秋穀梁傳≫과 ≪春秋公羊傳≫에는 '履緰'라고 하였으나, ≪春秋左氏傳≫에는 '裂繻'라고 하였다.

맞이하는 자가 卿이 아니면 '歸'라고 기록할 따름이니, 그 禮가 박한 것을 나타낸다. 先儒들은 모두 '제후는 마땅히 親迎해야 한다.'라고 여겼다. 親迎은 신부가 머무는 숙소에서 맞이하는 것이므로 친히 신부의 수레를 몰고 신부에게 수레에 오를 때 잡는 끈을 건네주는 禮가 있는 것인데,[16] 어찌 제후가 宗廟·社稷을 맡겨두고 멀리 다른 나라로 가서 부인을 맞이하는 일이 있겠는가. 제후뿐만이 아니라 卿·大夫 이하도 모두 그러하다. ≪詩經≫에서 文王이 渭水에서 親迎했다고 일컬었으니[17] 일찍이 국경을 벗어난 것이 아니다.

非命卿이면 皆書名하니 以君命으로 來逆夫人也라 在魯라 故로 稱女라 內女嫁爲諸侯夫人이면 則書逆하고 書歸하니 明重事也라 來逆이 非卿이면 則書歸而已니 見(현)其禮之薄也라 先儒皆謂諸侯當親迎이라 親迎者는 迎於所館이라 故로 有親御授綏(수)之禮한대 豈有委宗廟社稷하고 遠適他國하여 以逆婦者乎아 非惟諸侯라 卿大夫而下도 皆然이라 詩에 稱文王親迎于渭라하니 未嘗出疆也라

○ 겨울 10월에 伯姬가 紀로 시집갔다.

冬十月에 伯姬가 歸于紀라

전송하는 사람이 비록 公子·公孫일지라도 卿이 아니면 기록하지 않는다.

送之者가 雖公子公孫이라도 非卿이면 則不書라

○ 紀子와 〈某〉伯과 莒子가 密에서 결맹하였다.

紀子伯莒子가 盟于密하다

이 기사는 闕文이 있다. 마땅히 '紀侯와 某伯과 莒子가 密에서 결맹하였다.'라고 해야 한다. 左氏는 견강부회하여 '帛'으로 썼는데,[18] 杜預는 〈'子帛'을〉 裂繻[19]의 字라고

---

16) 친히……것인데 : ≪儀禮≫ 〈士昏禮〉에 "신랑이 신부의 수레를 몰고 수레에 오를 때 잡는 고삐를 주면 유모는 사양하며 받지 않는다.〔壻御婦車 授綏 姆辭不受〕"라고 하였다.

17) 詩經에서……일컬었으니 : ≪詩經≫ 〈大雅 大明〉에서 太姒를 맞이하는 것을 읊으며 "禮로써 그 길함을 정하시고, 渭水에서 親迎하시니〔文定厥祥 親迎于渭〕"라고 하였다.

18) 左氏는……썼는데 : ≪春秋左氏傳≫ 隱公 2년 조에 "겨울에 紀 子帛이 莒子와 密에서 결맹하였으니, 이는 魯나라 때문이었다.〔冬 紀子帛莒子盟于密 魯故也〕"라고 하였다.

여겼다. ≪春秋≫에 大夫가 諸侯 위에 기록되어 있는 경우는 없다. ≪春秋公羊傳≫과 ≪春秋穀梁傳≫에 모두 '伯'으로 되어 있다.

闕文也라 當云紀侯某伯莒子盟于密이라 左氏는 附會作帛이어늘 杜預以爲裂繻之字라 春秋에 無大夫在諸侯上者라 公羊穀梁도 皆作伯이라

○ 12월 乙卯日에 夫人 子氏가 薨하였다.

十有二月乙卯에 夫人子氏가 薨하다

隱公의 부인[20]이다. '薨'은 윗부분이 무너지는 소리이다. 諸侯가 죽었을 때 나라 안에서 그렇게 일컬으니, 小君[21]도 같다. 婦人은 남편을 따르는 사람이다. 公이 살아 있기 때문에 장사 지낸 것을 기록하지 않았으니, 여기에서 夫婦의 의리를 볼 수 있다.

隱公夫人也라 薨은 上墜之聲이라 諸侯國內稱之니 小君同이라 婦人은 從夫者也라 公在라 故로 不書葬하니 於此에 見夫婦之義矣라

○ 鄭人이 衛나라를 쳤다.

鄭人이 伐衛하다

그 죄를 성토하는 것을 伐이라 한다. 衛나라가 복종하였기 때문에 싸우지 않았다. 衛나라가 복종한 것은 죄를 면할 수 있지만, 鄭나라가 제멋대로 군대를 일으킨 것은 王法에 용서받을 수 없는 것이다.

聲其罪曰伐이라 衛服이라 故로 不戰이라 衛服은 可免矣어니와 鄭之擅興戎은 王法所不容也라

○ 3년 봄 周王 2월 己巳日에 日蝕이 있었다.

三年春王二月己巳에 日有食之하다

---

19) 裂繻 : 魯나라 군주의 딸을 紀侯의 夫人으로 맞이하러 온 紀나라의 大夫이다.
20) 隱公의 부인 : '夫人 子氏'를 ≪春秋公羊傳≫에서는 隱公의 어머니로 보았고, ≪春秋穀梁傳≫에서는 은공의 부인으로 보았고, ≪春秋左氏傳≫에서는 桓公의 어머니로 보았는데, 程頤는 ≪春秋穀梁傳≫을 따라 은공의 부인으로 본 것이다.
21) 小君 : 諸侯의 부인을 일컫는 말이다.

'月'은 周王의 月이다. 일이 2월에 있으면 '王二月'이라 기록하고, 3월에 있으면 '王三月'이라 기록하고, 일이 없으면 天時[22]를 기록하되 첫째 달을 기록한다. 대개 일이 있으면 道가 일에 있고 일이 없으면 天時를 보존하니, 天時가 갖추어지면 한 해 농사가 이루어지고 王道가 보존되면 사람의 도리가 확립되는 것이 ≪춘추≫의 大義이다. 日蝕이 있는 것은 침식하는 자가 있는 것인데, 다시 미루어 찾지 않는 것은 어째서인가? 태양은 임금의 상징이니, 침식을 당하는 것은 君道가 꺼리는 바이다. 그러나 常度가 있으면 災異가 있더라도 이상한 것이 아니다. 星辰의 陵歷[23] 또한 그러하다.

月은 王月也라 事在二月이면 則書王二月하고 在三月이면 則書王三月하고 無事면 則書時호되 書首月이라 蓋有事則道在事요 無事則存天時하니 天時備則歲功成이요 王道存則人理立이 春秋之大義也라 日有食之는 有食之者也어늘 更不推求者는 何也오 太陽은 君也니 而被侵食은 君道所忌라 然이나 有常度면 災而非異也라 星辰陵歷亦然이라

○ 3월 庚戌日에 天王이 崩하였다.

三月庚戌에 天王이 崩하다

'崩'은 윗부분이 무너지는 형상이다. 四海 안의 諸侯들이 모두 달려가야 하지만 魯나라 임금은 가지 않았으니, 극악하고 죄가 커서 이루 다 벌할 수 없다. 이를 기록하지 않았지만 죄가 저절로 드러난다.

崩은 上墜之形이라 四海之內가 皆當奔赴로되 魯君不往하니 極惡罪大하여 不可勝誅라 不書而自見(현)也라

○ 여름 4월 辛卯日에 尹氏[24]가 卒하였다.

夏四月辛卯에 尹氏가 卒하다

22) 天時 : 春·夏·秋·冬 四時를 가리킨다.
23) 陵歷 : 별이 본래의 궤도를 벗어나 다른 별의 궤도로 진입하는 것이다. 주로 日蝕·月蝕 현상을 이른다.
24) 尹氏 : ≪春秋左氏傳≫에는 '君氏'라 하였고, ≪春秋穀梁傳≫과 ≪春秋公羊傳≫에는 '尹氏'라 하였다.

尹氏는 周王의 世卿이다. 옛날에는 德으로써 인재를 부리고 功으로써 작위를 주며 祿은 세습하되 관직은 세습하지 않았으니,[25] 이 때문에 뛰어난 인재가 지위에 있어 모든 공적이 다 흥성하였다. 周나라가 쇠퇴함에 미쳐서는 士들도 모두 관직을 세습하였으니, 政事가 이를 말미암아 무너졌다. 尹氏는 대대로 周王의 관원이 되었기 때문에 그가 卒함에 '尹氏'라고 기록하여 그들이 대대로 관직을 계승하였음을 드러낸 것이다.

尹氏는 王之世卿이라 古者에 使以德하고 爵以功하며 世祿而不世官하니 是以로 俊傑在位하여 庶績咸熙라 及周之衰하얀 士皆世官하니 政由是敗라 尹氏는 世爲王官이라 故로 於其卒에 書曰尹氏하여 見(현)其世繼也라

○ 가을에 武氏의 아들이 와서 賻[26]를 요구하였다.

秋에 武氏子來하여 求賻하다

武氏는 周王의 卿士이니, '武氏'라고 일컬은 것은 그들이 관직을 대대로 세습했음을 드러낸 것이다. 天子가 崩하였는데, 諸侯들이 그 喪에 賻를 바치지 않았기 때문에 武氏가 아들을 보내 사방의 나라에 요구한 것이다. 이 일을 기록하여 天子가 道를 잃고 諸侯가 신하답지 못함이 심한 것을 드러내었다.

武氏는 王之卿士니 稱武氏는 見(현)其世官이라 天王崩이로되 諸侯不供其喪이라 故로 武氏遣其子하여 徵求於四國이라 書之하여 以見(현)天子失道諸侯不臣之甚也라

○ 8월 庚辰日에 宋公 和가 卒하였다.

八月庚辰에 宋公和가 卒하다

吉·凶·慶·弔와 우호를 맺어 친목을 도모하는 것은 이웃 나라 간의 常禮이고, 人

25) 옛날에는……않았으니 : ≪禮記≫ 〈王制〉에 "제후국의 세자는 나라를 세습하고, 천자의 대부는 爵을 세습하지 않아 德으로써 인재를 부리고, 功으로써 작위를 주었다. 〈제후국의 세자가 대를 이었는데〉 아직 작위를 받지 않았을 때는 천자의 元士로 보아 그 나라에서 임금노릇을 한다. 제후국의 대부는 爵祿을 세습하지 않는다.〔諸侯世子世國 大夫不世爵 使以德 爵以功 未賜爵 視天子之元士 以君其國 諸侯之大夫 不世爵祿〕"라고 하였다.

26) 賻 : 財貨로 喪家를 돕는 것이다.

情의 마땅한 바이다. 諸侯가 卒한 것은 동맹국의 중대한 일이다. 그러므로 와서 고하면 기록한다.

吉凶慶弔와 講好脩睦은 隣國之常禮요 人情所當然이라 諸侯之卒은 與國之大라 故로 來告則書라

○ 겨울 12월에 齊侯와 鄭伯이 石門에서 결맹하였다.

冬十有二月에 **齊侯鄭伯**이 **盟于石門**하다

천하 사람들이 천자를 무시하고 제후들은 信義를 지키지 않아 자주 서로 맹서하였으니, 亂을 조장한 것이었다. 그러므로 外諸侯[27)]가 맹서할 적에 와서 고한 것은 기록하였다.

天下無王하고 諸侯不守信義하여 數(삭)相盟誓하니 所以長亂也라 故로 外諸侯盟에 來告者는 則書之라

○ 癸未日에 宋 穆公을 장사 지냈다.

癸未에 **葬宋穆公**하다

諸侯가 喪을 고하여 魯나라 관원이 가서 장례에 참석하면 기록하였다. 춘추시대에는 모두 天子에게 諡號를 청하지 않았으니, 〈宋公 和라고 하지 않고 宋 穆公이라고〉 사사로운 시호를 일컬은 것은 그 臣子를 죄준 것이다.

諸侯告喪하여 魯往會葬이면 則書라 春秋之時엔 皆不請諡하니 稱私諡는 所以罪其臣子라

○ 4년 봄 周王 2월 莒人이 杞나라를 쳐서 牟婁를 취하였다.

四年春王二月에 **莒人伐杞**하여 **取牟婁**하다

諸侯의 토지는 하사받은 바가 있으니, 그의 죄를 성토하고 그의 땅을 탈취하는 것

27) 外諸侯 : 天子가 직접 다스리는 지역에서 벼슬하는 公·卿·大夫 등은 內諸侯라 하고, 그 지역 밖에 分封을 받은 公·侯·伯·子·男 등은 外諸侯라 한다.

은 惡이 더욱 심한 경우이니 王法에 마땅히 주벌해야 할 바이다.

諸侯土地는 有所受니 伐之其辠(죄)하고 而奪取其土는 惡又甚焉하니 王法所當誅也라

○ 戊申日에 衛나라 州吁가 그 임금 完을 시해하였다.

戊申에 衛州吁가 (殺)〔弑〕[28] 其君完하다

衛 莊公이 齊나라에서 아내를 맞이하였으니 莊姜이다. 그녀는 아들이 없었는데, 陳나라 여자 戴嬀가 桓公을 낳자 莊姜이 자기 아들로 삼았다. 公子 州吁는 嬖人의 아들이다. 임금의 총애를 받고 兵事를 좋아하였는데 莊公이 금하지 않았으며, 大夫 石碏이 간언하였으나 莊公은 듣지 않았다. 石碏의 아들 石厚가 州吁와 교유하자 石碏이 금지하였으나 石厚는 듣지 않았다. 桓公이 즉위하자 石碏은 곧 致仕하였다. 州吁가 桓公을 시해하고 즉위하였다.

예로부터 찬탈하고 시해하는 것은 대부분 公族이었으니, 이는 대개 그들이 '나도 先君의 자손이니, 임금이 될 수 있다.'라고 생각하고, 나라 사람들도 그러하다고 여겨 그를 받들었기 때문이다. ≪春秋≫는 이에 대해 大義를 밝혀 萬世에 보였다. 그러므로 춘추시대 초기에 임금을 시해한 자는 모두 公子·公孫이라 일컫지 않았다. 대개 大惡을 저지른 몸은 先君의 世系에서 저절로 끊어지니, 어찌 다시 先君의 자손이 될 수 있겠는가. 옛날에는 公族이 사형을 당하면 喪服이 없었는데,[29] 하물며 임금을 죽인 경우야 말할 것이 있겠는가.

大義가 이미 처음에 밝혀졌으니, 그 뒤 임금을 시해하고 즉위한 자는 모두 親屬으로 일컬었다. 혹 그가 친애함으로써 총애가 너무 지나치고 임무가 너무 중하여 亂에 이른 것을 드러내기도 하고, 혹 天倫의 친속이면서도 원수가 된 것을 드러내기도 하였으니, 의리를 세운 것이 각각 같지 않다. ≪춘추≫는 대개 기록한 일이 같으면 말이 같으니, 후세 사람들은 이를 인하여 '例'라고 하였다. 그러나 일이 같은데 말이 다른 경우가 있으니, 대개 각각의 의리가 있어 例에 얽매일 수 있는 것은 아니다.

衛莊公이 娶于齊하니 曰莊姜이라 無子러니 陳女戴嬀(규)生桓公이어늘 莊姜以爲己子라 公子

28) (殺)〔弑〕: 저본에는 '殺'로 되어 있으나, ≪春秋穀梁傳≫·≪春秋公羊傳≫·≪春秋左氏傳≫에 의거하여 '弑'로 바로잡았다.
29) 公族이……없었는데 : ≪禮記≫ 〈文王世子〉에 보인다.

州吁는 嬖人之子也라 有寵而好兵이로되 公弗禁하고 石碏(작)諫이로되 弗聽이라 其子厚가 與州吁游어늘 禁之나 不可라 桓公立에 乃老라 州吁弑桓公而立이라 自古로 簒弑多公族이니 蓋謂先君子孫이니 可以爲君이라하고 國人도 亦以爲然하여 而奉之일새라 春秋는 於此에 明大義하여 以示萬世라 故로 春秋之初에 弑君者는 皆不稱公子公孫이라 蓋身爲大惡은 自絶於先君矣니 豈復得爲先君子孫也리오 古者에 公族刑死면 則無服이온 況殺君乎아 大義가 旣明於初矣니 其後弑立者는 則皆以屬稱이라 或見(현)其以親而寵之太過하고 任之太重하여 以至於亂이요 或見其天屬之親而爲寇讐하니 立義各不同也라 春秋는 大率所書事同則辭同이니 後人이 因謂之例라 然이나 有事同而辭異者하니 蓋各有義하여 非可例拘也라

○ 여름에 隱公이 宋公과 淸에서 만났다.

夏에 公이 及宋公으로 遇于淸하다

諸侯가 서로 만나되 朝會의 禮를 행하지 않으면 道路에서 서로 만난 것과 같다. 그러므로 '遇'라고 기록하니, ≪周禮≫의 "겨울에 조현하는 것을 遇라고 한다."[30]라고 할 때의 '遇'가 아니다.

諸侯相見호되 而不行朝會之禮면 如道路之相遇라 故로 書曰遇하니 非周禮冬見(현)曰遇之遇也라

○ 宋公・陳侯・蔡人・衛人이 鄭나라를 쳤다.

宋公陳侯蔡人衛人이 伐鄭하다

宋나라는 公子 馮이 鄭나라에 있다는 이유로 諸侯들과 함께 鄭나라를 쳤다.[31] 宋나라는 날마다 제후들을 끌어 모아 鄭나라를 쳤으니 참으로 죄를 지은 것이며, 衛나라

30) 겨울에……한다 : ≪周禮≫ 〈春官宗伯 大宗伯〉에 "봄에 조현하는 것을 朝라고 하고, 여름에 조현하는 것을 宗이라고 하며, 가을에 조현하는 것을 覲이라고 하고, 겨울에 조현하는 것을 遇라고 한다.〔春見曰朝 夏見曰宗 秋見曰覲 冬見曰遇〕"라고 하였다.

31) 宋나라는……쳤다 : 宋 穆公은 형 宣公에게서 왕위를 물려받았는데, 임종 때 형의 아들 與夷(殤公)에게 왕위를 물려주고, 자신의 아들 公子 馮은 鄭나라로 가서 살게 하였다. 이는 자신을 어질게 여겨 왕위를 물려준 선공에게 보답하고자 한 것이다. 穆公이 죽고 殤公이 즉위한 뒤, 衛나라 임금 完을 시해하고 찬탈한 州吁가 殤公을 부추기니, 殤公은 公子 馮이 鄭나라에 있다는 이유로 鄭나라를 침략하였다.(≪春秋左氏傳≫ 隱公 3년)

는 그 임금을 시해하였으니[32] 천하 사람들이 마땅히 주벌할 바인데도 도리어 宋나라와 우호를 맺어 함께 남의 나라를 쳤으니 그 惡이 심하다.

宋은 以公子馮在鄭故로 與諸侯伐之也라 日摟諸侯하여 以伐鄭하니 固爲辠(죄)矣요 而衛는 弑其君하니 天下所當誅也어늘 乃與脩好而同伐人하니 其惡이 甚矣라

○ 가을에 〈魯나라 大夫〉 翬가 군사를 거느리고 宋公·陳侯·蔡人·衛人과 연합하여 鄭나라를 쳤다.

秋에 翬(휘)帥師하여 會宋公陳侯蔡人衛人하여 伐鄭하다

宋나라는 그 백성을 잔학하게 부렸고 衛나라는 마땅히 주벌해야 할 賊인데도 그들과 함께 남의 나라를 쳤으니, 그 죄가 크다. 두 나라[33]가 원한을 맺었는데 다른 나라가 그들과 함께 쳤으니, 그 죄가 같다. 네 나라를 재차 서술한 것[34]은 그 죄를 거듭 말한 것이다. 左氏가 재차 쳤다고 쓴 것[35]은 터무니없는 말이다. 翬를 公子라고 일컫지 않은 것은 弑逆한 사람[36]으로서 그 强暴와 極惡을 쌓은 것이 하루아침과 하루저녁의 일이 아니니 일찌감치 그것을 분별하는 것이 마땅하기 때문에 公子라는 말을 삭제한 것이다. 隱公은 이 점을 능히 분별하지 못하였으니, 이런 까닭에 禍亂[37]에 미친 것이다.

宋은 虐用其民하고 衛는 當誅之賊이로되 而與之同伐人하니 其辠(죄)가 大矣라 二國이 構怨이어늘 而他國이 與之同伐하니 其辠가 均也라 再序四國은 重言其辠라 左氏以爲再伐은 妄也라 翬不稱公子는 弑逆之人으로 積其强惡이 非一朝一夕이니 辨之宜早라 故로 去其公子라 隱公이 不能辨하니 是以로 及禍라

---

32) 衛나라는……시해하였으니 : 魯 隱公 4년 3월 戊申日에 衛나라 州吁가 임금 完을 시해하였다.

33) 두 나라 : 鄭나라와 宋나라를 가리킨다.

34) 네……것 : ≪春秋≫ 隱公 4년 조에 "宋公陳侯蔡人衛人伐鄭"이라 하고, 또 "秋 翬帥師會宋公陳侯蔡人衛人伐鄭"이라 하여 宋나라·陳나라·蔡나라·衛나라가 鄭나라를 친 것을 거듭 기술한 것을 말한다.

35) 左氏가……것 : ≪春秋左氏傳≫ 隱公 4년 조에 "가을에 제후들이 다시 鄭나라를 쳤다.〔秋 諸侯復伐鄭〕"라고 한 것을 가리킨다.

36) 弑逆한 사람 : ≪春秋左氏傳≫ 隱公 11년 11월 조 傳文에 "壬辰日에 羽父(翬)가 자객을 보내 寪氏의 집에서 隱公을 시해하고 桓公을 세우고서 寪氏를 쳤다."라고 하였다.

37) 禍亂 : 隱公이 翬에게 시해당한 것을 가리킨다.

○ 9월에 衛人이 州吁를 濮에서 죽였다.

九月에 **衛人**이 **殺州吁于濮**하다

州吁가 그 백성을 화합시키지 못하니 石厚가 石子(石碏)에게 임금의 지위를 안정시킬 방법을 물었는데, 石子가 말하기를 "天子에게 朝覲하면 안정시킬 수 있다."라고 하였다. 石厚가 말하기를 "어떻게 하면 조근할 수 있습니까?"라고 하니, 石子가 말하기를 "陳侯가 마침 天子께 총애를 받고 있으니, 만약 陳나라에 朝見하여 陳나라로 하여금 청하게 하면 반드시 가능할 것이다."라고 하였다. 石厚가 州吁를 호종하여 陳나라로 갔다. 石碏이 사람을 보내 陳나라에 고하기를 "이 두 사람은 실로 우리 임금을 시해한 자들이니, 즉시 그들을 도모하기를 바랍니다."라고 하였다. 陳나라 사람이 그들을 붙잡고서 衛나라에서 사람을 보내 처리하기를 청하니, 衛나라 사람이 右宰 醜를 보내 濮에서 州吁를 죽이고, 石碏은 자기 家臣 獳羊肩을 보내 陳에서 石厚를 죽였다. '衛人'이라고 일컬은 것은 무리가 많음을 나타낸 말이니, 온 나라 사람들이 그를 죽인 것이다.

州吁가 **未能和其民**하니 **厚問定君於石子**한대 **石子曰 王覲爲可**라 **曰 何以得覲**이릿고하니 **曰 陳侯**가 **方有寵於王**하니 **若朝陳使請**이면 **必可得也**리라 **厚從州吁如陳**이라 石碏(작)이 **使告于陳曰 此二人者**는 **實弑寡君**이니 **敢卽圖之**하라 **陳人執之**하여 **而請涖**(리)**於衛**하니 **衛人**이 **使右宰醜涖殺州吁于濮**하고 石碏은 **使其宰獳**(누)**羊肩涖殺石厚于陳**이라 **稱衛人**은 **衆辭也**니 **擧國殺之也**라

○ 겨울 12월에 衛人이 晉을 임금으로 세웠다.

冬十有二月에 **衛人**이 **立晉**하다

衛나라 사람이 邢에서 公子 晉을 맞이하여 임금으로 세웠다. "衛人이 晉을 임금으로 세웠다.〔衛人立晉〕"라고 기록한 것은 衛나라 사람들이 그를 세운 것이다. 諸侯가 즉위할 적에는 반드시 天子에게 命을 받아야 한다. 당시에는 天子에게 命을 받지 않았지만 그래도 先君에게 命을 받았다. 衛나라 사람들은 晉이 公子이니 세울 만하다고 여겼기 때문에 그를 임금으로 세웠으나, ≪春秋≫에서는 그것을 허여하지 않았다. 비록

先君의 자손일지라도 天子나 先君의 命을 말미암지 않으면 즉위할 수 없다. 그러므로 그가 公子임을 지운 것이다.

衛人이 逆公子晉于邢하여 而立之라 書曰衛人立晉은 衛人이 立之也라 諸侯之立에 必受命於天子라 當時에 雖不受命於天子나 猶受命於先君이라 衛人은 以晉公子也니 可以立이라 故로 立之나 春秋所不與也라 雖先君子孫이라도 不由天子先君之命이면 不可立也라 故로 去其公子라

○ 5년 봄에 〈隱公이〉 棠에서 물고기 잡는 것을 구경하였다.

五年春에 觀魚于棠하다

諸侯는 天子의 일이나 백성의 일이 아니면 멀리 나가지 않으니, 물고기 잡는 것을 보러 멀리 나간 것은 도리가 아니다.

諸侯는 非王事民事어든 不遠出하니 遠出觀魚는 非道也라

○ 여름 4월에 衛 桓公을 장사 지냈다.

夏四月에 葬衛桓公하다

衛나라가 혼란하였다.[38] 이 때문에 장례가 늦추어진 것이다. 〈衛公 完이라 하지 않고〉 '桓公'이라 일컬은 것은 나라 사람들이 사사로이 올린 시호임을 나타낸 것이다. 魯나라 관리가 가서 장례에 참석했기 때문에 기록한 것이다. 죽은 이를 떠나보내는 것은 중대한 일이다. 반드시 正寢에 나아가서 죽어야지, 婦人의 손에 숨을 거두지 않아야 한다. 曾子가 대자리를 바꾸고서 숨을 거둔 것[39]이 어찌 일시적인 마음으로 그렇게 한 것이겠는가. 죽고 나서 바르지 않은 諡號가 더해지는 것을 忠孝를 아는 자가 하려 하겠는가.

衛亂이라 是以로 緩이라 稱桓公은 見(현)國人私諡也라 魯往會라 故로 書라 送終은 大事也라 必就正寢이요 不沒于婦人之手라 曾子는 易簀(책)而沒하니 豈苟然乎아 死而加之不正之諡를 知忠孝者가 肯爲乎아

38) 衛나라가 혼란하였다 : 魯 隱公 4년 봄에 衛나라 州吁가 자기 임금 完(桓公)을 시해하고 임금이 되었으며, 그해 9월에 衛人이 州吁를 죽이고 12월에 公子 晉을 임금으로 세웠다.

39) 曾子는……것 : 曾參이 임종할 때 季孫氏에게서 받은 대자리 위에 누워있었는데, 그것이 자신의 분수에 맞지 않는다고 여겨 대자리를 바꾸게 하였다.(≪禮記≫ 〈檀弓 下〉)

○ 가을에 衛나라 군대가 郕나라로 쳐들어갔다.

秋에 **衛師**가 **入郕**하다

〈衛나라 임금〉 晉은 亂을 틈타 즉위하였는데, 나라를 안정시키고 백성을 보호하는 방도를 생각하여 王道를 높이는 것을 급선무로 삼고 居喪을 중요한 일로 여기지 않고서 도리어 군대를 일으켜 원한을 풀고자 남의 나라로 쳐들어갔으니, 그가 道를 잃은 것을 기록한 것이다.

晉은 **乘亂得立**한대 **不思安國保民之道**하여 **以尊王爲先**하고 **居喪爲重**하여 **乃興戎脩怨**하여 **入人之國**하니 **書其失道也**라

○ 9월에 仲子의 宮을 완성하고 처음으로 六羽[40]를 바쳤다.

九月에 **考仲子之宮**하고 **初獻六羽**하다

諸侯는 再娶함이 없으니 仲子는 夫人이 될 수 없다. 춘추시대 초기에는 오히려 이 점을 의심하였기 때문에 別宮을 지어 제사 지낸 것이다. '考'는 처음으로 완성하여 제사 지내는 것이니, 이를 기록하여 禮가 아님을 드러낸 것이다. 成王이 魯나라가 周公을 제사 지낼 적에 天子의 禮樂을 사용하도록 허락하였는데, 후세에는 드디어 여러 사당에서 모두 천자의 禮樂을 사용하였다. 仲子는 別宮이기 때문에 감히 여러 사당과 같이 六羽를 사용할 수 없다. "처음으로 바쳤다.〔初獻〕"라고 쓴 것은 이전에는 참람하게 八羽[41]를 사용하였음을 드러낸 것이다. 仲尼는 魯나라에서 郊祭·禘祭를 지낸 것으로 周公의 道가 쇠퇴하였다고 여겼으니,[42] 天子의 禮로 周公을 제사 지낸 것은 成王의 잘못이다.

---

40) 六羽 : 고대 諸侯의 樂舞로, 손에 깃을 든 舞人이 여섯 명씩 여섯 줄을 이루어 추는 六佾舞를 말한다.

41) 八羽 : 고대 天子의 樂舞로, 손에 깃을 든 舞人이 여덟 명씩 여덟 줄을 이루어 추는 八佾舞를 말한다.

42) 仲尼는……여겼으니 : ≪禮記≫ 〈禮運〉에 "魯나라가 郊제사와 禘제사를 지낸 것은 禮가 아니니, 周公의 道가 쇠미해졌구나.〔魯之郊禘 非禮也 周公其衰矣〕"라고 하였다. 郊제사는 천자가 天神에게 지내는 제사이고, 禘제사는 천자가 宗廟에 지내는 제사인데, 제후국인 魯나라에서 천자의 제사를 행하였기 때문에 공자가 禮가 무너진 것을 탄식한 것이다.

諸侯는 無再娶하니 仲子는 不得爲夫人이라 春秋之初에 尙以爲疑라 故로 別宮以祀之라 考는 始成而祀也니 書以見(현)非禮라 成王이 賜魯用天子禮樂祀周公이러니 後世에 遂群廟皆用이라 仲子는 別宮이라 故로 不敢同群廟而用六羽也라 書初獻은 見(현)前此用八之僭也라 仲尼는 以魯之郊禘(체)로 爲周公之道衰하니 用天子之禮祀周公은 成王之過也라

○ 邾人・鄭人이 宋나라를 쳤다.

邾人鄭人이 伐宋하다

宋나라 사람이 邾나라의 田土를 탈취하니, 邾나라 사람이 鄭나라에 고하기를 "청컨대 임금께서 宋나라에 유감을 푸신다면 저희 邑이 길이 되어 드리겠습니다."라고 하였다. 邾나라 사람과 鄭나라 사람이 宋나라를 쳤는데 邾나라 사람을 먼저 기록한 것은 주체가 되었기 때문이다.

宋人이 取邾田하니 邾人이 告於鄭曰 請君釋憾於宋이면 敝邑爲道하리라 邾人鄭人이 伐宋이어늘 先邾人은 爲主也일새라

○ 螟虫의 재해가 있었다.

螟하다

'螟'[43]이라 기록하고 '螽'[44]이라 기록한 것은 모두 재해가 된 것이다. 나라의 중대한 일이기 때문에 기록한 것이다.

書螟書螽(종)은 皆爲災也라 國之大事라 故로 書라

○ 겨울 12월에 宋人이 鄭나라를 쳐서 長葛을 포위하였다.

冬十有二月에 宋人이 伐鄭하여 圍長葛하다

다른 나라를 쳐서 邑城을 포위하는 것은 그 포악함을 방자하게 행한 것이다.

43) 螟 : 멸구를 가리킨다.
44) 螽 : 메뚜기를 가리킨다.

伐國而圍邑은 肆其暴也라

○ 6년 봄에 鄭人이 와서 輸平하였다.

六年春에 鄭人이 來輸平하다

魯나라는 鄭나라와 예전에 우호를 맺었으나, 얼마 뒤 宋나라·衛나라에게 핍박을 받아 드디어 그들과 함께 鄭나라를 쳤기 때문에 鄭나라가 와서 외교를 단절한 것이다. '輸平'은 和平을 변경하는 것이다. 匹夫도 남에게 신의를 잃으려 하지 않는데, 國君으로서 약속을 저버렸으니 매우 부끄러워할 만한 일이다.

魯는 與鄭으로 舊脩好나 既而오 迫於宋衛하여 遂與之同伐鄭이라 故로 鄭來絶交라 輸平은 變其平也라 匹夫도 且不肯失信於人이어늘 爲國君而負約하니 可羞之甚也라

○ 여름 5월 辛酉日에 隱公이 齊侯와 회합하여 艾에서 결맹하였다.

夏五月辛酉에 公이 會齊侯하여 盟于艾하다

처음으로 齊나라와 和平한 것이다.

始平于齊也라

○ 가을 7월이다.

秋七月이라

아무 일이 없어도 계절의 첫째 달과 天時를 기록한 것은 王月이 갖추어진 뒤에 한 해를 이루기 때문이다.

無事라도 書首月天時는 王月備而後에 成歲也일새라

○ 겨울에 宋人이 長葛을 취하였다.

冬에 宋人이 取長葛하다

宋나라가 長葛을 포위한 것이 거의 한 해가 되었다. 백성을 학대하며 無道함이 심했지만 天子는 다스리지 않고 方伯은 정벌하지 않았으며, 鄭나라는 그곳 백성의 위태롭고 곤궁함을 보고서도 능히 보호하거나 달려가 하소연하지 않아 마침내 그 邑을 잃었으니, 모두의 罪이다. 宋나라가 강제로 취한 것은 이루 다 벌할 수 없다.

宋之圍長葛이 歲且周矣라 其虐民無道之甚이나 而天子弗治하고 方伯弗征하며 鄭視其民之危困이로되 而不能保有赴訴하여 卒喪其邑하니 皆辠(죄)也라 宋之彊取는 不可勝誅矣라

○ 7년 봄 周王 3월에 叔姬가 紀나라로 시집갔다.

七年春王三月에 叔姬가 歸于紀하다

伯姬는 紀나라의 夫人이 되었고, 叔姬는 그녀의 여동생이다.[45] 집안에서 시집갈 나이가 되기를 기다렸다가 지금 비로소 시집간 것이다. 여동생이 시집가는 것을 기록하지 않는 것은 考終의 禮가 없음을 민망히 여겨서이다.

伯姬는 爲紀夫人하고 叔姬는 其娣也라 待年於家라가 今始歸라 娣歸不書는 閔其無終也라

○ 滕侯가 卒하였다.

滕侯가 卒하다

滕侯의 이름을 쓰지 않은 것은 史官이 빠뜨린 것이다.

不名은 史闕也라

○ 여름에 中丘에 城을 쌓았다.

夏에 城中丘하다

백성을 위해 임금을 세우는 것은 그들을 기르기 위해서이다. 백성을 기르는 방도는

45) 伯姬는……여동생이다 : 옛날에 諸侯가 한 나라의 딸을 아내로 맞이하면 그와 同姓인 두 나라의 딸이 와서 媵이 되었는데, 세 여인은 각각 조카 한 명과 동생 한 명을 데리고 갔다.

그들의 힘을 아끼는 데 있다. 백성의 힘이 넉넉하면 生養이 이루어지고, 生養이 이루어지면 教化가 행해져서 風俗이 아름다워진다. 그러므로 政事를 행할 적에는 백성의 힘을 귀중하게 여긴다. ≪春秋≫에는 무릇 백성의 힘을 쓰는 것은 반드시 기록하였다. 일을 일으키는 것이 때에 맞지 않아 義를 해치는 것은 참으로 罪가 되지만, 비록 제때에 맞고 또 義에 맞더라도 반드시 기록하여 백성을 수고롭게 하는 것은 중요한 일임을 드러내었다. 후세의 人君이 이 의리를 안다면 백성의 힘을 쓰는 데 신중할 줄 알 것이다.

그러나 백성의 힘을 크게 쓰면서도 기록하지 않은 것이 있으니, 교훈이 되는 의미가 깊다. 僖公이 泮宮을 수리하고 閟宮을 복구한 것[46]은 백성의 힘을 쓰지 않은 것이 아니지만 기록하지 않았다. 이 두 가지 일은 폐지된 것을 일으키고 옛것을 회복한 중대한 일로서 나라를 다스리는 급선무이니, 이와 같이 백성의 힘을 쓰는 것은 곧 마땅히 써야 할 바이기 때문이다. 人君이 이 의리를 알면 政事의 先後・輕重을 알게 될 것이다. 무릇 '城'이라 쓴 것은 옛것을 보완하는 것이고, '築'이라 쓴 것은 새로 만드는 것이다. 中丘에 城을 쌓은 것은 백성을 부리는 것이 제때에 맞지 않은 것이니, 人君의 마음 씀이 아니다.

爲民立君은 所以養之也라 養民之道는 在愛其力이라 民力足則生養遂요 生養遂則教化行而風俗美라 故로 爲政은 以民力爲重也라 春秋에 凡用民力을 必書라 其所作興이 不時害義는 固爲罪也어니와 雖時且義라도 必書하여 見(현)勞民爲重事也라 後之人君이 知此義면 則知愼重於用民力矣리라 然이나 有用民力之大而不書者하니 爲教之意가 深矣라 僖公이 脩泮宮하고 復(복)閟宮은 非不用民力也나 然而不書라 二者는 興廢復古之大事로 爲國之先務니 如是而用民力은 乃所當用也일새라 人君이 知此義면 則知爲政之先後輕重矣리라 凡書城者는 完舊也요 書築者는 創始也라 城中丘는 使民不以時니 非人君之用心也라

○ 齊侯가 그의 아우 年을 보내어 聘問하였다.

齊侯가 使其弟年來聘(빙)하다

무릇 '公子'라고 일컫지 않고 '弟'라고 일컫는 경우는 혹 兄弟의 의리를 잃은 것을 꾸

46) 僖公이……것 : ≪詩經≫ 〈魯頌 泮水〉와 〈閟宮〉에 보인다. 泮宮은 반달 모양의 연못이 있는 제후의 學宮을 가리키고, 閟宮은 周나라 조상을 모신 사당을 가리킨다.

짓거나, 혹 그가 아우를 사랑하여 총애해 임용한 것이 지나친 것을 죄준 것이다. ≪春秋左氏傳≫과 ≪春秋公羊傳≫에 모두 '年'이라 하였으니, 齊 僖公의 母弟이다. 先儒의 母弟에 대한 설은 대개 禮文에 嫡子의 同母弟를 세운다고 한 설[47]을 따른 것이다. 여기서 '同母弟'라고 하는 것은 대개 嫡子를 말하는 것일 뿐, 어머니가 같다고 해서 더욱 친하게 여기는 것은 아니다. 만약 어머니가 같다고 해서 더욱 친하게 여긴다면 이는 사람의 도리를 알지 못한 것이니, 禽獸의 도리에 가깝다. 천하에 이 의리가 밝혀지지 않은 것이 오래되었다. 齊 僖公이 아우 年을 사랑하여 그의 아들[48]도 오히려 禮儀의 등급을 嫡子와 같게 하여 마침내 찬탈하고 시해하는 禍를 불러왔다.[49] '弟'라고 쓴 것은 그가 아우를 사랑하여 총애해 임용한 것이 지나쳤음을 드러낸 것이다. 桓公 3년 조와 동일하다.[50]

凡不稱公子而稱弟者는 或責失兄弟之義어나 或罪其以弟之愛而寵任之過라 左氏公羊傳에 皆曰年하니 齊僖公之母弟라 先儒母弟之說은 蓋緣禮文有立嫡子同母弟之說이라 其曰同母弟는 蓋謂嫡爾요 非以同母爲加親也라 若以同母爲加親이면 是不知人理니 近於禽道也라 天下不明斯義也가 久矣라 僖公이 愛年하여 其子도 尙禮秩如嫡하여 卒致簒弑之禍라 書弟는 見(현)其以弟之愛而寵任之過也라 桓三年同이라

○ 가을에 隱公이 邾나라를 쳤다.

秋에 公이 伐邾하다

≪春秋左氏傳≫에 "〈隱公이 邾를 친 것은〉 宋나라를 위해 토벌한 것이다."라고 하였다. 멋대로 甲兵을 일으켜 남을 위해 남의 나라를 친 것은 매우 義에 맞지 않다.

左氏傳에 爲宋討也라하니라 擅興甲兵하여 爲人而伐人은 非義之甚也라

---

47) 禮文에……설 : ≪唐六典≫에 "諸王・公・侯・伯・子・男은 만약 嫡子가 없거나 죄를 지었거나 병이 있으면 嫡孫을 세우고, 嫡孫이 없으면 차례로 嫡子의 同母弟를 세운다. 同母弟가 없으면 庶子를 세우고, 庶子가 없으면 嫡孫의 同母弟를 세우고, 嫡孫의 同母弟가 없으면 庶孫을 세우니, 曾孫・玄孫 이하도 이와 같이 한다.〔諸王公侯伯子男 若無嫡子及罪疾 立嫡孫 無嫡孫 以次立嫡子同母弟 無母弟 立庶子 無庶子 立嫡孫同母弟 無母弟 立庶孫 曾玄已下亦同此〕"라고 하였다.
48) 그의 아들 : 年의 아들 無知를 가리킨다.
49) 마침내……불러왔다 : 齊 僖公의 아들 襄公(諸兒)이 즉위 12년 되던 해인 魯 莊公 8년에 年의 아들 無知에게 시해 당하였다.
50) 桓公……동일하다 : 魯 桓公 3년 조 經文에 "冬 齊侯使其弟年來聘"이라 한 것을 가리킨다.

○ 겨울에 天王이 凡伯을 보내 聘問하였다.

冬에 天王이 使凡伯來聘하다

≪周禮≫에 "때로 聘問하여 諸侯의 우호를 맺는다."[51)]라고 하였다. 諸侯가 신하로서의 직분을 수행하지 않는데도 빙문하는 것은 天王의 체모가 아니다.

周禮에 時聘以結諸侯之好라하니라 諸侯不脩臣職而聘之는 非王體也라

○ 戎이 楚丘에서 凡伯을 공격하여 데리고 돌아갔다.

戎이 伐凡伯于楚丘하여 以歸하다

처음에 戎이 天王에게 조회하려 公卿에게 幣帛을 보냈는데, 凡伯이 賓客의 예우를 하지 않았다. 天王이 凡伯을 보내 魯나라에 빙문하게 하였는데, 戎이 楚丘에서 그를 공격하여 데리고 돌아갔다. 楚丘는 衛나라 땅이다. '伐'이라는 것은 많은 무리로 공격하였음을 드러낸 것이다. 天子의 사신이 衛나라를 경유하는 길로 갔는데 戎이 많은 무리로 그를 공격하였다. 衛나라가 天子의 사신을 보호하지 못했으니 그 죄를 알 수 있다. '以歸'라고 말한 것은 붙잡은 것이 아니니, 凡伯에게 절개를 잃은 죄가 있다.

初에 戎朝于王하여 發幣於公卿이로되 凡伯이 弗賓이라 王이 使凡伯來聘하니 戎이 伐之于楚丘하여 以歸라 楚丘는 衛地라 伐은 見(현)其以衆이라 天子之使가 道由於衛러니 而戎得以衆伐之라 衛不能衛하니 其罪를 可知라 言以歸는 則非執이니 凡伯有失節之辠(죄)라

○ 8년 봄에 宋公과 衛侯가 垂에서 만났다.

八年春에 宋公衛侯가 遇于垂하다

齊侯가 宋나라와 衛나라를 鄭나라와 강화시키고자 하여 회합할 시기를 정했는데, 宋公이 衛나라에 幣物을 주면서 먼저 만나보기를 청하였다. 그러므로 垂에서 만난 것

51) 때로……맺는다 : ≪周禮≫ 〈秋官司寇 大行人〉에 "때로 聘問하여 諸侯의 우호를 맺고, 여럿이 朝見하여 邦國의 간악함을 제거한다.〔時聘以結諸侯之好 殷覜以除邦國之慝〕"라고 하였다.

이다. 宋나라가 鄭나라를 꺼리는 것이 심했기 때문에 鄭나라와 끝내 우호를 이루지 못하였다. 諸侯가 서로 만날 때 갖추는 禮가 없었기 때문에 '遇'라고 기록한 것이다.

齊侯가 將平宋衛於鄭하여 有會期러니 宋公이 以幣請於衛하여 請先相見이라 故로 遇于垂라 宋은 忌鄭之深이라 故로 與鄭卒不成好라 無諸侯相見之禮라 故로 書曰遇라

○ 3월에 鄭伯이 宛을 보내 〈許와〉 바꾸어 祊을 노나라에 주었다.

三月에 鄭伯이 使宛來歸祊(팽)하다

魯나라가 소유한 朝宿邑[52]은 王畿 안에 있었으니, 許이다. 鄭나라가 소유한 朝宿邑은 魯나라에 가까웠으니, 祊이다. 당시 周王의 政事가 제대로 베풀어지지 않아 天子는 巡狩하지 않았고 魯나라 역시 조회하지 않았다. 그러므로 祊으로 許를 바꾸려 하였으니, 각자 가까운 곳을 취한 것이다. 그러므로 宛을 보내 祊을 주었으니, 魯나라에 준 것이다. '來'는 바꾸었음을 말한다. 朝宿邑은 先祖가 先王에게 받은 것이니, 어찌 서로 바꿀 수 있겠는가. 鄭나라가 바꾸어 주고 魯나라는 그것을 받았으니, 그 죄가 똑같다.

魯有朝宿之邑은 在王畿之內니 曰許라 鄭有朝宿之邑은 近於魯하니 曰祊이라 時王政不脩하여 天子不巡守하고 魯亦不朝라 故로 欲以祊易許하니 各取其近者라 故로 使宛來歸祊하니 歸魯라 來는 言易也라 朝宿之邑은 先祖受之於先王이니 豈可相易也리오 鄭來歸而魯受之하니 其罪가 均也라

○ 庚寅日에 魯나라 사람이 祊으로 들어갔다.

庚寅에 我入祊하다

'入'이라는 것은 城 안에서 받아들이지 않은 것이니, 의리상 불가하나 억지로 들어간 것이다.

入者는 內弗受也니 義不可而彊入之也라

○ 가을 7월 庚午日에 宋公・齊侯・衛侯가 瓦屋에서 결맹하였다.

---

52) 朝宿邑 : 諸侯들이 天子에게 조회하기 위해 京師에 가면 묵었던 邑이다. 湯沐邑이라고도 한다.

秋七月庚午에 宋公齊侯衛侯가 盟于瓦屋하다

宋나라가 盟主가 된 것이다. 鄭나라와 절교할 것을 맹서한 것이다.

宋爲主也라 盟與鄭絶也라

○ 8월에 蔡 宣公을 장사 지냈다.

八月에 葬蔡宣公하다

너무 빨리 장사 지낸 것이다. 諸侯는 5개월 만에 장사 지내는데 그 기한에 미치지 못했으니, 간략히 한 것이다.

速也라 諸侯五月而葬이어늘 不及期하니 簡也라

○ 9월 辛卯日에 隱公이 莒人과 浮來에서 결맹하였다.

九月辛卯에 公이 及莒(거)人으로 盟于浮來하다

이웃 나라와 사귈 적에는 信義를 강구하고 화목함을 도모하는 것이 옳으니, 어찌 결맹을 할 것이 있겠는가. 隱公이 몸을 굽혀 莒나라 신하와 결맹하였으니 의리상 편안하지 않다.

隣國之交에 講信脩睦이 可也니 安用盟爲리오 公屈己하여 與臣盟하니 義非安也라

○ 螟虫의 재해가 있었다.

螟하다

재해가 된 것이다. 백성은 먹고 사는 것을 목숨처럼 여긴다. 그러므로 재해가 있으면 반드시 기록한다.

爲災也라 民以食爲命이라 故로 有災必書라

○ 겨울 12월에 無駭가 卒하였다.

冬十有二月에 無駭가 卒하다

아직 族을 하사하지 않았기 때문에 이름만을 기록한 것이다.

未賜族일새 書名而已라

○ 9년 봄에 天王이 南季를 보내어 聘問하였다.

九年春에 天王이 使南季來聘하다

≪周禮≫ 〈大行人〉에 "때로 聘問하여 諸侯의 우호를 맺는다."라고 하였다.[53] 王法이 행해질 때에는 때로 聘問하여 제후들을 懷撫하는 것이 곧 常禮이다. 춘추시대에는 제후들이 신하로서의 직분을 수행하지 않아 天子를 朝覲하는 禮가 폐지되어 끊어졌으니 王法으로 다스려야 할 바이다. 典刑을 바로잡지 못하면서 도리어 聘問하고 또 보답을 받지도 못하였으니 道를 잃은 것이 심하다.

周禮大行人에 時聘以結諸侯之好라하니라 王法之行에 時加聘問하여 以懷撫諸侯가 乃常禮也라 春秋之時에 諸侯不脩臣職하여 朝覲之禮가 廢絶하니 王法所當治也라 不能正典刑하고 而反聘之하고 又不見答하니 失道甚矣라

○ 3월 癸酉日에 크게 비가 내리며 천둥 번개가 쳤고, 庚辰日에 큰 눈이 내렸다.

三月癸酉에 大雨震電하고 庚辰에 大雨雪하다

陰陽이 움직이는 것은 일정함이 있어서 어긋남이 없으니, 무릇 그 度數를 잃는 것은 모두 사람의 행위가 감응시킨 것이다. 그러므로 ≪春秋≫에서는 災異를 반드시 기록하였다. 漢나라 儒者들은 그 설에 부회뇌동하면서 그 이치에는 통달하지 못했다. 그러므로 말한 바에 망령된 것이 많다. 3월에 큰 비가 내리며 천둥 번개가 치는 것은

53) 周禮……하였다 : ≪周禮≫ 〈秋官司寇 大行人〉에 보인다.

때에 맞지 않은 것이니, 재해이다. 큰 눈이 내리는 것은 매우 심상치 않은 것이니, 또한 재해이다.

陰陽運動은 有常而無忒(특)하니 凡失其度는 皆人爲感之也라 故로 春秋엔 災異必書라 漢儒는 傳其說而不達其理라 故로 所言多妄이라 三月에 大雨震電은 不時니 災也라 大雨雪은 非常爲大니 亦災也라

○ 여름에 郎에 城을 쌓았다.

夏에 **城郎**하다

이는 제때에 맞지 않음을 기록한 것이다.

書不時也라

○ 겨울에 隱公이 齊侯와 防에서 회합하였다.

冬에 **公**이 **會齊侯于防**하다

宋나라를 칠 것을 모의한 것이다.

謀伐宋也라

○ 10년 봄 周王 2월에 隱公이 齊侯·鄭伯과 中丘에서 회합하였다.

十年春王二月에 **公**이 **會齊侯鄭伯于中丘**하다

出兵할 날짜를 정하기 위해서이다.

爲師期也일새라

○ 여름에 翬가 군사를 거느리고 齊人·鄭人과 연합하여 宋나라를 쳤다.

夏에 **翬**(휘)가 **帥**(솔)**師**하여 **會齊人鄭人**하여 **伐宋**하다

세 나라가 장수를 먼저 보내 〈宋나라를〉 친 것이다. 齊나라와 鄭나라에 대해 '人'이라고 일컬은 것은 卿이 아니기 때문이다. 翬를 公子라고 일컫지 않은 이유는 隱公 4년과 동일하다.[54)]

三國이 先遣將致伐이라 齊鄭稱人은 非卿也일새라 翬不稱公子는 與四年同이라

○ 6월 壬戌日에 隱公이 宋나라 군대를 管에서 패배시켰다.

六月壬戌에 公이 敗宋師于管하다

'戰'이라 말하지 않고 '敗'라 말한 것은 패배한 자가 주체가 되기 때문이니, 저들이 이쪽과 싸웠는데 이쪽이 저들을 패배시킨 것이다.

不言戰而言敗는 敗者爲主일새니 彼與戰而此敗之也라

○ 辛未日에 郜를 취하였고, 辛巳日에 防을 취하였다.

辛未에 取郜하고 辛巳에 取防하다

두 邑을 취하여 소유하였으니, 훔친 것이다.

取二邑而有之니 盜也라

○ 가을에 宋人·衛人이 鄭나라로 쳐들어갔다.

秋에 宋人衛人이 入鄭하다

鄭나라는 백성을 수고롭게 하여 외부의 일에만 힘쓰고 자기 나라를 지킬 줄 몰랐다. 그러므로 두 나라가 쳐들어간 것이다.

鄭이 勞民以務外하고 而不知守其國이라 故로 二國入之라

---

54) 翬를……동일하다 : ≪春秋≫ 隱公 4년 조에 "가을에 〈魯나라 大夫〉 翬가 군사를 거느리고 宋公·陳侯·蔡人·衛人과 연합하여 鄭나라를 쳤다.〔秋 翬帥師 會宋公陳侯蔡人衛人 伐鄭〕"라고 하였는데, 程頤는 翬가 弑逆한 사람으로서 强暴와 極惡을 쌓았기 때문에 그것을 분별하여 公子라고 일컫지 않은 것이라 하였다.

○ 宋人・蔡人・衛人이 戴나라를 치니, 鄭伯이 이들을 쳐서 승리하였다.

宋人蔡人衛人이 伐戴어늘 鄭伯이 伐取之하다

宋人・衛人이 鄭나라로 쳐들어가니, 蔡人이 그들을 좇아 戴나라를 쳤다. 鄭伯이 戴나라를 포위하고 승리하여 세 나라의 군대를 사로잡았다. 戴나라는 鄭나라와 동맹을 한 나라이다. 그러므로 세 나라가 그 나라를 친 것이다. 鄭나라와 戴나라가 연합해서 공격하여 세 나라의 군사를 모두 사로잡았으니, 그들이 백성을 잔혹하게 한 것이 심하였기 때문이다.

宋人衛人이 入鄭하니 蔡人이 從之伐戴라 鄭伯이 圍戴克之하여 取三師焉이라 戴는 鄭所與也라 故로 三國伐之라 鄭戴合攻하여 盡取三國之衆하니 其殘民也가 甚矣일새라

○ 겨울 10월 壬午日에 齊人・鄭人이 郕으로 쳐들어갔다.

冬十月壬午에 齊人鄭人이 入郕하다

宋나라를 치는 데 郕나라가 연합하지 않은 것을 토벌한 것이다. 宋나라는 公子 馮이 鄭나라에 가 있었던 까닭에[55] 두 나라가 서로 미워하였다. ≪春秋左氏傳≫에는 "宋公을 王命으로 토벌한 것이다."라고 하였으나,[56] ≪春秋≫에는 王을 위해 宋나라를 토벌한 것이 보이지 않는다. 王의 신하가 가지 않았고 王의 군대가 출동하지 않았으니, 거짓으로 속여 사사로운 분노를 푼 것이다.

討不會伐宋也라 宋은 以公子馮在鄭故로 二國交惡(오)라 左氏傳云 宋公以王命討之라하나 於春秋에 不見其爲王討也라 王臣不行하고 王師不出하니 矯假以逞(령)私忿耳라

○ 11년 봄에 滕侯・薛侯가 와서 朝見하였다.

十有一年春에 滕侯薛侯가 來朝하다

---

55) 宋나라는……까닭에 : 앞의 각주 31) 참조.

56) 春秋左氏傳에는……하였으나 : ≪春秋左氏傳≫ 隱公 9년 조에 "宋公이 周王에게 朝見하지 않으니, 鄭伯이 周王의 左卿士로 왕명을 받들어 토벌하였다.〔宋公不王 鄭伯爲王左卿士 以王命討之〕"라고 하였다.

諸侯가 비록 서로 朝見하는 禮가 있으나, 당시의 제후들은 天子에게 朝覲한 적이 없고 오직 서로 이끌고서 魯나라에 朝見하였으니, 禮라고 할 수 있겠는가.

諸侯가 雖有相朝之禮나 而當時諸侯가 於天子에 未嘗朝覲하고 獨相率以朝魯하니 得爲禮乎아

○ 여름에 隱公이 鄭伯과 時來에서 회합하였다.

夏에 公이 會鄭伯于時來하다

許나라를 칠 것을 모의한 것이다.

謀伐許也라

○ 가을 7월 壬午日에 隱公이 齊侯・鄭伯과 許로 쳐들어갔다.

秋七月壬午에 公이 及齊侯鄭伯으로 入許하다

'及'이라 기록한 것은 內國이 주체가 된 것이다. 內國이 주체가 아니면 연합하여 친 것을 먼저 기록하고, 쳐들어간 것을 뒤에 기록한다.

書及은 內爲主라 非內爲主면 則先書會伐하고 後書入也라

○ 겨울 11월 壬辰日에 隱公이 薨하였다.

冬十有一月壬辰에 公이 薨하다

翬가 桓公에게 참소하여 隱公을 시해하라고 청하였다. 隱公이 鍾巫[57]에게 제사 지낼 적에 寪氏의 집에 머물렀다. 翬가 자객을 시켜 寪氏의 집에서 隱公을 시해한 뒤 桓公을 세우고 寪氏를 토벌하니 〈寪氏 중에〉 죽은 자가 있었다. 人君은 路寢[58]에서 임종하니, 卿・大夫를 보고서 죽는 것이 곧 바른 죽음이다. 燕寢[59]에서 薨한 것은 그 죽

57) 鍾巫 : 춘추시대 鄭나라 尹氏가 모시던 神이다. 魯 隱公이 公子로 있을 때 鄭나라 사람과 싸우다가 포로가 되었는데, 그를 尹氏의 집에 가두었다. 은공이 윤씨에게 뇌물을 주고 윤씨가 모시던 鍾巫에게 기도하였고, 드디어 윤씨와 함께 노나라로 돌아와 노나라에 鍾巫의 神主를 세웠다.(≪春秋左氏傳≫ 隱公 11년)

58) 路寢 : 임금이나 제후가 정무를 보는 正殿을 말한다.

음을 바르게 맞이하지 않은 것이다. 薨에 장소를 기록하지 않은 것은 시해되었기 때문이다. 자객을 토벌하지 않고 장사 지낸 것을 기록하지 않은 것은 바른 신하가 없었기 때문이다.

翬(휘)가 譖于桓公하여 而請弑之라 公이 祭鍾巫할새 館于寪(위)氏러라 翬가 使賊弑公于寪氏하고 立桓公而討寪氏하니 有死者라 人君은 終于路寢하니 見卿大夫而終이 乃正終也라 薨于燕寢은 不正其終也라 薨不書地는 弑也일새라 賊不討하고 不書葬은 無臣子也일새라

환공 桓公

桓公은 이름이 軌이니, 惠公의 아들이며 隱公의 아우이다. 周 桓王 9년에 즉위하였다. 諡法에 국토를 개척하고 먼 나라를 복종시킨 것을 '桓'이라 한다.

桓公은 名軌니 惠公子요 隱公弟라 桓王九年卽位라 諡法에 闢土服遠曰桓이라

○ 元年 봄 周王 正月에 桓公이 즉위하였다.

元年春王正月에 公卽位하다

桓公은 임금을 시해하고 왕위에 올랐으니, 天道를 부정하고 天王을 무시한 극치이다. "봄 周王 正月에 桓公이 즉위하였다."라고 기록한 것은 天道와 王法으로써 그 죄를 바로잡은 것이다.

桓公은 弑君而立하니 不天無王之極也라 而書春王正月公卽位는 以天道王法으로 正其罪也라

○ 3월에 桓公이 鄭伯과 垂에서 회합하니, 鄭伯이 璧玉으로써 許田을 빌렸다.

三月에 公이 會鄭伯于垂하니 鄭伯이 以璧으로 假許田하다

隱公 8년에 鄭伯이 宛을 보내어 祊邑을 魯나라에 주었으니 대개 許田과 바꾸려 한 것인데, 노나라는 祊邑을 받고 許田을 주지 않았다. 桓公이 임금을 시해하고 즉위하

---

59) 燕寢 : 임금이나 제후가 기거하는 전각을 말한다.

였기 때문에 회합하여 許田을 요구하며 다시 璧玉을 더 준 것이다. 朝宿邑은 先祖가 先王에게 받은 것이니, 어찌 서로 바꿀 수 있겠는가. 그러므로 그것을 숨겨 '빌렸다〔假〕'라고 한 것이다. 나라의 惡을 숨기는 것이 禮이다.

隱公八年에 鄭伯이 使宛來歸祊(팽)하니 蓋欲易許田이어늘 魯受祊而未與許라 及桓弑立이라 故로 爲會而求之하여 復加以璧이라 朝宿之邑은 先祖受之於先王이니 豈可相易也리오 故로 諱之曰假라 諱國惡은 禮也라

○ 여름 4월 丁未日에 桓公이 鄭伯과 越에서 결맹하였다.

夏四月丁未에 **公**이 **及鄭伯**으로 **盟于越**하다

桓公은 鄭나라와 우호를 맺어 자신의 지위를 안정시키고자 하였다. 그러므로 許田을 주고 나서 또 결맹을 한 것이다. 임금을 시해한 사람은 모든 백성이 원망하지 않음이 없는데 鄭나라는 그런 사람과 더불어 결맹하여 그를 안정시켰으니, 그 죄가 크다.

桓公은 欲結鄭好以自安이라 故로 旣與許田하고 又爲盟也라 弑君之人은 凡民罔弗懟(대)로되 而鄭與之盟하여 以定之하니 其辠(죄)가 大矣라

○ 가을에 큰물이 졌다.

秋에 **大水**하다

임금이 德을 닦으면 和氣가 응하여 비가 오고 볕이 나는 것이 조화롭지만, 桓公처럼 逆德을 행하면 陰氣로 인한 재해를 불러오니, 큰물이 지는 것이 마땅하다.

君脩德이면 則和氣應而雨暘이어니와 若桓行逆德이면 而致陰沴(려)하니 乃其宜也라

○ 2년 봄 周王 정월 戊申日에 宋나라 督이 그 나라 임금 與夷와 大夫 孔父를 시해하였다.

二年春王正月戊申에 **宋督**이 **弑其君與夷及其大夫孔父**하다

桓公이 周王을 무시하였는데도 '王正月'이라 기록한 것은 宋나라 督의 죄를 바로잡은 것이다. 시해하고 반역한 죄는 王法으로 바로잡지 않으면 天理가 소멸할 것이다. 督은 비록 周王을 무시하였으나 天理는 없어진 적이 없다. 신하가 임금의 환난에 죽으면 '及'이라고 써서 그 절개를 드러낸다. '父'는 이름이다. '大夫'라고 일컬은 것은 그 관직을 잃지 않은 것이다.

桓公無王이로되 而書王正月은 正宋督之辠(죄)也라 弑逆之罪는 不以王法正之면 天理滅矣라 督雖無王이나 而天理未嘗亡也라 人臣死君難이면 書及以著其節이라 父는 名也라 稱大夫는 不失其官也라

○ 滕子가 와서 朝見하였다.

滕子來朝하다

滕은 본래 侯爵이었으나 나중에 楚나라에 복속되었기 때문에 강등하여 子로 일컬었으니, 夷狄으로 여긴 것이다. 처음으로 桓公에게 朝見한 죄가 저절로 드러났다.

滕은 本侯爵이로되 後服屬于楚라 故로 降稱子하니 夷狄之也라 首朝桓公之辠가 自見矣라

○ 3월에 桓公이 齊侯·陳侯·鄭伯과 稷에서 회합하여 宋나라의 亂을 평정하였다.

三月에 公이 會齊侯陳侯鄭伯于稷하여 以成宋亂하다

宋나라가 그 임금을 시해하였는데 네 나라가 함께 평정하여 안정시켰으니, 천하의 大惡이다.

宋弑其君이어늘 而四國이 共成定之하니 天下之大惡也라

○ 여름 4월에 宋나라에서 郜大鼎을 취하여 戊申日에 太廟에 들였다.

夏四月에 取郜(고)大鼎于宋하여 戊申에 納于太廟하다

네 나라가 이미 宋나라의 亂을 평정하자 宋나라가 魯나라에 鼎을 뇌물로 주었고,

齊나라·陳나라·鄭나라에도 모두 뇌물이 있었다. 魯나라는 功을 세웠다고 여겨 그것을 받았기 때문에 '取'라고 기록한 것이다. 亂을 평정하였다고 뇌물로 준 器物을 周公의 사당에 두었으니, 周公이 그것을 흠향하겠는가. 그러므로 '納'이라 기록한 것이다. '納'은 받지 않았는데도 억지로 들여보낸 것이다.

四國이 旣成宋亂에 而宋以鼎賂魯하고 齊陳鄭에도 皆有賂라 魯以爲功而受之라 故로 書取라 以成亂之賂器로 置于周公之廟하니 周公이 其饗之乎아 故로 書納이라 納者는 弗受而强致也라

大鼎

○ 가을 7월에 杞侯가 와서 朝見하였다.

秋七月에 杞侯가 來朝하다

무릇 杞를 侯라고 일컬은 것은 모두 '紀'가 되어야 한다. 杞나라의 작위는 侯가 아니니,[60] 글이 잘못된 것이다. "紀侯가 영원히 그 나라를 떠났다."[61]라고 언급한 뒤로 紀나라는 다시 侯로 일컬어지지 않았다.

凡杞稱侯者는 皆當爲紀라 杞爵은 非侯니 文誤也라 及紀侯大去其國之後로 紀不復稱侯矣라

○ 蔡侯와 鄭伯이 鄧에서 회합하였다.

蔡侯鄭伯이 會于鄧하다

처음으로 楚나라를 두려워한 것이다.

始懼楚也라

60) 杞나라의……아니니 : ≪春秋國名譜≫에 의하면 杞나라는 姒姓으로 伯爵이라 하였다.
61) 紀侯가……떠났다 : ≪春秋≫ 莊公 4년 조에 보인다. 莊公 3년에 齊나라가 紀나라를 없애고자 하였는데, 紀侯의 아우 紀季가 酅(휴)邑을 가지고 齊나라에 귀순하였다. 莊公 4년 여름에 齊侯·陳侯·鄭伯이 垂에서 회합하자, 紀侯가 그 나라를 紀季에게 주고 떠났다.(≪春秋左氏傳≫)

○ 9월에 〈魯나라 군대가〉 杞나라로 쳐들어갔다.

九月에 入杞하다

장수가 비천하고 군사가 적을 적에 外國의 경우는 '人'이라 일컫고, 內國의 경우는 단지 '入某'·'伐某'라고 말한다.

將卑師少에 外則稱人하고 內則止云入某伐某라

○ 桓公이 戎과 唐에서 결맹하였고, 겨울에 桓公이 唐에서 돌아왔다.

公이 及戎으로 盟于唐하고 冬에 公이 至自唐하다

임금이 出行할 적에 '至'라고 기록하는 경우는 세 가지가 있으니 宗廟에 고할 때, 시기가 지났을 때, 위태롭게 여길 때이다. 桓公은 임금을 시해하고 왕위에 올라 일찍이 鄭나라·齊나라·陳나라와 회합하였으니 모두 不義를 함께 행한 것이고, 멀리 戎과 결맹하는 데까지 이르렀기 때문에 그것을 위태롭게 여겨 '至'라고 기록한 것이다. 戎이 만약 세 나라가 작당하여 악행을 저지르는 것과 같지 않았다면 그들을 토벌했을 것이니, 孔子가 九夷에 살고자 하고[62] 바다를 항해하여 떠나고자 한 마음[63]이다. 중원의 나라는 이미 義를 알지 못하지만, 夷狄 중에는 혹 義를 알 수도 있을테니.

君出而書至者는 有三이니 告廟也와 過時也와 危之也라 桓公弑立하여 嘗與鄭齊陳會矣니 皆同爲不義요 及遠與戎盟이라 故로 危之而書至라 戎若不如三國之黨惡이면 則討之矣니 居夷浮海之意也라 中國은 既不知義어니와 夷狄은 或能知也아

○ 3년 봄 정월에 桓公이 齊侯와 嬴에서 회합하였다.

三年春正月에 公이 會齊〔侯〕[64]于嬴(영)하다

62) 孔子가……하고 : 孔子가 九夷에 살고자 하니, 혹자가 "누추할 것인데 어떻게 사시렵니까?"라고 하였다. 이에 공자가 "군자가 살게 되면 어찌 누추할 것이 있겠는가.〔子欲居九夷 或曰 陋如之何 子曰 君子居之 何陋之有〕"라고 하였다.(≪論語≫ 〈子罕〉)

63) 바다를……마음 : 孔子가 말하기를 "道가 행해지지 않으니, 내 뗏목을 타고 바다를 항해하려 한다. 나를 따를 자는 아마도 仲由(子路)일 것이다."라고 하였다. 子路가 이 말을 듣고 기뻐하자, 공자가 "由는 용맹을 좋아함이 나보다 나으나, 사리에 맞게 행동하지 못한다.〔子曰 道不行 乘桴 浮于海 從我者 其由與 子路聞之 喜 子曰 由也 好勇過我 無所取材〕"라고 하였다.(≪論語≫ 〈公冶長〉)

桓公은 임금을 시해하고 왕위에 올랐으니, 元年에 '王正月'이라 기록한 것은 王法으로 그 죄를 바로잡은 것이고, 2년에 宋나라 督이 임금을 시해한 것을 기록한 것[65]도 王法으로 그 죄를 바로잡은 것이고, 3년에 '王'자를 쓰지 않은 것[66]은 桓公이 周王을 무시하였음을 나타낸 것이다. 桓公이 齊侯와 嬴에서 회합한 것은 齊나라와 成婚한 것이다.

桓公은 弑君而立하니 元年書王은 以王法正其辠(죄)也요 二年宋督弑君도 以王法正其辠也요 三年不書王은 見(현)桓之無王也라 會齊侯于嬴은 成昏于齊也라

○ 여름에 齊侯와 衛侯가 蒲에서 胥命[67]하였다.

夏에 齊侯衛侯가 胥命于蒲하다

두 나라가 회합하여 약속한 말을 서로 命하고 맹서하지는 않았으니 理에 가깝다. 그러므로 선하게 여긴 것이다.

二國爲會하여 約言相命而不爲盟詛하니 近於理也라 故로 善之라

○ 6월에 桓公이 杞侯와 郕에서 회합하였다.

六月에 公이 會杞侯于郕하다

桓公이 찬탈하여 왕위에 오른 뒤로 諸侯들과 맹서하거나 회합하지 않은 해가 없었으니, 외국과 원조를 맺어 권력을 스스로 견고히 하려 한 것이다.

自桓公簒立으로 無歲不與諸侯盟會니 結外援以自固也라

---

64) 〔侯〕 : 저본에는 '侯'가 없으나, 四庫全書本에 의거하여 보충하였다.

65) 2년에……것 : 《春秋》 桓公 2년 조에 "二年春王正月戊申 宋督弑其君與夷 及其大夫孔父"라고 하여 '王正月'을 쓴 것을 가리킨다.

66) 3년에……것 : 《春秋》 桓公 3년 조에 "三年春正月 公會齊侯于嬴"이라 하여 '王'자를 빼고 '正月'만 쓴 것을 가리킨다.

67) 胥命 : 약속한 말을 서로 命하기만 하고 짐승의 피는 마시지 않는 것이다.

○ 가을 7월 壬辰 초하루에 日蝕이 있었으니, 개기일식이었다.

秋七月壬辰朔에 **日有食之**하니 **旣**하다

'旣'는 모두 가려진 것이다. 개기일식은 대단히 기이한 일이다.

旣는 盡也라 食盡은 爲異大也라

○ 公子 翬가 齊나라로 가서 여자를 맞이하였다.

公子翬(휘)가 **如齊逆女**하다

翬는 隱公 때에는 '公子'라고 일컫지 않았으니 隱公을 해쳤기 때문이고, 桓公 때에는 '公子'라고 일컬었으니 桓公의 무리이기 때문이다. 卿이 夫人을 맞이하는 것은 禮에 알맞은 것이다. 翬는 비록 尊屬이지만 관직을 맡아서 갔으니, 또한 혐의가 없다.

翬는 於隱世에 不稱公子하니 隱之賊也요 於桓世에 稱公子하니 桓之黨也일새라 卿逆夫人은 於禮爲稱이라 翬雖尊屬이나 當官而行하니 亦無嫌也라

○ 9월에 齊侯가 姜氏를 讙까지 호송하니, 桓公이 齊侯와 讙에서 회합하였다.

九月에 **齊侯**가 **送姜氏于讙**(환)하니 **公**이 **會齊侯于讙**하다

齊侯는 국경을 벗어나 公女를 호송하였고, 桓公은 멀리 나가 회합하였으니, 모두 義가 아니다.

齊侯出疆送女하고 公遠會之하니 皆非義也라

○ 夫人 姜氏가 齊나라로부터 왔다.

夫人姜氏가 **至自齊**하다

宗廟에 알현한 것이다. 齊侯가 그의 아우 年을 보내어 聘問하였으니, 夫人을 보낸 것이다. '弟'라고 일컬은 의미는 隱公 7년 조에 보인다.

見(현)于廟也라 齊侯가 使其弟年來聘(빙)하니 致夫人也라 稱弟義는 見隱七年이라

○ 풍년이 들었다.

有年이라

풍년을 기록한 것은 기이함을 기록한 것이다. 人事가 아래에서 순조로우면 天氣가 위에서 조화롭다. 桓公은 임금을 시해하고 왕위에 올라 天理를 거스르고 人倫을 어지럽혔으니, 天地의 기운이 그로 인해 어그러져 장마나 가뭄의 凶災가 일어나는 것이 마땅한데, 지금 풍년이 들었기 때문에 그 기이함을 기록한 것이다. 宣公은 임금을 시해한 자에 의해 세워졌으니, 그 惡이 桓公과 차이가 있기 때문에 크게 풍년이 들면 그것을 기록하였다.[68)]

書有年은 紀異也라 人事順於下면 則天氣和於上이라 桓은 弑君而立하여 逆天理亂人倫하니 天地之氣가 爲之繆(유)戾하여 水旱凶災가 乃其宜也어늘 今乃有年이라 故로 書其異라 宣公은 爲弑君者所立하니 其惡有間이라 故로 大有年則書之라

○ 4년 봄 정월에 桓公이 郎에서 사냥하였다.

四年春正月에 公이 狩于郎하다

公이 出宮하거나 대중을 동원한 것은 모두 기록해야 한다. 郎에서 사냥했다는 것은 멀리 나간 것이다.

公出動衆은 皆當書라 于郎은 遠也라

○ 여름에 天王이 재상 渠伯糾를 보내어 聘問하였다.

夏에 天王이 使宰渠伯糾來聘하다

桓公이 임금을 시해하고 스스로 왕위에 올랐는데, 天子가 능히 다스리지 못하고 천

68) 宣公은……기록하였다 : 宣公 16년 조에 "겨울에 크게 풍년이 들었다.〔冬 大有年〕"라고 하였다.

하 사람들이 능히 토벌하지 못했다. 그런데 天王이 그의 재상을 보내 聘問하여 더욱 존중하고 총애하는 뜻을 보이니, 天理가 소멸하고 人道가 없어진 것이다. '天王'이라 기록한 것은 마땅히 天道를 받들어야 하는데도 그의 소행이 이와 같다는 말이다. 渠伯糾를 이름으로 쓴 것은 尊卑貴賤의 의리가 없어진 것이다. 인간의 도리가 이미 소멸되어 하늘의 운행이 괴리되고 陰陽이 차례를 잃어 한 해의 일이 이루어질 수 없었다. 그러므로 四時를 갖추어 쓰지 않은 것이다.

桓公이 弑君而立이로되 天子不能治하고 天下莫能討어늘 而王使其宰聘之하여 示加尊寵하니 天理滅矣요 人道無矣라 書天王은 言當奉天也로되 而其爲如此라 名糾는 尊卑貴賤之義가 亡也라 人理既滅하여 天運乖矣하고 陰陽失序하여 歲功不能成矣라 故로 不具四時라

○ 5년 봄 정월 甲戌日이다.

五年春正月甲戌이라

아래의 글이 빠졌다.[69)]

下文闕이라

○ 여름에 齊侯와 鄭伯이 紀나라로 갔다.

夏에 齊侯鄭伯이 如紀하다

齊侯와 鄭伯이 紀나라에 朝見한 것은 습격하려 한 것인데 紀나라 사람이 그것을 알아차렸다. 齊나라는 제후국인데 이웃나라를 해치려 하였으니, 不道함이 심하다. 鄭伯은 그를 도왔으니, 그 죄가 같다.

齊侯鄭伯이 朝于紀는 欲以襲之어늘 紀人이 知之라 齊爲諸侯어늘 而欲爲賊於隣國이니 不道之甚이라 鄭伯助之하니 其辠(죄)가 均矣라

○ 天王이 仍叔의 아들을 사신으로 보내어 聘問하였다.

---

69) 아래의……빠졌다 : ≪春秋≫에 "5년 봄 정월 甲戌日·己丑日에 陳侯 鮑가 卒하였다.〔五年春正月甲戌己丑 陳侯鮑卒〕"라고 하였는데, 이 기사에 대한 程頤의 설이 빠졌다는 말이다.

天王이 使仍叔之子來聘(빙)하다

옛날에는 임무를 줄 적에 그 사람의 재주와 德에 알맞게 하였기 때문에 士가 관직을 세습함이 없었다. 周나라가 쇠퇴하자 官人이 관직을 세습하였다. 그러므로 卿·大夫의 자식이 그 아버지를 대신하여 일을 맡았다. 仍叔이 命을 받아 魯나라로 와서 聘問하여야 하는데 그의 아들로 하여금 대신하게 한 것이다.

古之授任에 稱其才德이라 故로 士無世官이라 周衰에 官人以世라 故로 卿大夫之子가 代其父任事라 仍叔이 受命來聘이어늘 而使其子代行也라

○ 가을에 蔡人·衛人·陳人이 周王을 호종하여 鄭나라를 정벌하였다.

秋에 蔡人衛人陳人이 從王伐鄭하다

周王이 鄭伯의 政權을 빼앗자 鄭伯이 조회하지 않았다. 周王이 諸侯들을 거느리고 鄭나라를 토벌하자 鄭伯이 방어하여 繻葛에서 전쟁하였는데 周王이 마침내 大敗하였다. 周王의 군대는 諸侯에 대해 '敗'라고 기록하지 않으니 諸侯는 周王에게 대적할 수 없기 때문이며, 夷狄에 대해 '戰'이라고 기록하지 않으니 夷狄은 周王에게 대항할 수 없기 때문이다. 이것이 도리인데, 諸侯가 대적하고 夷狄이 대항하는 것은 王道를 잃은 것이다.

王이 奪鄭伯政하니 鄭伯이 不朝라 王이 以諸侯伐鄭하니 鄭伯이 禦之하여 戰于繻(수)葛한대 王卒大敗라 王師는 於諸侯에 不書敗니 諸侯不可敵王也요 於夷狄에 不書戰이니 夷狄不能抗王也일새라 此理也어늘 其敵其抗은 王道之失也라

○ 크게 기우제를 지냈다.

大雩(우)하다

成王이 周公을 존중하였기 때문에 魯나라에 중요한 제사를 하사하여 郊祭·禘祭·大雩를 지내게 되었다. 大雩는 上帝에게 기우제를 지내는 것이니 성대한 음악을 사용한다. 諸侯는 境內의 山川의 神에게 기우제를 지낼 뿐이다. 成王이 하사한 것과 魯公이 받은 것은 모두 법도를 잃은 것이다. 그러므로 夫子가 말하기를 "魯나라가 郊제사

와 禘제사를 지내는 것은 禮가 아니니, 周公의 道가 쇠미해졌구나."[70]라고 하였다. 大雩는 해마다 항상 지내는 제사이니 모두 기록할 수 없다. 그러므로 제때가 아닌데 지내면 그것을 기록하였다. 가뭄으로 인한 재해를 만나면 제때가 아니더라도 기우제를 지내니, 이를 기록하여 그것이 禮가 아님을 드러내고 또 가뭄을 기재한 것이다. 郊祭・禘祭 또한 일을 인하여 기록하였다.

成王이 尊周公이라 故로 賜魯重祭하여 得郊禘(체)大雩라 大雩는 雩于上帝니 用盛樂也라 諸侯는 雩于境內之山川耳라하니라 成王之賜와 魯公之受는 皆失道也라 故로 夫子曰 魯之郊禘는 非禮也니 周公이 其衰矣라 大雩는 歲之常祀니 不能皆書也라 故로 因其非時면 則書之라 遇旱災면 則非時而雩니 書之하여 所以見(현)其非禮하고 且志旱也라 郊禘도 亦因事而書라

○ 螽虫의 재해가 있었다.

螽(종)하다

螽은 메뚜기이다. 가뭄이 든 뒤에 또 메뚜기의 피해를 입었으니 백성이 굶주린 것은 기록할 것도 없다.

蝗也라 旣旱又蝗하니 飢不在書也라

○ 겨울에 州公이 曹나라로 갔다.

冬에 州公이 如曹하다

州公이 일찍이 周王의 三公이 되었기 때문에 '公'이라 일컬은 것이다. 자기 나라를 보존하지 못하여 나라를 버리고 曹나라로 가서 끝내 돌아가지 못했다.

州公이 嘗爲王三公이라 故로 稱公이라 不能保其國하여 去如曹하여 遂不復(복)이라

○ 6년 봄 정월에 寔[71]이 魯나라로 왔다.

---

70) 魯나라가……쇠미해졌구나 : 孔子의 말로, ≪禮記≫ 〈禮運〉에 보인다.

71) 寔 : 州나라 임금의 이름이다. ≪春秋左氏傳≫에는 經文의 '州公'을 '淳于公'이라 하였는데, 州나라의 수도가 淳于였기 때문에 그렇게 칭한 것이다.

六年春正月에 寔(식)이 來하다

5년 겨울에 〈州公이〉 曹나라로 갈 적에는 아직 임금이었기 때문에 諸侯로 기록한 것이다. 지금은 자기 나라로 돌아갈 수 없으니 匹夫이다. 그러므로 이름으로 기록한 것이다. '來'는 魯나라로 온 것이다. 忽을 鄭忽이라 일컬은 것[72]은 그가 정당하다는 것을 밝힌 것이다. 寔을 州寔이라 일컫지 않는 것은 그의 나라를 잃었기 때문이다.

五年冬如曹엔 尙爲君也라 故로 以諸侯書之라 今不能反國이니 則匹夫也라 故로 名之라 來는 來魯也라 忽稱鄭忽은 明其正也라 寔不稱州는 亡其國也일새라

○ 여름 4월에 桓公이 紀侯와 成에서 회합하였다.

夏四月에 公이 會紀侯于成하다

齊나라의 禍難[73]에 대해 모의한 것이다.

謀齊難也라

○ 가을 8월 壬午日에 대규모 열병식을 행하였다.

秋八月壬午에 大閱하다

나라를 다스리는 방도에 군사력을 준비하는 것은 폐지할 수 없으나 반드시 농한기에 軍事를 강습하는 것이 백성을 보호하고 나라를 지키는 방도이다. 한여름에 대규모 열병식을 거행하는 것은 농사를 방해하고 사람을 해치니 매우 잘못된 政事이다. 아무 일이 없는데도 열병하는 것은 함부로 동원하는 것이고, 警報가 있어서 열병을 하는 것은 평소에 가르치지 않은 것이니, 어떻게 그 나라를 보전하겠는가.

爲國之道에 武備不可廢나 必於農隙講肄가 保民守國之道也라 盛夏大閱은 妨農害人하니 失政之甚이라 無事而爲之는 妄動也요 有警而爲之는 敎之不素니 何以保其國乎아

---

72) 忽을……것 : ≪春秋≫ 桓公 11년 조에 "9월에 宋人이 鄭나라 祭仲을 잡았다. 突이 鄭나라로 돌아갔고, 鄭忽이 衛나라로 달아났다.〔九月 宋人執鄭祭仲 突歸于鄭 鄭忽出奔衛〕"라고 한 것을 가리킨다.

73) 齊나라의 禍難 : 齊나라가 紀나라를 침략하려 한 것을 가리킨다.

○ 蔡人이 陳佗를 죽였다.

蔡人이 殺陳佗하다

佗는 世子[74]를 죽이고 왕위를 훔쳤으니 그 나라를 소유할 수 없었다. 그러므로 '陳佗'라고 이름을 쓴 것이다. 陳 厲公[75]은 蔡나라 여자의 소생이므로 蔡 桓侯가 佗를 죽이고 그를 세운 것이다. 佗는 천하의 惡人이니 사람들은 모두 그를 誅伐할 수 있었으나, 蔡侯가 그를 죽인 것은 실로 사사로운 것이었다. 그러므로 '蔡人'이라 기록하여, 賊을 죽이는 것은 많은 사람의 公論임을 나타낸 것이다.

佗가 弑世子而竊位하니 不能有其國이라 故로 書曰陳佗라 陳厲公은 蔡出也라 故로 蔡桓侯가 殺佗而立之라 佗는 天下之惡이니 人皆得誅之로되 蔡侯殺之는 實以私也라 故로 書蔡人하여 見殺賊者는 衆人之公也라

○ 9월 丁卯日에 아들 同이 태어났다.

九月丁卯에 子同이 生하다

嫡長子의 출생은 나라의 중대한 일이기 때문에 기록한 것이다.

冢嫡之生은 國之大事라 故로 書라

○ 겨울에 紀侯가 와서 朝見하였다.

冬에 紀侯가 來朝하다

紀侯가 齊나라를 두려워하여 魯나라로 와서 朝見하고 원조를 구하였으니, 위로 天子에게 하소연하지 못하고 가까이 諸侯에게 찾아온 것이다. 그 나라 人民을 화합시키고 목숨을 바쳐 나라를 지켜야 하는데 魯 桓公에게 원조를 구하려 하였으니, 그 나라를 지킬 수 없는 것이 마땅하다.

74) 世子 : 陳 桓公의 아들 免을 가리킨다.
75) 陳 厲公 : 陳佗의 아들 躍이다.

紀侯가 懼齊하여 來朝以求助니 不能上訴於天子하고 近赴於諸侯라 和輯其人民하고 效死以守어늘 而欲求援於魯桓하니 不能保其國이 宜矣라

○ 7년 봄 2월 己亥日에 咸丘에 불을 놓았다.

七年春二月己亥에 焚咸丘하다

옛날 곤충의 재해가 있은 뒤에는 田野에 불을 놓아 우거진 수풀을 없애 禽獸를 쫓아내었으니, 山林을 모조리 태운 것은 아니다. 咸丘는 地名이다. '焚咸丘'라고 한 것은 그 땅을 모조리 불태운 것과 같으니, 불태운 지역이 매우 넓음을 나타낸 것이다.

古者에 昆蟲而後火田하여 去莽翳(망예)以逐禽獸하니 非竭山林而焚之也라 咸丘는 地名이다 云焚咸丘는 如盡焚其地니 見(현)其廣之甚也라

○ 여름에 穀伯 綏가 와서 朝見하였고, 鄧侯 吾離가 와서 朝見하였다.

夏에 穀伯綏가 來朝하고 鄧侯吾離가 來朝하다

신하로서 임금을 시해한 것[76]은 天理가 소멸한 것이니 마땅히 천하 사람들이 용납하지 않아야 할 바인데, 도리어 天子가 그에게 聘問하고 諸侯들이 서로 이어서 그에게 朝見하여 天道를 거스르고 어지럽혔으니 한 해의 일이 이루어질 수 없다. 그러므로 이 해 가을과 겨울의 일을 기록하지 않았으니, 桓公 4년 조의 기록과 동일하다.

혹자가 말하였다.

"그렇다면 15년 조의 '邾人·牟人·葛人이 와서 朝見하였다.'의 뒤에 어찌하여 가을과 겨울의 일을 기록한 것입니까?"

선생이 말하였다.

"桓公 4년 조와 이 7년 조에서는 그 의리를 밝힌 것이고, 桓公 15년 조의 세 나라가 조회 온 것은 별도로 의리를 세운 것이다."

臣而弑君은 天理滅矣니 宜天下所不容也어늘 而反天子聘之하고 諸侯相繼而朝之하여 逆亂天道하니 歲功不能成矣라 故로 不書(春)〔秋〕[77]冬하니 與四年同이라 曰 然則十五年邾人牟人

76) 신하로서……것 : 여기서는 魯 桓公이 隱公을 시해한 것을 가리켜 말한 것이다.

葛人來朝에 何以書秋冬잇고 曰 四年與此는 明其義矣요 三國之來는 別立義也라

○ 8년 봄 정월 己卯日에 烝祭[78]를 지냈다.

八年春正月己卯에 烝하다

겨울에 烝祭를 지낸 것은 시기를 지나친 것이 아니다. 이를 기록하여 이 해 5월에 또 烝祭를 지낸 것이 매우 禮가 아님을 나타낸 것이다.

冬烝은 非過也라 書之하여 以見五月又烝이 爲非禮之甚也라

○ 天王이 家父를 보내 와서 聘問하였다.

天王이 使家父(보)來聘하다

魯 桓公이 임금을 시해하고 왕위에 오른 뒤 周王에게 朝覲한 적이 없는데도 周王은 여러 차례 聘問하였으니, 매우 도리를 잃은 것이다.

魯桓公이 弑立하여 未嘗朝覲이어늘 而王屢聘之하니 失道之甚也라

○ 여름 5월 丁丑日에 烝祭를 지냈다.

夏五月丁丑에 烝하다

정월에 이미 烝祭를 지냈는데 제때가 아닌데도 다시 烝祭를 지낸 것은 필시 이전의 烝祭가 제대로 갖추어지지 않았다고 여긴 것이니, 그 神을 더럽히고 어지럽힘이 심하다.

正月旣烝矣로되 而非時復烝者는 必以前烝爲不備也니 其瀆亂이 甚矣라

○ 겨울 10월에 눈이 내렸다.

冬十月에 雨雪하다

---

77) (春)〔秋〕: 저본에는 '春'으로 되어 있으나, 中華書局本에 의거하여 '秋'로 바로잡았다.

78) 烝祭 : 겨울에 天子·諸侯가 종묘에 지내는 제사이다. ≪禮記≫ 〈王制〉에는 春祭를 礿, 夏祭를 禘, 秋祭를 嘗, 冬祭를 烝이라 하였다.

建酉月[79]에 서리가 내리지 않고 눈이 내렸으니, 기이함을 기록한 것이다.

建酉之月에 未霜而雪하니 書異也라

○ 祭公이 魯나라에 왔다가 드디어 紀나라로 가서 王后를 맞이하였다.

祭(채)公來하여 遂逆王后于紀하다

祭公이 王命을 받아 王后를 맞이할 적에 魯나라에 이르러 먼저 사사로운 禮를 행하였기 때문에 '來'라고 기록한 것이다. 그리고 王后를 맞이하는 것을 이미 이루어진 일로 여겼으니, 그가 王命을 공경하지 않고 천하의 어머니를 경시한 것을 꾸짖은 것이다.

祭公이 受命逆后할새 而至魯先行私禮라 故로 書來라 而以逆后爲遂事니 責其不虔王命하고 而輕天下之母也라

○ 9년 봄에 紀 季姜이 京師로 시집갔다.

九年春에 紀季姜이 歸于京師하다

王國의 일을 기록할 적에 王曆이 없는 달을 쓸 수 없기 때문에 天時만을 기록한 것이다.[80]

혹자가 말하였다.

"만약 정월에 日蝕이 일어나면 어떻게 기록합니까?"

선생이 말하였다.

"봄에 日蝕이 일어난 것을 기록하면 그 의리가 더욱 밝아진다. 王后가 시집가는 것은 천하에 마땅히 그에 합당한 禮가 있어야 하는데, 諸侯가 아무도 오지 않았으니 이는 천하의 어머니 역할을 할 수 없는 것이다. 그러므로 '紀나라 여자가 시집갔다.'라고 기록할 따름이다."

書王國之事에 不可用無王之月이라 故로 書時而已라 或曰 借如正月日食이면 則如何書

79) 建酉月 : 周曆 10월인 建酉月은 夏曆(현재의 음력)으로 8월이다.

80) 王曆이……것이다 : '九年春王○月'이라고 써야 하는데 王曆으로 몇 월인지를 쓸 수 없기 때문에 天時를 나타내는 '春'만 썼다는 말이다.

之잇가 曰 書春日食이면 則其義尤明也라 王后之歸는 天下當有其禮어늘 諸侯莫至하니 是不能母天下也라 故로 書紀女歸而已라

○ 겨울에 曹伯이 그 世子 射姑를 보내 와서 朝見하였다.

冬에 曹伯이 使其世子射(역)姑來朝하다

曹伯이 병이 있어 직접 갈 수 없었기 때문에 그 世子를 보내 와서 朝見한 것이다. 춘추시대에 임금이 병에 걸렸는데 世子를 밖으로 내보내는 것은 위험과 혼란을 초래하는 방도이다.

曹伯有疾하여 不能親行이라 故로 使其世子來朝라 春秋之時에 君疾而使世子出은 取危亂之道也라

○ 선생이 지은 〈春秋傳〉이 여기에 이르러 끝났다. 예전에 선생이 해설한 것이 있기에 모아서 뒤에 붙였다.[81)]
先生作春秋傳이 至此而終이라 舊有解說者일새 纂集附之於後라

○ 10년 겨울에 齊侯·衛侯·鄭伯이 군대를 거느리고 와서 魯나라와 郎에서 전쟁하였다.

十年冬에 齊侯衛侯鄭伯이 來戰于郎하다

郎으로 와서 전쟁한 것이니, 세 나라가 주체가 된 것이다.

來戰于郎이니 三國爲主라

○ 11년에 突이 鄭나라로 돌아갔다.

十有一年에 突이 歸于鄭하다

突을 公子라고 일컫지 않은 것은 나라를 소유해서는 안 되기 때문이다. 〈經文에〉

---

81) 선생이……붙였다 : 이는 ≪經說≫을 편집한 사람이 달아 놓은 주석이다.

"鄭忽이 衛나라로 달아났다."라고 하였으니, 忽을 國號로 칭한 것은 정당하다. 다만 그 지위를 가질 수 없기 때문에 〈鄭伯이라고〉 爵位를 기록하지 않은 것이다.

突을 不稱公子는 不可以有國也라 鄭忽出奔衛라하니 忽國氏는 正也라 不能有其位라 故로 不爵이라

○ 14년에 鄭伯이 그 아우 語를 보내 와서 결맹하였다.

十有四年에 鄭伯이 使其弟語來盟하다

사람을 보내 와서 결맹하는 것은 결맹이 미리 정해진 것이니, 高子의 경우[82]와는 같지 않다.

使來盟은 盟前定矣니 與高子不同이라

○ 15년에 鄭伯 突이 蔡나라로 달아났다.

十有五年에 鄭伯突이 出奔蔡하다

祭仲을 피해서 달아난 것이니, 나라 사람들이 축출한 것이 아니다.

避祭(채)仲而出이니 非國人出之也라

○ 鄭나라 世子 忽이 鄭나라로 다시 돌아왔다.

鄭世子忽이 復歸于鄭하다

世子라고 일컬은 것은 본래 마땅히 임금이 되어야 할 사람이라는 것이고, 그 지위를 지킬 수 없었기 때문에 爵位를 일컫지 않은 것이다. 鄭나라 사람들은 그를 일러 '교활한 아이〔狡童〕'[83]라고 하였고, 또 "사나운 아이〔狂童〕가 제멋대로 행동하였다."[84]

---

82) 高子의 경우 : ≪春秋≫ 閔公 2년 조에 "겨울에 齊나라 高子가 와서 결맹하였다.〔冬 齊高子來盟〕"라고 한 것을 가리킨다. 高子는 본래 魯나라의 환난을 평정시키기 위해 齊侯가 보낸 사람이다. 그런데 高子가 魯나라에 왔을 때는 閔公이 이미 시해당하고 僖公이 새로 즉위한 상황이었다. 그러므로 僖公과의 결맹은 계획에 없던 것이다.

83) 교활한 아이 : ≪詩經≫ 〈鄭風 狡童〉의 小序에 "〈狡童〉은 忽을 풍자한 것이다. 그가 賢人과 國

라고 하였으니, 그의 불초함을 알 수 있다.

稱世子는 本當立者요 不能保其位라 故로 不稱爵이라 鄭人謂之狡童하고 又曰狂童恣行이라하니 其不肖를 可知라

○ 가을 9월에 鄭伯 突이 櫟[85]으로 들어갔다.

秋九月에 鄭伯突이 入于櫟(력)하다

突은 정통성이 있는 자가 아니다. 忽이 이미 제멋대로 행동했기 때문에 나라 사람들이 突을 임금으로 삼고 諸侯들이 突을 도운 것이다. 爵位를 기록한 것은 임금의 자리에 있는 자를 경계한 것이니, 그 자리를 자기가 능히 지키지 못하면 남이 그것을 취한다. '入'이라 기록하여 의리상 용납할 수 없음을 나타낸 것이다.

突은 非正也라 忽既恣行이라 故로 國人君之하고 諸侯助之라 書爵은 所以戒居正者니 己不能保면 則人取之矣라 書入하여 以見(현)義不容也라

○ 16년 여름 4월에 桓公이 宋公·衛侯·陳侯와 회합하여 鄭나라를 쳤다.

十有六年夏四月에 公이 會宋公衛侯陳侯하여 伐鄭하다

突이 諸侯들과 잘 결맹하였기 때문에 모두 그를 위해 힘을 다하여 여러 차례 鄭나라를 친 것이다.

突이 善結諸侯라 故로 皆爲之致力하여 屢伐鄭也라

○ 가을 7월에 桓公이 鄭나라를 치고서 돌아왔다.

秋七月에 公이 至自伐鄭하다

事를 도모하지 못해 權臣이 명령을 독단하였다.〔狡童 刺忽也 不能與賢人圖事 權臣擅命也〕"라고 하였다.

84) 사나운……행동하였다 : ≪詩經≫ 〈鄭風 褰裳〉의 小序에 "사나운 아이가 제멋대로 행동하자, 나라 사람들이 강대국에서 자기 나라를 바로잡아 주기를 생각한 것이다.〔狂童恣行 國人思大國之正己也〕"라고 하였다.

85) 櫟 : 櫟은 鄭나라의 別都이다.

종묘에 고하였을 뿐만 아니라, 또 鄭나라 突을 위해 애쓴 것을 나타낸 것이다.

不惟告廟라 又以見(현)勤勞於鄭突也라

장공 莊公

莊公은 이름이 同이니, 桓公의 아들이다. 周 莊王 4년에 즉위하였다. 謚法에 敵을 이기고 亂을 극복한 것을 '莊'이라 한다.

莊公은 名同이니 桓公子라 莊王四年卽位라 謚法에 勝敵克亂曰莊이라

○ 5년 겨울에 莊公이 齊人·宋人·陳人·蔡人과 회합하여 衛나라를 쳤다.

五年冬에 公이 會齊人宋人陳人蔡人하여 伐衛하다

여러 나라에 대해 '人'이라 일컬은 것은 王命을 어기고 대항했기 때문이다. 이는 諸侯들을 폄하한 것이니 魯나라도 그 가운데 들어 있다.

諸國稱人은 違抗王命也일새라 貶諸侯니 則魯在其中矣라

○ 6년 봄 周王 정월에 王人[86] 子突이 衛나라를 구원하였다.

六年春王正月에 王人子突이 救衛하다

비록 신분이 미천하지만 字를 일컬은 것은, 王人은 존중해야 하기 때문이다.

雖微稱字는 王人은 當尊也일새라

○ 여름 6월 衛侯 朔이 衛나라로 들어갔다.

夏六月에 衛侯朔이 入于衛하다

---

86) 王人 : 周王의 관원이다.

朔은 그 형을 무함하여 죽음에 이르게 하였으니,[87] 그 죄가 크다. 그러나 아버지가 그를 세웠으니 諸侯들이 나스릴 수 없었다. 周王이 그의 舊惡을 다스려서 폐위하는 것이 마땅하다. 그러므로 이름을 쓰고 '入'이라고 쓴 것이다.

朔搆其兄하여 而使至於死니 其辠(죄)가 大矣라 然이나 父立之하니 諸侯莫得而治也라 王治其舊惡而廢之가 宜也라 故로 書名하고 書入이라

○ 9년 8월 庚申日에 齊나라 군대와 乾時에서 전쟁하다가 魯나라 군대가 大敗하였다.

九年八月庚申에 及齊師로 戰于乾時라가 我師敗績하다

'及其師'라고 쓰는 경우는 卿이 아니다. 公이 전쟁할 적에는 패배한 것을 숨기니, 무릇 '敗績'이라 말한 것은 大敗한 것이다. 작은 승부는 기록하지 않는다.

及其師는 非卿也라 公戰諱敗니 凡言敗績은 大敗也라 小小勝負는 不書라

○ 10년 겨울 10월에 齊나라 군대가 譚나라를 멸망시켰다.

十年冬十月에 齊師가 滅譚하다

≪春秋≫의 筆法에 장수가 존귀하고 군사가 많으면 '某帥師'라 하고, 장수가 비천하고 군사가 많으면 '某師'라 하고, 장수가 비천하고 군사가 적으면 '某人'이라 하고, 장수가 존귀하고 군사가 적으면 '某伐某'라 한다. 齊나라는 管仲이 집정한 魯 莊公 11년 이후로 크게 군사를 일으킨 적이 없었고, 제후들에게 요구하는 것 또한 적었다. 管仲이 죽을 때까지 40년 동안 천하 사람들을 쉬게 하고 길러준 것이 두터웠다. 오직 邢을 구원할 적에 '師'라고 일컬은 것[88]은 그들이 주둔한 것을 꾸짖은 것이다. 秦나라·

87) 朔은……하였으니 : 衛 宣公은 庶母 夷姜과 간음하여 急子를 낳았다. 후에 宣姜을 아내로 맞이하여 壽와 朔을 낳았다. 宣姜이 朔과 함께 急子를 무함하여 宣公이 急子를 齊나라로 사신 보내고 자객을 시켜 도중에 죽이게 하였다. 壽가 이 사실을 알고 急子에게 술을 먹여 취하게 한 뒤 急子의 수레를 타고 가다가 죽임을 당했고, 急子도 술에서 깨어난 뒤 뒤쫓아 가다가 죽임을 당하였다.(≪春秋左氏傳≫ 桓公 16년)

88) 邢을……것 : ≪春秋≫ 僖公 원년 조에 "봄 周王 정월에 齊師·宋師·曹伯이 聶北에 주둔하여

晉나라에 대해서는 그들로 하여금 다투지 않게 하였을 뿐, 억지로 오게 하지 않았다. 이 때문에 그 功이 낮아 이루기는 쉬웠다.

春秋之法에 將尊師衆이면 曰某帥(솔)師요 將卑師衆이면 曰某師요 將卑師少면 曰人이요 將尊師少면 曰某伐某라 齊는 自管仲爲政莊十一年而後로 未嘗興大衆也요 其賦於諸侯도 亦寡矣라 終管仲之身四十年에 息養天下가 厚矣라 惟救邢稱師는 譏其次也라 至於秦晉하얀 使之不(竟)〔競〕[89]而已요 不强致也라 是以로 其功卑而易(이)成이라

管仲

○ 16년 겨울 12월에 齊侯·宋公·陳侯·衛侯·鄭伯·許男·滑伯·滕子와 회합하여 幽에서 동맹하였다.

十有六年冬十有二月에 會齊侯宋公陳侯衛侯鄭伯許男滑(활)伯滕子하여 同盟于幽하다

齊 桓公이 처음 霸者가 되었을 때 義를 내세워 동맹하였는데 魯나라가 동맹을 배반하였다. 그러므로 이를 숨기기 위해 莊公을 일컫지 않은 것이다. 위로는 밝은 天王이 없고 아래로는 方伯이 없어 諸侯들이 서로 다투었는데, 齊 桓公이 비로소 霸者가 되자 천하 사람들이 그를 허여하였다. 그러므로 '同'이라 기록한 것이다.

齊桓始霸에 仗義以盟이어늘 而魯叛盟이라 故로 諱不稱公이라 上無明王하고 下無方伯하여 諸侯交爭이어늘 齊桓始霸하니 天下與之라 故로 書同이라

○ 19년 가을에 公子 結이 陳人에게 시집가는 여자의 媵妾[90]을 호송해 가다가 鄄에서 제멋대로 齊侯·宋公과 결맹하였다.

十有九年秋에 公子結이 媵(잉)陳人之婦于鄄(견)하여 遂及齊侯宋公盟하다

邢나라를 구원하였다.〔春王正月 齊師宋師曹伯次于聶北 救邢〕"라고 한 것을 가리킨다.
89) (竟)〔競〕: 저본에는 '竟'으로 되어 있으나, ≪呂氏春秋集解≫에 의거하여 '競'으로 바로잡았다.
90) 媵妾 : 여자가 시집갈 때 함께 따라가 시중드는 여인을 말한다.

鄭의 권문세가에서 陳나라 사람에게 딸을 시집보낼 적에 結이 魯나라의 庶女를 媵妾으로 들이기 위해 갔다가 인하여 齊나라·宋나라와 결맹한 것이다. 노나라의 서녀를 호송해 가서 大國과 우호를 맺는 것은 나라를 안성시키고 백성을 기르기 위해서인데, 사소한 개인사로 인해 大國에게 노여움을 샀다. 그러므로 깊이 죄주어서 그가 媵妾을 호송해 가다가 결맹하여 일을 제멋대로 처리한 것을 기록한 것이다.

鄭之巨室이 嫁女於陳人할새 結이 以其庶女媵之라가 因與齊宋盟이라 挈(설)之以往하여 結好大國은 所以安國息民인대 乃以私事之小而取怒大國이라 故로 深辠(죄)之하여 書其爲媵而往이라가 盟爲遂事라

○ 겨울에 齊人·宋人·陳人이 魯나라 서쪽 변방을 쳤다.

冬에 齊人宋人陳人이 伐我(兩)〔西〕[91]鄙하다

齊 桓公이 처음 霸者가 되었을 적에 魯나라가 그 일을 공경히 하지 않은 것을 책망하였다. 그러므로 와서 친 것이다.

齊桓始霸에 責魯不恭其事라 故로 來伐也라

○ 22년 가을 7월 丙申日에 齊나라 高傒와 防에서 결맹하였다.

二十有二年秋七月丙申에 及齊高傒로 盟于防하다

高傒는 上卿이다. 魯나라가 미천한 자를 보내 고혜와 맹약하게 할 리가 없으니, 대개 公이 결맹한 것을 감춘 것이다. 처음으로 원수와 혼인하였으니, 惡이 크다.

高傒는 上卿이라 魯無使微者與盟之理니 蓋諱公盟이라 始與仇爲昏이니 惡之大也라

○ 겨울에 莊公이 齊나라로 가서 納幣[92]하였다.

冬에 公이 如齊納幣하다

---

91) (兩)〔西〕: 저본에는 '兩'으로 되어 있으나, 《春秋》에 의거하여 '西'로 바로잡았다.
92) 納幣 : 婚禮의 六禮 중 하나로, 신랑 측에서 신부 측에게 폐백을 보내는 것이다.

齊나라가 혼인에 대한 논의를 의심하였기 때문에 莊公이 직접 가서 納幣한 것이다. 2년 뒤에 비로소 아내로 맞이하였으니, 齊나라가 곤란하게 여겼기 때문이다.

齊疑昏議라 故로 公自行納幣라 後二年에 方逆하니 齊難之也일새라

○ 23년 여름에 莊公이 齊나라로 가서 社祭를 구경하였다.

二十有三年夏에 公이 如齊觀社하다

혼인에 대한 논의를 齊나라가 여전히 의심하였기 때문에 莊公이 社祭를 구경한다는 명분으로 다시 齊나라로 가서 혼인에 대한 논의를 청하였다. 2년 뒤에 비로소 아내를 맞이하였으니,[93] 대개 齊나라가 곤란하게 여겼기 때문이다.

昏議尙疑라 故로 公以觀社爲名으로 再往請議라 後二年에 方逆하니 蓋齊難之일새라

○ 12월 甲寅日에 莊公이 齊侯와 회합하여 扈에서 결맹하였다.

十有二月甲寅에 公이 會齊侯하여 盟于扈(호)하다

穀에서 만나고[94] 扈에서 결맹한 것은 모두 혼인에 의한 우호를 맺으려 한 것이다.

遇穀盟扈는 皆爲要結姻好라

○ 27년 여름 6월에 莊公이 齊侯·宋公·陳侯·鄭伯과 회합하여 幽에서 동맹하였다.

二十有七年夏六月에 公이 會齊侯宋公陳侯鄭伯하여 同盟于幽하다

뜻을 함께하여 결맹한 것이지, 그들을 거느린 것이 아니다.

同志而盟이요 非率之也라

---

93) 2년……맞이하였으니 : ≪春秋≫ 莊公 24년 조에 "여름에 公이 齊나라로 가서 아내를 맞이하였다.〔夏 公如齊逆女〕"라고 하였다.

94) 穀에서 만나고 : ≪春秋≫ 莊公 23년 조에 "公이 齊侯와 穀에서 만났다.〔公及齊侯遇于穀〕"라고 하였다.

○ 31년 겨울에 비가 오지 않았다.

三十有一年冬에 不雨하다

1년에 세 번 臺를 쌓고,[95] 이듬해 봄에는 小穀에 城을 쌓았다.[96] 그러므로 겨울에 비가 오지 않은 것을 기록하였으니, 깊이 근심한 것이다.

一歲에 三築臺하고 明年春에 城小穀이라 故로 冬書不雨하니 閔之深也라

민공 閔公

閔公은 이름이 啓方이니, 莊公의 아들이다. 周 惠王 16년에 즉위하였다. 謚法에 나라 안에서 患難을 만난 것을 '閔'이라 한다.

閔公은 名啓方이니 莊公子라 惠王十六年卽位라 謚法에 在國逢難曰閔이라

○ 2년 겨울에 齊나라 高子가 와서 결맹하였다.

二年冬에 齊高子가 來盟하다

高子가 와서 患難을 살핀 뒤에 결맹하였으니, 결맹하는 것을 미리 정하지 않은 것이다. '高子'라고 일컬은 것은 그가 능히 魯나라를 도운 것을 善하게 여긴 것이다.

高子가 來省難하고 然後盟하니 盟未前定也라 稱高子는 善其能恤魯라

희공 僖公

僖公은 이름이 申이니, 莊公의 아들이며 閔公의 庶兄이다. 周 惠王 18년에 즉위하

95) 1년에……쌓고 : 이 해 봄에는 郞에 臺를 쌓고, 여름에는 薛에 臺를 쌓고, 가을에는 秦에 臺를 쌓았다.

96) 이듬해……쌓았다 : ≪春秋≫ 莊公 32년 조에 "32년 봄에 小穀에 성을 쌓았다.〔三十有二年春 城小穀〕"라고 하였다.

였다. 諡法에 조심하고 삼가는 것을 '僖'라 한다.

僖公은 名申이니 莊公子요 閔公庶兄이라 惠王十八年卽位라 諡法엔 小心畏忌曰僖라

○ 元年 봄 周王 정월에 齊師·宋師·曹師가 聶北에 주둔하여 邢나라를 구원하였다.

元年春王正月에 齊師宋師曹師가 次于聶(섭)北하여 救邢하다

齊나라는 크게 군사를 일으킨 적이 없었으니, 여기에서 '師'라고 일컬은 것은 齊나라 군사가 邢을 구원할 수 있었으나 단지 주둔하여 聲援만 하여 邢이 그 나라를 보전하지 못하게 된 것을 꾸짖은 것이다.

齊는 未嘗興大衆이니 此稱師는 責其衆可救어늘 而徒次以爲聲援하여 致邢之不保其國也라

○ 2년에 虞師와 晉師가 下陽을 멸하였다.

二年에 虞師晉師가 滅下陽하다

虞나라가 길을 빌려주어 晉나라가 虢나라를 치는 것을 도왔으니, 虢나라가 멸망한 것은 虞나라가 사실상 불러온 것이다. 그러므로 虞를 주체로 삼은 것이다. 下陽은 邑이니, 虢나라가 일어선 것이 이곳을 말미암았기 때문에 곧 '滅'이라 기록한 것이다.

虞假道而助晉伐虢(괵)하니 虢之亡은 虞實致之라 故로 以虞爲主라 下陽은 邑也니 虢之立由此라 故로 卽書滅이라

○ 4년 가을에 江人·黃人과 함께 陳나라를 쳤다.

四年秋에 及江人黃人으로 伐陳하다

齊나라의 命이었다.

齊命也라

○ 5년에 僖公이 齊侯·宋公·陳侯·衛侯·鄭伯·許男·曹伯과 함께 首止에서 王世子를 會見하였다.

五年에 公이 及齊侯宋公陳侯衛侯鄭伯許男曹伯으로 會王世子于首止하다

世子는 王의 다음이니, 諸侯와 나란히 설 수 없다. 王世子가 出行하면 諸侯가 그를 會見한다. 그러므로 그 文辭를 달리한 것이다.

世子는 王之貳니 不可與諸侯列이라 世子出이면 諸侯會之라 故로 其辭異라

○ 겨울에 晉人이 虞公을 잡았다.

冬에 晉人이 執虞公하다

'執'이라 기록하고 '滅'이라 기록하지 않은 것은 스스로 화를 불러온 것이기 때문이다.

書執而不書滅은 自取也일새라

○ 9년 여름에 僖公이 宰周公[97]·齊侯·宋子·衛侯·鄭伯·許男·曹伯과 蔡丘에서 회합하였다.

九年夏에 公이 會宰周公齊侯宋子衛侯鄭伯許男曹伯于蔡丘하다

天子의 재상은 王世子와 禮가 다르다.

天子之宰는 與世子禮異라

○ 9월 戊辰日에 諸侯들이 葵丘에서 결맹하였다.

九月戊辰에 諸侯가 盟于葵丘하다

'諸侯들이 결맹하였다.'고 말한 것은 宰周公은 결맹에 참여하지 않았음을 나타낸다.

云諸侯盟은 見(현)宰不預라

97) 宰周公 : 周 襄王 때 太宰 벼슬을 한 孔氏로, 周는 採地이다. 흔히 宰孔으로 기록하였다.

○ 17년 여름에 項나라를 멸하였다.

十有七年夏에 滅項하다

남의 나라를 멸하는 것은 罪惡이 크니, 임금의 입장에서는 마땅히 숨겨야 한다. 그러므로 魯나라가 項나라를 멸한 것을 '夏滅項'이라고 기록한 것이다. 임금이 會合에 참여하고 있어 季孫이 행한 것이기 때문에 숨기지 않은 것이다.

滅人之國은 辠(죄)惡이 大矣니 在君則當諱라 故로 魯滅國을 書(取)〔夏〕[98]滅項이라 君在會하여 季孫所爲也라 故로 不諱라

○ 18년 5월 戊寅日에 宋師가 齊師와 甗에서 전쟁하여 齊師가 大敗하였다.

十有八年五月戊寅에 宋師가 及齊師로 戰于甗(언)하여 齊師敗績하다

'宋師及'이라 기록한 것은 잘못이 宋나라에 있다는 것이다. 나이 어린 사람을 받들어 연장자의 지위를 빼앗았으니,[99] 그 죄가 크다. '齊師敗績'은 패배하였다고 기록한 것이니, 齊나라 신하를 꾸짖은 것이다.

書宋及은 曲在宋也라 奉少以奪長하니 其罪가 大矣라 齊師敗績은 書敗니 責齊臣也라

○ 21년 가을에 宋公·楚子·陳侯·蔡侯·鄭伯·許男·曹伯이 盂에서 회합하였다. 宋公을 잡고서 宋나라를 쳤다.

二十有一年秋에 宋公楚子陳侯蔡侯鄭伯許男曹伯이 會于盂하다 執宋公以伐宋하다

98) (取)〔夏〕: 저본에는 '取'로 되어 있으나, 中華書局本에 의거하여 '夏'로 바로잡았다.

99) 나이……빼앗았으니 : 齊 桓公은 6명의 아들을 두었는데 처음에는 管仲과 함께 孝公을 太子로 세우도록 宋 襄公에게 부탁하였다가 나중에는 寵姬의 부탁을 받고 武孟(無虧)을 太子로 세울 것을 허락하였다. 魯 僖公 17년 겨울 齊 桓公이 죽은 뒤 桓公의 총애를 받던 사람들이 여러 관리를 죽이고 無虧를 임금으로 세우자 孝公이 宋나라로 달아났다. 여기서 '나이 어린 사람'은 無虧를 지칭하고, '연장자'는 孝公을 가리키는 듯하다. 魯 僖公 18년 봄에 宋 襄公이 齊나라를 치자, 齊人이 無虧를 죽였다.

宋나라가 諸侯들을 거느리고 회합을 하였는데, 蠻夷(楚子)가 會主를 잡았으나 제후들이 거스르지 못하였다. 그러므로 함께 잡았다고 기록한 것이다.

宋이 率諸侯爲會한대 而蠻夷執會主로되 而諸侯莫違라 故로 以同執書之라

○ 22년 가을 8월 丁未日에 邾人과 升陘에서 전쟁하였다.

二十有二年秋八月丁未에 及邾人으로 戰于升陘(형)하다

僖公이 전쟁한 것이다.

公戰也라

○ 23년 겨울 11월에 杞子가 卒하였다.

二十有三年冬十有一月에 杞子가 卒하다

杞나라는 二王[100]의 후예로서 伯爵이었으나, 前世에 爵位가 깎인 듯하다. 중간에 夷狄을 따랐기 때문에 子爵이 되었으나, 후에 다시 伯爵으로 일컬었다.

杞는 二王後而伯爵이로되 疑前世黜之也라 中間從夷라 故로 子之나 後復稱伯이라

○ 27년 겨울에 楚人·陳侯·蔡侯·鄭伯·許男이 宋나라를 포위하였다.

二十有七年冬에 楚人陳侯蔡侯鄭伯許男이 圍宋하다

楚나라에 대해 '人'이라 칭한 것은 폄하한 것이니, 楚나라가 諸侯들을 규합하여 宋나라를 포위했기 때문이다.

楚稱人은 貶之니 爲其合諸侯以圍宋也일새라

○ 29년 여름에 王人·晉人·宋人·齊人·陳人·蔡人·秦人과 회합하여 翟泉

100) 二王 : 周나라의 입장에서 전 왕조의 시조인 夏나라의 禹임금과 商나라의 湯임금을 지칭한 것으로, 여기서는 杞나라의 선조인 夏나라의 禹임금을 가리킨다.

에서 결맹하였다.

二十有九年夏에 會王人晉人宋人齊人陳人蔡人秦人하여 盟于翟泉하다

晉 文公은 해마다 會盟하는 것을 모두 王畿의 옆에서 하였는데, 이번 결맹은 王城을 다시 압박한 것이고, 또 王人과 결맹하였으니 강요하고 압박함이 심한 것이다. 그러므로 僖公을 숨기고 諸侯들은 폄하하여 '人'이라 일컬었으니, 惡이 크기 때문이다.

晉文은 連年會盟을 皆在王畿之側이러니 而此盟은 復迫王城하고 又與王人盟하니 强迫甚矣라 故로 諱公하고 諸侯貶稱人하니 惡之大也일새라

○ 33년 여름 4월 辛巳日에 晉人이 姜戎과 함께 秦師를 殽에서 패배시켰다.

三十有三年夏四月辛巳에 晉人이 及姜戎으로 敗秦師于殽(효)하다

晉나라에 대해 '君'이라 일컫지 않은 것은 居喪하고 祔葬할 적에는 從軍해서는 안 되기 때문이다. 친척을 잊고 은혜를 배반하니[101] 그 惡이 심하다. 秦나라가 無道하여 晉나라를 넘고 周나라를 지나서 남의 나라[102]를 습격하였으니 많은 사람들이 함께 분개하는 바였다. 그러므로 '晉人'이라 일컬은 것이다. '及姜戎'이라 일컬은 것은 또한 그러하다.

晉不稱君은 居喪祔葬엔 不可從戎也일새라 忘親背惠하니 其惡이 甚矣라 秦爲無道하여 越晉踰周以襲人하니 衆所共憤이라 故로 稱晉人이라 其稱及姜戎도 亦然이라

문공 文公

文公은 이름이 興이니, 僖公의 아들이다. 周 襄王 26년에 즉위하였다. 諡法에 자애

101) 친척을……배반하니 : 晉 襄公의 어머니는 秦 穆公의 딸 文嬴으로, 진 양공의 아버지 晉 文公이 秦나라에 망명해 있을 때 혼인한 사람이다. 진 문공은 魯 僖公 24년 진 목공의 도움으로 晉나라로 돌아와 임금이 되었다.

102) 남의 나라 : 鄭나라를 가리킨다. 魯 僖公 32년 秦 穆公이 鄭나라에 있던 大夫 杞子의 말을 듣고 鄭나라를 침략해 취하고자 군사를 출동하였다.(≪春秋左氏傳≫ 僖公 32년)

롭고 은혜를 베풀어 백성을 사랑한 것을 '文'이라 한다.

文公은 名興이니 僖公子라 襄王二十六年即位라 謚法에 慈惠愛民曰文이라

○ 2년 봄 周王 정월 甲子日에 晉侯가 秦師와 彭衙에서 전쟁하여 秦師가 大敗하였다.

二年春王正月甲子에 晉侯가 及秦師로 戰于彭衙하여 秦師敗績하다

다른 나라를 넘어 남의 나라를 습격한 것은 秦나라의 罪이고, 친척을 잊고 은혜를 배반한 것은 晉나라의 惡이다. 秦나라가 다른 나라를 지나 남의 나라를 습격하였으니 비록 분하더라도 할 말이 없었다. 그러므로 그들이 쳐들어온 것을 '伐'이라 일컫지 않았다. 晉나라는 秦나라를 타이르지 않고 더불어 싸웠다. 그러므로 '晉侯及'이라 기록한 것이다. 많은 사람들이 함께 분노하여 패배를 자초하였기 때문에 '敗績'이라 기록한 것이다.

越國襲人은 秦罪也요 忘親背惠는 晉惡也라 秦이 經人之國以襲人하니 雖憤이나 無以爲辭矣라 故로 其來에 不稱伐이라 晉은 不諭秦而與戰이라 故로 書晉及이라 忿以取敗라 故로 書敗績이라

○ 겨울에 晉人·宋人·陳人·鄭人이 秦나라를 쳤다.

冬에 晉人宋人陳人鄭人이 伐秦하다

秦나라는 많은 사람들이 함께 분개함으로써 패배를 자초하였다. 晉나라는 전쟁을 그만둘 수 있었는데 다시 秦나라를 쳐서 보복을 그치지 않아 백성을 해치고 원한을 맺었다. 그러므로 폄하하여 '人'이라 일컬은 것이다.

秦은 以憤取敗라 晉은 可以已矣어늘 而復伐秦하여 報復無已하여 殘民結怨이라 故로 貶稱人이라

○ 3년에 秦人이 晉나라를 쳤다.

三年에 秦人이 伐晉하다

원한을 맺어 兵禍가 연달아 백성을 해쳐 분노를 풀자, 晉나라 사람은 두려워하여 감히 出戰하지 못하였고 秦나라 사람은 그 원한을 극도로 한 뒤에 허물을 뉘우쳤다. 聖人은 그들이 마침내 허물을 고칠 수 있었던 점을 취한 것이다.

構怨連禍하고 殘民以逞(령)하니 晉人은 畏之而不敢出하고 秦人은 極其怨而後悔過라 聖人은 取其能終改耳라

○ 4년 여름에 齊나라에서 婦姜을 맞이하였다.

四年夏에 逆婦姜于齊하다

喪中에 納幣하였으니 喪中에 혼인하는 것과 동일하다. '婦姜'이라 일컬은 것은 이미 婦人이 된 것이다. '夫人'이라 일컫지 않은 것은 小君이 되어 宗廟의 제사를 받들 수 없기 때문이다. 맞이한 사람을 기록하지 않은 것은 비록 卿일지라도 또한 그 직분을 잃었기 때문이다.

納幣在喪中하니 與喪昏同也라 稱婦姜은 已成婦也라 不稱夫人은 不可爲小君奉宗廟也일새라 不書逆者는 雖卿이라도 亦失其職矣일새라

○ 晉侯가 秦나라를 쳤다.

晉侯가 伐秦하다

秦나라가 분노를 풀고자 晉나라를 쳤는데 晉나라가 두려워하여 전쟁을 피하였으니, 그들이 보복을 받은 것은 곧 인지상정이다. 秦나라가 이때에 이르러 능히 허물을 뉘우쳤다. 그러므로 다시 晉나라에 보복하지 않았다. 聖人은 그들이 善으로 옮겨가고 허물을 뉘우쳐서 이에 그들이 善하게 된 점을 취한 것이다.

秦이 逞忿以伐晉한대 晉畏而避之하니 其見報는 乃常情也라 秦이 至此하여 能悔過矣라 故로 不復報晉이라 聖人은 取其遷善悔過하여 乃其善也라

○ 겨울 11월 壬寅日에 夫人 風氏가 薨하였다.

冬十有一月壬寅에 夫人風氏가 薨하다

成風[103] 이후로 妾母를 '夫人'이라 일컬었으니, 嫡·妾의 구분이 어지러워진 것이다. 仲子가 처음으로 참람하게 분수를 어겼으나,[104] 그래도 감히 嫡后와 동급으로 처신하지 않았다.

自成風已後로 妾母稱夫人하니 嫡妾亂矣라 仲子始僭이나 尙未敢同嫡也라

○ 5년 봄 周王 정월에 周王이 榮叔을 보내어 含[105]과 賵[106]을 주었다.

五年春王正月에 **王**이 **使榮叔**하여 **歸含且賵**(봉)하다

天子가 妾母를 夫人이 되게 하였으니, 人倫을 어지럽힌 것이 심하고 天理를 상실한 것이다. '天王'이라 일컫지 않았으니, 의리가 이미 명백해졌다. '叔'이라 일컬은 것은 禮를 갖춘 것이다. "王이 召伯을 보내어 와서 장례에 참석하였다."[107]라고 하였으니, 天子가 妾母를 嫡母와 동등하게 예우한 것이니, 天理를 어지럽힌 것이다. 그러므로 '天王'이라 일컫지 않은 것이다. 聖人은 이에 대해 더욱 그 경계를 신중히 한 것이다.

天子가 成妾母爲夫人하니 亂倫之甚이요 失天理矣라 不稱天하니 義已明이라 稱叔은 存禮也라 王이 使召伯來會葬이라하니 天子가 以妾母同嫡이니 亂天理라 故로 不稱天이라 聖人은 於此에 尤謹其戒라

○ 7년 여름 4월 戊子日에 晉人이 秦人과 令狐에서 전쟁하였다.

七年夏四月戊子에 **晉人**이 **及秦人**으로 **戰于令狐**하다

晉나라가 처음에 公子 雍[108]을 맞이하여 임금으로 세우려 하였는데 얼마 뒤 그것을

---

103) 成風 : 魯 莊公의 후궁으로, 僖公의 생모이다.

104) 仲子가……어겼으나 : 仲子는 魯 惠公의 후궁으로 桓公의 생모이다. 隱公 2년 仲子가 죽었을 때 '夫人'이란 칭호를 쓸 수 없었지만, 아들 桓公이 世子라는 이유로 夫人의 禮로 상을 치르기 위해 "夫人子氏薨"이라고 부고하여 《春秋》에 그대로 기록한 것을 말한다.

105) 含 : 죽은 사람의 입에 채워 넣는 것이다.

106) 賵 : 車馬 등을 보내 喪家를 돕는 것이다.

107) 王이……참석하였다 : 《春秋》 文公 5년 조에 "3월 辛亥日에 우리 小君 成風을 장사 지냈다. 王이 召伯을 보내어 와서 참석하였다.〔三月辛亥 葬我小君成風 王使召伯來會葬〕"라고 하였다.

108) 公子 雍 : 公子 雍은 晉 文公의 아들로, 襄公의 庶弟이다. 襄公이 죽고 太子 靈公이 어리기 때문에 晉人이 나이 많은 사람을 세우고자 하니, 大夫 趙盾이 秦에서 벼슬하던 그를 맞이하여

후회하였다. 그러므로 秦나라가 군대를 일으켜 그를 들여보내려 하였다. 晉나라는 秦나라에 사죄하지 않았고 秦나라는 정당하지 않은 사람을 들여보내려 하였으니, 모두 罪이다. 그러므로 '人'이라 일컬은 것이다. 晉나라는 秦나라가 수긍하지 않는 것을 두려워하여 얼마 뒤 공격하였다. 그러므로 '晉人及'이라 기록한 것이다.

晉이 始逆立公子雍이라가 旣而오 悔之라 故로 秦이 興兵以納之라 晉不謝秦하고 秦納不正하니 皆罪也라 故로 稱人이라 晉이 懼秦之不肯하여 已而擊之라 故로 書晉及이라

○ 가을 8월에 文公이 諸侯 및 晉나라 大夫와 회합하여 扈에서 결맹하였다.

秋八月에 公이 會諸侯晉大夫하여 盟于扈(호)하다

文公은 政事에 태만하여 일이 대부분 폐지되고 늦추어졌다. 이미 晉나라와의 결맹을 받아들이고서도 회맹에 뒤늦게 이르렀다. 그러므로 회합에 간 것을 기록하고 그가 제때에 이르지 못한 것을 숨겼다. 諸侯를 차례대로 기록하지 않은 것은 그가 회합에 참석하지 않은 것을 나타낸 것이다. 그러므로 이듬해에 公子 遂가 다시 가서 晉나라와 결맹한 것이다.

文公은 怠政하여 事多廢緩이라 旣納晉盟코도 而復後至라 故로 書往會하고 而隱其不及이라 不序諸侯는 以見(현)其不在라 故로 明年에 公子遂再往하여 與晉盟也라

○ 9년 봄에 毛伯이 와서 金을 요구하였다.[109)]

九年春에 毛伯이 來求金하다

家父는 王命을 전하여 수레를 요구하였다. 그러므로 '使來求'라 기록한 것이다.[110)] 毛伯은 魯나라에 넌지시 말하여 金을 요구하였다. 그러므로 '王使'라고 말하지 않은 것이다.

임금으로 세우려 하였다.

109) 毛伯이……요구하였다 : 毛伯은 周나라 大夫로, 周 襄王의 장례를 치르기 위해 賻儀로 金을 요구한 것이다.

110) 家父는……것이다 : 《春秋》 桓公 15년 조에 "봄 2월에 天王이 家父를 보내와서 수레를 요구하였다.〔春二月 天王使家父來求車〕"라고 하였다.

家父致命하여 以徵車也라 故로 書使來求라 毛伯은 風魯以欲金이라 故로 不云王使라

○ 겨울에 秦人이 와서 僖公과 成風의 襚衣를 주었다.

冬에 秦人이 來歸僖公成風之襚하다

시기가 지나서 비로소 이르렀기 때문에 '來歸'라고 말한 것이다. 비록 子·母의 관계[111)]이지만 임금에게 먼저 주고 부인에게 뒤에 준 것은 事體의 당연함이다. '秦人'이라 기록하여 임금의 사신으로 말하지 않은 것은 禮를 잃었기 때문에 夷狄으로 여긴 것이니, 秦나라가 여전히 夷狄임을 말한 것이다. 대개 嫡·妾의 구분이 어지러워진 것이 이로부터 시작되었다.

過時始至라 故로 云來歸라 雖子母나 先君後夫人이니 體當然也라 書秦人하여 不云君使는 以失禮夷之也니 言其尙夷也라 蓋嫡妾之亂이 自玆而始라

○ 10년 여름에 秦나라가 晉나라를 쳤다.

十年夏에 秦伐晉하다

晉나라가 적통의 후사[112)]를 버리고 밖에서 임금을 구한 것[113)]은 罪이며, 얼마 뒤 후회한 것은 바른 것이다. 秦나라는 義理의 옳고 그름을 돌아보지 않고 오직 보복하는 것만을 일삼았으니, 夷狄의 道이다. 그러므로 그들을 夷狄으로 대우한 것이다.

晉이 舍嫡嗣而外求君은 罪也요 旣而悔之는 正也라 秦은 不顧義理之是非하고 惟以報復爲事하니 夷狄之道也라 故로 夷之라

○ 12년 겨울 12월 戊午日에 晉人과 秦人이 河曲에서 전쟁하였다.

十有二年冬十有二月戊午에 晉人秦人이 戰于河曲하다

---

111) 子·母의 관계 : 魯 僖公의 生母가 成風이므로 子·母의 관계라고 한 것이다. 成風은 文公 4년 겨울에 죽었다.
112) 적통의 후사 : 晉 襄公의 아들 靈公(夷皐)을 가리킨다.
113) 밖에서……것 : 秦에서 벼슬하던 晉 文公의 아들 公子 雍을 임금으로 세우려 한 것을 가리킨다.

무릇 전쟁은 모두 '主人及客'으로 서술한다. 그런데 〈이 전쟁은〉 秦나라가 바르지 않기 때문에 '晉人及秦人'이라고 말하지 않은 것이다.

凡戰은 皆以主人及客이라 秦曲이라 故로 不云晉及이라

○ 14년 여름 6월 文公이 宋公·陳侯·衛侯·鄭伯·許男·曹伯 및 晉나라 趙盾과 회합하여 癸酉日에 新城에서 동맹하였다.

十有四年夏六月에 **公**이 **會宋公陳侯衛侯鄭伯許男曹伯晉趙盾**(돈)하여 **癸酉同盟于新城**하다

諸侯가 먼저 회합하여 논의가 합치된 뒤에 결맹한다. 결맹한 자는 뜻이 같기 때문에 '同'이라 기록한 것이니, 楚나라를 함께 두려워한 것이다.

諸侯始會하여 議合而後盟이라 盟者는 志同이라 故로 書同이니 同懼楚也라

○ 15년 겨울 11월 諸侯들이 扈에서 결맹하였다.

十有五年冬十有一月에 **諸侯**가 **盟于扈**(호)하다

魯나라는 齊나라를 방비하느라 회합에 참석하지 않았기 때문에 제후들의 차례를 기록하지 않은 것이다. 또 '諸侯'라고 일컬은 것은 많다는 말이니, 여러 나라가 아무것도 하지 못한 것을 나타낸 것이다. 이 결맹은 齊나라의 亂[114] 때문이었다.

魯는 以備齊로 不在會라 故로 不序라 又稱諸侯者는 衆辭니 見(현)衆國無能爲也라 此盟은 爲齊亂也일새라

○ 17년 봄에 晉人·衛人·陳人·鄭人이 宋나라를 쳤다.

十有七年春에 **晉人衛人陳人鄭人**이 **伐宋**하다

---

114) 齊나라의 亂 : 魯 文公 15년 가을에 齊人이 魯나라 서쪽 변경을 침공하자 魯나라에서는 季文子를 晉나라로 보내 제후들이 구원해주기를 요청하여 그 해 겨울 11월에 제후들이 扈에서 결맹하였다.

天討를 행하다가 그 나라의 亂을 이루어 주었으니,[115] 天職을 잃은 것이다. 그러므로 卿으로 여기지 않은 것이다.[116]

行天討而成其亂이니 失天職也라 故로 不卿之라

선공 宣公

宣公은 이름이 倭이니, 文公의 아들이며 子赤[117]의 庶兄이다. 周 匡王 5년에 즉위하였다. 謚法에, 묻기를 잘하고 두루 통달한 것을 '宣'이라 한다.

宣公은 名倭니 文公子요 子(亦)〔赤〕[118]庶兄이라 匡王五年卽位라 謚法에 善問周達曰宣이라

○ 元年 봄 周王 정월에 宣公이 즉위하였다. 3월에 公子 遂가 夫人 婦姜을 모시고 齊나라에서 돌아왔다.

元年春王正月에 〔公卽位하다 三月에〕[119] 遂가 以夫人婦姜으로 至自齊라

'氏'자가 빠졌다.[120]

脫氏字라

---

115) 天討를……주었으니 : 晉나라 荀林父, 衛나라 孔達, 陳나라 公孫寧, 鄭나라 石楚가 宋나라를 토벌하면서 "무엇 때문에 임금(昭公)을 시해하였는가?"라고 꾸짖고서 오히려 임금을 시해한 文公을 임금으로 세우고 돌아왔다.(≪春秋公羊傳≫ 文公 17년)

116) 그러므로……것이다 : 晉나라 荀林父 등을 卿으로 일컫지 않고 '晉人' 등으로 표기한 것을 말한다.

117) 子赤 : ≪春秋≫ 文公 18년 조에 "겨울 10월 子가 졸하였다.〔冬十月 子卒〕"라고 하였는데, ≪春秋公羊傳≫에는 "'子가 卒하였다.'는 것은 누구를 말하는가? 子赤을 말한다.〔子卒者 孰謂 謂子赤也〕"라고 하였고, ≪春秋左氏傳≫에는 "겨울 10월에 襄仲(公子遂)이 〈文公의 아들〉 惡과 視를 죽이고 宣公을 세웠다.〔冬十月 仲殺惡及視 而立宣公〕"라고 하여 太子의 이름을 惡으로 표기하였다.

118) (亦)〔赤〕 : 저본에는 '亦'으로 되어 있으나, ≪春秋公羊傳≫과 ≪論語集註≫ 〈季氏〉의 註에 의거하여 '赤'으로 바로잡았다.

119) 〔公卽位 三月〕 : 저본에는 '公卽位三月'이 없으나, ≪春秋≫에 의거하여 보충하였다.

120) 氏자가 빠졌다 : '婦姜' 다음에 '氏'자가 빠졌다는 말이다. ≪春秋≫ 成公 14년 조에는 '婦姜氏'라고 하였다.

○ 여름 6월에 齊人이 濟西의 땅을 취하였다.

夏六月에 **齊人**이 **取濟西田**하다

宣公은 不義로 나라를 얻어 齊나라에 뇌물을 주어 도움을 구하였고, 齊나라는 그것을 받고 不義를 도왔다. 그러므로 '取'라고 기록한 것이다. 不義는 그 국토를 보전할 수 없다. 그러므로 '우리 濟西의 땅'이라고 말하지 않은 것이다. 저들이 강제로 취했다고 말하는 것이 아니기 때문에 숨기지 않은 것이다. 소유할 수 없어서 잃은 것은 모두 숨긴다.

宣公은 不義得國하여 賂齊以求助하고 齊는 受之以助不義라 故로 書取라 不義는 不能保其土라 故로 不云我라 非謂彼彊取라 故로 不諱라 不能有而失者는 皆諱라

○ 10년에 齊人이 魯나라 濟西의 땅을 돌려주었다.

十年에 **齊人**이 **歸我濟西田**하다

魯나라가 齊나라와 우호를 맺었기 때문에 齊나라가 魯나라의 땅을 돌려준 것이다. 그 땅은 魯나라의 소유였는데, 齊나라가 의롭지 않은 방법으로 취하였다. 그러므로 "우리 濟西의 땅을 돌려주었다."고 말한 것이니, 善하게 여길 것이 없다.

魯修好라 故로 歸魯田이라 田은 魯有也로되 齊非義取之라 故로 云歸我니 不足爲善也라

○ 11년 겨울 10월에 楚人이 陳나라 夏徵舒[121]를 죽였다.

十有一年冬十月에 **楚人**이 **殺陳夏徵舒**하다

'人'이라는 것은 많다는 말이다. 大惡은 많은 사람들이 주벌하고자 하는 바이다.

人은 衆辭라 大惡은 衆所欲誅也라

---

121) 夏徵舒 : 陳나라 大夫로, 陳 靈公을 시해하였다.

○ 丁亥日에 楚子가 陳나라로 들어갔다.

丁亥에 楚子가 入陳하다

夏徵舒의 罪를 주벌하는 것은 義이지만, 그 나라를 취하는 것은 惡이다. '入'이라는 것은 받아들이지 않았는데 억지로 들어가는 것이다.

誅其罪는 義也나 取其國은 惡也라 入者는 不受而彊之也라

○ 公孫寧과 儀行父[122]를 陳나라로 들여보냈다.

納公孫寧儀行父(보)于陳하다

亂을 불러온 신하는 나라 사람들이 용납할 수 없는 바이다. 그러므로 '納'이라 기록한 것이다.

致亂之臣은 國所不容也라 故로 書納이라

○ 12년 겨울에 晉人·宋人·衛人·曹人이 淸丘에서 동맹하였다.

十有二年冬에 晉人宋人衛人曹人이 同盟于淸丘하다

晉나라가 楚나라에 패배하자 諸侯들이 두려워하여 동맹하였으나 얼마 뒤 모두 변심하였다. 그러므로 '人'이라 기록하여 폄하한 것이다. 宋나라가 陳나라를 칠 적에 衛나라가 동맹을 어기고 陳나라를 구원하였고,[123] 楚나라가 宋나라를 칠 적에 晉나라가 〈동맹을 어기고〉 宋나라를 구원하지 않았다.[124]

---

122) 公孫寧과 儀行父 : 公孫寧과 儀行父는 陳나라 大夫로, 陳 靈公과 함께 夏徵舒의 어머니 夏姬와 通情하였다. 셋이서 술을 마시다가 陳 靈公이 儀行父에게 "夏徵舒가 그대를 닮았소."라고 하니, 儀行父가 대답하기를 "또한 임금님을 닮았습니다."라고 하였다. 夏徵舒가 이에 분개하여 활로 陳 靈公을 쏘아 죽이니, 두 사람은 楚나라로 달아났다.(≪春秋左氏傳≫ 宣公 10년)

123) 宋나라가……구원하였고 : ≪春秋左氏傳≫ 宣公 12년 조에 "宋나라가 동맹을 실천하기 위해 陳나라를 쳤는데, 衛人은 〈동맹을 어기고〉 陳나라를 구원하였다.〔宋爲盟故 伐陳 衛人救之〕"라고 하였다.

124) 楚나라가……않았다 : ≪春秋≫ 宣公 13년 조에 "여름에 楚子가 宋나라를 쳤다."라고 하였는데, ≪春秋左氏傳≫에는 "군자는 이에 대해 논평하였다. '청구의 결맹에 있어서 오직 宋나라만이 비난을 면할 수 있다.〔淸丘之盟 唯宋可以免焉〕"라고 하였다. 이는 晉나라·衛나라가 결맹

晉爲楚敗하니 諸侯懼而同盟이어늘 旣而皆渝(투)라 故로 書人以貶之라 宋伐陳에 衛救之요 楚伐宋에 晉不救라

○ 17년 여름 6월 己未日에 宣公이 晉侯·衛侯·曹伯·邾子와 회합하여 斷道에서 동맹하였다.

十有七年夏六月己未에 公이 會晉侯衛侯曹伯邾子하여 同盟于斷道하다

여러 나라가 마음을 함께하여 齊나라를 치고자 하였다. 그러므로 '同盟'이라 기록한 것이다.

諸國이 同心하여 欲伐齊라 故로 書同盟이라

성공 成公

成公은 이름이 黑肱이니, 宣公의 아들이다. 周 定王 17년에 즉위하였다. 諡法에 백성을 안정시키고 정치를 확립한 것을 '成'이라 한다.

成公은 名黑肱이니 宣公子라 定王十七年卽位라 諡法에 安民立政曰成이라

○ 2년 겨울 11월 丙申日에 成公이 楚人·秦人·宋人·陳人·衛人·鄭人·齊人·曹人·邾人·薛人·鄫人과 蜀에서 결맹하였다.

二年冬十有一月丙申에 公이 及楚人秦人宋人陳人衛人鄭人齊人曹人邾人薛人鄫人으로 盟于蜀하다

楚나라가 강성해져 중원의 나라를 능멸하였다. 諸侯들이 만약 국경을 굳게 지키고 이웃나라와 우호를 맺었다면 어찌 스스로 생존할 수 없을 리가 있겠는가. 그러나 두려워하여 복종하고 楚나라와 맹약하였다. 그러므로 모두 '人'이라 일컬어 그들이 쇠약하였음을 나타내어 제후들을 꾸짖은 것이니, 魯나라가 어떠하였는지 알 수 있다.

을 지키지 않고 宋나라를 구원하지 않았다는 말이다.

楚爲强盛하여 凌轢(력)中國이라 諸侯가 苟能保固彊圉하며 要結隣好면 豈有不能自存之理리오 乃懼而服從하고 與之約盟이라 故로 皆稱人하여 以見(현)其衰弱하여 責諸侯니 則魯可知矣라

○ 3년 겨울에 鄭나라가 許나라를 쳤다.

三年冬에 鄭이 伐許하다

鄭나라가 楚나라에 붙어 1년에 두 번 許나라를 쳤다.[125] 그러므로 夷狄으로 여긴 것이다.

鄭이 附於楚하여 一年而再伐許라 故로 夷之라

○ 4년 겨울에 鄭伯이 許나라를 쳤다.

四年冬에 鄭伯이 伐許하다

'鄭伯'이라 일컬은 것은 그가 다시 居喪하지 않고 吉禮로써 從軍한 것[126]을 나타낸 것이다.

稱鄭伯은 見(현)其不復爲喪하고 以吉禮從戎이라

○ 5년 겨울 12월 乙丑日에 成公이 晉侯・齊侯・宋公・衛侯・鄭伯・曹伯・邾子・杞伯과 회합하여 蟲牢에서 동맹하였다.

五年冬十有二月乙丑에 公이 會晉侯齊侯宋公衛侯鄭伯曹伯邾子杞伯하여 同盟于蟲牢하다

天王이 崩하였는데도 諸侯들이 會盟을 폐지하지 않았으니, '同'이라 기록하여 그들이 모두 신하답지 않음을 나타낸 것이다.

---

125) 鄭나라가……쳤다 : 魯 成公 3년 여름에 鄭 公子 去疾이 군사를 거느리고 許나라를 쳤고, 겨울에 또 許나라를 쳤다.

126) 그가……것 : 魯 成公 4년 여름에 鄭 襄公을 장사 지냈는데, 아들 悼公이 삼년상을 치르지 않고 그 해 겨울 喪禮를 마치고 吉禮인 祭禮로 여겨 종군한 것을 가리킨다.

天王이 崩커늘 而會盟不廢하니 書同하여 見(현)其皆不臣이라

○ 7년 가을 8월 戊辰日에 馬陵에서 동맹하였다.

七年秋八月戊辰에 同盟于馬陵하다

諸侯들이 동일한 마음으로 楚나라를 근심한 것이다.

諸侯가 同心病楚라

○ 8년 겨울에 衛人이 媵女를 데리고 왔다.

八年冬에 衛人이 來媵(잉)하다

媵女는 사소한 일이니 기록하지 않는다. 伯姬가 시집갈 적에 諸侯가 모두 媵女를 보내왔다. 그러므로 기록하여 그녀의 어짊을 드러낸 것이다. 여자의 어짊도 오히려 제후에게 알려지는데 하물며 君子야 말할 것이 있겠는가.

혹자가 말하였다.

"魯나라 여자가 어진 것이 어찌 멀리까지 알려질 수 있었습니까?"

선생이 말하였다.

"옛날 庶女와 맏이가 아닌 여자는 媵女가 되기를 원했고, 그리하여 그를 위해 어진 小君(제후의 부인)을 선택하였으니, 제후국의 어진 여자는 당연히 저절로 알려지게 마련이다."

媵은 小事니 不書라 伯姬之嫁에 諸侯가 皆來媵之라 故로 書하여 以見(현)其賢이라 女子之賢도 尙聞於諸侯온 況君子乎아 或曰 魯女之賢이 豈能聞於遠乎잇가 曰 古者에 庶女與非敵者는 則求爲媵하고 因爲之擇賢小君하니 則諸侯國之賢女는 當自聞也라

○ 9년에 成公이 晉侯・齊侯・宋公・衛侯・鄭伯・曹伯・莒子・杞伯과 회합하여 蒲에서 동맹하였다.

九年에 公이 會晉侯齊侯宋公衛侯鄭伯曹伯莒(거)子杞伯하여 同盟于蒲하다

여러 나라가 楚나라의 강함을 근심하여 동맹하여 서로 보호하였다. 이는 鄭나라가 결맹한 뒤 다시 배반하니, 그 번복한 것을 깊이 죄준 것이다.

諸國이 患楚之彊하여 同盟以相保라 鄭이 旣盟復叛하니 深罪其反覆이라

○ 여름에 季孫行父가 宋나라에 가서 致女하였다.

夏에 季孫行父(보)가 如宋致女하다

여자가 시집간 뒤에 부모가 사람을 보내 위안하는 것을 致女라 이른다. 옛날에는 3개월이 지나서 宗廟에 알현해야 비로소 婦人이 되었다. 伯姬가 어지니, 魯나라는 그녀를 소중히 여겨 卿을 보내 致女한 것이다.[127)]

女旣嫁에 父母가 使人安之를 謂之致女라 古者엔 三月而廟見이라야 始成婦也라 伯姬賢하니 魯國重之하여 使卿致也라

○ 13년 봄에 晉侯가 郤錡를 보내 와서 군대를 요청하였다.

十有三年春에 晉侯가 使郤(극)錡來하여 乞師하다

王命으로 諸侯의 군대를 일으킨 것이 아니기 때문에 '乞'이라 기록한 것이다.

不以王命興諸侯師라 故로 書乞이라

○ 3월에 成公이 京師에 갔다.

三月에 公이 如京師하다

王에게 朝見했다고 기록하지 않은 것은, 정벌의 일로 회합한 기회를 이용해 간 것이기 때문에 王에게 조현하는 일을 행하지 않은 것이다.

不書朝王은 因會伐而行也라 故로 不成其朝라

---

127) 伯姬가……것이다 : 伯姬는 이해 봄 2월에 宋나라로 시집갔다.

○ 여름 5월에 成公이 京師로부터 가서 드디어 晉侯·齊侯·宋公·衛侯·鄭伯·曹伯·邾人·滕人과 회합하여 秦나라를 쳤다.

夏五月에 **公**이 **至**[128]**自京師**하여 **遂會晉侯齊侯宋公衛侯鄭伯曹伯邾人滕人**하여 **伐秦**하다

秦나라를 치는 것을 일을 완수하는 것으로 여겼으니, 周王에게 조현하는 것이 중요한 일임을 밝힌 것이다.

以伐秦爲遂事니 明朝爲重이라

○ 15년 3월 癸丑日에 成公이 晉侯·衛侯·鄭伯·曹伯 및 宋나라 世子 成, 齊나라 國佐, 邾人과 회합하여 戚에서 동맹하였다.

十有五年三月癸丑에 **公**이 **會晉侯衛侯鄭伯曹伯宋世子成齊國佐邾人**하여 **同盟于戚**하다

13년에 曹伯(曹 宣公)이 軍中에서 卒하였는데, 負芻[129]가 世子를 죽이고 스스로 왕위에 올랐다. 3년 뒤 諸侯들이 그와 결맹하고 비로소 그를 잡았으니, 天討를 지체한 것이다. 그러므로 '同盟'이라 기록하여 그들이 이미 함께하였음을 나타내었다.

十三年에 曹伯이 卒于師하니 負芻가 殺世子自立이라 旣三年에 諸侯가 與之盟矣하고 方執之니 稽(계)天討也라 故로 書同盟하여 見(현)其旣同矣라

○ 宋나라가 그 大夫 山을 죽였다.

宋이 **殺其大夫山**하다

그 族을 삭제하였으니, 公族을 해쳤기 때문이다.[130]

去族이니 害公族也라

---

128) 至 : ≪春秋≫ 成公 13년조 經文에는 이 '至'자가 없다.

129) 負芻 : 曹 宣公의 次子로, 兄인 太子를 죽이고 스스로 왕위에 오른 曹 成公이다. 魯 成公 15년 봄에 晉侯에게 붙잡혀 周나라 수도로 압송되었다.

130) 公族을……때문이다 : 宋나라 司馬 蕩澤(子山)이 송나라 公室을 약화시키기 위해 公子 肥를 죽였다.(≪春秋左氏傳≫ 成公 15년)

○ 겨울 11월에 叔孫僑如가 晉나라 士燮, 齊나라 高無咎, 宋나라 華元, 衛나라 孫林父, 鄭나라 公子 鰌, 邾人과 회합하여 鍾離에서 吳人과 會見하였다.

冬十有一月에 叔孫僑如가 會晉士燮齊高無咎宋華元衛孫林父鄭公子鰌(추)邾人하여 會吳于鍾離하다

吳나라가 더욱 강대해지자 諸侯들에게 會見할 것을 요구하였는데, 제후의 무리가 가서 따랐다. 그러므로 諸侯國이 가서 吳나라와 회합한 것을 기록하여 夷狄이 강성해지고 중원의 나라가 쇠퇴한 것을 드러내었다. 이때 중원의 나라는 楚나라를 병통으로 여겼기 때문에 吳나라와 화친한 것이다.

吳益强大하여 求會于諸侯러니 諸侯之衆이 往而從之라 故로 書諸國往與之會하여 以見(현)夷狄盛而中國衰也라 時中國病楚라 故로 與吳親①이라

① 어떤 판본에는 이 아래에 "襄公 10년 柤의 회합[131]이 이와 같고, 14년 向의 회합[132] 또한 이와 같다."라고 하였다.
一本, 此下云"襄十年柤之會, 與此同, 十四年向之會, 亦同."

○ 16년 6월에 晉侯가 欒黶을 보내 와서 군대를 요청하였다.

十有六年六月에 晉侯가 使欒黶(난암)來하여 乞師하다

이때 穆姜과 叔孫僑如가 장차 난을 일으키려 하였다.[133] 그러므로 군대를 출동한

131) 柤의 회합 : 魯 襄公 10년 봄에 襄公이 晉侯, 宋公, 衛侯, 曹伯, 莒子, 邾子, 滕子, 薛伯, 杞伯, 小邾子, 齊나라 世子 光과 회합하여 柤에서 吳나라와 會見한 것을 가리킨다.
132) 向의 회합 : 魯 襄公 14년 봄 정월에 季孫宿과 叔老가 晉나라 士丐, 齊人, 宋人, 衛人, 鄭나라 公孫 蠆, 曹人, 莒人, 邾人, 滕人, 薛人, 杞人, 小邾人과 회합하여 向에서 吳나라와 會見한 것을 가리킨다.
133) 穆姜과……하였다 : 穆姜은 魯 宣公의 夫人이며 成公의 어머니인데, 叔孫僑如와 사통하고서 成公을 폐하고 그를 세우려 하였다. 이해 6월 成公이 諸侯와 회합하여 楚나라・鄭나라를 정벌하러 떠날 적에 穆姜이 전송하면서 季文子와 孟獻子를 축출하라고 하자, 成公이 晉나라와 함께 鄭나라를 치는 일로 출정하니 돌아와서 命을 듣겠다고 하였다. 그러나 穆姜이 노하여 지나가는 公子 鉏와 公子 偃을 가리키며 "네가 내 말을 듣지 않으면 저 아이들이 모두 임금이 될 수 있다."라고 하였다. 成公이 壞隤에서 기다리며 궁궐의 경비를 당부하고 수비를 설

것이 기약한 날짜보다 늦었다.

時以穆姜叔孫僑如가 將作難이라 故로 師出後期라

○ 가을에 成公이 晉侯, 齊侯, 衛侯, 宋 華元, 邾人과 沙隨에서 회합하였는데, 成公을 만나주지 않았다.

秋에 公이 會晉侯齊侯衛侯宋華元邾人于沙隨러니 不見公하다

成公이 기약한 날짜보다 늦게 도착한 것을 晉侯가 노여워하였기 때문에 公을 만나주지 않은 것이다. 君子는 자기를 바르게 하고 남에 대해서는 걱정함이 없다. 魯나라가 기약한 날짜보다 늦은 것은 국가에 환난이 있었기 때문이니, 晉侯가 만나주지 않은 것은 옳지 않다. 저들이 옳지 않고 나는 정직하기 때문에 부끄럽게 여길 것이 없다.

晉侯가 怒公後期라 故로 不見公이라 君子는 正己而無卹(휼)乎人이라 魯之後期는 國難故也니 晉不見은 爲非矣라 彼曲我直이라 故로 不足爲恥也라

○ 曹伯이 京師로부터 돌아갔다.

曹伯이 歸自京師하다

曹伯을 이름으로 기록하지 않고 '復歸'라고 일컫지 않은 것은 周王이 그 지위를 끊은 적이 없기 때문이다. 京師로부터 돌아간 것은 周王의 命이다.

曹伯不名하고 不稱復歸는 王未嘗絶其位也일새라 自京師는 王命也라

○ 9월에 晉人이 季孫行父를 잡아 苕丘에 가두어 두었다.

九月에 晉人이 執季孫行父(보)하여 舍之于苕丘하다

苕丘에 그를 가둔 것이다.

寘(치)之于苕丘也라

치하고서 出行하였다.(≪春秋左氏傳≫ 成公 16년)

○ 17년 6월 乙酉日에 柯陵에서 동맹하였다.

十有七年六月乙酉에 同盟于柯陵하다

諸侯들이 함께 楚나라를 병통으로 여겼기 때문이다.

諸侯同病楚也일새라

양공 襄公

襄公은 이름이 午이니, 成公의 아들이다. 周 簡王 14년에 즉위하였다. 謚法에 일을 인하여 功이 있는 것을 '襄'이라 한다.

襄公은 名午니 成公子라 簡王十四年卽位라 謚法에 因事有功曰襄이라

○ 2년 겨울에 드디어 虎牢에 城을 쌓았다.[134)]

二年冬에 遂(成)〔城〕[135)]虎牢(뢰)하다

요충지에 방어 시설을 설치하는 것은 나라를 지키는 방법이다. 虎牢의 요충지가 있는데도 능히 지키지 못하였다. 그러므로 鄭나라와 관계된 것이 아니요, 그들이 능히 지키지 못한 것을 꾸짖은 것이다.

設險은 所以守國也라 有虎牢之險而不能守라 故로 不繫于鄭이요 責其不能守也라

○ 3년 6월 乙未日에 雞澤에서 동맹하였다.

三年六月乙未에 同盟于雞澤하다

---

134) 虎牢에……쌓았다 : 虎牢는 鄭나라 서북쪽 변경의 요충지로, 당시 晉나라가 점령하고 있었다. 이때 제후국의 사람들이 鄭나라를 굴복시키기 위해 이곳에 성을 쌓은 것이다.
135) (成)〔城〕: 저본에는 '成'으로 되어 있으나, ≪春秋≫에 의거하여 '城'으로 바로잡았다.

楚나라가 강성해지자 諸侯들이 모두 그 나라를 두려워하여 맹약을 맺었다. 그러므로 '同'이라 기록한 것이다.

楚彊하니 諸侯가 皆畏之而脩盟이라 故로 書同이라

○ 5년 가을에 襄公이 晉侯, 宋公, 陳侯, 衛侯, 鄭伯, 曹伯, 莒子, 邾子, 滕子, 薛伯, 齊나라 世子 光, 吳人, 鄫人과 戚에서 회합하였다.

五(月)〔年〕[136]秋에 公이 會晉侯宋公陳侯衛侯鄭伯曹伯莒(거)子邾子滕子薛伯齊世子光吳人鄫人于戚하다

吳나라가 와서 회합하였으나 주체가 된 것은 아니다.

吳來會나 非爲主라

○ 10년 겨울에 盜[137]가 鄭나라 公子 騑, 公子 發, 公孫 輒을 죽였다.

十年冬에 盜가 殺鄭公子騑公子發公孫輒하다

盜가 세 명의 卿을 죽였는데, 大夫라고 일컫지 않은 것은 卿으로서의 직분을 잃었기 때문이다.

盜殺三卿이로되 不稱大夫는 失卿職也일새라

○ 11년 가을 7월 乙未日에 亳城 북쪽에서 동맹하였다.

十有一年秋七月乙未에 同盟于亳城北하다

鄭나라가 항복하여 동맹한 것이다. 鄭나라는 곧바로 다시 楚나라를 따라 宋나라를 쳤으니,[138] '同'이라 말한 것은 동맹을 번복한 것을 나타낸 것이다.

---

136) (月)〔年〕: 저본에는 '月'로 되어 있으나, ≪春秋≫에 의거하여 '年'으로 바로잡았다.
137) 盜 : 신분이 미천한 사람을 가리키는 말로, 반란을 일으킨 鄭나라의 尉止・司臣・侯晉・堵女父・子師僕 등의 반군을 가리킨다.(≪春秋左氏傳≫ 襄公 10년)
138) 鄭나라는……쳤으니 : ≪春秋≫ 襄公 11년 조에 "楚子・鄭伯이 宋나라를 쳤다.〔楚子鄭伯 伐宋〕"

鄭服而同盟也라 隨復從楚伐宋하니 云同은 見(현)其反覆이라

○ 蕭魚에서 회합하였다.

會于蕭魚하다

諸侯들이 몇 달 사이에 두 차례 鄭나라를 쳤으니, 鄭나라가 결맹을 번복한 것을 알 수 있다. 鄭나라가 또 항복하여 회합을 요청한 것인데, 鄭나라가 회합한 것을 기록하지 않은 것은 그 나라를 믿을 수 없다는 말이다. 그런데도 晉 悼公이 至誠을 미루어 남을 대하여 신뢰하고 의심하지 않았다. 지극하도다! 誠이 남을 감동시킬 수 있음이여. 이때부터 鄭나라가 晉나라를 배반하지 않은 기간이 24년이었다.

諸侯가 數月之間에 再伐鄭하니 鄭之反復을 可知라 鄭又服而請會어늘 不書鄭會는 謂其不可信也라 而晉悼公이 推至誠以待人하여 信之不疑라 至哉라 誠之能感人也여 自此로 鄭不背晉者가 二十四年이라

○ 襄公이 회합에서 돌아왔다.

公이 至自會하다

諸侯國의 군대가 鄭나라를 공격하지 않았기 때문에 회합에서 돌아왔다고 기록한 것이다.

兵不加鄭이라 故로 書自會라

○ 18년 겨울 10월에 襄公이 晉侯・宋公・衛侯・鄭伯・曹伯・莒子・邾子・滕子・薛伯・杞伯・小邾子와 회합하여 齊나라를 함께 포위하였다.

十有八年冬十月에 公이 會晉侯宋公衛侯鄭伯曹伯莒子邾子滕子薛伯杞伯小邾子하여 同圍齊하다

라고 하였다.

'同圍'라고 기록한 것은 諸侯들이 齊나라를 미워한 것을 나타낸 것이다.

書同圍는 見(현)諸侯之惡(오)齊라

○ 25년 가을 8월 己巳日에 諸侯들이 重丘에서 동맹하였다.

二十有五年秋八月己巳에 諸侯가 同盟于重丘하다

諸侯들이 함께 楚나라를 병통으로 여긴 것이다.

諸侯同病楚也라

○ 30년 겨울 10월에 晉人・齊人・宋人・衛人・鄭人・曹人・莒人・邾人・滕人・薛人・杞人・小邾人이 澶淵에서 회합하였으니, 宋나라의 재해 때문이다.[139)]

三十年冬十月에 晉人齊人宋人衛人鄭人曹人莒人邾人滕人薛人杞人小邾人이 會于澶(선)淵하니 宋災故라

≪春秋左氏傳≫에는 "叔孫豹가 趙武 이하 여러 나라의 卿과 회합하였다."라고 하였는데,[140)] 이미 魯나라 卿을 폄하하여 숨기고 기록하지 않은 것이다.[141)]

左傳에 叔孫豹會趙武而下諸國之卿한대 旣貶魯卿하여 諱而不書라

○ 31년 겨울 11월에 莒人이 그 나라 임금 密州를 시해하였다.

三十有一年冬十有一月에 莒人이 弑其君密州하다

139) 宋나라의……때문이다 : 이해 5월 宋나라 宮中에 화재가 발생하여, 겨울 10월에 宋나라에 재물을 보내주기 위해 회합한 것이다.

140) 春秋左氏傳에는……하였는데 : ≪春秋左氏傳≫ 襄公 30년 조에 "宋나라가 災害를 당한 일로 諸侯의 大夫들이 모여 宋나라에 재물을 보내줄 것을 논의하였다. 겨울 10월에 叔孫豹가 晉나라 趙武, 齊나라 公孫 蠆, 宋나라 向戌, 衛나라 北宮佗, 鄭나라 罕虎 및 小邾의 大夫와 만나 澶淵에서 회합하였다. 〔爲宋災故 諸侯之大夫會 以謀歸宋財 冬十月 叔孫豹會晉趙武齊公孫蠆宋向戌衛北宮佗鄭罕虎及小邾之大夫 會于澶淵〕"라고 하였다.

141) 이미……것이다 : 魯나라 大夫 叔孫豹의 이름을 숨기고 기록하지 않았다는 말이다.

莒子가 잔학하니 나라 사람들이 그를 시해하고 展輿[142]를 세웠다. 展輿가 직접 시해한 것이 아니기 때문에 '國人'이라 기록한 것이다.

莒子虐하니 國人이 弑之而立展輿라 展輿非親弑也라 故로 書國人이라

소공 昭公

昭公은 이름이 稠이니, 襄公의 아들이다. 周 景王 4년에 즉위하였다. 謚法에 용모와 위의가 공손하고 명료한 것을 '昭'라 한다.

昭公은 名稠니 襄公子라 景王四年卽位라 謚法에 容儀恭明曰昭라

○ 元年 3월에 鄆을 취하였다.

元年三月에 取鄆(운)하다

莒의 환난을 틈타서 취한 것이다. 그러므로 그 말을 숨긴 것이다.

乘莒之亂而取之라 故로 隱避其辭라

○ 가을에 莒나라 去疾[143]이 齊나라로부터 莒나라로 들어갔다.

秋에 莒去疾이 自齊入于莒하다

去疾이 齊나라의 힘을 빌려 莒나라로 들어가 展輿의 죄를 성토하였으니, 올바른 일이다. 그러므로 '莒나라 去疾'이라 한 것이다. 드디어 스스로 왕위에 올랐으니, 命을 받은 바가 없다. 그러므로 公子라고 일컫지 않았는데, 그는 스스로 公子이니 즉위할 수 있다고 여긴 것이다.

去疾이 假齊之力하여 以入莒하여 討展輿之罪하니 正也라 故로 稱莒라 遂自立하니 無所稟命이라 故로 不稱公子어늘 自以爲公子可立也라

---

142) 展輿 : 莒나라 임금 密州의 아들로 世子가 되었다가 폐출되었는데, 이때 임금이 되었다.
143) 去疾 : 莒나라 임금 密州의 次男으로, 魯 襄公 31년 展輿가 임금이 되자 齊나라로 망명하였다.

○ 莒나라 展輿가 吳나라로 달아났다.

莒展輿가 **出奔吳**하다

展輿는 임금을 시해한 자에 의해 왕위에 올랐는데 國號로 氏를 삼은 것은 諸侯를 죄준 것이다. 虢에서의 회합[144]에 展輿가 비록 국가의 환난으로 참여하지 못했으나 제후들이 展輿가 즉위하는 것을 허여하였다. 그러므로 〈莒人이 楚人에게 청하여〉 魯나라 叔孫豹를 잡고자 한 것이다.[145] '莒나라 展輿'라고 일컬은 것은 제후들이 展輿가 즉위하는 것을 허여하였음을 나타낸 것이다.

爲弑君者所立한대 **而以國氏者**는 **罪諸侯也**라 **虢**(괵)**之會**에 **雖國亂未預**나 **然諸侯與其立矣**라 **故**로 **欲執叔孫也**라 **稱莒展輿**는 **見**(현)**諸侯之與其立也**라

○ 4년 여름에 楚子, 蔡侯, 陳侯, 鄭伯, 許男, 徐子, 滕子, 頓子, 胡子, 沈子, 小邾子, 宋나라 世子 佐, 淮夷가 申에서 회합하였다.

四年夏에 **楚子蔡侯陳侯鄭伯許男徐子滕子頓子胡子沈子小邾子宋世子佐淮夷**가 **會于申**하다

晉 平公이 諸侯들 사이에 있지 않으니, 楚나라가 이때에 강해져서 霸者의 일을 행하였다.

晉平公이 **不在諸侯**하니 **楚**가 **於是强**하여 **爲霸者之事**라

○ 12년 겨울에 晉나라가 鮮虞를 쳤다.

十有二年冬에 **晉**이 **伐鮮虞**하다

---

144) 虢에서의 회합 : ≪春秋≫ 昭公 元年 봄에 叔孫豹가 晉나라 趙武, 楚나라 公子 圍, 齊나라 國弱, 宋나라 向戌, 衛나라 齊惡, 陳나라 公子 招, 蔡나라 公孫 歸生, 鄭나라 罕虎, 許人, 曹人과 虢에서 회합하였다.

145) 魯나라……것이다 : 이해 3월 魯나라 季武子가 莒나라를 쳐서 鄆을 취하니, 莒人이 회합에 나가 고하였다. 楚人이 魯나라가 맹약을 어겼다고 하며 叔孫豹를 죽이려 하였는데 晉나라 趙孟이 만류하여 풀려났다.

晉나라가 鮮虞에게 길을 빌렸다가 드디어 鮮虞를 쳤다.[146] 이익을 보고 義를 잊는 것은 夷狄의 道이다.

晉이 假道於鮮虞而遂伐之라 見利忘義는 夷狄之道也라

○ 13년 가을 8월 甲戌日에 平丘에서 동맹하였다.

十有三年秋八月甲戌에 同盟于平丘하다

楚나라 弃疾이 즉위하자 諸侯들이 그를 두려워하였다. 그러므로 동맹한 것이다. 昭公은 동맹에 참여하지 못했으니, 晉나라가 동맹에 참여하지 못하게 한 것이다.[147] 비록 昭公을 욕보이고자 한 것이나 동맹에 참여하지 못하는 罪를 얻은 것도 실로 다행스러운 일이다.

楚弃疾이 立하니 諸侯懼之라 故로 同盟이라 公不與盟하니 晉不使與盟이라 雖欲辱公이나 然得不與同盟之罪도 實爲幸也라

○ 19년 겨울에 許 悼公을 장사 지냈다.

十有九年冬에 葬許悼公하다

蔡나라 般과 許나라 止는 같은 경우인 듯하다.[148] 그러므로 '葬'이라 기록한 것이다.[149]

蔡般許止는 疑同이라 故로 書葬이라

---

146) 晉나라가……쳤다 : 晉나라 荀吳가 齊나라 군대를 만나러 가는 것처럼 위장하여 鮮虞에 길을 빌려 드디어 鮮虞의 속국인 鼓나라 수도 昔陽으로 쳐들어갔으나 鼓나라를 멸하지 못하고 肥나라만 멸하고서 돌아오는 길에 鮮虞를 쳤다.(≪春秋左氏傳≫ 昭公 12년)

147) 晉나라가……것이다 : 邾人・莒人이 魯나라가 자기 나라를 자주 침범한다고 호소하자, 晉侯가 이 말을 듣고 昭公을 동맹에 참여하지 못하게 한 것이다.

148) 蔡나라……듯하다 : 蔡 景侯가 太子 般을 위해 楚나라 여인을 맞이해 와서 자신이 그 여자와 정을 통하니, 태자가 景侯를 시해하였다.(≪春秋左氏傳≫ 襄公 30년) 許 悼公이 학질을 앓았는데 太子 止가 올린 藥을 마시고 卒하였다.(≪春秋左氏傳≫ 昭公 19년)

149) 그러므로……것이다 : ≪春秋≫ 襄公 30년 조에 "겨울 10월에 蔡 景公을 장사 지냈다.〔冬十月葬蔡景公〕"라고 하였다.

정공 定公

定公은 이름이 宋이니, 襄公의 아들이며 昭公의 아우이다. 周 敬王 11년에 즉위하였다. 諡法에 백성을 편안히 하고 사려를 원대하게 하는 것을 '定'이라 한다.

定公은 名宋이니 襄公子요 昭公弟라 敬王十一年卽位라 諡法에 安民大慮曰定이라

○ 3년 봄 周王 정월에 定公이 晉나라에 가다가 黃河에 이르러서 곧 돌아왔다.

三年春王正月에 公如晉타가 至河하여 乃復(복)하다

季孫意如가 위로는 天子에게 청하지 않고 아래로는 方伯에게 고하지 않고서 定公을 세웠다. 그러므로 晉나라가 노여워하여 定公이 가서 朝見하려 한 것인데, 晉나라가 定公을 거절하여 되돌아왔다. 그러므로 이듬해 회합[150]을 인하여 皐鼬에서의 결맹[151]을 청한 것이다.

季孫意如가 上不請於天子하고 下不告於方伯하여 而立定公이라 故로 晉怒而公往朝焉이어늘 晉辭公而復이라 故로 明年因會而請盟于(皐)〔皐〕[152]鼬(유)라

○ 4년 3월에 定公이 劉子, 晉侯, 宋公, 蔡侯, 衛侯, 陳子, 鄭伯, 許男, 曹伯, 莒子, 邾子, 頓子, 胡子, 滕子, 薛伯, 杞伯, 小邾子, 齊나라 國夏와 召陵에서 회합하여 楚나라로 침입하였다.

四年三月에 公이 會劉子晉侯宋公蔡侯衛侯陳子鄭伯許男曹伯莒子邾子頓子胡子滕子薛伯杞伯小邾子齊國夏于召陵하여 侵楚하다

楚나라가 그들의 강함을 믿고 諸侯들을 침범하였다. 晉나라가 위로 天子에게 고하고 諸侯들을 크게 규합하여 楚나라를 쳤는데, 그 죄를 밝게 드러내어 天討를 행하지

150) 이듬해 회합 : 定公 4년 3월 定公이 劉子・晉侯・宋公 등과 召陵에서 회합한 것을 가리킨다.
151) 皐鼬에서의 결맹 : 定公 4년 5월에 定公이 諸侯들과 皐鼬에서 결맹한 것을 말한다.
152) (皐)〔皐〕: 저본에는 '皐'로 되어 있으나, ≪春秋≫에 의거하여 '皐'로 바로잡았다. 아래도 같다.

못하고 功이 없이 돌아왔다. 그러므로 '侵'이라 기록하여 죄준 것이다.

楚가 恃其强하여 侵陵諸侯라 晉이 上請于天子하고 大合諸侯하여 以伐之로되 而不能明暴其辠(죄)하여 以行天討하고 無功而還이라 故로 書侵以罪之라

○ 5월에 定公이 諸侯들과 皐鼬에서 결맹하였다.

五月에 公이 及諸侯로 盟于(臯)〔皐〕鼬하다

定公이 晉侯와 會見하지 못하였다. 그러므로 회합을 인하여 결맹하기를 구하였으니, 이 결맹은 定公의 생각이었다. 그러므로 '公及'이라 기록한 것이다.

公以不獲見於晉이라 故로 因會而求盟焉하니 則此盟公意也라 故로 書公及이라

○ 10년에 齊人이 와서 鄆, 讙, 龜陰의 땅을 돌려주었다.

十年에 齊人이 來歸鄆讙龜田하다

齊나라가 義에 감복하여 돌려주기를 청하였다. 그러므로 '來歸'라고 기록한 것이다. 처음 그 땅을 잃은 것은 기록하지 않았으니, 이에 대한 해설은 哀公 8년 조에 있다.

齊服義而求歸之라 故로 書來歸라 始失不書니 解在哀公八年이라

애공 哀公

哀公은 이름이 蔣이니, 定公의 아들이다. 周 敬王 26년에 즉위하였다. 諡法에 공경하고 仁愛하되 요절한 것을 '哀'라 한다.

哀公은 名蔣이니 定公子라 敬王二十六年卽位라 諡法에 恭仁短折曰哀라

○ 6년에 齊나라 陽生이 齊나라로 들어갔다.

六年에 齊陽生이 入于齊하다

'齊나라 陽生'이라 일컬은 것은 齊 景公이 연장자를 폐위하고 어린 사람을 세워 亂의 단서를 열었음을 나타낸 것이다.[153]

稱齊陽生은 見(현)景公廢長立少하여 以啓亂也라

○ 8년 여름에 齊人이 讙과 闡을 취하였다.

八年夏에 齊人이 取讙及闡(천)하다

내부적으로 邑을 잃은 것은 기록하지 않으니, 임금이 모욕을 당한 것인지라 마땅히 숨겨야 하기 때문이다. 그 土地와 人民을 보전하지 못한 것은 임금답지 못한 것이다. 이미 그 땅을 주었는데 저들이 義가 아닌데도 받으면 '取'라고 기록하니, 이는 濟西의 땅[154]이 이런 경우이다. 魯나라가 邾나라에 쳐들어가서 그 나라 임금을 데리고 오니,[155] 齊나라가 노여워하였고 吳나라가 侵伐하였다. 저 일로 齊나라에 뇌물을 주어 그들을 기쁘게 한 것이다.

內失邑不書니 君辱이라 當諱也일새라 不能保其土地民人은 是不君也라 已與之어늘 彼以非義而受면 則書取하니 此濟西田이 是也라 魯入邾하여 而以其君來致하니 齊怒하고 吳伐이라 彼故賂齊以說(열)之라

○ 齊人이 讙과 闡을 돌려주었다.

齊人이 歸讙及闡하다

우리 땅이라고 말하지 않은 것은 邾子를 돌려보낸 뒤에 또 그 땅을 돌려받았으니, 은혜라고 여기지 않은 것이다.

不云我田은 既歸邾子하고 亦歸其田하니 非以爲惠也라

153) 齊……것이다 : 齊 景公이 죽기 전에 荼(安孺子)를 太子로 세우고 여러 公子를 萊에 안치하였다. 魯 哀公 5년 가을 제 경공이 죽자, 公子 嘉와 公子 駒와 公子 黔은 衛나라로 달아나고, 公子 鉏와 公子 陽生은 魯나라로 달아났다.(≪春秋左氏傳≫ 哀公 5년) 陽生이 당시 연장자였기 때문에 그렇게 말한 것이다.

154) 濟西의 땅 : 魯 宣公 원년 6월에 濟西의 땅을 齊나라에 뇌물로 주었다가 宣公 10년에 되돌려 받았다.

155) 魯나라가……오니 : 魯 哀公 7년 가을에 애공이 邾나라를 쳐서 邾子 益을 데리고 돌아왔다.

二程全書 卷50

二先生經說 第5

明 後學 嘉興 徐必達 校正

명도선생개정대학　明道先生改正大學[1)]

大學의 道는 明德을 밝히는 데 있으며, 백성을 새롭게 하는 데 있으며, 지극한 善에 머무는 데 있다. 그칠 바를 안 뒤에 정해짐이 있으니, 정해진 뒤에 능히 고요해지고, 고요해진 뒤에 능히 편안해지고, 편안해진 뒤에 능히 사려하게 되고, 사려한 뒤에 능히 얻게 된다. 物에는 本과 末이 있고, 일〔事〕에는 終과 始가 있으니, 먼저 할 바와 나중에 할 바를 알면 道에 가까울 것이다.

〈康誥〉[2)]에 "능히 德을 밝힌다."라고 하였으며, 〈太甲〉[3)]에 "이 하늘의 밝은 命을 돌아본다."라고 하였으며, 〈帝典〉[4)]에 "능히 큰 덕을 밝힌다."라고 하였으니, 모두 스스로 〈덕을〉 밝히는 것이다.

湯임금의 盤銘[5)]에 "진실로 어느 날 자신을 새롭게 변화시켰다면 나날이 새롭게 변화시켜 나가고, 또 날마다 새롭게 변화시켜라."라고 하였으며, 〈康誥〉에 "새롭게 변화하는 백성들을 진작시켜라."라고 하였으며, ≪詩經≫에 "周나라가 비록 오래된 나라이지만, 그 命이 새로워졌다."[6)]라고 하였으니, 이런 까닭에 君子는 어떤 경우인들 그 지극함을 쓰지 않음이 없다.

≪시경≫에 "나라의 畿內 사방 천 리의 땅이여, 백성들이 머물러 사는 곳이네."[7)]라고 하였으며, ≪시경≫에 "자그마한 꾀꼬리여, 언덕 모서리에 머물러 있네."[8)]라고 하

---

1) 明道先生改正大學 : 程顥는 뒤에 붙인 별첨과 같이 〈大學〉의 편차를 개정하였다. 정호는 기본적으로 三綱領과 그에 대한 해석, 八條目과 그에 대한 해석으로 논리 구조를 파악하였다.
2) 康誥 : ≪書經≫ 周書의 편명이다.
3) 太甲 : ≪書經≫ 商書의 편명이다.
4) 帝典 : ≪書經≫ 〈堯典〉을 가리킨다.
5) 盤銘 : 商나라 湯임금의 목욕하는 대야에 자신을 경계하기 위해 새긴 글이다.
6) 周나라가……새로워졌다 : ≪詩經≫ 〈大雅 文王〉에 보인다.
7) 나라의……곳이네 : ≪詩經≫ 〈商頌 玄鳥〉에 보인다.

였는데, 孔子가 말하기를 "저 새도 그칠 곳에서 그칠 줄 아니, 사람이면서도 저 새만 못할 수 있겠는가."라고 하였다. ≪시경≫에 "심원하신 文王이시여, 아! 그 덕이 빛나고 밝아 공경한 마음으로 머무셨네."[9]라고 하였으니, 문왕께서 임금이 되었을 적에는 仁에 머무셨고, 신하가 되었을 적에는 敬에 머무셨고, 자식이 되어서는 孝에 머무셨고, 아버지가 되어서는 慈에 머무셨고, 나라 사람들과 교유할 적에는 信에 머무셨던 것이다.

옛날 온 천하 사람들에게 明德을 밝히게 하고자 했던 사람은 먼저 자기 나라 사람들을 잘 다스렸고, 자기 나라 사람들을 잘 다스리고자 했던 사람은 먼저 자기 집안사람들을 균평하게 대하였고, 자기 집안사람들을 균평하게 대하고자 했던 사람은 먼저 자기 몸을 닦았고, 자기 몸을 닦고자 했던 사람은 먼저 자기 마음을 바르게 하였고, 자기 마음을 바르게 하고자 했던 사람은 먼저 자기 생각을 진실되게 하였고, 자기 생각을 진실되게 하고자 했던 사람은 먼저 자기의 앎을 극진히 하였으니, 자기의 앎을 극진히 하는 것은 사물의 이치에 이르는 데 있다. 사물의 이치에 이른 뒤에 앎이 지극해지고, 앎이 지극해진 뒤에 생각이 진실해지고, 생각이 진실해진 뒤에 마음이 바르게 되고, 마음이 바르게 된 뒤에 몸이 닦이고, 몸이 닦인 뒤에 집안사람들이 균평히 대우받고, 집안사람들이 균평히 대우받게 된 뒤에 나라 사람들이 잘 다스려지고, 나라 사람들이 잘 다스려진 뒤에 온 천하 사람들이 평안하게 된다.

天子로부터 일반인에 이르기까지 한결같이 모든 사람들이 修身을 근본으로 삼는다. 근본이 어지러운데도 말단이 잘 다스려지는 경우는 없으며, 후하게 대할 사람에게 박하게 대하면서도 박하게 대할 사람에게 후하게 대하는 경우는 아직까지 있지 않았다. 이것을 근본을 아는 것이라고 하며, 이것을 앎이 지극한 것이라고 한다.

이른바 "자기 생각을 진실되게 한다."라는 것은 자신을 속이지 않는 것이다. 〈惡을 미워함은〉 악취를 싫어하는 것과 같이 하고, 〈善을 좋아함은〉 아름다운 이성을 좋아하는 것과 같이 하는 것, 이것을 스스로 만족하는 것이라고 한다. 그러므로 君子는 반드시 자기 혼자만 알고 있는 마음속 생각을 신중히 한다. 小人이 홀로 거처할 적에 不善한 일을 행하여 하지 못하는 짓이 없다가 군자를 만난 뒤에 슬그머니 그의 不善을 숨기고 善을 드러내지만, 남들이 자기를 볼 적에 자기의 속마음을 훤히 들여다보듯이

8) 자그마한……있네 : ≪詩經≫ 〈小雅 綿蠻〉에 보인다.
9) 심원하신……머무셨네 : ≪詩經≫ 〈大雅 文王〉에 보인다.

볼 것이니, 무엇이 유익하겠는가. 이를 "마음속에 가득 차면 밖으로 드러난다."고 하는 것이다. 그러므로 군자는 반드시 자기 혼자만 알고 있는 마음속 생각을 신중히 한다. 曾子가 말하기를 "열 사람의 눈이 주시하고 열 사람의 손가락이 가리키는 바이니, 두려워할 만한 것이로다."라고 하였다. 富는 집안을 윤택하게 하고 德은 자신을 윤택하게 한다. 마음의 덕이 쌓여 신체가 넉넉해진다. 그러므로 군자는 반드시 자기 생각을 진실되게 한다.

이른바 "몸을 닦는 것은 자기 마음을 바르게 하는 데 있다."라는 것은 다음과 같은 뜻이다. 몸에 성내는 바가 있으면 그 바름을 얻지 못하며, 두려워하는 바가 있으면 그 바름을 얻지 못하며, 좋아하는 바가 있으면 그 바름을 얻지 못하며, 걱정하는 바가 있으면 그 바름을 얻지 못한다. 마음이 거기에 있지 않으면 보아도 보이지 않으며, 들어도 들리지 않으며, 먹어도 그 맛을 알지 못한다. 이를 일러 "몸을 닦는 것은 자기 마음을 바르게 하는 데 있다."라고 하는 것이다.

이른바 "자기 집안사람들을 균평히 대하는 것은 자기 몸을 닦는 데 있다."라는 것은 다음과 같은 뜻이다. 사람들은 자기가 친하게 여기고 사랑하는 사람에 대해서 치우친 감정을 가지며, 천하게 여기고 미워하는 사람에 대해서 치우친 감정을 가지며, 두려워하고 공경하는 사람에 대해서 치우친 감정을 가지며, 애처롭게 여기고 긍휼히 여기는 사람에 대해서 치우친 감정을 가지며, 오만하게 대하고 태만히 여기는 사람에 대해서 치우친 감정을 가진다. 그러므로 상대를 좋아하면서도 그의 나쁜 점을 알며, 상대를 미워하면서도 그의 아름다운 점을 아는 사람은 천하에 드물다. 그러므로 속담에 이에 대한 말이 있으니, "사람들은 자기 자식의 나쁜 점을 알지 못하고, 자기 논의 벼가 크게 자란 것을 알지 못한다."라는 것이다. 이를 일러 "몸이 닦이지 않으면 자기 집안사람들을 균평히 대할 수 없다."라고 하는 것이다.

이른바 "나라 사람들을 다스리려면 반드시 먼저 자기 집안사람들을 균평히 대해야 한다."라는 것은 다음과 같은 뜻이다. 자기 집안사람들을 교화할 수 없으면서도 능히 남들을 교화하는 사람은 없다. 그러므로 군자는 집안을 벗어나지 않더라도 나라 안에 교화를 이룩하니, 〈집안에서의〉 孝는 〈밖으로〉 임금을 섬기는 것이고, 〈집안에서의〉 悌는 〈밖으로〉 윗사람을 섬기는 것이고, 〈집안에서의〉 慈는 〈밖으로〉 민중을 부리는 것이다. 〈康誥〉에 "어린아이를 보호하듯 해야 한다."라고 하였으니, 마음이 성심으로 그것을 구하면 비록 그 목표에 적중하지는 않을지라도 멀리 벗어나지는 않을 것이니,

자식 기르는 것을 다 배운 뒤에 시집가는 여자는 아직까지 있지 않았다. 한 집안사람들이 어질면 온 나라 사람들이 仁에 마음을 일으키고, 한 집안사람들이 겸양하면 온 나라 사람들이 겸양에 마음을 일으키고, 한 사람이 탐욕스럽고 사나우면 온 나라 사람들이 난을 일으킨다. 그 幾微가 이와 같으니, 이를 일러 "한 마디 말이 일을 그르치기도 하며, 한 사람이 나라를 안정시키기도 한다."라고 하는 것이다.

堯임금과 舜임금이 천하 사람들을 仁으로써 거느렸는데 백성들이 그들을 따랐고, 桀王과 紂王이 천하 사람들을 포악함으로써 거느렸는데 백성들이 그들을 따랐으니, 임금이 명령하는 바가 임금이 평소 좋아하던 것에 반대되면 백성들은 그 명령을 따르지 않는다. 그러므로 군자는 자기 몸에 仁과 겸양을 갖춘 뒤에 남에게 그것을 요구하며, 자기 몸에 탐욕과 사나움을 없앤 뒤에 남의 그런 점을 비난한다. 자기 몸에 갖춘 것이 恕가 아닌데도 능히 남에게 깨우쳐주는 경우는 아직까지 있지 않았다. 그러므로 나라 사람들을 다스리는 것은 자기 집안사람들을 균평히 대우하는 데 있다.

≪詩經≫에 "갓 핀 복사꽃 산뜻하게 예쁜데, 그 잎이 무성히도 났구나. 저 아가씨 시집가네, 그 시댁 사람들을 잘 대하리."[10]라고 하였으니, 자기 집안사람들을 잘 대하는 사람이 된 뒤에야 나라 사람들을 교화할 수 있다. ≪시경≫에 "형을 잘 대하며 동생을 잘 대하네."[11]라고 하였으니, 형을 잘 대하며 동생을 잘 대하는 사람이 된 뒤에야 나라 사람들을 교화할 수 있다. ≪시경≫에 "그 의젓한 몸가짐이 어긋나지 않는지라, 이 사방의 나라 사람들을 바르게 하네."[12]라고 하였으니, 그가 아버지·자식·형·동생이 충분히 본받을 만한 사람이 된 뒤에야 백성들이 그를 본받게 된다. 이를 일러 "나라 사람들을 다스리는 것은 자기 집안사람들을 균평히 대우하는 데 있다."라고 하는 것이다.

이른바 "온 천하 사람들을 평안하게 하는 것은 자기 나라 사람들을 잘 다스리는 데 있다."라는 것은 다음과 같은 뜻이다. 윗사람이 자기 집안의 노인을 노인으로 잘 공경하면 백성들이 孝에 마음을 일으키며, 윗사람이 자기 집안의 어른을 어른으로 잘 공경하면 백성들이 悌에 마음을 일으키며, 윗사람이 고아를 구휼하면 백성들이 그 마음을 저버리지 않는다. 그러므로 군자는 絜矩之道[13]가 있다. 윗사람에게 싫었던 것 그

10) 갓……대하리 : ≪詩經≫ 〈周南 桃夭〉에 보인다.
11) 형을……대하네 : ≪詩經≫ 〈小雅 蓼蕭〉에 보인다.
12) 그……하네 : ≪詩經≫ 〈曹風 鳲鳩〉에 보인다.
13) 絜矩之道 : '絜'은 '자로 재다' 또는 '헤아리다'라는 뜻이고 '矩'는 법도를 의미하는 말로, 자신의

것으로써 아랫사람들을 부리지 말며, 아랫사람에게 싫었던 것 그것으로써 윗사람을 섬기지 말며, 앞사람에게 싫었던 것 그것으로써 뒤에 오는 사람에게 앞서가지 말며, 뒷사람에게 싫었넌 것 그것으로써 앞에 가는 사람을 따라가지 말며, 오른쪽 사람에게 싫었던 것 그것으로써 왼쪽 사람과 교유하지 말며, 왼쪽 사람에게 싫었던 것 그것으로써 오른쪽 사람과 교유하지 마는 것, 이것을 絜矩之道라고 한다.

≪詩經≫에 "화락한 군자이시여, 백성들의 부모이시네."[14]라고 하였으니, 백성들이 좋아하는 것을 좋아하고 백성들이 싫어하는 것을 싫어하는 분, 그런 분을 백성들의 부모라고 한다. ≪시경≫에 "높고 높은 저 南山이여, 바위가 우뚝하게 쌓였구나. 현달하고 성대한 太師 尹氏여, 백성들이 모두 당신을 바라보네."[15]라고 하였으니, 국가를 소유한 사람은 삼가지 않으면 안 된다. 치우치면 천하 사람들에게 죽임을 당할 것이다.

≪시경≫에 "저 淇水의 물굽이를 바라보니, 푸른 대나무가 파릇파릇하구나. 문채 나는 군자이시여, 자른 듯 갈아낸 듯하며, 쪼아낸 듯 다듬은 듯하네. 엄밀하고 꿋꿋하며, 빛나고 성대하니, 문채 나는 군자이시여, 끝내 당신을 잊을 수 없네."[16]라고 하였으니, '자른 듯 갈아낸 듯하다.'는 학문을 말한 것이고, '쪼아낸 듯 다듬은 듯하다.'는 스스로 자신을 닦는 것을 말한 것이고, '엄밀하고 꿋꿋하다.'는 근신하며 두려워하는 마음을 말한 것이고, '빛나고 성대하다.'는 위엄 있는 자세를 말한 것이고, '문채 나는 군자이시여, 끝내 당신을 잊을 수 없네.'는 그분의 성대한 덕과 지극한 선을 백성들이 잊을 수 없음을 말한 것이다.

≪시경≫에 "아! 前王을 잊지 못하네."[17]라고 하였으니, 군자는 前王이 어질게 여긴 사람을 어질게 여기고 前王이 친애한 사람을 친애하며, 소인은 前王이 즐겁게 해준 것을 즐거워하고 前王이 이롭게 해준 것을 이롭게 여기니, 이것이 바로 前王이 세상을 떠났지만 그를 잊지 못하는 것이다.

孔子가 말하기를 "訟事를 판결하는 것은 나도 남들과 다를 게 없지만, 나는 반드시 백성들로 하여금 송사를 없도록 할 것이다."라고 하였으니, 진실성이 없는 자가 그 변명하는 말을 다할 수 없게 한 것은 백성의 心志를 크게 畏服시킨 것이다. 이것을 근본

공정한 법도나 원칙으로 남의 마음을 헤아리고 배려하는 것을 의미한다.

14) 화락한……부모이시네 : ≪詩經≫ 〈小雅 南山有臺〉에 보인다.

15) 높고……바라보네 : ≪詩經≫ 〈小雅 節南山〉에 보인다.

16) 저……없네 : ≪詩經≫ 〈衛風 淇奧〉에 보인다.

17) 아……못하네 : ≪詩經≫ 〈周頌 烈文〉에 보인다.

을 아는 것이라고 한다.

《詩經》에 "殷나라가 민중의 마음을 잃지 않았을 적에는 능히 上帝와 配合하였으니, 의당 殷나라를 거울로 삼아야 한다. 큰 天命은 보존하기 쉽지 않다."[18]라고 하였으니, 이는 '민중의 마음을 얻으면 나라를 얻고 민중의 마음을 잃으면 나라를 잃는다.'는 것을 말한 것이다. 그러므로 군자는 먼저 德을 삼가니, 德이 있으면 이에 人民을 소유하게 되고, 人民을 소유하면 이에 국토를 소유하게 되고, 국토를 소유하면 이에 재물을 소유하게 되고, 재물을 소유하면 이에 쓸 수 있게 된다. 德은 근본이고 재물은 말단이다. 근본을 밖으로 하고 말단을 안으로 하면 백성을 다투게 하여 약탈하는 도를 베풀게 된다. 그러므로 재물이 임금에게 모이면 백성들이 흩어지고, 재물이 백성들에게 나누어지면 백성들이 모인다. 그러므로 말이 사리에 어긋나서 나간 것은 또한 어긋나서 나에게 들어오고, 재화가 사리에 어긋나서 내게 들어온 것은 또한 사리에 어긋나서 나간다.

〈康誥〉에 "오직 天命은 일정한 곳에만 있지 않다."라고 하였으니, 이는 '善하면 天命을 얻고 不善하면 天命을 잃는다.'는 점을 말한 것이다. 〈楚書〉[19]에 "楚나라는 보배로 삼을 것이 없고, 오직 善을 보배로 삼는다."라고 하였다. 舅犯이 말하기를 "망명한 사람은 보배로 삼는 것이 없고, 어버이를 仁愛하는 것을 보배로 삼는다."라고 하였다.[20] 〈秦誓〉[21]에 "만약 어떤 한 신하가 성실하고 전일하며 다른 기예가 없으나 그의 마음은 아름답고 아름다워 남을 용납함이 있는 듯하다. 남이 가진 기예를 자기가 가진 듯이 하며 남의 아름답고 훌륭함을 진심으로 좋아하는 것이 그의 입으로 말하는 것과 같을 뿐만이 아니라면, 이 사람은 남을 포용할 수 있는지라 우리 자손과 백성을 보호할 수 있을 것이니, 거의 또한 나라에 이로움이 있을 것이다. 남이 가진 기예를 시기하고 질투하여 그를 미워하며 남의 아름답고 훌륭함을 거역하여 그로 하여금 통달하지 못하게 하면, 이 사람은 남을 포용할 수 없는지라 우리 자손과 백성을 보호할 수 없을 것이니, 또한 나라를 위태롭게 할 것이다."라고 하였다. 오직 어진 사람이어야만

---

18) 殷나라가……않다 : 《詩經》 〈大雅 文王〉에 보인다.
19) 楚書 : 《國語》 〈楚語〉를 말한다.
20) 舅犯이……하였다 : 舅犯은 晉 文公(重耳)의 외삼촌인 子犯을 가리킨다. 《國語》 〈晉語 二〉에는 "亡人은 親한 이가 없고, 信과 仁으로 親함을 삼을 따름입니다.〔亡人無親 信仁以爲親〕"라고 하였다.
21) 秦誓 : 《書經》 周書의 편명이다.

그런 사람을 추방하되 사방의 변경으로 내쫓아서 나라 안에 있는 사람들과 함께 살지 못하게 할 수 있으니, 이를 "오직 어진 사람만이 능히 남을 사랑하고 능히 남을 미워하는 일을 할 수 있다."[22]라고 말하는 것이다.

어진 사람을 보고도 그를 능히 천거하지 않으며 그를 천거하되 능히 자기보다 앞에 두지 않는 것은 태만이고, 불선한 사람을 보고도 능히 물리치지 않으며 그를 물리치더라도 능히 멀리 내치지 않는 것은 잘못이다. 남들이 싫어하는 것을 좋아하며 남들이 좋아하는 것을 싫어하는 것, 이를 사람의 본성을 거역하는 것이라고 한다. 이런 사람은 재앙이 반드시 그의 몸에 미칠 것이다. 그러므로 군자는 큰 道를 가지고 있으니, 반드시 충성과 신실함으로써 그 道를 얻고 교만함과 사치함으로써 그 道를 잃는다.

재물을 생산하는 데에는 큰 도리가 있으니, 재물을 생산하는 자는 많고 그것을 소비하는 자는 적으며, 재물을 생산하는 것은 빠르고 그것을 소비하는 것은 더디면 재물은 항상 풍족할 것이다. 어진 사람은 재물로 자신을 일으키고, 어질지 못한 사람은 자신을 망치며 재물을 일으킨다. 윗사람이 仁을 좋아하는데도 아랫사람이 義를 좋아하지 않는 경우는 아직까지 없었으니, 義를 좋아하는데도 그 임금의 일이 제대로 끝마쳐지지 않는 경우는 아직까지 없었으며, 국가의 창고에 있는 재물이 그 임금의 재물이 아닌 경우는 아직까지 있지 않았다.

孟獻子가 말하기를 "馬乘[23]을 기르는 大夫는 닭과 돼지를 기르는 일을 살피지 않고, 저장한 얼음을 사용하는 大夫는 소와 양을 기르지 않고, 전차 1백 대를 출동할 採地를 가진 大夫는 백성들에게 세금을 가혹하게 거두는 家臣을 두지 않으니, 백성들에게 세금을 가혹하게 거두는 가신을 두기보다는 차라리 도둑질하는 가신을 두는 것이 더 낫다."라고 하였으니, 이는 '나라는 이익으로써 이로움을 삼지 않고 의리로써 이로움을 삼는다.'는 것을 말한 것이다. 국가의 君長이 되어서 재물을 모아 자신의 財用으로 삼는 데 힘쓰는 것은 반드시 小人으로부터 말미암으니, 임금이 나라를 잘 다스리고자 하더라도 소인으로 하여금 나라의 일을 다스리게 하면 災害와 患難이 함께 이르는지라, 비록 훌륭한 인재가 있더라도 어떻게 해볼 수 없을 것이다. 이를 일러 "나라는 이익으로써 이로움을 삼지 않고 의리로써 이로움을 삼는다."라고 하는 것이다.

22) 오직……있다 : ≪論語≫ 〈里仁〉에 "오직 仁人이어야 능히 남을 사랑하고 능히 남을 미워하는 일을 할 수 있다.〔惟仁者 能好人 能惡人〕"라고 하였다.
23) 馬乘 : 수레를 끄는 네 마리 말을 가리킨다.

大學之道는 在明明德하며 在(親)〔新〕[24]民하며 在止於至善이라 知止而后有定이니 定而后能靜하고 靜而后能安하고 安而后能慮하고 慮而后能得이라 物有本末하고 事有終始하니 知所先後면 則近道矣라 康誥曰 克明德이라하며 大甲曰 顧諟(시)天之明命이라하며 帝典曰 克明峻德이라하니 皆自明也라 湯之盤銘曰 苟日新이어든 日日新하고 又日新이라하며 康誥曰 作新民이라하며 詩曰 周雖舊邦이나 其命維新이라하니 是故로 君子는 無所不用其極이라 詩云 邦畿千里여 惟民所止라하며 詩云 緡(면)蠻黃鳥여 止于丘隅라하여늘 子曰 於止에 知其所止로소니 可以人而不如鳥乎아하시니라 詩云 穆穆文王이여 於(오)緝熙敬止라하니 爲人君엔 止於仁하시고 爲人臣엔 止於敬하시고 爲人子엔 止於孝하시고 爲人父엔 止於慈하시고 與國人交엔 止於信이러시다 古之欲明明德於天下者는 先治其國하고 欲治其國者는 先齊其家하고 欲齊其家者는 先脩其身하고 欲脩其身者는 先正其心하고 欲正其心者는 先誠其意하고 欲誠其意者는 先致其知하니 致知는 在格物이라 物格而后知至하고 知至而后意誠하고 意誠而后心正하고 心正而后身脩하고 身脩而后家齊하고 家齊而后國治하고 國治而后天下平이라 自天子로 以至於庶人히 壹是皆以脩身爲本이라 其本亂而末治者는 否矣며 其所厚者에 薄이오 而其所薄者에 厚는 未之有也라 此謂知本이요 此謂知之至也라 所謂誠其意者는 毋自欺也라 如惡(오)惡臭하며 如好好色이 此之謂自謙이라 故로 君子는 必愼其獨也라 小人閒居에 爲不善호되 無所不至하다가 見君子而后에 厭然揜(엄)其不善하고 而著其善하나니 人之視己에 如見其肺肝然이니 則何益矣리오 此謂誠於中이면 形於外라 故로 君子는 必愼其獨也라 曾子曰 十目所視며 十手所指니 其嚴乎인저하니라 富潤屋이요 德潤身이라 心廣體胖이라 故로 君子는 必誠其意라 所謂脩身이 在正其心者는 身有所忿懥(치)면 則不得其正하며 有所恐懼면 則不得其正하며 有所好樂(요)면 則不得其正하며 有所憂患이면 則不得其正이라 心不在焉이면 視而不見하며 聽而不聞하며 食而不知其味라 此謂脩身이 在正其心이라 所謂齊其家가 在脩其身者는 人之其所親愛而辟焉하며 之其所賤惡(오)而辟焉하며 之其所畏敬而辟焉하며 之其所哀矜而辟焉하며 之其所敖惰而辟焉이라 故로 好而知其惡하며 惡(오)而知其美者는 天下에 鮮矣라 故로 諺에 有之하니 曰 人莫知其子之惡하며 莫知其苗之碩이라 此謂身不脩면 不可以齊其家라 所謂治國이 必先齊其家者는 其家를 不可敎요 而能敎人者는 無之라 故로 君子는 不出家而成敎於國하나니 孝者는 所以事君也요 弟者는 所以事長也요 慈者는 所以使衆也라 康誥曰 如保赤子라하니 心誠求之면 雖不中이나 不遠矣니 未有學養子而后嫁者也라 一家仁이면 一國이 興仁하고 一家讓이면 一國이 興讓하고 一人이 貪戾면 一國이 作亂이라 其機如

24) (親)〔新〕: ≪二程遺書≫ 〈二先生語 第二 上〉에 "'在新民'은 사람들로 하여금 이 道를 써서 스스로 새로워지게 하는 것이다.〔在新民者 使人用此道以自新〕"라고 하여, 二程은 '親民'을 '新民'으로 보았다. 이에 의거하여 '親'을 '新'으로 바로잡았다.

此하니 此謂一言이 僨事며 一人이 定國이라 堯舜이 率天下以仁하신대 而民從之하고 桀紂가 率天下以暴한대 而民從之하니 其所令이 反其所好면 而民不從이라 是故로 君子는 有諸己而后求諸人하며 無諸己而后非諸人이라 所藏乎身이 不恕요 而能喩諸人者는 未之有也라 故로 治國이 在齊其家라 詩云 桃之夭夭여 其葉蓁蓁이로다 之子于歸여 宜其家人이라하니 宜其家人而后에 可以教國人이라 詩云 宜兄宜弟라하니 宜兄宜弟而后에 可以教國人이라 詩云 其儀不忒(특)이라 正是四國이라하니 其爲父子兄弟가 足法而后에 民法之也라 此謂治國이 在齊其家라 所謂平天下가 在治其國者는 上老老而民興孝하며 上長長而民興弟하며 上恤孤而民不倍라 是以로 君子는 有絜(혈)矩之道也라 所惡(오)於上으로 毋以使下하며 所惡於下로 毋以事上하며 所惡於前으로 毋以先後하며 所惡於後로 毋以從前하며 所惡於右로 毋以交於左하며 所惡於左로 毋以交於右가 此之謂絜矩之道라 詩云 樂只君子여 民之父母라하니 民之所好를 好之하며 民之所惡(오)를 惡之가 此之謂民之父母라 詩云 節彼南山이여 維石巖巖이로다 赫赫師尹이여 民具爾瞻이라하니 有國者는 不可以不愼이라 辟則爲天下僇矣라 詩云 瞻彼淇澳(욱)혼대 菉竹猗(의)猗로다 有斐君子여 如切如磋하며 如琢如磨로다 瑟兮僩(한)兮며 赫兮喧兮니 有斐君子여 終不可諠(훤)兮라하니 如切如磋者는 道學也요 如琢如磨者는 自脩也요 瑟兮僩兮者는 恂慄也요 赫兮喧兮者는 威儀也요 有斐君子終不可諠兮者는 道盛德至善을 民之不能忘也라 詩云 於戲(오호)라 前王不忘이라하니 君子는 賢其賢而親其親하고 小人은 樂其樂而利其利하나니 此以沒世不忘也라 子曰 聽訟이 吾猶人也나 必也使無訟乎인저하시니 無情者가 不得盡其辭는 大畏民志라 此謂知本이라 詩云 殷之未喪師엔 克配上帝러니 儀監于殷이어다 峻命不易(이)라하니 道得衆則得國하고 失衆則失國이라 是故로 君子는 先愼乎德이니 有德이면 此有人이요 有人이면 此有土요 有土면 此有財요 有財면 此有用이라 德者는 本也요 財者는 末也라 外本內末이면 爭民施奪이라 是故로 財聚則民散하고 財散則民聚라 是故로 言悖而出者는 亦悖而入하고 貨悖而入者는 亦悖而出이라 康誥曰 惟命은 不于常이라하니 道善則得之하고 不善則失之矣라 楚書曰 楚國은 無以爲寶요 惟善을 以爲寶라 舅犯曰 亡人은 無以爲寶요 仁親을 以爲寶라 秦誓曰 若有一个臣이 斷斷兮無他技니 其心은 休休焉其如有容焉이라 人之有技를 若己有之하며 人之彦聖을 其心好之가 不啻(시)若自其口出이면 寔(식)能容之라 以能保我子孫黎民이니 尙亦有利哉인저 人之有技를 媢(모)疾以惡(오)之하며 人之彦聖을 而違之하여 俾不通하면 寔不能容이라 以不能保我子孫黎民이니 亦曰殆哉인저하니라 唯仁人이야 放流之호되 迸諸四夷하여 不與同中國하나니 此謂唯仁人이야 爲能愛人하며 能惡(오)人이라 見賢而不能擧하며 擧而不能先이 (命)〔怠〕[25]也요 見不善而不能

25) (命)〔怠〕: ≪二程外書≫ 第11에 "≪大學≫에 '천거하되 자기보다 앞에 두지 않는 것이 命이다.'라고 하였는데, 이 '命'자는 마땅히 '怠'자가 되어야 하니, 글자가 잘못된 것이다.〔大學 擧而不能

退하며 退而不能遠이 過也라 好人之所惡(오)하며 惡(오)人之所好를 是謂拂人之性이라 菑(재)必逮夫身이라 是故로 君子有大道하니 必忠信以得之하고 驕泰以失之라 生財有大道하니 生之者衆하고 食之者寡하며 爲之者疾하고 用之者舒하면 則財恒足矣리라 仁者는 以財發身하고 不仁者는 以身發財라 未有上好仁而下不好義者也니 未有好義요 其事不終者也며 未有府庫財가 非其財者也라 孟獻子曰 畜(휵)馬乘은 不察於雞豚하고 伐氷之家는 不畜牛羊하고 百乘之家는 不畜聚斂之臣하나니 與其有聚斂之臣으론 寧有盜臣이라하니 此謂國은 不以利爲利요 以義爲利也라 長國家而務財用者는 必自小人矣니 彼爲善之나 小人之使爲國家면 菑害幷至라 雖有善者라도 亦無如之何矣리라 此謂國은 不以利爲利요 以義爲利也라

先 命也 命當作怠 字之誤也〕"라고 하였다.

이천선생개정대학 伊川先生改正大學[1)]

大學의 道는 明德을 밝히는 데 있으며, 백성을 새롭게 하는 데 있으며, 지극한 善에 머무는 데 있다. 그칠 바를 안 뒤에 정해짐이 있으니, 정해진 뒤에 능히 고요해지고, 고요해진 뒤에 능히 편안해지고, 편안해진 뒤에 능히 사려하게 되고, 사려한 뒤에 능히 얻게 된다. 物에는 本과 末이 있고, 일〔事〕에는 終과 始가 있으니, 먼저 할 바와 나중에 할 바를 알면 道에 가까울 것이다.

옛날 온 천하 사람들에게 明德을 밝히게 하고자 했던 사람은 먼저 자기 나라 사람들을 잘 다스렸고, 자기 나라 사람들을 잘 다스리고자 했던 사람은 먼저 자기 집안사람들을 균평하게 대하였고, 자기 집안사람들을 균평하게 대하고자 했던 사람은 먼저 자기 몸을 닦았고, 자기 몸을 닦고자 했던 사람은 먼저 자기 마음을 바르게 하였고, 자기 마음을 바르게 하고자 했던 사람은 먼저 자기 생각을 진실되게 하였고, 자기 생각을 진실되게 하고자 했던 사람은 먼저 자기의 앎을 극진히 하였으니, 자기의 앎을 극진히 하는 것은 사물의 이치에 이르는 데 있다. 사물의 이치에 이른 뒤에 앎이 지극해지고, 앎이 지극해진 뒤에 생각이 진실해지고, 생각이 진실해진 뒤에 마음이 바르게 되고, 마음이 바르게 된 뒤에 몸이 닦이고, 몸이 닦인 뒤에 집안사람들이 균평히 대우받고, 집안사람들이 균평히 대우받게 된 뒤에 나라 사람들이 잘 다스려지고, 나라 사람들이 잘 다스려진 뒤에 온 천하 사람들이 평안하게 된다.

天子로부터 일반인에 이르기까지 일체 모든 사람들이 修身을 근본으로 삼는다. 그 근본이 어지러운데도 그 말단이 잘 다스려지는 경우는 없으며, 후하게 대할 사람에게 박하게 대하면서도 박하게 대할 사람에게 후하게 대하는 경우는 아직까지 있지 않았다.

孔子가 말하기를 "訟事를 판결하는 것은 나도 남들과 다를 게 없지만, 나는 반드시 백성들로 하여금 송사를 없도록 할 것이다."라고 하였으니, 진실성이 없는 자가 그 변명하는 말을 다할 수 없게 한 것은 백성의 心志를 크게 畏服시킨 것이다. 이것을 근본

1) 伊川先生改正大學 : 程頤는 뒤에 붙인 별첨과 같이 〈大學〉의 편차를 개정하였다. 정이는 程顥의 설을 수용하면서 편차를 재개정하였는데, 三綱領・八條目을 앞에 제시하고, 삼강령・팔조목에 대한 해석이 차례대로 전개되는 논리 구조를 제시하였다. 정이의 〈改正大學〉은 후대 朱熹의 ≪大學章句≫에 지대한 영향을 미쳤다.

을 아는 것이라고 하며, 이것을 앎이 지극한 것이라고 한다.

〈康誥〉에 "능히 德을 밝힌다."라고 하였으며, 〈太甲〉에 "이 하늘의 밝은 命을 돌아본다."라고 하였으며, 〈帝典〉에 "능히 큰 덕을 밝힌다."라고 하였으니, 모두 스스로 〈덕을〉 밝히는 것이다.

湯임금의 盤銘에 "진실로 어느 날 자신을 새롭게 변화시켰다면 나날이 새롭게 변화시켜 나가고, 또 날마다 새롭게 변화시켜라."라고 하였으며, 〈康誥〉에 "새롭게 변화하는 백성들을 진작시켜라."라고 하였으며, ≪詩經≫에 "周나라가 비록 오래된 나라이지만, 그 命이 새로워졌다."라고 하였으니, 이런 까닭에 君子는 어떤 경우인들 그 지극함을 쓰지 않음이 없다.

≪시경≫에 "나라의 畿內 사방 천 리의 땅이여, 백성들이 머물러 사는 곳이네."라고 하였으며, ≪시경≫에 "자그마한 꾀꼬리여, 언덕 모서리에 머물러 있네."라고 하였는데, 孔子가 말하기를 "저 새도 그칠 곳에서 그칠 줄 아니, 사람이면서도 저 새만 못할 수 있겠는가."라고 하였다. ≪시경≫에 "심원하신 文王이시여, 아! 그 덕이 빛나고 밝아 공경한 마음으로 머무셨네."라고 하였으니, 문왕께서 임금이 되었을 적에는 仁에 머무셨고, 신하가 되었을 적에는 敬에 머무셨고, 자식이 되어서는 孝에 머무셨고, 아버지가 되어서는 慈에 머무셨고, 나라 사람들과 교유할 적에는 信에 머무셨던 것이다.

이른바 "자기 생각을 진실되게 한다."라는 것은 자신을 속이지 않는 것이다. 〈惡을 미워함은〉 악취를 싫어하는 것과 같이 하고, 〈善을 좋아함은〉 아름다운 이성을 좋아하는 것과 같이 하는 것, 이것을 스스로 만족하는 것이라고 한다. 그러므로 君子는 반드시 자기 혼자만 알고 있는 마음속 생각을 신중히 한다. 小人이 홀로 거처할 적에 不善한 일을 행하여 하지 못하는 짓이 없다가 군자를 만난 뒤에 슬그머니 그의 不善을 숨기고 善을 드러내지만, 남들이 자기를 볼 적에 자기의 속마음을 훤히 들여다보듯이 볼 것이니, 무엇이 유익하겠는가. 이를 "마음속에 가득 차면 밖으로 드러난다."고 하는 것이다. 그러므로 군자는 반드시 자기 혼자만 알고 있는 마음속 생각을 신중히 한다. 曾子가 말하기를 "열 사람의 눈이 주시하고 열 사람의 손가락이 가리키는 바이니, 두려워할 만한 것이로다."라고 하였다. 富는 집안을 윤택하게 하고 德은 자신을 윤택하게 한다. 마음의 덕이 쌓여 신체가 넉넉해진다. 그러므로 군자는 반드시 자기 생각을 진실되게 한다.

이른바 "몸을 닦는 것은 자기 마음을 바르게 하는 데 있다."라는 것은 다음과 같은 뜻이다. 마음[2)]에 성내는 바가 있으면 그 바름을 얻지 못하며, 두려워하는 바가 있으면 그 바름을 얻지 못하며, 좋아하는 바가 있으면 그 바름을 얻지 못하며, 걱정하는 바가 있으면 그 바름을 얻지 못한다. 마음이 거기에 있지 않으면 보아도 보이지 않으며, 들어도 들리지 않으며, 먹어도 그 맛을 알지 못한다. 이를 일러 "몸을 닦는 것은 자기 마음을 바르게 하는 데 있다."라고 하는 것이다.

이른바 "자기 집안사람들을 균평히 대하는 것은 자기 몸을 닦는 데 있다."라는 것은 다음과 같은 뜻이다. 사람들은 자기가 친하게 여기고 사랑하는 사람에 대해서 치우친 감정을 가지며, 천하게 여기고 미워하는 사람에 대해서 치우친 감정을 가지며, 두려워하고 공경하는 사람에 대해서 치우친 감정을 가지며, 애처롭게 여기고 긍휼히 여기는 사람에 대해서 치우친 감정을 가지며, 오만하게 대하고 태만히 여기는 사람에 대해서 치우친 감정을 가진다. 그러므로 상대를 좋아하면서도 그의 나쁜 점을 알며, 상대를 미워하면서도 그의 아름다운 점을 아는 사람은 천하에 드물다. 그러므로 속담에 이에 대한 말이 있으니, "사람들은 자기 자식의 나쁜 점을 알지 못하고, 자기 논의 벼가 크게 자란 것을 알지 못한다."라는 것이다. 이를 일러 "몸이 닦이지 않으면 자기 집안사람들을 균평히 대할 수 없다."라고 하는 것이다.

이른바 "나라 사람들을 다스리려면 반드시 먼저 자기 집안사람들을 균평히 대해야 한다."라는 것은 다음과 같은 뜻이다. 자기 집안사람들을 교화할 수 없으면서도 능히 남들을 교화하는 사람은 없다. 그러므로 군자는 집안을 벗어나지 않더라도 나라 안에 교화를 이룩하니, 〈집안에서의〉 孝는 〈밖으로〉 임금을 섬기는 것이고, 〈집안에서의〉 悌는 〈밖으로〉 윗사람을 섬기는 것이고, 〈집안에서의〉 慈는 〈밖으로〉 민중을 부리는 것이다. 〈康誥〉에 "어린아이를 보호하듯 해야 한다."라고 하였으니, 마음이 성심으로 그것을 구하면 비록 그 목표에 적중하지는 않을지라도 멀리 벗어나지는 않을 것이다. 자식 기르는 것을 다 배운 뒤에 시집가는 여자는 아직까지 있지 않았다. 한 집안사람들이 어질면 온 나라 사람들이 仁에 마음을 일으키고, 한 집안사람들이 겸양하면 온

---

2) 마음 : ≪二程遺書≫ 〈伊川先生語五 楊遵道錄〉에 "선생에게 묻기를 '성내는 바, 두려워하는 바, 걱정하는 바가 있으면 마음이 그 바름을 얻지 못한다고 하였는데, 이 몇 가지 감정을 없애면 마음이 바르게 됩니까?'라고 하니, 선생이 말씀하시기를 '이는 이런 감정을 없애야 한다고 말하는 것이 아니다. 단지 이러한 감정으로 그 마음을 동요하지 않아야 한다는 것이다. 배우는 자가 마음을 동요하지 않는 경지에 이르지 않았다면 모름지기 자기의 의지를 잡고 지켜야 한다.'라고 하였다.〔問 有所忿懥恐懼憂患 心不得其正 是要無此數者 心乃正乎 曰 非是謂無 只是不以此動其心 學者未到不動處 須是執持其志〕"라고 하였다. 이를 보면 程頤는 '身有所'의 '身'을 心으로 본 것을 알 수 있다.

나라 사람들이 겸양에 마음을 일으키고, 한 사람이 탐욕스럽고 사나우면 온 나라 사람들이 난을 일으킨다. 그 幾微가 이와 같으니, 이를 일러 "한 마디 말이 일을 그르치기도 하며, 한 사람이 나라를 안정시키기도 한다."라고 하는 것이다.

堯임금과 舜임금이 천하 사람들을 仁으로써 거느렸는데 백성들이 그들을 따랐고, 桀王과 紂王이 천하 사람들을 포악함으로써 거느렸는데 백성들이 그들을 따랐으니, 임금이 명령하는 바가 임금이 평소 좋아하던 것에 반대되면 백성들은 그 명령을 따르지 않는다. 그러므로 군자는 자기 몸에 仁과 겸양을 갖춘 뒤에 남에게 그것을 요구하며, 자기 몸에 탐욕과 사나움을 없앤 뒤에 남의 그런 점을 비난한다. 자기 몸에 갖춘 것이 恕가 아닌데도 능히 남에게 깨우쳐주는 경우는 아직까지 있지 않았다. 그러므로 나라 사람들을 다스리는 것은 자기 집안사람들을 균평히 대우하는 데 있다.

≪詩經≫에 "갓 핀 복사꽃 산뜻하게 예쁜데, 그 잎이 무성히도 났구나. 저 아가씨 시집가네, 그 시댁 사람들을 잘 대하리."라고 하였으니, 자기 집안사람들을 잘 대하는 사람이 된 뒤에야 나라 사람들을 교화할 수 있다. ≪시경≫에 "형을 잘 대하며 동생을 잘 대하네."라고 하였으니, 형을 잘 대하며 동생을 잘 대하는 사람이 된 뒤에야 나라 사람들을 교화할 수 있다. ≪시경≫에 "그 의젓한 몸가짐이 어긋나지 않는지라, 이 사방의 나라 사람들을 바르게 하네."라고 하였으니, 그가 아버지・자식・형・동생이 충분히 본받을 만한 사람이 된 뒤에야 백성들이 그를 본받게 된다. 이를 일러 "나라 사람들을 다스리는 것은 자기 집안사람들을 균평히 대우하는 데 있다."라고 하는 것이다.

이른바 "온 천하 사람들을 평안하게 하는 것은 자기 나라 사람들을 잘 다스리는 데 있다."라는 것은 다음과 같은 뜻이다. 윗사람이 자기 집안의 노인을 노인으로 잘 공경하면 백성들이 孝에 마음을 일으키며, 윗사람이 자기 집안의 어른을 어른으로 잘 공경하면 백성들이 悌에 마음을 일으키며, 윗사람이 고아를 구휼하면 백성들이 그 마음을 저버리지 않는다. 그러므로 군자는 絜矩之道가 있다. 윗사람에게 싫었던 것 그것으로써 아랫사람들을 부리지 말며, 아랫사람에게 싫었던 것 그것으로써 윗사람을 섬기지 말며, 앞사람에게 싫었던 것 그것으로써 뒤에 오는 사람에게 앞서가지 말며, 뒷사람에게 싫었던 것 그것으로써 앞에 가는 사람을 따라가지 말며, 오른쪽 사람에게 싫었던 것 그것으로써 왼쪽 사람과 교유하지 말며, 왼쪽 사람에게 싫었던 것 그것으로써 오른쪽 사람과 교유하지 마는 것, 이것을 絜矩之道라고 한다.

≪詩經≫에 "화락한 군자이시여, 백성들의 부모이시네."라고 하였으니, 백성들이 좋

아하는 것을 좋아하고 백성들이 싫어하는 것을 싫어하는 분, 그런 분을 백성들의 부모라고 한다. ≪시경≫에 "높고 높은 저 南山이여, 바위가 우뚝하게 쌓였구나. 현달하고 성대한 太師 尹氏여, 백성들이 모두 당신을 바라보네."라고 하였으니, 국가를 소유한 사람은 삼가지 않으면 안 된다. 치우치면 천하 사람들에게 죽임을 당할 것이다.

≪시경≫에 "저 淇水의 물굽이를 바라보니, 푸른 대나무가 파릇파릇하구나. 문채 나는 군자이시여, 자른 듯 갈아낸 듯하며, 쪼아낸 듯 다듬은 듯하네. 엄밀하고 꿋꿋하며, 빛나고 성대하니, 문채 나는 군자이시여, 끝내 당신을 잊을 수 없네."라고 하였으니, '자른 듯 갈아낸 듯하다.'는 학문을 말한 것이고, '쪼아낸 듯 다듬은 듯하다.'는 스스로 자신을 닦는 것을 말한 것이고, '엄밀하고 꿋꿋하다.'는 근신하며 두려워하는 마음을 말한 것이고, '빛나고 성대하다.'는 위엄 있는 자세를 말한 것이고, '문채 나는 군자이시여, 끝내 당신을 잊을 수 없네.'는 그분의 성대한 덕과 지극한 선을 백성들이 잊을 수 없음을 말한 것이다.

≪시경≫에 "아! 前王을 잊지 못하네."라고 하였으니, 군자는 前王이 어질게 여긴 사람을 어질게 여기고 前王이 친애한 사람을 친애하며, 소인은 前王이 즐겁게 해준 것을 즐거워하고 前王이 이롭게 해준 것을 이롭게 여기니, 이것이 바로 前王이 세상을 떠났지만 그를 잊지 못하는 것이다.

〈康誥〉에 "오직 天命은 일정한 곳에만 있지 않다."라고 하였으니, 이는 '善하면 天命을 얻고 不善하면 天命을 잃는다.'는 점을 말한 것이다. 〈楚書〉에 "楚나라는 보배로 삼을 것이 없고, 오직 善을 보배로 삼는다."라고 하였다. 舅犯이 말하기를 "망명한 사람은 보배로 삼는 것이 없고, 어버이를 仁愛하는 것을 보배로 삼는다."라고 하였다. 〈秦誓〉에 "만약 어떤 한 신하가 성실하고 전일하며 다른 기예가 없으나 그의 마음은 아름답고 아름다워 남을 용납함이 있는 듯하다. 남이 가진 기예를 자기가 가진 듯이 하며 남의 아름답고 훌륭함을 진심으로 좋아하는 것이 그의 입으로 말하는 것과 같을 뿐만이 아니라면, 이 사람은 남을 포용할 수 있는지라 우리 자손과 백성을 보호할 수 있을 것이니, 거의 또한 나라에 이로움이 있을 것이다. 남이 가진 기예를 시기하고 질투하여 그를 미워하며 남의 아름답고 훌륭함을 거역하여 그로 하여금 통달하지 못하게 하면, 이 사람은 남을 포용할 수 없는지라 우리 자손과 백성을 보호할 수 없을 것이니, 또한 나라를 위태롭게 할 것이다."라고 하였다. 오직 어진 사람이어야만 그런 사람을 추방하되 사방의 변경으로 내쫓아서 나라 안에 있는 사람들과 함께 살지 못하게 할 수 있으니, 이를 "오직 어진 사람만이 능히 남을 사랑하고 능히 남을 미워하는 일을 할 수 있다."라고 말하는 것이다.

어진 사람을 보고도 그를 능히 천거하지 않으며 그를 천거하되 능히 자기보다 앞에 두지 않는 것은 태만이고, 불선한 사람을 보고도 능히 물리치지 않으며 그를 물리치더라도 능히 멀리 내치지 않는 것은 잘못이다. 남들이 싫어하는 것을 좋아하며 남들이 좋아하는 것을 싫어하는 것, 이를 사람의 본성을 거역하는 것이라고 한다. 이런 사람은 재앙이 반드시 그의 몸에 미칠 것이다. 그러므로 군자는 큰 道를 가지고 있으니, 반드시 충성과 신실함으로써 그 道를 얻고 교만함과 사치함으로써 그 道를 잃는다.

≪詩經≫에 "殷나라가 민중의 마음을 잃지 않았을 적에는 능히 上帝와 配合하였으니, 의당 殷나라를 거울로 삼아야 한다. 큰 天命은 보존하기 쉽지 않다."라고 하였으니, 이는 '민중의 마음을 얻으면 나라를 얻고 민중의 마음을 잃으면 나라를 잃는다.'는 것을 말한 것이다. 그러므로 군자는 먼저 德을 삼가니, 德이 있으면 이에 人民을 소유하게 되고, 人民을 소유하면 이에 국토를 소유하게 되고, 국토를 소유하면 이에 재물을 소유하게 되고, 재물을 소유하면 이에 쓸 수 있게 된다. 德은 근본이고 재물은 말단이다. 근본을 밖으로 하고 말단을 안으로 하면 백성을 다투게 하여 약탈하는 도를 베풀게 된다. 그러므로 재물이 임금에게 모이면 백성들이 흩어지고, 재물이 백성들에게 나누어지면 백성들이 모인다. 그러므로 말이 사리에 어긋나서 나간 것은 또한 어긋나서 나에게 들어오고, 재화가 사리에 어긋나서 내게 들어온 것은 또한 사리에 어긋나서 나간다.

재물을 생산하는 데에는 큰 도리가 있으니, 재물을 생산하는 자는 많고 그것을 소비하는 자는 적으며, 재물을 생산하는 것은 빠르고 그것을 소비하는 것은 더디면 재물은 항상 풍족할 것이다. 어진 사람은 재물로 자신을 일으키고, 어질지 못한 사람은 자신을 망치며 재물을 일으킨다. 윗사람이 仁을 좋아하는데도 아랫사람이 義를 좋아하지 않는 경우는 아직까지 없었으니, 義를 좋아하는데도 그 임금의 일이 제대로 끝마쳐지지 않는 경우는 아직까지 없었으며, 국가의 창고에 있는 재물이 그 임금의 재물이 아닌 경우는 아직까지 있지 않았다.

孟獻子가 말하기를 "馬乘을 기르는 大夫는 닭과 돼지를 기르는 일을 살피지 않고, 저장한 얼음을 사용하는 大夫는 소와 양을 기르지 않고, 전차 1백 대를 출동할 採地를 가진 大夫는 백성들에게 세금을 가혹하게 거두는 家臣을 두지 않으니, 백성들에게 세금을 가혹하게 거두는 가신을 두기보다는 차라리 도둑질하는 가신을 두는 것이 더 낫다.”라고 하였으니, 이는 ‘나라는 이익으로써 이로움을 삼지 않고 의리로써 이로움을 삼는다.’는 것을 말한 것이다. 국가의 君長이 되어서 재물을 모아 자신의 財用으로 삼는 데 힘쓰는 것은 반드시 小人으로부터 말미암으니, 임금이 나라를 잘 다스리고자 하더라도 소인으로 하여금 나라의 일을 다스리게 하면 災害와 患難이 함께 이르는지라, 비록 훌륭한 인재가 있더라도 어떻게 해볼 수 없을 것이다. 이를 일러 “나라는 이익으로써 이로움을 삼지 않고 의리로써 이로움을 삼는다.”라고 하는 것이다.

大學之道는 在明明德하고 在親[①]民하고 在止於至善이라 知止而后有定이니 定而后能靜하고 靜而后能安하고 安而后能慮하고 慮而后能得이라 物有本末하고 事有終始하니 知所先後면 則近道矣라 古之欲明明德於天下者는 先治其國하고 欲治其國者는 先齊其家하고 欲齊其家者는 先脩其身하고 欲脩其身者는 先正其心하고 欲正其心者는 先誠其意하고 欲誠其意者는 先致其知하니 致知는 在格物이라 物格而后知至하고 知至而后意誠하고 意誠而后心正하고 心正而后身脩하고 身脩而后家齊하고 家齊而后國治하고 國治而后天下平이라 自天子로 以至於庶人히 壹是皆以脩身爲本이라 其本亂而末治者는 否矣며 其所厚者에 薄이오 而其所薄者에 厚는 未之有也라 子曰 聽訟은 吾猶人也나 必也使無訟乎인저하시니 無情者가 不得盡其辭는 大畏民志라 此謂知本[②] 此謂知本이요 此謂知之至也라 康誥曰 克明德이라하며 大甲曰 顧諟(시)天之明命이라하며 帝典曰 克明峻德이라하니 皆自明也라 湯之盤銘曰 苟日新이어든 日日新하고 又日新이라하며 康誥曰 作新民이라하며 詩曰 周雖舊邦이나 其命惟[3)]新이라하니 是故로 君子는 無所不用其極이라 詩曰[4)] 邦畿千里여 惟民所止라하며 詩云 緡(면)蠻黃鳥여 止于丘隅라하여늘 子曰 於止에 知其所止로소니 可以人而不如鳥乎아하시니라 詩云 穆穆文王이여 於(오)緝熙敬止라하니 爲人君엔 止於仁하시고 爲人臣엔 止於敬하시고 爲人子엔 止於孝하시고 爲人父엔 止於慈하시고 與國人交엔 止於信이러시다 所謂誠其意者는 毋自欺也라 如惡(오)惡臭하며 如好好色이 此之謂自謙이라 故로 君子는 必愼其獨也라 小人閒居에 爲不善호되 無所不至하다가 見君子而后에 厭然揜(엄)其不善하고 而著其善하나니 人之視己에 如見其肺肝然이니 則何益矣리오 此謂誠於中이면 形於外라 故로 君子는 必愼其獨也라 曾子曰 十目所視며 十手所指니 其嚴乎인저하니라 富潤屋이요 德潤身이라 心廣體胖이라 故로 君子는 必誠其意라 所謂脩身이 在正其心者는 身[③]有所忿懥(치)면 則不得其正하며 有所恐懼면 則不得其正하며 有所好樂(요)면 則不得其正하며 有所憂患이면 則不得其正이라 心不在焉이면 視而不見하며 聽而不聞하며 食

---

3) 惟 : 〈大學〉 원문에는 ‘維’로 되어 있다.
4) 曰 : 〈大學〉 원문에는 ‘云’으로 되어 있다.

而不知其味라 此謂脩身이 在正其心이라 所謂齊其④家가 在脩其身者는 人之其所親愛而辟焉하며 之其所賤惡(오)而辟焉하며 之其所畏敬而辟焉하며 之其所哀矜而辟焉하며 之其所敖惰而辟焉이라 故로 好而知其惡하며 惡(오)而知其美者는 天下에 鮮矣라 故로 諺에 有之하니 曰 人莫知其子之惡하며 莫知其苗之碩이라 此謂身不脩면 不可以齊其家라 所謂治國이 必先齊其家者는 其家를 不可敎요 而能敎人者는 無之라 故로 君子는 不出家而成敎於國하나니 孝者는 所以事君也요 弟者는 所以事長也요 慈者는 所以使衆也라 康誥曰 如保赤子라하니 心誠求之면 雖不中이나 不遠矣니 未有學養子而后嫁者也라 一家仁이면 一國이 興仁하고 一家讓이면 一國이 興讓하고 一人이 貪戾면 一國이 作亂이라 其機如此하니 此謂一言이 僨事며 一人이 定國이라 堯舜이 率天下以仁하신대 而民從之하고 桀紂가 率天下以暴한대 而民從之하니 其所令이 反其所好면 而民不從이라 是故로 君子는 有諸己而后求諸人하며 無諸己而后非諸人이라 所藏乎身이 不恕요 而能喩諸人者는 未之有也라 故로 治國이 在齊其家라 詩云 桃之夭夭여 其葉蓁蓁이로다 之子于歸여 宜其家人이라하니 宜其家人而後[5]에 可以敎國人이라 詩云 宜兄宜弟라하니 宜兄宜弟而后에 可以敎國人이라 詩云 其儀不忒(특)이라 正是四國이라하니 其爲父子兄弟가 足法而後[6]에 民法之也라 此謂治國이 在齊其家라 所謂平天下가 在治其國者는 上老老而民興孝하며 上長長而民興弟하며 上恤孤而民不倍라 是以로 君子는 有絜(혈)矩之道也라 所惡(오)於上으로 毋以使下하며 所惡於下로 毋以事上하며 所惡於前으로 毋以先後하며 所惡於後로 毋以從前하며 所惡於右로 毋以交於左하며 所惡於左로 毋以交於右가 此之謂絜矩之道라 詩云 樂只君子여 民之父母라하니 民之所好를 好之하며 民之所惡(오)를 惡之가 此之謂民之父母라 詩云 節彼南山이여 維石巖巖이로다 赫赫師尹이여 民具爾瞻이라하니 有國者는 不可以不愼이라 辟則爲天下僇矣라 詩云 瞻彼淇澳(욱)혼대 菉竹猗(의)猗로다 有斐君子여 如切如磋하며 如琢如磨로다 瑟兮僩兮며 赫兮喧兮니 有斐君子여 終不可諠(훤)兮라하니 如切如磋者는 道學也요 如琢如磨者는 自脩也요 瑟兮僩(한)兮者는 恂慄也요 赫兮喧兮者는 威儀也요 有斐君子終不可諠兮者는 道盛德至善을 民之不能忘也라 詩云 於戲(오호)라 前王不忘이라하니 君子는 賢其賢而親其親하고 小人은 樂其樂而利其利하나니 此以沒世不忘也라 康誥曰 惟命은 不于常이라하니 道善則得之하고 不善則失之矣라 楚書曰 楚國은 無以爲寶요 惟善을 以爲寶라 舅犯曰 亡人은 無以爲寶요 仁親을 以爲寶라 秦誓曰 若有一个臣이 斷斷兮無他技나 其心은 休休焉其如有容焉이라 人之有技를 若己有之하며 人之彦聖을 其心好之가 不啻(시)若自其口出이면 寔能容之라 以能保我子孫黎民이니 尙亦有利哉인저 人之有技를 媢疾以惡(오)之하며 人之彦聖을

5) 後 : 〈大學〉 원문에는 '后'로 되어 있다.
6) 後 : 〈大學〉 원문에는 '后'로 되어 있다.

而違之하여 俾不通하면 寔不能容이라 以不能保我子孫黎民이니 亦曰殆哉인저하니라 唯仁人이야 放流之호되 迸諸四夷하여 不與同中國하나니 此謂唯仁人이야 爲能愛人하며 能惡(오)人이라 見賢而不能擧하며 擧而不能先이 命[⑤]也라 見不善而不能退하며 退而不能遠이 過也라 好人之所惡(오)하며 惡人之所好를 是謂拂人之性이라 菑(재)必逮夫身이라 是故로 君子有大道하니 必忠信以得之하고 驕泰以失之라 詩云 殷之未喪師엔 克配上帝러니 儀監于殷이어다 峻命不易(이)라하니 道得衆則得國하고 失衆則失國이라 是故로 君子는 先愼乎德이니 有德이면 此有人이요 有人이면 此有土요 有土면 此有財요 有財면 此有用이라 德者는 本也요 財者는 末也라 外本內末이면 爭民施奪이라 是故로 財聚則民散하고 財散則民聚라 是故로 言悖而出者는 亦悖而入하고 貨悖而入者는 亦悖而出이라 生財有大道하니 生之者衆하고 食之者寡하며 爲之者疾하고 用之者舒하면 則財恒足矣리라 仁者는 以財發身하고 不仁者는 以身發財라 未有上好仁而下不好義者也니 未有好義요 其事不終者也며 未有府庫財가 非其財者也라 孟獻子曰 畜(휵)馬乘은 不察於雞豚하고 伐氷之家는 不畜牛羊하고 百乘之家는 不畜聚斂之臣하나니 與其有聚斂之臣으론 寧有盜臣이라하니 此謂國은 不以利爲利요 以義爲利也라 長國家而務財用者는 必自小人矣니 彼爲善之나 小人之使爲國家면 菑害幷至라 雖有善者라도 亦無如之何矣리라 此謂國은 不以利爲利요 以義爲利也[⑥]라

① 〈'親'은〉 '新'이 되어야 한다.
當作新.

② 〈'此謂知本'〉 네 글자는 衍文이다.
四字衍.

③ 〈'身'은〉 '心'이 되어야 한다.
當作心.

④ '其'자는 衍文이다.
其字衍.

⑤ '怠'자의 오류이다.
作怠之誤也.

⑥ 어떤 판본에는 〈'彼爲善之 小人之使爲國家'가〉 "저 不善한 짓을 하는 小人, 그로 하여금 국가를 다스리게 하면"이라고 되어 있다.
一本云 "彼爲不善之小人, 使之爲國家."

※〈大學〉편차 개정(十三經注疏本을 기준으로 함)

十三經注疏 舊說	程顥 改正說	程頤 改正說	朱熹 改正說
1-① 大學之道 在明明德 在親民 在止於至善	1-① 大學之道 在明明德 在新民 在止於至善	1-① 大學之道 在明明德 在新民 在止於至善	1-① 大學之道 在明明德 在新民 在止於至善
1-② 知止而后有定 定而后能靜 靜而后能安 安而后能慮 慮而后能得	1-② 知止而后有定 定而后能靜 靜而后能安 安而后能慮 慮而后能得	1-② 知止而后有定 定而后能靜 靜而后能安 安而后能慮 慮而后能得	1-② 知止而后有定 定而后能靜 靜而后能安 安而后能慮 慮而后能得
1-③ 物有本末 事有終始 知所先後 則近道矣	1-③ 物有本末 事有終始 知所先後 則近道矣	1-③ 物有本末 事有終始 知所先後 則近道矣	1-③ 物有本末 事有終始 知所先後 則近道矣
1-④ 古之欲明明德於天下者 先治其國 欲治其國者 先齊其家 欲齊其家者 先修其身 欲修其身者 先正其心 欲正其心者 先誠其意 欲誠其意者 先致其知 致知在格物	1-⑮ 康誥曰 克明德 克明德 太甲曰 顧諟天之明命 帝典曰 克明峻德 皆自明也	1-④ 古之欲明明德於天下者 先治其國 欲治其國者 先齊其家 欲齊其家者 先修其身 欲修其身者 先正其心 欲正其心者 先誠其意 欲誠其意者 先致其知 致知在格物	1-④ 古之欲明明德於天下者 先治其國 欲治其國者 先齊其家 欲齊其家者 先修其身 欲修其身者 先正其心 欲正其心者 先誠其意 欲誠其意者 先致其知 致知在格物
1-⑤ 物格而后知至 知至而后意誠 意誠而后心正 心正而后身修 身修而后家齊 家齊而后國治 國治而后天下平	1-⑯ 湯之盤銘曰 苟日新 日日新 又日新 康誥曰 作新民 詩曰 周雖舊邦 其命惟新 是故 君子無所不用其極	1-⑤ 物格而后知至 知至而后意誠 意誠而后心正 心正而后身修 身修而后家齊 家齊而后國治 國治而后天下平	1-⑤ 物格而后知至 知至而后意誠 意誠而后心正 心正而后身修 身修而后家齊 家齊而后國治 國治而后天下平
1-⑥ 自天子以至於庶人 壹是皆以修身爲本	1-⑰ 詩云 邦畿千里 惟民所止 詩云 緡蠻黃鳥 止于丘隅 子曰 於止 知其所止 可以人而不如鳥乎 詩云 穆穆文王 於緝熙敬止 爲人君 止於仁 爲人臣 止於敬 爲人子 止於孝 爲人父 止於慈 與國人交 止於信	1-⑥ 自天子以至於庶人 壹是皆以修身爲本	1-⑥ 自天子以至於庶人 壹是皆以修身爲本
1-⑦ 其本亂而末治者 否矣 其所厚者薄 而其所薄者厚 未之有也	1-④ 古之欲明明德於天下者 先治其國 欲治其國者 先齊其家 欲齊其家者 先修其身 欲修其身者 先正其心 欲正其	1-⑦ 其本亂而末治者 否矣 其所厚者薄 而其所薄者厚 未之有也	1-⑦ 其本亂而末治者 否矣 其所厚者薄 而其所薄者厚 未之有也

十三經注疏 舊說	程顥 改正說	程頤 改正說	朱熹 改正說
	心者 先誠其意 欲誠其意者 先致其知 致知在格物		
1-⑧ 此謂知本 此謂知之至也	1-⑤ 物格而后知至 知至而后意誠 意誠而后心正 心正而后身修 身修而后家齊 家齊而后國治 國治而后天下平	2-① 子曰 聽訟 吾猶人也 必也使無訟乎 無情者不得盡其辭 大畏民志 此謂知本	1-⑮ 康誥曰 克明德 克明德 太甲曰 顧諟天之明命 帝典曰 克明峻德 皆自明也
1-⑨ 所謂誠其意者 毋自欺也 如惡惡臭 如好好色 此之謂自謙 故君子必愼其獨也	1-⑥ 自天子以至於庶人 壹是皆以修身爲本	1-⑧ 此謂知本(衍文) 此謂知之至也	1-⑯ 湯之盤銘曰 苟日新 日日新 又日新 康誥曰 作新民 詩曰 周雖舊邦 其命惟新 是故 君子無所不用其極
1-⑩ 小人閒居爲不善 無所不至 見君子而後厭然 掩其不善 而著其善 人之視己 如見其肺肝然 則何益矣 此謂誠於中 形於外 故君子必愼其獨也	1-⑦ 其本亂而末治者 否矣 其所厚者薄 而其所薄者厚 未之有也	1-⑮ 康誥曰 克明德 克明德 太甲曰 顧諟天之明命 帝典曰 克明峻德 皆自明也	1-⑰ 詩云 邦畿千里 惟民所止 詩云 緡蠻黃鳥 止于丘隅 子曰 於止 知其所止 可以人而不如鳥乎 詩云 穆穆文王 於緝熙敬止 爲人君 止於仁 爲人臣 止於敬 爲人子 止於孝 爲人父 止於慈 與國人交 止於信
1-⑪ 曾子曰 十目所視 十手所指 其嚴乎	1-⑧ 此謂知本 此謂知之至也	1-⑯ 湯之盤銘曰 苟日新 日日新 又日新 康誥曰 作新民 詩曰 周雖舊邦 其命惟新 是故 君子無所不用其極	1-⑬ 詩云 瞻彼淇澳 菉竹猗猗 有斐君子 如切如磋 如琢如磨 瑟兮僩兮 赫兮喧兮 有斐君子 終不可諠兮 如切如磋者 道學也 如琢如磨者 自修也 瑟兮僩兮者 恂慄也 赫兮喧兮者 威儀也 有斐君子 終不可諠兮者 道盛德至善 民之不能忘也
1-⑫ 富潤屋 德潤身 心廣體胖 故君子必誠其意	1-⑨ 所謂誠其意者 毋自欺也 如惡惡臭 如好好色 此之謂自謙 故君子必愼其獨也	1-⑰ 詩云 邦畿千里 惟民所止 詩云 緡蠻黃鳥 止于丘隅 子曰 於止 知其所止 可以人而不	1-⑭ 詩云 於戲前王不忘 君子賢其賢而親其親 小人樂其樂而利其利 此以沒世不忘也

十三經注疏 舊說	程顥 改正說	程頤 改正說	朱熹 改正說
		如鳥乎 詩云 穆穆文王 於緝熙敬止 爲人君 止於仁 爲人臣 止於敬 爲人子 止於孝 爲人父 止於慈 與國人交 止於信	
1-⑬ 詩云 瞻彼淇澳 菉竹猗猗 有斐君子 如切如磋 如琢如磨 瑟兮僩兮 赫兮喧兮 有斐君子 終不可諠兮 如切如磋者 道學也 如琢如磨者 自修也 瑟兮僩兮者 恂慄也 赫兮喧兮者 威儀也 有斐君子 終不可諠兮者 道盛德至善 民之不能忘也	1-⑩ 小人閒居爲不善 無所不至 見君子而後厭然 掩其不善 而著其善 人之視己 如見其肺肝然 則何益矣 此謂誠於中 形於外 故君子必愼其獨也	1-⑨ 所謂誠其意者 毋自欺也 如惡惡臭 如好好色 此之謂自謙 故君子必愼其獨也	2-① 子曰 聽訟 吾猶人也 必也使無訟乎 無情者不得盡其辭 大畏民志 此謂知本
1-⑭ 詩云 於戲前王不忘 君子賢其賢而親其親 小人樂其樂而利其利 此以沒世不忘也	1-⑪ 曾子曰 十目所視 十手所指 其嚴乎	1-⑩ 小人閒居爲不善 無所不至 見君子而後厭然 掩其不善 而著其善 人之視己 如見其肺肝然 則何益矣 此謂誠於中 形於外 故君子必愼其獨也	1-⑧ 此謂知本(衍文) 此謂知之至也
1-⑮ 康誥曰 克明德 克明德 太甲曰 顧諟天之明命 帝典曰 克明峻德 皆自明也	1-⑫ 富潤屋 德潤身 心廣體胖 故君子必誠其意	1-⑪ 曾子曰 十目所視 十手所指 其嚴乎	1-⑨ 所謂誠其意者 毋自欺也 如惡惡臭 如好好色 此之謂自謙 故君子必愼其獨也
1-⑯ 湯之盤銘曰 苟日新 日日新 又日新 康誥曰 作新民 詩曰 周雖舊邦 其命惟新 是故 君子無所不用其極	2-② 所謂修身在正其心者 身有所忿懥 則不得其正 有所恐懼 則不得其正 有所好樂 則不得其正 有所憂患 則不得其正	1-⑫ 富潤屋 德潤身 心廣體胖 故君子必誠其意	1-⑩ 小人閒居爲不善 無所不至 見君子而後厭然 掩其不善 而著其善 人之視己 如見其肺肝然 則何益矣 此謂誠於中 形於外 故君子必愼其獨也
1-⑰ 詩云 邦畿千里 惟民所止 詩云 緡蠻黃鳥 止于丘隅 子曰 於止 知其所止 可以人而不如鳥乎 詩云 穆穆文王 於緝熙	2-③ 心不在焉 視而不見 聽而不聞 食而不知其味	2-② 所謂修身在正其心者 心有所忿懥 則不得其正 有所恐懼 則不得其正 有所好樂 則不得其正 有所憂患 則不得	1-⑪ 曾子曰 十目所視 十手所指 其嚴乎

十三經注疏 舊說	程顥 改正說	程頤 改正說	朱熹 改正說
敬止 爲人君 止於仁 爲人臣 止於敬 爲人子 止於孝 爲人父 止於慈 與國人交 止於信		其正	
2-① 子曰 聽訟 吾猶人也 必也使無訟乎 無情者不得盡其辭 大畏民志 此謂知本	2-④ 此謂修身在正其心	2-③ 心不在焉 視而不見 聽而不聞 食而不知其味	1-⑫ 富潤屋 德潤身 心廣體胖 故君子必誠其意
2-② 所謂修身在正其心者 身有所忿懥 則不得其正 有所恐懼 則不得其正 有所好樂 則不得其正 有所憂患 則不得其正	2-⑤ 所謂齊其家在修其身者 人之其所親愛而辟焉 之其所賤惡而辟焉 之其所畏敬而辟焉 之其所哀矜而辟焉 之其所敖惰而辟焉 故好而知其惡 惡而知其美者 天下鮮矣	2-④ 此謂修身在正其心	2-② 所謂修身在正其心者 心有所忿懥 則不得其正 有所恐懼 則不得其正 有所好樂 則不得其正 有所憂患 則不得其正
2-③ 心不在焉 視而不見 聽而不聞 食而不知其味	2-⑥ 故諺有之曰 人莫知其子之惡 莫知其苗之碩	2-⑤ 所謂齊其家在修其身者 人之其所親愛而辟焉 之其所賤惡而辟焉 之其所畏敬而辟焉 之其所哀矜而辟焉 之其所敖惰而辟焉 故好而知其惡 惡而知其美者 天下鮮矣	2-③ 心不在焉 視而不見 聽而不聞 食而不知其味
2-④ 此謂修身在正其心	2-⑦ 此謂身不修 不可以齊其家	2-⑥ 故諺有之曰 人莫知其子之惡 莫知其苗之碩	2-④ 此謂修身在正其心
2-⑤ 所謂齊其家在修其身者 人之其所親愛而辟焉 之其所賤惡而辟焉 之其所畏敬而辟焉 之其所哀矜而辟焉 之其所敖惰而辟焉 故好而知其惡 惡而知其美者 天下鮮矣	2-⑧ 所謂治國必先齊其家者 其家不可敎而能敎人者 無之 故君子不出家而成敎於國 孝者 所以事君也 弟者 所以事長也 慈者 所以使衆也	2-⑦ 此謂身不修 不可以齊其家	2-⑤ 所謂齊其家在修其身者 人之其所親愛而辟焉 之其所賤惡而辟焉 之其所畏敬而辟焉 之其所哀矜而辟焉 之其所敖惰而辟焉 故好而知其惡 惡而知其美者 天下鮮矣
2-⑥ 故諺有之曰 人莫知其子之惡 莫知其苗之碩	2-⑨ 康誥曰 如保赤子 心誠求之 雖不中不遠矣 未有學養子而后嫁者也	2-⑧ 所謂治國必先齊其家者 其家不可敎而能敎人者 無之 故君子不出家而成敎於國 孝者 所以事君也 弟者 所以事長也 慈者 所以使衆也	2-⑥ 故諺有之曰 人莫知其子之惡 莫知其苗之碩

十三經注疏 舊說	程顥 改正說	程頤 改正說	朱熹 改正說
2-⑦ 此謂身不修 不可以齊其家	2-⑩ 一家仁 一國興仁 一家讓 一國興讓 一人貪戾 一國作亂 其機如此 此謂一言僨事 一人定國	2-⑨ 康誥曰 如保赤子 心誠求之 雖不中不遠矣 未有學養子而后嫁者也	2-⑦ 此謂身不修 不可以齊其家
2-⑧ 所謂治國必先齊其家者 其家不可教而能教人者 無之 故君子不出家而成教於國 孝者 所以事君也 弟者 所以事長也 慈者 所以使衆也	2-⑪ 堯舜帥天下以仁而民從之 桀紂率天下以暴而民從之 其所令反其所好而民不從 是故君子有諸己而後求諸人 無諸己而後非諸人 所藏乎身不恕 而能喩諸人者 未之有也	2-⑩ 一家仁 一國興仁 一家讓 一國興讓 一人貪戾 一國作亂 其機如此 此謂一言僨事 一人定國	2-⑧ 所謂治國必先齊其家者 其家不可教而能教人者 無之 故君子不出家而成教於國 孝者 所以事君也 弟者 所以事長也 慈者 所以使衆也
2-⑨ 康誥曰 如保赤子 心誠求之 雖不中不遠矣 未有學養子而后嫁者也	2-⑫ 故治國在齊其家	2-⑪ 堯舜帥天下以仁而民從之 桀紂率天下以暴而民從之 其所令反其所好而民不從 是故君子有諸己而後求諸人 無諸己而後非諸人 所藏乎身不恕 而能喩諸人者 未之有也	2-⑨ 康誥曰 如保赤子 心誠求之 雖不中不遠矣 未有學養子而后嫁者也
2-⑩ 一家仁 一國興仁 一家讓 一國興讓 一人貪戾 一國作亂 其機如此 此謂一言僨事 一人定國	2-⑬ 詩云 桃之夭夭 其葉蓁蓁 之子于歸 宜其家人 宜其家人而后 可以教國人	2-⑫ 故治國在齊其家	2-⑩ 一家仁 一國興仁 一家讓 一國興讓 一人貪戾 一國作亂 其機如此 此謂一言僨事 一人定國
2-⑪ 堯舜帥天下以仁而民從之 桀紂率天下以暴而民從之 其所令反其所好而民不從 是故君子有諸己而後求諸人 無諸己而後非諸人 所藏乎身不恕 而能喩諸人者 未之有也	2-⑭ 詩云 宜兄宜弟 宜兄宜弟 宜兄宜弟而后 可以教國人	2-⑬ 詩云 桃之夭夭 其葉蓁蓁 之子于歸 宜其家人 宜其家人而后 可以教國人	2-⑪ 堯舜帥天下以仁而民從之 桀紂率天下以暴而民從之 其所令反其所好而民不從 是故君子有諸己而後求諸人 無諸己而後非諸人 所藏乎身不恕 而能喩諸人者 未之有也
2-⑫ 故治國在齊其家	2-⑮ 詩云 其儀不忒 正是四國 其爲父子兄弟足法而后 民法之也	2-⑭ 詩云 宜兄宜弟 宜兄宜弟 宜兄宜弟而后 可以教國人	2-⑫ 故治國在齊其家

十三經注疏 舊說	程顥 改正說	程頤 改正說	朱熹 改正說
2-⑬ 詩云 桃之夭夭 其葉蓁蓁 之子于歸 宜其家人 宜其家人而后 可以教國人	2-⑯ 此謂治國在齊其家	2-⑮ 詩云 其儀不忒 正是四國 其爲父子兄弟足法而后 民法之也	2-⑬ 詩云 桃之夭夭 其葉蓁蓁 之子于歸 宜其家人 宜其家人而后 可以教國人
2-⑭ 詩云 宜兄宜弟 宜兄宜弟 宜兄宜弟而后 可以教國人	2-⑰ 所謂平天下在治其國者 上老老而民興孝 上長長而民興弟 上恤孤而民不倍 是以 君子有絜矩之道也	2-⑯ 此謂治國在齊其家	2-⑭ 詩云 宜兄宜弟 宜兄宜弟 宜兄宜弟而后 可以教國人
2-⑮ 詩云 其儀不忒 正是四國 其爲父子兄弟足法而后 民法之也	2-⑱ 所惡於上 毋以使下 所惡於下 毋以事上 所惡於前 毋以先後 所惡於後 毋以從前 所惡於右 毋以交於左 所惡於左 毋以交於右 此之謂絜矩之道也	2-⑰ 所謂平天下在治其國者 上老老而民興孝 上長長而民興弟 上恤孤而民不倍 是以 君子有絜矩之道也	2-⑮ 詩云 其儀不忒 正是四國 其爲父子兄弟足法而后 民法之也
2-⑯ 此謂治國在齊其家	2-⑲ 詩云 樂只君子 民之父母 民之所好好之 民之所惡惡之 此之謂民之父母	2-⑱ 所惡於上 毋以使下 所惡於下 毋以事上 所惡於前 毋以先後 所惡於後 毋以從前 所惡於右 毋以交於左 所惡於左 毋以交於右 此之謂絜矩之道也	2-⑯ 此謂治國在齊其家
2-⑰ 所謂平天下在治其國者 上老老而民興孝 上長長而民興弟 上恤孤而民不倍 是以 君子有絜矩之道也	2-⑳ 詩云 節彼南山 維石巖巖 赫赫師尹 民具爾瞻 有國者不可以不愼 辟則爲天下僇矣	2-⑲ 詩云 樂只君子 民之父母 民之所好好之 民之所惡惡之 此之謂民之父母	2-⑰ 所謂平天下在治其國者 上老老而民興孝 上長長而民興弟 上恤孤而民不倍 是以 君子有絜矩之道也
2-⑱ 所惡於上 毋以使下 所惡於下 毋以事上 所惡於前 毋以先後 所惡於後 毋以從前 所惡於右 毋以交於左 所惡於左 毋以交於右 此之謂絜矩之道也	1-⑬ 詩云 瞻彼淇澳 菉竹猗猗 有斐君子 如切如磋 如琢如磨 瑟兮僩兮 赫兮喧兮 有斐君子 終不可諠兮 如切如磋者 道學也 如琢如磨者 自修也 瑟兮僩兮者 恂慄也 赫兮喧兮者 威儀也 有斐君子 終不可諠兮者 道盛德至善 民之	2-⑳ 詩云 節彼南山 維石巖巖 赫赫師尹 民具爾瞻 有國者不可以不愼 辟則爲天下僇矣	2-⑱ 所惡於上 毋以使下 所惡於下 毋以事上 所惡於前 毋以先後 所惡於後 毋以從前 所惡於右 毋以交於左 所惡於左 毋以交於右 此之謂絜矩之道也

十三經注疏 舊說	程顥 改正說	程頤 改正說	朱熹 改正說
	不能忘也		
2-⑲ 詩云 樂只君子 民之父母 民之所好好之 民之所惡惡之 此之謂民之父母	1-⑭ 詩云 於戲前王不忘 君子賢其賢而親其親 小人樂其樂而利其利 此以沒世不忘也	1-⑬ 詩云 瞻彼淇澳 菉竹猗猗 有斐君子 如切如磋 如琢如磨 瑟兮僩兮 赫兮喧兮 有斐君子 終不可諠兮 如切如磋者 道學也 如琢如磨者 自修也 瑟兮僩兮者 恂慄也 赫兮喧兮者 威儀也 有斐君子 終不可諠兮者 道盛德至善 民之不能忘也	2-⑲ 詩云 樂只君子 民之父母 民之所好好之 民之所惡惡之 此之謂民之父母
2-⑳ 詩云 節彼南山 維石巖巖 赫赫師尹 民具爾瞻 有國者不可以不愼 辟則爲天下僇矣	2-① 子曰 聽訟 吾猶人也 必也使無訟乎 無情者不得盡其辭 大畏民志 此謂知本	1-⑭ 詩云 於戲前王不忘 君子賢其賢而親其親 小人樂其樂而利其利 此以沒世不忘也	2-⑳ 詩云 節彼南山 維石巖巖 赫赫師尹 民具爾瞻 有國者不可以不愼 辟則爲天下僇矣
2-㉑ 詩云 殷之未喪師 克配上帝 儀監于殷 峻命不易 道得衆則得國 失衆則失國	2-㉑ 詩云 殷之未喪師 克配上帝 儀監于殷 峻命不易 道得衆則得國 失衆則失國	2-㉗ 康誥曰 惟命 不于常 道善則得之 不善則失之矣	2-㉑ 詩云 殷之未喪師 克配上帝 儀監于殷 峻命不易 道得衆則得國 失衆則失國
2-㉒ 是故 君子先愼乎德 有德此有人 有人此有土 有土此有財 有財此有用	2-㉒ 是故 君子先愼乎德 有德此有人 有人此有土 有土此有財 有財此有用	2-㉘ 楚書曰 楚國 無以爲寶 惟善 以爲寶	2-㉒ 是故 君子先愼乎德 有德此有人 有人此有土 有土此有財 有財此有用
2-㉓ 德者 本也 財者 末也	2-㉓ 德者 本也 財者 末也	2-㉙ 舅犯曰 亡人 無以爲寶 仁親 以爲寶	2-㉓ 德者 本也 財者 末也
2-㉔ 外本內末 爭民施奪	2-㉔ 外本內末 爭民施奪	2-㉚ 秦誓曰 若有一个臣 斷斷兮無他技 其心休休焉 其如有容焉 人之有技 若己有之 人之彥聖 其心好之 不啻若自其口出 實能容之 以能保我子孫黎民 尙亦有利哉 人之有技 媢嫉以惡之 人之彥聖 而違之俾不通 實不能容 以不能保我子孫黎民 亦曰	2-㉔ 外本內末 爭民施奪

十三經注疏 舊說	程顥 改正說	程頤 改正說	朱熹 改正說
		殆哉	
2-㉕ 是故 財聚則民散 財散則民聚	2-㉕ 是故 財聚則民散 財散則民聚	2-㉛ 唯仁人 放流之 迸諸四夷 不與同中國 此謂唯仁人 爲能愛人 能惡人	2-㉕ 是故 財聚則民散 財散則民聚
2-㉖ 是故 言悖而出者 亦悖而入 貨悖而入者 亦悖而出	2-㉖ 是故 言悖而出者 亦悖而入 貨悖而入者 亦悖而出	2-㉜ 見賢而不能擧 擧而不能先 怠也 見不善而不能退 退而不能遠 過也	2-㉖ 是故 言悖而出者 亦悖而入 貨悖而入者 亦悖而出
2-㉗ 康誥曰 惟命 不于常 道善則得之 不善則失之矣	2-㉗ 康誥曰 惟命 不于常 道善則得之 不善則失之矣	2-㉝ 好人之所惡 惡人之所好 是謂拂人之性 菑必逮夫身	2-㉗ 康誥曰 惟命 不于常 道善則得之 不善則失之矣
2-㉘ 楚書曰 楚國 無以爲寶 惟善 以爲寶	2-㉘ 楚書曰 楚國 無以爲寶 惟善 以爲寶	2-㉞ 是故 君子有大道 必忠信以得之 驕泰以失之	2-㉘ 楚書曰 楚國 無以爲寶 惟善 以爲寶
2-㉙ 舅犯曰 亡人 無以爲寶 仁親 以爲寶	2-㉙ 舅犯曰 亡人 無以爲寶 仁親 以爲寶	2-㉑ 詩云 殷之未喪師 克配上帝 儀監于殷 峻命不易 道得衆則得國 失衆則失國	2-㉙ 舅犯曰 亡人 無以爲寶 仁親 以爲寶
2-㉚ 秦誓曰 若有一个臣 斷斷兮無他技 其心休休焉 其如有容焉 人之有技 若己有之 人之彦聖 其心好之 不啻若自其口出 實能容之 以能保我子孫黎民 尙亦有利哉 人之有技 娼嫉以惡之 人之彦聖 而違之俾不通 實不能容 以不能保我子孫黎民 亦曰殆哉	2-㉚ 秦誓曰 若有一个臣 斷斷兮無他技 其心休休焉 其如有容焉 人之有技 若己有之 人之彦聖 其心好之 不啻若自其口出 實能容之 以能保我子孫黎民 尙亦有利哉 人之有技 娼嫉以惡之 人之彦聖 而違之俾不通 實不能容 以不能保我子孫黎民 亦曰殆哉	2-㉒ 是故 君子先愼乎德 有德此有人 有人此有土 有土此有財	2-㉚ 秦誓曰 若有一个臣 斷斷兮無他技 其心休休焉 其如有容焉 人之有技 若己有之 人之彦聖 其心好之 不啻若自其口出 實能容之 以能保我子孫黎民 尙亦有利哉 人之有技 娼嫉以惡之 人之彦聖 而違之俾不通 實不能容 以不能保我子孫黎民 亦曰殆哉
2-㉛ 唯仁人 放流之 迸諸四夷 不與同中國 此謂唯仁人 爲能愛人 能惡人	2-㉛ 唯仁人 放流之 迸諸四夷 不與同中國 此謂唯仁人 爲能愛人 能惡人	2-㉓ 德者 本也 財者 末也	2-㉛ 唯仁人 放流之 迸諸四夷 不與同中國 此謂唯仁人 爲能愛人 能惡人

十三經注疏 舊說	程顥 改正說	程頤 改正說	朱熹 改正說
2-㉜ 見賢而不能擧 擧而不能先 命也 見不善而不能退 退而不能遠 過也	2-㉜ 見賢而不能擧 擧而不能先 怠也 見不善而不能退 退而不能遠 過也	2-㉔ 外本內末 爭民施奪	2-㉜ 見賢而不能擧 擧而不能先 怠也 見不善而不能退 退而不能遠 過也
2-㉝ 好人之所惡 惡人之所好 是謂拂人之性 菑必逮夫身	2-㉝ 好人之所惡 惡人之所好 是謂拂人之性 菑必逮夫身	2-㉕ 是故 財聚則民散 財散則民聚	2-㉝ 好人之所惡 惡人之所好 是謂拂人之性 菑必逮夫身
2-㉞ 是故 君子有大道 必忠信以得之 驕泰以失之	2-㉞ 是故 君子有大道 必忠信以得之 驕泰以失之	2-㉖ 是故 言悖而出者 亦悖而入 貨悖而入者 亦悖而出	2-㉞ 是故 君子有大道 必忠信以得之 驕泰以失之
2-㉟ 生財有大道 生之者衆 食之者寡 爲之者疾用之者舒 則財恒足矣	2-㉟ 生財有大道 生之者衆 食之者寡 爲之者疾用之者舒 則財恒足矣	2-㉟ 生財有大道 生之者衆 食之者寡 爲之者疾用之者舒 則財恒足矣	2-㉟ 生財有大道 生之者衆 食之者寡 爲之者疾用之者舒 則財恒足矣
2-㊱ 仁者 以財發身 不仁者 以身發財	2-㊱ 仁者 以財發身 不仁者 以身發財	2-㊱ 仁者 以財發身 不仁者 以身發財	2-㊱ 仁者 以財發身 不仁者 以身發財
2-㊲ 未有上好仁而下不好義者也 未有好義其事不終者也 未有府庫財非其財者也	2-㊲ 未有上好仁而下不好義者也 未有好義其事不終者也 未有府庫財非其財者也	2-㊲ 未有上好仁而下不好義者也 未有好義其事不終者也 未有府庫財非其財者也	2-㊲ 未有上好仁而下不好義者也 未有好義其事不終者也 未有府庫財非其財者也
2-㊳ 孟獻子曰 畜馬乘 不察於雞豚 伐冰之家 不畜牛羊 百乘之家 不畜聚斂之臣 與其有聚斂之臣 寧有盜臣 此謂國不以利爲利 以義爲利也	2-㊳ 孟獻子曰 畜馬乘 不察於雞豚 伐冰之家 不畜牛羊 百乘之家 不畜聚斂之臣 與其有聚斂之臣 寧有盜臣 此謂國不以利爲利 以義爲利也	2-㊳ 孟獻子曰 畜馬乘 不察於雞豚 伐冰之家 不畜牛羊 百乘之家 不畜聚斂之臣 與其有聚斂之臣 寧有盜臣 此謂國不以利爲利 以義爲利也	2-㊳ 孟獻子曰 畜馬乘 不察於雞豚 伐冰之家 不畜牛羊 百乘之家 不畜聚斂之臣 與其有聚斂之臣 寧有盜臣 此謂國不以利爲利 以義爲利也
2-㊴ 長國家而務財用者 必自小人矣 彼爲善之小人之使爲國家 災害竝至 雖有善者 亦無如之何矣 此謂國不以利爲利 以義爲利也	2-㊴ 長國家而務財用者 必自小人矣 彼爲善之小人之使爲國家 災害竝至 雖有善者 亦無如之何矣 此謂國不以利爲利 以義爲利也	2-㊴ 長國家而務財用者 必自小人矣 彼爲善之小人之使爲國家 災害竝至 雖有善者 亦無如之何矣 此謂國不以利爲利 以義爲利也	2-㊴ 長國家而務財用者 必自小人矣 彼爲善之小人之使爲國家 災害竝至 雖有善者 亦無如之何矣 此謂國不以利爲利 以義爲利也

二程全書 卷51

伊川經說 第6

明 後學 嘉興 徐必達 校正

논어설 論語說

학이 學而

1. "배우고 그것을 수시로 익히면 또한 기쁘지 않겠는가."라고 하였으니, '習'은 거듭 익히는 것이다. 수시로 다시 사려하고 연역해서 마음속에 깊이 스며들면 기쁘다. "벗이 먼 지방으로부터 찾아온다면 또한 즐겁지 않겠는가."라고 하였으니, 善을 남에게 미쳐서 믿고 따르는 사람이 많아지면 즐거워할 만하다. "남들이 알아주지 않더라도 서운해 하지 않는다면 또한 君子가 아니겠는가."라고 하였으니, 비록 善을 남에게 미치는 것을 즐거워하지만, 나의 견해가 옳게 여겨지지 않더라도 고민하지 않아야 이른바 군자라는 것이다.

學而時習之면 不亦說(열)乎아하니 習은 重習也라 時復(부)思繹하여 浹洽於中이면 則說也라 有朋自遠方來면 不亦樂乎아하니 以善及人하여 而信從者衆이면 可樂也라 人不知而不慍이면 不亦君子乎아하니 雖樂於及人이나 不見是而無悶이라야 乃所謂君子라

2. 有子가 말하기를 "그 사람됨이 효성스럽고 공경하면서"[1]라고 하였으니, 孝·悌는 德을 따르는 것이다. 그러므로 윗사람을 범하지 않으니, 어찌 다시 이치를 거스르고 常道를 어지럽히는 일이 있겠는가. 德은 근본이 있으니, 근본이 확립되면 그 道가 충만하고 커진다. 자기 집안에서 孝·悌를 행한 뒤에 仁·愛가 남에게 미치니, 이른바 "친한 이를 親愛하고서 나와 무관한 사람을 仁愛한다."[2]라는 것이다. 그러므로 仁을

1) 그……하면서 : ≪論語≫ 〈學而〉에 有子가 말하기를 "그 사람됨이 효성스럽고 공경하면서 윗사람을 범하기를 좋아하는 자는 드무니, 윗사람을 범하기를 좋아하지 않으면서 亂을 일으키기를 좋아하는 자는 있지 않다. 君子는 근본에 힘쓰니, 근본이 확립되면 道가 생겨난다. 孝悌라는 것, 그것은 仁을 행하는 근본이다.〔其爲人也孝弟 而好犯上者 鮮矣 不好犯上 而好作亂者 未之有也 君子務本 本立而道生 孝弟也者 其爲仁之本與〕"라고 하였다.

행하는 것은 孝·悌를 근본으로 삼고, 性을 논하면 仁이 孝·悌의 근본이 된다.

有子曰 其爲人也孝弟라하니 孝弟는 順德也라 故로 不犯上이니 豈復有逆理亂常之事리오 德有本이니 本立則其道充大라 孝弟於其家而後에 仁愛及於物이니 所謂親親而仁民也라 故로 爲仁은 以孝弟爲本이요 論性이면 則仁爲孝弟之本이라

3. "말을 교묘하게 하고 안색을 꾸미는 사람은 仁한 이가 드물다."라고 하였으니, 그것은 仁이 아니라는 말이다. 말을 교묘하게 하고 안색을 꾸미는 것이 仁이 아님을 알면 仁을 알게 될 것이다.

巧言令色은 鮮矣仁이라하니 謂非仁也라 知巧言令色之非仁이면 則知仁矣리라

4. 曾子가 세 가지로써 자신을 성찰한 것[3]은 忠·信일 따름이다.

曾子之三省은 忠信而已라

曾子

5. "千乘의 나라를 다스리되"[4]라고 한 것은 지금의 諸侯들이 이와 같이 할 수 있다면 충분히 자기 나라를 보호할 수 있을 것이다.

道千乘之國은 今之諸侯能如是면 足以保其國矣라

2) 친한……仁愛한다 : ≪孟子≫ 〈盡心 上〉에 孟子가 말하기를 "君子는 사람이 아닌 다른 생명체에 대해서는 사랑하되 인애하지 않으며, 나와 무관한 사람에 대해서는 인애하되 친애하지 않으니, 친한 이를 친애하고서 나와 무관한 사람을 인애하며, 나와 무관한 사람을 인애하고서 사람이 아닌 다른 생명체를 사랑한다.〔君子之於物也 愛之而弗仁 於民也 仁之而弗親 親親而仁民 仁民而愛物〕"라고 하였다.

3) 曾子가……것 : ≪論語≫ 〈學而〉에 曾子가 "나는 날마다 세 가지로 내 몸을 살피니, 남을 위하여 도모할 적에 충성스럽지 않았던가? 벗과 더불어 사귈 적에 미덥지 못했던가? 전수받은 것을 익히지 않았던가?〔吾日三省吾身 爲人謀而不忠乎 與朋友交而不信乎 傳不習乎〕"라고 한 것을 가리킨다. ≪二程遺書≫ 〈二先生語 八〉에서는 '傳不習乎'를 '지식을 익숙하게 하지 않고서 남에게 전해주는 것이다.'라고 하였다.

4) 千乘의……다스리되 : ≪論語≫ 〈學而〉에 孔子가 말하기를 "千乘의 나라를 다스리되 일을 공경히 하고 자신을 믿게 하며, 財用을 절약하고 사람을 사랑하며, 백성을 부리기를 時宜에 맞게 하여야 한다.〔道千乘之國 敬事而信 節用而愛人 使民以時〕"라고 하였다.

6. 孔子가 말하기를 "弟子가 들어가서는 효도하고 나와서는 공경한다."라고 하였다. 弟子의 직분을 행하고 힘에 남음이 있으면 글을 배우는 것이니, 그 직분을 수행하지 않고 글을 배우면 爲己之學[5]이 아니니라.

子曰 弟子入則孝하고 出則弟라 爲弟子之職하고 力有餘則學文이니 不脩其職而學①이면 非爲己之學也라

①〈'學'은〉 어떤 판본에는 '先文(먼저 글을 익힘)'으로 되어 있다.
一作先文.

7. 子夏가 말하기를 "어진 이를 어질게 여겨 안색을 바꾼다."라고 하였으니, 어진 이를 보고서 안색을 고치는 것은 어진 이를 공경하는 정성이 있는 것이다. 어버이를 섬기고 임금을 섬기고 벗과 교제할 적에 모두 그 정성을 다해야 하니, 학문은 이와 같음을 구하는 것일 따름이다.

子夏曰 賢賢易(역)色이라하니 見賢改色은 有敬賢之誠也라 事親事君與朋友交에 皆盡其誠이니 學은 求如是而已라

8. 孔子가 말하기를 "君子가 重厚하지 않으면 威儀가 없다."라고 하였으니, 중후하지 않으면 위엄 있는 거동이 없고 배운 것도 편안하고 견고할 수 없다. 주로 삼을 것은 忠信에 있으며, 친하게 여길 바는 반드시 忠信한 사람이다. 善으로 옮겨가는 것은 빠르게 하지 않아서는 안 되니, 君子가 자신을 닦는 것은 마땅히 이와 같아야 한다.

子曰 君子不重則不威라하니 不厚重則無威儀하고 所學도 不能安固라 所主는 在於忠信이며 所親者는 必忠信이라 遷善은 不可不速이니 君子之自脩는 當如是也라

9. 曾子가 말하기를 "돌아가신 분을 신중히 모시고 멀리 떨어진 조상을 추모하면 백성의 德이 후한 데로 돌아갈 것이다."라고 하였으니, 喪을 치를 적에 禮를 극진히 하고 제사를 지낼 적에 정성을 다하는 것이 돌아가신 분을 신중히 모시고 멀리 떨어진 조상을 추모하는 것 중에 중대한 일이다. 모든 일에 능히 그 돌아가신 분을 신중히 모시

5) 爲己之學 : 남에게 보이거나 출세하기 위한 학문이 아니라 자신의 수양에 실질적으로 도움이 되는 학문을 말한다.

고 멀리 떨어진 조상을 잊지 않으면 백성을 충분히 교화할 수 있어서 백성의 덕이 厚德한 데로 돌아갈 것이다.

曾子曰 愼終追遠이면 民德이 歸厚矣라하니 居喪盡禮하고 祭祀致誠이 愼終追遠之大者也라 凡事에 能愼其終하고 不忘於遠이면 足以化民하여 歸於厚德矣라

10. 子貢이 말하기를 "夫子께서는 온화하고 선량하고 공손하고 검소하고 겸양함으로써 〈이 나라에서 정치에 참여할 기회를〉 얻으신 것이다."라고 하였으니, 온화하고 선량하고 공손하고 검소하고 겸양함은 성대한 德의 빛이 사람들에게 접하는 것이다. 溫은 온화하고 후덕한 것이고, 良은 평이하고 곧은 것이고, 恭은 장엄하고 공경하는 것이고, 儉은 절제하는 것이고, 讓은 겸손한 것이다. 덕스러운 용모가 이와 같아서 이 때문에 諸侯들이 孔子를 공경하고 신뢰한 것이다.

子貢曰 夫子는 溫良恭儉讓以得之라하니 溫良恭儉讓은 盛德之輝光接於人者也라 溫은 和厚也요 良은 易(이)直也요 恭은 莊敬也요 儉은 節制也요 讓은 謙遜也라 德容如是라 是以로 諸侯敬而信之라

11. "3년 동안 아버지의 道를 고치지 말아야 孝라 말할 수 있다."라고 하였으니, 孝子가 居喪할 적에 아버지가 살아계실 때의 道를 보존하고 지키는 것에 지향을 두라는 것이지, 반드시 일을 위주로 하여 말한 것은 아니다.

三年을 無改於父之道라야 可謂孝矣라하니 孝子居喪에 志存守父在之道요 不必主事而言也라

12. 有子가 말하기를 "禮의 用은 和가 귀하다."라고 하였으니, 공손하면서도 편안하고 분별하면서도 조화로운 것이 귀하게 여길 만한 것이다.

有子曰 禮之用은 和爲貴라하니 恭而安하고 別而和가 爲可貴也라

13. 有子가 말하기를 "언약이 義에 가까우면 그 언약한 말을 실천할 수 있다."라고 하였으니, 언약하고서 능히 그 약속을 지키고 공손하여 능히 치욕을 멀리하면 禮·義에

가깝다. 친근한 사람에 대해 서로 친근함을 잃지 않는다면 또한 그를 존경할 수 있다.

有子曰 信近於義면 言可復(복)也라하니 信能守約하고 恭能遠恥면 近於禮義也라 因其不失於相近이면 亦可尙也라

14. "일을 민첩히 한다."[6]라는 것은 행하는 데 용감한 것이다.

敏於事는 勇於行也라

15. 가난하되 아첨함이 없고 부유하되 교만함이 없는 것은 능히 자기의 분수에 처한 것이다. 〈가난하면서도〉 道를 즐거워하고 〈부유하면서도〉 禮를 좋아하는 것은 능히 자신을 닦는 것이다. 자른 듯하고 갈아낸 듯하며 쪼아낸 듯하고 다듬은 듯한 것은 자신을 닦되 각자 자신에게 맞는 방도로써 하는 것이다. 〈가난하면서도〉 道를 즐거워하고 〈부유하면서도〉 禮를 좋아하는 것을 子貢에게 말해주었는데 그는 그것이 자신을 닦는 방도임을 알았으니, 말해주지 않은 것을 안 것이다.[7]

貧無諂하고 富無驕는 能處其分也라 樂與好禮는 能自脩也라 切磋琢磨는 自脩호되 各以其道也라 告之以樂與好禮어늘 而知爲自脩之道하니 知來者也라

위정 爲政

1. 孔子가 말하기를 "나는 15세에 학문에 뜻을 두었다."라고 하였으니, 聖人이 자신도

6) 일을……한다 : ≪論語≫ 〈學而〉에 孔子가 말하기를 "君子가 먹을 때 배부름을 구하지 않으며, 거처할 때 편안함을 구하지 않으며, 일을 민첩하게 하고 말을 삼가며, 道가 있는 이에게 나아가 질정한다면 학문을 좋아한다고 이를 만하다.〔君子食無求飽 居無求安 敏於事而愼於言 就有道而正焉 可謂好學也已〕"라고 하였다.

7) 가난하되……것이다 : 이는 ≪論語≫ 〈學而〉의 "子貢이 '가난하되 아첨함이 없으며, 부유하되 교만함이 없으면 어떻습니까?〔貧而無諂 富而無驕 何如〕'라고 하자, 孔子가 말하기를 '괜찮으나 가난하면서도 즐거워하며, 부유하면서도 禮를 좋아하는 자만 못하다.〔可也 未若貧而樂 富而好禮者也〕'라고 하였다. 자공이 '≪詩經≫에 「잘라낸 듯하고 곱게 간 듯하며 쪼개낸 듯하고 곱게 다듬은 듯하다.」고 하였는데, 그것이 이런 경우를 말하는 것이로군요.〔詩云 如切如磋 如琢如磨 其斯之謂與〕'라고 하자. 공자가 '賜는 詩를 함께 말할 수 있구나. 지난 일을 일러주면 미래의 일을 아는 사람이로구나.〔賜也 始可與言詩已矣 告諸往而知來者〕'라고 하였다."에 대한 해설이다.

학문을 말미암아 그런 경지에 이르렀다고 말한 것은 後人을 권면하여 나아가게 한 것이다. '立'은 능히 이 道에 스스로 서는 것이고, '不惑'은 의혹하는 바가 없는 것이고, '知天命'은 이치를 궁구해 性을 극진히 하는 것이고, '耳順'은 듣는 말을 모두 이해하는 것이고, '從心'은 힘쓰지 않아도 道에 맞는 것이다.[8)]

子曰 吾十有五而志于學이라하니 聖人言己亦由學而至는 所以勉進後人也라 立은 能自立於斯道也요 不惑은 則無所疑矣요 知天命은 窮理盡性也요 耳順은 所聞皆通也요 從心은 則不勉而中矣라

2. "예전에 배운 것을 익숙히 하고 새로운 지식을 알아 나간다."라고 하였으니, 예전에 배운 것을 익숙히 하면 학문이 폐지되지 않고 새로운 지식을 알아 나가면 날마다 학문이 증진하니, 이에 스승이 될 수 있다는 말이다. 이른바 "날마다 자기에게 없는 것을 알아내며 달마다 자기가 능한 것을 잊지 않는다."[9)]라는 것이다.

溫故而知新이라하니 溫故則不廢하고 知新則日益이니 斯言可師也라 所謂日知所亡(무)하며 月無忘所能也라

3. "자기가 말할 것을 먼저 행하고 그런 뒤에 말이 행동을 따른다."라고 하였으니, 말을 실천하면 믿을 수 있다.

先行其言이요 而後從之라하니 踐言則可信이라

4. "〈君子는〉 두루 친하고 편당하지 않는다.〔周而不比〕"라고 하였으니, '周'는 두루 미친다는 의미이다. 君子는 道가 넓어서 남에게 두루 미치지만 치우치게 편당하지 않는다. 小人은 치우치게 편당하기 때문에 두루 친할 수 없다.

---

8) 孔子가……것이다 : 이는 《論語》〈爲政〉의 "孔子가 말하기를 '나는 15세에 학문에 뜻을 두었고, 30세에 자립하였고, 40세에 의혹되지 않았고, 50세에 天命을 알았고, 60세에 귀가 순해졌고, 70세에 마음이 하고자 하는 바를 따라도 법도에서 벗어나지 않았다.〔吾十有五而志于學 三十而立 四十而不惑 五十而知天命 六十而耳順 七十而從心所欲 不踰矩〕'라고 하였다."에 대한 해설이다.

9) 날마다……않는다 : 《論語》〈子張〉에 子夏가 말하기를 "날마다 자기에게 있지 않은 것을 알아내며, 달마다 자기가 능한 것을 잊지 않으면 학문을 좋아한다고 이를 만하다.〔日知其所亡 月無忘其所能 可謂好學也已矣〕"라고 하였다.

周而不比라하니 周는 爲遍及之義라 君子道弘하여 周及於物而不偏比라 小人偏比라 故로 不能周라

5. "배우기만 하고 사색하지 않으면 터득함이 없다."라고 하였다. 배우고서 사색하지 않으면 터득함이 없고, 힘써 사색하여도 묻고 배우지 않으면 수고롭고 위태롭다.

學而不思則罔이라 學不思則無得하고 力索而不問學則勞殆라

6. 異端을 전공하여 추구하면 正道를 해친다.[10)]

攻求異端이면 則害於正이라

7. 사람이 만일 자기가 알지 못하는 것을 부끄러워하면서도 아는 이를 찾아 묻지 않으면 이는 끝내 알지 못하게 되는 것이다. 알지 못한다고 여겨 아는 이를 찾으면 마땅히 알게 될 것이다. 그러므로 "이것이 아는 것이다."[11)]라고 한 것이다.

人苟恥其不知나 而不求問이면 是終不知也라 以爲不知而求之면 則當知矣라 故로 云是知也라

8. 많이 보고서 그 편안하지 않은 것을 빼놓는 것은 후회를 적게 하는 방도이다. 君子가 처신하면서 능히 삼가는 것은 祿을 얻는 방도이다.[12)]

多見而闕其不安者는 寡悔之道也라 君子行己能愼은 得祿之道也라

---

10) 異端을……해친다 : 이는 ≪論語≫ 〈爲政〉의 "孔子가 말하기를 '異端을 전공하면 해가 될 뿐이다.〔攻乎異端 斯害也已〕'라고 하였다."에 대한 해설이다.

11) 이것이……것이다 : ≪論語≫ 〈爲政〉에 孔子가 말하기를 "由야, 내 너에게 아는 것을 가르쳐 주겠다. 아는 것을 안다고 하고 모르는 것을 모른다고 하는 것, 이것이 아는 것이다.〔由 誨女知之乎 知之爲知之 不知爲不知 是知也〕"라고 하였다.

12) 많이……방도이다 : 이는 ≪論語≫ 〈爲政〉의 "子張이 祿을 구하는 방법을 배우려 하자, 孔子가 말하기를 '많이 듣고 의심스러운 것을 빼놓고 그 나머지를 삼가서 말하면 허물이 적을 것이며, 많이 보고서 위태로운 것을 빼놓고 그 나머지를 삼가서 행하면 후회하는 일이 적을 것이니, 말은 허물을 적게 하고 행실은 후회를 적게 하면 祿이 그 가운데 있을 것이다.〔多聞闕疑 愼言其餘則寡尤 多見闕殆 愼行其餘則寡悔 言寡尤 行寡悔 祿在其中矣〕'라고 하였다."에 대한 해설이다.

9. "정직한 사람을 등용하고 여러 부정직한 사람을 물리친다."라고 하였으니, 등용하고 물리치는 것이 義를 얻으면 백성들이 마음으로 복종한다.

擧直錯(조)諸枉이라하니 擧錯得義則民心服이라

10. "≪書經≫에 孝에 대해 말하였다."라고 하였으니, ≪書經≫에서 孝를 말한 것은 "오직 〈부모에게〉 효도하고 형제에게 우애하면 政事가 있을 적에 시행할 수 있다."[13] 라고 말한 것이다.

書云孝乎라하니 書之言孝는 則曰 惟孝하고 友于兄弟면 則能施於有政이라

11. "제사 지내야 할 귀신이 아닌데도 제사 지내는 것은 아첨하는 것이다."라고 하였으니, 제사 지내서는 안 되는데도 제사 지내는 것은 귀신에게 아첨하는 것이다. 당시 禮에 맞지 않은 제사가 많았으나 人情이 습속에 익숙해져 의리상 불가한 줄 알면서도 그칠 수 없었으니, 이는 대개 용기가 없었기 때문이다.

非其鬼而祭之는 諂也라하니 不當祭而祭之는 諂於鬼神也라 時多非禮之祀나 人情狃(뉴)於習俗하여 知義之不可而不能止하니 蓋無勇耳일새라

팔일 八佾

1. 孔子가 季氏를 두고 말하기를 "八佾舞를 자기 집 뜰에서 추게 하니, 이런 짓을 차마 할 수 있다면 무엇을 차마 할 수 없겠는가."라고 하였으니, 이런 일을 차마 했다면 무슨 일을 할 수 없었겠는가.

孔子謂季氏호되 八佾로 舞於庭하니 是可忍也온 孰不可忍也리오하니 忍爲是면 則何所不能爲也아

---

13) 오직……있다 : ≪書經≫ 〈周書 君陳〉에 王이 말하기를 "君陳아, 너의 훌륭한 덕은 효도와 공손함이다. 오직 부모에게 효도하고 형제에게 우애하여 능히 정사가 있을 적에 시행할 수 있으니, 너에게 명하여 이 東郊를 다스리게 한다. 공경하라.〔君陳 惟爾令德 孝恭 惟孝 友于兄弟 克施有政 命汝尹玆東郊 敬哉〕"라고 하였다.

2. "사람으로서 仁하지 않으면 어찌 禮를 행할 수 있으며, 사람으로서 仁하지 않으면 어찌 樂을 행할 수 있겠는가."라고 하였으니, 仁은 천하의 바른 이치이다. 이 바른 이치를 잃으면 질서가 없어 조화롭지 못하게 된다.

人而不仁이면 如禮何며 人而不仁이면 如樂(악)何리오하니 仁者는 天下之正理라 失正理면 則無序而不和라

3. "林放이 禮의 근본을 물었다."라고 하였다. 꾸밈이 지나치면 실상을 잃기 때문에 차라리 검소한 편이 낫고, 喪禮는 슬픔을 주로 하기 때문에 차라리 슬퍼하는 것이 낫다.

林放이 問禮之本이라 飾過則失實이라 故로 寧儉이요 喪은 主於哀라 故로 寧戚이라

4. "夷狄에게도 임금이 있다."라고 하였다. 夷狄 또한 임금이 있으니, 이는 중원의 여러 제후국이 참람하고 어지러워 上下의 구분이 없는 것과 같지 않다.

夷狄之有君이라 夷狄도 且有君하니 不如諸夏之僭亂하여 無上下之分也라

5. "君子는 다투는 바가 없으나, 있다면 반드시 활쏘기와 같은 것이리라."라고 하였으니, 활쏘기는 자기를 바르게 할 따름이지 다툼이 있지 않다. "그 다툼이 군자답다."라고 한 것은 군자는 그처럼 다툰다는 말이다.

君子無所爭이나 必也如①射乎인저하니 射者는 正己而已요 非有爭也라 其爭也君子는 言君子其爭乎라

① 어떤 판본에는 '如'자가 없다.
一本無如字.

6. "아리따운 웃음에 보조개도 예쁘네."라고 하였으니, 아름다운 자질이 禮를 갖추고 난 뒤에 德을 이루는 것이 흰 바탕이 그림을 그린 뒤에 문채를 이루는 것과 같다. 子夏가 그 의미를 능히 깨우쳤기 때문에 〈孔子가〉 "나를 흥기시키는구나."라고 말한 것이다.

巧笑倩(천)兮라하니 美質待禮以成德①이 猶素待繪以成絢(현)이라 子夏能諭라 故로 曰起予라

①〈'德'은〉 어떤 판본에는 '法'으로 되어 있다.
一作法.

7. "夏나라의 禮를 내가 말할 수 있다."라고 하였으니, 夏나라와 商나라의 禮가 아직 다 없어진 것은 아니나 杞나라와 宋나라의 文籍과 法度로 충분히 고증할 수 없었다. 그러므로 孔子가 그 禮制를 완성할 수 없었다.

夏禮를 吾能言之라하니 夏商之禮가 未盡亡也나 而杞宋之文籍法度로 不足考證矣라 故로 夫子不能成之라

8. "禘제사는 降神酒를 땅에 붓는 의식 뒤부터는 〈내 보고 싶지 않다.〉"라고 하였다. 강신주를 땅에 붓는 것은 제사의 시작이다. 강신주를 땅에 붓는 의식 뒤부터는 모든 儀式을 보고 싶어 하지 않았으니, 대개 한 가지 일만을 잘못한 것이 아니다. 先儒들은 모두 魯나라가 逆祀[14]했기 때문이라고 여겼는데,[15] 逆祀라고 하는 것은 참으로 禮를 잃은 것 중에 큰 것이니 그 節文을 모두 잃은 것이다. 천하의 일을 만일 禮에 맞게 할 수 있다면 천하를 다스리는 일은 손바닥에 올려놓고 보는 것처럼 쉬울 것이다. "알지 못하겠다."[16]라는 것은 드러내어 말하고 싶지 않은 것이다. 이는 단지 禘제사만 말한 것이 아니라, 禘제사가 禮를 잃은 것이 심함을 인하여 말한 것이다.

禘(체)自旣灌而往者라 灌者는 祭之始也라 自灌而往으론 皆不欲觀하니 蓋非一事之失也라 先儒는 皆謂以魯逆祀하니 而云逆祀는 固失禮之大者니 其節文을 皆失也라 天下之事를 苟能使之中禮면 則治之如視諸(저)掌也라 不知也者는 不欲顯言之也라 非止禘也요 因禘失禮之甚而言耳라

---

14) 逆祀 : 神主의 位次를 바꾸어 제사 지낸 것을 말한다. 《春秋左氏傳》 文公 2년 조에 "가을 8월 丁卯日에 太廟에 禘제사를 지낼 때 僖公의 신주를 閔公의 위로 올렸으니, 이는 逆祀이다.〔秋八月丁卯 大事于大廟 躋僖公 逆祀也〕"라고 하였다. 僖公은 閔公의 庶兄이지만 閔公의 뒤를 이어 즉위하였기 때문에 閔公의 신주가 위에 있는 것이 옳다. 그러나 僖公의 아들인 文公이 그의 아버지인 僖公의 신주를 閔公의 신주 위로 올렸기 때문에 《春秋》에서 이를 꾸짖은 것이다.

15) 先儒들은……여겼는데 : 孔安國 등은 魯나라가 逆祀하여 僖公의 신주를 閔公의 위로 올려 昭·穆을 어지럽혔기 때문에 공자가 보고 싶어 하지 않은 것이라 하였다.(《論語注疏》)

16) 알지 못하겠다 : 혹자가 禘제사에 대해 묻자, 孔子가 말하기를 "알지 못하겠다. 그 내용을 아는 자는 天下를 다스림에 있어 여기에다 올려놓고 보는 것과 같을 것이다.〔不知也 知其說者之於天下也 其如示諸斯乎〕"라고 하고, 자신의 손바닥을 가리켰다.(《論語》 〈八佾〉)

9. 아랫목 귀신은 존귀한 신하를 비유하고, 부뚜막 귀신은 권력을 장악한 자를 비유한 것이다.[17] 孔子는 그가 말하는 의도를 알고서 그를 억제하여 말하기를 '만약 하늘에 죄를 얻으면 아첨할 곳을 찾더라도 무엇이 이롭겠는가.'라고 한 것이다.

奧는 喩貴臣이요 竈(조)는 喩用事者라 夫子知其意하여 抑之云호되 若獲罪於天이면 求媚何益也리오

10. "활을 쏘는 데에 가죽을 뚫는 것을 주로 삼지 않는 것은 힘을 쓰는 것이 동등하지 않기 때문이다."라고 하였다. 활쏘기에는 다섯 가지 미덕[18]이 있으니, 오로지 가죽 뚫는 것만을 뛰어난 것으로 여길 필요가 없다. 功力은 한 가지가 아니니, 만일 취할 만한 점이 있다면 힘이 동등할 필요가 없다. 옛날에는 장점을 취함이 폭넓었다.

射不主皮는 爲力不同科라 射有五善하니 不必專以主皮爲工也라 工力非一端이니 苟有可取면 不必同科也라 古者엔 取善之周也라

11. "임금을 섬길 적에 禮를 극진히 하는 것을 사람들은 아첨한다고 여긴다."라고 하였으니, 당시에는 윗사람을 섬기는 禮가 간략하였다.

事君盡禮를 人以爲諂也라하니 當時事上之禮가 簡也라

12. "〈關雎〉는 즐거워하되 지나치지 않고 슬퍼하되 善을 해치지 않았다."라고 하였다. 淑女를 얻은 것을 즐거워하되 그 여색에 지나치게 빠진 것이 아니며, 슬퍼하고 그리워하는 마음이 절실하되 善을 해치는 마음이 없는 것이다. 善에 절실하면 곧 善을 해친다.

關雎(저)는 樂而不淫하고 哀而不傷이라 樂得淑女로되 非淫其色也며 哀思之切이로되 無傷善之心也라 切於善①이면 乃傷善也라

---

17) 아랫목……것이다 : ≪論語≫ 〈八佾〉에 衛나라 대부 王孫賈가 "세속에서 '아랫목 귀신에게 아첨하기보다는 차라리 부뚜막 귀신에게 아첨하는 것이 낫다.'고 하는데, 무슨 뜻입니까?〔與其媚於奧 寧媚於竈 何謂也〕"라고 물은 것을 풀이한 것이다.

18) 다섯……미덕 : 漢나라 馬融의 설에 "활쏘기에 五善이 있으니 첫째가 心志를 온화하게 하는 것이고, 둘째가 용모를 온화하게 하는 것이고, 셋째가 과녁의 중앙에 적중하는 것이고, 넷째가 雅·頌을 연주하는 음악에 조화롭게 하는 것이고, 다섯째가 일어나서 춤을 추는 것이다."라고 하였다.(何晏, ≪論語集解≫)

①〈'善'은〉 어떤 판본에는 '色'으로 되어 있다.
一作色.

13. "管仲의 器局이 작구나!"라고 한 것은 관중의 기국이 작다고 말한 것이지 단지 禮를 알지 못했다고만 말한 것이 아니다. 혹자가 "관중은 禮를 알았습니까?"라고 물었기 때문에 알지 못했다고 답한 것이니, 기국이 크면 저절로 禮를 알게 된다.

管仲之器小哉는 謂管仲器小요 非止謂不知禮也라 或問其知禮乎라 故로 答以不知니 器大면 則自知禮矣라

14. 음악 연주가 시작되어 五音을 합하듯이 성대하고, 모든 악기의 가락이 조화를 이루는 듯하고, 그 소리가 분명한 듯하여 끊어지지 않고 서로 이어지는 듯한 데에 이르는 것은 음악에 통달한 자가 아니면 누가 알 수 있겠는가.[19)]

樂(악)始하여 翕(흡)如하고 純如하고 皦(교)如하여 至於繹(역)如는 非通於樂者면 孰能知之리오

15. 孔子가 武樂을 평하기를 "지극히 아름답지만 지극히 善하지는 못하다."라고 하였다. 武樂은 전해진 것을 한 차례 잃음이 있었기 때문에 지극히 선하지는 못한 것이다.[20)]

---

19) 음악……있겠는가 : 이는 ≪論語≫ 〈八佾〉의 "孔子가 魯나라 太師에게 음악에 대해 말하기를 '음악은 알 수 있으니, 처음 음악 연주를 시작할 적에는 五音이 합하듯이 성대하고, 울려 퍼질 때에는 모든 악기의 가락이 조화를 이루면서도 그 소리가 분명하고, 끊어지지 않고 서로 이어지면서 한 곡이 완성되는 것이다.〔樂 其可知也 始作 翕如也 從之 純如也 皦如也 繹如也 以成〕'라고 하였다."에 대한 해설이다.

20) 武樂은……것이다 : "賓牟賈가 孔子를 모시고 있었는데, 공자가 그와 더불어 이야기하다가 음악에 이르러 말하기를 '저 武에서 〈최초의 북을 울린 뒤〉 대비하고 경계하기를 오래하는 것은 어째서인가?'라고 하자, 빈모가가 대답하기를 '군중의 마음을 얻지 못할까 근심하신 것입니다.'라고 하였다. '소리를 길게 하여 감탄하고 끊어지지 않고 이어짐은 어째서인가?'라고 하자, '제후들이 전쟁에 미치지 못할까 염려한 것입니다.'라고 하였다. '손과 발을 놀리고 땅을 딛는 기세가 맹렬함이 너무 빠른 것은 어째서인가?'라고 하자, '제때에 미쳐 정벌한 일을 표현한 것입니다.'라고 하였다. '武를 춤추는 사람이 앉을 때에 오른쪽 무릎을 땅에 대고 왼쪽 무릎을 드는 것은 어째서인가?'라고 하자, '武에서는 무릎을 꿇고 앉지 않습니다.'라고 하였다. '소리가 간사하여 商나라를 탐하려는 것은 어째서인가?'라고 하자, '武의 소리가 아닙니다.'라고 하였다. 공자가 말하기를 '만약 武의 소리가 아니라면 무슨 음악인가?'라고 하자, '有司가 그 전해진 것을 잃어버렸습니다. 만약 유사가 그 전해진 것을 잃어버린 것이 아니라면

子謂武하되 盡美矣요 未盡善也라 一有傳之失者라 故로 未盡善이라

16. "윗자리에 있으면서 너그럽지 않으며, 禮를 행하면서 공경하지 않으며, 喪에 임해서 슬퍼하지 않는다면 내 무엇으로 그를 관찰하겠는가."라고 하였으니, 윗자리에 있을 적에는 人民을 사랑하는 것을 근본으로 삼아 너그럽고 후덕함을 主로 삼으며, 禮는 공경을 주로 삼으며, 喪은 슬픔을 주로 삼는다. 그렇지 않으면 이는 근본이 없는 것이니, 무엇으로 그를 관찰하겠는가.

居上不寬하며 爲禮不敬하며 臨喪不哀면 吾何以觀之哉리오하니 居上엔 以愛人爲本하여 主於寬厚하며 禮主於敬하며 喪主乎哀라 不然이면 是無本也니 何以觀乎아

이인 里仁

1. 孔子가 말하기를 "仁者가 사는 곳에 거처하는 것이 아름답다."라고 하였으니, 거처할 적에는 仁者를 가까이 하는 것을 아름답게 여기니, 거처할 적에 仁者가 사는 곳을 택하지 않으면 어찌 지혜로울 수 있겠는가.

子曰 里仁爲美라하니 居는 以親仁爲美하니 處不擇仁이면 焉得爲知리오

2. "오직 仁者라야 남을 좋아할 수 있으며 남을 미워할 수 있다."라고 하였으니, 仁者는 공정함을 얻었기 때문이다.

惟仁者아 能好人하며 能惡(오)人이라하니 得其公正也일새라

3. "진실로 仁에 지향을 두면 惡함이 없다."라고 하였으니, 진실로 仁에 지향을 두면

武王의 지향이 거칠어진 것입니다.'라고 하였다. 공자가 말하기를 '그렇다. 내가 萇弘에게 들은 것도 그대의 말과 같으니, 그것이 옳다.'라고 하였다.〔賓牟賈侍坐於孔子 孔子與之言及樂 曰 夫武之備戒之已久 何也 對曰 病不得衆也 詠嘆之 淫液之 何也 對曰 恐不逮事也 發揚蹈厲之已蚤 何也 對曰 及時事也 武坐致右憲左 何也 對曰 非武坐也 聲淫及商 何也 對曰 非武音也 子曰 若非武音 則何音也 對曰 有司失其傳也 若非有司失其傳 則武王之志荒矣 子曰 唯 丘之聞諸萇弘 亦若吾子之言 是也〕"(≪禮記≫ 〈樂記〉)

善하지 않음이 없다.

苟志仁이면 無惡也라하니 苟志於仁이면 則無不善也라

4. "君子가 仁을 버리면 어떻게 명성을 이루겠는가."라고 하였으니, 仁을 버리면 君子라 이름할 수 없다.

君子去仁이면 惡(오)乎成名이리오하니 去仁이면 則不得名君子矣라

5. "君子는 밥을 먹는 짧은 시간에도 仁을 떠남이 없다."라는 것은 "善을 얻으면 잃지 않았다."[21]라는 뜻이다. "道는 잠시도 벗어나서는 안 되니, 벗어날 수 있으면 道가 아니다."[22]라는 것은 道를 말한 것이고, "급박한 순간이나 난감한 상황에서도 이 仁을 기필한다."라는 것은 道를 지키는 것을 말한 것이다.

君子無終食之間違仁은 得善弗失也라 道는 不可須臾(유)離니 可離면 非道는 言道也요 造次顚沛에 必於是는 言守道也라

6. "하루라도 仁에 그 힘을 쓰는 자가 있는가? 나는 힘이 부족한 자를 보지 못하였다."라고 하였다. '仁하고자 하면 이에 仁이 이른다.'[23]고 하였으니, 노력하는 데에 관계된 말이 아니다. 仁에 힘을 쓰는 자가 참으로 있을 것이지만 내 아직 본 적이 없을 뿐이니, 어찌 감히 천하에 仁者가 없다고 말할 수 있겠는가.

有能一日用其力於仁矣乎아 我未見力不足者로라 欲仁則仁斯至矣니 不繫乎力也라 用力於仁者가 固嘗①有之나 已未嘗見耳니 豈敢謂天下無仁者也리오

---

21) 善을……않았다 : ≪中庸≫에 "顔回의 사람됨은 中庸을 택하여 하나의 善이라도 얻으면 정성껏 받들어 가슴속에 새겨서 그것을 잃지 않았다.〔回之爲人也 擇乎中庸 得一善 則拳拳服膺 而弗失之矣〕"라고 하였다.

22) 道는……아니다 : ≪中庸≫에 "道라는 것은 잠시도 벗어나서는 안 되니, 벗어날 수 있으면 道가 아니다. 그러므로 君子는 보이지 않는 바에서도 경계하고 삼가며, 들리지 않는 바에서도 두려워하고 두려워한다.〔道也者 不可須臾離也 可離 非道也 是故 君子戒愼乎其所不睹 恐懼乎其所不聞〕"라고 하였다.

23) 仁하고자……이른다 : ≪論語≫ 〈述而〉에 孔子가 말하기를 "仁이 멀리 있는가. 나는 仁하고자 하면 이에 仁이 이른다.〔仁遠乎哉 我欲仁 斯仁至矣〕"라고 하였다.

①〈'嘗'은〉 어떤 판본에는 '當'으로 되어 있다.
一作當.

7. 사람의 과실은 각기 그 부류에 따라 다르니, 君子는 항상 후함에서 잘못되고 小人은 항상 박함에서 잘못되며, 군자는 남을 사랑하는 데에서 지나치고 소인은 남에게 잔인한 데에서 자신을 해친다.[24]

人之過也는 各於其類니 君子는 常失於厚하고 小人은 常失於薄하며 君子는 過於愛하고 小人은 傷於忍이라

8. "아침에 道를 들으면 저녁에 죽어도 괜찮다."라고 하였다. 사람은 道를 알지 못하면 안 되니, 만약 道를 들을 수 있다면 비록 죽더라도 괜찮다.

朝聞道면 夕死라도 可矣라 人不可以不知道니 苟得聞道면 雖死라도 可也라

9. "道에 지향을 둔 士로서 나쁜 옷과 나쁜 음식을 부끄러워하는 자는 더불어 道를 의논할 수 없다."라고 하였으니, 道에 지향을 두고서도 마음이 外物에 부림을 당하면 어찌 더불어 道를 의논할 수 있겠는가.

士志於道而恥惡衣惡食者는 未足與議也라하니 志於道而心役乎外면 何足與議也리오

10. "君子는 천하의 일에 대해 지향하는 것도 없고 지향하지 않는 것도 없어 義를 따를 뿐이다."라고 하였다. 군자는 천하의 일에 대해 반드시 지향하는 바도 없으며 지향하지 않는 바도 없어 오직 義를 가까이할 뿐이다.

君子之於大下也에 無適也하며 無莫也하여 義之與比라 君子之於天下에 無必往也며 無莫往也하여 惟義是親이라

---

24) 사람의……해친다 : 이는 ≪論語≫ 〈里仁〉의 "孔子가 말하기를 '사람의 과실은 각기 그 부류에 따라 다르니, 그 사람의 과실을 보면 仁을 알 수 있다.〔人之過也 各於其黨 觀過 斯知仁矣〕'라고 하였다."에 대한 해설이다.

11. "君子가 德을 생각하면 小人은 처하는 곳을 생각하며, 군자가 刑法을 생각하면 소인은 은혜를 생각한다."라고 하였다. 윗자리에 있는 사람이 德에 지향을 두면 백성들은 그들이 처한 곳을 편안히 여기고, 윗자리에 있는 사람이 刑法을 엄하게 하는 데 지향을 두면 백성들은 仁厚한 사람을 그리워하여 그에게 귀의한다.

君子懷德하면 小人懷土하며 君子懷刑하면 小人懷惠라 在上者가 志存於德이면 則民安其土하고 在上者가 志在嚴刑하면 則民思仁厚者而歸之라

12. "이익에 따라 행동하면 원망이 많다."라고 하였으니, 마음을 이익에 두는 것은 원망을 취하는 길이다. 대개 자신에게 이롭고자 하면 반드시 남에게 손해를 끼친다.

放於利而行이면 多怨이라하니 心存乎利는 取怨之道也라 蓋欲利於己면 必損於人이라

13. 禮는 나라를 다스리는 근본이다. 능히 禮와 謙讓으로써 나라를 다스린다면 다시 무엇을 더하겠는가. 禮로써 나라를 다스릴 수 없으면 장차 禮를 어찌하겠는가. 禮와 謙讓이 없으면 나라를 다스릴 수 없다.[25)]

禮者는 爲國之本이라 能以禮讓이면 復何加焉이리오 不能以禮면 將如禮何오 無禮讓이면 則不可以爲國也라

14. "지위가 없음을 근심하지 말고 지위에 설 방법을 근심하며, 자신을 알아주는 이가 없음을 근심하지 말고 알려질 만하게 되기를 구하라."라고 하였다. 君子는 자신에게 있는 것을 구한다. 그러므로 자신이 수립한 바가 없는 것을 근심하고 행세할 지위가 없는 것을 근심하지 않으며, 알려질 만한 행실을 하기를 구하고 남이 자신을 알아주지 않는 것을 근심하지 않는다.

不患無位요 患所以立하며 不患莫己知요 求爲可知也라 君子는 求其在己者라 故로 患身無所立이요 不患無位以行也며 求爲可知之行이요 不患人之不知己也라

25) 禮는……없다 : 이는 ≪論語≫ 〈里仁〉의 "孔子가 말하기를 '능히 禮와 謙讓으로써 나라를 다스린다면 나라를 다스림에 무슨 어려움이 있으며, 禮와 謙讓으로써 나라를 다스릴 수 없으면 禮를 어찌하겠는가.〔能以禮讓 爲國乎 何有 不能以禮讓爲國 如禮何〕'라고 하였다."에 대한 해설이다.

15. 曾子가 말하기를 "夫子의 道는 忠·恕일 따름이다."라고 하였다. 자신의 마음을 극진히 하는 것을 忠이라 하고, 자신의 마음을 미루어나가는 것을 恕라 한다. 忠은 體이고 恕는 用이다. 孟子가 말하기를 "자기의 마음을 극진히 하는 자는 그의 性을 안다."[26]라고 하였다.

曾子曰 夫子之道는 忠恕而已라 盡己之謂忠이요 推己之謂恕라 忠은 體也요 恕는 用也라 孟子曰 盡其心者는 知其性也라

16. "君子는 義에 밝고 小人은 利에 밝다."라고 하였으니, 오직 그가 그것에 깊이 밝기 때문에 독실하게 좋아하는 것이다.

君子는 喩於義하고 小人은 喩於利라하니 惟其深喩라 是以篤好라

17. "德이 있는 사람은 외롭지 않아, 반드시 이웃이 있다."라고 하였다. 事物은 각각 類에 따라 모이지 않음이 없다. 그러므로 德이 있는 사람은 반드시 이웃이 있게 된다.

德不孤라 必有隣이라 事物은 莫不各以類聚라 故로 德必有隣이라

공야장 公冶長

1. "이 사람이 어디에서 〈君子의 德行을〉 취했겠는가.〔斯焉取斯〕"[27]라고 하였는데, 〈아래의〉 '斯'는 어조사이니, ≪詩經≫에서 "사랑하고 독실히 하여〔恩斯勤斯〕"[28]의 斯와 같다.

斯焉取斯라하니 斯는 助語니 詩云恩斯勤斯라

---

26) 자기의……안다 : ≪孟子≫ 〈盡心 上〉에 보인다.
27) 이……취했겠는가 : ≪論語≫ 〈公冶長〉에 孔子가 子賤을 일러 말하기를 "군자답구나, 이 사람이여! 魯나라에 군자가 없었다면 이 사람이 어디에서 군자의 덕행을 취했겠는가.〔君子哉 若人 魯無君子者 斯焉取斯〕"라고 하였다.
28) 사랑하고……하여 : ≪詩經≫ 〈豳風 鴟鴞〉에 "사랑하고 독실히 하여, 자식을 기르느라 매우 근심하였노라.〔恩斯勤斯 鬻子之閔斯〕"라고 하였다.

2. 子貢이 묻기를 "저는 어떻습니까?"라고 하자, 孔子가 말하기를 "너는 그릇이다."라고 하였다. 그릇은 꾸밈을 중시하는 물건이니, 子貢은 문채가 바탕을 이겼기 때문에 그릇이라고 한 것이다. 자공이 다시 "무슨 그릇입니까?"라고 묻자, 공자가 "瑚璉이다."라고 하였다. 瑚璉은 귀한 그릇이다. 꾸밈이 성대한 것은 모두 玉으로 만드니, 그 꾸밈이 아름다운 것을 드러낸 것이다.

子貢問曰 賜也는 何如잇고 子曰 女器也라 器者는 尙飾之物이니 子貢文勝이라 故로 云器也라 復問何器오하니 曰瑚璉也라 瑚璉은 貴器라 飾之盛者는 皆從玉하니 見(현)其飾之美라

3. "혹자가 말하였다. '雍은 仁하나 말재주가 없습니다.〔仁而不佞〕'"라고 하였다. '佞'은 말재주이다. 사람에게 말재주가 있으면 不善으로 들어가는 경우가 많다. 그러므로 孔子가 "말재주를 어디에다 쓰겠는가."라고 한 것이다.

或曰 雍也는 仁而不佞이라 佞은 辨才也라 人有之면 則多入於不善이라 故로 夫子云焉用佞이라

4. "孔子가 漆彫開에게 벼슬을 하게 하였는데"라고 한 것은 그로 하여금 祿을 구하게 한 것이다. 칠조개는 자신의 학문으로는 벼슬을 잘 해낼 거라고 자신할 수 없다고 대답하였으니, 자신한다는 것은 스스로 만족해하는 것을 말한다. 그러므로 공자가 그의 독실한 심지를 기뻐한 것이다.

子使漆雕開仕는 使求祿也라 對以已學且未能信하니 信은 謂自得이라 故로 夫子說(열)其篤志라

漆雕開

5. 孔子가 말하기를 "道가 행해지지 않아 내 뗏목을 타고서 바다를 항해하려 하니, 나를 따를 자는 아마도 仲由일 것이다."라고 하였다. 공자가 바다를 항해하고 九夷에 살고자 한 것[29]은 천하

에 어진 임금이 없음을 비판한 것이다. 子路는 義에 용감했기 때문에 공자가 '자로는 능히 나를 따를 것이다.'라고 말한 것이다. 자로는 공자가 실제로 바다를 항해하려 한다고 생각하였다. 그러므로 공사가 사신을 허여한 것을 기뻐하였다. 공자는 그의 용기는 허여하면서도 '그는 능히 사리를 헤아리지 못한다.'고 말하였다. '取材'는 재단하여 헤아리는 것이니, '材裁'와 통용된다.

子曰 道不行이라 乘桴(부)하여 浮于海하리니 從我者는 其由也與인저 浮海居夷는 譏天下無賢君也라 子路는 勇於義라 故로 謂其能從己라 子路는 以爲實欲浮海也라 故로 喜夫子與己라 夫子許其勇而謂其不能量度(탁)事理也라 取材는 裁度也니 材裁通用이라

6. 孔子가 子貢에게 말하기를 "너는 顔回와 비교해볼 때 누가 더 나으냐?"라고 하였다. 자공은 사람을 비교하는 것을 좋아하였다. 그러므로 그가 안회와 비교해 누가 더 나은지를 물은 것이다. 자공이 이미 스스로 "제가 어찌 감히 안회를 바라보겠습니까."라고 말하였기 때문에 "나는 네가 그만 못함을 인정한다."라고 한 것이니, 그가 진보하도록 면려한 것이다.

子謂子貢曰 女與回也로 孰愈오 子貢喜方人이라 故로 問其與回孰愈라 子貢既能自謂何敢望回라 故로 云吾與女弗及하니 所以勉之進也라

7. "宰予가 낮잠을 잤다."라고 하였으니, 사람이 이미 미혹해지면 학문을 말하기가 어려워진다. 그래서 그가 평소의 말을 실천하지 못하는 것을 꾸짖은 것이다.

宰予晝寢이라하니 人既耽(탐)惑이면 難以語學矣니 因責其不踐平日之言也라

8. 사람이 욕심이 있으면 강할 수 없고, 강하면 욕망에 굽히지 않는다.[30)]

人有慾則無剛하고 剛則不屈於欲也라

---

29) 九夷에……것 : 孔子가 九夷에 살고자 하니, 혹자가 "그곳은 누추할 것인데 어떻게 사시렵니까?〔陋如之何〕"라고 하였다. 이에 공자가 "군자가 살게 되면 어찌 누추할 것이 있겠는가?〔君子居之 何陋之有〕"라고 하였다.(≪論語≫〈子罕〉)

30) 사람이……않는다 : 이는 ≪論語≫〈公冶長〉의 "孔子가 말하기를 '나는 아직 강한 자를 보지 못하였다.〔吾未見剛者〕'라고 하자, 혹자가 '申棖입니다.'라고 하였다. 공자가 말하기를 '신정은 욕심이 있으니, 어찌 강할 수 있겠는가.〔棖也慾 焉得剛〕'라고 하였다."에 대한 해설이다.

9. "저는 남이 저에게 가하기를 원하지 않는 일을 저 또한 남에게 가함이 없고자 합니다." 라는 것은 仁이고, "자기에게 베풀어서 원치 않는 것을 또한 남에게 베풀지 말라."[31]라는 것은 恕이다. 恕는 혹 힘쓸 수 있으나, 仁은 子貢이 미칠 수 있는 바가 아니었다.

我不欲人之加諸我를 吾亦欲無加諸人은 仁也요 施諸己而不願을 亦勿施於人은 恕也라 恕는 或能勉之나 仁은 則非子貢所及이라

10. "夫子의 文章은 들을 수 있었으나, 夫子께서 性과 天道를 말씀하시는 것은 들을 수 없었다."라고 하였으니, 이는 子貢이 孔子의 지극한 의론을 듣고서 감탄하고 찬미한 말이다.

夫子之文章은 可得而聞也어니와 夫子之言性與天道는 不可得而聞也라하니 子貢聞夫子之至論而歎美之言也라

11. "子路는 좋은 말을 듣고서 아직 실행하지 못한 상태에서는 다시 좋은 말을 들을까 두려워하였다."라고 하였다. 자로는 실천에 과감한 자였다. 그러므로 좋은 말을 듣고서 아직 실행하지 못했으면 다시 좋은 말을 들을까 두려워한 것이다.

子路는 有聞이요 未之能行하얀 唯恐有聞이라 子路는 果於行者라 故로 有聞而未能行하여선 惟恐復有聞也라

12. "晏平仲은 남과 사귀기를 잘했도다. 오래 사귀어도 그를 공경하였도다."라고 하였다. 사람은 사귐이 오래되면 공경함이 쇠하니, 사귐이 오래되어도 능히 공경함이 남과 사귀기를 잘하는 것이 되는 것이다.

晏平仲은 善與人交로다 久而敬之라 人之交久면 則敬衰하니 久而能敬이 所以爲善與人交也라

13. 세상 사람들이 臧文仲을 지혜롭다고 하였으나, 분수에 지나치게 윗사람의 禮制를

31) 자기에게……말라 : ≪中庸≫에 "忠恕는 道와의 거리가 멀지 않으니, 자기에게 베풀어서 원치 않는 것을 또한 남에게 베풀지 말라는 것이다.〔忠恕 違道不遠 施諸己而不願 亦勿施於人〕"라고 하였다.

써서 禮를 잃었으니 어찌 지혜롭다 할 수 있겠는가.[32]

世謂臧文仲知나 僭上失禮니 安得爲知也리오

14. "令尹 子文은 세 번 벼슬하여 영윤이 되었으나 기뻐하는 기색이 없었고, 세 번 그 자리에서 물러났으나 서운해 하는 기색이 없었다."라고 하니, 그가 그러했을까? 어찌 그가 그러했겠는가. 사람들이 그가 기뻐하거나 서운해 하는 기색을 볼 수 없었다고 말하는 것은 괜찮으나, 기뻐하고 서운해 함이 없었다고 말하는 것은 옳지 않다. 만일 기뻐하고 서운해 함이 없었다면 孔子가 무엇으로써 그가 仁하지 않음을 알았겠는가. 공자는 오직 그가 영윤의 정사를 새로 부임한 영윤에게 알려준 것이 忠하다고만 칭찬하였으니, 이 점을 여기에서 알 수 있다.[33]

令尹子文이 三仕爲令尹하되 無喜色하며 三已之하되 無慍色이라하니 其然가 豈其然乎리오 人不能見其色則可矣나 謂其無喜慍則非也라 苟無喜慍이면 何以知其未仁也리오 夫子獨稱其以政告新爲忠하니 斯可見矣라

15. "季文子는 세 번 생각한 뒤에야 행하였다."라고 하였으니, 晉나라에 사신 갈 적에는 두 번만 사려하는 것이 마땅했으며, 喪을 당했을 때의 禮物을 청구하는 데 이른 것[34]은 지나치다.

季文子는 三思而後行이라하니 使晉時也엔 其再慮가 當矣요 至於求遭喪之禮는 則過矣라

32) 세상……있겠는가 : 이는 ≪論語≫ 〈公冶長〉의 "孔子가 말하기를 '臧文仲이 거북을 보관하는 집을 지으면서 기둥머리의 두공에 산 문양을 새겨 넣고 들보의 동자기둥에 마름풀을 그렸으니, 어찌 지혜롭다 하겠는가.〔臧文仲 居蔡 山節藻梲 何如其知也〕'라고 하였다."에 대한 해설이다.

33) 令尹……있다 : ≪論語≫ 〈公冶長〉에 子張이 楚나라 令尹을 지낸 子文이 세 번 영윤이 되어도 기뻐하는 기색이 없고 세 번 그 자리에서 물러나도 서운해하는 기색이 없었던 것에 대해 묻자, 孔子가 忠하다고 하였다. 자장이 다시 仁한가를 묻자, 공자는 "잘 모르겠지만 어찌 仁한 사람이었겠는가.〔未知 焉得仁〕"라고 하여 仁에 대해서는 인정하지 않았다.

34) 晉나라에……것 : ≪春秋左氏傳≫ 文公 6년 조에 "가을에 季文子가 晉나라에 빙문가려 할 적에 그 從者에게 喪을 당했을 경우에 사용할 儀物을 請求하게 한 뒤에 떠났다. 그 從者가 '어디에 쓰려는 것입니까?'라고 하자, 文子가 말하였다. '뜻밖에 생길지도 모르는 일에 미리 대비하라는 말은 옛날의 좋은 가르침이다. 일을 당하여 구할 곳이 없으면 실로 난처하게 될 것이니, 지나치게 구한다 하여 무엇이 해롭겠는가.'〔秋 季文子將聘於晉 使求遭喪之禮以行 其人曰 將焉用之 文子曰 備豫不虞 古之善敎也 求而無之 實難 過求何害〕"라고 하였다. 계문자는 당시 晉侯가 병을 앓고 있다는 말을 들어 이와 같이 한 것이다.

16. 孔子가 陳나라에 계실 적에 "돌아가야겠다."라고 하였으니, 공자가 ≪詩經≫과 ≪書經≫을 정리한 것은 여러 제자들로 하여금 편집하게 한 것이다.[35]

子在陳曰 歸與라하니 夫子之刪詩書는 使群弟子編緝之也라

17. 伯夷·叔齊의 절개는 지극히 높고 빼어난 것이다. 그러나 그들의 마음가짐이 관대하였기 때문에 원망하는 사람이 드물었다.[36] 그렇지 않았다면 그들은 세상에 처할 수 없었을 것이다.

伯夷叔齊之節은 至高峻也라 然이나 其居之以寬이라 故로 怨希라 不然이면 則不可以處世矣라

伯夷

18. "누가 微生高를 정직하다 하는가."라고 하였다. 君子는 敬함으로써 내면을 바르게 하니, 그의 정직하지 못한 것이 아무리 작더라도 정직함을 해침은 크다.

孰謂微生高直고하니라 君子는 敬以直內하니 所枉雖小나 而害則大라

19. '足恭'은 지나치게 공손한 것이고, '左丘明'은 옛날의 유명했던 사람이다.[37]

足(주)恭은 過恭也라 左丘明은 古之聞人라

35) 孔子가……것이다 : ≪論語≫ 〈公冶長〉에 "孔子가 陳나라에 계실 적에 '돌아가야겠다. 돌아가야겠다. 우리 고을의 젊은이들이 狂簡하여 문채나게 文章을 이룩하였고, 그것을 재단할 줄은 모른다.'라고 하였다.〔子在陳曰 歸與歸與 吾黨之小子狂簡 斐然成章 不知所以裁之〕"라고 하였기 때문에 程子가 이와 같이 해석한 것이다.

36) 그들의……드물었다 : 孔子가 말하기를 "伯夷와 叔齊는 남이 옛날에 저지른 잘못을 생각하지 않았다. 이 때문에 원망하는 사람이 드물었다.〔伯夷叔齊 不念舊惡 怨是用希〕"라고 하였다.(≪論語≫ 〈公冶長〉)

37) 足恭은……사람이다 : 이는 ≪論語≫ 〈公冶長〉의 "孔子가 말하기를 '말을 교묘하게 하고 안색을 꾸며 공손함을 지나치게 하는 것을 左丘明이 부끄럽게 여겼는데, 나 또한 이를 부끄러워하노라. 원망을 감추고 그 사람과 사귐을 좌구명이 부끄럽게 여겼는데, 나 또한 이를 부끄러워하노라.〔巧言令色足恭 左丘明恥之 丘亦恥之 匿怨而友其人 左丘明恥之 丘亦恥之〕'라고 하였다."에 대한 해설이다. 좌구명은 春秋時代 魯나라 사람으로, ≪春秋左氏傳≫과 ≪國語≫의 저자로 알려져 있다.

20. 顏淵·季路가 孔子와 더불어 지향에 대해 말하였으니, 공자는 仁을 편안하게 여긴 것이고, 안연은 仁을 어기지 않은 것이고, 계로는 仁을 구한 것이다.[38)]

顏淵季路與夫子之言志하니 夫子安仁也요 顏淵不違仁也요 季路求仁也라

21. 대저 능히 자신의 허물을 스스로 아는 사람은 드물다. 그러나 허물을 아는 것은 어렵지 않다. 능히 스스로 뉘우치는 것이 善이 되니, 스스로 뉘우쳐서 허물을 방치하지 않으면 어찌 능히 허물을 고침이 없겠는가.[39)]

夫人能自知其過者가 鮮也라 然이나 知過非難也라 能自訟之爲善이니 自訟不置면 能無改乎아

22. "10戶가 사는 小邑에도 반드시 나처럼 忠信한 사람이 있을 것이지만, 내가 배움을 좋아하는 것과는 같지 않다."라고 하였다. 忠信은 자질이다. 이는 '타고난 자질은 남과 다르지 않으나 남들은 내가 배움을 좋아하는 것과는 같지 않다.'는 말이니, 사람들에게 배움을 면려한 것이다.

十室之邑에 必有忠信如丘者焉이어니와 不如丘之好學也라 忠信은 質也라 語生質則不異於人이나 人不若己之好學耳니 所以勉人學也라

옹야 雍也

1. "雍은 南面[40)]하게 할 만하다."라고 하였으니, 仲弓의 재능과 德은 정사를 하게 할

---

38) 顏淵……것이다 : 孔子가 子路와 顏淵에게 지향을 물어보자, 자로는 "수레와 말과 가벼운 갖옷을 벗과 함께 쓰다가 해지더라도 유감이 없고자 합니다.〔願車馬衣輕裘 與朋友共 敝之而無憾〕"라고 하였고, 안연은 "선행을 자랑함이 없으며, 수고로운 일은 남에게 베풂이 없고자 합니다.〔願無伐善 無施勞〕"라고 하였다. 자로가 공자의 지향에 대해 듣기를 청하자 "늙은이를 편안하게 해주고, 벗들에게 미덥게 하고, 젊은이를 품어주고자 한다.〔老者安之 朋友信之 少者懷之〕"라고 하였다.(≪論語≫ 〈公冶長〉)

39) 대저……없겠는가 : 이는 ≪論語≫ 〈公冶長〉의 "孔子가 말하기를 '어쩔 수 없구나. 나는 아직 자신의 허물을 보고서 마음속으로 자책하는 자를 보지 못하였다.〔已矣乎 吾未見能見其過而內自訟者也〕'라고 하였다."에 대한 해설이다.

40) 南面 : 임금이 정사를 다스리는 자리를 가리킨다.

만한 것이었다.

雍也는 可使南面이라하니 仲弓才德이 可使爲政也라

2. 子桑伯子가 마음이 敬을 주로 하면서 간략하게 행동했다면 요약되고 정직한 것이 되겠지만, 마음을 간략함에 두고서 간략하게 행동하였으니 疏略함이 된 것이다. 仲弓은 그 본지를 안 자라고 할 수 있다. 자상백자의 간략함은 비록 취할 만하나 지극히 善하지는 못하기 때문에 孔子가 "괜찮다."라고 말한 것이다.[41]

子桑伯子가 內主於敬而簡이면 則爲要直이나 內存乎簡而簡하니 則爲疎略이라 仲弓은 可謂知旨者라 子桑伯子之簡은 雖可取나 而未盡善이라 故로 夫子云可也라

3. 顔子의 노여움은 상대방에게 있었고 자기에게 있지 않았다. 그러므로 남에게 옮기지 않은 것이다. 그는 不善함이 있으면 알지 못한 적이 없고, 알면 다시 행한 적이 없었으니, 잘못을 다시 행하지 않은 것이다.[42]

顔子之怒는 在物而不在己라 故로 不遷이라 有不善이면 未嘗不知하고 知之면 未嘗復行하니 不貳過也라

4. "子華가 齊나라에 심부름을 가자 冉子(冉求)가 그의 어머니를 위해 곡식을 청하였는데, 孔子가 '釜(6斗 4升)를 주어라.'라고 하였다. 冉子가 더 줄 것을 청하자, '庾(16斗)를 주어라.'라고 하였는데, 冉子가 곡식 5秉(80斛)을 주었다."라고 하였다. 공자가 자화를 심부름 보낸 것과 자화가 공자를 위해 심부름 간 것은 義인데, 冉求가 이에 그를

---

41) 자상백자의……것이다 : 仲弓이 子桑伯子에 대해 물으니, 孔子가 "그의 간략함도 괜찮다.〔可也簡〕"라고 하였다. 중궁이 "敬에 마음을 두고서 간략함을 행하여 백성에 임한다면 괜찮지 않겠습니까. 그러나 간략함에 마음을 두고서 간략함을 행하면 너무 간략한 것이 아니겠습니까.〔居敬而行簡 以臨其民 不亦可乎 居簡而行簡 無乃大簡乎〕"라고 하자, 공자가 "雍의 말이 옳다."라고 하였다.(≪論語≫ 〈雍也〉)

42) 顔子의……것이다 : 이는 ≪論語≫ 〈雍也〉의 "哀公이 孔子에게 제자 가운데 누가 학문을 좋아하느냐고 묻자, 공자가 '顔回라는 자가 학문을 좋아하여 노여움을 남에게 옮기지 않으며 같은 잘못을 반복하지 않았는데, 불행히도 명이 짧아 죽었습니다. 지금은 그런 사람이 없으니, 학문을 좋아한다는 자를 아직 듣지 못했습니다.〔有顔回者好學 不遷怒 不貳過 不幸短命死矣 今也則亡 未聞好學者也〕'라고 하였다."에 대한 해설이다.

돕고자 하여 그를 위해 곡식을 청한 것이다. 공자가 "釜를 주어라."라고 한 것은 주어야 할 경우가 아님을 염구에게 보인 것이다. 염구가 이를 알지 못하고 더 줄 것을 요청하니 庾를 주라고 한 것이나. 염구는 그래도 공자의 의도를 알지 못하였기 때문에 스스로 곡식 5秉을 준 것이다. 그러므로 공자가 그가 부유한 자에게 부를 보태준다고 비난한 것이다. 대개 公西赤(子華)이 만일 지극히 궁핍했다면 공자가 반드시 그를 구휼했을 것이다. 原思가 공자의 家臣이 되자 그에게 곡식 9百을 주었는데, 원사가 많다고 사양하였다. 그러므로 그에게 말하기를 "만일 남음이 있다면 이웃과 향당 사람들에게 나누어 주거라."라고 한 것이다. 공자가 자화를 심부름 보낸 것은 義이고, 원사는 가신이 되었으니 정상적인 祿이 있는 경우이다.

子華使(시)於齊러니 冉(염)子가 爲其母請粟한대 子曰 與之釜하라 請益한대 曰 與之庾(유)하라하여시늘 冉子與之粟五秉이라 夫子之使子華와 子華之爲夫子使는 義也어늘 而冉求乃欲資之而爲之請粟이라 夫子曰與之釜者는 所以示冉求以不當與也라 求不達而請益하니 則與之庾라하니라 求猶未達夫子之意라 故로 自與之粟五秉이라 故로 夫子非其繼富라 蓋赤苟至乏이면 則夫子必周之矣리라 原思爲之宰러니 則與之粟九百한대 思辭其多라 故로 謂之曰 苟有餘면 則分諸隣里鄕黨하라하니라 夫子之使子華는 義也요 原思爲宰하니 有常祿也라

5. "孔子가 仲弓을 일러 말하였다. '얼룩소의 새끼가 색깔이 붉고 또 뿔이 제대로 났다면 〈비록 쓰지 않으려 해도 山川의 神이 그것을 버리겠는가.〉'"라고 하였으니, '曰'자에 의문이 많다. '角'은 처음 뿔이 나는 것이니, 그 소를 〈희생으로〉 쓸 수 있는 때이다.

子謂仲弓曰 犁(리)牛之子騂(성)且角이라하니 疑多曰字라 角은 始角也니 可用時也라

6. 顔回는 3개월 동안 仁을 어기지 않았고, 善을 얻으면 가슴속에 새겨서 잃지 않았다.[43] 그 나머지 사람들은 하루 혹은 한 달 동안 仁에 이르렀다. '이르렀다〔至〕'는 것은 마음을 仁에 둔 것을 말하지, 능히 仁에 이른 것이 아니다.[44]

43) 善을……않았다 : ≪中庸≫에 "顔回의 사람됨은 中庸을 택하여 하나의 善이라도 얻으면 정성껏 받들어 가슴속에 새겨서 그것을 잃지 않았다.〔回之爲人也 擇乎中庸 得一善 則拳拳服膺 而弗失之矣〕"라고 하였다.

44) 顔回는……아니다 : 이는 ≪論語≫ 〈雍也〉의 "孔子가 말하기를 '顔回는 그 마음이 3개월 동안 仁을 어기지 않았고, 그 나머지 사람들은 하루 혹은 한 달 동안 仁에 이를 뿐이다.〔回也 其心三

回는 三月不違仁이요 得善則服膺(응)弗失也라 其餘則日月至焉이라 至는 謂心存於仁이요 非能至於仁也라

7. 季康子가 묻기를 '仲由·子貢·冉有는 그 재주가 정사에 종사할 수 있겠습니까?'라고 하자, 孔子가 각기 장점이 있다고 답하였다. 이 세 사람뿐만이 아니라 사람은 각기 장점이 있으니, 능히 그 장점을 취하면 모두 쓸 수가 있다.

季康子問호되 仲由子貢冉有는 其才가 可以從政乎아하니 夫子答以各有所長이라 非唯三子者라 人各有所長하니 能取其長이면 皆可用也라

8. 季氏가 閔子騫을 費邑의 邑宰로 삼으려 하였는데, 민자건이 〈使者에게〉 말하였다. "나를 위해 사양한다고 잘 말해주시오. 만일 다시 나를 부르러 오는 자가 있다면 나는 반드시 〈여기를 떠나〉 汶水 가에 있을 것이오."라고 하였다. 仲尼의 문하에 능히 大夫의 집안에서 벼슬하지 않은 사람은 閔子·曾子 몇 사람뿐이다.

季氏가 使閔子騫(건)으로 爲費宰한대 閔子騫曰 善爲我辭焉하라 如有復我者면 則吾必在汶上矣리라 仲尼之門에 能不仕大夫之家者는 閔子曾子數人而已라

9. 顏子의 즐거움은 한 대그릇의 밥과 한 표주박의 물로 누추한 시골에 사는 것을 즐거워한 것이 아니라, 가난으로 그의 마음을 얽어매어 자신이 즐거워하는 바를 고치지 않은 것이다. 그러므로 孔子가 그의 어짊을 칭찬한 것이다.[45]

顏子之樂은 非樂簞瓢陋巷也요 不以貧窶(구)累其心而改其所樂也라 故로 夫子稱其賢이라

顏子(顏淵)

月不違仁 其餘則日月至焉而已矣]'라고 하였다."에 대한 해설이다.

45) 顏子의……것이다 : 이는 ≪論語≫ 〈雍也〉의 "孔子가 말하기를 '어질도다, 顏回여! 한 대그릇의 밥과 한 표주박의 물로 누추한 골목에 사는 것을 남들은 그 근심을 견디지 못하는데, 안회는 그 즐거움을 고치지 않으니, 어질도다, 안회여![賢哉回也 一簞食 一瓢飮 在陋巷 人不堪其憂 回也 不改其樂 賢哉回也]'라고 하였다."에 대한 해설이다.

10. 冉有가 말하기를 "夫子의 道를 좋아하지 않는 것은 아니나, 저는 힘이 부족합니다."라고 하자, 孔子가 '학문을 하는 것은 자신을 말미암으니, 힘이 부족한 자는 있지 않다. 이른바 힘이 부족한 사람은 곧 중도에 스스로 그만두는 사람이다. 지금 너는 스스로 그치는 것이니, 힘이 부족한 것이 아니다.'라고 일러주었다.

冉有曰 非不說(열)子之道언마는 力不足也로이다하니 夫子告以爲學由己니 未有力不足者라 所謂力不足者는 乃中道而自廢耳라 今女自止니 非力不足也라

11. 君子다운 儒者는 자신을 위한 학문을 하고, 小人 같은 儒者는 남에게 보이기 위한 학문을 한다.[46)]

君子儒는 爲己요 小人儒는 爲人이라

12. 길을 갈 적에 지름길로 다니지 않는다면 행동은 반드시 正道를 따를 것이다.[47)]

行不由徑이면 動必從正道라

13. "祝官인 鮀의 말재주와 宋나라 朝의 아름다운 용모가 있지 않으면 〈지금 세상에서 환난을 면하기 어렵다.〉"라고 하였다. 鮀의 교묘한 말솜씨와 朝의 아름다운 용모가 없다면 지금 세상에서 환난을 면하기 어려우니, 반드시 미움을 받을 것이다.

不有祝鮀(타)之佞이며 而有宋朝之美라 無鮀之巧言與朝之令色이면 難免乎今之世니 必見憎疾也라

14. 道는 벗어날 수 없다. 일을 할 적에 반드시 그 道를 말미암는 것은 출입할 적에 반드시 문을 말미암는 것과 같다.[48)]

---

46) 君子다운……한다 : 이는 ≪論語≫ 〈雍也〉의 "孔子가 子夏에게 말하기를 '너는 君子다운 학자가 되고 소인 같은 학자가 되지 말라.〔女爲君子儒 無爲小人儒〕'라고 하였다."에 대한 해설이다.

47) 길을……것이다 : 이는 ≪論語≫ 〈雍也〉의 "子游가 武成의 邑宰가 되었는데 孔子가 '너는 인재를 얻었느냐?'라고 묻자, 자유가 말하기를 '澹臺滅明이라는 자가 있는데, 그는 길을 갈 적에 지름길로 다니지 않으며, 공적인 일이 아니면 저의 방에 온 적이 없습니다.〔有澹臺滅明者 行不由徑 非公事 未嘗至於偃之室也〕'라고 하였다."에 대한 해설이다.

道不可離也라 事必由其道는 猶出入之必由戶也라

15. "文과 質이 잘 어우러져야 君子이다."라고 하였으니, 君子의 道는 文과 質이 그 마땅함을 얻은 것이다.

文質彬(빈)彬然後君子라하니 君子之道는 文質得其宜也라

16. 인류가 살아가는 이치는 정직한 道로써 사는 것이니, 남을 속이고서도 죽음을 면한 자는 요행히 살아있는 것일 뿐이다.[49)]

人類之生은 以直道也니 欺罔而免者는 幸耳라

17. "道를 좋아하는 자는 道를 즐거워하는 자만 못하다."라고 하였으니, 터득한 바가 있지 않으면 어찌 즐거워할 수 있겠는가.

好之者는 不如樂之者라하니 非有所得이면 安能樂之리오

18. "中人 이상은 높은 이치를 말해줄 수 있으나, 中人 이하는 높은 이치를 말해줄 수 없다."라고 하였으니, 재질이 낮은데도 높은 이치를 말해주면 그가 어찌 그 말을 받아들일 수 있겠는가.

中人以上은 可以語上이어니와 中人以下는 不可以語上이라하니 才卑而語之高면 安能入也리오

19. 樊遲가 智에 대해 물었으니, 백성들이 의롭게 여기는 바를 능히 따르는 것이 지혜이다. 귀신은 마땅히 공경해야 하나, 귀신을 가까이 하여 찾는다면 지혜가 아니다. 어

48) 道는……같다 : 이는 ≪論語≫ 〈雍也〉의 "孔子가 말하기를 '누구인들 밖을 나갈 적에 문을 말미암지 않을 수 있겠는가. 그런데 어찌하여 이 道를 말미암는 이가 없는가.〔誰能出不由戶 何莫由斯道也〕'라고 하였다."에 대한 해설이다.

49) 인류가……뿐이다 : 이는 ≪論語≫ 〈雍也〉의 "孔子가 말하기를 '사람이 살아가는 이치는 정직하니, 정직하지 않으면서도 살아있는 것은 요행히 죽음을 면한 것이다.〔人之生也直 罔之生也 幸而免〕'라고 하였다."에 대한 해설이다.

려운 바를 먼저 할 일로 삼고 대가를 받는 것을 따지지 않는 것은 仁이다.[50)]

樊遲(번지)問知하니 能從百姓之所義者가 知也라 鬼神은 當敬也나 親而求之면 則非知也라 以所難爲先하고 而不計所獲은 仁也라

20. "지혜로운 자는 물을 좋아하고, 어진 자는 산을 좋아한다."라고 하였다. '樂'는 좋아하는 것이다. 지혜로운 자는 움직이는 것을 좋아하니 물이 두루 통하여 흐르는 것과 같고, 어진 자는 안정된 것을 좋아하니 산이 안정되어 머물러 있는 것과 같다. 지혜로운 자는 그 즐거움을 얻고, 어진 자는 그 변치 않는 것을 편안히 여긴다.

知者는 樂(요)水하고 仁者는 樂山이라 樂者는 [①]好也라 知者는 樂於運動하니 若水之通流하고 仁者는 樂於安靜하니 如山之定止라 知者는 得其樂(낙)하고 仁者는 安其常也라

① 어떤 판본에는 〈'好' 앞에〉 '喜'자가 있다.
一本有喜字.

21. "齊나라가 한 단계 변하면 魯나라의 경지에 이르고, 노나라가 한 단계 변하면 道에 이를 것이다."라고 하였다. 孔子 시대에는 제나라가 강하고 노나라가 약했으니, 누구인들 제나라가 노나라보다 낫다고 생각하지 않았겠는가. 그러나 노나라는 오히려 周公의 法制를 보존하고 있었고, 제나라는 桓公의 霸道를 말미암아 간략함을 따르고 功을 숭상하는 정치를 하여 太公(呂尙)의 遺法이 모두 변해버렸다. 그러므로 한 단계 변해야만 노나라의 경지에 이를 수 있고, 노나라는 폐지된 것을 수행하고 실추된 것을 거행할 따름이니 한 단계 변하면 先王의 道에 이를 수 있다.

齊一變이면 至於魯하고 魯一變이면 至於道라 夫子之時에 齊强魯弱하니 孰不以爲齊勝魯也리오 然이나 魯猶存周公之法制하고 齊由桓公之霸하여 爲從簡尙功之治하여 太公之遺法이 變易盡矣라 故로 一變이라야 乃能至魯요 魯則脩廢擧墜而已니 一變則至於先王之道也라

---

50) 樊遲가……仁이다 : 이는 ≪論語≫ 〈雍也〉의 "樊遲가 智에 대해 묻자, 孔子가 말하기를 '사람이 지켜야 할 도리를 힘쓰고 귀신을 공경하되 멀리한다면 智라 말할 수 있다.〔務民之義 敬鬼神而遠之 可謂知矣〕'라고 하였다. 다시 仁에 대해 묻자 '仁者는 어려운 일을 먼저 하고 얻는 것을 뒤에 하니, 이렇게 한다면 仁이라고 말할 수 있다.〔仁者 先難而後獲 可謂仁矣〕'라고 하였다."에 대한 해설이다.

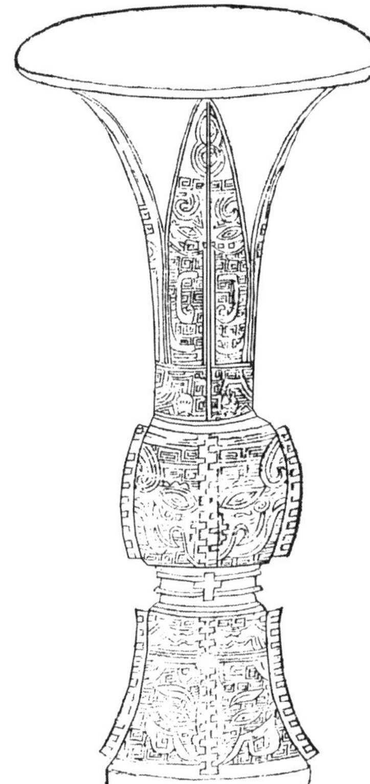
觚

22. "모난 그릇〔觚〕이 모나지 않으면 모난 그릇이라고 할 수 있겠는가. 모난 그릇이라고 할 수 있겠는가."라고 하였다. 모난 그릇이면서 그 모난 그릇의 형태와 제도를 잃었다면 모난 그릇이 아니다. 그러므로 임금이면서 그 임금으로서의 道를 잃었다면 임금답지 못한 것이 되고, 신하이면서 그 신하로서의 직분을 잃었다면 빈자리가 되는 것이다.

觚(고)不觚면 觚哉觚哉아 觚而失其觚之形制면 則非觚也라 故로 君而失其君之道면 則爲不君이요 臣而失其臣之職이면 則爲虛位라

23. "宰我가 물었다. '仁者는 비록 누가 그에게 우물에 사람이 빠졌다고 알리더라도 〈사람을 구하기 위해〉 우물로 뛰어들어야 하겠지요?'"라는 것은 '재아가 물었다. 「仁者는 仁을 좋아하여 환난을 피하지 않으니, 누가 비록 그에게 우물로 달려가는 것이 仁을 행하는 것이라고 말할지라도 또한 우물로 뛰어들어야 하겠지요?」'라는 말이다. 孔子가 말하기를 '그렇지 않으니, 君子에 대해서는 우물까지 가게 할 수는 있으나 기미를 알 수 없는 곳에 그를 빠뜨릴 수는 없으며, 방편으로써 속일 수는 있으나 그 道가 아닌 것으로써 속일 수는 없다.'라고 하였다.

宰我問曰 仁者는 雖告之曰井有仁焉이라도 其從之也는 宰我問호되 仁者는 好仁하여 不避患難하니 雖告之以赴井爲仁이라도 亦從之乎잇가 夫子謂호되 不然이니 君子는 可使之有往이나 不可陷之於不知며 可欺以其方이나 不可罔以非其道라

24. 孔子가 말하기를 "君子가 文을 널리 배우고 禮로써 요약하면 또한 道에 어긋나지 않을 것이다."라고 하였다. 널리 배우고 禮를 지키면 비록 道를 알지 못하더라도 또한 道에 어긋나지 않을 수 있다.

子曰 君子가 博學於文이요 約之以禮면 亦可以弗畔矣夫인저 博學而守禮면 雖未知道라도 亦可以不違畔於道矣라

25. 南子는 행실이 바르지 않았으나 衛君이 그녀를 夫人으로 삼아 孔子를 만나보게 하였으니 공자가 그녀를 만나기를 원하지 않더라도 어찌 거절할 수 있겠는가. 子路는 공자가 강요를 당했다고 여겼기 때문에 기뻐하지 않은 것이다. 공자가 부득이한 까닭을 설명하기 위해 그에게 이르기를 '나의 道가 否塞한 것이 이와 같으니, 아마도 하늘이 나를 싫어하시는가 보다.'라고 하였으니, 이는 "하늘이 나를 버렸구나.〔天喪予〕"[51] 라는 말과 같다.[52]

南子非正이로되 而衛君以爲夫人하여 使見夫子하니 夫子雖不願見이나 安能拒之乎아 子路以夫子之被强也라 故로 不說(열)이라 夫子爲陳不得已之故而謂之曰 吾道之否(비)塞이 如是하니 蓋天厭之라하니 猶天喪予也라

26. 中庸은 천하의 바른 이치이니, 德이 中庸에 합치되어야 지극하다 말할 수 있다. 세상의 교화가 쇠퇴한 뒤로 사람들이 中庸의 道를 행하는 데 마음을 일으키지 않아 中庸의 德을 가진 이가 드물었다.[53]

中庸은 天下之正理니 德合中庸이라야 可謂至矣라 自世教衰로 民不興於行하여 鮮有中庸之德也라

27. "널리 백성에게 은혜를 베풀어 능히 대중을 구제한다."라고 하였다. '博施'는 베풂을 후하게 하는 것이다. 은혜를 널리 베풀어 대중에게 미치는 것은 堯·舜도 그 어려

---

51) 하늘이……버렸구나 : ≪論語≫ 〈先進〉에 "顔淵이 죽자 공자가 말하였다. '아! 하늘이 나를 버렸구나. 하늘이 나를 버렸구나.〔噫 天喪予 天喪予〕'"라고 하였다.

52) 南子는……같다 : 이는 ≪論語≫ 〈雍也〉의 "孔子가 南子를 만나보자, 子路가 기뻐하지 않았다. 공자가 맹세하여 말하기를 '나의 道가 비색한지라, 하늘이 싫어하시는구나! 하늘이 싫어하시는구나!〔予所否者 天厭之 天厭之〕'라고 하였다."에 대한 해설이다.

53) 中庸은……드물었다 : 이는 ≪論語≫ 〈雍也〉의 "孔子가 말하기를 '中庸의 德이 지극하구나. 사람들 중에 오랫동안 그 道를 행하는 사람이 드물다.〔中庸之爲德也 其至矣乎 民鮮 久矣〕'라고 하였다."에 대한 해설이다.

움을 근심하였다. 聖人이 만물을 구제하려는 마음은 다함이 없으나, 그 힘이 미칠 수 없는 것을 근심하였다. 성인은 人倫의 지극한 분이니, 오직 성인이어야 仁道를 극진히 하는 일을 한다. 그러나 仁은 上·下를 통틀어 말할 수 있기 때문에 "어찌 仁을 일삼는 데 그치겠는가. 반드시 聖일 것이다."라고 한 것이다. 恕는 仁을 행하는 방법이다.

博施於民而能濟衆이라하니 博施는 厚施也라 博而及衆은 堯舜도 病其難也라 聖人濟物之心은 無窮已也나 患其力不能及耳라 聖人者는 人倫之至니 惟聖人이야 爲能盡仁道라 然이나 仁은 可通上下而言이라 故曰何事於仁이리오 必也聖乎인저하니라 恕者는 爲仁之方也라

술이 述而

1. 傳述하되 創作하지 않으며 옛것을 믿고 좋아하는 것을 스스로 老彭에 견주어 본 것이다.[54]

傳述而不作하며 信古而好之를 自比於老彭也라

2. "묵묵히 기억해두며, 배우면서 싫어하지 않으며, 남을 가르치는 데 게을리하지 않는 것, 이 중에 어느 것이 나에게 있는가."라고 하였다. 묵묵히 기억해두며 게을리하지 않는 것은 자기에게 있는 것이다. "어느 것이 나에게 있는가."라는 것은 배움은 마땅히 이와 같아야 한다고 사람들을 권면한 것이다. 子貢이 말하기를 "배우기를 싫어하지 않는 것은 智이고, 가르치는 데 게을리하지 않는 것은 仁이니, 仁하고 지혜로우시니 夫子께서는 이미 聖人이십니다."라고 한 것[55]은 仁과 智로써 말한 것이다.

默而識(지)之하며 學而不厭하며 誨人不倦이 何有於我哉오하니라 默識而無倦者는 有諸己者也라 何有於我는 勉人學當如是也라 子貢曰 學不厭은 知也요 敎不倦은 仁也니 仁且知시니 夫子旣聖矣신저는 以仁知而言也라

54) 傳述하되……것이다 : 이는 ≪論語≫ 〈述而〉에 "孔子가 말하기를 '傳述만 하고 창작하지 않으며 옛것을 믿고 좋아하기를 삼가 우리 老彭에게 비견한다.〔述而不作 信而好古 竊比於我老彭〕'라고 하였다."에 대한 해설이다.
55) 子貢이……것 : ≪孟子≫ 〈公孫丑 上〉에 보인다.

3. 孔子가 말하기를 "德을 닦지 못하는 것과 학문을 강마하지 못하는 것과 善을 듣고 능히 옮겨가지 못하는 것과 不善을 능히 고치지 못하는 것, 이것이 나의 근심이다."라고 하였으니, 근심이 이와 같다면 德이 날마다 새로워질 것이다.

子曰 德之不脩와 學之不講과 聞義不能徙와 不善不能改가 是吾憂也라하니 憂如是면 則德日新이리라

4. '申申'은 화락하고 편안한 모습이고, '夭夭'는 온화하고 느긋한 모습이다.[56)]

申申은 和適之貌요 夭夭는 溫裕之貌라

5. "내 다시는 꿈에서 周公을 만나지 못하였다."라고 하였다. 꿈에서 주공을 만난 것은 孔子가 젊었을 때 자나 깨나 늘 주공의 道를 행하려는 마음을 보존했기 때문이다. 공자가 연로하여서는 심지와 사려가 쇠하였다. 道를 보존하는 것은 마음이니 마음에는 老少의 차이가 없으나, 道를 행하는 것은 몸이니 몸은 늙으면 쇠한다.

吾不復夢見周公이라하니라 夢見周公은 夫子盛時에 寤寐常存行周公之道일새라 及其老也하얀 志慮衰矣라 存道者心이니 無老少之異나 行道者身이니 老則衰矣라

6. "道에 지향을 두며, 德에 의거하며, 仁에 의지하며, 藝에 노닐어야 한다."라고 하였다. 배우는 자는 마땅히 이와 같아야 하니, 그 안에서 노닐어야 한다.

志於道하며 據於德하며 依於仁하며 游於藝라 學者는 當如是하니 游泳於其中이라

7. 孔子가 말하기를 "脯 한 묶음 이상으로 執贄의 禮를 행한 자에게는 내 일찍이 가르쳐주지 않은 적이 없었다."라고 하였으니, 만일 禮를 갖추어 찾아온 자라면 받아주지 않음이 없었던 것이다.

子曰 自行束脩以上은 吾未嘗無誨焉이라하니 苟以禮來者면 無不受也라

---

56) 申申은……모습이다 : 이는 ≪論語≫ 〈述而〉의 "孔子께서 한가로이 계실 적에 그 모습은 申申하시며 夭夭하셨다.〔子之燕居 申申如也 夭夭如也〕"에 대한 해설이다.

8. "발분하지 않으면 그 의미를 열어주지 않으며, 답답해하지 않으면 그 표현을 드러내주지 않는다."라고 하였으니, 그 성의가 지극해지기를 기다린 뒤에 알려주는 것이다. "한 모서리를 들어 보여주었는데 이것을 가지고 나머지 세 모서리를 반증하지 못하면 다시 가르쳐주지 않는다."라고 하였으니, 이미 알려주었으면 반드시 그가 자득하기를 기다리는 것이다. '憤'과 '悱'는 성의가 말과 안색에 드러나는 것이다.

不憤이어든 不啓하며 不悱(비)어든 不發이라하니 待其誠至而後告也라 擧一隅에 不以三隅反이어든 則不復也라하니 旣告之면 必待其自得也라 憤悱는 誠意見(현)於辭色也라

9. "孔子는 喪을 당한 사람의 곁에서 음식을 드실 적에는 배부르게 드신 적이 없었다."라고 하였다. 음식이 맛있으면 배불리 먹지만, 상을 당한 사람이 곁에 있으면 어찌 맛있게 먹을 수 있겠는가.

子食於有喪者之側에 未嘗飽也라하니라 食甘矣면 則飫(어)飽나 有喪者在側이면 豈能甘也리오

10. 孔子가 顏淵에게 일러 말하기를 "등용되면 道를 행하고 버려지면 道를 간직하는 것을 오직 나와 너만이 그렇게 할 수 있다."라고 하였다. 등용되고 버려지는 것은 나에게 관계된 바가 없으니 만나는 바를 편안히 여긴 것이다.

혹자가 말하였다.

"그렇다면 命을 아신 것이군요."

선생이 말하였다.

"만나는 바를 편안히 여긴 것에는 命을 말할 것이 없다. 君子는 命이 있는 줄 알기 때문에 말을 하면 반드시 命을 말하는 것이다. 그러나 만나는 바를 편안히 여기는 것은 命 때문이 아니니, 〈등용되기를〉 구하는 것이 그것을 얻음에 유익함이 없는 줄 알아서 구하지 않는 것[57]이지, 〈등용되기를〉 능히 구하지 않는 것은 아니다.

子謂顏淵曰 用之則行하고 舍之則藏을 唯我與爾有是夫인저하니라 用舍는 無所預於己니 安

57) 구하는……것 : ≪孟子≫ 〈盡心 上〉에 孟子가 말하기를 "구하면 얻고 버리면 잃으니, 이런 구함은 얻음에 유익함이 있으니, 자신에게 있는 것을 구하기 때문이다. 구함에 道가 있고 얻음에 命이 있으니, 이런 구함은 얻음에 유익함이 없으니, 밖에 있는 것을 구하기 때문이다.〔求則得之 舍則失之 是求 有益於得也 求在我者也 求之有道 得之有命 是求 無益於得也 求在外者也〕"라고 하였다.

於所遇者也라 或曰 然則知命矣夫인저 曰 安所遇者는 命不足道也라 君子知有命이라 故로 言必曰命이라 然而安之不以命이니 知求無益於得而不求者요 非能不求者也라

11. 子路가 말하기를 "夫子께서 三軍을 통솔하신다면 누구와 함께 하시겠습니까?"라고 하였으니, 자로는 자신의 용맹을 자부하여 孔子가 반드시 자기와 함께 할 것이라고 생각한 것이다. 그러므로 공자가 그를 억제하여 가르친 것이다.[58)]

子路曰 子行三軍이면 則誰與시리잇고하니 子路自負其勇하여 謂夫子必與己라 故로 夫子抑而敎之라

12. 孔子가 말하기를 "부유함을 만약 구할 수 있다면 말채찍을 잡는 자의 일이라도 나 또한 그것을 하겠다."라고 하였다. 부유함은 사람들이 바라는 바이니, 만일 道義에 있어서 구할 수 있다면 자신을 굽혀서라도 그것을 구할 수 있겠지만, 만일 도의상 구할 수 없다면 차라리 빈천하게 살면서 그 지향을 지킬 것이다. 이는 빈천함을 즐거워하는 것이 아니라 道義를 떠날 수 없다는 것이다.

子曰 富而可求也인댄 雖執鞭之士라도 吾亦爲之라하니라 富는 人之所欲也니 苟於義可求면 雖屈己라도 可也어니와 如義不可求면 寧貧賤以守其志也라 非樂於貧賤이요 義不可去也라

13. "孔子께서 삼간 것은 齋戒와 전쟁과 질병이었다."라고 하였으니, 세 가지는 공자가 중시하고 삼간 것이다. 사람이 하는 일과 행위가 많으나 聖人이 삼가는 바를 능히 살펴 알면 성인을 잘 관찰한 것이다.

子之所愼은 齋戰疾이라하니 三者는 夫子所重愼이라 人之事爲多矣나 能察知所愼이면 善觀聖人矣라

14. "孔子께서 齊나라에 계실 적에 韶音[59)]을 들으시고 고기 맛을 알지 못하셨다."라고

58) 억제하여……것이다 : 子路의 질문에 대해 孔子가 말하기를 "맨손으로 범을 잡고 맨몸으로 江河를 건너려다가 죽어도 후회함이 없는 자를 나는 함께 하지 않을 것이니, 반드시 일에 임하여 두려워하고 잘 도모하여 성공하는 자와 함께 할 것이다.〔暴虎馮河 死而無悔者 吾不與也 必也臨事而懼 好謀而成者也〕"라고 하였다.

하였으니, 음식을 먹을 적에 그 음악을 들으면서 음식의 맛이 좋은 것을 잊은 것이다. ‘三月’은 곧 ‘音’자를 두 글자로 잘못 나눈 것이다. “음악을 만드는 것이 이런 경지에까지 이르렀을 줄은 생각하지도 못하였다.”라는 것은 그 음악의 아름다움을 탄식한 것이다. ‘三月’이라고 하면 의리상 옳지 않다.

子在齊聞韶하시고 三月不知肉味라하니 當食而聞하고 忘味之美也라 三月은 乃音字誤分爲二也라 不圖爲樂(악)之至於斯는 歎其美也라 作三月이면 則於義不可라

在齊聞韶

15.“夫子께서 衛나라 임금을 도우실까?”라고 하였으니, ‘輒을 도우실까?’라고 질문한 것이다.[60] 〈伯夷·叔齊〉 두 사람은 나라를 양보하고 달아났으며, 〈武王이 紂王을〉 정벌하는 것을 諫하다가 굶주려 죽었으나 끝내 원망하고 후회함이 없었다. 공자는 그들을 賢人이라고 하였기 때문에 공자가 輒을 돕지 않을 것을 〈子貢이〉 안 것이다.[61]

59) 韶音 : 舜임금의 음악이다.

60) 夫子께서……것이다 : 衛 靈公의 태자 蒯聵(괴외)가 영공의 부인 南子를 미워하여 살해하려다가 실패하여 晉나라로 달아났다. 영공이 죽자 작은 아들 郢을 세우려 하였는데 영이 사양하여 괴외의 아들 輒을 세웠으니, 곧 出公이다. 晉나라에서 괴외를 본국에 들여보내자 첩이 그를 막았다. 당시 孔子가 衛나라에 있었기 때문에 이런 질문을 한 것이다.

61) 두……것이다. : ≪論語≫ 〈述而〉에 冉有가 “夫子께서는 衛나라 임금(出公 輒)을 도우실까?”라고 묻자, 子貢이 “알았다. 내가 물어볼 것이다.”라고 하였다. 자공이 들어가서 공자에게 “伯夷·叔齊는 어떤 사람입니까?”라고 묻자, 공자가 “옛날의 賢人이다.”라고 하였다. 자공이 다시

夫子爲衛君乎아하니 問與輒否乎라 二人者는 讓國而逃하며 諫伐而餓호되 終無怨悔라 夫子以爲賢이라 故로 知其不與輒也라

16. "거친 밥을 먹고 물을 마시며 팔을 굽혀 베고 자더라도 즐거움이 또한 그 가운데 있으니, 의롭지 않으면서 부유하고 귀함은 나에게 있어 뜬구름과 같다."라고 하였다. 비록 거친 밥을 먹고 물을 마시더라도 그 즐거움을 고칠 수 없기 때문에 '즐거움이 또한 그 가운데 있다.'고 말한 것이니, 거친 밥을 먹고 물을 마시는 것을 즐거워한 것이 아니다. 의롭지 않으면서 부귀한 것 보기를 뜬구름처럼 가볍게 여긴 것이다.

飯疏食(사)飮水하고 曲肱而枕之라도 樂亦在其中矣니 不義而富且貴는 於我如浮雲이라하니라 雖疏食飮水라도 不能改其樂이라 故로 云樂亦在其中矣니 非樂疏食飮水也라 不義而富貴를 視之輕如浮雲也라

17. 孔子가 말하기를 "나에게 몇 년의 수명을 더해주어 50세가 되어서 ≪周易≫을 배운다면 큰 허물이 없을 것이다."라고 하였다. 이는 ≪주역≫을 아직 찬술하지 않았을 때의 말씀이다. 다시 나에게 몇 년의 수명을 더해주어 50세가 되어서 ≪주역≫의 道를 배운다면 큰 허물이 없을 것이라는 말이다. 옛날 ≪주역≫을 해석한 것은 ≪八索≫[62]과 같은 부류로서 모두 잘못된 것이니, ≪주역≫의 道가 밝혀지지 못한 까닭이다. 聖人이 〈十翼을〉 찬술하니 ≪주역≫의 道가 밝아졌다. '배우다〔學〕', '큰 허물〔大過〕'이라고 한 것은 모두 겸손한 표현이다.

子曰 加我數年하여 五十以學易이면 可以無大過矣리라 此未贊易時言也라 更加我數年하여 至五十하여 以學易道면 無大過矣라 古之傳易은 如八索之類로 皆過也니 所以易道未明이라 聖人有作하니 則易道明矣라 云學과 云大過는 皆謙辭라

18. "孔子께서 평소 늘 말씀하신 것은 ≪詩經≫과 ≪書經≫ 및 禮를 집행하는 것이었

"그들은 후회하였습니까?"라고 묻자, 공자가 "그들은 仁을 구하여 仁을 얻었으니 어찌 후회하였겠는가."라고 하였다. 자공은 나라를 양보한 백이·숙제를 공자가 현인으로 인정하는 말을 듣고서 아버지 蒯聵와 대치하는 輒을 돕지 않을 것이라고 판단한 것이다.

62) 八索 : 上古시대 ≪周易≫의 八卦를 해설한 책으로, 그 글은 전하지 않는다.

으니, 이런 것들이 모두 평소 하시던 말씀이었다."라고 하였다. 세속의 말은 바름을 잃은 것이 많으니, 예컨대 吳나라와 楚나라의 말은 가벼운 데서 바름을 잃었고, 趙나라와 魏나라의 말은 무거운 데서 바름을 잃었다. 그 말들이 이미 대중에게 통용되었으나 君子가 그 중에 심한 것을 바로잡아 모두 어긋나지는 않았다. 오직 ≪시경≫과 ≪서경≫ 및 禮를 집행하는 것에 대해서는 반드시 그 말을 바로잡았다.

子所雅言은 詩書執禮니 皆雅言也라 世俗之言은 失正者가 多矣니 如吳楚失於輕하고 趙魏失於重이라 旣通於衆이나 君子正其甚者하여 不能盡違也라 惟於詩書執禮에 必正其言也라

19. 葉公은 仲尼를 알지 못했기 때문에 子路에게 〈孔子에 대해〉 물었고, 자로는 그가 聖人을 능히 알지 못한다고 여겼기 때문에 대답하지 않은 것이다. 孔子가 말하기를 "너는 어찌하여 '그의 사람됨이 발분하여 먹는 것도 잊고 즐거워하여 근심을 잊어 늙음이 장차 이르는 줄도 모른다.'고 말하지 않았느냐."라고 하였다. 발분하여 먹는 것도 잊게 되고 스스로 즐거워하여 그 근심을 잊을 수 있어 늙음이 장차 이르는데도 알지 못하는 것은 학문을 좋아함이 독실한 것이다. 성인은 일찍이 성인이라 자처한 적이 없으며, 오직 학문을 좋아한다고 스스로 말했을 뿐이다.

葉(섭)公은 不知仲尼라 故로 問於子路요 子路는 以其不能知聖人也라 故로 不對라 子曰 女奚不曰 其爲人也가 發憤忘食하고 樂以忘憂하여 不知老之將至云爾오 發憤至於忘食하고 自樂能忘其憂하여 老將至而不知는 好學之篤耳라 聖人未嘗自居於聖也오 惟自謂好學耳라

20. "나는 태어나면서부터 道를 안 사람이 아니라, 옛것을 좋아하여 부지런히 그것을 구하는 사람이다."라고 하였으니, 또한 학문을 좋아한다고 스스로 말한 것이며, 사람들에게 배우기를 권면한 것이다. '敏'은 빠른 것이니, 汲汲히 한다는 말이다.

我非生而知之者라 好古敏以求之者也로라하니 亦自謂好學也며 所以勸人學也라 敏은 速也니 謂汲汲也라

21. "孔子께서는 怪·力·亂·神을 말씀하지 않으셨다."라고 하였다. 怪異한 일과 勇力의 일과 悖亂의 일과 鬼神의 일은 모두 사람들에게 말씀하지 않은 것이다.

子不語怪力亂神이러시다 怪異勇力悖亂鬼神之事는 皆不以語人也라

22. 孔子가 말하기를 "하늘이 나에게 德을 주었으니, 桓魋가 나를 어찌 하겠는가."라고 하였다. 命이 있음을 알지 못하는 사람은 없으나 일에 임하여 두려워하지 않는 자는 드물다. 오직 聖人이어야 命을 편안히 여길 수 있다.

子曰 天生德於予시니 桓魋(퇴)가 其如予何리오 人莫不知有命也나 臨事而不懼者가 鮮矣라 惟聖人爲能安命이라

23. 孔子가 말하기를 "그대들은 내가 무엇을 숨긴다고 생각하는가?"라고 하였다. 孔子와 孟子의 道는 하나이지만, 그들이 사람을 가르치는 방식은 달랐다. 공자는 항상 자신을 낮추어서 남들에게 나아갔고, 맹자는 자신을 推重하여 높였다. 공자는 자신을 낮추어 나아가지 않으면 사람들이 친근하게 여기지 않았고, 맹자는 자신을 추중하여 높이지 않으면 사람들이 존숭하지 않았으니, 聖人과 賢人의 차이이다. 제자들이 聖人을 제대로 꿰뚫어 보지 못했기 때문에 공자가 자신은 숨기는 것이 없다고 일러준 것이다.

子曰 二三子는 以我爲隱乎아 孔孟之道는 一也나 其教人則異라 孔子는 常俯而就之하고 孟子則推而高之라 孔子不俯就면 則人不親이요 孟子不推高면 則人不尊이니 聖賢之分也라 二三子가 不能窺見聖人이라 故로 夫子告之以無隱也라

24. "孔子께서는 네 가지로 가르치셨으니, 文・行・忠・信이었다."라고 하였다. 사람을 가르칠 적에 글을 배우고 행실을 닦으며 忠・信을 보존하게 한 것이니, 忠・信이 근본이다. 마음을 선일하게 하는 것을 誠이라 하고, 마음을 극진히 하는 것을 忠이라 한다. 마음속에 보존한 것을 孚라 하고, 일에 드러난 것을 信이라 한다.

子以四教하시니 文行忠信이러시다 教人以學文脩行而存忠信也니 忠信이 本也라 一心之謂誠이요 盡心之謂忠이라 存於中을 謂之孚요 見(현)於事를 謂之信이라

25. "聖人을 내가 만나볼 수 없다면 君子를 만나볼 수 있으면 되고, 善人을 내가 만나볼 수 없다면 恒心이 있는 자를 만나볼 수 있으면 된다."라고 하였다. 才德이 출중한 자를 君子라 한다. 善人은 선량한 사람이다. 恒心이 있는 자는 비록 善行은 없으나 그의 떳떳한 분수를 지키는 자이다. 만약 실제로는 없으면서 있는 체하며, 텅 비었으면서 가득한 체하며, 곤궁함에 처했으면서 넉넉한 체하는 것은 망령된 사람이니, 恒心이 있다고 말하기 어렵다.

聖人을 吾不得而見之矣어든 得見君子者면 斯可矣요 善人을 吾不得而見之矣어든 得見有恒者면 斯可矣라하니라 才德出衆을 謂之君子라 善人은 良善之人也라 有常은 雖無善이나 守其常分者也라 若實無而爲有하며 以虛而爲盈하며 處約而爲泰는 則妄人也니 難謂之有常矣라

26. "孔子께서는 낚시질은 하시되 그물질은 하지 않으시며, 주살질은 하시되 잠자는 새를 쏘아 잡지는 않으셨다."라고 하였으니, 聖人의 仁은 생물을 모조리 잡지 않고 무리를 놀라게 하지 않는다.

子는 釣而不綱하시며 弋(익)不射(석)宿이러시다하니 聖人之仁은 不盡物이요 不驚衆也라

27. 孔子가 말하기를 "대개 이치를 알지 못하고서 함부로 행동하는 것이 있는가? 나는 이런 일이 없다."라고 하였으니, 이치를 알지 못하고서 함부로 행동하는 것은 망령되이 행동하는 것이다. 聖人은 참으로 이치를 알지 못하는 것이 없다. 일반인에게 있어서는 비록 이치를 능히 알지 못하더라도 만약 능히 많이 듣고서 좋은 것을 가려 따르고, 많이 보고서 기억해 둔다면 또한 이치를 아는 것의 다음이 될 수 있다.

子曰 蓋有不知而作之者아 我無是也로라하니 不知而作은 妄作也라 聖人은 固無不知也라 在衆人엔 雖未能知之라도 若能多聞擇善而從하고 多見而記識(지)之면 亦可次於知之者也라

28. 互鄕 사람은 不善에 익숙하여 함께 善을 말하기가 어려웠다. 오늘날 四方의 습속은 완악하여 다스리기 어려운 점이 있으니, 모두 습관이 그렇게 만든 것이다. 互鄕의 童子가 孔子를 찾아와 뵈니 門人이 그것을 괴이하게 여겼다. 공자가 말하기를 '그가 찾아온 뜻이 善함을 허여할 뿐이요, 그가 물러난 뒤에 不善한 짓을 하는 것을 허여한

것이 아니니, 그를 거절한다면 너무 심하다. 사람이 자신을 깨끗이 하고서 찾아오면 마땅히 그가 깨끗이 한 것을 허여해야 하니, 어찌 그가 돌아간 뒤에 不善할 것을 보장하겠는가.'라고 하였으니, 聖人은 남을 내하는 도량이 넓다.[63)]

互鄕之人은 習於不善하여 難與言善也라 今四方之俗은 有頑惡難治者니 皆習使之然也라 互鄕之童子가 見(현)夫子어늘 而門人怪之라 子曰 與其進之志善이요 不與其退而不善也니 拒絶之면 則大甚矣라 人潔己而來어든 當與其潔也니 豈保其往而不善乎아하니 聖人待物之弘也라

29. 孔子가 말하기를 "仁은 멀리 있는가. 내가 仁하고자 하면 이에 仁이 이른다."라고 하였다. 仁을 행하는 것은 자신을 말미암아서 仁을 하고자 하면 仁이 이르니, 힘이 부족한 자는 있지 않다.

子曰 仁遠乎哉아 我欲仁이면 斯仁至矣라 爲仁由己하여 欲之則至하니 未有力不足者也라

30. 陳나라 司敗가 "昭公은 禮를 아는 분입니까?"라고 묻자, 孔子가 "禮를 아는 분입니다."라고 사패의 질문에 답하였다. 사패가 '〈君子도〉 偏黨을 한다.'고 말한 것에 대해서는 답하지 않아도 되었으나, 다시 '허물이 있으면 〈남들이 반드시 아는구나.〉'라고 스스로 말한 것은 대개 巫馬期가 돌아가 司敗에게 답해주기로 약속했기 때문이다.[64)]

陳司敗問호되 昭公知禮乎잇가하니 夫子以知禮로 答司敗之問이라 而以爲黨은 在所不答也로되 而復自云有過者는 蓋巫馬期約以復告也일새라

63) 互鄕……넓다 : 이는 ≪論語≫ 〈述而〉의 "互鄕 사람과는 더불어 말하기 어려웠는데, 互鄕의 童子가 찾아와 孔子를 뵈니, 門人들이 의혹하였다. 孔子가 말하기를 '그가 찾아온 뜻이 선함을 허여할 뿐, 그가 물러난 뒤에 불선한 짓을 하는 것을 허여한 것이 아니니, 어찌 심하게 하겠는가. 사람이 자신을 깨끗이 하고서 찾아오면 그가 깨끗이 한 것을 허여할 뿐 그가 돌아간 뒤에 불선할 것을 보장하겠는가.〔與其進也 不與其退也 唯何甚 人潔己以進 與其潔也 不保其往也〕'라고 하였다."에 대한 해설이다.

64) 陳나라……때문이다 : 陳나라 司敗가 "〈魯나라〉 昭公은 禮를 아는 분입니까?"라고 묻자, 孔子가 "예를 아는 분입니다."라고 하였다. 공자가 물러가자, 사패가 巫馬期에게 "군자는 偏黨을 하지 않는다고 들었는데, 군자도 편당을 하는가? 노나라 임금이 吳나라에 장가들었으니, 同姓이 된다. 〈그 사실을 숨기기 위해〉 부인을 吳孟子라고 부르니, 노나라 임금이 예를 안다면 누가 예를 알지 못하겠는가."라고 하였다. 무마기가 이것을 공자에게 고하자, 공자가 "나는 다행이구나. 만일 잘못이 있으면 남들이 반드시 그것을 아는구나."라고 하였다.(≪論語≫ 〈述而〉)

31. "孔子께서는 남과 함께 노래를 불러 상대방이 노래를 잘하면 반드시 다시 부르게 한 뒤에 화답하셨다."라고 하였다. 노래는 반드시 全章을 불렀으니, "자른 것이 바르지 않으면 드시지 않으셨다."[65]와 "자리가 바르지 않으면 앉지 않으셨다."[66]라는 것과 같은 의미이다.

子與人歌而善이어든 必使反之하시고 而後和之러시다 歌必全章也니 與割不正이어든 不食하고 席不正이어든 不坐로 同也라

32. 孔子가 말하기를 "文은 내 남과 같지 않겠는가마는, 〈君子의 道를 몸소 행함은 내 아직 잘하는 바가 있지 않다.〉"라고 하였으니, 평범한 사람은 文飾에 있어서는 모두 남보다 낫고자 하지만, 道를 실제로 행하는 것은 보지 못하였다.

子曰 文莫吾猶人也라하니 常人於文飾은 則皆欲勝人이나 實行則未之見也라

33. 孔子가 말하기를 "聖과 仁 같은 것은 내 어찌 감히 자처할 수 있겠는가."라고 하였으니, 공자가 겸손한 표현으로 '仁과 聖을 감히 자처할 수 없다.'고 스스로 말한 것이다. 그러나 '道를 행하면서 싫어하지 않으며 남을 가르치면서 게을리하지 않는다.'라고 하였으니, 道를 행하면서 싫어하지 않고 남을 가르치면서 게을리하지 않는 것은 자신에게 할 수 없는 바가 있는 것이 아니다. 公西華는 聖人의 道가 원대하고 남을 가르치면서 게을리하지 않는 것을 보았기 때문에 탄식하기를 "바로 이것이 제자들이 배울 수 없는 점입니다."라고 한 것이다.

子曰 若聖與仁은 則吾豈敢이리오하니 夫子謙自謂不敢當仁聖이라 然이나 行之而不厭하며 以誨人而不倦하니 不厭不倦은 非己有不能也라 公西華는 見聖人之道遠而誨人不倦이라 故로 歎曰 正唯弟子不能學耳로소이다

34. 孔子께서 병환이 위중하시자 子路가 神에게 기도할 것을 청하였는데, 공자께서 "이런 것이 있는가?"라고 하였으니, 〈'이런 것이 있는가?'라는 말은〉 '이런 이치가 있는

65) 자른……않으셨다 : ≪論語≫ 〈鄕黨〉에 보인다.
66) 자리가……않으셨다 : ≪論語≫ 〈鄕黨〉에 보인다.

가?'라는 말이다. 자로는 옛사람의 誄文[67]에 그런 것이 있다고 고하였다. 대저 기도는 잘못을 뉘우치고 善으로 옮겨가 神의 도움을 비는 것이다. 聖人은 애초에 잘못이 없어서 옮겨갈 만한 善이 없기 때문에 "나의 기도가 오래되었다."라고 말한 것이다.

子疾病이어시늘 子路請禱(도)한대 子曰 有諸아하니 謂有是理乎라 子路는 以古人之誄(뢰)告라 夫禱者는 悔過遷善하여 祈神之祐也라 聖人은 未始有過하여 無善可遷이라 故로 云丘之禱久矣라

35. "사치하면 공손하지 못하고, 검소하면 고루하다."라고 하였다. 사치와 검소는 모두 禮를 잃은 것이나, 사치의 해가 더 크다.

奢則不遜[68]하고 儉則固라 奢儉은 皆失禮也나 而奢之害가 大라

36. "君子는 평탄하여 너그럽고, 小人은 늘 걱정스러워한다."라고 하였다. 군자는 이치를 따르기 때문에 편안하여 너그러우나, 소인은 外物에 부림을 당하기 때문에 근심이 많다.

君子은 坦蕩蕩이요 小人은 長戚戚이라 君子는 循理라 故로 舒泰蕩蕩然이나 小人은 役於物이라 故로 多憂戚이라

37. "孔子께서는 온화하면서도 엄숙하시며, 위엄이 있으면서도 사납지 않으시며, 공손하면서도 편안하셨다."라고 하였으니, 덕스러운 용모가 성대한 것이다. 훌륭하도다, 門人이 聖人을 잘 관찰한 것이여!

子는 溫而厲하시며 威而不猛하시며 恭而安이러시다하니 德容之盛也라 善哉라 門人之能觀聖人也여

태백 泰伯

1. "泰伯[69]은 지극한 德이 있는 사람이라고 이를 만하다. 세 번 천하를 사양하였으

67) 誄文 : 죽은이의 행적과 덕행을 기술하여 추모하는 글이다.
68) 遜 : ≪論語≫ 〈述而〉에는 '孫'으로 되어 있다.

나[70] 백성들은 그의 덕을 칭송할 수 없었다."라고 하였다. 태백이 왕위를 사양한 것은 그의 아우 때문이 아니고 천하를 위한 것이었다. 그 일이 심원하였기 때문에 백성들은 알고서 칭송할 수 없었으나, 聖人은 그를 지극한 德이 있는 사람이라고 말한 것이다. 왕위에 오르지 않은 것이 첫 번째 사양이고, 멀리 도망간 것이 두 번째 사양이고, 문신을 한 것이 세 번째 사양이다.

泰伯

泰伯은 其可謂至德也已矣로다 三以天下讓하되 民無得而稱焉이온여 泰伯之讓은 非謂其弟也요 爲天下也라 其事深遠이라 故로 民不能識而稱之나 而聖人謂之至德이라 不立이 一讓也요 逃之가 二讓也요 文身이 三讓也라

2. 공손하되 禮가 없으면 편안하지 않기 때문에 수고로운 것이다. 삼가되 禮가 없으면 경계심이 많기 때문에 두려운 것이다. 용맹하되 禮가 없으면 순종하지 않기 때문에 난을 일으키는 것이다. 강직하되 禮가 없으면 남의 허물을 들추어내기를 좋아하기 때문에 야박한 것이다.[71]

恭而無禮면 則不安이라 故로 勞라 愼而無禮면 則多懼라 故로 葸(시)라 勇而無禮면 則不順이라 故로 亂이라 直而無禮면 則好訐(알)이라 故로 絞라

3. 〈지위에 있는〉 君子가 친척에게 돈독하게 하면 백성들이 흥기하여 仁을 즐거워하

---

69) 泰伯 : 泰伯은 周 太王의 장자로, 태왕이 삼남인 季歷(王季)을 세워 그의 아들 昌(文王)에게 왕위를 전하려 하자, 아우 仲雍과 함께 荊蠻으로 도망가 머리카락을 자르고 몸에 문신을 새겨 임금이 될 수 없음을 보였다.(≪史記≫ 권31 〈吳泰伯世家〉)

70) 세……사양하였으나 : ≪論語註疏≫ 〈泰伯〉 鄭玄 注에 의하면, "太王이 병이 나자 태백이 吳·越 지방으로 가서 약초를 캐고 있었는데 태왕이 죽자 돌아가지 않고 季歷이 喪主가 되게 하였으니 이것이 첫 번째 사양한 것이고, 계력이 부고를 보냈으나 奔喪하지 않았으니 이것이 두 번째 사양한 것이고, 脫喪한 뒤에는 마침내 머리카락을 자르고 文身을 하였으니 이것이 세 번째 사양한 것이다."라고 하였다.

71) 공손하되……것이다 : 이는 ≪論語≫ 〈泰伯〉의 "孔子가 말하기를 '공손하되 禮가 없으면 수고롭고, 삼가되 禮가 없으면 두려워하고, 용맹하되 禮가 없으면 난을 일으키고, 강직하되 禮가 없으면 야박하다.〔恭而無禮則勞 愼而無禮則葸 勇而無禮則亂 直而無禮則絞〕'라고 하였다."에 대한 해설이다.

고, 친구를 버리지 않으면 백성들이 교화되어 돈독하고 후덕해질 것이다.[72)]

君子篤於親이면 則民興而樂仁하고 故舊不遺면 則民化而篤厚라

4."曾子가 병환이 있자 문하의 제자들을 불러 말하였다. '내 발을 펴보고 내 손을 펴보아라.'"라고 하였다. 君子의 죽음을 終이라 하고, 小人의 죽음을 死라 한다. 군자는 그 몸을 보전하여 죽는 것을 자신의 일을 마치는 것으로 여긴다. 그러므로 몸을 온전히 하여 돌아가는 것을 근심을 면한 것으로 여긴다.[73)]

曾子有疾하사 召門弟子曰 啓予足하며 啓予手하라하니라 君子曰終이요 小人曰死라 君子는 保其身以歿을 爲終其事也라 故로 以全歸爲免矣라

5."曾子가 병환이 있자 孟敬子가 문병을 왔는데, 증자가 말하였다. '새가 장차 죽을 때에는 그 울음소리가 애처롭다.'"라고 하였다. 묻지 않았는데도 스스로 말했기 때문에 '言曰'이라 한 것이다. 새는 죽음을 두려워하기 때문에 울음소리가 애처로운 것이고, 사람이 장차 죽을 적에는 말이 誠意에서 나오기 때문에 말이 착한 것이다. 君子가 귀하게 여기는 것은 몸가짐에 언행을 삼가는 것이니, 말하고 행동하는 사이에 모두 법칙이 있다. 용모가 장중하고 공경스러우면 사나움과 태만함을 멀리할 수 있으며, 안색이 바르면 그의 신실함을 저절로 알 수 있으며, 말소리를 낼 적에 비루하거나 도리에 위배됨에 이르게 하지 않는다. '鄙'는 치우친 것을 말하고, '倍'는 義理를 어기는 것을 말한다. '倍'는 '背'자와 통용되니, 孟子가 말하기를 "스승이 죽자 마침내 스승을 배반하였다."[74)]라고 한 경우이다. "祭器를 다루는 일은 有司가 관장하고 있다."라고

72) 君子가……것이다 : 이는 ≪論語≫ 〈泰伯〉의 "君子가 친척에게 돈독하게 하면 백성들이 仁에 흥기하고, 친구를 버리지 않으면 백성들이 야박해지지 않는다.〔君子篤於親 則民興於仁 故舊不遺 則民不偸〕"에 대한 해설이다.

73) 曾子가……여긴다 : 曾子가 병이 위중하자 제자들을 불러 말하기를 "내 발을 펴보고, 내 손을 펴보아라. ≪詩經≫에 이르기를 '두려워하고 조심하여, 깊은 못에 임한 듯 얇은 얼음을 밟을 듯이 하라.'라고 하였는데, 이제야 나는 〈몸을 상하게 할까 두려워하는 근심을〉 면하였음을 알겠구나, 소자들아.〔啓予足 啓予手 詩云 戰戰兢兢 如臨深淵 如履薄氷 而今而後 吾知免夫 小子〕"라고 하였다.(≪論語≫ 〈泰伯〉)

74) 스승이……배반하였다 : 陳相 형제가 楚나라 儒者 陳良을 스승으로 섬기다가 滕나라에서 農家者 許行을 보고 기뻐하여 진량에게 배운 것을 다 버리고 허행에게 배운 것을 孟子가 비판하여 한 말이다.(≪孟子≫ 〈滕文公 上〉)

한 것은, 政事는 자신을 닦는 데 달려 있으니 자신이 바르면 관리들이 잘 다스려지며, 세세한 事物과 器用과 같은 것은 有司가 관장하고 있다는 말이다.

曾子有疾이어늘 孟敬子問之러니 曾子言曰 鳥之將死에 其鳴也哀라하니 不問而自言이라 故로 曰言曰이라 鳥畏死라 故로 鳴哀요 人將死而言出於誠也라 故로 善이라 君子所貴者는 愼之於身이니 言動之間에 皆有法則(칙)이라 容貌莊敬이면 則可以遠暴慢하며 顔色正이면 則自知其信하며 辭氣之出에 不使至於鄙倍(패)라 鄙는 謂偏僻이요 倍는 謂違咈義理라 倍는 與背字로 通用이니 孟子曰 師死而遂倍之라하니라 籩豆之事는 則有司存焉은 政在脩己니 身正則官治요 若乃事物器用之細는 則有司存焉이라

6. 曾子가 말하기를 "능하면서 능하지 못한 이에게 물었다."[75]라고 하였으니, 顔子는 능히 자아의식이 없는 경지에 이른 것이다.

曾子曰 以能問於不能이라하니 顔子는 能無我矣라

7. 曾子가 말하기를 "六尺의 어린 임금을 맡길 만하다."라고 하였으니, 절개와 지조가 이와 같다면 君子라고 말할 수 있다.

曾子曰 可以託六尺之孤라하니 節操如是면 可謂君子矣라

8. 曾子가 말하기를 "士는 도량이 넓고 의지가 굳세지 않으면 안 되니, 책임이 무겁고 갈 길이 멀기 때문이다."라고 하였다. 도량이 넓고 크며 의지가 강하고 굳센 뒤에야 무거운 책임을 이겨내고 멀리 도달할 수 있다.

曾子曰 士不可以不弘毅니 任重而道遠이라 弘大剛毅而後에 能勝重任而遠到라

9. 孔子가 말하기를 "詩에서 배우려는 마음을 일으키며, 禮에서 자신의 가치관을 확립하며, 樂에서 덕성을 완성한다."라고 하였다. 詩는 사람의 마음에서 발하여 禮義에서 그치니, 말이 천근하여 알기가 쉽다. 그러므로 사람의 배움이 詩에서 흥기하는 것이다. 禮는 사람의 규범이니, 禮를 지키는 것은 자신을 확립하는 것이다. 禮를 편안하게

---

75) 능하면서……물었다 : 이는 曾參이 顔回에 대해 평한 말이다.(≪論語≫ 〈泰伯〉)

여겨 성정이 화락한 것은 德이 완성된 것이다.

子曰 興於詩하며 立於禮하며 成於樂(악)이라 詩는 發於人情하여 止於禮義니 言近而易(이)知라 故로 人之學이 興起於詩라 禮者는 人之模範이니 守禮는 所以立其身也라 安之而和樂은 德之成也라

10. 백성은 그들로 하여금 이 道를 따르게 할 수는 있어도, 그들로 하여금 모두 그 이치를 알게 할 수는 없다.[76]

民은 可使之由是道나 不能使之皆知也라

11. 孔子가 말하기를 "용맹을 좋아하면서 가난을 미워하는 사람이 亂을 일으키고, 사람으로서 仁하지 못한 것을 너무 심하게 미워하는 경우도 亂을 일으킨다."라고 하였다. 용맹을 좋아하면서 자기 분수에 안주하지 못하거나 仁하지 못한 사람과 함께하면서 용납하는 바가 없는 경우는 모두 반드시 亂을 일으킨다.

子曰 好勇疾貧이 亂也요 人而不仁을 疾之已甚이 亂也라 好勇而不安其分하고 與不仁而無所容은 皆必爲亂也라

12. 孔子가 말하기를 "만일 周公과 같은 아름다운 才藝를 가지고 있더라도 가령 교만하고 인색하다면 그 나머지는 볼 것도 없다."라고 하였다. 존귀하고 부유한 지위에 있으면서도 교만하고 인색한 사람은 심히 德이 없는 것이니, 재예가 아름답더라도 무엇하겠는가. 재예가 아름답다는 것은 威儀와 技藝를 말한다.

子曰 如有周公之才之美라도 使驕且吝(린)이면 其餘는 不足觀也已라 居貴富而驕吝은 無德之甚也니 雖才美나 奚爲리오 才美는 謂威儀技藝라

13. 孔子가 말하기를 "道를 독실하게 믿고서 배우기를 좋아하며, 죽음으로 지켜 道를 잘 보전해야 한다. 위태로운 나라에는 들어가지 않고, 어지러운 나라에는 살지 않으

76) 백성은……없다 : 이는 ≪論語≫ 〈泰伯〉의 "孔子가 말하기를 '백성은 따르게 할 수는 있어도 알게 할 수는 없다.〔民 可使由之 不可使知之〕'라고 하였다."에 대한 해설이다.

며, 천하에 道가 있으면 자신을 드러내고, 道가 없으면 자신을 숨겨야 한다. 나라에 道가 있을 때에는 가난하고 천한 것이 부끄러운 일이며, 나라에 道가 없을 때에는 부유하고 귀한 것이 부끄러운 일이다."라고 하였으니, 君子의 처신이 이와 같다. 나라에 道가 없을 적에 부유하고 귀한 것이 부끄러워할 만한 것임을 알아서 부귀에 처하지 않는 것은 특별히 뛰어난 자라야 할 수 있다.

子曰 篤信好學하며 守死善道라 危邦不入하고 亂邦不居하며 天下有道則見(현)하고 無道則隱이라 邦有道에 貧且賤焉이 恥也며 邦無道에 富且貴焉이 恥也라하니 君子處身如是라 知無道而富貴爲可恥而不處는 特立者라야 能之라

14. "그 지위에 있지 않으면 그 政事를 도모하지 않아야 한다."라고 하였으니, 그 지위에 있지 않다는 것은 그 일을 맡지 않은 것이다. 그러나 임금과 大夫가 물어서 대답하는 것과 같은 경우는 있다.

不在其位하여는 不謀其政이라하니 不在其位는 則不任其事也라 若君大夫問而告者는 則有矣라

15. "太師 摯가 처음 太師의 職에 나아갔을 적에 〈關雎〉를 연주하였는데, 그 소리가 성대하게 귀에 가득하였다."라고 하였다. 태사 摯가 처음 벼슬할 때는 필시 定公 초기일 것이니, 仲尼가 衛나라로부터 魯나라에 돌아온 때이다. 哀公 때에는 摯가 齊나라로 갔다.[77)]

師摯(지)之始에 關雎之亂[78)]한대 洋洋乎盈耳哉라 師摯之始는 必定公始니 仲尼自衛反魯時也라 哀公之世엔 則摯適齊矣라

16. 孔子가 말하기를 "뜻이 크면서도 솔직하지 못하며, 무지하면서도 근신하지 않으며, 무능하면서도 신실하지 못하면 나는 그런 사람을 모르겠다."라고 하였다. 뜻이 크

77) 摯가……갔다 : ≪論語≫ 〈微子〉에 "太師 摯는 齊나라로 가고, 亞飯干은 楚나라로 가고, 三飯繚는 蔡나라로 가고, 四飯缺은 秦나라로 가고, 북을 치는 方叔은 河內로 들어가고, 小鼓를 흔드는 武는 漢中으로 들어가고, 少師 陽과 경쇠를 치는 襄은 海島로 들어갔다.〔大師摯適齊 亞飯干適楚 三飯繚適蔡 四飯缺適秦 鼓方叔入於河 播鼗武入於漢 少師陽擊磬襄入於海〕"라고 하였다.

78) 亂 : ≪論語集註≫에서는 '亂'을 '樂之卒章也'라고 하였으나, ≪二程外書≫ 〈羅氏本拾遺〉에서는 '治也'라 하였으므로 이에 의거하여 번역하였다.

면 반드시 솔직하고, 무지하면 반드시 삼가고, 무능하면 반드시 신실한 것이 본래 당연하지만 그렇지 않음이 있는 자는 거짓됨이 심하여 알 수 없는 경우이니 常理가 아니라고 하겠다.

子曰 狂而不直하며 侗而不愿하며 悾悾而不信이면 吾不知之矣라 狂則必直이요 侗則必愿이요 悾悾則必信이 自當然也로되 而有不然者는 僞妄之甚하여 不可得而知也니 謂非常理也라

17. "훌륭하시다, 舜임금과 禹임금이 천하를 소유하심이여!"라고 하였다. 순임금과 우임금은 천하를 얻었으나 천하를 구하여 얻는 일에 스스로는 간여하지 않았다. '巍巍'는 그들의 德이 높은 것이다.

巍巍乎라 舜禹之有天下也여라하니라 舜禹이 得天下로되 而已不與求라 巍巍는 其德之高也라

18. "위대하도다, 堯임금의 임금되심이여!"라고 하였다. '巍巍'는 숭고함이니, 그 높고 큼이 하늘과 같다는 뜻이다. '蕩蕩'은 그 德의 광대함을 이름하여 말할 수 없다는 뜻이다. 이룬 功 중에 볼 수 있는 것은 높고 높아 숭고하며, 그분의 文章은 환하게 밝아 지극히 성대하다.

大哉라 堯之爲君也여라하니라 巍巍는 崇高니 其大與天同也라 蕩蕩은 其德之廣大를 不可得而名言也라 其成功可見者는 則巍巍崇高요 其文章은 則煥然至盛이라

19. 舜임금은 어진 신하 다섯 사람[79)]을 두었고, 武王은 잘 다스리는 신하 열 사람[80)]을 두었으니, 唐·虞가 교체되던 시대의 인물과 비교하면 周나라가 더 성대하다. 그러나 또한 〈열 사람 가운데〉 武王의 婦人이 있었으니, 실제로는 오직 아홉 사람일 뿐이다. 인재를 얻기가 어려운 것이 이와 같다. 婦人은 邑姜이다.[81)]

---

79) 다섯 사람 : 禹·稷·契·皐陶·伯益이다.

80) 열 사람 : 周公 旦, 昭公 奭, 太公望, 畢公, 榮公, 太顚, 閎夭, 散宜生, 南宮适과 武王의 아내인 邑姜이다.

81) 舜임금은……邑姜이다 : 이는 ≪論語≫ 〈泰伯〉의 "舜임금은 어진 신하 다섯 사람을 두었는데 천하가 다스려졌다. 武王이 말씀하시길 '나는 잘 다스리는 신하 열 사람을 두었다.'라고 하였다. 공자가 말하기를 '인재를 얻기가 어렵다는 것이 그러하지 않은가. 唐·虞가 교체되던 시기가 周 武王 때보다 인재가 더 성대하다. 그러나 열 사람 중에는 婦人이 있었으니, 아홉 사

舜有臣五人하고 而武王有亂臣十人이니 以唐虞之際로 方之면 周爲盛也라 然이나 又有婦人焉하니 惟九人耳라 才之難得이 如此라 婦人은 邑姜也라

20.〈周 文王은〉 천하를 三分하여 그 중 둘을 소유하고서도 오히려 복종하여 殷나라를 섬기셨으니, 지극한 德이 있다고 말할 만하다.[82)]

三分天下에 有其二코도 而尙服事於殷하시니 可謂至德也라

21. 孔子가 말하기를 "禹임금은 내가 헐뜯을 것이 없다."라고 하였다. 우임금의 德이 지극하여 다시 더할 바가 있을 수 없다. "우임금은 내가 헐뜯을 것이 없다."라고 두 번 말한 것은 깊이 칭송하고 찬미한 것이다.

子曰 禹는 吾無間然矣로다 禹德之至하여 不可復有加矣라 再言無間은 稱美之深也라

자한 子罕

1. "孔子께서는 利와 命과 仁을 드물게 말씀하셨다."라고 하였다. 利를 따지면 義를 해치고, 命의 이치는 은미하고, 仁의 道는 크니, 모두 공자가 드물게 말씀하신 것이다.

子는 罕言利與命與仁이러시다 計利則害義하고 命之理微하고 仁之道大하니 皆所罕言也라

2. "達巷黨의 사람이 말하였다. '위대하구나, 공자여! 널리 배우고서도 명예를 이룬 것이 없구나.'"라고 하였다. 평범한 사람의 학문은 한 가지 장점을 가지고 칭송을 받거나 명예를 이룩하는 경우가 많다. 달항당의 사람은 공자가 널리 배운 것을 훌륭하게

람일 뿐이다.'라고 하였다.〔舜有臣五人而天下治 武王曰 予有亂臣十人 孔子曰 才難 不其然乎 唐虞之際 於斯爲盛 有婦人焉 九人而已〕"에 대한 해설이다. 공자가 당・우가 교체되던 시기가 주 무왕 때보다 인재가 더 성대했다고 한 말은 다섯 사람과 열 사람을 비교해서 한 말이 아니고 일반적인 관점에서 말한 것이다.

82) 천하를……만하다 : 이는 ≪論語≫〈泰伯〉의 "〈文王은〉 천하를 三分하여 그 중 둘을 소유하고서도 복종하여 殷나라를 섬기셨으니, 周나라의 德은 지극한 덕이라고 말할 만하다.〔三分天下有其二 以服事殷 周之德 其可謂至德也已矣〕'라고 하였다."에 대한 해설이다.

여겼으나 한 가지 잘하는 것으로써 그 시대에 명예를 얻지 못한 것을 괴이하게 여겼으니, 아마도 그는 聖人을 제대로 알지 못한 듯하다. 그러므로 공자가 그의 말을 듣고서 門人에게 말하기를 "나로 하여금 무슨 일을 하게 하고 싶은가? 말 모는 일을 할까? 활 쏘는 일을 할까? 내 말 모는 일을 하겠다."라고 한 것이다. 말 모는 일은 技藝 중에 가장 천한 일이다.

達巷黨人曰 大哉라 孔子여 博學而無所成名이로다 常人之學은 多以一長而得稱成名也라 達巷黨人은 大夫子之博學이나 而怪不以一善得名於時니 蓋其不知聖人也라 故로 夫子聞之하고 而謂門人曰 欲使我何所執고 執御乎아 執射乎아 吾執御矣리라 御는 藝之最下者라

3. 孔子가 말하기를 "베로 만든 치포관이 禮이지만 지금은 生絲로 만드니 검소하다. 나는 대중이 쓰는 것을 따르겠다. 堂下에서 절하는 것이 禮이지만 지금은 堂上에서 절하니 교만하다. 비록 대중이 하는 것과 어긋나더라도 나는 堂下에서 절하겠다."라고 하였다. 베로 만드는 치포관을 生絲로 만드는 것은 검소하고 義에 해로움이 없으니 대중이 쓰는 것을 따르는 것이 괜찮다. 堂上에서 절하는 것은 교만하니, '泰'는 소홀히 하고 업신여기는 것을 말한다. 임금을 섬기는 것은 교만해서는 안 되니, 차라리 대중과 어긋나는 것이 낫다. 君子가 처세할 적에 일이 義에 해로움이 없는 것은 세속을 따르는 것이 괜찮지만, 義에 해로우면 따를 수 없다.

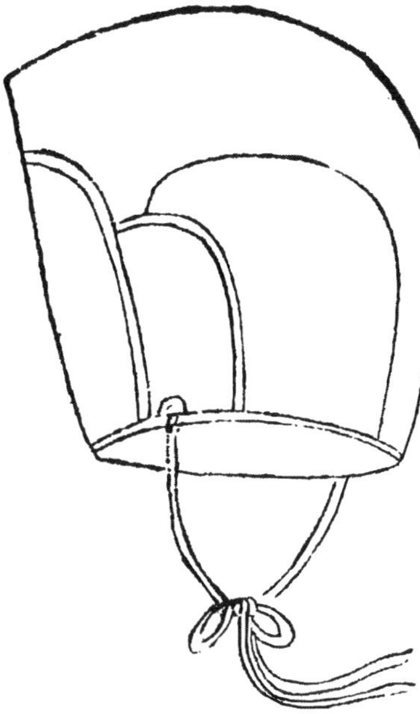
麻冕

子曰 麻冕(면)이 禮也어늘 今也純하니 儉이라 吾從衆하리라 拜下가 禮也어늘 今拜乎上하니 泰也라 雖違衆이나 吾從下하리라 麻冕用純은 儉而無害니 從衆이 可也라 拜乎上은 泰也니 泰는 謂簡慢이라 事君은 不可泰也니 寧違衆也라 君子處世에 事之無害於義者는 從俗可也나 害於義면 則不可從이라

* 時氏本[83]을 살펴보건대 伊川先生이 〈論語解〉를 지은 것은 여기에서 그친다. 그러

나 大全集[84]으로 閤本[85]과 비교해 보니 상세하고 간략함이 같지 않다. 後人이 또 〈子罕〉의 "孔子는 네 가지 마음이 전혀 없었으니〔子絶四〕" 이하로부터 〈堯曰〉에 이르기까지 〈遺書〉·〈外書〉에 해설이 있는 것을 모아서 엮어 덧붙여 놓았다. 지금 중복되어 나오기 때문에 閤本을 따랐다.

按時氏本컨대 伊川先生作論語解는 止此라 然이나 以大全集으로 校之閤本컨대 詳略不同이라 後人이 又自子絶四以下로 至堯曰히 纂集遺書外書之有解者하여 以附益之라 今因重出이라 故로 從閤本云이라

---

83) 時氏本 : 二程의 門人 時紫芝가 수습한 본이다.(≪朱晦翁編緝外書目錄≫)

84) 大全集 : 建陽에서 인쇄한 판본이다.(≪朱晦翁編緝外書目錄≫)

85) 閤本 : 朱彝尊의 ≪經義考≫ 권214 〈論語四 程子頤 論語說〉에 "康昭宗曰 伊川先生論語解 時氏本至麻冕禮也一章而止 然以大全集 校之閣本 詳略不同 後人又自子絶四以下 至堯曰 纂集遺書外書之有解者 以附益之"라고 하였고, 권233 〈孟子三 程子頤 孟子解〉에 "康昭宗曰 晁氏讀書志 載程氏孟子解十四卷 大全集止載一卷 近思錄及時氏本 無之 校之閣本 又止載盡信書 不如無書一章 及反覆通考 則皆後人纂集遺書外書之有解者也"라고 한 것으로 보아 '閤本'은 '閣本'인 듯하다. 북송시대 圖書, 經籍, 歷史 등을 편찬하던 三館(昭文館·史館·集賢殿), 祕閣, 龍圖閣 등을 통틀어서 館閣이라 하고, 이런 관청에서 편찬한 본을 館閣本 또는 閣本으로 불렀다.

二程全書 卷52

伊川經說 第7

明 後學 嘉興 徐必達 校正

맹자해　孟子解

살펴보건대 晁昭德(晁公武)[1]의 ≪郡齋讀書志≫에 "程氏의 ≪孟子解≫가 十四卷이다."라고 하였는데, 大全集에는 한 권만 실려 있다. 또 살펴보건대 ≪近思錄≫과 時氏本에는 이 글이 없고, 閣本과 비교해 보니 또한 단지 "≪書經≫의 내용을 모두 믿는다면 ≪서경≫이 없는 것만 못할 것이다.〔盡信書 不如無書〕"[2]라는 한 章만 실려 있다. 반복하여 전체를 살펴보니 모두 後人이 〈遺書〉와 〈外書〉에서 ≪孟子≫에 대한 해설이 있는 부분을 모아서 엮은 것이었다. 그러므로 지금 또 다시 싣지 않고 그 제목만을 남겨둔다.

按건대 晁昭德讀書志에 程氏孟子解十四卷이나 大全集엔 止載一卷이라 又按건대 近思錄及時氏本에 無之요 校之閣本하니 又止載盡信書不如無書一章이라 及反覆通考하니 則皆後人纂集遺書外書之有解者也라 故로 今亦不復載하고 因存其目云이라

---

1) 晁昭德 : 晁公武(1105~1180)이다. 자는 子止이며, 濟州 鉅野 사람으로, 昭德先生이라 불렸다. 藏書家로 유명하였다. 저서로 ≪昭德文集≫·≪郡齋讀書志≫ 등이 있다.
2) 書經의……것이다 : ≪孟子≫ 〈盡心 下〉의 제3장이다.

二程全書 卷53

伊川經說 第8

明 後學 嘉興 徐必達 校正

중용해 中庸解

1. 하늘이 명한 것을 性이라 하고, 性을 따르는 것을 道라 하고, 道를 닦은 분의 말씀을 敎라 한다.

天命之謂性이요 率性之謂道요 修道之謂教라

이 장은 性·道·敎 세 가지를 명명한 까닭을 먼저 밝힌 것이다. 性과 天道는 한가지이다. 天道가 내려와 사람에게 있기 때문에 性이라 하는 것이다. 性은 끊임없이 생겨나는 만물이 본래 가지고 있는 것이다. 이를 따라서 가면 道 아님이 없다. 道가 사람에게 있을 적에는 時運과 지위가 같지 않을 때도 있으니, 반드시 후세에 법도가 되고자 하면 道를 닦지 않을 수 없다.

此章은 先明性道教三者所以名이라 性與天道는 一也라 天道降而在人이라 故로 謂之性이라 性者는 生生之所固有也라 循是而之焉이면 莫非道也라 道之在人에 有時與位之不同이니 必欲爲法於後면 不可不修라

2. 道라는 것은 잠시도 벗어나서는 안 되니,-생략- 그러므로 군자는 반드시 자기 혼자만 알고 있는 생각을 삼간다.

道也者는 不可須臾離也니-止- 故로 君子는 必愼其獨也라

이 장은 道를 밝히는 요점은 誠하지 않을 수 없다는 것이다. 道가 나에게 있는 것은 飮食과 居處를 버릴 수 없는 것과 같으니, 버릴 수 있는 것은 모두 外物이다. 誠함으

로써 자신을 위한 공부를 하기 때문에 그 마음을 속이지 않는 것이다. 사람의 마음은 지극히 신령하여 한 번 생각에서 싹트면 善과 不善을 알지 못함이 없다. 다른 사람이 아무리 현명하더라도 함께 할 수 없는 바가 있기 때문에 자기 혼자만 알고 있는 생각을 삼가는 것은 자신을 위한 공부를 아는 것이다.

此章은 明道之要는 不可不誠이라 道之在我는 猶飮食居處之不可去니 可去는 皆外物也라 誠以爲己라 故로 不欺其心이라 人心至靈하여 一萌于思어든 善與不善을 莫不知之라 他人雖明이나 有所不與也라 故로 愼其獨者는 知爲己而已라

3. 喜·怒·哀·樂이 아직 발하지 않은 것을 中이라 하고,-생략- 만물이 거기에서 길러진다.

喜怒哀樂之未發을 謂之中이요-止- 萬物育焉이라

이 장은 中·和를 밝히고 아울러 그 공효를 말한 것이다. 情이 아직 발하지 않은 것이 곧 그 本心이다. 本心은 원래 지나치거나 미치지 못함이 없으니, 이른바 "만물이 다 그러한데, 그 중에서도 마음이 유독 심하다."[1]라는 것이다. 준칙으로 취하여 中으로 삼을 것은 本心일 따름이다. 이를 말미암아 나가면 합치되지 않음이 없기 때문에 和라고 하는 것이다. 中이 아니면 자립하지 못하고 和가 아니면 행하지 못한다. 나가고 말미암는 바가 이 큰 근본을 벗어난 적이 없다. 達道[2]는 여러 사람이 출입하는 道이다. 나의 中을 지극히 하여 天地의 中을 극진히 하고, 나의 和를 지극히 하여 天地의 和를 극진히 하면 天地가 이로써 정립되고, 化育 또한 이로써 행해진다.

此章은 明中和及言其效라 情之未發은 乃其本心이라 本心은 元無過與不及이니 所謂物皆然이어니와 心爲甚이라 所取準則(칙)以爲中者는 本心而已라 由是而出이면 無有不合이리 故로 謂之和라 非中이면 不立하고 非和면 不行이라 所出所由가 未嘗離此大本根也라 達道는 衆所出入之道라 極吾中以盡天地之中이요 極吾和以盡天地之和하면 天地以此立하고 化育亦以此行이라

1) 만물이……심하다 : ≪孟子≫ 〈梁惠王 上〉에 "저울질을 한 뒤에야 輕重을 알며, 재어본 뒤에야 長短을 알 수 있습니다. 만물이 다 그러한데 그 중에서도 마음이 유독 심하니, 왕은 청컨대 이 점을 헤아리십시오.〔權然後 知輕重 度然後 知長短 物皆然 心爲甚 王請度之〕"라고 하였다.

2) 達道 : 온 세상 사람들에 두루 통하는 道로, 孟子가 말한 父子有親, 君臣有義, 夫婦有別, 長幼有序, 朋友有信을 의미한다.

4. 仲尼가 말하였다. "君子는 中庸을 행하고,-생략- 小人으로서 거리낌이 없다."

仲尼曰 君子는 中庸이요-止- 小人而無忌憚也라

이 장은 中庸의 用을 말한 것이다. 時中은 그 옳은 바에 들어맞게 할 따름이니, '겨울에는 뜨거운 물을 마시고 여름에는 찬 물을 마시는[3] 것일 뿐이다.'라고 말하는 것과 같다. 거리낌이 없는 것은 준칙을 취한 바가 없기 때문이다. 中道에 맞지 않고 常道에 맞지 않으면 망령되이 행할 따름이다.

此章은 言中庸之用이라 時中者는 當其可而已니 猶冬飮湯夏飮水而已之謂라 無忌憚은 以無所取則(칙)也라 不中不常이면 妄行而已라

5. 孔子가 말하였다. "中庸은 지극한 것이로다. 사람들 중 그 中庸에 능한 자가 드문지 오래되었다."

子曰 中庸은 其至矣乎인저 民鮮能이 久矣라

사람은 中庸이 있지 않음이 없으나 그 中庸에 능한 자가 드문 것이 오래되었을 따름이다. 중용에 능한 것이 오래되면 賢人이 되고, 그치지 않고 지속되면 聖人이 된다.

人莫不中庸이나 鮮能이 久而已라 久則爲賢人이요 不息則爲聖人이라

6. 孔子가 말하였다. "道가 행해지지 않는 이유를 나는 안다.-생략- 道는 앞으로도 행해지지 않을 것이다."

子曰 道之不行也를 我知之矣라-止- 道는 其不行矣夫인저

3) 겨울에는……것 : 孟季子가 義는 外面에 있는 것이라고 하자, 公都子가 말하기를 "겨울에는 뜨거운 물을 마시고 여름에는 찬 물을 마시니, 그렇다면 마시고 먹는 것 또한 외면에 있다는 것이로다.〔冬日則飮湯 夏日則飮水 然則飮食 亦在外也〕"라고 하였다.(≪孟子≫ 〈告子 上〉)

이 장은 中을 잃은 폐해를 말한 것이다. 반드시 그러한 까닭을 안 뒤에 道가 행해지고, 반드시 항상 행할 수 있게 된 뒤에 道가 밝아진다. 앎이 지나치면 실증할 수 없어 적용하지 못하고, 앎이 미치지 못하면 비루하여 행하기에 부속하니, 이는 행하지 못할 道를 취하는 것이다. 행동이 지나치면 대중과 함께 행할 수 없고, 행동이 미치지 못하면 대중과 다를 것이 없으니, 이것이 道가 밝아지지 않는 원인이다. 道를 행하면서도 분명히 알지 못하고 道에 익숙하면서도 정밀히 살피지 못하면,[4] 이것이 모두 먹고 마시면서도 그 맛을 알지 못하는 것이다. 이와 같은데도 道가 행해지기를 바라는 것은 곤란하다.

此章은 言失中之害라 必知所以然然後에 道行하고 必可常行然後에 道明이라 知之過면 無徵而不適用이요 不及이면 則卑陋不足爲니 是取不行之道也라 行之過면 不與衆共이요 不及이면 則無以異於衆이니 是不明之因也라 行之不著하고 習矣不察이면 是皆飮食而不知味者라 如此而望道之行은 難矣夫인저

7. 孔子가 말하였다. "舜임금, 그분은 크게 지혜로운 분이셨도다.-생략- 그렇게 하여 이에 순임금이 되신 것이다."

子曰 舜은 其大知也歟신저-止- 其斯以爲舜乎신저

이 장은 舜임금이 中을 쓴 까닭을 말한 것이다. 순임금의 지혜가 위대하게 된 까닭은 남에게서 취하여 자신의 善으로 삼기를 즐겼기 때문일 따름이다. 남에게 묻기를 좋아하고 일상 가까이에 있는 말을 살피기를 좋아하시되 남의 惡을 숨겨주고 남의 善을 드러낸 것이 모두 남에게 취하기를 즐거워한 것이다. 兩端은 지나친 것과 미치지 못한 것이다. 그 兩端을 잡은 것은 곧 그 時中을 쓴 것이니, 저울추와 저울대를 잡고서 물건의 輕重을 저울질하여 모두 그 수평을 얻는 것과 같다. 그러므로 순임금이 순임금이 된 까닭은 남에게 취하기를 즐거워하고 백성에게 그 中道를 쓴 것이 모두 능히 兩端을 잡고서 中을 잃지 않았기 때문이다.

4) 道를……못하면 : ≪孟子≫ 〈盡心 上〉에 孟子가 말하기를 "그것을 행하면서도 분명히 알지 못하고, 익숙하면서도 정밀히 살피지 못한다. 그러므로 평생 동안 행하면서도 그 道를 모르는 자가 많은 것이다.〔行之而不著焉 習矣而不察焉 終身由之而不知其道者 衆也〕"라고 하였다.

此章은 言舜所以用中이라 舜之知所以爲大者는 樂取諸人以爲善而已라 好問而好察邇言호되 隱惡而揚善이 皆樂取諸人者也라 兩端은 過與不及也라 執其兩端은 乃所以用其時中이니 猶持權衡而稱物輕重하여 皆得其平이라 故로 舜之所以爲舜은 樂取諸人하고 用諸民이 皆以能執兩端而不失中也일새라

8. 孔子가 말하였다. "사람들이 모두 '나는 지혜롭다.'라고 말하지만,-생략- 가슴속에 새겨서 그것을 잃지 않았다."

子曰 人皆曰予知로되-止- 則拳拳服膺而弗失之矣라

이 장은 의혹을 변별한 것이다. 함정을 피할 수 있는 방법과 中庸을 지킬 수 있는 방법을 알지 못하는 사람은 없으나 그것을 능히 실천하는 이가 드무니, 지혜롭다고 말하는 의미가 어디에 있단 말인가. 오직 顔子만이 中庸을 택하여 지켰으니, 이것이 안자가 된 까닭이다. 대중들이 한 달 동안도 중용을 지키지 못하는 것은 눈으로 보고 귀로 들어서 안 것이지 마음으로 안 것이 아니기 때문이다. 안자가 가슴속에 새겨서 잃지 않은 것은 마음으로 안 것이니, 이것이 안자가 대중들과 다른 까닭이다.

此章은 辨惑이라 陷阱之可避와 中庸之可守를 人莫不知之나 鮮能蹈之니 烏在其爲知也歟아 惟顔子擇中庸而守之하니 此所以爲顔子也라 衆人之不能期月守는 聞見之知요 非心知也일새라 顔子服膺而弗失은 心知而已니 此所以與衆人異라

9. 孔子가 말하였다. "천하와 국가를 균평하게 다스릴 수 있으며,-생략- 中庸은 능할 수 없다."

子曰 天下國家를 可均也며-止- 中庸은 不可能也라

이 장은 中庸은 능하기 어려움을 말한 것이다. '均'은 공평하게 다스리는 것이다. 한 가지 일에 능한 것과 하나의 절조에 청렴한 것과 하루아침의 용기에 있어서는 지향을 가진 자가 모두 능히 할 수 있으나, 中庸을 오랫동안 지키는 것은 오직 성스러운 분이

어야 능히 할 수 있다.

此章은 言中庸之難能이라 均은 平治也라 一事之能과 一節之廉과 一朝之勇은 有志者가 皆能之나 久於中庸은 惟聖者能之라

10. 子路가 〈孔子에게〉 强에 대해 물었는데, -생략- 죽음에 이르더라도 지조를 변치 않으니 강하구나, 그 꿋꿋함이여."

子路가 問强한대 -止- 至死不變하나니 强哉矯여하니라

이 장은 强의 中을 말한 것이다. 남쪽 지방 사람들의 강함은 강함에 미치지 못한 것이고, 북쪽 지방 사람들의 강함은 강함을 지나친 것이다. 南方은 중원의 나라로, 비록 강함에 미치지 못하나 남이 침범하여도 따지지 않으니[5] 君子가 되는 데 해로움이 없다. 북쪽 지방 사람들은 힘에 의지하기 때문에 단지 강자가 될 뿐이니, 능히 꿋꿋함으로써 中에 나아가야 君子의 강함을 얻는다. "두루 화목하나 어느 한 쪽으로 편향되지 않는다.〔和而不流〕"로부터 이하는 모두 군자가 그의 강함을 스스로 굳세게 하는 것이다. '塞'[6]은 통하지 않는 것이다. 현달하지 않았을 때에 지키던 지조를 변치 않는 것은 이른바 "富貴가 마음을 방탕하게 하지 못한다."[7]라는 것이다.

此章은 言强之中이라 南方之强은 不及强者也요 北方之强은 過强者也라 南方은 中國也니 雖不及强이나 然犯而不校하니 未害爲君子라 北方任力이라 故止爲强者니 能矯以就中이라야 乃得君子之强이라 自和而不流以下는 皆君子自矯其强者也라 塞은 未通也라 不變未達之所守는 所謂富貴不能淫也라

---

5) 남이……않으니 : ≪論語≫ 〈泰伯〉에 曾子가 말하기를 "능하면서 능하지 못한 이에게 물으며, 학식이 많으면서 적은 이에게 물으며, 있어도 없는 듯이 하고, 가득 차도 텅 빈 듯이 하며, 남이 침범해도 따지지 않는 것을 옛날 내 벗(顔回)이 일찍이 이런 일에 종사하였다.〔以能問於不能 以多問於寡 有若無 實若虛 犯而不校 昔者 吾友嘗從事於斯矣〕"라고 하였다.

6) 塞 : ≪中庸≫의 "나라에 道가 있을 적에는 현달하지 않았을 때의 지조를 변치 않는다.〔國有道 不變塞焉〕"라고 한 부분의 '塞'을 가리킨다.

7) 富貴가……못한다 : ≪孟子≫ 〈滕文公 下〉에 "천하의 넓은 집에 거처하며 천하의 바른 자리에 서며 천하의 大道를 행하여, 뜻을 얻으면 백성과 함께 道를 행하고 뜻을 얻지 못하면 홀로 그 道를 행하여, 富貴가 마음을 방탕하게 하지 못하며 貧賤이 절개를 바꾸지 못하며 威武가 지조를 굽히게 할 수 없는 사람, 이런 사람을 大丈夫라 한다.〔居天下之廣居 立天下之正位 行天下之大道 得志 與民由之 不得志 獨行其道 富貴不能淫 貧賤不能移 威武不能屈 此之謂大丈夫〕"라고 하였다.

11. 孔子가 말하였다. “은밀한 것을 추구하고 괴이한 것을 행하는 것, -생략- 오직 성스러운 분만이 그것에 능하다.”

子曰 素隱行怪를 -止- 惟聖者能之라

이 장은 行의 中을 말한 것이다. 은밀한 것을 추구하고 괴이한 것을 행하는 것은 마땅히 행해야 할 것이 아닌데도 행하는 것이니, 행함이 지나친 것이다. 중도에 그만두는 것은 마땅히 행해야 하는데도 행하지 않는 것이니, 행함이 미치지 못한 것이다. 오직 君子라야 中庸에 의지하여 스스로 믿고 후회하니 않으니, 이는 聖人의 일이다.

此章은 言行之中이라 素隱行怪는 未當行而行이니 行之過者也라 半途而廢는 當行而不行이니 行之不及者也라 惟君子依乎中庸하여 自信不悔하니 聖人之事也라

12. 君子의 道는 費하면서도 隱하다. -생략- 그 지극함에 이르러서는 하늘과 땅에 밝게 드러난다.

君子之道는 費而隱이라 -止- 及其至也하얀 察乎天地라

이 장 이상은 中을 논한 것이고, 이 장 이하는 庸을 논한 것이다. 이 장은 常道의 終始를 말하였다. ‘費’는 작용이 넓은 것이고, ‘隱’은 은미하고 비밀스러운 것이다. 聖人도 알지 못하고 행할 수 없는 바가 있으니, 이른바 隱이라는 것이다. 費는 常道이고, 隱은 至道이다. 오직 능히 常道를 극진히 하여야 이에 至道가 되는 것이다. 天地가 그토록 큰데도 행할 수 없는 바가 있기 때문에 사람들이 오히려 유감으로 여기는 바가 있는데, 하물며 聖人이야 말할 것이 있겠는가. 天地가 그토록 큰데도 오히려 유감이 있다는 것은 큰 道를 말한 것이다. 天地에 유감이 있다는 것은 道가 天地보다 더 큰 것이니, 이것이 온 천하 사람의 힘으로도 능히 그 道를 실을 수 없는 까닭이다. 어리석고 변변찮은 匹夫匹婦가 항상 행하는 것은 작은 道를 말한 것이다. 어리석고 변변찮은 필부필부가 항상 행하는 것은 聖人일지라도 또한 그만둘 수 없는 바가 있으니, 이것이 이른바 “온 천하 사람의 지혜로도 능히 그 道를 설파할 수 없다.”라는 것이다. 위로는 天地도 행할 수 없는 데에 이르고, 아래로는 어리석고 변변찮은 필부필부

도 행할 수 있는 데에 이르면 至道가 갖추어진다. 필부필부가 행할 수 있는 것으로부터 天地에 밝게 드러나는 데에 이르면 常道가 극진해진다.

此已上論中이요 此已下論庸이라 此章은 言常道之終始라 費는 用之廣也요 隱은 微密也라 聖人有所不知不能이니 所謂隱也라 費則常道요 隱則至道라 惟能盡常道라야 乃所以爲至道라 天地之大에 亦有所不能이라 故로 人猶有憾이온 況聖人乎아 天地之大에 猶有憾은 語大者也라 有憾於天地는 則大於天地矣니 此所以天下莫能載라 愚不肖之夫婦所常行은 語小者也라 愚不肖所常行은 雖聖人이라도 亦有不可廢니 此所謂天下莫能破라 上至乎天地所不能이요 下至於愚不肖之所能이면 則至道備矣라 自夫婦之能으로 至察乎天地면 則常道盡矣라

13. 孔子가 말하였다. "道는 사람에게서 멀리 있지 않으니, -생략- 君子가 어찌 마음가짐을 독실하게 하지 않겠는가."

子曰 道不遠人하니 -止- 君子가 胡不慥(조)慥爾리오하니라

이 장은 남을 다스리고 자신을 다스리는 常道를 말한 것이다. 만일 적임자가 아니면 道는 헛되이 행해지지 않는다.[8] 사람이 道를 넓히는 것이지, 道가 사람을 넓히는 것이 아니다.[9] 그러므로 道가 사람에게서 멀어지면 이는 外物이 된다. 한 사람의 몸에 天地의 道가 갖추어져 있으니, 멀게는 과거와 현재가, 크게는 온 천하가 이 이치를 함께하여 털끝만큼의 어긋남도 없다. 그러므로 君子가 사람을 다스리는 것은 남들에게 미치지 못하는 자를 다스려서 남들에게 미치게 하는 것일 따름이다. 남을 다스리고자 하면 반드시 자신을 먼저 다스려야 한다. 그러므로 忠·恕로써 자신을 다스리는 것이다. 자식이 효도하기를 바라면 내가 어버이를 제대로 섬기지 못하는 것을 스스로 알게 되니, 신하에게 바라고 아우에게 바라고 벗에게 바라는 것도 모두 그러하다. 그러므로 오직 常道를 편안히 여기고 中道를 지키고 실질을 힘쓰는 것, 이것이 곧 자신을 다스리는 일이다.

---

8) 만일……않는다 : ≪周易≫ 〈繫辭傳 下〉에 "처음에 그 말을 따라 그 도리를 헤아려보면 이미 떳떳한 법이 있으나, 만일 그 사람이 아니면 道는 헛되이 행해지지 않는다.〔初率其辭而揆其方 旣有典常 苟非其人 道不虛行〕"라고 하였다.
9) 사람이……아니다 : ≪論語≫ 〈衛靈公〉에 보인다.

言治人治己之常道라 苟非其人이면 道不虛行이라 人能弘道요 非道弘人이라 故로 道而遠人이면 是爲外物이라 一人之身에 而具有天地之道하니 遠而古今과 大而天下가 同之是理하여 無毫釐(리)之差라 故로 君子之治人은 治其不及人者하여 使及人而已라 將欲治人이면 必先治己라 故로 以忠恕自治라 責子之孝면 而自知乎未能事父니 責臣責弟責朋友도 皆然이라 故로 惟安常守中務實이 是乃治己之務라

14. 君子는 자신이 처한 지위에 의거하여 행동하고,-생략- 孔子가 말하였다. "그의 부모는 삶이 순탄했을 것이다."

君子는 素其位而行이요-止- 子曰 父母는 其順矣乎인저하니라

이 장은 자신이 처한 바를 편안히 여기고 天命에 순응하는 것이 곧 常道를 지키는 것임을 말한 것이다. 자신이 처한 지위에 의거하여 윗사람을 끌어당기지 않으며, 아랫사람을 능멸하지 않으며, 하늘을 원망하지 않으며, 남들을 허물하지 않고, 평이한 데에 거처하여 天命을 기다리고, 〈먼 곳으로 갈 적에는〉 반드시 가까운 데를 말미암으며, 〈높은 곳으로 갈 적에는〉 반드시 낮은 데를 말미암는 것이 모두 자신이 처한 바를 편안히 여기고 天命에 순응하는 道이다.

此章은 言安土順命이 乃所以守常이라 素其位하여 不援上하며 不陵下하며 不怨天하며 不尤人하고 居易(이)俟命하고 自邇自卑가 皆安土順命之道라

15. 孔子가 말하였다. "鬼神의 덕됨, 그것은 성대하구나!-생략- 誠을 덮어버릴 수 없음이 이와 같도다."

子曰 鬼神之爲德이 其盛矣乎인저-止- 誠之不可揜(엄)이 如此夫인저하니라

이 장은 誠의 근본을 논한 것이다. 오직 誠하여야 中庸을 행할 수 있는 것이다. 神으로써 다가올 일을 알고, 지혜로써 지나간 일을 간직한다.[10] 가는 것은 굽힘이고,

---

10) 神으로써……간직한다 : ≪周易≫ 〈繫辭傳 上〉에 보인다.

오는 것은 펼침이다.[11] 굽힌 것은 없어지지 않고, 펼친 것은 그치지 않는다. 비록 찾아볼 만한 형체와 소리가 없더라도 物마다 모두 본체가 있다. 귀에 들리지 않고 눈에 보이지 않으니 '은미하나〔微〕'고 할 수 있다. 그러나 物에 본체가 되어 빠뜨릴 수 없으니 이것을 '드러난다〔顯〕'고 하는 것이다. 없어지지 않고 그치지 않으니 '誠'이라 할 수 있으며, 감응을 인하여 반드시 드러나니 이것을 '덮어버릴 수 없다.〔不可揜〕'고 하는 것이다.

此章은 論誠之本이라 惟誠이 所以能中庸이라 神以知來요 知以藏往이라 往者는 屈也요 來者는 伸也라 所屈者는 不亡이요 所伸者는 無息이라 雖無形聲可求나 而物物皆體라 弗聞弗見하니 可謂微矣라 然이나 體物弗遺하니 此之謂顯이라 不亡不息하니 可謂誠矣요 因感必見(현)하니 此之謂不可揜이라

16. 孔子가 말하였다. "舜임금, 그분은 큰 효자이셨도다! -생략- 그러므로 큰 德을 가지신 분은 반드시 天命을 받는다."

子曰 舜은 其大孝也與신저 -止- 故로 大德者는 必受命이라하니라

中庸을 실천하는 일은 孝·悌일 따름이다. 舜임금처럼 德과 지위가 모두 지극했던 분도 은택이 멀리까지 흘러서야 비로소 그 孝를 극진히 할 수 있었다. 그러므로 녹봉과 지위와 명예와 수명을 모두 얻는 것은 큰 덕을 가진 사람이 아니면 누가 그것을 이룩할 수 있겠는가. 그러므로 변변찮은 匹夫匹婦도 능히 행할 수 있으나, 그 지극함에 이르러서는 聖人일지라도 또한 능히 행하지 못하는 바가 있는 것이다.

中庸之行은 孝弟而已라 如舜之德位皆極으로도 流澤之遠이라야 始可盡其孝라 故로 祿位名壽之皆得은 非大德이면 其孰能致之리오 故로 夫婦之不肖도 可以能焉이니 及其至也하얀 雖聖人이라도 亦有所不能焉이라

17. 孔子가 말하였다. "근심이 없었던 분, 그분은 오직 文王일 것이다. -생략- 나라를 다스리는 것은 손바닥 위에 올려놓고 보는 것과 같을 것이다."

---

11) 가는……펼침이다 : ≪周易≫ 〈繫辭傳 下〉에 보이는데, 거기에는 '伸'이 '信'으로 되어 있다.

子曰 無憂者는 其惟文王乎신저-止- 治國은 其如示諸(저)掌乎인저하니라

이 장은 또한 중용의 실천이 孝에 근본함을 말한 것이다. 文王・武王・周公은 모두 孝를 극진히 하신 분들이니, 아버지가 왕업을 일으키고 아들이 왕업을 이어 근심이 없었던 까닭이다. 문왕이 이룩한 것은 舜임금이 德으로는 聖人이 되고 존귀하기로는 天子가 된 것과 같으며, 무왕의 孝는 능히 널리 알려진 명예를 잃지 않아 존귀하기로는 천자가 된 것이며, 주공은 천하 사람들이 칭찬하는 효자였으니, 이들은 모두 孝를 극진히 한 분들이다. 무왕과 주공은 대개 문왕의 뜻을 잘 계승하였고, 문왕의 일을 잘 펼쳤다. 그러므로 선조의 사당을 수리한 것은 문왕이 어버이를 섬기던 뜻을 계승한 것이고, 爵位에 따라 차례를 정하고 제사 지내는 일을 차례로 分定한 것은 문왕이 어버이를 섬기던 일을 펼친 것이다. 왕으로 추존하는 禮는 아래로 士・庶人에게까지 미치고, 아버지의 뜻을 계승하고 아버지의 일을 펼치는 것은 위로 조상에게 이르렀으니, 이를 일러 達孝라 한다.

此章은 亦言庸行本於孝라 文武周公은 皆盡孝者也니 所以父作子述而無憂者라 文王之所致는 猶舜之德爲聖人하고 尊爲天子요 武王之孝는 能不失顯名하여 而尊爲天子요 周公은 則達孝於天下하니 是皆盡孝者也라 武王周公은 蓋善繼文王之志하고 善述文王之事라 故로 修其祖廟는 所以繼文王事親之志요 序爵序事는 所以述文王事親之事也라 追王之禮는 下達於士庶人하고 繼志述事는 上達乎祖하니 此之謂達孝라

18. 哀公이 〈孔子에게〉 政事를 물었는데,-생략- 사람에 대해 알기를 생각한다면 하늘에 대해 알지 않아서는 안 됩니다.

哀公이 問政한대-止- 思知人인댄 不可以不知天이니이다

이 장은 政事를 하는 것이 대개 중용의 실천에 근본을 둠을 말한 것이다. 修身의 행실을 극진히 하여 道로써 자신을 닦고 仁으로써 道를 닦는[12] 데 이르는 것은 행함이 지극한 것이고, 修身을 생각하여 어버이를 섬기고 사람에 대해 알고 하늘에 대해 아는[13] 데 이르는 것은 앎이 지극한 것이다.

12) 道로써……닦는 : ≪中庸≫의 "修身以道 修道以仁"을 가리킨다.

此章은 言爲政이 蓋本於庸行也라 盡修身之行하여 至於以道以仁은 行之至也요 思修身하여 至於事親知人知天은 知之至也라

19. 온 세상에 두루 통용되는 道가 다섯 가지인데,-생략- 천하와 국가를 다스리는 방법을 알 것입니다.

天下之達道五에-止- 則知所以治天下國家矣니이다

이 세상에서 예로부터 지금까지 모든 사람이 함께 말미암는 것을 達道라 한다. 이른바 達道란 이 세상에서 예로부터 지금까지 모든 사람이 함께 행하는 것이고, 이른바 達德이란 이 세상에서 예로부터 지금까지 모든 사람이 함께 소유하는 것이다. 비록 함께 행하는 道가 있더라도 반드시 그것을 알고 체득하고 힘쓴 뒤에 행할 수 있다. 비록 알고 체득하고 힘쓰더라도 誠에 전일하지 않으면 때로 그침이 있게 된다. 道를 구하는 데에는 세 가지[14]가 있으나 그 道를 알게 되면 한가지이며, 道를 행하는 데에는 세 가지[15]가 있으나 功을 이루게 되면 한가지이다. 들어가는 길은 다르지 않을 수 없으나, 이르는 영역은 같지 않을 수 없다.

그러므로 君子가 그 이르는 바를 논하면 태어나면서부터 道를 아는 것과 애써 노력해서 道를 아는 것, 道를 편안히 여겨 행하는 것과 억지로 힘써서 道를 행하는 것이 처음부터 다름이 있지 않다. 이미 다름이 있지 않으니, 이것이 곧 中庸이 되는 까닭이다. 만약 태어나면서부터 道를 알고 道를 편안히 여겨 행하는 사람의 자질을 바라면서 자신은 그 경지에 미칠 수 없다고 여기거나, 애써 노력해서 道를 알고 억지로 힘써

---

13) 어버이를……아는 : ≪中庸≫에 "군자는 자신을 닦지 않아서는 안 됩니다. 그러니 몸을 닦기를 생각한다면 어버이를 섬기지 않아서는 안 되며, 어버이를 섬기기를 생각한다면 사람에 대해 알지 않아서는 안 되며, 사람에 대해 알기를 생각한다면 하늘에 대해 알지 않아서는 안 됩니다.〔故君子 不可以不修身 思修身 不可以不事親 思事親 不可以不知人 思知人 不可以不知天〕"라고 한 것을 가리킨다.

14) 세 가지 : ≪中庸≫에 "혹 태어나면서부터 道를 아는 사람이 있고, 혹 배워서 아는 사람이 있고, 혹 애써 노력해서 아는 사람이 있다.〔生而知之 學而知之 困而知之〕"라고 한 것을 가리킨다.

15) 세 가지 : ≪中庸≫에 "혹 道를 편안히 여겨 행하는 사람이 있고, 혹 도를 이롭게 여겨 행하는 사람이 있고, 혹 도를 인위적으로 힘써 행하는 사람이 있다.〔安而行之 利而行之 勉强而行之〕"라고 한 것을 가리킨다.

서 道를 행하는 것을 가벼이 여겨 성취함이 있을 수 없다고 여긴다면 이것이 바로 道가 밝혀지지 않고 道가 행해지지 않는 까닭이며, 中庸을 오랫동안 지키기 어려운 까닭이다.

어리석은 자는 스스로 옳다고 여겨 배우기를 구하지 않으며, 자신의 이익만을 추구하는 자는 세상의 일은 나의 일이 아니라고 여기며, 의지가 나약한 자는 남의 밑으로 들어가는 것을 기꺼이 여겨 사양하지 않는다. 이 세 가지를 가지고서 자신의 몸을 닦고자 한 사람은 아직까지 없다. 그러므로 배우기를 좋아하는 것이 智는 아니나 충분히 어리석음을 타파할 수 있으며, 행하기를 힘쓰는 것이 仁은 아니나 충분히 사사로움을 잊을 수 있으며, 부끄러움을 아는 것이 勇은 아니나 충분히 나약한 의지를 일으킬 수 있다. 이 세 가지를 아는 사람은 능히 修身하지 못한 사람이 없다.

천하의 이치는 하나일 따름이다. 작게 노력함으로써 작은 것을 이룩하고 크게 노력함으로써 큰 것을 이룩하니 다른 일이 없다. 이 마음을 들어서 저 사람에게 더하면 멀리 四海까지 미루어 나가더라도 부합할 것이고, 오랫동안 하여 萬世까지 미루어 나가더라도 부합할 것이다. 그러므로 修身을 전일하게 하면 남을 다스릴 방법을 알게 되고, 남을 다스릴 방법을 알면 천하와 국가를 다스릴 방법을 알게 된다. 이는 모두 이것에서 나오니, 이것이란 무엇인가? 中庸일 따름이다.

天下古今之所共由를 謂之達道라 所謂達道者는 天下古今之所共行이요 所謂達德者는 天下古今之所共有라 雖有共行之道라도 必知之體之勉之然後에 可行이라 雖知之體之勉之라도 不一於誠이면 則有時而息이라 求之有三이나 知之則一이요 行之有三이나 成功則一이라 所入之塗는 則不能不異나 所至之域은 則不可不同이라 故로 君子論其所至면 則生知與困知와 安行與勉行이 未始有異也라 既不有異니 是乃所以爲中庸이라 若乃企生知安行之資하여 爲不可幾及하고 輕困知勉行하여 爲不能有成이면 此道之所以不明不行이요 中庸之所以難久也라 愚者는 自是而不求하며 自私者는 以天下非吾事하며 懦(나)者는 甘爲人下而不辭라 有是三者코 欲修之身은 未之有也라 故로 好學이 非知나 然足以破愚요 力行이 非仁이나 然足以忘私요 知恥가 非勇이나 然足以起懦라 知是三者는 未有不能修身者也라 天下之理는 一而已라 小以成小하고 大以成大하니 無異事也라 擧斯心以加諸(저)彼면 遠而推之四海而準이요 久而推之萬世而準이라 故로 一修身而知所以治人이요 知所以治人而知所以治天下國家라 皆出乎此也니 此者는 何오 中庸而已라

20. 무릇 천하와 국가를 다스리는 데는 九經[16]이 있으니,-생략- 무릇 천하와 국가를 다스리는 데는 九經이 있으니, 그것을 행하는 것은 하나입니다.

凡爲天下國家에 有九經하니-止- 凡爲天下國家에 有九經하니 所以行之者는 一也니이다

이 장은 중용의 실천이 九經에 이른 것을 말한 것이 극진하다. 하늘에 대해 아는 것으로부터 九經에 이르기까지 반드시 갖추어야 할 精粗의 분별은 없으니, 이것이 곧 常道가 되는 까닭이다. 經은 백세토록 변하지 않는 것이다. 九經의 用은 모두 德으로써 품어주는 것을 근본으로 하니, 一物도 위무할 대상에 포함되지 않은 것이 없으며 형벌은 거기에 들어가지 않는다.

修身은 九經의 근본이다. 반드시 벗을 친애한 뒤에 修身의 道가 진전된다. 그러므로 尊賢을 그 다음에 둔 것이다. 修身의 道를 진전시키는 것으로는 자기 집안에서 하는 것보다 더 먼저 할 것이 없다. 그러므로 親親을 그 다음에 둔 것이다. 親親을 말미암아 朝廷에까지 미친다. 그러므로 敬大臣·體群臣을 그 다음에 둔 것이다. 조정을 말미암아 그 나라에까지 미친다. 그러므로 子庶民·來百工을 그 다음에 둔 것이다. 그 나라를 말미암아 천하에까지 미친다. 그러므로 柔遠人·懷諸侯를 그 다음에 둔 것이다. 이것이 九經의 차례이다.

여러 신하 보기를 나의 사지를 보는 것과 같이 하고, 백성 보기를 나의 자식을 보는 것과 같이 하니, 이것이 신하를 살펴보고 백성을 살펴보는 분별이다. 禮義는 賢者를 말미암아 나오니, 현자를 존숭하면 異端에 미혹되지 않는다. 大臣은 사람들이 우러러 보고서 본보기로 삼는 대상이니, 적임자가 아니면 내치는 것이 옳다. 그 지위에 있으면 공경하지 않을 수 없으니, 공경하지 않으면 백성들이 현혹되어 따를 바를 알지 못한다. 참소와 여색과 재화는 모두 德을 해친다. 이 세 가지를 버리고 오직 德을 귀하게 여기면 사람들이 권면되어 어질게 될 것이다. 그를 존숭하면 그가 귀하게 되기를 바라고, 그를 사랑하면 그가 부유해지기를 바란다.[17] 원하는 것을 주어서 모이게 하

---

16) 九經 : 천하와 국가를 다스리는 데 근본이 되는 아홉 가지 원칙으로, 자신을 닦는 것〔修身〕, 어진 이를 존중하는 것〔尊賢〕, 친족을 친애하는 것〔親親〕, 대신을 공경하는 것〔敬大臣〕, 여러 신하를 체찰하는 것〔體群臣〕, 서민들을 자식처럼 사랑하는 것〔子庶民〕, 여러 工人들을 오게 하는 것〔來百工〕, 멀리 있는 사람을 회유하는 것〔柔遠人〕, 제후들을 품어주는 것〔懷諸侯〕이다.

17) 그를……바란다 : ≪孟子≫ 〈萬章 上〉에 "仁人은 아우에 대해 노여움을 감추지 않으며, 원망을 묵혀두지 않고, 오직 친애할 따름이다. 친하게 여기면 그가 귀하게 되기를 바라고, 사랑하면

고 싫어하는 바를 베풀지 말며,[18] 善을 행하기를 요구하지 않는 것이 바로 諸父·兄弟가 서로 권면하여 친해지는 방법이다.[19]

官屬을 성대하게 설치하고 그들을 부리는 권한을 맡기는 것은 注[20]의 설과 같다. 注에 이르기를 "大臣은 모두 소임이 있는 屬官을 두어 그로 하여금 작은 일을 친히 하지 않게 한다."라고 하였다. 충성과 신의로 그들을 대하고 후한 녹봉으로 그들을 길러 주면 하급 관원〔士〕 중에 권면되지 않을 자가 없을 것이다. 먼 곳의 사람은 오직 회유하는 방법으로써 그들을 취할 수 있다. 떠나가는 이를 전송하고 찾아오는 이를 환영하며 잘하는 것을 칭찬하고 능하지 못한 것을 긍휼히 여기는 것이 회유하는 방법이다. 돌아가는 사신에게 禮物을 후하게 주고 찾아오는 사신에게 貢物을 적게 받는 것은 자기에게 귀의하지 않은 자를 후하게 대우하는 것이다. 일설에는 "연회를 베풀고 상을 하사하는 것을 후하게 하고 공물을 받는 것을 적게 하는 것을 말한다."라고 하였다. 하나로써 이 九經을 관통하는 것은 誠이다. 그러므로 아래에서 誠을 논한 것이다.

此章은 言庸行至于九經이 盡矣라 自知天으로 至於九經히 無精粗之別必備니 乃所以爲常道라 經者는 百世所不變也라 九經之用은 皆本於德懷니 無一物不在所撫요 而刑有不與焉이라 修身은 九經之本이라 必親友然後에 修身之道進이라 故로 次之以尊賢이라 道之所進은 莫先其家라 故로 次之以親親이라 由親親以及朝廷이라 故로 敬大臣體群臣이라 由朝廷以及其國이라 故로 子庶民來百工이라 由其國以及天下라 故로 柔遠人懷諸侯라 此는 九經之序라 視群臣을 猶吾四體하고 視庶民을 猶吾子하니 此는 視臣視民之別이라 禮義는 由賢者出하니 尊賢이면 則不爲異端所惑이라 大臣은 人所瞻仰하여 所以取法이니 非其人이면 黜之可也라 在其位면 不可不敬이니 不敬則民眩하여 不知所從이라 讒色貨는 皆害德이라 舍是三者하고 惟德之貴면 則人勸而爲賢이라 尊之인댄 欲其貴요 愛之인댄 欲其富라 所欲을 與之聚之요 所惡(오)를 勿施爾하며 而不責以善이 此所以諸父兄弟相勸而親이라 官盛任使는 如注說이라 注云호되 大臣은 皆有屬官所任하여 使不親

그가 부유해지기를 바랄 것이다.〔仁人 不藏怒焉 不宿怨焉 親愛之而已矣 親之 欲其貴也 愛之 欲其富也〕"라고 하였다.

18) 원하는……말며 : ≪孟子≫ 〈離婁 上〉에 "백성을 얻는 데 방도가 있으니, 그 마음을 얻으면 백성을 얻을 것이다. 마음을 얻는 데 방도가 있으니, 원하는 바를 주어서 모이게 하고, 싫어하는 바를 베풀지 말아야 한다.〔得其民有道 得其心 斯得民矣 得其心有道 所欲 與之聚之 所惡 勿施爾也〕"라고 하였다.

19) 善을……방법이다 : ≪孟子≫ 〈離婁 下〉에 "善을 행하기를 요구하는 것은 벗 사이의 도리이니, 아비와 자식 사이에 善을 요구하는 것은 크게 은혜를 해치는 일이다.〔責善 朋友之道也 父子責善 賊恩之大者〕"라고 하였다.

20) 注 : 鄭玄 注를 가리킨다.

小事也라 待之以忠信하고 養之以厚祿이면 士無有不勸者也라 遠人은 惟可以柔道取之라 送往迎來하며 嘉善而矜不能者가 柔道也라 厚往薄來는 不爲歸己者를 厚也라 一說에 謂燕賜厚而納貢薄이라 一以貫九者는 誠也라 故로 其卜論誠이라

21. 모든 일은 미리 준비하면 성립되고,-생략- 道는 미리 정해놓으면 어떤 일이 닥쳐도 곤궁해지지 않습니다.

凡事는 豫則立하고-止- 道前定則不窮이니이다

'豫'는 자신을 완성하는 것을 평소에 정해놓는 것을 말한다. 자신을 완성하기 위해 평소 정해놓는 것은 誠이 아니면 무엇이겠는가. 자기에게 誠을 소유한 것을 信이라 하니, 信이 없으면 자립하지 못하고 信이 있으면 그만두지 않는다. 만약 誠이 있다면 어디를 간들 불가하겠는가. 만약 그 실상이 없으면 곤궁하지 않는 경우가 얼마나 되겠는가. 말을 미리 정해놓는 것은 宰我·子貢처럼 說辭로써 자신을 완성하는 것이고, 일을 미리 정해놓는 것은 冉有·季路처럼 政事로써 자신을 완성하는 것이고, 행동을 미리 정해놓는 것은 顔淵·仲弓처럼 德으로써 자신을 완성하는 것이고, 道를 미리 정해놓는 것은 孔子처럼 集大成하는 것이다. 이 장은 일에 있어서의 誠을 논한 것이다.

豫는 謂成己素定也라 成而素定은 非誠而何오 有諸己之謂信이니 無信이면 不立하고 有信이면 不廢라 如誠有之면 何往而不可리오 苟無其實이면 幾何不窮이리오 言前定은 如宰我子貢以說辭成이요 事前定은 如冉(염)有季路以政事成이요 行前定은 如顔淵仲弓以德成이요 道前定은 如孔子之集大成이라 此章은 論在事之誠이라

22. 아랫자리에 있으면서 윗사람에게 신임을 받지 못하면-생략- 자신을 誠하게 할 수 없을 것입니다.

在下位하여 不獲乎上이면-止- 不誠乎身矣이니이다

백성을 다스리는 것으로부터 요약된 데로 나아가면 반드시 善을 밝히는 데 이른 뒤에야 그친다. 善을 밝히는 것은 자기의 善을 능히 밝히는 것일 따름이다. 예컨대 仁·

義를 밝히는 것은 무릇 나에게 있는 것 중에 무엇이 仁이고 무엇이 義인지를 아는 것이다. 능히 그 情狀을 밝혀 어디로부터 온 것인 줄 알면 나에게 있는 것이 한갓 말로만 하는 것이 아닐 것이다. 내 몸에 있는 것이 진실로 이 善을 가지고 있기 때문에 능히 그 몸을 誠하게 할 수 있는 것이다. 이 장은 몸에 있어서의 誠을 논한 것이다.

自治民而造約이면 必至於明善而後已라 明善者는 能明其善而已라 如明仁義는 則知凡在我者에 以何爲仁이요 以何爲義라 能明其情狀하여 而知所從來면 則在我者가 非徒說之而已라 在吾身이 誠有是善이라 故로 所以能誠其身이라 此章은 論在身之誠이라

23. 誠은 하늘의 道이고,-생략- 비록 유약한 사람일지라도 반드시 강해질 것입니다."

誠者는 天之道也요-止- 雖柔나 必强이니이다하니라

誠은 이치가 실제로 그러하여 하나를 이루어서 바꿀 수 없는 것이다. 이 세상에서 오랜 세월 동안 사람의 마음과 사물의 이치는 모두 같아서 유일무이하니, 비록 전대의 聖人과 후대의 성인일지라도 符節을 합한 것처럼 같다. 이것이 바로 이른바 誠이라는 것이니, 誠은 곧 天道이다. 天道는 인위적으로 힘쓰는 것이 없고 생각함이 없으나 그 적중하고 자득하는 것은 저절로 그러할 따름이다. 성인은 그 誠이 天道와 하나가 되니 하늘이 곧 성인이요, 성인이 곧 하늘이다. 성인은 仁・義를 말미암아 행하니 어찌 생각하고 인위적으로 힘씀이 있겠는가. 그러므로 조용히 道에 적중하여 박절하지 않다.

誠하게 하는 것은 사람으로서 天道를 구하는 것이니, 誠하기를 생각하여 中道를 회복하는 것이다. 그러므로 善을 밝힘에 끝까지 밝히지 못한 바가 있으면 善에서 반드시 택하고, 자신을 誠하게 함에 지극하지 못한 바가 있으면 中을 잡는 것을 반드시 굳게 하는 것이다. 善을 택하지 않고, 道를 정밀하게 알지 못하고, 中을 잡는 것이 굳세지 않으면, 德이 떠나갈 것이다. 배우고〔學〕 묻고〔問〕 사유하고〔思〕 분변하는〔辨〕 것은 자신을 誠하게 하기를 구하는 방법이고, 실천하는〔行〕 것은 자신을 誠하게 하는 데에 이르는 방법이다. 誠하게 하는 데에 이르는 길은 남들이 한 번에 능히 하면 나는 백 번을 하고 남들이 열 번에 능히 하면 나는 천 번을 하는 태도가 아니면 기질을 변화시킬 수 없다.

誠者는 理之實然하여 致一而不可易者也라 天下萬古에 人心物理는 皆所同然하여 有一無二하니 雖前聖後聖이라도 若合符節이라 是乃所謂誠이니 誠卽天道也라 天道는 無勉無思나 然其中其得은 自然而已라 聖人은 誠一於天하니 天卽聖人이요 聖人卽天이라 由仁義行이니 何思勉之有리오 故로 從容中道而不迫이라 誠之者는 以人求天者也니 思誠而復(복)之라 故로 明有未窮이면 於善必擇하고 誠有未至면 所執必固라 善不擇하고 道不精하고 執不固면 德將去라 學問思辨은 所以求之也요 行은 所以至之也라 至之는 非人一己百하며 人十己千이면 不足以化氣質이라

24. 誠을 말미암아 善이 밝혀지는 것을 性이라 하며,-생략- 善을 밝히면 자신을 誠하게 할 수 있다.

自誠明을 謂之性이요-止- 明則誠矣라

性이라고 하는 것은 태어나면서 본래 소유하여 얻은 것이다. 教라고 하는 것은 배움을 말미암아 회복한 것이다. 이치가 실제로 그러한 것은 지극히 간결하고 지극히 평이하다. 이미 그 경지에 이르면 천하의 이치는 눈을 뜨고 온갖 형상을 보는 것과 같아서 사려하지 않더라도 알게 되니, 이를 "誠하면 善이 저절로 밝혀진다."라고 말하는 것이다. 앎을 지극히 하여 천하의 이치를 궁구하면 천하의 이치를 모두 터득하여 끝내 또한 간결하고 평이하며 실제로 그러한 경지에 이르러 일이 없는 듯이 행하게 되니, 이를 "善을 밝히면 자신을 誠하게 할 수 있다."라고 말하는 것이다.

謂之性者는 生之所固有以得之라 謂之教者는 由學以復(복)之라 理之實然者는 至簡至易(이)라 既已至之면 則天下之理는 如開目睹萬象하여 不假思慮而後知니 此之謂誠則明이라 致知以窮天下之理면 則天下之理를 皆得하여 卒亦至于簡易實然之地하여 而行其所無事니 此之謂明則誠이라

25. 오직 이 세상의 지극히 誠한 분이어야 능히 자기의 본성을 극진히 하는 일을 할 수 있으니,-생략- 天地와 더불어 참여할 수 있다.

唯天下至誠이야 爲能盡其性이니-止- 則可以與天地參(참)矣라

實理의 지극함에 이르면 내가 태어나면서부터 본래 가지고 있는 것은 이 이치를 벗어나지 않는다. 내가 태어나면서부터 본래 가지고 있는 것이 이미 이치에 전일하게 되면 이치가 소유한 것은 모두 나의 性이 된다. 사람이 天地의 中을 받아 그가 태어날 적에 天地의 德을 모두 소유하니, 유약하고 굳세고 어둡고 밝은 자질이 비록 다르지만 그 마음이 동일한 것은 모두 그러하다. 다만 가려짐에 淺·深의 차이가 있기 때문에 나누어져 혼매하거나 총명하게 되며, 稟賦 받음에 多·寡의 차이가 있기 때문에 나누어져 강하거나 유약하게 되지만, 理가 동일한 점에 이르러서는 聖人이나 어리석은 자나 다르지 않은 점이 있다. 자기의 性을 극진히 하면 천하 사람들의 性이 모두 그러하기 때문에 남의 性을 극진히 할 수 있다.

가려짐에 淺·深이 있기 때문에 혼매하거나 총명하게 되며, 가려짐에 開·塞이 있기 때문에 사람이 되거나 다른 생명체가 되는 것이다. 품부 받음에 多·寡가 있기 때문에 강하거나 유약하게 되며, 품부 받음에 偏·正이 있기 때문에 사람이 되거나 다른 생명체가 되는 것이다. 그러므로 다른 생명체의 性도 사람의 性과 다른 점이 거의 드무니, 오직 막혀서 열리지 않기 때문에 앎이 사람처럼 밝지 않은 것이며, 치우쳐서 바르지 않기 때문에 재질이 사람처럼 아름답지 않은 것이다. 그러나 사람에게 다른 생명체에 가까운 性이 있고, 다른 생명체에게 사람에 가까운 性이 있는 것도 여기에 관계된다. 사람의 性에 있어서 열리고 닫히고 치우치고 바른 것을 극진히 하지 않는 바가 없으면 다른 생명체의 性에 대해서도 극진히 할 수 없는 경우가 있지 않다.

자신과, 남들과, 다른 생명체에 대해 그 性을 극진히 하지 않음이 없으면 天地의 조화가 거의 이루어질 것이다. 그러므로 일이 없는 듯이 행하여 순응하면서 이를 기를 따름이니, 이것이 이른바 "하늘과 땅의 化育을 돕는다."라는 것이다. 하늘과 땅의 화육은 오히려 미치지 못하는 바가 있어서 반드시 사람이 그것을 도운 뒤에야 갖추어지니, 하늘과 땅은 사람이 아니면 성립되지 않는다. 그러므로 사람이 天·地와 더불어 나란히 서서 三才가 되니, 이것을 일러 "天地와 더불어 참여한다."라고 하는 것이다.

至于實理之極이면 則吾生之所固有者는 不越乎是라 吾生所有가 既一於理면 則理之所有가 皆吾性也라 人受天地之中하여 其生也에 具有天地之德하니 柔强昏明之質이 雖異나 其心之所同者는 皆然이라 特蔽有淺深이라 故로 別而爲昏明하며 稟有多寡라 故로 分而爲强柔나 至於理之所同然하얀 雖聖愚라도 有所不異라 盡己之性이면 則天下之性皆然이라 故로 能盡人之性이라 蔽有淺深이라 故로 爲昏明하며 蔽有開塞이라 故로 爲人物이라 稟有多寡라 故로 爲强柔하며 稟有

偏正이라 故로 爲人物이라 故로 物之性도 與人異者가 幾希니 惟塞而不開라 故로 知不若人之明이요 偏而不正이라 故로 才不若人之美라 然이나 人有近物之性者하고 物有近人之性者도 亦係於此라 於人之性에 開塞偏正을 無所不盡이면 則物之性도 未有不能盡也라 己也人也物也가 莫不盡其性이면 則天地之化가 幾矣라 故로 行其無事하여 順以養之而已니 是所謂贊天地之化育이라 天地之化育은 猶有所不及하여 必人贊之而後備하니 則天地는 非人이면 不立이라 故로 人與天地竝立爲三才니 此之謂天地參이라

26. 그 다음은 致曲이니,-생략- 오직 이 세상의 지극히 誠한 분이어야 능히 변화하는 일을 할 수 있다.

其次는 致曲이니-止- 惟天下至誠이야 爲能化라

사람은 天地의 德을 모두 가지고 있으니, 본래 두루 덮어주고 포용하여 극진히 하지 않은 바가 없어야 한다. 그러나 하늘에서 품부 받은 것이 조금의 치우침과 왜곡됨이 없을 수는 없으니, 보존하고 발하는 것이 치우치고 왜곡된 곳에 있는 경우가 반드시 많다. 이것을 '致曲'이라 한다. 비록 '致曲'이라 하였지만 만일 여기에 전일하면 德을 이루지 않음이 없으며, 德이 이루어진지라 文章에 드러나지 않음이 없게 된다. 致曲이 文章을 이루는 데에 이르면 더할 것이 없다. 더할 것이 없으면 반드시 類를 알고 통달하여 극진하지 않은 바를 보게 된다. 기미〔幾〕는 動함이 은미한 것이다. 이를 바를 알면서도 능히 이르지 못하면 더불어 기미를 알 수 없다.[21] 그러므로 이를 바를 알면 動하지 않는 경우는 있지 않다. 君子는 표범이 변화하듯 변화하니 그 문채가 성하며, 大人은 범이 변화하듯 변화하니 그 문채가 빛난다.[22] 動함에 마음을 두어 動하여 그치지 않으면, 비록 문채에 大·小의 차이가 있으나 변화하지 않는 자가 있지 않다. 변화는 처음을 회복하는 것이다. 옛 모습을 회복하면 理에 전일하여 그 변화하는 까닭을 알지 못한다. 그러므로 오직 지극히 誠한 분이어야 능히 변화하는 일을 할 수 있다.

---

21) 이를……없다 : ≪周易≫ 乾卦 〈文言傳〉 九三爻에 "이를 바를 알아 이르므로 더불어 기미를 알 수 있고, 마칠 바를 알아 마치므로 더불어 義를 보존할 수 있다.〔知至至之 可與幾也 知終終之 可與存義也〕"라고 하였다.

22) 君子는……빛난다 : ≪周易≫ 革卦 九五 〈象傳〉에 "大人이 범이 변화하듯 변화하는 것은 그 문채가 빛남이다.〔大人虎變 其文 炳也〕"라고 하였고, 上六 〈象傳〉에 "君子가 표범이 변화하듯 변화하는 것은 그 문채가 성한 것이다.〔君子豹變 其文 蔚也〕"라고 하였다.

人具有天地之德하니 自當徧覆(부)包含하여 無所不盡이라 然而稟於天이 不能無少(徧)〔偏〕[23] 曲하니 則其所存所發이 在偏曲處가 必多니 此謂致曲이라 雖曰致曲이나 如專壹於是하면 未有不成이요 德之成矣라 未有不見(현)乎文章이라 致曲이 至於成章이면 無以加矣라 無以加면 則必能知類通達하여 見其所不盡이라 幾者는 動之微也라 知至而不能至之면 不可與幾라 故로 知至면 未有不動者也라 君子豹變이니 其文이 蔚也요 大人虎變이니 其文이 炳也라 有心乎動하여 動而不息이면 雖文有大小나 未有不變者也라 變者는 復(복)之初라 復于故면 則一於理하여 不知其所以變이라 故로 惟至誠이야 爲能化라

27. 至誠의 道를 가진 분은 어떤 일이 일어나기 전에 미리 그 일을 알 수 있으니,-생략- 그러므로 至誠은 神과 같다.

至誠之道는 可以前知니-止- 故로 至誠은 如神이라

誠이 理에 전일하여 틈이 나거나 뒤섞이는 바가 없으면 하늘・땅・사람・생물 및 옛날・지금・후세에 이르기까지 두루 통달하여 한 몸이 될 따름이다. 興・亡의 조짐을 지금 사려함이 있어 만약 싹트는 조짐이 있으면 미리 알지 못함이 없다. 대개 方所가 있으면 彼・此・先・後의 구별이 있게 된다. 이미 方所가 없으면 저것이 곧 나이고, 앞에 있는 것이 곧 뒤에 있는 것이 되니, 일찍이 분별하거나 막힘이 없어서 저절로 神明에 이를 수 있다. 그러니 단지 일어날 일을 미리 아는 것일 뿐만은 아니다.

誠一於理하여 無所間雜이면 則天地人物과 古今後世에 融徹洞達하여 一體而已라 興亡之兆를 今之有思慮하여 如有萌焉이면 無不前知라 蓋有方所면 則有彼此先後之別이라 旣無方所면 彼卽我也요 先卽後也니 未嘗分別隔礙(애)하여 自將達乎神明이니 非特前知而已라

28. 誠은 스스로 성취하는 것이고,-생략- 그러므로 그때그때 조처하는 것을 적절하게 한다.

誠者는 自成也요-止- 故로 時措之宜也라

23) (徧)〔偏〕: 저본에는 '徧'으로 되어 있으나, 中華書局本에 의거하여 '偏'으로 바로잡았다.

誠이 자신을 위한 것이 아니면 誠은 外物이 되고, 道가 스스로 가야 할 길이 아니면 그 道는 헛되이 행하는 것이다. 이미 誠이라고 말했으니 만일 스스로 성취하는 것이 아니라면 어찌 힘을 나하겠는가. 이미 道라고 말했으니 자신이 스스로 가는 길이 아니라면 장차 누구와 함께 가겠는가. 실제로 이 이치가 있어야 비로소 이 物이 있게 된다. 오게 하는 이치가 있어서 그 物을 이르게 함이 있는 것이 物의 시작이고, 없어지게 하는 이치가 있어서 그 物을 없어지게 함이 있는 것이 物의 끝이다. 모두 이 이치가 없다면 비록 物의 형상이 귀에 들리고 눈에 보이더라도 귀와 눈은 오히려 믿을 수 없을 것이니, 그것은 物이 아니라고 말하는 것이 옳다.

하늘은 커서 밖이 없어 造化와 發育이 모두 天地 사이에 있기 때문에 內·外가 거기에서 생겨남이 있다. 性은 內·外의 구별이 생기기 때문에 天地와 서로 같지 않다. 性命의 德과 같은 것은 저절로 內·外를 합하기 때문에 仁과 智를 구비한다. 여기에는 나도 없고 남도 없어, 誠이 전일하게 모든 것을 관통해 大德에 합치되어 化育을 베풀기 때문에 그때그때 조처하는 것을 적절하게 할 수 있다.

義理는 사람들의 마음이 함께 그러하다고 여기는 것이다. 내가 이것을 믿으면 나의 德이 진실해지기 때문에 "誠은 스스로 성취하는 것이다."라고 말한 것이다. 내가 이것을 쓰면 나의 道가 행해지기 때문에 "道는 스스로 가야할 길이다."라고 말한 것이다. 대저 誠은 實일 따름이다. 실제로 이 이치가 있기 때문에 실제로 이 物이 있으며, 실제로 이 物이 있기 때문에 실제로 이 작용이 있으며, 실제로 이 작용이 있기 때문에 실제로 이 마음이 있으며, 실제로 이 마음이 있기 때문에 실제로 이 일이 있는 것이니, 이는 모두 시작의 근원을 고찰하여 끝을 궁구해서 말한 것이다.

키[箕]가 까불 수 없으면 그 키는 제대로 된 키가 아니다. 국자[斗]가 술이나 장을 뜨지 못하면 그 국자는 제대로 된 국자가 아니다. 여기에 벼를 심으면 벼의 열매를 거둘 수 있고, 여기에 보리를 심으면 보리의 열매를 거둘 수 있다. 만일 씨앗을 심은 적이 없으면서도 수확하기를 바란다면 돌피조차 얻을 수 없을 것인데, 하물며 벼와 보리는 말할 것이 있겠는가. 이것이 이른바 "誠은 物의 終始이니, 誠이 아니면 그 物은 없다."라는 것이다. 그러므로 군자는 반드시 善을 밝혀서 앎이 지극해지고 생각이 誠하게 된다.

이미 간절한 誠意가 있어야 능히 지치지 않는 강한 힘을 다할 수 있으니, 그런 뒤에 볼 만한 功을 이룩하게 된다. 만약 이와 같이 하지 않으면 널리 듣고 많이 보더라도 전부 헛된 일로 돌아갈 따름이니, 이것이 곧 誠을 귀하게 여기는 까닭이다. 誠이 비록 스스로 성취하는 것이고 道가 비록 스스로 가야할 길이지만 내가 사사로이 가질 수 있는 것이 아니고 천하 사람들과 함께하는 것일 따름이다. 그러므로 자기를 완성할 것을 생각하면 반드시 남을 완성시킬 것을 생각해야 하니, 이것이 바로 仁과 智가 갖추어졌다고 말하는 것이다.

性이 본래부터 소유한 것은 內·外를 합하여 간격이 없다. 대저 하늘은 커서 밖이 없어 造化와 發育이 모두 天地 사이에 있으니 본래 內·外의 구별이 없다. 그러나 사람은 이 형체를 가지고 있어 형체에 구속되기 때문에 內·外가 여기에서 생겨남이 있다. 內·外가 한 번 생겨나면 남은 스스로 남이 되고 나는 스스로 내가 되어 天地와 더불어 서로 같지 않게 된다. 그러나 性의 德으로 돌아가면 어찌 物·我의 차이와 內·外의 구별이 있겠는가. 그러므로 그때그때 조처하는 것을 적절하게 하는 것은 무릇 性의 德으로 돌아가서 喜·怒·哀·樂이 아직 발하지 않은 中을 얻거나 喜·怒·哀·樂이 발하여도 모두 절도에 맞는 것이다.

誠不爲己면 則誠爲外物이요 道不自道면 而其道虛行이라 旣曰誠矣니 苟不自成就면 如何致力이리오 旣曰道矣니 非己所自行이면 將誰與行乎아 實有是理라야 乃有是物이라 有所從來하여 有以致之가 物之始也요 有所從亡하여 有以喪之가 物之終也라 皆無是理하면 雖有物象接於耳目이라도 耳目猶不可信이니 謂之非物이 可也라 天大無外하여 造化發育이 皆在其間이라 故로 有內外生焉이라 性生內外之別이라 故로 與天地不相似라 若性命之德은 自合乎內外라 故로 具仁與知라 無己無物하여 誠一以貫之하여 合大德而施化育이라 故로 能時措之宜也라 理義者는 人心之所同然者也라 吾信乎此면 則吾德實矣라 故로 曰誠者自成也라 吾用乎此면 則吾道行矣라 故로 曰道自道也라 夫誠者는 實而已矣라 實有是理라 故로 實有是物이요 實有是物이라 故로 實有是用이요 實有是(理)〔用〕[24]이라 故로 實有是心이요 實有是心이라 故로 實有是事니 是皆原始要終而言也라 箕不可以簸(파)揚이면 則箕非箕矣라 斗不可以把酒漿이면 則斗非斗矣라 種禾於此면 則禾之實을 可收也요 種麥於此면 則麥之實을 可收也라 如未嘗種而望其收면 雖荑稗(제패)라도 且不可得이온 況禾麥乎아 是所謂誠者는 物之終始니 不誠이면 無物也라 故로 君子는 必明乎善하여 知至意誠矣라 旣有惻怛(측달)之誠意라야 乃能竭不惓之强力이니 然後에 有可見之成功이라 苟不如是면 雖博聞多見이라도 擧歸於虛而已니 是則誠之爲貴也일새라 誠雖自成也요 道雖自道也나 非有我之得私也요 與天下同之而已라 故로 思成己면 必思所以成物이니 乃謂仁

24) (理)〔用〕: 저본에는 '理'로 되어 있으나, 中華書局本과 문맥에 의거하여 '用'으로 바로잡았다.

知之具也라 性之所固有는 合內外而無間者也라 夫天大無外하여 造化發育이 皆在其間하니 自無內外之別이로되 人有是形하여 而爲形所梏(곡)이라 故로 有內外生焉이라 內外一生이면 則物自物이요 己自己하여 與天地不相似矣라 反乎性之德이면 則安有物我之異와 內外之別哉리오 故로 時措之宜者는 凡以反乎性之德하여 而得乎喜怒哀樂未發之中하고 發而皆中節者也라

29. 그러므로 至誠은 한순간도 그침이 없으니, -생략- 그러므로 "진실로 至德을 가진 사람이 아니면 至道는 완성되지 않는다."라고 말하는 것이다.

故로 至誠은 無息이니-止- 故曰 苟不至德이면 至道不凝焉이라하니라

이 장은 지극히 요약된 이치는 오직 至誠일 뿐임을 말한 것이다. 天地의 道를 극진히 하는 것도 이를 벗어나지 않는다. 실제의 이치를 끝까지 궁구해서 그것을 터득하여 소유하면 그 형세가 오래 지속되고 넓고 두텁고 높고 밝은 데에 절로 이를 수 있으니, 단지 그것을 축적해나갈 따름이다. 대개 실제의 이치는 둘이 아니니, 그 본체는 駁雜함이 없다. 그 본체가 박잡함이 없으면 그 행함에 간격이 없게 된다. 그러므로 至誠은 한순간도 그침이 없는 것이니, 누가 그렇게 시키는 것이 아니다. 天機가 저절로 動하는 것이니, 곧 乾·坤이 열리고 닫히는 것이다. 만일 누가 그렇게 시켜 실제의 이치가 아니라면 때로 그침이 있을 것이다.

'久'는 임무를 감당하는 것이다. '徵'은 징험하는 것이다. '悠'는 장구한 것이다. 무릇 物을 쓰는 것이 다하지 않는 것은 그 재질이 이 쓰임을 감당하기 때문이다. 만일 다하는 바가 있으면 그 쓰임은 반드시 그친다. 그러므로 誠이 오래 지속되는 까닭은 그치지 않기 때문이다. 임무를 감당할 수 없으면 버려지는 것이 필연적이니, 또한 어찌 외부에서 징험하겠는가. 그치지 않아 징험이 있는 데에 이르면 백세 동안 전해져도 이와 같을 것이다. 능히 백세 동안 전해져도 그치지 않으면 그것이 축적된 것이 반드시 많을 것이다. 〈聖人의 덕이〉 넓은 것은 여러 좁은 것을 능히 축적했기 때문이고, 〈성인의 덕이〉 두터운 것은 여러 낮은 것을 능히 축적했기 때문이다. 이와 같이 넓고 넓은 德이 있으면 그 형세가 높아지지 않을 수 없고, 이와 같이 깊고 두터운 德이 있으면 그 축적된 것이 밝아지지 않을 수 없으니, 이는 모두 그 德을 축적한 功效이다. 만물을 덮어주고 만물을 실어주고 만물을 완성시켜주는 것은 그 功能이고, 저절로 드러나고 저절로 변

화하고 저절로 완성되는 것은 그 功效이다. 그 功能은 힘이 감당할 바가 아니며 힘을 쓴 뒤에 있는 것이 아니니, 그 형세가 저절로 그러한지라 그렇지 않을 수 없는 것이다. 이것이 곧 天地의 道이다.

天地가 만물을 생육하는 것을 헤아릴 수 없는 것은 至誠에 그치기 때문이고, 天地가 신령한 까닭은 德을 축적한 것이 한계가 없기 때문이다. 만일 天地의 道가 되는 것이 둘이라면 반드시 그침이 있을 것이고, 덕을 축적하는 데 그침이 있으면 그 축적한 것이 많지 않을 것이다. 반짝거리는 작은 별들과 한 움큼의 적은 흙이 만물과 같지 않다면 또한 넓고 두텁고 높고 밝고 오래 지속되는 功能이 어찌 있겠는가.[25] 하늘이 하늘이 된 까닭은 그 命을 그치지 않았기 때문이고, 聖人이 성인이 된 까닭은 그 德을 그치지 않았기 때문이다. 하늘이 되고 사람이 되며 德이 되고 命이 되는 것은 다르지만 그것이 그치지 않는 까닭은 한가지이다. 그러므로 성인의 道가 天道에 배합할 수 있는 것은 이와 같을 따름이다.

禮儀와 威儀는 道이고, 그것을 행하게 하는 것은 德이다. 德을 작게 하는 경우는 大道를 맡을 수 있고, 德을 지극히 할 경우는 至道를 지킬 수 있다. 그러므로 道는 헛되이 행해지지 않고 반드시 사람을 기다린 뒤에야 행해진다. 그러므로 반드시 사람이 道를 행함이 있은 뒤에 그 道를 명명할 수 있다.

此章은 言至約之理는 惟至誠而已라 盡天地之道도 亦不越此라 窮盡實理하여 得之有之하면 其勢가 自能至於悠久博厚高明이니 但積之而已라 蓋實理不二니 則其體無雜이라 其體無雜이면 則其行無間이라 故로 至誠無息이니 非使之也라 機自動爾니 乃乾坤之所以開闔(합)이라 如使之非實이면 則有時而息矣라 久는 堪任也라 徵은 驗也라 悠는 久長也라 凡物用之不窮者는 其才堪任是用也일새라 如有所窮이면 則其用必息이라 故로 誠之所以久者는 不息而已라 不能堪任이면 廢敝(폐)必矣니 又安所效驗於外哉리오 不息하여 至於有徵이면 則傳之百世라도 亦猶是也라 能傳百世而不已면 則其積必多라 博者는 能積衆狹이요 厚者는 能積衆卑일새라 有如是廣博이면

25) 반짝거리는……있겠는가 : ≪中庸≫에 "天地의 道는 넓고 두텁고 높고 밝고 유원하고 유구하다. 지금 저 天은 반짝거리는 작은 별들이 많이 모여 있는 것인데 그 무궁한 경지에 이르면 해・달・별이 그 하늘에 들어있으며, 만물이 그 아래에 덮여 있다. 지금 저 地는 한 움큼의 흙이 많이 모여 있는 것인데 그 넓고 두터운 점에 이르면 華山을 싣고서도 무거워하지 않고 河海를 거두어 감고서도 흘리지 않으며 만물이 그 위에 실려 있다.〔天地之道 博也厚也高也明也悠也久也 今夫天 斯昭昭之多 及其無窮也 日月星辰繫焉 萬物覆焉 今夫地 一撮土之多 及其廣厚 載華嶽而不重 振河海而不洩 萬物載焉〕"라고 한 것을 풀이한 말이다.

其勢不得不高요 有如是深厚면 其積不得不明이니 是皆積之之效也라 所以覆(부)物載物成物者는 其能也요 所以章所以變所以成者는 其功也라 能非力之所任이요 非用而後有니 其勢自然이라 不得不爾라 是乃天地之道也라 天地所以生物不測者는 止於至誠而已요 天地之所以神者는 積之無疆而已라 如使天地爲物(不)〔有〕[26]貳면 則必有已요 積之有已면 則其積不多라 昭昭撮(촬)土之微가 不同乎衆物이면 又烏有博厚高明悠久之功能哉리오 天之爲天은 不已其命而已요 聖人之爲聖人은 不已其德而已이라 其爲天人德命則異나 其所以不已則一이라 故로 聖人之道가 可以配天者는 如此而已라 禮儀威儀는 道也요 所以行之者는 德也라 小德은 可以任大道요 至德은 可以守至道라 故로 道不虛行이요 必待人而後行이라 故로 必有人而行然後에 可名之道也라

30. 그러므로 君子는 德性을 드높이면서 問學을 말미암으니,-생략- 〈능한 것을〉 돈독히 하고서 禮를 숭상해 나간다.

故로 君子는 尊德性而道問學이니-止- 敦厚以崇禮라

德性을 廣大하게 하고 高明하게 하는 것이 모두 至德이며, 問學을 精微하게 하고 中庸을 말미암는 것이 모두 至道이니, 오직 至德만이 至道를 완성한다. 비록 問學이 있더라도 나 자신의 德性을 드높이지 않으면 問學이 그 道를 잃는다. 비록 정미한 이치가 있더라도 광대하게 하기를 극진히 하여 스스로 구하지 않으면 정미함을 충분히 자신할 수 없다. 비록 中庸의 道가 있더라도 고명하게 하기를 지극히 하여 행하지 않으면 더러운 습속에 같이 영합하게 된다. 비록 아직 알지 못한 바를 알아내더라도 옛것을 익숙히 하여 보존하지 않으면 德을 축적할 수 없다. 비록 禮를 숭상하는 지향이 있더라도 〈능한 것을〉 돈독히 하여 지키지 않으면 禮를 행함이 오래가지 못한다. 이는 모두 德과 道를 합하여 말한 것이니, 그런 뒤에 완성함이 있을 수 있다.

德性을 廣大高明이 皆至德이요 問學을 精微中庸이 皆至道니 惟至德이 所以凝至道也라 雖有問學이나 不尊吾自德之性이면 則問學失其道矣라 雖有精微之理라도 不致廣大以自求면 則精微不足以自信矣라 雖有中庸之道라도 不極高明以行之면 則同汚合俗矣라 雖知所未知라도 不溫故以存之면 則德不可積이라 雖有崇禮之志라도 不敦厚以持之면 則其行不久라 此皆合德與道而言이니 然後에 可以有成矣라

26) (不)〔有〕: 저본에는 '不'로 되어 있으나, 中華書局本과 문맥에 의거하여 '有'로 바로잡았다.

31. 그러므로 윗자리에 있으면서 교만하지 않으며,-생략- 이 시구는 바로 이것을 말한 것이로다.

是故로 居上不驕하며-止- 其此之謂歟인저

윗자리에 있으면서 교만하지 않는 것은 윗사람으로서의 처신만 알고 아랫사람의 입장을 알지 못하는 것이고, 아랫자리에 있으면서 배반하지 않는 것은 아랫사람으로서의 처신만 알고 윗사람의 입장을 알지 못하는 것이다. 나라에 道가 있을 때에 그의 말이 족히 자신을 일으킬 수 있음을 알지 못하는 것은 道를 간직하는 것만 알고 행하는 것은 알지 못하는 것이다.

居上不驕는 知上而不知下요 爲下不倍는 知下而不知上이라 國有道에 不知言之足興은 知藏而不知行이라

32. 孔子가 말하였다. "어리석으면서도 스스로 행하기를 좋아하며,-생략- 그 허물을 적게 할 것이다.

子曰 愚而好自用하며-止- 其寡過矣乎인저

德이 없으면 어리석게 되고, 지위가 없으면 미천하게 된다. 지위만 있고 德이 없으면서 禮樂을 일으키는 것이 이른바 "어리석으면서도 스스로 행하기를 좋아한다."라는 것이며, 德만 있고 지위가 없으면서 禮樂을 일으키는 것이 이른바 "미천하면서도 제멋대로 하기를 좋아한다."라는 것이며, 周나라의 시대에 태어나 夏나라와 殷나라의 禮를 따르는 것이 이른바 "오늘날의 세상에 태어나 옛날의 道로 돌아간다."라는 것이다. 이 세 가지 중에 하나라도 있으면 재앙을 취하는 道이다. 그러므로 천하에 왕도정치를 하는 사람은 三重이 있는 것이다. 禮를 의논하는 것〔議禮〕은 행동을 절제하는 것이기 때문에 행동은 반드시 윤리를 동일하게 한다. 법도를 제정하는 것〔制度〕은 법을 만드는 것이기 때문에 수레는 반드시 궤도를 동일하게 한다. 문자를 고증하는 것〔考文〕은 풍속을 합하는 것이기 때문에 글은 반드시 문자를 동일하게 한다. 오직 천하에 왕도정치를 하는 자만이 그것을 행하니, 諸侯는 관여하지 않는 바가 있다. 그러므로 나라

는 정사를 달리함이 없고 집안은 풍속을 달리하지 않으니, 대개 그것을 통일함이 있는 것이다. 이와 같이 하면 허물을 적게 할 것이다.

無德이면 爲愚요 無位면 爲賤이라 有位無德而作禮樂(악)이 所謂愚而好自用이요 有德無位而作禮樂이 所謂賤而好自專이요 生周之世하여 而從夏殷之禮가 所謂居今世하여 反古之道라 三者에 有一焉이면 取烖(재)之道也라 故로 王天下者는 有三重焉이라 議禮는 所以制行이라 故로 行必同倫이라 制度는 所以爲法이라 故로 車必同軌라 考文은 所以合俗이라 故로 書必同文이라 惟王天下者라야 行之니 諸侯는 有所不與라 故로 國無異政하고 家不殊俗하니 蓋有以一之也라 如此則寡過矣라

33. 仲尼는 堯임금・舜임금의 道를 祖述하시고,-생략- 이것이 바로 天地가 위대하게 되는 이유이다.

仲尼는 祖述堯舜하시고-止- 此가 天地之所以爲大也라

堯임금・舜임금의 道를 祖述한 것은 善에 드높인 바가 있는 것이고, 文王・武王의 道를 본받아 드러낸 것은 善에 징험한 바가 있는 것이다. 위로 天時를 본받은 것은 요임금・순임금의 道를 祖述한 것과 같고, 아래로 水土의 이치를 따른 것은 문왕・무왕의 道를 본받아 드러낸 것과 같다. 대개 요임금・순임금을 일컬은 것은 그분들의 道로써 말한 것이니, 天時는 道가 말미암아 나오는 곳이다. 문왕・무왕을 일컬은 것은 政事로써 말한 것이니, 水土는 사람의 일이 있는 곳이다. '律'은 본받는 것을 말하고, '襲'은 복종하는 것을 말한다. 이는 仲尼의 中庸이 이처럼 위대하고 이처럼 갖추어졌음을 말한 것이다. 그러므로 天地의 크나큼에 비유하여 말한 것이다.

그 넓고 두터움은 족히 천하를 감당할 수 있으며, 그 높고 밝음은 족히 천하를 덮을 수 있다. 그 조화가 순환하여 다함이 없는 것은 소멸하고 생식함에 두루 통하는 이치이며, 그 작용이 환히 비추어 그치지 않는 것은 낮과 밤에 두루 통하는 道이다. 어진 이를 존숭하고 민중을 포용하여 잘하는 것을 가상히 여기고 능하지 못한 것을 긍휼히 여기는 것은 만물이 함께 길러지면서도 서로 해치지 않는 이치이며, 귀인을 귀하게 여기고 어진 이를 존숭하며 공을 세운 사람은 상을 주고 죄를 지은 사람은 벌을 주어 각기 그 이치에 마땅하게 하는 것은 道가 함께 행해지면서도 서로 어그러지지 않는 義이다. 禮儀 3백 조목과 威儀 3천 가지, 이것은 德을 작게 미치는 경우 냇물이 갈라

져 흐르는 것과 같은 것이다. 충만하게 만물을 발육하게 하여 그 높이가 하늘까지 닿는 것, 이것은 德을 크게 미치는 경우 그 교화를 두텁게 하는 것이다.

祖述堯舜은 善有所尊이요 憲章文武는 善有所徵이라 上律天時는 如祖述堯舜이요 下襲水土는 如憲章文武라 蓋稱堯舜者는 以道言之니 天時者는 道之所由出也라 稱文武者는 以政事言之니 水土者는 人之所有事也라 律之言法이요 襲之言服也라 此는 言仲尼之中庸이 如是之大요 如是之備라 故로 譬言天地之大也라 其博厚는 足以任天下며 其高明은 足以冒(모)天下라 其化循環而無窮은 達消息之理也며 其用照鑒而不已는 達晝夜之道也라 尊賢容衆하여 嘉善而矜不能은 竝育不相害之理也요 貴貴尊賢하며 賞功罰罪하여 各當其理는 竝行不相悖之義也라 禮儀三百과 威儀三千은 此小德所以川流요 洋洋乎發育하여 峻極于天은 此大德所以敦化라

34. 오직 이 세상의 지극히 성스러운 분이어야 능히 총명하고 지혜로워-생략- 그러므로 "〈그분의 德이〉 하늘에 배합하였다."라고 말하는 것이다.

惟天下至聖이야 爲能聰明睿知하여-止- 故로 曰配天이라

이 장은 聖人의 成德의 用을 말한 것이니, 그 공효가 이와 같다. 성인의 成德은 만물의 이치를 모두 갖추어서 족히 만물에 응하는 것이 아니다. 그분의 고요하고 온축하고 충만하고 성대한 덕이 지극히 깊고 지극히 커서 제때에 그것을 드러내면 사람들은 공경하고 신뢰하고 기뻐하고 복종하지 않음이 없으며, 血氣를 가진 생명체에 이르러서도 존숭하고 친애하지 않음이 없는 것이다. 오직 天德을 가진 사람이어야 능히 하늘에 배합할 수 있다.

此章은 言聖人成德之用이니 其效如此라 聖人成德은 非萬物皆備하여 足以應物而已라 其停蓄充盛이 至深至大하여 出之以時하면 人莫不敬信悅服이요 至於血氣之類하야도 莫不尊親이라 惟天德이야 爲能配라

35. 오직 이 세상에서 지극히 誠한 분이어야 능히 천하의 大經을 경륜하며,-생략- 그 누가 능히 그것을 알겠는가.

惟天下至誠이야 爲能經綸天下之大經하며-止- 其孰能知之리오

'大經'은 庸이며, '大本'은 中이며, '化育'은 化이다. 經 아닌 것이 없으나, 친족을 친애하고 어른을 어른으로 대우하고 귀인을 귀하게 여기고 어진 이를 존경하는 것이 바로 大經이나. 本 아닌 것이 없으나, 공평함을 극진히 하고 광대함을 지극히 하고 치우치거나 의지하지 않고 얽매이지 않는 것이 바로 大本이다. 化 아닌 것이 없으나, 陰陽이 合散하고 屈伸하는 것이 바로 化育이다. 誠은 실제로 이 이치가 있는 것이다. 돌이켜서 구하면 이치가 본래 있는 것이어서 바꿀 수 없는 것을 庸이라 하니, 본래 가지고 있는 義를 체찰하면 經綸이 지극해진다. 이치가 말미암아 나와서 바꿀 수 없는 것을 中이라 하니, 그 말미암아 나오는 것을 높이면 수립하는 것이 지극해진다. 이치가 그칠 수 없는 것을 化育이라 하니, 그 그칠 수 없는 기미를 밝히면 앎이 지극해진다. 지극한 誠으로 이러한 경지에 이르면 至誠의 일이 극진해지며 天德이 온전해진다. 대저 天德은 덮어주지 않는 것이 없으나, 物을 벗어나지도 않고 物에 의지하지도 않을 따름이다. 物에 의지함이 있으면 만물을 덮어주는 데 차등이 있게 된다. 物에 의지하지 않음을 말미암은 뒤에 德을 축적하여 지극히 두터운 데 이르니, 두터워지면 깊어지고 깊어지면 커진다. 두터워지고 깊어지고 커지는 것은 하늘에 이르지 않으면 그치지 않는다. 끝내 넓고 큰 것은 하늘일 따름이다. 그러므로 天德에 통달하지 않으면 그것을 족히 알 수가 없다.

大經은 庸也요 大本은 中也요 化育은 化也라 莫非經也나 親親長長貴貴尊賢이 其大經歟인저 莫非本也나 致公平과 極廣大와 不偏倚와 不係累가 其大本歟인저 莫非化也나 陰陽合散屈伸이 其化育歟인저 誠者는 實有是理也라 反而求之면 理之所固有而不可易者를 是謂庸이니 體其所固有之義면 則經綸至矣라 理之所自出而不可易者를 是謂之中이니 尊其所自出이면 則立之至矣라 理之所不得已者를 是謂化育이니 明其所不得已之機면 則知之至矣라 至誠而至於此면 則至誠之事盡矣며 天德全矣라 夫天德은 無所不覆(부)者나 不越不倚於物而已라 有倚於物이면 則覆(부)物也에 有數矣라 由不倚然後에 積而至於至厚하니 厚則深이요 深則大라 厚也〔深也大也는 不至於天則不已라 卒所以浩浩者는 天而已라 故로 非達天德이면 不足以知之라〕[27]

36. ≪詩經≫에 이르기를 "비단옷을 입고 그 위에 겉옷을 걸쳤네."라고 하였으니, 이는 그 문채가 드러나는 것을 싫어한 것이다.-생략- 소리도 없고 냄새도 없다."라고 해야

27) 〔深也大也……不足以知之〕: 저본에는 이 부분이 없으나, 국립중앙도서관 소장본에 의거하여 보충하였다.

지극한 것이다.

〔詩曰 衣錦尙絅(경)이라하니 惡(오)其文之著也라-止- 無聲無臭라야 至矣라〕[28)]

이 장으로부터 끝까지는 德이 완성되어 근본으로 돌아간 것을 말하였다. '마음속을 살펴보아 흠이 없어〔內省不疚〕'로부터 '움직이지 않더라도 마음을 공경히 하고 말을 하지 않더라도 마음을 신실하게 한다.〔不動而敬 不言而信〕'에 이르고, '움직이지 않더라도 마음을 공경히 하고 말을 하지 않더라도 마음을 신실하게 한다.'로부터 '목소리와 안색을 크게 하지 않는다.〔不大聲以色〕'에 이르고, '목소리와 안색을 크게 하지 않는다.'로부터 '소리도 없고 냄새도 없다.〔無聲無臭〕'는 데 이르렀다. 소리와 냄새는 은미한 것이다. 物이 있으나 볼 수 없는 것은 오히려 없다고 말하니 〈소리도 없고 냄새도 없는 경지는〉 誠이 天道에 專一한 것임을 알 수 있다. '어둡지만 날마다 드러난다.〔闇然而日章〕'는 것은 그 내면에 근본이 있는 것이고, '분명하지만 날마다 없어진다.〔的然而日亡〕'는 것은 밖으로는 드러나지만 이어지는 실상이 없는 것이다. 그러므로 君子는 근본으로 돌아가는 것을 귀하게 여긴다.

군자의 道는 깊고 두텁고 유구하고 원대하여 근본이 있다. 그러므로 담박하되 싫증나지 않으며, 간결하되 문채가 나며, 온화하되 조리가 있으니, 우리의 마음이 본래 가지고 있는 것에 근본을 둔 것이다. 익숙하면서도 정밀히 살피지 못하며[29)] 날마다 쓰면서도 그 이치를 알지 못하는 것[30)]은 그것을 잃어버린 것이 아니라 그것이 나에게 있다는 것을 스스로 알지 못하는 것이다. 그러므로 군자의 학문은 그 本心을 구하려 한다. 本心의 은미함은 소리·색깔·냄새·맛으로 얻을 수 있는 것이 아니니, 이런 것들은 힘을 극진히 할 수 없다. 오직 근본을 따라서 나아가야 하니, 이것이 곧 德으로 들어가는 요점이다.

---

28) 〔詩曰……至矣〕: 저본에는 이 부분이 없으나, 국립중앙도서관 소장본에 의거하여 보충하였다.

29) 익숙하면서도……못하며 : ≪孟子≫ 〈盡心 上〉에 孟子가 말하기를 "그것을 행하면서도 분명히 알지 못하고, 익숙하면서도 정밀히 살피지 못한다. 그러므로 평생 동안 행하면서도 그 道를 모르는 자가 많은 것이다.〔行之而不著焉 習矣而不察焉 終身由之而不知其道者 衆也〕"라고 하였다.

30) 날마다……것 : ≪周易≫ 〈繫辭傳 上〉에 "한 차례 陰하고 한 차례 陽하는 것을 道라고 하니, 그것을 계승하는 것이 善이요, 그것을 이루는 것이 性이다. 仁者는 이를 보고 仁이라 이르고, 智者는 이를 보고 智라 이르며, 백성들은 날마다 쓰면서도 알지 못한다. 그러므로 君子의 道가 드문 것이다.〔一陰一陽之謂道 繼之者善也 成之者性也 仁者見之 謂之仁 知者見之 謂之知 百姓日用而不知 故君子之道鮮矣〕"라고 하였다.

크고 작은 末流를 미루어 나가면 本源의 深厚한 곳에 이르니, 이것이 '먼 곳에 이르는 것이 가까운 곳으로부터 시작함을 안다.〔知遠之近〕'는 것이다. 널리 보고 들으며 재빠른 동작으로 말미암아 나온 곳을 미루어 나가면 마음에서 나오는 것 아닌 것이 없으니, 이것이 '바람이 말미암아 일어나는 곳을 안다.〔知風之自〕'는 것이다. 마음의 精微함은 지극히 은미하고 지극히 신묘하여 소리도 없고 냄새도 없으나, 그 이치는 밝게 도달하고 환히 드러나 해와 달이 하늘에 떠 있는 것과 같으니, 이것이 '은미한 것이 드러나는 것임을 안다.〔知微之顯〕'는 것이다. 무릇 德의 근본은 이를 벗어나지 않는다. 이와 같이 하면 德에 들어가는 것이 거의 가까울 것이다.

근본으로 돌아가는 요점은 내 마음이 진실로 그러하다고 여기는 것일 따름이다. 마음이 진실로 그러하다고 여기면 어찌 남이 보거나 보지 못하는 데에 얽매이겠는가. 오직 마음속을 살펴보아 흠이 없어야 가능하다. 그 마음속에 근본이 있어 말하고 움직이는 것을 기다리지 않더라도 남들이 공경하고 신뢰한다. 하늘이 무슨 말을 하겠는가. 사계절이 그곳에서 운행하며 온갖 생명체가 그곳에서 생장한다.

賞罰을 기필하지 않더라도 사람들이 권면하고 저지할 줄 안다. 그 성대한 덕의 성대함이 사람들로 하여금 사랑하고 공경하게 할 수 있다. 사랑하면 따르는 것을 즐거워하기 때문에 권면하기를 기다리지 않으며, 공경하면 감히 태만히 하지 않기 때문에 징계하기를 기다리지 않으니, 인용한 시[31]는 이를 말하는 것이다.

군자는 천하 사람들에 대해 자신을 바르게 하면 된다. 자신을 바르게 하면 남들이 누가 바르지 못한 사람과 함께하겠는가. '공경을 돈독히 하여 천하가 태평하게 다스려진다.〔篤恭而天下平〕'는 것은 자기를 바르게 하는 것일 따름이다.

스스로 밝힌 德이 마치 해와 달에 밝은 빛이 있어 빛을 용납하는 곳은 반드시 비추는 것과 같으니, 어찌 목소리와 안색을 쓰겠는가. 德의 단서는 匹夫匹婦의 어리석음으로도 알 수 있고, 필부필부의 변변찮음으로도 행할 수 있다. 그 德이 가벼워서 들기 쉬운 것이 어찌 단지 새털에 비교될 뿐이겠는가. 그러므로 "새털의 가벼움은 비교할 대상이 있다."[32]라고 한다. 만일 誠이 天道에 전일하면 소리도 없고 냄새도 없는 사이에서 그 실제의 이치를 얻을 것이니, 이에 그것을 극진히 하게 된다.

31) 인용한 시 : ≪中庸≫에서 ≪詩經≫ 〈商頌 烈祖〉의 "신위 앞에 나아가 神明을 이르게 할 적에는 말을 함이 없더라도 다투는 사람이 없다.〔奏格無言 時靡有爭〕"라는 구절을 인용한 것을 말한다.

32) 새털의……있다 : ≪中庸≫에는 "새털의 가벼움은 오히려 비교 대상이 있거니와〔毛猶有倫〕"라고 하였다.

〔自此至終篇은 言德成反本이라 自內省으로 至於不動而敬하고 不言而信하며 自不動不言으로 至於不大聲色하며 自不大聲色으로 至於無聲無臭라 聲臭는 微矣라 有物而不可見은 猶曰無之라하니 則誠一於天을 可知라 闇然而日章은 中有本也요 的然而日亡은 暴於外而無實以繼之也라 故로 君子는 貴乎反本이라 君子之道는 深厚悠遠而有本이라 故로 淡而不厭하며 簡而文하며 溫而理하니 本我心之所固有也라 習矣而不察하며 日用而不知는 非失之也요 不自知其在我爾라 故로 君子之學은 將以求其本心이라 本心之微는 非聲色臭味之可得이니 此不可得而致力焉이라 惟循本以趣之니 是乃入德之要라 推末流之大小면 則至於本源之淺深이니 其知遠之近歟인저 以見聞之廣과 動作之利로 推所從來면 莫非心之所出이니 其知風之自歟인저 心之精微는 至隱至妙하여 無聲無臭나 然其理明達暴著하여 若懸日月하니 其知微之顯歟인저 凡德之本은 不越是矣라 如此면 則入德이 其幾矣리라 反本之要는 吾心誠然而已라 心誠然之면 豈係乎人之見與不見이리오 惟內省不疚(구)라야 可矣라 其中有本하여 不待言動而人敬信이라〕[33)]
天이 何言哉오 四時行焉하며 百物生焉이라 不必賞罰而人知勸沮라 其盛德之盛이 足以使人愛敬이라 愛之則樂從이라 故로 不待勸이요 敬之則不敢慢이라 故로 不待懲이니 其斯之謂歟인저 君子之於天下에 正己斯可矣라 正己면 則物孰與不正이리오 篤恭而天下平은 正己而已라 自明之德이 若日月有明하여 容光必照니 何聲色之用乎아 德之端은 夫婦之愚로도 可以與知요 其不肖也로도 可以能行이라 其輕而易(이)擧가 豈特毛之比乎아 故로 毛輶(유)有倫이라 如誠一於天이면 則無聲無臭之間에 得其實理니 斯盡之矣라

* 살펴보건대 晁昭德(晁公武)의 ≪郡齋讀書志≫에 "明道의 ≪中庸解≫가 一卷이다." 라고 한 것이 있고, 伊川의 大全集에도 이 한 권이 실려 있다. 가만히 상고해보건대 ≪中庸≫은 明道가 책으로 만들지 못하였고, 伊川은 비록 ≪중용≫에 관한 책을 이미 완성하였다고 말하였으나 그의 마음에 차지 않는다고 여겨 이미 불태워 버렸다. 이 ≪中庸解≫를 반복하여 살펴보건대, 이는 곧 朱子가 변론한 藍田 呂氏 講堂의 初本의 改正本임에 의심할 바가 없다. 옛 사본을 그대로 기록하여 참고할 자료로 갖추어 둔다.

按컨대 晁昭德讀書志에 有明道中庸解一卷이요 伊川大全集에 亦載此卷이라 竊嘗考之컨대 中庸은 明道不及爲書요 伊川은 雖言已成中庸之書나 自以不滿其意하여 已火之矣라 反覆此解컨대 其卽朱子所辨藍田呂氏講堂之初本改本이 無疑矣라 用仍其舊하여 以備參考하노라

33) 〔自此至終篇……不待言動而人敬信〕: 저본에는 이 부분이 없으나, 국립중앙도서관 소장본에 의거하여 보충하였다.

※ ≪中庸≫ 分節 비교(十三經注疏本을 기준으로 함)

	十三經注疏 孔穎達 疏	程頤〈中庸解〉	朱熹≪中庸章句≫
제1절	①-㉮ 天命之謂性 率性之謂道 修道之謂教 ①-㉯ 道也者 不可須臾離也 可離非道也 是故君子戒愼乎其所不睹 恐懼乎其所不聞 莫見乎隱 莫顯乎微 故君子愼其獨也 ①-㉰ 喜怒哀樂之未發 謂之中 發而皆中節 謂之和 中也者 天下之大本也 和也者 天下之達道也 致中和 天地位焉 萬物育焉	①-㉮ 天命之謂性 率性之謂道 修道之謂教	①-㉮ 天命之謂性 率性之謂道 修道之謂教 ①-㉯ 道也者 不可須臾離也 可離非道也 是故君子戒愼乎其所不睹 恐懼乎其所不聞 莫見乎隱 莫顯乎微 故君子愼其獨也 ①-㉰ 喜怒哀樂之未發 謂之中 發而皆中節 謂之和 中也者 天下之大本也 和也者 天下之達道也 致中和 天地位焉 萬物育焉
제2절	②-㉮ 仲尼曰 君子中庸 小人反中庸 君子之中庸也 君子而時中 小人之中庸也 小人而無忌憚也 ②-㉯ 子曰 中庸 其至矣乎 民鮮能 久矣 ②-㉰ 子曰 道之不行也 我知之矣 知者過之 愚者不及也 道之不明也 我知之矣 賢者過之 不肖者不及也 人莫不飮食也 鮮能知味也 ②-㉱ 子曰 道其不行矣夫	①-㉯ 道也者 不可須臾離也 可離非道也 是故君子戒愼乎其所不睹 恐懼乎其所不聞 莫見乎隱 莫顯乎微 故君子愼其獨也	②-㉮ 仲尼曰 君子中庸 小人反中庸 君子之中庸也 君子而時中 小人之中庸也 小人而無忌憚也
제3절	③ 子曰 舜其大知也與 舜好問而好察邇言 隱惡而揚善 執其兩端 用其中於民 其斯以爲舜乎	①-㉰ 喜怒哀樂之未發 謂之中 發而皆中節 謂之和 中也者 天下之大本也 和也者 天下之達道也 致中和 天地位焉 萬物育焉	②-㉯ 子曰 中庸 其至矣乎 民鮮能 久矣
제4절	④ 子曰 人皆曰予知 驅而納諸罟擭陷阱之中而莫之知辟也 人皆曰予知 擇乎中庸而不能期月守也	②-㉮ 仲尼曰 君子中庸 小人反中庸 君子之中庸也 君子而時中 小人之中庸也 小人而無忌憚也	②-㉰ 子曰 道之不行也 我知之矣 知者過之 愚者不及也 道之不明也 我知之矣 賢者過之 不肖者不及也 人莫不飮食也 鮮能知味也
제5절	⑤-㉮ 子曰 回之爲人也 擇乎中庸 得一善 則拳拳服膺而弗失之矣 ⑤-㉯ 子曰 天下國家可均也 爵祿可辭也 白刃可蹈也 中庸不可能也	②-㉯ 子曰 中庸 其至矣乎 民鮮能 久矣	②-㉱ 子曰 道其不行矣夫

	十三經注疏 孔穎達 疏	程頤〈中庸解〉	朱熹《中庸章句》
제6절	⑥ 子路問强 子曰 南方之强與 北方之强與 抑而强與 寬柔以教 不報無道 南方之强也 君子居之 衽金革 死而不厭 北方之强也 而强者居之 故君子和而不流 强哉矯 中立而不倚 强哉矯 國有道 不變塞焉 强哉矯 國無道 至死不變 强哉矯	②-㉰ 子曰 道之不行也 我知之矣 知者過之 愚者不及也 道之不明也 我知之矣 賢者過之 不肖者不及也 人莫不飮食也 鮮能知味也 ②-㉱ 子曰 道其不行矣夫	③ 子曰 舜其大知也與 舜好問而好察邇言 隱惡而揚善 執其兩端 用其中於民 其斯以爲舜乎
제7절	⑦-㉮ 子曰 素隱行怪 後世有述焉 吾弗爲之矣 君子遵道而行 半塗而廢 吾弗能已矣 君子依乎中庸 遯世不見知而不悔 唯聖者能之 ⑦-㉯ 君子之道 費而隱 夫婦之愚 可以與知焉 及其至也 雖聖人亦有所不知焉 夫婦之不肖 可以能行焉 及其至也 雖聖人亦有所不能焉 天地之大也 人猶有所憾 故君子語大 天下莫能載焉 語小 天下莫能破焉 詩云 鳶飛戾天 魚躍于淵 言其上下察也 君子之道 造端乎夫婦 及其至也 察乎天地	③ 子曰 舜其大知也與 舜好問而好察邇言 隱惡而揚善 執其兩端 用其中於民 其斯以爲舜乎	④ 子曰 人皆曰予知 驅而納諸罟擭陷阱之中而莫之知辟也 人皆曰予知 擇乎中庸而不能期月守也
제8절	⑧-㉮ 子曰 道不遠人 人之爲道而遠人 不可以爲道 詩云 伐柯伐柯 其則不遠 執柯以伐柯 睨而視之 猶以爲遠 故君子以人治人 改而止 忠恕違道不遠 施諸己而不願 亦勿施於人 君子之道四 丘未能一焉 所求乎子以事父 未能也 所求乎臣以事君 未能也 所求乎弟以事兄 未能也 所求乎朋友先施之 未能也 庸德之行 庸言之謹 有所不足 不敢不勉 有餘不敢盡 言顧行 行顧言 君子胡不慥慥爾 ⑧-㉯ 君子素其位而行 不願乎其外 素富貴 行乎富貴 素貧賤 行乎貧賤 素夷狄 行乎夷狄 素患難 行乎患難 君子無入而不自得焉 在上位不陵下 在下位不援上 正己而不求於人 則無怨 上不怨天 下不尤人 故君子居易以俟命 小人行險以徼幸	④ 子曰 人皆曰予知 驅而納諸罟擭陷阱之中而莫之知辟也 人皆曰予知 擇乎中庸而不能期月守也 ⑤-㉮ 子曰 回之爲人也 擇乎中庸 得一善 則拳拳服膺而弗失之矣	⑤-㉮ 子曰 回之爲人也 擇乎中庸 得一善 則拳拳服膺而弗失之矣

	十三經注疏 孔穎達 疏	程頤〈中庸解〉	朱熹《中庸章句》
제9절	⑨-㉮ 子曰 射有似乎君子 失諸正鵠 反求諸其身 ⑨-㉯ 君子之道 辟如行遠必自邇 辟如登高必自卑 詩曰 妻子好合 如鼓瑟琴 兄弟旣翕 和樂且耽 宜爾室家 樂爾妻帑 子曰 父母其順矣乎	⑤-㉯ 子曰 天下國家可均也 爵祿可辭也 白刃可蹈也 中庸不可能也	⑤-㉯ 子曰 天下國家可均也 爵祿可辭也 白刃可蹈也 中庸不可能也
제10절	⑩ 子曰 鬼神之爲德 其盛矣乎 視之而弗見 聽之而弗聞 體物而不可遺 使天下之人 齊明盛服 以承祭祀 洋洋乎如在其上 如在其左右 詩曰 神之格思 不可度思 矧可射思 夫微之顯 誠之不可掩 如此夫	⑥ 子路問强 子曰 南方之强與 北方之强與 抑而强與 寬柔以教 不報無道 南方之强也 君子居之 衽金革 死而不厭 北方之强也 而强者居之 故君子和而不流 强哉矯 中立而不倚 强哉矯 國有道 不變塞焉 强哉矯 國無道 至死不變 强哉矯	⑥ 子路問强 子曰 南方之强與 北方之强與 抑而强與 寬柔以教 不報無道 南方之强也 君子居之 衽金革 死而不厭 北方之强也 而强者居之 故君子和而不流 强哉矯 中立而不倚 强哉矯 國有道 不變塞焉 强哉矯 國無道 至死不變 强哉矯
제11절	⑪ 子曰 舜其大孝也與 德爲聖人 尊爲天子 富有四海之內 宗廟饗之 子孫保之 故大德必得其位 必得其祿 必得其名 必得其壽 故天之生物 必因其材而篤焉 故栽者培之 傾者覆之 詩曰 嘉樂君子 憲憲令德 宜民宜人 受祿于天 保佑命之 自天申之 故大德者必受命	⑦-㉮ 子曰 素隱行怪 後世有述焉 吾弗爲之矣 君子遵道而行 半塗而廢 吾弗能已矣 君子依乎中庸 遯世不見知而不悔 唯聖者能之	⑦-㉮ 子曰 素隱行怪 後世有述焉 吾弗爲之矣 君子遵道而行 半塗而廢 吾弗能已矣 君子依乎中庸 遯世不見知而不悔 唯聖者能之
제12절	⑫ 子曰 無憂者 其惟文王乎 以王季爲父 以武王爲子 父作之子述之 武王纘大王王季文王之緒 壹戎衣而有天下 身不失天下之顯名 尊爲天子 富有四海之內 宗廟饗之 子孫保之 武王末受命 周公成文武之德 追王大王王季 上祀先公以天子之禮 斯禮也 達乎諸侯大夫及士庶人 父爲大夫 子爲士 葬以大夫 祭以士 父爲士 子爲大夫 葬以士 祭以大夫 期之喪 達乎大夫 三年之喪 達乎天子 父母之喪 無貴賤 一也	⑦-㉯ 君子之道 費而隱 夫婦之愚 可以與知焉 及其至也 雖聖人亦有所不知焉 夫婦之不肖 可以能行焉 及其至也 雖聖人亦有所不能焉 天地之大也 人猶有所憾 故君子語大 天下莫能載焉 語小 天下莫能破焉 詩云 鳶飛戾天 魚躍于淵 言其上下察也 君子之道 造端乎夫婦 及其至也 察乎天地	⑦-㉯ 君子之道費而隱 夫婦之愚 可以與知焉 及其至也 雖聖人亦有所不知焉 夫婦之不肖 可以能行焉 及其至也 雖聖人亦有所不能焉 天地之大也 人猶有所憾 故君子語大 天下莫能載焉 語小 天下莫能破焉 詩云 鳶飛戾天 魚躍于淵 言其上下察也 君子之道 造端乎夫婦 及其至也 察乎天地
제13절	⑬ 子曰 武王周公 其達孝矣乎 夫孝者 善繼人之志 善述人之事者也 春秋修其祖廟 陳其宗器 設其裳衣 薦其時食 宗廟之禮 所以序昭穆也 序爵 所以辨貴賤也 序事 所以辨賢也	⑧-㉮ 子曰 道不遠人 人之爲道而遠人 不可以爲道 詩云 伐柯伐柯 其則不遠 執柯以伐柯 睨而視之 猶以爲遠 故君子以人治人 改而止 忠恕違道不遠 施諸己而不願 亦勿	⑧-㉮ 子曰 道不遠人 人之爲道而遠人 不可以爲道 詩云 伐柯伐柯 其則不遠 執柯以伐柯 睨而視之 猶以爲遠 故君子以人治人 改而止 忠恕違道不遠 施諸己而不願 亦勿

	十三經注疏 孔穎達 疏	程頤〈中庸解〉	朱熹《中庸章句》
	旅酬下爲上 所以逮賤也 燕毛所以序齒也 踐其位 行其禮 奏其樂 敬其所尊 愛其所親 事死如事生 事亡如事存 孝之至也 郊社之禮 所以事上帝也 宗廟之禮 所以祀乎其先也 明乎郊社之禮禘嘗之義 治國 其如示諸掌乎	施於人 君子之道四 丘未能一焉 所求乎子以事父 未能也 所求乎臣以事君 未能也 所求乎弟以事兄 未能也 所求乎朋友先施之 未能也 庸德之行 庸言之謹 有所不足 不敢不勉 有餘不敢盡 言顧行 行顧言 君子胡不慥慥爾	施於人 君子之道四 丘未能一焉 所求乎子以事父 未能也 所求乎臣以事君 未能也 所求乎弟以事兄 未能也 所求乎朋友先施之 未能也 庸德之行 庸言之謹 有所不足 不敢不勉 有餘不敢盡 言顧行 行顧言 君子胡不慥慥爾
제14절	⑭-㉮ 哀公問政 子曰 文武之政 布在方策 其人存 則其政擧 其人亡 則其政息 人道敏政 地道敏樹 夫政也者 蒲盧也 故爲政在人 取人以身 修身以道 修道以仁 仁者 人也 親親爲大 義者 宜也 尊賢爲大 親親之殺 尊賢之等 禮所生也 在下位不獲乎上 民不可得而治矣 故君子不可以不修身 思修身 不可以不事親 思事親 不可以不知人 思知人 不可以不知天 ⑭-㉯ 天下之達道五 所以行之者三 曰 君臣也 父子也 夫婦也 昆弟也 朋友之交也 五者天下之達道也 知仁勇三者 天下之達德也 所以行之者一也 或生而知之 或學而知之 或困而知之 及其知之 一也 或安而行之 或利而行之 或勉强而行之 及其成功 一也	⑧-㉯ 君子素其位而行 不願乎其外 素富貴 行乎富貴 素貧賤 行乎貧賤 素夷狄 行乎夷狄 素患難 行乎患難 君子無入而不自得焉 在上位不陵下 在下位不援上 正己而不求於人 則無怨 上不怨天 下不尤人 故君子居易以俟命 小人行險以徼幸 ⑨-㉮ 子曰 射有似乎君子 失諸正鵠 反求諸其身 ⑨-㉯ 君子之道 辟如行遠必自邇 辟如登高必自卑 詩曰 妻子好合 如鼓瑟琴 兄弟旣翕 和樂且耽 宜爾室家 樂爾妻帑 子曰 父母其順矣乎	⑧-㉯ 君子素其位而行 不願乎其外 素富貴 行乎富貴 素貧賤 行乎貧賤 素夷狄 行乎夷狄 素患難 行乎患難 君子無入而不自得焉 在上位不陵下 在下位不援上 正己而不求於人 則無怨 上不怨天 下不尤人 故君子居易以俟命 小人行險以徼幸 ⑨-㉮ 子曰 射有似乎君子 失諸正鵠 反求諸其身
제15절	⑮-㉮ 子曰 好學近乎知 力行近乎仁 知恥近乎勇 知斯三者 則知所以修身 知所以修身 則知所以治人 知所以治人 則知所以治天下國家矣 ⑮-㉯ 凡爲天下國家有九經 曰 修身也 尊賢也 親親也 敬大臣也 體群臣也 子庶民也 來百工也 柔遠人也 懷諸侯也 修身則道立 尊賢則不惑 親親則諸父昆弟不怨 敬大臣則不眩 體群臣則士之報禮重 子庶民則百姓勸 來百工則財用足 柔遠人則四方歸之 懷諸侯則天下畏之	⑩ 子曰 鬼神之爲德 其盛矣乎 視之而弗見 聽之而弗聞 體物而不可遺 使天下之人 齊明盛服 以承祭祀 洋洋乎如在其上 如在其左右 詩曰 神之格思 不可度思 矧可射思 夫微之顯 誠之不可掩 如此夫	⑨-㉯ 君子之道 辟如行遠必自邇 辟如登高必自卑 詩曰 妻子好合 如鼓瑟琴 兄弟旣翕 和樂且耽 宜爾室家 樂爾妻帑 子曰 父母其順矣乎

	十三經注疏 孔穎達 疏	程頤〈中庸解〉	朱熹《中庸章句》
제16절	⑯ 齊明盛服 非禮不動 所以修身也 去讒遠色 賤貨而貴德 所以勸賢也 尊其位 重其祿 同其好惡 所以勸親親也 官盛任使 所以勸大臣也 忠信重祿 所以勸士也 時使薄斂 所以勸百姓也 日省月試 旣稟稱事 所以勸百工也 送往迎來 嘉善而矜不能 所以柔遠人也 繼絶世 擧廢國 治亂持危 朝聘以時 厚往而薄來 所以懷諸侯也	⑪ 子曰 舜其大孝也與 德爲聖人 尊爲天子 富有四海之內 宗廟饗之 子孫保之 故大德必得其位 必得其祿 必得其名 必得其壽 故天之生物 必因其材而篤焉 故栽者培之 傾者覆之 詩曰 嘉樂君子 憲憲令德 宜民宜人 受祿于天 保佑命之 自天申之 故大德者必受命	⑩ 子曰 鬼神之爲德 其盛矣乎 視之而弗見 聽之而弗聞 體物而不可遺 使天下之人 齊明盛服 以承祭祀 洋洋乎如在其上 如在其左右 詩曰 神之格思 不可度思 矧可射思 夫微之顯 誠之不可掩 如此夫
제17절	⑰-㉮ 凡爲天下國家有九經 所以行之者一也 ⑰-㉯ 凡事豫則立 不豫則廢 言前定則不跲 事前定則不困 行前定則不疚 道前定則不窮	⑫ 子曰 無憂者 其惟文王乎 以王季爲父 以武王爲子 父作之 子述之 武王纘大王王季文王之緖 壹戎衣而有天下 身不失天下之顯名 尊爲天子 富有四海之內 宗廟饗之 子孫保之 武王末受命 周公成文武之德 追王大王王季 上祀先公以天子之禮 斯禮也 達乎諸侯大夫及士庶人 父爲大夫 子爲士 葬以大夫 祭以士 父爲士 子爲大夫 葬以士 祭以大夫 期之喪 達乎大夫 三年之喪 達乎天子 父母之喪 無貴賤 一也 ⑬ 子曰 武王周公 其達孝矣乎 夫孝者 善繼人之志 善述人之事者也 春秋修其祖廟 陳其宗器 設其裳衣 薦其時食 宗廟之禮 所以序昭穆也 序爵 所以辨貴賤也 序事 所以辨賢也 旅酬下爲上 所以逮賤也 燕毛 所以序齒也 踐其位 行其禮 奏其樂 敬其所尊 愛其所親 事死如事生 事亡如事存 孝之至也 郊社之禮 所以事上帝也 宗廟之禮 所以祀乎其先也 明乎郊社之禮禘嘗之義 治國 其如示諸掌乎	⑪ 子曰 舜其大孝也與 德爲聖人 尊爲天子 富有四海之內 宗廟饗之 子孫保之 故大德必得其位 必得其祿 必得其名 必得其壽 故天之生物 必因其材而篤焉 故栽者培之 傾者覆之 詩曰 嘉樂君子 憲憲令德 宜民宜人 受祿于天 保佑命之 自天申之 故大德者必受命
제18절	⑱-㉮ 在下位不獲乎上 民不可得而治矣 獲乎上有道 不信乎朋友 不獲乎上矣 信乎朋友有道 不順乎親 不信乎朋	⑭-㉮ 哀公問政 子曰 文武之政 布在方策 其人存 則其政擧 其人亡 則其政息 人道敏政 地道敏樹 夫政也者 蒲盧也	⑫ 子曰 無憂者 其惟文王乎 以王季爲父 以武王爲子 父作之 子述之 武王纘大王王季文王之緖 壹戎衣而有天下 身不失

	十三經注疏 孔穎達 疏	程頤〈中庸解〉	朱熹《中庸章句》
	友矣 順乎親有道 反諸身不誠 不順乎親矣 誠身有道 不明乎善 不誠乎身矣 ⑱-㉯ 誠者 天之道也 誠之者 人之道也 誠者不勉而中 不思而得 從容中道 聖人也 誠之者 擇善而固執之者也	故爲政在人 取人以身 修身以道 修道以仁 仁者 人也 親親爲大 義者 宜也 尊賢爲大 親親之殺 尊賢之等 禮所生也 在下位不獲乎上 民不可得而治矣 故君子不可以不修身 思修身 不可以不事親 思事親 不可以不知人 思知人 不可以不知天	天下之顯名 尊爲天子 富有四海之內 宗廟饗之 子孫保之 武王末受命 周公成文武之德 追王大王王季 上祀先公以天子之禮 斯禮也 達乎諸侯大夫及士庶人 父爲大夫 子爲士 葬以大夫 祭以士 父爲士 子爲大夫 葬以士 祭以大夫 期之喪 達乎大夫 三年之喪 達乎天子 父母之喪 無貴賤 一也
제19절	⑲ 博學之 審問之 愼思之 明辨之 篤行之 有弗學 學之弗能 弗措也 有弗問 問之弗知 弗措也 有弗思 思之弗得 弗措也 有弗辨 辨之弗明 弗措也 有弗行 行之弗篤 弗措也 人一能之 己百之 人十能之 己千之 果能此道矣 雖愚必明 雖柔必强	⑭-㉯ 天下之達道五 所以行之者三 曰 君臣也 父子也 夫婦也 昆弟也 朋友之交也 五者 天下之達道也 知仁勇三者 天下之達德也 所以行之者一也 或生而知之 或學而知之 或困而知之 及其知之 一也 或安而行之 或利而行之 或勉强而行之 及其成功 一也 ⑮-㉮ 子曰 好學近乎知 力行近乎仁 知恥近乎勇 知斯三者 則知所以修身 知所以修身 則知所以治人 知所以治人 則知所以治天下國家矣	⑬ 子曰 武王周公 其達孝矣乎 夫孝者 善繼人之志 善述人之事者也 春秋修其祖廟 陳其宗器 設其裳衣 薦其時食 宗廟之禮 所以序昭穆也 序爵 所以辨貴賤也 序事 所以辨賢也 旅酬下爲上 所以逮賤也 燕毛 所以序齒也 踐其位 行其禮 奏其樂 敬其所尊 愛其所親 事死如事生 事亡如事存 孝之至也 郊社之禮 所以事上帝也 宗廟之禮 所以祀乎其先也 明乎郊社之禮禘嘗之義 治國 其如示諸掌乎
제20절	⑳ 自誠明 謂之性 自明誠 謂之敎 誠則明矣 明則誠矣	⑮-㉯ 凡爲天下國家有九經 曰 修身也 尊賢也 親親也 敬大臣也 體群臣也 子庶民也 來百工也 柔遠人也 懷諸侯也 修身則道立 尊賢則不惑 親親則諸父昆弟不怨 敬大臣則不眩 體群臣則士之報禮重 子庶民則百姓勸 來百工則財用足 柔遠人則四方歸之 懷諸侯則天下畏之 ⑯ 齊明盛服 非禮不動 所以修身也 去讒遠色 賤貨而貴德 所以勸賢也 尊其位 重其祿 同其好惡 所以勸親親也 官盛任使 所以勸大臣也 忠信重祿 所以勸士也 時使薄斂 所以勸百姓也 日省月試 旣稟稱事 所以勸百工也 送往迎來 嘉善而矜不能 所以柔	⑭-㉮ 哀公問政 子曰 文武之政 布在方策 其人存 則其政擧 其人亡 則其政息 人道敏政 地道敏樹 夫政也者 蒲盧也 故爲政在人 取人以身 修身以道 修道以仁 仁者 人也 親親爲大 義者 宜也 尊賢爲大 親親之殺 尊賢之等 禮所生也 (在下位不獲乎上 民不可得而治矣) 故君子不可以不修身 思修身 不可以不事親 思事親 不可以不知人 思知人 不可以不知天 ⑭-㉯ 天下之達道五 所以行之者三 曰 君臣也 父子也 夫婦也 昆弟也 朋友之交也 五者 天下之達道也 知仁勇三者 天下之達德也 所以行之者一也 或生而知之 或學而

	十三經注疏 孔穎達 疏	程頤〈中庸解〉	朱熹《中庸章句》
		遠人也 繼絶世 擧廢國 治亂持危 朝聘以時 厚往而薄來 所以懷諸侯也 ⑰-㉮ 凡爲天下國家有九經 所以行之者一也	知之 或困而知之 及其知之也 或安而行之 或利而行之 或勉强而行之 及其成功一也 ⑮-㉮ (子曰) 好學近乎知 力行近乎仁 知恥近乎勇 知斯三者 則知所以修身 知所以修身 則知所以治人 知所以治人 則知所以治天下國家矣 ⑮-㉯ 凡爲天下國家有九經 曰修身也 尊賢也 親親也 敬大臣也 體群臣也 子庶民也 來百工也 柔遠人也 懷諸侯也 修身則道立 尊賢則不惑 親親則諸父昆弟不怨 敬大臣則不眩 體群臣則士之報禮重 子庶民則百姓勸 來百工則財用足 柔遠人則四方歸之 懷諸侯則天下畏之 ⑯ 齊明盛服 非禮不動 所以修身也 去讒遠色 賤貨而貴德 所以勸賢也 尊其位 重其祿 同其好惡 所以勸親親也 官盛任使 所以勸大臣也 忠信重祿 所以勸士也 時使薄斂 所以勸百姓也 日省月試 旣廩稱事 所以勸百工也 送往迎來 嘉善而矜不能 所以柔遠人也 繼絶世 擧廢國 治亂持危 朝聘以時 厚往而薄來 所以懷諸侯也 ⑰-㉮ 凡爲天下國家有九經 所以行之者一也 ⑰-㉯ 凡事豫則立 不豫則廢 言前定則不跲 事前定則不困 行前定則不疚 道前定則不窮 ⑱-㉮ 在下位不獲乎上 民不可得而治矣 獲乎上有道 不信乎朋友 不獲乎上矣 信乎朋友有道 不順乎親 不信乎朋友矣 順乎親有道 反諸身不誠 不順乎親矣 誠身有道 不明乎善 不誠乎身矣 ⑱-㉯ 誠者 天之道也 誠之者人之道也 誠者不勉而中 不

	十三經注疏 孔穎達 疏	程頤〈中庸解〉	朱熹《中庸章句》
			思而得 從容中道 聖人也 誠之者 擇善而固執之者也 ⑲ 博學之 審問之 愼思之 明辨之 篤行之 有弗學 學之弗能弗措也 有弗問 問之弗知 弗措也 有弗思 思之弗得 弗措也 有弗辨 辨之弗明 弗措也 有弗行 行之弗篤 弗措也 人一能之 己百之 人十能之 己千之 果能此道矣 雖愚必明 雖柔必强
제21절	㉑ 唯天下至誠 爲能盡其性 能盡其性 則能盡人之性 能盡人之性 則能盡物之性 能盡物之性 則可以贊天地之化育 可以贊天地之化育 則可以與天地參矣	⑰-㉯ 凡事豫則立 不豫則廢 言前定則不跲 事前定則不困 行前定則不疚 道前定則不窮	⑳ 自誠明 謂之性 自明誠 謂之教 誠則明矣 明則誠矣
제22절	㉒ 其次致曲 曲能有誠 誠則形 形則著 著則明 明則動 動則變 變則化 唯天下至誠爲能化	⑱-㉮ 在下位不獲乎上 民不可得而治矣 獲乎上有道 不信乎朋友 不獲乎上矣 信乎朋友有道 不順乎親 不信乎朋友矣 順乎親有道 反諸身不誠 不順乎親矣 誠身有道 不明乎善 不誠乎身矣	㉑ 惟天下至誠 爲能盡其性 能盡其性 則能盡人之性 能盡人之性 則能盡物之性 能盡物之性 則可以贊天地之化育 可以贊天地之化育 則可以與天地參矣
제23절	㉓ 至誠之道 可以前知 國家將興 必有禎祥 國家將亡 必有妖孽 見乎蓍龜 動乎四體 禍福將至 善必先知之 不善必先知之 故至誠如神	⑱-㉯ 誠者 天之道也 誠之者 人之道也 誠者不勉而中 不思而得 從容中道 聖人也 誠之者 擇善而固執之者也 ⑲ 博學之 審問之 愼思之 明辨之 篤行之 有弗學 學之弗能弗措也 有弗問 問之弗知 弗措也 有弗思 思之弗得 弗措也 有弗辨 辨之弗明 弗措也 有弗行 行之弗篤 弗措也 人一能之 己百之 人十能之 己千之 果能此道矣 雖愚必明 雖柔必强	㉒ 其次致曲 曲能有誠 誠則形 形則著 著則明 明則動 動則變 變則化 唯天下至誠爲能化
제24절	㉔-㉮ 誠者自成也 而道自道也 誠者物之終始 不誠無物 是故君子誠之爲貴 誠者非自成己而已也 所以成物也 成己仁也 成物 知也 性之德也 合外內之道也 故時措之宜也 ㉔-㉯ 故至誠無息 不息則久 久則徵 徵則悠遠 悠遠則博厚	⑳ 自誠明 謂之性 自明誠 謂之教 誠則明矣 明則誠矣	㉓ 至誠之道 可以前知 國家將興 必有禎祥 國家將亡 必有妖孽 見乎蓍龜 動乎四體 禍福將至 善必先知之 不善必先知之 故至誠如神

	十三經注疏 孔穎達 疏	程頤〈中庸解〉	朱熹《中庸章句》
	博厚則高明 博厚 所以載物也 高明 所以覆物也 悠久所以成物也 博厚配地 高明配天 悠久無疆 如此者 不見而章 不動而變 無爲而成 天地之道 可壹言而盡也 其爲物不貳 則其生物不測 天地之道 博也厚也高也明也悠也久也		
제25절	㉕ 今夫天 斯昭昭之多 及其無窮也 日月星辰繫焉 萬物覆焉 今夫地 一撮土之多 及其廣厚 載華嶽而不重 振河海而不洩 萬物載焉 今夫山 一卷石之多 及其廣大 草木生之 禽獸居之 寶藏興焉 今夫水 一勺之多 及其不測 黿鼉蛟龍魚鱉生焉 貨財殖焉 詩云 維天之命 於穆不已 蓋曰天之所以爲天也 於乎不顯文王之德之純 蓋曰文王之所以爲文也 純亦不已	㉑ 唯天下至誠 爲能盡其性 能盡其性 則能盡人之性 能盡人之性 則能盡物之性 能盡物之性 則可以贊天地之化育 可以贊天地之化育 則可以與天地參矣	㉔-㉮ 誠者自成也 而道自道也 誠者物之終始 不誠無物 是故君子誠之爲貴 誠者非自成己而已也 所以成物也 成己仁也 成物 知也 性之德也 合外內之道也 故時措之宜也
제26절	㉖ 大哉 聖人之道 洋洋乎發育萬物 峻極于天 優優大哉 禮儀三百 威儀三千 待其人然後行 故曰 苟不至德 至道不凝焉	㉒ 其次致曲 曲能有誠 誠則形 形則著 著則明 明則動 動則變 變則化 唯天下至誠爲能化	㉔-㉯ 故至誠無息 不息則久 久則徵 徵則悠遠 悠遠則博厚 博厚則高明 博厚 所以載物也 高明 所以覆物也 悠久所以成物也 博厚配地 高明配天 悠久無疆 如此者 不見而章 不動而變 無爲而成 天地之道 可一言而盡也 其爲物不貳 則其生物不測 天地之道 博也厚也高也明也悠也久也 ㉕ 今夫天 斯昭昭之多 及其無窮也 日月星辰繫焉 萬物覆焉 今夫地 一撮土之多 及其廣厚 載華嶽而不重 振河海而不洩 萬物載焉 今夫山 一卷石之多 及其廣大 草木生之 禽獸居之 寶藏興焉 今夫水 一勺之多 及其不測 黿鼉蛟龍魚鱉生焉 貨財殖焉 詩云 維天之命 於穆不已 蓋曰天之所以爲天也 於乎不顯文王之德之純 蓋曰文王之所以爲文也 純亦不已

	十三經注疏 孔穎達 疏	程頤〈中庸解〉	朱熹《中庸章句》
제27절	㉗ 故君子尊德性而道問學 致廣大而盡精微 極高明而道中庸 溫故而知新 敦厚以崇禮	㉓ 至誠之道 可以前知 國家將興 必有禎祥 國家將亡 必有妖孽 見乎蓍龜 動乎四體 禍福將至 善必先知之 不善必先知之 故至誠如神	㉖ 大哉 聖人之道 洋洋乎發育萬物 峻極于天 優優大哉 禮儀三百 威儀三千 待其人然後行 故曰 苟不至德 至道不凝焉 ㉗ 故君子尊德性而道問學 致廣大而盡精微 極高明而道中庸 溫故而知新 敦厚以崇禮 ㉘ 是故居上不驕 爲下不倍 國有道 其言足以興 國無道 其默足以容 詩曰 旣明且哲 以保其身 其此之謂與
제28절	㉘ 是故居上不驕 爲下不倍 國有道 其言足以興 國無道 其默足以容 詩曰 旣明且哲 以保其身 其此之謂與	㉔-㉮ 誠者自成也 而道自道也 誠者物之終始 不誠無物 是故君子誠之爲貴 誠者非自成己而已也 所以成物也 成己 仁也 成物 知也 性之德也 合外內之道也 故時措之宜也	㉙ 子曰 愚而好自用 賤而好自專 生乎今之世 反古之道 如此者 烖及其身者也 非天子不議禮 不制度 不考文 今天下車同軌 書同文 行同倫 雖有其位 苟無其德 不敢作禮樂焉 雖有其德 苟無其位 亦不敢作禮樂焉 ㉚-㉮ 子曰 吾說夏禮 杞不足徵也 吾學殷禮 有宋存焉 吾學周禮 今用之 吾從周
제29절	㉙ 子曰 愚而好自用 賤而好自專 生乎今之世 反古之道 如此者 烖及其身者也 非天子不議禮 不制度 不考文 今天下車同軌 書同文 行同倫 雖有其位 苟無其德 不敢作禮樂焉 雖有其德 苟無其位 亦不敢作禮樂焉	㉔-㉯ 故至誠無息 不息則久 久則徵 徵則悠遠 悠遠則博厚 博厚則高明 博厚 所以載物也 高明 所以覆物也 悠久 所以成物也 博厚配地 高明配天 悠久無疆 如此者 不見而章 不動而變 無爲而成 天地之道 可壹言而盡也 其爲物不貳 則其生物不測 天地之道 博也厚也高也明也悠也久也 ㉕ 今夫天 斯昭昭之多 及其無窮也 日月星辰繫焉 萬物覆焉 今夫地 一撮土之多 及其廣厚 載華嶽而不重 振河海而不洩 萬物載焉 今夫山 一卷石之多 及其廣大 草木生之 禽獸居之 寶藏興焉 今夫水 一勺之多 及其不測 黿鼉蛟龍魚鼈生焉 貨財殖焉 詩云 維天之命 於穆不已 蓋曰天之所以爲天也 於乎不顯	㉚-㉯ 王天下有三重焉 其寡過矣乎 ㉚-㉰ 上焉者 雖善無徵 無徵不信 不信民弗從 下焉者 雖善不尊 不尊不信 不信民弗從 故君子之道 本諸身 徵諸庶民 考諸三王而不繆 建諸天地而不悖 質諸鬼神而無疑 百世以俟聖人而不惑 質諸鬼神而無疑 知天也 百世以俟聖人而不惑 知人也 是故君子動而世爲天下道 行而世爲天下法 言而世爲天下則 遠之則有望 近之則不厭 詩曰 在彼無惡 在此無射 庶幾夙夜 以永終譽 君子未有不如此而蚤有譽於天下者也

	十三經注疏 孔穎達 疏	程頤〈中庸解〉	朱熹《中庸章句》
		文王之德之純 蓋曰文王之所以爲文也 純亦不已 ㉖ 大哉 聖人之道 洋洋乎發育萬物 峻極于天 優優大哉 禮儀三百 威儀三千 待其人然後行 故曰 苟不至德 至道不凝焉	
제30절	㉚-㉮ 子曰 吾說夏禮 杞不足徵也 吾學殷禮 有宋存焉 吾學周禮 今用之 吾從周 ㉚-㉯ 王天下有三重焉 其寡過矣乎 ㉚-㉰ 上焉者 雖善無徵 無徵不信 不信民弗從 下焉者 雖善不尊 不尊不信 不信民弗從 故君子之道 本諸身 徵諸庶民 考諸三王而不繆 建諸天地而不悖 質諸鬼神而無疑 百世以俟聖人而不惑 質諸鬼神而無疑 知天也 百世以俟聖人而不惑 知人也 是故君子動而世爲天下道 行而世爲天下法 言而世爲天下則 遠之則有望 近之則不厭 詩曰 在彼無惡 在此無射 庶幾夙夜 以永終譽 君子未有不如此而蚤有譽於天下者也	㉗ 故君子尊德性而道問學 致廣大而盡精微 極高明而道中庸 溫故而知新 敦厚以崇禮	㉛-㉮ 仲尼祖述堯舜 憲章文武 上律天時 下襲水土 辟如天地之無不持載 無不覆幬 辟如四時之錯行 如日月之代明 萬物竝育而不相害 道竝行而不相悖 小德川流 大德敦化 此天地之所以爲大也
제31절	㉛-㉮ 仲尼祖述堯舜 憲章文武 上律天時 下襲水土 辟如天地之無不持載 無不覆幬 辟如四時之錯行 如日月之代明 萬物竝育而不相害 道竝行而不相悖 小德川流 大德敦化 此天地之所以爲大也 ㉛-㉯ 唯天下至聖 爲能聰明睿知 足以有臨也 寬裕溫柔 足以有容也 發强剛毅 足以有執也 齊莊中正 足以有敬也 文理密察 足以有別也 溥博淵泉 而時出之 溥博如天 淵泉如淵 見而民莫不敬 言而民莫不信 行而民莫不說 是以聲名洋溢乎中國 施及蠻貊 舟車所至 人力所通 天之所覆 地之所載 日月所照 霜露	㉘ 是故居上不驕 爲下不倍 國有道 其言足以興 國無道 其默足以容 詩曰 旣明且哲 以保其身 其此之謂與	㉛-㉯ 唯天下至聖 爲能聰明睿知足以有臨也 寬裕溫柔 足以有容也 發强剛毅 足以有執也 齊莊中正 足以有敬也 文理密察 足以有別也 溥博淵泉 而時出之 溥博如天 淵泉如淵 見而民莫不敬 言而民莫不信 行而民莫不說 是以聲名洋溢乎中國 施及蠻貊 舟車所至 人力所通 天之所覆 地之所載 日月所照 霜露所隊 凡有血氣者 莫不尊親 故曰配天

	十三經注疏 孔穎達 疏	程頤〈中庸解〉	朱熹 ≪中庸章句≫
	所隊 凡有血氣者 莫不尊親 故曰配天 ㉛-㉰ 唯天下至誠 爲能經綸天下之大經 立天下之大本 知天地之化育 夫焉有所倚 肫肫其仁 淵淵其淵 浩浩其天 苟不固聰明聖知達天德者 其孰能知之 ㉛-㉱ 詩曰 衣錦尙絅 惡其文之著也 故君子之道 闇然而日章 小人之道 的然而日亡 君子之道 淡而不厭 簡而文 溫而理 知遠之近 知風之自 知微之顯 可與入德矣 詩云 潛雖伏矣 亦孔之昭 故君子內省不疚 無惡於志 君子所不可及者 其唯人之所不見乎 詩云 相在爾室 尙不愧于屋漏 故君子不動而敬 不言而信 詩曰 奏假無言 時靡有爭 是故君子不賞而民勸 不怒而民威於鈇鉞 詩曰 不顯惟德 百辟其刑之 是故君子篤恭而天下平 詩曰 予懷明德 不大聲以色		
제32절	㉜ 子曰 聲色之於以化民 末也 詩曰 德輶如毛 毛猶有倫 上天之載 無聲無臭 至矣	㉙ 子曰 愚而好自用 賤而好自專 生乎今之世 反古之道 如此者 烖及其身者也 非天子不議禮 不制度 不考文 今天下車同軌 書同文 行同倫 雖有其位 苟無其德 不敢作禮樂焉 雖有其德 苟無其位 亦不敢作禮樂焉 ㉚-㉮ 子曰 吾說夏禮 杞不足徵也 吾學殷禮 有宋存焉 吾學周禮 今用之 吾從周 ㉚-㉯ 王天下有三重焉 其寡過矣乎 (※ ㉚-㉰ 上焉者 雖善無徵 無徵不信 不信民弗從 下焉者 雖善不尊 不尊不信 不信民弗從 故君子之道 本諸身 徵諸庶民 考諸三王而不謬 建諸天地而不悖 質諸鬼神而無疑 百世以俟聖人而不惑 質	㉛-㉰ 唯天下至誠 爲能經綸天下之大經 立天下之大本 知天地之化育 夫焉有所倚 肫肫其仁 淵淵其淵 浩浩其天 苟不固聰明聖知達天德者 其孰能知之

	十三經注疏 孔穎達 疏	程頤〈中庸解〉	朱熹《中庸章句》
		諸鬼神而無疑 知天也 百世以俟聖人而不惑 知人也 是故君子動而世爲天下道 行而世爲天下法 言而世爲天下則 遠之則有望 近之則不厭 詩曰 在彼無惡 在此無射 庶幾夙夜 以永終譽 君子未有不如此而蚤有譽於天下者也 위치 불분명)	
제33절		㉛-㉮ 仲尼祖述堯舜 憲章文武 上律天時 下襲水土 辟如天地之無不持載 無不覆幬 辟如四時之錯行 如日月之代明 萬物竝育而不相害 道竝行而不相悖 小德川流 大德敦化 此天地之所以爲大也	㉛-㉱ 詩曰 衣錦尙絅 惡其文之著也 故君子之道 闇然而日章 小人之道 的然而日亡 君子之道 淡而不厭 簡而文 溫而理 知遠之近 知風之自 知微之顯 可與入德矣 詩云 潛雖伏矣 亦孔之昭 故君子內省不疚 無惡於志 君子之所不可及者 其唯人之所不見乎 詩云 相在爾室 尙不愧于屋漏 故君子不動而敬 不言而信 詩曰 奏假無言 時靡有爭 是故君子不賞而民勸 不怒而民威於鈇鉞 詩曰 不顯惟德 百辟其刑之 是故君子篤恭而天下平 詩云 予懷明德 不大聲以色 ㉜ 子曰 聲色之於以化民 末也 詩云 德輶如毛 毛猶有倫 上天之載 無聲無臭 至矣
제34절		㉛-㉯ 唯天下至聖 爲能聰明睿知 足以有臨也 寬裕溫柔 足以有容也 發强剛毅 足以有執也 齊莊中正 足以有敬也 文理密察 足以有別也 溥博淵泉 而時出之 溥博如天 淵泉如淵 見而民莫不敬 言而民莫不信 行而民莫不說 是以聲名洋溢乎中國 施及蠻貊 舟車所至 人力所通 天之所覆 地之所載 日月所照 霜露所隊 凡有血氣者 莫不尊親 故曰配天	
제35절		㉛-㉰ 唯天下至誠 爲能經綸天下之大經 立天下之大本 知天地之化育 夫焉有所倚 肫	

	十三經注疏 孔穎達 疏	程頤〈中庸解〉	朱熹《中庸章句》
		肫其仁 淵淵其淵 浩浩其天 苟不固聰明聖知達天德者 其孰能知之	
제36절		㉛-㉱ 詩曰 衣錦尙絅 惡其文之著也 故君子之道 闇然而日章 小人之道 的然而日亡 君子之道 淡而不厭 簡而文 溫而理 知遠之近 知風之自 知微之顯 可與入德矣 詩云 潛雖伏矣 亦孔之昭 故君子內省不疚 無惡於志 君子所不可及者 其唯人之所不見乎 詩云 相在爾室 尙不愧于屋漏 故君子不動而敬 不言而信 詩曰 奏假無言 時靡有爭 是故君子不賞而民勸 不怒而民威於鈇鉞 詩曰 不顯惟德 百辟其刑之 是故君子篤恭而天下平 詩曰 予懷明德 不大聲以色 ㉜ 子曰 聲色之於以化民 末也 詩曰 德輶如毛 毛猶有倫 上天之載 無聲無臭 至矣	

附錄

1. ≪二程全書 6≫ 參考書目

◇ 底本

- ≪二程全書≫, 徐必達 校, 서울대 규장각(奎中 1470)

◇ 參考本

- ≪二程全書≫, 서울대 규장각(一簑古 181.1-j463i)
- ≪二程全書≫, 국립중앙도서관(일산古3745-50)
- ≪二程全書≫, 국립중앙도서관(古貴3745-22-1-15)
- ≪二程集≫, 王孝魚 點校, 中華書局, 1981.
- ≪二程集≫, 臺灣 漢京文化事業有限公司, 1983.

◇ 經部

- ≪論語注疏≫, 十三經注疏整理委員會 整理, 北京大學校出版社, 2000.
- ≪論語集註大全≫, 朱熹(宋) 集註, 胡廣(明) 等 編, 影印本, 成均館大學校出版部, 1998.
- ≪大學章句大全≫, 朱熹(宋) 集註, 胡廣(明) 等 編, 影印本, 成均館大學校出版部, 1998.
- ≪孟子精義≫, 朱熹(宋), 景印文淵閣四庫全書, 商務印書館, 1983~1986.
- ≪孟子注疏≫, 十三經注疏整理委員會 整理, 北京大學校出版社, 2000.
- ≪孟子集註大全≫, 朱熹(宋) 集註, 胡廣(明) 等 編, 影印本, 成均館大學校出版部, 1998.
- ≪毛詩正義≫, 十三經注疏整理委員會 整理, 北京大學校出版社, 2000.
- ≪尙書正義≫, 十三經注疏整理委員會 整理, 北京大學校出版社, 2000.
- ≪書傳大全≫, 蔡沈(宋) 集註, 胡廣(明) 等 編, 影印本, 學民文化社, 1990.
- ≪詩傳大全≫, 朱熹(宋) 集傳, 胡廣(明) 等 編, 影印本, 學民文化社, 1989.
- ≪禮記正義≫, 十三經注疏整理委員會 整理, 北京大學校出版社, 2000.
- ≪禮記集說大全≫, 陳澔(元) 集說, 胡廣(明) 等 編, 影印本, 學民文化社, 2000.
- ≪周禮注疏≫, 十三經注疏整理委員會 整理, 北京大學校出版社, 2000.

- ≪周易大全≫, 程頤(宋) 傳, 朱熹(宋) 本義, 胡廣(明) 等 撰, 影印本, 學民文化社, 2008.
- ≪中庸章句大全≫, 朱熹(宋) 集註, 胡廣(明) 等 編, 影印本, 成均館大學校出版部, 1998.
- ≪春秋尊王發微≫, 孫復(宋), 景印文淵閣四庫全書, 商務印書館, 1983~1986.
- ≪春秋左傳正義≫, 十三經注疏整理委員會 整理, 北京大學校出版社, 2000.
- ≪孝經注疏≫, 十三經注疏整理委員會 整理, 北京大學校出版社, 2000.

◇ 史部

- ≪史記≫ 司馬遷(漢), 中華書局, 1997.
- ≪漢書≫, 班固(後漢), 中華書局, 1997.
- ≪後漢書≫, 范曄(南朝 宋), 中華書局, 1997.
- ≪三國志≫, 陳壽(晉), 中華書局, 1997.
- ≪晉書≫, 姚思廉(唐), 中華書局, 1997.
- ≪唐六典≫, 李林甫(唐) 等 撰, 景印文淵閣四庫全書, 商務印書館, 1983~1986.

◇ 子部

- ≪管子≫, 管仲(齊), 景印文淵閣四庫全書, 商務印書館, 1983~1986.
- ≪近思錄≫, 朱熹・呂祖謙(宋), 影印本, 學民文化社, 1995.
- ≪南華經≫, 莊周(戰國 宋), 影印本, 學民文化社, 1993.
- ≪老子道德經≫, 王弼(魏), 景印文淵閣四庫全書, 商務印書館, 1983~1986.
- ≪白虎通義≫, 班固(後漢), 景印文淵閣四庫全書, 商務印書館, 1983~1986.
- ≪荀子≫, 荀況(周), 景印文淵閣四庫全書, 商務印書館, 1983~1986.
- ≪揚子法言≫, 揚雄(漢), 景印文淵閣四庫全書, 商務印書館, 1983~1986.
- ≪列子≫, 列禦寇(戰國), 景印文淵閣四庫全書, 商務印書館, 1983~1986.
- ≪張子全書≫, 張載(宋), 景印文淵閣四庫全書, 商務印書館, 1983~1986.
- ≪朱子語類≫, 黎靖德(宋) 等 編, 中華書局, 1986.
- ≪中說≫, 王通(隋), 景印文淵閣四庫全書, 商務印書館, 1983~1986.
- ≪皇極經世書≫, 邵雍(宋), 景印文淵閣四庫全書, 商務印書館, 1983~1986.
- ≪黃帝內經素問≫, 王冰(唐) 注, 景印文淵閣四庫全書, 商務印書館, 1983~1986.

◇ 集部

- ≪五百家注昌黎文集≫, 魏仲擧(宋) 編, 景印文淵閣四庫全書, 商務印書館, 1983~1986.

◇ 번역서 및 연구서

- 賈豊臻, ≪中國理學史≫, 臺灣商務印書館公司, 1987.
- 岡田武彦, ≪宋明哲學の本質≫, 木耳社, 1984.
- 岡田武彦, ≪中國思想における理想と現實≫, 木耳社, 1973.
- 今井宇三郎, ≪宋明易學の硏究≫, 明治圖書出版株式會社, 1958.
- 楠本正繼, ≪宋明時代儒學思想の硏究≫, 廣池學園事業部, 1962.
- 楠本正繼 著, 김병화 외 譯, ≪송명유학사상사≫, 예문서원, 2005.
- 勞思光, ≪中國哲學史≫, 三民書局, 1981.
- 勞思光 著, 鄭仁在 譯, ≪中國哲學史 - 宋明篇 -≫, 探求堂, 1987.
- 牟宗三, ≪心體與性體≫, 正中書局, 1968.
- 蒙培元, ≪理學範疇系統≫, 人民出版社, 1989.
- 潘富恩, 徐餘慶, ≪程顥程頤理學思想硏究≫, 復旦大學出版社, 1988.
- 徐遠和, ≪洛學源流≫, 齊魯書社出版, 1987.
- 徐志銳, ≪宋明易學槪論≫, 遼寧古籍出版社, 1997.
- 石訓 外, ≪北宋哲學史≫, 河南人民出版社, 1987.
- 狩野直喜 著, 吳二煥 譯, ≪中國哲學史≫, 乙酉文化社, 1986.
- 市川安司, ≪程伊川哲學の硏究≫, 東京大學出版會, 1978.
- 안은수, ≪정이 : 중국 송대의 신유학자≫, 성균관대학교 출판부, 2002.
- 野口豊太, ≪二程遺書全譯≫, V2solution, 2016.
- 余敦康, ≪內聖外王的貫通 - 北宋易學的現代闡釋≫, 學林出版社, 1997.
- 이향준 외 譯, ≪이정유서 Ⅰ · Ⅱ · Ⅲ≫, 발해그래픽스, 2019.
- ___________, ≪이정외서≫, 발해그래픽스, 2019.
- 이현선, ≪장재와 이정형제의 철학 : 기철학과 리철학의 대립≫, 문사철, 2013.
- 張岱年, ≪中國哲學大綱≫, 中國社會科學出版社, 1982.
- 張德麟 著, 박상리 등 譯, ≪정명도의 철학≫, 예문서원, 2004.
- 張立文 主編, ≪中國學術通史 - 宋元明卷 -≫, 人民出版社, 2004.
- 張立文, ≪宋明理學硏究≫, 人民大學出版社, 1985.
- 陳來, ≪宋明理學≫, 遼寧教育出版社, 1991.
- 陳來 著, 안재호 譯, ≪송명성리학≫, 예문서원, 1997.
- 蔡方鹿, ≪程顥程頤與中國文化≫, 貴州人文出版社, 1996.
- 蔡仁厚, ≪宋明理學 - 北宋篇 -≫, 臺灣學生書局, 1983.

- 土田健次郎 著, 성현창 譯, ≪북송도학사≫, 예문서원, 2006.
- 馮友蘭, ≪中國哲學史新編≫, 人民出版社, 1988.
- 韓鍾文, ≪中國儒學史 - 宋元卷 -≫, 廣東教育出版社, 1997.
- 侯外廬 主編, ≪中國思想通史≫, 人民出版社, 1957.
- A.C. Graham, *Two Chinese philosophers : Cheng Ming-tao and Cheng Yi-chuan*, Lund Humphries, 1958.(이현선 譯, ≪정명도와 정이천의 철학≫, 심산, 2011.)
- Bruce, J. Percy, *Chu Hsi and His Masters: an introduction to Chu Hsi and the Sung School of Chinese Philosophy*, Probsthain & co., 1923.
- ________________, *Two Chinese philosophers : the metaphysics of the brothers Cheng*, Open Court, 1992.
- Kidder Smith Jr & Peter K. Bol & Joseph A. Adler & Don J. Wyatt, *Sung Dynasty Uses of the I Ching*, Princeton University Press, 1990.
- Robin R. Wang & L. Michael Harrington, *The Yi River Commentary on the Book of Changes*, Yale University Press, 2019.
- Thomas F. Cleary, *I Ching : The Tao of Organization*, Shambhala, 1988.
- Yong Huang, *Why be moral? : learning from the neo-Confucian Cheng Brothers*, State University of New York Press, 2014.

◇ 해제 및 연구논문

- 김동민, 〈程伊川의 理學的 ≪春秋≫ 이해에 관한 연구〉, ≪유교사상문화연구≫ 60, 한국유교학회, 2015.
- 김문갑, 〈程明道의 天理에 관한 小考〉, ≪유학연구≫ 8, 충남대학교 유학연구소, 2000.
- 김연재, 〈義理學的 해석에서 본 程伊川의 道學 및 그 易學的 범주〉, ≪동양철학연구≫ 46, 동양철학연구회, 2006.
- 김필수, 〈程頤 철학의 位置와 易傳 出版의 意義〉, ≪역학연구≫ 5, 한국주역학회, 2000.
- 김홍수, 〈≪河南程氏遺書≫ · ≪河南程氏外書≫ · ≪河南程氏粹言≫의 作者不明語錄 鑑別〉, ≪동아인문학≫ 28, 동아인문학회, 2014.
- ______, 〈二程語錄考證及思想異同研究〉, 중국 南開大學 박사논문, 2005.
- ______, 〈二程思想 연구에 있어서 ≪程書分類≫의 자료적 가치와 유용성〉, ≪中國과 中國學≫ 3, 영남대학교 중국연구센터, 2005.
- ______, 〈≪程書分類≫와 그 철학적 의의〉, ≪東亞人文學≫ 29, 동아인문학회, 2014.

- 민병삼, 〈程伊川의 風水地理思想研究〉, ≪동양철학연구≫ 59, 동양철학연구회, 2009.
- 박길수, 〈程明道의 人性論과 儒學史的 意義〉, ≪공자학≫ 25, 한국공자학회, 2013.
- ______, 〈程明道의 仁說 연구〉, ≪양명학≫ 41, 한국양명학회, 2015.
- 박양자, 〈二程의 思想的 特性〉, ≪공자학≫ 1, 한국공자학회, 1995.
- 박호석, 〈程伊川의 생애와 문제의식〉, ≪동양예학≫ 11, 동양예학회, 2003.
- ______, 〈程伊川 '理'哲學의 이론적 체계에 관한 연구〉, 대구한의대학교 박사학위논문, 2015.
- 성백효, 〈≪程書分類≫ 解題〉, ≪程書分類≫, 학민문화사, 1994.
- 손영식, 〈程伊川 철학에 있어서의 理와 그 實踐〉, 서울대학교 석사학위논문, 1982.
- 송봉구, 〈程伊川의 心性・居敬窮理論 研究〉, ≪동양고전연구≫ 18, 한국고전학회, 2003.
- ______, 〈程伊川의 修養論 연구〉, ≪동양문화연구≫ 1, 영산대학교 동양문화연구원, 2007.
- 심의용, 〈程伊川 철학에서 행위 방식으로서의 義理의 특성〉, ≪동서철학연구≫ 31, 한국동서철학회, 2004.
- ______, 〈북송시대 사대부들의 변화와 程伊川 철학의 특성〉, ≪동서철학연구≫ 36, 한국동서철학회, 2005.
- 안동섭, 〈伊川 程頤의 窮理 연구〉, 연세대학교 석사학위논문, 2012.
- 양승무, 〈程明道의 哲學思想 研究〉, ≪유교사상문화연구≫ 7, 한국유교학회, 1994.
- ______, 〈程伊川의 格物致知說 연구〉, ≪한중철학≫ 3, 한중철학회, 1997.
- ______, 〈程伊川의 철학사상 연구-理氣論・中和說을 중심으로〉, ≪공자학≫ 3, 한국공자학회, 1998.
- 엄연석, 〈程頤 易傳의 易學理論에 관한 연구〉, 서울대학교 박사학위논문, 1999.
- 오종일, 〈程明道의 心性說〉, ≪동양철학연구≫ 17, 동양철학연구회, 1997.
- 이선열, 〈程伊川 性卽理說 연구〉, 서울대학교 박사학위논문, 1998.
- 이승환, 〈論程明道思想中'價値'之根據與其實踐的問題〉, 대만대학교 석사학위논문, 1984.
- ______, 〈송명유학 수양론에서 未發說의 형성과 전개-程門의 미발설과 求中 공부〉, ≪철학연구≫ 38, 고려대학교 철학연구소, 2009.
- 이원태, 〈王弼과 伊川의 義理易 비교 연구〉, 연세대학교 박사학위논문, 1998.
- 이정환, 〈程學 전통에서의 格物, 致知, 窮理-二程 4대 初傳弟子들의 해석과 주자 재해석의 의의-〉, ≪동양학≫ 60, 단국대학교 동양학연구원, 2015.
- 이천일, 〈程伊川 教育論에 관한 고찰〉, ≪동방학≫ 21, 한서대학교 동양고전연구소, 2011.
- 인현정, 〈程伊川의 생의 원리와 感通의 문제〉, 이화여자대학교 석사학위논문, 2009.

- 장승구, 〈伊川 易學과 사대부의 윤리사상〉, ≪이천역학 국제학술대회 자료집≫, 한국주역학회, 1999.
- 정병련, 〈程明道의 '理有善惡' 眞詮〉, ≪유교사상문화연구≫ 8, 한국유교학회, 1996.
- 정병석, 〈≪易程傳≫을 통해 본 程伊川의 政治的 思惟〉, ≪주역연구≫ 5, 한국주역학회, 2000.
- ______, 〈≪伊川易傳≫에 보이는 程伊川의 國家論〉, ≪중국학보≫ 63, 한국중국학회, 2011.
- 정상봉, 〈程明道의 천리와 인성에 대한 이해〉, ≪한국철학논집≫ 40, 한국철학사연구회, 2014.
- 정종모, 〈정명도의 ≪주역≫ 해석과 그 경학사적 의미〉, ≪양명학≫ 45, 한국양명학회, 2016.
- 정종복, 〈程明道의 哲學思想 研究〉, ≪청주대학교 논문집≫ 15, 청주대학교, 1982.
- 정해민, 〈易의 哲學體系에 관한 研究 – 程伊川의 易學을 중심으로〉, 부산대학교 석사학위논문, 1987.
- 조장연, 〈程伊川 易學思想에 관한 研究〉, 성균관대학교 석사학위논문, 1993.
- 주광호, 〈程伊川 太極觀 연구 – 太極에서 理로〉, ≪고려대학교 한자한문연구소 연구발표회≫, 2008.
- 천병돈, 〈程明道 ≪定性書≫에 대한 霞谷의 이해〉, ≪양명학≫ 15, 한국양명학회, 2005.
- ______, 〈程明道 易學思想〉, ≪동양철학연구≫ 58, 동양철학연구회, 2009.
- 최영성, 〈南冥 曺植의 程朱學 受容樣相 – 二程과 관련하여 ≪學記類編≫을 중심으로〉, ≪남명학연구≫ 24, 경상대학교 남명학연구소, 2007.
- 허 벽, 〈程明道의 天理思想 형성에 관한 연구〉, ≪유교문화연구≫ 17, 성균관대 유교문화연구소, 2010.
- ______, 〈程明道의 天理思想 研究〉, 성균관대학교 박사학위논문, 2011.
- 홍원식, 〈程伊川의 格物致知說〉, ≪철학연구≫ 13, 고려대학교 철학연구소, 1989.
- 황태현, 〈≪대학≫ 聽訟章의 이해 – 伊川과 朱子를 중심으로〉, ≪동양문화연구≫ 24, 영산대 동양문화연구원, 2016.
- 羅 光, 〈程顥的哲學思想〉, ≪人文學報≫, 輔仁大學文學院, 1976.
- 張岱年, 〈正確評價二程洛學〉, ≪中州學刊≫, 河南省社會科學院, 1998.
- 陳榮捷, 〈論朱熹與程頤之不同〉, ≪中國哲學≫, 三聯書店, 1983.
- 李景林, 〈二程心性論之異同與儒學精神〉, ≪中州學刊≫, 河南省社會科學院, 1991.

- Barry Keenan, *Reverence and Cheng-Zhu Ecology, Dao,* A Journal of Comparative Philosophy Vol.17, 2018.
- Feng Youlan, *Cheng Hao and Cheng Yi*, Contemporary Chinese Thought Vol.13, 1981.
- Hans van Ess, *The Compilation of the Works of the Ch'eng Brothers and its Significance for the Learning of the Right Way of the Southern Sung Period*, T'oung pao Vol.90, 2004.
- Wai-Ying Wong, *The Status of Li in the Cheng Brothers' Philosophy, Dao*, A Journal of Comparative Philosophy Vol.3, 2003.
- ______________, *Morally bad in the philosophy of the Cheng Brothers*, Journal of Chinese philosophy, Vol.36, 2009.
- Wing-Tsit Chan, *Patterns for Neo-Confucianism : Why Chu Hsi differed from Ch'engi*, Journal of Chinese Philosophy, Vol.5, 1978.
- Wing-Tsit Chan & A.C. Graham, *Two Chinese Philosophers : Ch'eng Ming-tao and Ch'eng Yi-ch'uan*, Journal of the American Oriental Society Vol.79, 1959.
- Yl Feng, *Cheng Hao and Cheng yi*, Chinese Studies in Philosophy Vol.13, 1982.
- Yong Huang, *Cheng Yi's Neo-Confucian Ontological Hermeneutics of Dao*, Journal of Chinese philosophy, Vol.27, 2000.
- __________, *Cheng Brothers' Neo-Confucian Virtue Ethics : The Identity of Virtue and Nature*, Journal of Chinese philosophy, Vol.30, 2003.
- __________, *Confucian love and global ethics : How the Cheng Brothers would help respond to Christian criticisms*, Asian Philosophy, Vol.15, 2005.
- __________, *Neo-confucian political philosophy : The Cheng Brothers on li (propriety) as political*, psychological, and metaphysical, Journal of Chinese philosophy, Vol.34, 2007.
- __________, *The Cheng Brothers' Onto-theological Articulation of Confucian Values*, Asian philosophy, Vol.17, 2007.

- ＿＿＿＿＿＿, *Neo-Confucian Hermeneutics at Work : Cheng Yi's Philosophical Interpretation of Analects 8.9 and 17.3*, The Harvard theological review, Vol.101, 2008.
- ＿＿＿＿＿＿, *"WHY BE MORAL?" The Cheng Brothers' Neo-Confucian Answer*, The Journal of religious ethics, Vol.36, 2008.
- ＿＿＿＿＿＿, *The Cheng Brothers on Virtue(de, 德) : Is a Virtuous Person Self-Centered?* Journal of Sino-Western communications, Vol.2, 2010.
- Zheng Zemian, *Two Kinds of Oneness : Cheng Hao's Letter on Calming Nature in Contrast with Zhang Zai's Monism*, Philosophy east and west, Vol.65, 2015.

◇ 사전 및 공구서

- ≪道教思想辭典≫, 金勝東 編著, 釜山大學校出版部, 2004.
- ≪佛教・印度思想辭典≫, 金勝東 編著, 釜山大學校出版部, 2001.
- ≪宋元語言詞典≫, 龍潛庵, 上海辭書出版社, 1985.
- ≪語錄解三種校本合刊≫, 尹昭晶・潘牧天 編, 學古房, 2015.
- ≪註解語錄總覽≫, 白斗鏞・尹昌鉉, 太學社, 1978.

◇ 데이터베이스(DB) 자료

- 국립중앙도서관 디지털화 자료
- 규장각 한국학연구원(http://kyujanggak.snu.ac.kr)
- 동양고전종합DB(http://db.cyberseodang.or.kr)
- 성균관대학교 존경각(http://east.skku.edu)
- 한국고전종합DB(http://db.itkc.or.kr)
- 電子版 文淵閣四庫全書, 上海古籍出版社

2. ≪二程全書 6≫ 參考圖版 目錄 및 出處

3. 春秋列國圖

(≪唐土歷代州郡沿革地圖≫, 1789에서 轉載)

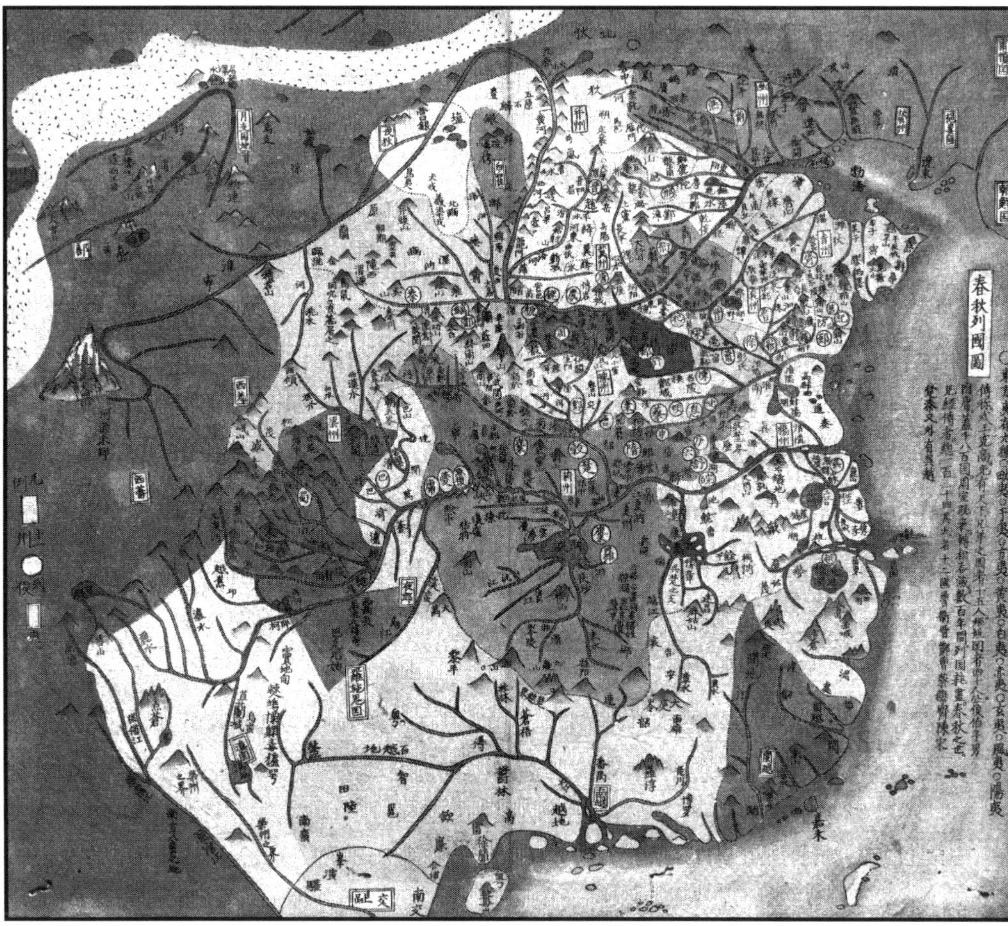

* 지면상의 한계로 싣지 못한 원본 크기 고화질 컬러 도판은 QR코드를 스캔하면 보실 수 있습니다.

4. ≪譯註 二程全書≫ 解題

QR코드를 스캔하면 ≪二程全書≫ 解題를 보실 수 있습니다.

• 집필 : 최석기(경상국립대학교 한문학과 명예교수)

5. ≪譯註 二程全書≫ 總目次

QR코드를 스캔하면 ≪二程全書≫ 總目次를 보실 수 있습니다.

6. 二程 年譜

QR코드를 스캔하면 程顥와 程頤의 年譜를 보실 수 있습니다.

責任飜譯

崔錫起

강원도 원주시 지정면에서 출생
성균관대학교 한문교육과 졸업
성균관대학교 대학원 한문학과 문학박사
민족문화추진회 국역연수원 연수부 및 상임연구원 졸업
민족문화추진회 국역실 전문위원 역임
한국경학학회 회장 역임
경상국립대학교 인문대학 한문학과 명예교수

論著 및 譯書

論著 ≪星湖 李瀷의 學問精神과 詩經學≫, ≪韓國經學家 事典≫, ≪조선시대 大學圖說≫(공저) 등
譯書 ≪大學≫, ≪中庸≫, ≪王夫之의 대학 읽기≫, ≪星湖 詩經疾書≫, ≪南冥集≫(공역), ≪王夫之의 중용 읽기≫(공역), ≪유교경전과 경학≫(공역) 등

共同飜譯

姜導顯

경남 함양군 함양읍에서 출생
경상국립대학교 인문대학 한문학과 졸업
경상국립대학교 대학원 한문학과 박사과정 수료
경상국립대학교 경남문화연구원 인문한국(HK) 연구보조원
한국고전번역원 권역별 거점연구소 협동번역사업 연구보조원

論著 및 譯書

論著 ≪조선시대 大學圖說≫
譯書 ≪선인들의 지리산 유람록≫(공역), ≪남명 조식의 문인들≫(공역), ≪19세기 경상우도 학자들≫(공역), ≪澗松集≫(공역), ≪謙齋集≫(공역)

懸吐監修

鄭太鉉

경북 상주 화북 출생
止山 林聖武 선생과 鳳西 吳禹善 선생 사사
民族文化推進會 國譯硏修院 卒業
民族文化推進會 국역부장, 국역연수원 교수
韓國古典飜譯院 附設 古典飜譯敎育院 名譽漢學敎授(現)
傳統文化硏究會 顧問(現)
국민훈장 모란장 受賞

論著 및 譯書

論文 〈栗谷의 改革思想〉
譯書 ≪春秋左氏傳≫, ≪孝經大義≫, ≪同春堂集≫, ≪論語集註≫
共譯 ≪五洲衍文長箋散稿≫, ≪星湖僿說≫, ≪宋子大全≫, ≪茶山詩文集≫, ≪陽村集≫, ≪高峯集≫, ≪寒水齋集≫, ≪朝鮮王朝實錄≫ 등 다수

東洋古典譯註叢書 118

譯註 二程全書 6　　37,000원

2023년 09월 20일 초판 인쇄
2023년 09월 30일 초판 발행

著　　者　　程顥・程頤
企劃編輯　　東洋古典飜譯編輯委員會
飜譯硏究管理　南賢熙
責任飜譯　　崔錫起
共同飜譯　　姜導顯
懸吐監修　　鄭太鉉
潤　　文　　朴勝珠 李承俊
校　　訂　　李承俊
編輯出版　　白俊哲
裝　　幀　　김진디자인

發 行 人　　郭成文
發 行 處　　社團法人 傳統文化硏究會
서울시 종로구 삼일대로 428 낙원빌딩 411호
전화 : (02)762-8401　전송 : (02)747-0083
전자우편 : juntong@juntong.or.kr
홈페이지 : juntong.or.kr
사이버書堂 : cyberseodang.or.kr
온라인서점 : book.cyberseodang.or.kr

인쇄처 : 한국법령정보주식회사(02-462-3860)
총　판 : 한국출판협동조합(070-7119-1750)

ISBN 979-11-5794-559-7 94820
978-89-85395-71-7(세트)

※ 이 책은 2023년도 교육부 고전문헌 국역지원사업 지원비에 의해 출판되었음.

전통문화연구회 도서목록

범례 : 周易正義 1~4〔全15〕- 전체 15책 계획, 현재 1~4책만 간행된 경우

新編 基礎漢文教材

新編 四字小學·推句　고전교육연구실 編譯　11,000원
新編 啓蒙篇·童蒙先習　고전교육연구실 編譯　11,000원
新編 明心寶鑑　李衽坤·元周用 譯註　15,000원
新編 擊蒙要訣　咸賢贊 譯註　12,000원
新編 註解千字文　李忠九 譯註　13,000원
新編 原文으로 읽는 故事成語　元周用 編譯　15,000원
新編 唐音註解選　權卿相 譯註　22,000원

漢文讀解捷徑시리즈

漢文독해 기본패턴　고전교육연구실 著　15,000원
四書독해첩경　고전교육연구실 著　20,000원
한문독해첩경 - 文學篇　朴相水·李和春 외 著　15,000원
한문독해첩경 - 史學篇　朴相水·李和春 외 著　15,000원
한문독해첩경 - 哲學篇　朴相水·李和春 외 著　15,000원

五書五經讀本

論語集註 上·下　鄭太鉉 譯註　合 50,000원
孟子集註 上·下　田炳秀·金東柱 譯註　合 60,000원
大學·中庸集註　李光虎·田炳秀 譯註　15,000원
小學集註 上·下　李忠九 外 譯註　合 50,000원
詩經集傳 上·中·下　朴小東 譯註　合 90,000원
書經集傳 上·中·下　金東柱 譯註　合 90,000원
周易傳義 元·亨·利·貞　崔英辰 外 譯註　合 120,000원
詳說 古文眞寶大全後集 上·下　李相夏 外 譯註　合 64,000원
春秋左氏傳 上·中·下　許鎬九 外 譯註　合 109,000원
禮記 上·中·下　成百曉 外 譯註　合 90,000원

東洋古典國譯叢書

大學·中庸集註 - 개정증보판　成百曉 譯註　10,000원
論語集註 - 개정증보판　成百曉 譯註　27,000원
孟子集註 - 개정증보판　成百曉 譯註　30,000원
詩經集傳 上·下　成百曉 譯註　合 70,000원
書經集傳 上·下　成百曉 譯註　合 70,000원
周易傳義 上·下　成百曉 譯註　合 80,000원
小學集註　成百曉 譯註　30,000원
古文眞寶 後集　成百曉 譯註　32,000원

東洋古典譯註叢書

〈經部〉

〔十三經注疏〕

周易正義 1~4　成百曉·申相厚 譯註　合 139,000원
尙書正義 1~7　金東柱 譯註　合 228,000원
毛詩正義 1~8〔全15〕　朴小東 外 譯註　合 259,000원
禮記正義 1~2, 中庸·大學　李光虎 外 譯註　合 77,000원
論語注疏 1~3　鄭太鉉·李聖敏 譯註　合 107,000원
孟子注疏 1~4〔全5〕　崔彩基·梁基正 譯註　合 119,000원
孝經注疏　鄭太鉉·姜珉廷 譯註　30,000원
周禮注疏 1~4〔全15〕　金容天·朴禮慶 譯註　合 122,000원
春秋左傳正義 1~2〔全18〕　許鎬九 外 譯註　合 59,000원
春秋公羊傳注疏 1〔全7〕　許鎬九 外 譯註　37,000원

春秋左氏傳 1~8　鄭太鉉 譯註　合 244,000원
禮記集說大全 1~5〔全10〕　辛承云 外 譯註　合 160,000원
東萊博議 1~5　鄭太鉉·金炳愛 譯註　合 153,000원
韓詩外傳 1~2　許敬震 外 譯註　合 62,000원
說文解字注 1~4〔全20〕　李忠九 外 譯註　合 141,000원

〈史部〉

思政殿訓義 資治通鑑綱目 1~22〔全39〕
辛承云 外 譯註　合 671,000원
通鑑節要 1~9　成百曉 譯註　合 275,000원
唐陸宣公奏議 1~2　沈慶昊·金愚政 譯註　合 80,000원
貞觀政要集論 1~4　李忠九 外 譯註　合 102,000원
列女傳補注 1~2　崔秉準·孔勤植 譯註　合 68,000원
歷代君鑑 1~4　洪起殷·全百燦 譯註　合 135,000원

〈子部〉

孔子家語 1~2　許敬震 外 譯註　合 71,000원
管子 1~3〔全4〕　李錫明·金帝蘭 譯註　合 91,000원
近思錄集解 1~3　成百曉 譯註　合 96,000원
老子道德經注　金是天 譯註　30,000원
大學衍義 1~5〔全7〕　辛承云 外 譯註　合 144,000원
墨子閒詁 1~6〔全7〕　李相夏 外 譯註　合 212,000원
說苑 1~2　許鎬九 譯註　合 50,000원
世說新語補 1~5　金鎭玉 外 譯註　合 171,000원
荀子集解 1~7　宋基采 譯註　合 224,000원
心經附註　成百曉 譯註　35,000원
顔氏家訓 1~2　鄭在書·盧嘐熙 譯註　合 47,000원
揚子法言 1〔全2〕　朴勝珠 譯註　24,000원

列子鬳齋口義 崔秉準·孔勤植·權憲俊 共譯 34,000원
二程全書 1~6〔全10〕 崔錫起·姜導顯 譯註 合 205,000원
莊子 1~4 安炳周·田好根 共譯 合 113,000원
政經·牧民心鑑 洪起殷·全百燦 譯註 27,000원
韓非子集解 1~5 許鎬九 外 譯註 合 174,000원

〔武經七書直解〕

孫武子直解·吳子直解 成百曉·李蘭洙 譯註 35,000원
六韜直解·三略直解 成百曉·李鍾德 譯註 26,000원
尉繚子直解·李衛公問對直解 成百曉·李蘭洙 譯註 26,000원
司馬法直解 成百曉·李蘭洙 譯註 26,000원

〈集部〉

古文眞寶 前集 成百曉 譯註 30,000원
唐詩三百首 1~3 宋載卲 外 譯註 各 25,000원~36,000원

唐宋八大家文抄

韓愈 1~3 鄭太鉉 譯註 合 78,000원
柳宗元 1~2 宋基采 譯註 合 44,000원
歐陽脩 1~7 李相夏 譯註 合 203,000원
蘇洵 李章佑 外 譯註 25,000원
蘇軾 1~5 成百曉 譯註 合 110,000원
蘇轍 1~3 金東柱 譯註 合 64,000원
王安石 1~2 申用浩·許鎬九 共譯 合 45,000원
曾鞏 宋基采 譯註 25,000원

明淸八大家文鈔

歸有光·方苞 李相夏 外 譯註 35,000원
劉大櫆·姚鼐 李相夏 外 譯註 35,000원
梅曾亮·曾國藩 李相夏 外 譯註 38,000원

東洋古典新譯

당시선 송재소·최경렬·김영죽 편역 22,000원
손자병법 성백효 역주 14,000원
장자 안병주·전호근·김형석 역주 13,000원
고문진보 후집 신용호 번역 28,000원
노자도덕경 김시천 역주 15,000원
고문진보 전집 上·下 신용호 번역 合 44,000원
신식 비문척독 박상수 번역 25,000원

동양문화총서

동양사상 해설과 원전 정규훈 外 저 22,000원
화합의 길 《중용》 읽기 금장태 저 20,000원
호설과 시장 신용호 저 20,000원
어느 노학자의 젊은 시절 심재기 저 22,000원

문화문고

경전으로 본 세계종교 그리스도교 이정배 편저 10,000원
〃 도교 이강수 편역 10,000원
〃 천도교 윤석산 외 편저 10,000원
〃 힌두교 길희성 편역 10,000원
〃 유교 이기동 편저 10,000원
〃 불교 김용표 편저 10,000원
〃 이슬람 김영경 편역 10,000원
논어·대학·중용 조수익·박승주 공역 10,000원
맹자 조수익·박승주 공역 10,000원
소학 박승주·조수익 공역 10,000원
십구사략 1~2 정광호 저 合 24,000원
무경칠서 손자병법·오자병법 성백효 역 10,000원
〃 육도·삼략 성백효 역 10,000원
〃 사마법·울료자·이위공문대 성백효 역 10,000원
당시선 송재소·최경렬·김영죽 편역 10,000원
한문문법 이상진 저 10,000원
한자한문전통교재 조수익·이성민 공역 10,000원
士小節 선비 집안의 작은 예절 이동희 편역 12,000원
儒學이란 무엇인가 이동희 저 10,000원
동아시아의 유교와 전통문화 이동희 저 13,000원
현대인, 동양고전에서 길을 찾다 이동희 저 10,000원
100자에 담긴 한자문화 이야기 김경수 저 12,000원
우리 설화 1~2 김동주 편역 合 20,000원
대한민국 국무총리 이재원 저 10,000원
백운거사 이규보의 문학인생 신용호 저 14,000원